北京市教育委员会人文社会科学研究计划一般项目
"中国医患关系法的困境与出路"
（项目编号：SM201610025003）

医疗损害救济法：
比较与探索

Legal Relief for Medical Injuries:
Essays from Comparative Law Perspectives

唐超 著

中国政法大学出版社

2023·北京

声　　明　1. 版权所有，侵权必究。

　　　　　2. 如有缺页、倒装问题，由出版社负责退换。

图书在版编目（CIP）数据

医疗损害救济法：比较与探索/唐超著.—北京：中国政法大学出版社，2023.11
ISBN 978-7-5764-1074-7

Ⅰ.①医… Ⅱ.①唐… Ⅲ.①医疗事故－赔偿－研究－世界 Ⅳ.①D912.104

中国国家版本馆CIP数据核字(2023)第224265号

出　版　者	中国政法大学出版社
地　　　址	北京市海淀区西土城路 25 号
邮寄地址	北京 100088 信箱 8034 分箱　邮编 100088
网　　　址	http://www.cuplpress.com（网络实名：中国政法大学出版社）
电　　　话	010-58908441(编辑室)　58908334(邮购部)
承　　印	固安华明印业有限公司
开　　本	720mm×960mm　1/16
印　　张	31.25
字　　数	500 千字
版　　次	2023 年 11 月第 1 版
印　　次	2023 年 11 月第 1 次印刷
定　　价	125.00 元

目 录
CONTENTS

甲帙 医疗侵权法

第一章 《民法典》医疗损害责任章评析 ……………………… 3
- 一、引言 ……………………………………………………… 3
- 二、诊疗过失侵权规则 ……………………………………… 5
- 三、说明过失侵权规则 ……………………………………… 17
- 四、病历、隐私、不必要检查、"医闹"诸条 ………………… 36
- 五、结论：中国医疗民事立法的方向 ……………………… 38

第二章 医疗机构就缺陷产品致患者损害的责任 ………… 40
- 一、医疗机构在产品责任中的位置 ………………………… 41
- 二、产品责任外的独立规整：《民法典》第1223条 ………… 46
- 三、并非医疗产品责任的若干情形 ………………………… 52

第三章 法院授权的剖腹产案件：英国判例法的经验 …… 55
- 一、判例概览 ………………………………………………… 56
- 二、孕产妇的意识能力 ……………………………………… 61
- 三、理性与拒绝治疗 ………………………………………… 67
- 四、胎儿的利益 ……………………………………………… 72
- 五、孕产妇最佳利益 ………………………………………… 77
- 六、医疗行业的态度 ………………………………………… 79
- 七、结论 ……………………………………………………… 80
- 八、附录：NHS指引 ………………………………………… 81

乙帙　医疗合同法

第四章　医疗合同法的构造：比较法考察 ······· 91
　一、医疗合同写入民法典的意义 ······················· 92
　二、医疗合同写入民法典的路径 ······················· 99
　三、医疗合同的定义与当事人 ························ 101
　四、医疗合同的订立 ································· 105
　五、医疗合同的效力：医疗服务人的义务 ············· 106
　六、医疗合同的效力：医疗需求人和患者的义务 ······· 116
　七、医疗合同的终止 ································· 118
　八、结语 ·· 119

第五章　比较法视野中的错误怀孕和错误出生诉讼 ······· 120
　一、引言 ·· 120
　二、术语辨析 ·· 122
　三、比较法观察 ······································ 126
　四、中国法的进路 ···································· 170
　五、结论 ·· 191

丙帙　医疗损害救济法制改革

第六章　瑞典人身损害综合救济机制研究 ··············· 197
　一、引言 ·· 197
　二、瑞典的侵权法制 ································· 198
　三、瑞典的社会保险法制 ····························· 204
　四、瑞典的特别赔付体制："瑞典模式" ················ 212
　五、从"瑞典模式"到"北欧模式" ···················· 237
　六、国际视野下的"瑞典模式"：限于患者险 ··········· 245
　七、结论 ·· 252

第七章　法国医疗损害救济法研究 ·········· 254
　一、引言 ······································· 254
　二、医疗损害赔偿法 ··························· 255
　三、行政赔偿体制 ······························ 287
　四、结论 ······································· 306

丁帙　域外医疗判例选译

诊疗过失与比例责任：以色列最高法院卡梅尔医院与马鲁尔医疗损害赔偿案 ····································· 311
　一、副院长里夫林法官 ·························· 313
　二、列维法官 ··································· 317
　三、瑙尔法官 ··································· 317
　四、朱布兰法官 ································· 336
　五、鲁宾斯坦法官 ······························ 339
　六、院长拜利希法官 ···························· 343
　七、阿贝尔法官 ································· 344
　八、普罗卡恰法官 ······························ 346
　九、格尼斯法官 ································· 348

知情同意法制保护的法益：以色列最高法院达卡诉卡梅尔医院医疗损害赔偿案 ································· 351
　一、拜利希法官 ································· 352
　二、奥尔法官 ··································· 370
　三、斯特拉斯伯格-科恩法官 ··················· 392
　四、院长巴拉克法官 ···························· 421
　五、副院长列维法官 ···························· 422
　六、车辛法官 ··································· 422
　七、恩格拉德法官 ······························ 422

医院如何承担产品责任：欧洲法院贝桑松大学医院与迪特吕医疗损害赔偿案 ······ 423
    佐审官意见 ······ 423
    欧洲法院判决书（大审判庭） ······ 436

错误生命与错误出生：以色列最高法院哈默等诉阿米特医生等医疗损害赔偿案 ······ 444
    一、副院长里夫林法官 ······ 445
    二、荣誉院长拜利希法官 ······ 481
    三、院长格里斯法官 ······ 482
    四、瑙尔法官 ······ 482
    五、阿贝尔法官 ······ 482
    六、朱布兰法官 ······ 484
    七、鲁宾斯坦法官 ······ 485

甲帙　医疗侵权法

第一章
《民法典》医疗损害责任章评析

一、引言

2009 年底颁布的《中华人民共和国侵权责任法》（以下简称《侵权责任法》）为医疗侵权辟设专章（第七章），权威学者评价说，此举彰显了"鲜明中国特色"，"打破了世界各国侵权法都不规定医疗损害责任的传统做法，解决了实践中存在的问题"。[1] 说"特色"，说"打破传统"，诚然有之，解决了多少"实践"问题，在立法科学性上是否应予肯定，颇值得探讨。待到《民法典》编纂，起草机关的看法是，"现有制度较为完备成熟，实践中没有太大问题"[2]，遂萧规曹随，除些微文字调整外，未作实质更易，保留于《民法典》第七编第六章（第1218—1228 条）。

《侵权责任法》当年就是匆遽而出的急就章[3]，总共只起草了三稿，医疗侵权法还是在二稿才加入的。[4] 医疗侵权这个在比较法上向来徘徊于判例法领域的陌生面孔[5]，何以突然给延入法典，供为座上客？这番标新立异，

最早发表于《南京大学法律评论》2017 年春季卷（经删节）。依《民法典》及最高人民法院司法解释、2022 年施行的《执业医师法》、2022 年修订的《医疗机构管理条例》相关条文略作文字修改。

[1] 杨立新、张秋婷："一部具有鲜明中国特色的《侵权责任法》"，载《中国社会科学报》2010 年 1 月 5 日第 10 版。类似评价如，"医疗侵权责任是中国医疗侵权责任法的亮点"。刘士国："中国医疗侵权责任的现状、未来与世界医疗侵权责任的统一"，载刘士国主编：《医事法前沿问题研究》，中国法制出版社 2011 年版，第 321 页。

[2] 黄薇主编：《中华人民共和国民法典侵权责任编解读》，中国法制出版社 2020 年版，第 199 页。

[3] 这部法律颁布之际，"大多数观察者并未预料到立法讨论会突然结束"。[德] H. G. 博威格、N. 多考夫、N. 杨森："中国的新侵权责任法"，张抒涵译，载《比较法研究》2012 年第 2 期，第 134 页。

[4] 参见王胜明主编：《中华人民共和国侵权责任法解读》，中国法制出版社 2010 年版，第 270 页。

[5] "即便在德国这样的传统民法法域，医疗过失法亦为法官所创之法。"[英] 马克·施陶赫：《英国与德国的医疗过失法比较研究》，唐超译，法律出版社 2012 年版，第 256 页。不过《德国民法典》已将医疗合同设计为有名合同，情况有变。

论者咸谓，旨在消灭医疗纠纷中法律适用的"二元化"现象。[6]此论颇为蹊跷。该法"医疗损害责任"章并没有，也不可能就所谓"二元化"发表只言片语。消除"二元化"云云，纯粹是通过法律解释得到的结论[7]，而即便在该法颁行之前，亦可借由同样的解释路径，得到同样的结论。[8]是以，要评价这件新颖作品的功过，还得另作思量。本章从以下方面展开：首先，考察"医疗损害责任"章的诊疗过失侵权规则，尤其是过错证明责任的配置，这关系到中国立法者的创造是否站得住脚；其次，研讨说明过失责任设计，很大程度上，这是现代医疗法与传统医疗法的分野所在，格外值得关注；接下来，对病历、隐私、过度诊疗以及"医闹"数条，依次给以简洁评析；结论部分就中国医患关系立法的发展方向略陈管见。就医疗产品责任，另文讨论。

---

[6] 参见：例如，前注4，王胜明书，第269页（"医疗纠纷案件处理中法律适用二元化的现象损害了我国法制的严肃性和统一性，影响了司法公正，加剧了医患矛盾，亟须通过立法加以解决"）。

[7] 解释思路有三：第一，构成医疗事故乃是行政处罚的要件，而非民法上损害赔偿的要件，不能因为医疗服务人的行为不构成医疗事故，即当然排除民事救济；第二，《医疗事故处理条例》乃是下位法，就损害赔偿事宜，不得忤逆上位法（主要是赔偿名目）；第三，损害赔偿事宜乃是"民事基本制度"，行政法规无由置喙（《立法法》第8条第8项）。

[8] 仅就赔偿名目来讲，《医疗事故处理条例》并无大的不当，与《民法通则》第119条一致，并补充了精神损害赔偿。不足之处主要在于被扶养人生活费的计算方法，以"最低生活保障标准"排斥主观计算法，导致赔偿水平太低。倒是《最高人民法院关于审理人身损害赔偿案件适用法律若干问题的解释》，于被扶养人生活费之外平添死亡赔偿金一项（第17条第3项、第29条），背离了《民法通则》第119条的立场，造成重复赔偿，为《侵权责任法》所纠正（第16条，以死亡赔偿金吞并被扶养人生活费，参见《最高人民法院关于适用〈中华人民共和国侵权责任法〉若干问题的通知》第4条）。故所谓二元体制之说（一边是"条例"体制，一边是"通则-解释"体制），实在有些不辨敌我的味道（"通则-条例"方为一脉相承，"解释"才是另起炉灶）。就造成二元体制，《医疗事故处理条例》与最高人民法院司法解释自应分担其责，内中最高人民法院司法解释的责任似乎还要大一些。最高人民法院业务负责人曾谓："《条例》属于行政法规，其法律位阶低于《民法通则》；但由于《条例》是专门处理医疗事故的行政法规，体现了国家对医疗事故处理及其损害赔偿的特殊立法政策，因此，人民法院处理医疗事故引起的人身损害赔偿纠纷时应当以《条例》为依据。但是，对不构成医疗事故的其他医疗侵权纠纷应当按照《民法通则》第106条和119条规定处理。"（此处的《条例》指《医疗事故处理条例》。）"这里体现的适用法律的'二元化'，不是法律适用依据不统一，而是法律、法规在适用范围上分工配合的体现"。王连印："最高人民法院民一庭负责人就审理医疗纠纷案件的法律适用问题答记者问"，载《人民法院报》2004年4月13日。实则，特别法优于一般法乃以法律位阶相同为前提（《立法法》第92条前段），法律位阶不同的，上位法优于下位法（《立法法》第87—89条）。是以，最高人民法院倘能妥善解释法律，本来是不必立法机关回应的。

二、诊疗过失侵权规则

（一）证明责任的配置

1. 归责原则的变迁及对司法实践的影响

21世纪头十年，中国医疗侵权法诚可谓内外煎迫。内受所谓"二元化"困扰，[9]外则胆略惊人，与根植于世界各国医事法的基本原理背道而驰：最高人民法院于司法解释中，针对医疗侵权，一般性地将过错和因果关系的证明责任倒置。[10]那盘于医神阿斯克勒庇俄斯权杖上的灵蛇，本是治病救人的象征，不意竟成中国医生的谶记。[11]

飘风不终朝，"医疗损害责任"章到底由激进回归传统。[12]立法者表态，令医疗服务人仅就过错负责（《侵权责任法》第54条，《民法典》第1218条），这大概是该章最大功绩。不过，解铃本待系铃人，全国人大常委会，也就是《侵权责任法》的颁布机关，倘认为法释〔2001〕33号司法解释立场不妥，僭越过甚[13]，令最高人民法院"修改""废止"即可（《各级人民代表大会常务委员会监督法》第33条），何必如此劳师动众呢？制订新法，大动

---

[9] See Benjamin L. Liebman, *Malpractice Mobs: Medical Dispute Resolution in China*, 113（1）Columbia Law Review 181, 199-203 (2013).

[10] 《最高人民法院关于民事诉讼证据的若干规定》（法释〔2001〕33号）第4条第1款第8项："因医疗行为引起的侵权诉讼，由医疗机构就医疗行为与损害结果之间不存在因果关系及不存在医疗过错承担举证责任。"

[11] 欧洲共同体1990年起草服务业指令，曾建议令服务人就其无过失负证明责任，但未获通过。1994年希腊《消费者保护法》第8条引入该指令的内容，但未见判例。参见［德］克雷斯蒂安·冯·巴尔：《欧洲比较侵权行为法》（下卷），焦美华译，法律出版社2004年版，第364页（评价该项规定"让人极度惊讶"）。2005年，几位韩国议员向国会提交《医疗伤害赔偿法议案》，亦尝试证明责任倒置设计，引发韩国医学会等行业团体强烈反对，终胎死腹中。参见［英］肖恩·哈蒙、［韩］金娜京："双准记：现代韩国医事法的漂移与惯性"，唐超译，载梁慧星主编：《民商法论丛》（第58卷），法律出版社2015年版，第487—489页。

[12] 支持证明责任倒置的论据老是讲信息不对称，传统立场拥趸则强调医学为非精确科学。如此公说婆说，若不依托深厚的医学社会学、科学哲学、信息经济学背景，以为理论援军，便形同拌嘴。也有研究直接诉诸立法的政治经济学，指出立法明确过错归责是医疗行业组织院外游说的结果。See Lixin Yang & Chao Xi, *The Rise and Decline of the Reversal of the Burden of Proof in China's Medical Negligence Law: A Political Economy of Lawmaking Perspective*, 12（2）The China Review 33（Autumn 2012）. 本书只打算提醒，就过错归责这个比较法上高度趋同的立场，倘欲推翻，应在高度盖然性程度上负起说服责任，最高人民法院显然未恪尽其职。

[13] 最高人民法院将医疗侵权过错证明责任倒置，等于在民事基本立法外起草了独立请求权基础

干戈，可立法者似乎偏爱如此，情愿不以明示而以可推断的行为来发出意思表示。

医疗过错的证明责任配置，短短数年间，连番更迭，却不知于司法实践会产生怎样的影响。首先，考察诉讼量的变化。比较2006—2014年，北京市各级人民法院受理的医疗纠纷案件数量（图1-1[14]）和地方各级人民法院审执结案件数量（图1-2[15]），可以看到，北京市医疗纠纷案件数量从2007年到2010年显著增长，此后增速放缓，两条曲线其他各段斜率相近。

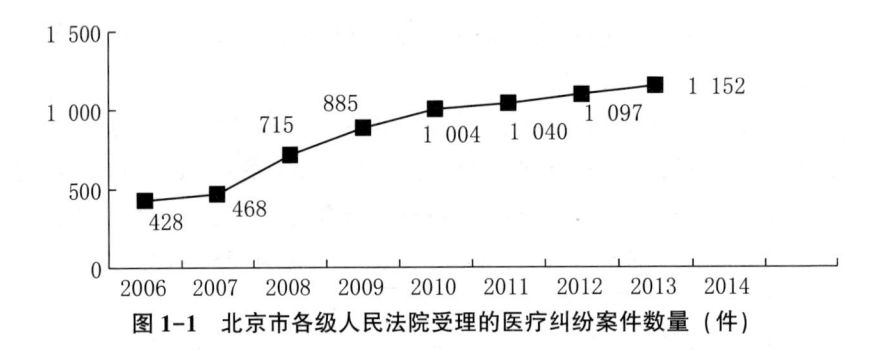

图1-1 北京市各级人民法院受理的医疗纠纷案件数量（件）

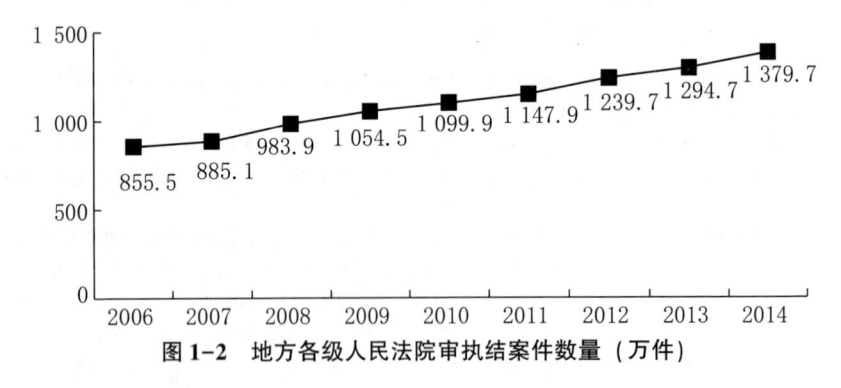

图1-2 地方各级人民法院审执结案件数量（万件）

---

〔14〕 图1-1数据来源于陈特、赵长新："北京市法院系统医疗损害赔偿纠纷案件审判情况研析"，载《医学与法学》2010年第2期，第76页；陈特、刘兰秋、范贞："北京市2013年诉讼医疗纠纷大样本研究"，载《中国医院》2015年第1期，第3页。

〔15〕 图1-2数据来源于《人民法院工作年度报告（2010年）》《人民法院工作年度报告（2014年）》，载最高人民法院官网 http://www.court.gov.cn/fabu-gengduo-21.html（2022年5月9日访问）。

再比较北京市医疗机构总诊疗人次（图1-3[16]）和北京市医疗机构住院病人手术人次（图1-4[17]），总体上也以相近的斜率平缓爬升。2010年以后，北京市医疗服务供给量的增势似乎略微上涨，可同一时段里，医疗案件数量的增速却渐趋平稳。但不能准确判断，医疗侵权证明责任规则的变迁在其间发挥了多少作用。[18]

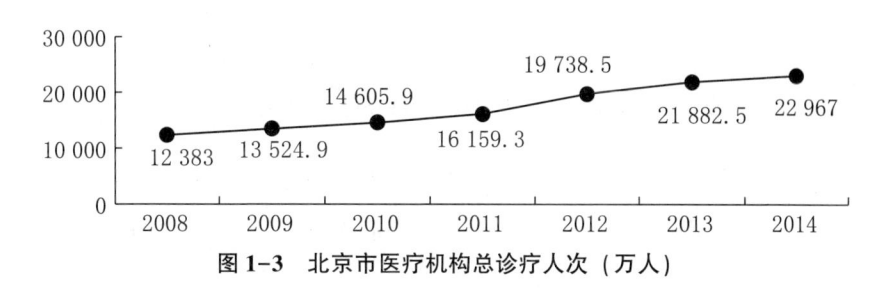

图1-3　北京市医疗机构总诊疗人次（万人）

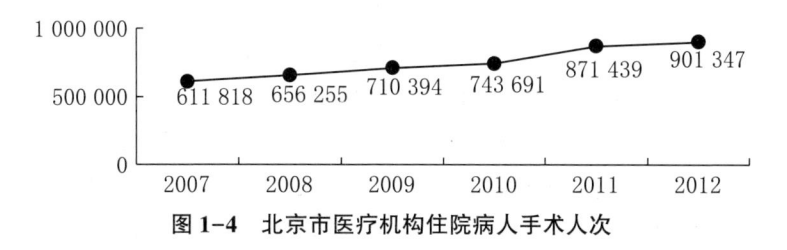

图1-4　北京市医疗机构住院病人手术人次

若是考察从法释〔2001〕33号司法解释转向激进到《侵权责任法》回归传统这段时间，全国医疗诉讼规模的起伏（图1-5[19]），不但看不到合乎理

---

[16] 图1-3数据来源于《2012年北京市卫生工作统计资料简编》《2014年北京市卫生工作统计资料简编》，载北京市医院管理研究所官网 http://www.phic.org.cn/tonjixinxi/weishengtongjijianbian/（2022年5月9日访问）。

[17] 图1-4数据来源于北京市卫生局：《北京市卫生工作统计资料汇编》，转引自刘兰秋、陈特、赵然："我国医疗纠纷的现状、成因及防控对策研究"，载文学国、房志武主编：《中国医药卫生体制改革报告（2014—2015）》，社会科学文献出版社2014年版，第223—224页。

[18] 可以看到相反的调研结论：据济南市中级人民法院调研报告，济南市两级法院2009年受理医疗损害责任纠纷案件100件，2011年攀升到217件，2012年头十个月已受理215件。调研法官认为，"《侵权责任法》结束了长期以来医疗损害责任纠纷案件处理上的混乱局面，对于此类案件的数量升高起了一定的推动作用"。刘彦亭、宋文华："关于医疗损害责任纠纷案件的调研报告"，载《山东审判》2013年第1期，第53页。

[19] 图1-5数据来源于崔剑平："医疗纠纷及化解机制研究——以《侵权责任法》为视角"，载《东方法学》2011年第3期，第118页。

论想象的证明责任倒置带来的"诉讼洪闸效应"[20]，反见水面低平。证明责任配置规则对于纠纷数量的影响，并不显著。[21]

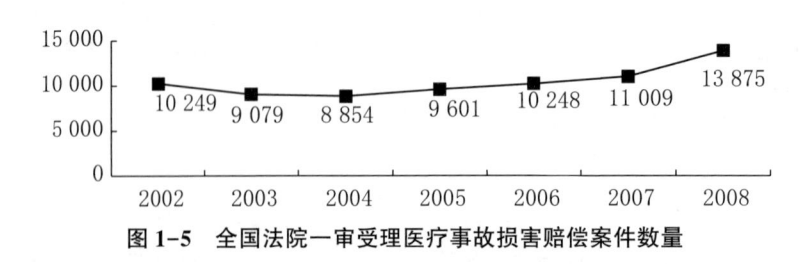

图1-5 全国法院一审受理医疗事故损害赔偿案件数量

数据：2002年 10 249；2003年 9 079；2004年 8 854；2005年 9 601；2006年 10 248；2007年 11 009；2008年 13 875。

其次，就证明责任制度变迁对审判结果的影响，根据现有实证研究，同样难以轻易得出结论。据陈特等的调研报告，2013年，北京市各级法院一审结案医疗损害责任纠纷案件共计896件，判决审结425件，内中390件有文书可供分析，338件为原告胜诉，胜诉率为86.67%；再加入通过调解获得赔偿的数据，患者获得赔偿支持率为71.21%。[22]从济南市中级人民法院的情况看，自2011年12月至2012年10月，共受理36件医疗损害责任纠纷上诉案，内中一审判令医院承担责任的案件比例高达97.22%。[23]而根据李本对华中腹地某设区的市两级法院判决书的考察（截取时间段为2000年到2009年，正好在《侵权责任法》施行之前），原告胜诉率为77%[24]，比前面的数据还要低一些，似乎暗示法释〔2001〕33号司法解释的证明责任设计并没有理论想象的力量。甚至还有调研显示，2002年后一段时间里，南京、威海两地，患者胜诉率竟跌至20%、37%。[25]当然，仅考察胜诉率会遮蔽很多信息，比如

---

[20] 避免诉讼洪闸大开，向来是美国法院重要的政策关注点。See e. g. Whitbeck v. Cook，15 Johns. 482，490（N. Y. Sup. Ct. 1818）（"倘能胜诉，将打开诉讼洪闸，未来好多年，此类诉讼将滚滚而至"）。

[21] 据哥伦比亚大学法学院李本教授的调研数据，华中腹地某设区的市两级法院受理的医疗纠纷案件，2000年为5件，2001年为9件，此后数年皆在20件上下。可能是因为样本量小，李本并没有将2002年后医疗诉讼量的攀升和证明责任的变迁勾连起来。See supra note 9，Benjamin L. Liebman，p. 209.

[22] 参见前注14，陈特、刘兰秋、范贞文，第4页。

[23] 参见前注18，刘彦亭、宋文华文，第54页。

[24] See supra note 9，Benjamin L. Liebman，p. 210.

[25] 参见张先明、赵芳："医疗纠纷处理出现新现象——案件数量上升，患方胜诉下降"，载《中国卫生》2006年第3期，第54页。

实际赔偿水平。[26]但更重要的大概在于，医疗体制的改革、法律制度的演进、整个社会的治道转型，对医疗诉讼规模及结果才真正具有决定作用。至于客观证明责任配置，对审判结果并不会有太大影响，盖在医疗诉讼中，法院高度倚重专家证据，认定待证事实真伪不明的情况较少碰到。[27]

2. 《民法典》第1222条（《侵权责任法》第58条）：过错推定/证明责任倒置？

回到立法技术分析上。《民法典》侵权责任编前三章大致相当于总则；后面数章，自产品责任至物件责任，皆在归责上有别样设计，或为过错推定，或不以过错为要件。现在的问题是，倘"医疗损害责任"不过是典型过错责任[28]，那么这一章的合法性何在？

或许正是为此点考虑，《民法典》第1222条于三种情形"推定医疗机构有过错"。众多著述包括法律起草机关遂据此讲，医疗侵权的归责原则，一般情况下为过错责任，特殊情况下为过错推定。[29]此论颇为可疑。

照一般提法，过错推定即为过错证明责任倒置。[30]罗森贝克不这么看。[31]在通常所说过错推定责任场合，立法者并未将"被告犯下过错"设计为权利成立要件，进而从某项非要件事实推断得到这项要件事实；这里，"被告犯下

---

[26] 比如，据宁波市中级人民法院民一庭调研，虽然72.22%的案件患者都获得赔偿，但医院承担全部责任的不过1.38%，承担主要责任的也只有13.89%，承担次要责任的最多，为40.28%，还有16.67%承担轻微责任。调研范围为2010—2012年宁波市各级法院以判决方式结案的共计144件医疗纠纷。参见浙江省宁波市中级人民法院民一庭课题组："侵权责任法实施以来医疗纠纷案件审理情况报告"，载《人民司法》2013年第9期，第77页。

[27] 根据刘兰秋等的调研数据，一审判决结案的医疗损害责任纠纷，经过鉴定的占92.3%，而且法院判决对鉴定意见的认同比例在80%甚至90%以上。就医疗过错事宜，专家鉴定总是给出明确意见，法院判决也从不含糊。参见刘兰秋、赵然："我国医疗诉讼鉴定制度实证研究——基于北京市三级法院司法文书的分析"，载《证据科学》2015年第2期，第226、231页。

[28] 医生过错造成患者损害的，其供职的医院承担替代责任，此处替代责任不以过错为要件。要将两个阶段的考察区分开来。

[29] 参见，例如，前注2，黄薇书，第202页（"原则上由原告承担过错的举证责任。只在特殊情况下""才适用过错推定责任原则，发生举证责任倒置"）。

[30] 参见，例如，[德]普维庭：《现代证明责任问题》，吴越译，法律出版社2006年版，第73页（"法律推定其实就是对证明责任的一种分配，亦即它属于证明责任规范"）；王泽鉴：《侵权行为》（第三版），北京大学出版社2016年版，第498页（"推定过失乃举证责任的倒置"）。

[31] 参见[德]莱奥·罗森贝克：《证明责任论——以德国民法典和民事诉讼法典为基础撰写》，庄敬华译，中国法制出版社2002年版，第210、369页。

过错"由法律"直接认定","不取决于任何先决条件"[32]，故并非法律推定（gesetzliche Vermutung）中的事实推定（Tatsachenvermutung）。立法者所做的，是将"被告未犯过错"塑造为权利妨碍要件，转而规定被告承担证明责任，是证明责任的重新配置。[33]现在要考察的是，该条是否重新配置或者说倒置了过错要件的证明责任？

先看第1项，"违反法律、行政法规、规章以及其他有关诊疗规范的规定"，"推定医疗机构有过错"。有意思的是，起草机关在这里既讲过错推定，又说这里的推定基础，即所谓"违反法律"云云，乃是"医疗机构存在过错的表面证据，并且是一种很强的表面证据"，更把两者关联起来，说"因此，本条规定这种情形下推定存在过错"。[34]事实上，证明责任的倒置属败诉风险负担意义上的客观证明责任分配事宜，是立法者于实体法起草之际预先布置好的；而表面证据"本质上看是证明评价的一部分"，"既不改变证明责任，也不改变证明尺度"[35]，属法官通过自由心证形成内心确信的范畴。两者不可通约。

那么，这个第1项到底性质如何呢？所谓过错，乃是未尽到社会交往中必要的注意。当事人在具体情境下应尽到怎样的注意，取决于诸多因素，尤其是，其行为所涉及的受保护利益的性质和价值，行为的危险程度，是否可以期待行为人掌握相应的专业知识，损害在多大程度上可以预见，行为人与受害人的关系有多密切，是否可能采取某些损害预防措施或替代措施，这些措施费用如何，等等。[36]针对被告的行为，若是竟有相应规范提出了要求，

---

[32] 前注31，[德] 莱奥·罗森贝克书，第212页。

[33] 例如，林木折断造成他人损害，林木的所有人或者管理人不能证明自己没有过错的，应当承担侵权责任（《民法典》第1257条），立法者只要求原告证明其因林木折断而受损害，并未"推定"被告犯下过错。所以德国法教科书为法律推定中的事实推定举例，绝不会提到那些所谓的过错推定条款（《德国民法典》第831条以下）。参见前注31，[德] 莱奥·罗森贝克书，第221页；[德] 奥特马·尧厄尼希：《民事诉讼法》（第27版），周翠译，法律出版社2003年版，第272—273页；[德] 汉斯-约阿希姆·穆泽拉克：《德国民事诉讼法基础教程》，周翠译，中国政法大学出版社2005年版，第278—279页。

[34] 参见前注4，王胜明书，第284页；前注2，黄薇书，第213页。

[35] 前注30，普维庭书，第154页。

[36] 参见欧洲侵权法小组编著：《欧洲侵权法原则：文本与评注》，于敏、谢鸿飞译，法律出版社2009年版，第4：102条第1款。

自然是判断其注意义务的重要参考因素。[37] 被告违反相应行为规范，法官通常（而不是必定）得初步形成内心确信，借用因果关系术语，可在相当性意义上认为被告犯下过错。[38] 是以，据被告违反行为规范，判断其是否犯下过错，乃是证明评价事宜，并不是从非要件事实推断得到要件事实。《最高人民法院关于审理医疗损害责任纠纷案件适用法律若干问题的解释》第 16 称，判断被告是否有过错，应当依据法条提到的相应规范"认定"，并"可以综合考虑患者病情的紧急程度、患者个体差异、当地医疗水平、医疗机构与医务人员资质等因素"，正合乎上述道理。

这个第 1 项，性质上既是证明评价事宜，于客观证明责任配置即不生影响。法官初步形成内心确信的，主观证明责任转移至被告，被告自得以反证，将待证要件事实重新推回真伪不明的状态。也就是说，此处所谓"推定"可以反驳。[39] 从立法技术角度看，证明评价乃属证据法事宜，不该僭入实体法，实体法只负责客观证明责任的配置。

接下来考察该条第 2 项、第 3 项。这两项针对的，即所谓证明妨碍事宜，《最高人民法院关于适用〈中华人民共和国民事诉讼法〉的解释》（法释〔2015〕5 号）第 112 条（"书证在对方当事人控制之下的，承担举证证明责任的当事人可以在举证期限届满前书面申请人民法院责令对方当事人提交"，"无正当理由拒不提交的，人民法院可以认定申请人所主张的书证内容为真实"）、《最高人民法院关于民事诉讼证据的若干规定》（法释〔2019〕19 号）第 95 条（"一方当事人控制证据无正当理由拒不提交，对待证事实负有

---

[37] 前注 36，《欧洲侵权法原则》第 4：102 条第 3 款。德国法上也是如此，法律规定（比如交通领域）、预防事故发生的规章、技术性规范，甚至运动规则，只要有助于将过失概念具体化，都是据以确定恰当注意标准的重要因素。参见欧洲民法典研究组、欧盟现行私法研究组编著：《欧洲私法的原则、定义与示范规则：欧洲示范民法典草案（全译本）》（第五卷、第六卷、第七卷），王文胜等译，法律出版社 2015 年版，第 451 页。

[38] 前注 36，欧洲侵权法小组书，第 125 页。

[39] 这里应注意两点：其一，违反相应行为规范未必构成过错。有时，违反行为规范甚至值得肯定，比如为紧急避险而违反交通规则。其二，遵守行为规范未必不构成过错。行为规范可能会不合时宜，在具体情势下，超越行为规范方肯尽到注意义务。参见前注 36，欧洲侵权法小组书，第 125-126 页。立法起草机关也指出，"医务人员有过错与违反法律、行政法规、规章以及诊疗规范的规定毕竟不是同等的概念。例如，遇有抢救危急患者等特殊情况，医务人员可能采取不太合规范的行为，但如果证明在当时情况下该行为是合理的，就可以认定医疗机构没有过错"。前注 4，王胜明书，第 284 页；前注 2，黄薇书，第 213 页。

举证责任的当事人主张该证据的内容不利于控制人的,人民法院可以认定该主张成立"),针对"拒绝提供"皆设相应规制。隐匿、伪造、篡改、销毁等情形,自得类推适用。

证明妨碍引起何等法律效果,向有争议[40],惟不宜理解为客观证明责任倒置。客观证明责任系由立法者预先分配,不受个别案情左右,而当事人是否会隐匿、销毁证据则是不确定的。上段所引司法解释文义亦表明,最高人民法院并不认为证明责任发生倒置。另外,证明妨碍相关规则系属证据法事宜,置于实体法中亦为不妥。

《民法典》第1222条第2项、第3项所谓"推定",亦非法律推定中的事实推定。法律推定是立法者发布的命令,法官必须遵照办理;[41]而在证明妨碍情形,法官仍有自由裁量空间("可以")。法律推定是"以对易于证明事实之证明,来替代对难以证明事实之证明"[42],是对证明主题的改变;[43]而在证明妨碍情形,只是负担证明责任的当事人因对方当事人的妨碍行为,面临着举证不能的困境。[44]法释〔2015〕5号司法解释第112条第2款及法释〔2019〕19号司法解释第95条,摒弃错误的"推定"术语而改为"认定",应该肯定。

最后还应注意,《民法典》第1222条所列三种情形,皆非医疗侵权所独有,所设计的机制亦具有普遍适用性。倘因为这一条,便以为医疗侵权在归责原则上有特别设计,那何样民事纠纷不是如此呢?

是以,《民法典》第1222条虽使用了"推定"术语,却既非法律推定中的事实推定,亦非证明责任倒置。倘所论不错,那么整个"医疗损害责任"

---

[40] 有所谓证明责任转移说、自由心证说、证明标准降低说、公法制裁说,等等。德国学说上主要立场有二:其一为证明责任倒置,其二为交由法官自由评价。德国联邦法院判决及1977年民事诉讼法委员会草案主张"证明减轻直至证明倒置"。学术界的主流立场则为自由评价说,参见前注30,普维庭书,第257—259页("普遍接受的观点");前注33,奥特马·尧厄尼希书,第273页("在书籍中被广泛接受,在判例中被部分接受");前注33,汉斯-约阿希姆·穆泽拉克书,第274页("压倒多数的观点")。普维庭持有异议,认为法官固得依心证判决,亦得不经过证明评价而直接动用制裁(《德国民事诉讼法》第427条、第444条所谓"视为得到证明")。

[41] 参见前注30,普维庭书,第74页。

[42] [日]高桥宏志:《民事诉讼法:制度与理论的深层分析》,林剑锋译,法律出版社2003年版,第458页。

[43] 参见前注31,莱奥·罗森贝克书,第224页。

[44] 参见前注33,汉斯-约阿希姆·穆泽拉克书,第273页。

章,也就岌岌可危了。

3.《民法典》第1224条(《侵权责任法》第60条):破坏了过错证明责任的配置

现在明确了,医疗侵权在归责原则上系典型过错责任。这意味着,就医疗服务人是否犯下过错,倘法官不能形成内心确信,只好由原告来承担证明不能的法律后果。医疗服务人为尽早从败诉风险中脱身,固得努力证明已尽到必要注意义务,但此乃主观证明责任。医疗服务人不必使法官在高度盖然性上确信其未犯过错,只要使待证事实陷入真伪不明即可。

可第1224条第1款第2项("在抢救生命垂危的患者等紧急情况下已经尽到合理诊疗义务")、第3项("限于当时的医疗水平难以诊疗"),却将清晰的客观证明责任配置弄混乱了。第1款开列了三项免责事由,在这些情形,"医疗机构不承担赔偿责任"。免责事由这项立法技术意味着这是权利妨碍要件,应由被告承担败诉风险意义上的客观证明责任。可第2项、第3项所区处的,却是医疗服务人是否尽到注意义务的问题,而被告是否尽到注意义务本是由原告负担证明责任的。果不其然,《北京市高级人民法院关于审理医疗损害赔偿纠纷案件若干问题的指导意见(试行)》就中了招儿,第11条写道,"医疗机构对《侵权责任法》第60条规定的免责事由承担举证责任"。《最高人民法院关于审理医疗损害责任纠纷案件适用法律若干问题的解释》前仆后继,令医疗机构就《民法典》1224条规定的"抗辩事由承担举证证明责任"(第4条第3款)。[45]殊不知,医疗服务人只是可能负有主观证明责任。

这一条大概袭自《医疗事故处理条例》第33条,该条开列了六项"不属于医疗事故"的情形。该条第1项("在紧急情况下为抢救垂危患者生命而采取紧急医学措施造成不良后果的")、第3项("在现有医学科学技术条件下,发生无法预料或者不能防范的不良后果的")、第5项("因患方原因延误诊疗导致不良后果的"),分别大致相当于《民法典》第1224条第1款第2项、第3项、第1项。该条例这么写没有问题,这是写给医疗事故专家鉴定组的,并不牵扯证明责任分配,可不假思索地照搬到损害赔偿法里,就造成了打架

---

[45] 德国学者也提到,从文义中很容易得出"举证责任倒置"的结论。参见前注3,H. G. 博威格、N. 多考夫、N. 杨森文,第147页。

局面。

至于第 1 项，"患者或者其近亲属不配合"诊疗，侵权责任篇总则部分已有相应设计（《民法典》第 1173 条，受害人过错），不必于此画蛇添足。

最后要提到，封闭列举免责事由乃是无过错责任特有的立法技术。立法者或是为了表达对白衣天使的悯恤之意，好心设计出几款脱责机制，却反给医疗服务人套上枷锁，——难不成医疗服务人只有证明了这三项，才能免责吗？[46]

（二） 自己责任还是替代责任

中文文献普遍以为，"医疗损害责任属于替代责任"[47]，好在从《民法典》第 1218 条的文义来看，不必如此作茧自缚。

医疗机构违反组织义务给患者造成损害的，医疗机构系承担自己责任。个体开业医生给患者造成损害的，承担的亦是自己责任。[48]只有医疗机构使用的医务人员给患者造成损害的，医疗机构承担的方是替代责任。医疗机构承担替代责任的，不以对医务人员在选任、监督上的过失为要件，惟要求医务人员犯下过错。是以，讲医疗损害责任的归责原则，并不考虑为他人的行为承担责任这个层面。

可还有问题。医疗机构未必是民法上的人，未必能够独立"承担赔偿责任"。比如个体诊所，机关、企事业单位设置的医务室（《医疗机构管理条例》第 6 条第 2 款），皆无独立民事主体资格，只好由其开办主体承担责任。起草机关定要将"医疗机构"四字拈出，在其念念不忘替代责任这回事儿。而如前段所论，医疗损害责任未必是替代责任；责任主体到底是谁，应由侵权责任篇总则甚或民事主体法处理，非干本章事务。

是以，明智的规定知所行止。如我国台湾地区"医疗法"第 82 条第 2 款，"医疗机构及其医事人员因执行业务致生损害于病人，以故意或过失为限，负损害赔偿责任"，这或许是《民法典》第 1218 条的蓝本，即仅以揭明

---

[46] 甚至可能荒唐地解释为，在非紧急情况下，医疗服务人负无过错责任（《民法典》第 1224 条第 1 款第 2 项）。同上注。

[47] 最高人民法院民法典贯彻实施工作领导小组主编：《中华人民共和国民法典侵权责任编理解与适用》，人民法院出版社 2020 年版，第 412 页。

[48] 个体诊所亦是医疗机构（参见《医疗机构管理条例》第 2 条），性质为个体工商户，与开办医生系同一人格。

医疗侵权的归责原则为旨,并不稍有逾越。更可取的思路,是舍弃"医疗机构""医务人员"的啰唆表述,而以涵盖无遗的"医疗服务人(treatment provider)"或者"施治方(treating party)"这样的术语代之[49],既收简洁之效,又将医事主体法的内容遮蔽,另作处理。[50]

(三) 医疗服务人的注意义务

立法者于《民法典》第1218条为诊疗过失侵权构筑请求权基础,不待告竣,却又旁骛于说明过失法制(第1219、1220条),回过头来,方才以第1221条将第1218条修葺完毕。

起草机关旨在以《民法典》第1221条"界定医务人员过错"[51],故为说明性法条,与第1218条合为完全法条。何以偏要将这两条拆离远隔,本已殊不可解;[52]更欠妥当之处在于,《民法典》第1221条竟然起草成典型请求权基础形式,遂与第1218条分庭抗礼,甚至将第1218条架空。[53]

医疗服务人应尽的注意义务,不过大陆法系善良管理人、英美法系理性人的注意义务于医疗领域的延伸。如德国联邦最高法院判决书所谓,"值得尊重的、勤勉不苟的,具备相关领域平均技能的医疗专业人士"能尽的注意;[54]亦如英国麦克奈尔法官所论,"普通的、力能胜任的业内人士应具备的通常技能"。[55]这里包含两层意思:其一,贯彻客观、抽象标准,即树立一假想医生

---

[49] 参见《荷兰民法典》第7:446条、《德国民法典》第630a条。《民法典》第1195条也有"网络服务提供者"这样的术语。

[50] 类似地,机动车交通事故,可以是自己责任,也可以是替代责任,但就《道路交通安全法》来说,只需要明确机动车事故造成他人损害时的归责原则即可。《道路交通安全法》第76条使用"机动车一方",而不使用诸如机动车所有人、驾驶人这样的表述,甚为可取。

[51] 前注4,王胜明书,第279页。

[52] 可参考我国台湾地区"医疗法"第82条:"医疗业务之施行,应善尽医疗上必要之注意"(第1款);"医疗机构及其医事人员因执行业务致生损害于病人,以故意或过失为限,负损害赔偿责任"(第2款)。

[53] 类似批评,参见前注3,H. G. 博威格、N. 多考夫、N. 杨森文,第145页("这一条的构造很像一个独立的侵权责任规范")。要照起草机关替代责任的思路看,第1221条比第1218条更标准。有文献将第1221条看作请求权基础,如赵西巨、唐炳舜:"诊疗、告知、医疗产品使用与医疗损害责任之厘清——以我国《侵权责任法》为中心",载陈小君主编:《私法研究》(第15卷),法律出版社2014年版,第102—103页。

[54] BGH, 13 June 1960, NJW 1961, 600(600). 转引自前注5,马克·施陶赫书,第62页。

[55] Bolam v. Friern Hospital Management Committee [1957] 1 WLR 582(QBD)586(per McNair J). 同上注,第56页。

人像,不考虑被告个体医疗技能高低;其二,这假想的医生人像,不过是普通的、合格的医生,也就是说,法律要维护的是最低限度的注意水平。当然,在专业分工细密化的背景下,要根据医疗服务人的专业领域加以区分,即贯彻专科医生标准。[56]

或谓,"在抢救生命垂危的患者等紧急情况下",医疗服务人只要尽到"合理诊疗义务"(《民法典》第1224条第1款第2项),该"合理诊疗义务"低于"与当时的医疗水平相应的诊疗义务"。此论不妥。判断被告是否犯下过错,乃是以假想医生在案情束缚下的假想表现为依据。是置身于大学医院手术室,还是震灾现场的临时医疗收治点,是复杂的脑科手术,还是刀至病除的阑尾手术,法律的期待自然有别,但普通的、合格的医生这个客观、抽象标准不会变。《欧洲示范民法典草案》将这个意思表达得最为清晰,立法者要求的是合理的医疗服务人"在给定〔个案〕情境下"应该具备的技能和注意(第四编C分编第8:104条)。

由于医疗资源配置的不平衡,判断医疗服务人的注意义务,也得容许考虑地域和医院类型的差异。乡镇医院提供不了大学医院那样的服务,这本身不算过失,但视患者病情而定,可能负有建议患者转诊的义务。同样,倘被告拥有更先进的设备或者技能更为高超,在合适的案情下不能善加利用,则构成过失。[57]这并不是拿主观标准替换掉抽象、客观标准,而是抽象、客观标准本身受到个案情境的束缚,并没有放之四海而皆准的僵硬标准。

判断是否尽到注意义务,以施治之际的标准为据,不得以事后聪明苛求医疗服务人。如《德国民法典》第630a条第2款即道,医疗服务之提供,必须合乎"施治之际"公认的医疗标准。不过,这个时间点乃是当然之义,似乎没有必要特别拈出;规范上的行为要求才是关键。规范上的要求不等于实践中的"典型注意"。[58]是以,被告的行为即便合乎医疗惯例,也并不当然意味着未犯过错;反之亦然。[59]《德国民法典》第630a条所谓"公认",《荷兰民法典》第7:453条所谓"审慎",《欧洲示范民法典草案》第四编C分

---

[56] 前注5,马克·施陶赫书,第54—62页。
[57] 同上注,第59—65页。
[58] 前注37,欧洲民法典研究组、欧盟现行私法研究组书(第五卷、第六卷、第七卷),第451页。例如中国式过马路,典型的注意程度达不到规范上的要求。
[59] 参见前注5,马克·施陶赫书,第67页以下。

编第 8:104 条所谓"合理",我国台湾地区"医疗法"第 82 条所谓"必要",皆系规范要求。《民法典》第 1221 条以"当时的医疗水平"来界定恰当注意的标准,未免轻重失当。应该着力强调的,不是起草机关格外看重的时间标准,而是对医疗服务人的规范要求。"医疗水平"本身是描述性语词,不足以充分揭橥医疗服务人行为标准的规范意义[60]——不是神医的标准,也不是惯例或者平均标准,而是假想的普通、合格医生的标准。

最后,《民法典》第 1218 条和第 1221 条可合并改写为:"医疗服务人未尽到合理的技能与注意义务,致患者损害的,负赔偿责任。"

三、说明过失侵权规则

大概是迪特尔·吉森(Dieter Giesen),比较医疗侵权法领域的大家,最早以"诊疗过失"和"说明过失"来区分两类医疗侵权。[61]在《侵权责任

---

[60] 2005 年 12 月,台湾大学法律学院民事法中心举办学术会议"医疗过失举证之比较法研究"。朱柏松教授提交论文介绍,日本法上以"医疗水平"为注意义务判断标准,意指"诊疗当时所谓临床医学实践的医疗水平"。朱柏松:"论日本医疗过失之举证责任",载朱柏松、詹森林、张新宝、陈忠五、陈聪富合著:《医疗过失举证责任之比较》,华中科技大学出版社 2010 年版,第 19 页。《民法典》第 1221 条"当时的医疗水平"表述应该渊源于此。夏芸教授梳理了该术语的流变沿革。先是,日本医疗诉讼中普遍以临床惯例为过失判断标准,为纠此弊,最高裁判所于 1961 年"输血感染梅毒案"判决中指出,医生应尽到"最完善的注意义务"。判决本意在区分民法上的注意标准与医疗实践中的典型标准,但地方法院未能准确把握真意,反强调医生应尽到"高度的注意义务",引发医界不满。后松仓豊治教授提出"医学水平"与"医疗水平"之分,不能拿学术上的最新进展苛求医生,而应以"诊疗当时临床医学实践的医疗水平"为准。这一见解为最高裁判所 1982 年"高山红十字医院案"判决所接受,影响十数年,也即朱柏松教授所言及者。医疗水平说使医生的注意标准从不切实际的高度降下来,却没能逃脱医疗惯例的束缚。直到 1995 年、1996 年两件判决,最高裁判所终于将规范意蕴注入"医疗水平",强调惯例不等于注意标准。法律既然将"医疗水平"的解释权从医生手里夺到自己手里,这一术语也就逐渐淡出,为标准的法律术语"医疗过失"所取代。参见夏芸:《医疗事故赔偿法——来自日本法的启示》,法律出版社 2007 年版,第 108 页以下;夏芸:"再考'医疗水平论'及医疗过失判断标准",载《东方法学》2011 年第 5 期,第 32—36 页。惜乎立法者失察,拾人唾余。在日本医疗法制史上,医疗水平论的功绩,正在其指向临床水平,而不是学术水平;而长期饱受诟病,在其缺乏规范意蕴,当然后来最高裁判所纠正了偏差。王敬毅女士很早就介绍过日本法上的医疗过失判断标准[参见王敬毅:"医疗过失责任研究",载梁慧星主编:《民商法论丛》(第 9 卷),法律出版社 1998 年版,第 740 页],但立法机关更可能是受朱柏松教授论文的影响,理由有二:第一,王敬毅女士使用的表述为"诊疗当时临床医学实践中的医疗水准",立法机关和朱柏松先生使用的表述皆为"医疗水平";第二,影响《侵权责任法》起草的张新宝教授和杨立新教授,前者参加了前述 2005 年会议,后者援引过朱柏松教授前揭论文。

[61] 参见前注 5,马克·施陶赫书,第 40 页,脚注 99。

法》颁行前，中国的知情同意法制相当粗疏[62]，案例亦少见。[63]虽说在实证法上无可觅处，"知情同意权"这个术语倒是流行开来[64]，法律起草机关亦率尔景从。[65]继而，最高人民法院2011年《民事案件案由规定》于第三级案由"351. 医疗损害责任纠纷"项下增设"侵害患者知情同意权责任纠纷"，给了"知情同意权"具体人格权的名分（2020年《民事案件案由规定》第376项）。这又是中国法的发明，而且很可能又是不成功的。

在德国法上，抛开宪法和伦理层面的论说，说明过失诉讼于实务中的价值在于，医生涉嫌犯下过失但却缺乏决定性证据的，原告得主张医生未尽到说明义务，以替代医疗过失诉讼，此已成为原告获得赔偿的通常路径。[66]而

---

[62] 1999年《执业医师法》（已废止）要求医师"如实向患者或者其家属介绍病情"（第26条第1款），并不等于下文所说为患者自我决定的说明义务，亦未明确违反义务的法律后果；第2款倒是强调患者同意（"医师进行实验性临床医疗，应当经医院批准并征得患者本人或者其家属同意"），违反该款规定，会招致警告、责令暂停执业、吊销证书等公法制裁（第37条第8项）。1994年《医疗机构管理条例》第33条明确了"征得患者同意"的义务，亦未提及违反义务的法律后果，2016年修订后亦然。《医疗机构管理条例实施细则》（1994年）第62条径直使用了"知情权利"的表述（"医疗机构应当尊重患者对自己的病情、诊断、治疗的知情权利"），"处罚"章同样未加理会。《医疗事故处理条例》（2002年）要求医务人员"将患者的病情、医疗措施、医疗风险等如实告知患者，及时解答其咨询"（第11条），未尽到义务的，行政主管部门得责令改正，亦可能给予行政处分或者纪律处分（第56条第1项）。这些规则的内容，并不特别指向为患者自我决定的说明，只着眼于公法制裁，而且有些是将义务加诸医疗机构而不是医师，但从法的客观目的考虑，可以解释为保护性法律，并借由过错侵权的概括条款来保护患者。

[63] "上海首例患者知情同意权纠纷案"终审判决中写道，医疗服务人负有两项基本义务，"一是详尽告知患者手术及特殊治疗的风险，并征得患者对该治疗手段的同意；二是进行适当、合理的治疗"。判决认为受侵害的法益系知情权（"此知情权虽没有在《民法通则》上予以明确规定，但此项权利是公民人身权应有之内涵""符合《民法通则》基本的立法精神，应受法律保护"），援引的规范为《民法通则》第98条（"公民享有生命健康权"）、第119条（物质性人格权受侵害的赔偿项目），而未援引《民法通则》第106条第2款（请求权基础），适用法律欠妥当。参见陈瑞雪诉中国人民武装警察部队上海总队医院医疗损害赔偿案，(2000) 沪一中民终字第900号；陈福民、胡永庆："对患者知情同意权的法律保护——对上海首例患者知情同意权纠纷案的评析"，载《政治与法律》2003年第2期。

[64] 利用中国知网，以篇名"知情同意权"精确检索，从最早的2000年2月15日到2007年底李丽云事件，计文204篇；到2009年底《侵权责任法》颁布，计文288篇。若仅以篇名"知情同意"检索，最早的文献发表在1992年，到2009年底，计文795篇（2015年6月12日检索）。

[65] 参见前注2，黄薇书，第203页（"患者知情同意权"）。

[66] See Josephine Shaw, *Informed Consent: A German Lesson*, 35 (4) International and Comparative Law Quarterly 864, 875 (1986)（大多数告知过失案件实际上都是医疗过失案件，只是过错没有得到证明）。在德国，告知过失诉讼已经占至医疗侵权诉讼的1/3至2/3，参见前注5，马克·施陶赫书，第155页。

在中国法上，对这样的迂回策略，患者并不那么倚靠。[67]

这里仅就中国知情同意法制歧见颇多的三点展开讨论：受保护的法益，立法提及的两项重要例外，以及有权代为医疗决策之人。

（一）受保护的法益：身体权、一般人格权还是知情同意权？

1. 德国法的立场

德国法可没有将所谓知情同意权看作具体人格权。自1894年帝国最高法院截足案判决以降［RGSt 25（1894），375］，德国法院向来坚持，医生施治，触及患者身体，是为侵害身体权。身体权位列《德国民法典》第823条第1款特别标举的五项权利，一遭侵害，直接征引不法；惟医疗服务人得援引违法阻却事由，一般是患者的知情同意，以排除违法性。

传统立场亦遭挑战，以为先将一切医疗侵入污名为身体侵害，继而要求医生证明已得患者同意，跟医疗职业的自我认知、患者的就医体验扞格不通。最夸大其词的说法，称这是"将医生与凶手等同视之"。[68]据此持论，医事法上的知情同意规则，出发点既然在于宪法上的自我决定权利，遂可认为，其保护目标与其说是患者身体，不如说更在于患者人格，属一般人格权范畴，应借由第823条第1款剩余性质的"其他权利"来保护。虽有异议如此，法院的立场却是坚如磐石，不为所动。[69]

这两条解释路径表现在实际效果上，就是否获得了患者知情同意，在法益受侵害的证明难度上，在违法性要件的证明责任分配上，皆有很大不同。依传统路径，受保护的法益乃是身体权，患者证明法益受侵害，比如动了手术，非常容易；进而，身体权这个高位阶权利遭受侵害，直接征引被告的行为不法，知情同意既为违法阻却事由，乃是权利妨碍要件，自应由被告负担

---

〔67〕 利用中国裁判文书网，文书类型限定为"民事判决书"，截取时间段为2014年1月1日至12月31日，设定"知情同意"为关键词，以"侵害患者知情同意权责任纠纷"案由检索，所得不过12份判决书，湖南3份，北京、河北、山东、陕西、吉林、黑龙江、上海、福建、广东各1份。再以"医疗损害责任纠纷"检索，得到4032条记录（可能会有重复录入）。两类诉由的规模，竟至天悬地隔。看起来，"侵害患者知情同意权"这一诉由在实务上的地位没有想象的那么重要，或许是患者获赔率较高的缘故。

〔68〕 Paul Bockelmann, Strafrecht des Arztes, Georg Thieme Verlag, 1968, p. 62. as cited in Albin Eser, *Functions and Requirements of Informed Consent in German Law and Practice*, in Lotta Westerhäll（Hrsg.）, Patient's rights, Stockholm：Nerenius & Santérus, 1994, S. 237.

〔69〕 参见前注5，马克·施陶赫书，第166—169页；supra note 66, Josephine Shaw, 873-875.

证明责任。而在一般人格权路径下，患者面临两道难关：其一，这里的受保护法益不再是身体权，而是以知情同意或者说人格受尊重为内容的权利，也就是说，患者要证明医生未充分告知（甚至未征得同意，当然很少见），这很困难；其二，次位阶的"其他权利"遭受侵害，并不直接征引不法，是否不法，要经过利益权衡方能判断，原告对此负有证明责任。站在患者的立场上，传统立场更值得尊重。[70]

2. 中国法的选择

中国法的问题是，创造出了所谓知情同意权，带来诸多不良反应，亟待治疗。要知道病情和病因，还是得从医疗服务人的说明义务起步。

医疗服务人的说明义务中特别重要的有两类。适才讨论过，医生要采取侵入性医疗措施[71]，应征得患者同意，是为未经同意不得施治的义务。在此之前，医生应先将相关信息向患者说明，患者于充分知情后所为之同意，方是有效同意，方能排除身体侵害的违法性，是为说明义务。此类说明义务，称医疗侵入的说明义务（Eingriffsaufklärung），或者为患者自我决定的说明义务（Selbstbestimmungsaufklärung）。另一类说明义务，无关患者自我决定的意识形态，纯粹是出于治疗目的。将相关信息向患者说明，有助于减少患者的恐惧和焦虑，使患者更为积极主动地接受、配合治疗，患者某些妨碍治疗的行为或会给其造成损害，亦可借说明向患者发出警示。此类说明义务，称确保疗效的说明义务、安全说明义务或者为治疗的说明义务（Sicherungsaufklärung）。[72]

为患者自我决定的说明义务，特别针对医疗措施不可避免的风险，也称剩余风险。医生未告知此类风险，患者后来果然因风险实现而死亡或者健康受损，医生就治疗行为纵无过错，亦负损害赔偿责任；这里，责任成立阶段，受侵害的法益仍为身体权，而非生命健康权。而为治疗的说明义务，主要指向可避免的风险，使患者得妥为预防。比如说，就可能的药物不耐受、副作用或者相互作用，就限制驾驶，就服用剂量，就为了后续治疗有必要告知的

---

[70] 如王泽鉴先生所论，"通说见解仍应值赞同，除法律技术上的理由外，主要在于尊重病人对其身体自主的权利"。前注 30，王泽鉴书，第 288 页。

[71]《医疗机构管理条例实施细则》（"医疗美容：是指使用药物以及手术、物理和其他损伤性或者侵入性手段进行的美容"，第 88 条）、我国台湾地区"医疗法"（"侵入性检查或治疗"，第 64 条），都使用"侵入性"提法，故从之，不使用"侵袭性""介入性"等提法。

[72] See supra note 68, Albin Eser, pp. 235-236.

内容，向患者提供信息和建议。此类义务乃是治疗活动至关重要的组成部分，属诊疗义务范畴。未尽说明义务的，构成诊疗过失，而非说明过失；受侵害的法益主要是生命健康权，当然也不排除身体权。[73]

《侵权责任法》的起草人介绍日本法制时也提到说明义务的此种分类[74]，但《侵权责任法》第55条（《民法典》第1219条）第1款前后两句是否正对应这两项说明义务，却并不清晰。[75]第1句要求医务人员向患者说明"病情和医疗措施"，不能算是对为治疗的说明义务的到位书写。而且，医疗服务人违反此类说明义务的，患者当以《民法典》第1218条为请求权基础，并无另起炉灶的必要。是以，对该条第1款更为合理的解释为，立法者是要把"手术、特殊检查、特殊治疗"和其他较为常规的医疗措施区分开来。较常规的医疗措施一般属患者常识范畴，不必详加说明，而且多通过张口、伸臂、解衣、躺卧等可推断的行为表示同意，不必明示（第1句）；[76]就"手术、特殊检查、特殊治疗"，则应充分说明，并要求患者明示同意（第2句）。前者需要低密度的知情同意，后者则需要高密度的知情同意。[77]

"手术、特殊检查、特殊治疗"表述出自1994年《医疗机构管理条例》第33条（2022年修订后第32条）。《医疗机构管理条例实施细则》进一步写

---

[73] See Markus Parzeller, Maren Wenk, Barbara Zedler & Markus Rothschild, *Patient Information and Informed Consent before and after Medical Intervention*, 104（9）Dtsch Arztebl A 576（2007）.

[74] 参见前注4，王胜明书，第275—276页。

[75] 张谷先生以为正是如此，周江洪先生附议之。参见张谷："浅谈医方的说明义务"，载《浙江社会科学》2010年第2期，第8页；周江洪："违反医疗说明义务损害赔偿范围的界定"，载《法学》2011年第5期，第80页。

[76] 颇有学者以为，常规医疗措施不必患者同意。参见，例如，龚赛红：《医疗损害赔偿立法研究》，法律出版社2001年版，第170页（以"侵袭性"界定知情同意的范围，且对"侵袭性"理解极窄）；黄丁全：《医事法新论》，法律出版社2013年版，第223—224页（"轻微侵袭之疗"既无须说明，自亦不必得病患之同意"）；王竹："解释论视野下的侵害患者知情同意权侵权责任"，载《法学》2011年第11期，第95页（对普通的医疗措施，患者通过行使"反对权"来实现其同意权）。只要明白了这里受保护的法益乃是身体权，就会认同，只要医疗措施触及身体，即要取得同意。大概只有扁鹊见蔡桓公，不用征得同意。参见《荷兰民法典》第7：450条第1款："在实施（履行）医疗合同过程中将要从事的医疗行为，须经患者同意方得为之"。《欧洲示范民法典草案》第四编C分编第8：108条第1款："未经患者同意，医疗提供人不得施治"。《德国民法典》第630d条第1款第1句："施治之前，尤其是医疗措施影响身体或健康的，施治方应取得患者同意"。

[77] 杨秀仪教授的提法。参见杨秀仪："告知后同意之伦理法律再思考：缩小理论与实务的落差"，载《月旦法学杂志》2008年总第162期。

明"特殊检查、特殊治疗"的四种情形。[78]前三种固无问题,费用说明义务却无关维护患者自主地位及身体权,非属知情同意法制范畴,多在合同法上处理。[79]

回到前面的讨论。由于想当然地发明出"知情同意权"这一项具体人格权,遂给中国医疗侵权法制带来诸多麻烦。以下试述之。

先构想如下典型情境。情境1:医生隐瞒了手术风险,术中风险实现,致患者残疾。情境2:医生开出某种药物,但未告知剂量、正确服用方法,致患者中毒。情境3:医生给患者诊断完毕,却不耐心说明病情,不许患者查阅病历。情境4:某项医疗措施,费用昂贵,不在医保报销范围内,医生未告知患者。情境5:医生因过错未诊断出胎儿残疾,致孕妇错过流产机会(错误出生)。

情境1系典型知情同意案件,依德国法的思路,侵害身体权,在中国法上,请求权基础为《民法典》第1219条。情境2为诊疗过失案件,医生未尽到诊疗义务,侵害患者生命健康权,请求权基础为第1218条。情境3无关侵权,医疗服务人负违约责任,类推适用委托合同法相关规则(《民法典》第924条),并援引医事法相关条款。情境4亦为违约责任(同情境3),也可能构成侵害纯粹经济利益,此际,请求权基础为《民法典》第1265条第1款。情境5即所谓错误出生案件,需要专文讨论,这里先明确:医生为患者实施产前诊断经过了知情同意,且在典型案情中是未能诊断出来,而不是不予告知,故与情境1迥乎不同。

倘在具体人格权体系里加入"知情同意权",这些法律事实和请求权基础

---

[78] "(一)有一定危险性,可能产生不良后果的检查和治疗;(二)由于患者体质特殊或者病情危笃,可能对患者产生不良后果和危险的检查和治疗;(三)临床试验性检查和治疗;(四)收费可能对患者造成较大经济负担的检查和治疗"(《医疗机构管理条例实施细则》第88条)。

[79] 参见《民法典》第924条,受托人的报告义务。极端情形,医疗服务人为创收而使用昂贵的医疗措施,不向患者说明的,构成故意以违背善良风俗的方式加害他人,造成纯粹经济损失。还可考虑将费用说明相关规则解释为保护性法律。无论如何,无关维护患者自主地位(至于为了创收,甚至将病情、治疗风险和替代方案等信息都加以隐瞒的,另当别论)。立法者和司法界皆援引《医疗机构管理条例实施细则》第88条来界定所谓"特殊检查、特殊治疗",而未将费用说明排除在外,殊为不当。参见前注2,黄薇书,第204页;陈现杰主编:《中华人民共和国侵权责任法条文精义与案例解析》,中国法制出版社2010年版,第196页。

各异的案件，何者不算侵害知情同意权呢？[80]这鲸吞蚕食的危险已露端倪。2014年，全国"侵害患者知情同意权责任纠纷"不过12份判决书。[81]细加查考，两份判决书涉及错误出生案件[82]；一个案件未告知医疗费用[83]；一个案件是患者主张医生欺诈[84]；还有一个案件，医院向患者允诺由某医生主刀，谁知瞒天过海将患者愚弄[85]。这个案由简直成了大杂烩。如此混乱的法律局面，病灶何在呢？

不同的利益，法律保护力度有别。"权利"，正是用来区分不同保护层次的有效工具。以德国法为例，《德国民法典》第823条第1款前半段所标举的五项主体权利（生命、身体、健康、自由和所有权），地位即重于后半段"其他权利"中的一般人格权，一般人格权又重于纯粹经济利益和未上升为权利的一般性人格利益。那么，何等利益得上升为权利？主要有两点考虑：其一，利益的位阶要足够高；其二，利益的外观要足够明确，边界要足够清晰。[86]比如隐私利益，因为受到诸如新闻利益这样一些对立利益的制约，位阶即不如物质性人格利益高，边界也没有那么清晰，在德国法上，便难上升为具体人格权，而只得栖身于存在灰色边界地带的一般人格权（"其他权利"）。[87]

---

[80] "知情同意权"这个不科学的术语会造成法律思维的混乱。同样的病症亦见于韩国法院判决。在韩国大法院1992.4.14，91da36710案中，医生因诊断过失而向患者提供了错误信息，患者因而同意手术，法院认为，"医师未尽说明义务，具有侵害患者同意权的过失"。在仁川地方法院2003.4.9，2001kahap11723案中，医生未尽说明义务，"使患者丧失本能够取得的更加正确地诊断乳腺癌的机会，侵害了患者对于是否接受组织检查及追踪检查的决定权"。参见金玄卿："韩国的医师说明义务与患者知情同意权"，载《法学家》2011年第3期，第159—160页。实则两案皆为诊疗过失案件，而非说明过失案件。将费用说明义务亦纳入知情同意法制下论述的，参见前注76，王竹文，第95页。

[81] 参见前注67。

[82] 曹荷花、蒋培华与汉寿县人民医院侵害患者知情权责任纠纷，（2013）汉民初字第584号；高凤华与上海市第十人民医院侵害患者知情同意权责任纠纷，（2013）闸民一（民）初字第3370号。

[83] 吉林大学中日联谊医院与白宽侵害患者知情同意权责任纠纷，（2014）长民二终字第00108号。

[84] 马学文与北京华博医院侵害患者知情同意权责任纠纷，（2013）丰民初字第03985号。案情大概为，提供的医疗服务和患者诉求无关。

[85] 王明朝与南方医科大学珠江医院侵害患者知情同意权责任纠纷，（2014）穗中法民一终字第1729号。在德国法上，患者将其同意限于特定医生的，若置患者的特别限制于不顾，则同意无效，此确系知情同意案型。See supra note 68, 242-243.

[86] 参见前注36，欧洲侵权法小组书，第59页以下相关论述。

[87] 德国判例法发明一般人格权，是因为民法典只列举了少数具体人格权，法院不得不为其他人格利益创设相应请求权基础，实质是人格权保护一般条款。参见薛军："揭开'一般人格权'的面

知情同意权为何会造成法律适用的混乱？为何不该把知情同意利益上升为具体人格权？原因就在于，这样的权利，其内容本质上就是意志决定的自由。民事主体于日常生活中，会频繁传递、接收大量信息，信息错误的情况所在多有，不能遽认为"权利"遭受侵害，直接征引不法，否则人际交流即受阻滞、社会生活无从展开。职是之故，与此处讨论高度相关，就民法上自由权的内涵，通说即以为，仅限于身体行动自由，即离开特定地点的可能性，并不及于精神的自由或者一般意义上的行动自由，否则将形成宽泛无边的大概括条款。意志决定的自由，在德国法上只能通过《德国民法典》第823条第2款或者第826条，在我国台湾地区只能通过"民法"第195条第1款后段的"不法侵害其他人格法益而情节重大"来保护。[88]

除了涵盖过宽，知情同意权还给法律适用带来两点困惑。第一，中国司法界很固执地认为，《民法典》第1219条第2款所谓"损害"，意指生命健康权受侵害，非指知情同意权本身受侵害。《北京市高级人民法院关于审理医疗损害赔偿纠纷案件若干问题的指导意见（试行）》第39条即本此精神写道："未尽告知义务，损害患者生命权、健康权、身体权等人身及财产权利的，医疗机构应当承担侵权责任。未尽告知义务，仅损害患者知情同意权而未损害患者人身、财产权利的，医疗机构不承担赔偿责任。"该条意图在于保护医疗服务人，可是第1款的"身体权"破坏了自己的目的，盖侵入性医疗措施就意味着侵害身体权。第2款所谓"人身"自然措辞不当（知情同意权当然系人身权），起草人本意当指生命健康权。另外，不论是诊疗过失侵权，还是说明过失侵权，都在保护人格权，条文里"财产权利"云云，或指人格权受侵害带来的财产损害，是将法益受侵害和由此造成的后果损害混淆了。除了这些技术性瑕疵，要害还在于，既然认可了"知情同意权"具体人格权的地位，"权利"一经遭受侵害（"未尽告知义务"），构成要件即已该当，为何还要别的"损害"呢？除非不把这样的利益上升为权利。《最高人民法院关于审理

（接上页）纱——兼论比较法研究中的'体系意识'"，载《比较法研究》2008年第5期。中国法不必依赖一般人格权概念，只需要"将内涵清晰、政策上有必要保护的人格利益确定为具体人格权"，"对于具体人格权之外的其他人格利益，法院可以在利益衡量的基础上决定是否给予保护"。葛云松："纯粹经济损失的赔偿与一般侵权行为条款"，载《中外法学》2009年第5期，第694页。

[88] 参见杜景林、卢谌：《德国民法典全条文注释》（上册），中国政法大学出版社2015年版，第668页；前注30，王泽鉴书，第146—147页。

医疗损害责任纠纷案件适用法律若干问题的解释》第 17 条称法条中的"损害"为"人身损害",仍有依德国法思路解释的空间。

第二个困惑在于证明责任,即由谁对已获患者知情同意负证明责任?在德国法上没有疑义,知情同意系侵害身体的违法阻却事由,医疗服务人对此负证明责任。可在知情同意权路径下,医疗服务人未充分披露相关信息乃是法益侵害要件事实,自应由原告负证明责任。可学界与司法界又以为,医疗服务人未说明乃是"消极事实",无从举证,故应由被告负证明责任。[89]《北京市高级人民法院关于审理医疗损害赔偿纠纷案件若干问题的指导意见(试行)》第 8 条第 2 款第 1 句即道,"医疗机构是否履行了向患者一方说明病情、医疗措施、医疗风险、替代医疗方案等情况的义务,由医疗机构承担举证责任"。从《民法典》第 1219 条第 2 款的行文,如何能够得出这样的结论?《最高人民法院关于审理医疗损害责任纠纷案件适用法律若干问题的解释》第 5 条亦表态由医疗机构承担证明责任,幸好该解释未明文认可知情同意权,尚有转圜余地。

(二)知情同意原则的例外

知情同意原则系于医疗领域贯彻个人主义价值的法律工具,可还有些与个人主义相冲突的价值,同样为社会所珍视。艾伦·迈泽尔(Alan Meisel)将这些价值笼统称为"社会健康利益(societal interest in health)",进而析分为三部分:患者亲属对于患者健康的利益、社会对于社会成员个体健康的利益以及医疗职业的利益。[90]在特定情形,这些与个人主义相冲突的诉求得凌驾于患者自主之上:法律通过但书,将医疗决策权从患者处移交给医疗服务人或者患者亲属,表现为说明义务和未经同意不得施治义务的若干例外。国内著述往往将两项义务的例外囫囵吞之[91],实则应分别处理。诸项例外中,医疗特权与紧急情况最为重要,立法亦予明文确认,但相关规范如何理解与适用,有待澄明之处仍然不少。

---

[89] 参见,陈特:"医疗司法解释条文及说明(民间建议稿)",载陈特主编:《医事法纂解与疑案评析》,知识产权出版社 2015 年版,第 307 页。

[90] See Alan Meisel, The "Exceptions" to the Informed Consent Doctrine: Striking a Balance between Competing Values in Medical Decisionmaking, 2 Wisconsin Law Review 413, 423-428 (1979).

[91] 参见,例如,李燕:"患者自己决定权研究",载梁慧星主编:《民商法论丛》(第 17 卷),法律出版社 2000 年版,第 576—578 页;前注 76,龚赛红书,第 172—173 页;胡永庆:"知情同意理论中医生说明义务的构成",载《法律科学(西北政法学院学报)》2005 年第 1 期,第 97—98 页。

1. 说明义务的例外：医疗特权

说明义务的例外有三：放弃权利、紧急情况，以及医疗特权。前面两项例外几笔带过，医疗特权例外则得多施笔墨。

患者既有请求披露信息的权利，当然也就有拒绝知情的自由。患者明确表示不欲知晓相关信息的，医疗服务人即不得向其提供信息。倘不提供信息会危及患者或者第三人健康、安全的，例如患者罹患严重的遗传或者传染性疾病，医疗服务人即仍应说明。[92]

若是病情紧迫，急需治疗以防止患者遭受严重损害，医疗服务人的说明义务即得视具体情势而相应修正。但实施治疗仍应征得患者同意，除非构成征得同意义务的例外。这里的紧急情况不以患者丧失同意能力为要件，与下面的紧急情况有别，应予注意。[93]

最为重要也是中国立法者明确书写的，则为医疗特权（therapeutic privilege），即《民法典》第1219条第1款第2句后半段所谓"不宜向患者说明"的情形。这里援引知情同意法制史上声名远布的坎特伯雷案判决来揭明其含义："吾人得坦白承认，有时，向患者披露信息会使患者病情恶化或者情绪失常，从而不能为理性决定，或者令治疗愈加困难或妨碍治疗，甚至给患者造成精神伤害。这种情形发生时，过去判例的态度是，医生有权暂不披露相关信息，吾人亦以为，理所当然的做法是，出现前述种种迹象时，医生完全有正当理由采取其认为有医学依据的举措。而需要考察的关键就是，医生的这个判断，即风险信息的披露会给患者健康造成威胁，在医学上是否站得住脚。"[94]

---

[92] 参见，《荷兰民法典》第7：449条；《欧洲示范民法典草案》第四编C分编第8：107条第1款a项；《德国民法典》第630c条第4款。这里三件立法例，皆要求放弃表示需以明示方式为之，学说上亦以为，特定情形下，亦得以可推断的行为方式为之。See supra note 68, Albin Eser, 248-249.

[93] 参见《欧洲示范民法典草案》第四编C分编第8：107条第2款；《德国民法典》第630c条第4款；Alasdair Maclean, *Autonomy, Informed Consent and Medical Law: A Relational Challenge*, Cambridge University Press, 2009, pp. 208, 254.

[94] Canterbury v. Spence（464 F. 2d 772, 783）1972. 不少中文文献曾误将此术语用作指称知情同意原则诸例外的总体概念，经反复宣讲，终被最高人民法院释义书援引，以讹传讹。参见前注79，陈现杰书，第199页。该错误用法最早见于前注91，胡永庆文，第92、98页（同一篇论文，此处用对，彼处用错）。另外，颇有著述以为，患者无完全民事行为能力的，亦属"不宜"情形，参见前注76，王竹文，第96页。实则，此际原本即不必向患者说明；而医疗特权规则适用情形为，原本应该说明的事项，于特定条件下不必说明。

医疗特权术语系英美法上的表达，其措辞易致误会，让读者形成不正确的印象，以为对医生说明义务的豁免来自某种"特权"。与此讨论相关，更有甚者，好多著述信誓旦旦，称医疗服务人享有得与患者权利相对抗，于特定情形甚至得压制患者权利的所谓医疗干预权或者自由裁量权之类。[95]此等议论于中国医疗法制，尤其是患者权利保护破坏极大。实则，除了报酬给付请求权，医疗服务人哪还享有别的权利呢？医疗服务人，以其受托人的地位，唯有服从患者指示的义务；于遵照指示办理事务的过程中自有裁量余地，惟其性质为权限，而非权利。[96]医疗服务人依其专业素养，认为患者指示与医学原理相悖的，自应提出建议，甚至得解除合同，但绝无拂逆患者意志的医疗干预权、自由裁量权。

医疗特权例外，与权利无关，其系从医生对患者所负注意义务中演绎出来。[97]也就是说，先是诊疗义务的要求，进而方得为未尽说明义务的免责事由，德国法称之为"人道主义原则（humanitäres Prinzip）"[98]，更能明其保护患者利益的主旨。

在中国法上，此项法制倒是向来以医生义务的面貌行走[99]，并且颇富中国特色地被称为"保护性医疗措施"，[100]立法者终究未能在立法技术上将其安置妥当，《民法典》第1219条第1款第2句简单袭用医疗行政法，失去了

---

[95] 参见，例如，安媛媛："浅论医生干涉权及其行使之应用程序"，载《东南大学学报（医学版）》2005年第1期；郭春镇、林海："'对接'的'父爱'——评《侵权责任法》第56条中的'医疗权'"，载易继明主编：《私法》（第9辑·第2卷总第18辑），华中科技大学出版社2011年版（将紧急情况例外解读为体现父权主义的医疗权）；前注80，金玄卿文，第163页（"说明义务与医师的医疗裁定权可能发生冲突"）。

[96] "受任人因委任，取得处理委任事务之权限，是为事务处理权。按一般所称权利，仅以一定利益为其内容，且其利益系归属于权利人自己。事务处理权旨在决定受任人有无干涉委任人事务之资格，其利益亦不终局归属于受任人，概念上与一般所称权利，尚有区别，而与代理权人之代理权，大致相抵，性质上属于权能性之权利，故以权限称之"。邱聪智著，姚志明校订：《新订债法各论》（中），中国人民大学出版社2006年版，第150页。

[97] Supra note 68, Albin Eser, p. 248.

[98] 参见前注5，马克·施陶赫书，第187页。韩国学界亦有讨论，以为医疗特权术语或会对患者自主造成消极影响，建议改称为基于医学理由而免除说明义务。参见前注80，金玄卿文，第162页。

[99] 1999年《执业医师法》（已废止）第26条第1款（"医师应当如实向患者或者其家属介绍病情，但应注意避免对患者产生不利后果"）；《医疗事故处理条例》第11条（"应当将患者的病情、医疗措施、医疗风险等如实告知患者，及时解答其咨询；但是，应当避免对患者产生不利后果"）。

[100] 《医疗机构管理条例实施细则》第62条第3句（"因实施保护性医疗措施不宜向患者说明情况的，应当将有关情况通知患者家属"）。

恢复这项免责机制本来面目的机会。而隐藏在这背后的难题是，借侵权法来起草医患关系法，势必破坏侵权法事后救济法的性格，混乱不同立法间的分工。

为免医疗服务人滥用医疗特权的模糊性，逃避对患者的说明义务，比较法上多以为，仅当患者的生命健康处于险境，方许援引此项例外，而且必须是极为严重的情况，例如精神疾病或者心脏疾病，相关信息可能会给患者带来极大震动，造成死亡或者严重健康损害。[101]如前引坎特伯雷案判决即道："医生得基于医学理由而暂不告知相关信息的特权断不可滥施，否则可能吞没信息告知规则本身。依家父主义观念，仅仅因为告知相关信息或会促使患者放弃医生认为确有必要的治疗，医生即得三缄其口；而医疗特权原则断难接受此等朽见。即便正常的患者，也被家父主义假定为阴晴不定（instability）、任性无常的（perversity），这种理论当然与患者应该（通常也能够）自主选择的根本性原则背道而驰。"[102]

德国判例法亦以为，仅有造成患者精神忧惧的单纯可能性是不够的，还必须威胁到患者的身体健康。[103]

《民法典》第1219条第1款第2句后半段所谓"不宜"，系立法者以不确定概念授权法官，于司法实践中逐渐勘定医疗特权例外的适用范围，其边界自然因时而动，因人而异；患者的健康状况、生活环境、职业、教育背景、个性等因素，都应加以考虑，即贯彻具体患者标准。倘泛泛地讲，仅仅由于相关信息"会造成患者悲观、恐惧、心理负担沉重"[104]，或者"情绪强烈波动、拒绝治疗"[105]，就要阻塞患者视听，恐怕背离制度初衷远甚。

即便在"不宜"情形，但凡可能，必须向有权代为同意之人说明并取得同意[106]，不得由医疗机构代为同意。[107]

---

[101] 参见欧洲民法典研究组、欧盟现行私法研究组：《欧洲私法的原则、定义与示范规则：欧洲示范民法典草案（全译本）》（第四卷），于庆生等译，法律出版社2014年版，第676页。

[102] Canterbury v. Spence（464 F. 2d 772, 789）1972.

[103] 参见前注5，马克·施陶赫书，第188页。

[104] 前注4，王胜明书，第277页；前注2，黄薇书，第202页。

[105] 陈特："患者的知情同意权与医疗机构的告知义务"，载前注89，陈特书，第6页。

[106] 当然也要取得患者同意，只是患者的同意不是真正知情后的同意。

[107] 参见《荷兰民法典》第7：448条第3款。前引坎特伯雷案判决亦道，"即便在这种情形下，为了得到对推荐治疗方案的同意而向患者近亲属披露，大概是医生唯一可能的选择了"[Canterbury v. Spence（464 F. 2d 772, 789）1972]。

2. 未经同意不得施治义务的例外：紧急情况

未经同意不得施治的义务，例外主要有二：法定强制医疗，以及紧急情况。前者如《传染病防治法》中的强制隔离、强制治疗，本文略过，专论紧急情况例外。还是前引坎特伯雷案判决，就此项例外论述如次：

"其适用情形为，患者丧失意识或者出于其他原因无能力为同意表示，倘不为治疗，损害迫在眉睫，而该损害又远远大于医生施治可能带来的损害。当此等真正紧急情况（genuine emergency）发生，吾人之解决方案为，既然与患者沟通磋商不切实际，即干脆免除之。在具备此等特征的情况下，依现行法要求，医生应尽可能地得到患者亲属同意。倘时间紧迫，无暇讨论，医生得径为治疗，此点毋庸置疑。"[108]

这段引文可算代表了比较法上的普遍立场。[109] 于此可知，"紧急情况"系具有特定含义的法律术语，非仅指病情急迫本身，还包括了不能听取患者（或有权代为决策之人）意见这一要素，不能当日常用语来理解。[110]

就病情急迫要件，比较法上多要求危及生命，或者可能严重破坏健康。[111] 这样严苛的限制，思路如同医疗特权例外，都是为了避免过度侵蚀患者自主地位。《民法典》第1220条所谓"生命垂危"等，亦同此意。至于"不能取得患者或者其近亲属意见"，起草机关亦特别强调，系指没有机会听取意见，绝不包括"明确表示拒绝采取医疗措施的情况"。[112]《最高人民法院关于审理医疗损害责任纠纷案件适用法律若干问题的解释》第18条第1款写明了四项典型情形，"近亲属不明""不能及时联系到近亲属""近亲属拒绝发表意见""近亲属达不成一致意见"，皆无问题。至于第五项"法律、法规规定的其他

---

[108] Canterbury v. Spence（464 F. 2d 772, 783）1972.

[109] 参见前注101，欧洲民法典研究组、欧盟现行私法研究组书（第四卷），第687—688页。

[110] 或谓，"生命的重大危险性和时间的紧迫性两要件""较易为人理解和接受"，至于"无法征得有效同意的要件""不利于医生及时治疗，应无必要"。满洪杰："作为知情同意原则之例外的紧急专断治疗——'孕妇死亡'事件舆论降温后的思考"，载《法学》2008年第5期，第130页。难怪该文会将此项例外误称为"专断治疗"，实则，此项例外的正当性恰恰在其不违背患者真实或可得推知的意思，非为专断治疗。误用"专断治疗"术语的，另见前注76，王竹文，第93、99页。这一例外适用的情形为，患者不能表达意志，且有权代为决策之人不在场或无此等人。或谓，患者因疼痛、声带受损无法发声，患者不具备完全民事能力，也包括在内（前注76，王竹文，第100页），亦系误读。不能言语，并非不能表达意志；患者无识别能力的，原本即不能自为决策。

[111] 参见前注101，欧洲民法典研究组、欧盟现行私法研究组书（第四卷），第687—688页。

[112] 前注4，王胜明书，第278页；前注2，黄薇书，第207—208页。

情形"，乃是对法律保留技术的错误使用。只要明确以上四项不过是非穷尽例示即可。

明乎此，也就知道，《民法典》第 1220 条实系《民法典》第 922 条第 2 句后段受托人变更指示权之嫡子。

医疗合同之为无名合同，性质上最接近委托合同，故得参照适用委托合同相关规范。在委托合同中，受托人的主要义务即为依委托人指示处理委托事务（《民法典》第 922 条第 1 句）；未经同意，不得变更指示（《民法典》第 922 条第 2 句前段）。医疗合同亦然。虽从就医体验看，医生不断对患者发布"指示"，但就法律关系言，仍系患者指示医疗服务人（患者决定）。医疗服务人纵然认为指示有违患者利益，亦只有建议义务，而无擅自变更的权利；实在不愿遵从，于不危害患者的条件下，可以解除合同。

到了关键的第 2 句后段，"因情况紧急，难以和委托人取得联系的，受托人应当妥善处理委托事务，但事后应当将该情况及时报告委托人"。所谓"应当妥善处理"，即指受托人负有变更指示的义务。受托人对委托人负善良管理人的注意义务，如今情况有变，泥守原先指示有害于委托人的，受托人不肯应变，即未尽注意义务。正因为系受托人的义务，方得为擅自变更指示的免责事由，进而才可称变更指示权（限）。

立法仅提及"情况紧急"及"难以和委托人取得联系"，理论上应认为，尚需以能够推定委托人若知有此情况也会允许变更指示为受托人行使变更指示权的要件。情况紧急，但不能推定委托人允许变更指示的，不得变更指示；无紧急情况，纵可推定委托人允许变更指示，亦不得径行变更指示，只能通知委托人，等待进一步指示。[113] 医疗合同亦正是如此。病情危急，患者又不能表达意志的，医生得否施治，还必须考虑患者真实或可得推知的意见。不能认为患者会反对抢救的，医生方得依患者客观最佳利益施行治疗。[114]

由不违背患者真实或可得推知的意思出发，医生此际施治，程度上亦受束缚。此限于从客观医学角度看，为挽救患者生命或者防止健康严重恶化合

---

[113] 参见黄立主编：《民法债编各论》（下），中国政法大学出版社 2003 年版，第 512 页。

[114] 如《欧洲示范民法典草案》第四编 C 分编第 8：108 条第 4 款即道，"倘未尽可能考虑无识别能力患者的意见以及患者在失去识别能力前明确表示的有关意见，医疗服务人不得施治"。少数情形，医患关系以无因管理为法律事实。适法无因管理之构成，亦以不违背本人真实或可得推知的意思为要件。委托合同与无因管理原本即是近戚，法律构成类同，也是理所当然。

理必需的医疗措施，过于殷勤的医疗干预则非为正当。道理很简单，大刀阔斧，难以遽认为患者可得推知的意思；稳定住病情，尽量等待患者的明示意思，才合乎《民法典》第 922 条的主旨。如此，才能防止对那些身处特别脆弱境地的患者滥施治疗或者错误治疗。[115]

患者生命垂危，又不能表达意志，也没有任何迹象显示患者宁愿拒绝抢救，此际，医疗服务人是负有施治义务的（"妥善处理委托事务"）。[116] 明白了这个道理，就可以知晓，为何《民法典》第 1220 条凭空发明的要件——在比较法上罕见稀闻的"医疗机构负责人或者授权的负责人批准"，乃是画蛇添足。

《民法典》第 1220 条的规范目的不外在于，于患者自主决定之外，兼顾包括患者客观利益及医疗职业利益在内的社会健康利益。病情的急迫、不能征得患者意见以及医疗手段受限制，皆旨在于冲突价值之间实现接驳，而医疗机构负责人批准这一旁逸斜出的要件既无助于维护患者利益（医疗机构负责人并非患者近亲属，不了解患者的主观价值取向），亦无助于维护社会健康利益（医疗机构负责人并不比施治医生处在更有利于判断何为患者最佳客观利益的位置上），更为医疗机构免责横生掣肘（难道只有批准了才免责吗？），于该条之规范目的，不独无益，反而有害。

《民法典》第 1220 条仅以"情况紧急"以及"不能取得患者同意"为要件本来即可大功告成，偏又独沽一味，另向官僚体制首长搬兵乞援，既与《民法典》第 922 条第 2 句构成体系冲突，又无助于实现任何规范目的。第 1220 条本是两种冲突价值权衡的结果，而在这个价值权衡的天平上，在医疗机构这个官僚体制中所占据的行政位置的高下构不成哪怕最轻的一块砝码，故在解释上应认为，只要满足了病情急迫、不违背患者真实或可得推知的意思这两项要件，不论是否得到了医疗机构负责人的批准，医生施治侵入患者身体，都不构成侵权；反之，前述两项要件不得满足的，即便得到医疗机构负责人批准，仍然构成侵权。[117]

---

[115] 参见《欧洲示范民法典草案》第四编 C 分编第 8：108 条第 5 款："在第 3 款所列情形下，医疗服务人仅得实施旨在提升患者健康状况的治疗。"

[116] 不论是受托人还是无因管理人，都对本人负有善良管理人的注意义务。

[117] 参见唐超："'医疗机构负责人'批准是否必要？——《侵权责任法》第 56 条的解释论"，载刘艳红主编：《东南法学》（2017 年辑春季卷，总第 11 辑），东南大学出版社 2017 年版。

（三）有权代为医疗决策之人

即便在贯彻患者自主意识形态最有力的法域，医疗决策权也难以专属于患者而不许他人染指分毫。本于迈泽尔所谓社会健康利益，除了医生父权，还有两样父权主义与患者自主意识形态相颉颃，一为家族主义（患者家属对于患者健康的利益），一为国家父权主义（社会对于社会成员个体健康的利益）。

1994年《医疗机构管理条例》第33条确立的相关法制，还打着鲜明的家族主义烙印：实施侵入性医疗措施，要同时取得患者和"家属或者关系人"同意。《侵权责任法》及《民法典》建设的新体制则往患者自主意识形态大幅靠拢[118]，表现有四：取消了家属共享的决策权；"家属"改为"近亲属"；近亲属得代为决策的情形缩窄，以医疗特权和紧急情况为限；"关系人"被涂销。《医疗机构管理条例》于2022年修订，摒弃了原有立场（第32条）。

新法制下，两个问题亟待厘清：其一，《民法典》第1219、1220条的"近亲属"，是否应依监护法、继承法的界定来理解，进而是否应依监护法、继承法相关规则序齿排班？其二，近亲属所为之医疗决策，倘不合乎患者客观最佳利益，医疗服务人得否不予理会？

国内著述多倾向于依民事一般法来理解医疗法中的"近亲属"。[119] 与此话题相关，1994年《医疗机构管理条例》第33条曾参考我国台湾地区"医疗法"第63条，将"关系人"与"家属"并举，而今将"关系人"弃置，道理何在？

我国台湾地区"医疗法"第63条第1项道，"医疗机构实施手术，应向病人或其法定代理人、配偶、亲属或关系人说明手术原因、手术成功率或可能发生之并发症及危险，并经其同意，签具手术同意书及麻醉同意书，始得

---

〔118〕 有学者梳理中国立法沿革，就医疗决策权的归属，归纳为家属和单位任选模式，患者和家属、关系人共享模式，患者和家属任选模式，患者模式四种前后相继的模式。参见，丁春艳："由谁来行使知情同意的权利：患者还是家属？"，载《法律与医学杂志》2007年第1期，第30页；季涛："谁是医疗关系中知情同意权的主体？"，载《浙江社会科学》2010年第2期，11页。

〔119〕 参见，例如，前注79，陈现杰书，第196页（"《民通意见》明确规定，近亲属包括……"）；前注118，季涛文，第11页（"将非法律概念'家属'转换为法律概念'近亲属'"）；前注76，王竹文，第96—97页（建议将"近亲属"改为"法定代理人"，并依《继承法》确定顺位，因为"医疗行为可能导致死亡进而发生继承"）；陈燕红："困境与出路：我国患者知情同意权法律保护与适用的完善建议"，载《河北法学》2014年第2期，第136页（建议依《民法通则》确定近亲属的范围，依《继承法》确定代为决策权利的顺位）。

为之。但情况紧急者，不在此限。"据我国台湾地区 2004 年发布的"医疗机构施行手术及麻醉告知暨取得病人同意指导原则"，关系人"原则上系指与病人有特别密切关系之人，如同居人、挚友等；或依法令或契约关系，对病人负有保护义务之人，如监护人、少年保护官、学校教职员、肇事驾驶人、军警消防人员等"。杨秀仪教授质疑，何以同意权主体如此泛滥，难道是为"保护医院免于医疗纠纷之风险"？[120]吴志正先生则以为，"'配偶、亲属、关系人'等，除非系'法定代理人'或'意定代理人'，否则应均非为行使病患同意权之主体"；又以为，条文中所谓"并经其同意"，仅指经患者本人同意，至于"配偶、亲属、关系人"，惟得听取医疗机构说明而已。[121]学说上虽将患者自主奉若神明，实务上却我行我素，即便病情并不危急、患者有同意能力，我国台湾地区判例亦许"配偶、亲属、关系人"代为同意。[122]

我国台湾地区"医疗法"的"关系人"构造，不知其所本，其他国家和地区似乎少见同样思路。考察欧洲法制，大致立场有二：其一仍保留家族主义色彩，如荷兰法，患者无识别能力的，得代为决策之人，先为监护人、保佐人，次为配偶、终身伴侣，再次为父母、子女、兄弟姐妹（《荷兰民法典》第 7：465 条，无"关系人"设计）。比利时法亦属此类。倘无所列之人或此等人拒为决策，医生应本患者最佳客观利益施治；同顺位诸人意见不一的，亦然。另一为典型患者自主模式，如同吴志正先生见解，得代为决策之人极窄，限于监护人或意定代理人；同时又引入"关系人"设计，但作用仅在备医生咨议，跟不得代为决策的亲属一道，帮助医生确定患者真实意愿。如依瑞士法，在紧急情况下，就医学上必要的医疗措施，医生通常得认为已获患者同意。倘患者亲属或者患者书面的预先指示有不同说法，即应在时间许可范围内努力探查患者意愿。为此，应向患者家属、家庭医生或者"其他关系密切之人"了解患者的价值取向和先前言论。[123]依芬兰法，成年患者因精神障碍、精神迟钝或者其他事由不能为医疗决策的，就重大医疗事务，必须听

---

[120] 杨秀仪："病人、家属、社会：论基因年代病患自主权可能之发展"，载《台大法学论丛》2002 年总第 31 卷第 5 期，第 10—11 页。转引自吴志正：《解读医病关系Ⅱ》，元照出版有限公司 2006 年版，第 154 页。

[121] 同上注，吴志正书，第 150—151 页。

[122] 同上注，第 153 页。

[123] See Andrea Büchler & Thomas Gächter, Medical Law in Switzerland, Kluwer Law International, 2011, pp. 96-97.

取法定代理人、家属或者"其他关系密切之人"意见（《患者地位与权利法》第 6 条）。德国法亦然，即便照管人亦无代为医疗决策之权。医生应就选择的医疗方案，跟照管人商讨，确使合乎患者意愿（《德国民法典》第 1901b 条第 1 款）；"只要不会造成显著迟误，应尽可能使受照管人的近亲属及其他受信赖之人有表达意见的机会"（《德国民法典》第 1901b 条第 2 款）。

吴志正先生是依典型患者自主模式来解释我国台湾地区有关规定的，他大概认为，家族主义模式没有办法解释清楚，监护人和意定代为医疗决策人之外的其他人为何得代为医疗决策。[124]但立法者恐怕确实是打算保存家族主义余绪（甚至将"关系人"纳入家族范畴，可称扩展的家族主义模式），而医疗事务决策也并不当然类推适用代理法制。在法律行为领域，不许法定代理人和意定代理人之外的家属介入本人事务，于本人无甚大碍；而在医疗领域，在需要代为决策而监护人和意定代为决策人又不可得的情况下，倘不许其他家属甚至"关系人"代为决策，"权力"便只好落在医生手里。在推重家族价值的儒家文化背景下[125]，为何不将此权限委诸与患者关系更为密切的家属，而偏要委诸陌生的医生呢？倘确应在家族主义流风余俗下解释《民法典》第 1219、1220 条，那么"近亲属"即并不当然对关于监护人候选人范围及顺位的规则亦步亦趋，盖规范目的有别。不论为了更准确判断患者对医疗事务的价值取向，还是维护整个家族利益，医事法在这里都应保有独立性，甚至纳入"关系人"也并非不可接受。[126]

接下来的问题是，倘若"近亲属"的医疗决策有悖患者客观最佳利益，医生如何处理。比较法上有所谓国家监护权设计（parens pariae），有权机关得于特定情形为无识别能力人安排医疗事务。如在德国法上，受照管人接受健康状况检查、治疗或者手术，倘确有根据认为，可能因这些医疗措施而死

---

[124] 倘若类推适用民法总则的代理法制，只得同意吴志正先生的见解。

[125] 参见前注 11，肖恩·哈蒙、金娜京文，第 478 页。

[126] 纵使经历时代变迁，家属和关系人也未完全隐去。比如，患者因脑部手术失败，陷入植物人状态。分居多年的配偶要求撤除维生设备，患者的兄弟姐妹则要求继续治疗，患者的单位（"关系人"）愿意承担治疗费用。在此例中，很难说继续治疗就比停止治疗更合乎患者的客观最佳利益。此际，整个家族的立场更为重要，单位也扮演着重要角色，这里问题的复杂性，不是监护法或者继承法上的顺位能应付的。所谓"由于医疗行为可能导致死亡进而发生继承，因而应该参考《继承法》第 10 条关于继承顺位的规定"（前注 76，王竹文，第 96—97 页），让人悚然而惧，不知当作何解。至于我国台湾地区将"肇事驾驶人、军警消防人员"写入，显非妥当解释。

亡或者遭受严重、长期健康损害，则照管人所为之同意，应经监护法院批准（《德国民法典》第 1904 条第 1 款）。某种健康状况检查、治疗或者医疗干预，于受照管人有医疗上之必要，且有合理根据担心，倘不接受此种医疗措施或者中断此种医疗措施，会造成受照管人死亡或者严重、长期健康损害的，照管人不同意或者撤回同意，应经监护法院批准（《德国民法典》第 1904 条第 2 款）。倘照管人与主治医生达成一致，自不必乞援于监护法院（《德国民法典》第 1904 条第 4 款）。在苏格兰法上，主治医生认为特定治疗措施合乎无能力患者的利益，患者的监护人或者福利律师（welfare attorney）或许出于某种可疑的动机而拒绝为同意表示，针对这种情况，主要是通过同侪意见和法院命令来保护患者利益。[127]

中国法上欠缺相应机制，如何处理，颇为棘手。依最高人民法院释义书的看法，在患者、医疗机构和患者的近亲属三角关系之间，不能过高地设定患者近亲属的主体地位和决定权，如果不能取得患者的意见，只能取得其近亲属的意见，医疗机构如何采取紧急救治义务应当有一定的判断余地，在患者近亲属的意见重大且明显地损害患者利益时，医疗机构应当拒绝接受患者近亲属的意见。

这番见解有加以解释的必要。患者固得为从医学上看非理性的决策，亦不必向医生说明理由[128]，但代为决策人倘为从医学上看非理性的决策，应向医生出具令人信服的证据，表明这合乎患者的价值取向，否则，医生仍应本患者客观最佳利益施治。盖医生对患者负有善良管理人的注意义务，对代为决策人非理性决定加以审查，乃注意义务使然。《里斯本宣言》也是这个思路："倘有权代为决策之人，或者患者授权之人，拒绝了在医生看来合乎患者最佳利益的医疗措施，医生应于相关法律机构或其他机构质疑此等决定的有效性"（第 5 条 c 款），非谓医生对医学视角下的非理性决定得径予否定；惟于紧急情况，此等程序缓不济急的，"医生应本患者最佳利益行事"（同前）。中国医师协会 2014 年发布的《中国医师道德准则》第 26 条道，"如果患者法定代理人或授权人禁止为患者提供必要的治疗时，医师有义务提出异议，如在危急时则以患者利益至上而从事医疗行为"，亦必本此以解，方

---

[127] 参见前注 101，欧洲民法典研究组、欧盟现行私法研究组书（第四卷），第 686 页。
[128] 参见本书第三章，"三、理性与拒绝治疗"。

可赞同。[129]

立法起草机关以为，紧急情况下的医疗决策事宜"涉及到法定代理权、监护权等基本民事法律制度，情况较为复杂，应当总结实践经验作进一步研究，待条件成熟时再作明确规定"。[130]这段话无意间道及隐奥。倘照《民法典》第1219、1220条的写法，侵权法将变为医事法、道路安全法、动物管理法、环境保护法诸多实体法律的大杂烩。以损害赔偿法之身，担荷医患关系法之任，宜乎不伦不类。

四、病历、隐私、不必要检查、"医闹"诸条

医疗服务人制作、保管病历资料的义务以及向患者提供病历资料的义务，医事法规定纂详。[131]"医疗损害责任"章不惮其烦，再次僭入医事法领域，将此特加申叙。医疗服务人违反病历义务，行政主管部门得施加制裁；[132]就病历资料的提供义务，患者亦得依合同法诉请履行；[133]惟违反此等义务本身，并不引起侵权法上的法律效果。立法者固可据医疗服务人违反病历义务，"推定"某些要件事实[134]，《民法典》第1225条又并未如此设计。

患者隐私利益固然值得保护，但这并不意味着《民法典》第1226条就写对了。在德国法上，隐私利益无缘厕身遭受侵害本身即可直接征引不法的具

---

[129] 该条很可能袭自《里斯本宣言》第5条c款，但有两点需要澄清：其一，《里斯本宣言》使用的术语大概译为"有权代为决策之人（legally entitled representative）"比较合适。在中国法里，无行为能力人和限制行为能力人方有"法定代理人"，而《民法典》第1220条针对的情形却是患者有识别能力，只是出于昏迷等原因暂不能表达意志。《中国医师道德准则》第26条也许并不仅仅针对"紧急情况"，但"法定代理人"的提法意味着将很多"近亲属"排除在外，违背了现行法的立场。其二，《中国医师道德准则》第26条所谓"提出异议"，在中国法制下，应理解为要求代为决策人说明理由。倘代为决策人拿出证据，表明其从医学来看非理性的决策正合乎患者意愿，医生自应照办。

[130] 前注4，王胜明书，第279页；前注2，黄薇书，第208页。

[131] 参见1999年《执业医师法》（已废止）第23条，《医师法》第24条，《医疗事故处理条例》第8条、第10条、第16条，《医疗机构病历管理规定》相关规范。

[132] 参见1999年《执业医师法》（已废止）第37条，《医师法》第56条，《医疗事故处理条例》第56条。

[133] 病历义务乃从给付义务，故得诉请履行。

[134] 参见，例如，《德国民法典》第630h条第3款（就必要的重大医疗措施，施治方未加记载或者保管的，推定未实施该医疗措施）；《欧洲示范民法典草案》第四编C分编第8：109条第3款（医疗服务人未尽到病历提供、解释义务的，"推定医疗服务人未履行技能和注意义务，并推定义务不履行与伤害之间有因果关系"）。

体人格权行列，只得栖身于剩余性质的"其他权利"，借利益衡量来划定保护范围。中国《民法典》纵将隐私升格为"权利"（第1032条），自事理而言，亦不可能一遭侵害即初步认定构成侵权（不论是否继受德国的结果不法说）。是以，隐私的保护边界必定因案（型）而异。反映于立法上，便是往往针对若干重要、特殊的生活领域，如医疗、新闻等，就隐私边界设置特别规定。在隐私侵权诉讼中，援引的请求权基础便是《民法典》第1065条第1款结合这些特别规则。就医疗而论，这些特别规则得写入医疗契约法（如荷兰），得写入患者权利保护法（如北欧），亦得写入医疗法、医师法之类公法（如中国），惟不得写入侵权法。

古典意义的隐私权保护所谓"生活私密领域免于他人侵扰"，信息社会的隐私权则侧重"个人资料之自主控制"。[135]医疗场合的隐私利益，自然也体现为这两个方面。现代医事法著述多只讨论信息自主[136]，原因大概在于，医疗场合的"生活私密领域"暴露的机会固然更多，规范上却无甚特别着墨的必要。[137]《民法典》第1226条在形态上表现为请求权基础，但于构成要件及法律效果又不能有任何别样设计，遂与第1065条第1款叠床架屋。

医疗服务人"违反诊疗规范实施不必要的检查"（《民法典》第1227条），多会伴随欺瞒。倘触及患者身体，所得患者同意既非知情同意，自然无效，实施的检查遂构成侵权，患者得依第1219条请求损害赔偿。不论是否触及患者身体，倘以经济创收为目的，或会给患者"造成较大经济负担"（《医疗机构管理条例实施细则》第88条第4项），系以违背善良风俗的方式加害他人或者违反保护性法律，患者得依《民法典》第1065条第1款请求赔偿纯粹经济损失。倘造成患者生命健康权受侵害，依《民法典》第1218条负损害赔偿责任自不待言。是以，在所谓不必要检查或过度检查情形，第1227条并不提供统一请求权基础，并无书写价值。

---

〔135〕 王泽鉴："人格权的具体化及其保护范围·隐私权篇（中）"，载《比较法研究》2009年第1期，第9页。

〔136〕 See e. g. Tade Matthias Spranger, Medical Law in Germany, Kluwer Law International, 2011, pp. 86.

〔137〕 实证法上的例子当然有，例如，奥地利《医院疗养院法》（No. 7 Frame Law on Hospitals and Sanatoria）要求医院应采取恰当措施，维护多人病房里患者的私密空间（第5a条第1款）。See Aline Leischner, etc., Medical Law in Austria, Kluwer Law International, 2011, p. 98.《荷兰民法典》则提到，非经患者同意，"任何他人不得观摩医疗服务人依医疗合同所实施的医疗行为"（第7：459条）。

同样，被好多医院刷在门口用做标语的《民法典》第1228条，除了"宣示性"[138]，在法律适用上全无意义。"医闹"的表现形态各异，在刑事和行政责任之外，民法上不论是侵害物权（破坏医院设施）、人身权（伤害医生），还是纯粹经济利益（封堵医院致无法营业），率以《民法典》第1065条第1款为请求权基础。

五、结论：中国医疗民事立法的方向

不同于中国立法者的侵权法进路，今天医疗民事立法的潮流乃是有名契约进路。这一潮流滥觞于1960年《埃塞俄比亚民法典》，其所以能享此荣誉，大概得归功于其起草者——法国比较法学家勒内·达维德。不过，其条文虽然不少（第2639—3652条），现代医事法格外看重的知情同意、病历等内容却付之阙如，着墨最浓的似乎是费用义务（2643—2646条）。另外，条文似嫌破碎，有些可以合并，有些可以省略。真正开风气的应算《荷兰民法典》第七编（1995年），第七章第五节就现代医事法上的知情同意原则及例外、病历义务、保密义务、隐私保护以及与医疗研究利益的协调、同意能力、医疗契约的解除等内容，规制纂详，令人耳目一新。难怪克雷斯蒂安·冯·巴尔说，这也许正是它在欧洲被视为一部现代化民法典的原因。[139]此后，2000年《立陶宛民法典》、2001—2002年《爱沙尼亚债法典》，踵武相继。2009年，代表欧盟国家私法基本共识的《欧洲示范民法典草案》亦为医疗契约设专章，与荷兰法制相仿佛。德国也在2013年赶上潮头，联邦议会通过《改善患者权利地位法》，依第1条，于《德国民法典》第630条之后添加8条，名之为医疗契约，遂从雇佣契约下独立出来，而为有名契约，真可谓老而弥新。

医患法律关系大抵因契约而生，内中发生侵权的终归只是少数，病历、费用等事宜并不见得会涉及侵权；而在医疗侵权法上，判断医疗服务人是否犯下过错，亦必以医疗契约法界定的义务为据。《民法典》医疗损害责任章舍本逐末，便不得不越俎代庖地于侵权法中植入众多契约法条款，相较特殊侵权其他诸章，尤显得格格不入。

医疗侵权法固然包含不少特别规则，但主要体现在证据规则上，并不改

---

[138] 前注3，H. G. 博威格、N. 多考夫、N. 杨森文，第148页。
[139] 前注11，克雷斯蒂安·冯·巴尔书，第358页。

变客观证明责任的配置。医疗损害责任章既然不能在证明责任上有所建树，也就基本决定了这"打破传统"的立法例在法制史和比较法上的价值。

除了正文提及的技术瑕疵，整个医疗损害责任章的谋篇布局，诊疗过失侵权（《民法典》第1218条、第1221—1222条，第1224条）、说明过失侵权（《民法典》第1219—1220条）、医疗产品侵权（《民法典》第1223条），何以偏要梅花间竹、穿插前行，亦颇令人费解。

中国医疗民事立法还是应该遵循契约法路径，将医疗契约写为有名契约，如此方能对医患间的法律关系予以全面规制。《民法典》中草草几笔的病历义务、隐私义务诸条，亦可借契约法充实完善。医疗侵权法的内容，比如现在的第1218条、第1219条第2款、第1221条、第1223条，以移入医疗基本法为宜，如同《道路交通安全法》《环境保护法》《民用航空法》和侵权法的关系。第1222条不合法律推定的学理，第1224条破坏了证明责任的配置体系，第1228条纯属宣言口号，皆以删除为宜。

第二章
医疗机构就缺陷产品致患者损害的责任

《侵权责任法》制定时，设计了一套新颖的医疗产品责任规则。依该法第59条，缺陷医疗产品致患者损害的，生产者和医疗机构对患者负连带责任（第1句）；医疗机构就缺陷形成无过错的，对患者赔偿后，得向生产者追偿（第2句）。从构造上看，医疗机构的地位颇类产品责任中的销售者。[1]待到《民法典》编纂，除了顺应《药品管理法》第6条药品上市许可持有人制度，在责任主体中添加药品上市许可持有人，其他内容几乎未做更动（《民法典》第1223条）。

自《侵权责任法》颁布，这套新规则即饱受学界排击，思路大抵有二：其一，从比较法上看，多强调服务、产品之别，医疗服务中纵使利用了缺陷产品，产品之利用亦附属于服务之提供，医疗服务人仍非产品销售者。其二，以为在"以药补医"的背景下，医院加价出售药物，或还可将其视作销售者，衡诸"医药分开"的医改趋势，坚持这样的立场无异于胶柱鼓瑟。[2]这两项论据都有些文不对题。本文旨在为《民法典》第1223条稍作辩护，并就这一条适用上的若干细节，略陈管见。

最早发表于《东南大学学报（哲学社会科学版）》2018年第2期。依《民法典》及最高人民法院司法解释、2022年施行的《执业医师法》、2022年修订的《医疗机构管理条例》相关条文略作文字修改。

[1] 参见《产品质量法》第43条、《民法典》第1203条（《侵权责任法》第43条）。

[2] 参见，例如，廖焕国："医疗机构连带承担药品缺陷责任之质疑"，载《法学评论》2011年第4期；杨立新、岳业鹏："医疗产品损害责任的法律适用规则及缺陷克服——'齐二药'案的再思考及《侵权责任法》第59条的解释论"，载《政治与法律》2012年第9期；赵西巨："我国《侵权责任法》中的医疗产品责任立法之反思——以商品与服务二分法为视角"，载《东方法学》2013年第2期；赵西巨："诊疗、告知、医疗产品使用与医疗损害责任之厘清"，载陈小君主编：《私法研究》（第15卷），法律出版社2014年版；赵西巨："再访我国《侵权责任法》第59条：情景化、类型化与限缩性适用"，载《现代法学》2014年第2期。

一、医疗机构在产品责任中的位置

缺陷医疗产品致患者损害的,患者自得依产品责任法制寻求救济[3],《民法典》第1223条并未将产品责任法制排除。缺陷医疗产品致患者损害,并非单一事实构成,医疗机构于不同情境下,地位有别,患者得援引的请求权基础亦各异,不得笼统而论。以下分述之。

(一) 情境1:医疗机构为生产者

依《药品管理法》,于特定情形("临床需要而市场上没有供应"),经法定程序(省级人民政府药监部门批准),可以自配制剂,"在本单位使用"(第76条第1款、第2款);经国务院药监部门或省级人民政府药监部门批准,"可以在指定的医疗机构之间调剂使用"(第76条第2款第2句)。

制造制剂的医疗机构为生产者。倘因制剂缺陷致患者损害,在自配自用情形,不论是否引入《民法典》第1223条那样的新机制,受害人都可以据《民法典》第1202条、《产品质量法》第41条第1款,请求医疗机构承担严格责任。而在自配他用的情形,更因引入《民法典》第1223条,受害人得请求制造制剂的医疗机构与实际使用制剂的医疗机构承担连带责任。

这里的主要问题是,尤其在自配自用场合,生产者能否主张"未将产品投入流通"(《产品质量法》第41条第2款第1项),从而免于承担严格责任?欧洲法院就丹麦亨宁·费法德诉奥尔胡斯市议会案发布的初步裁定就此有深刻讨论,可资参考。案情如下:原告往斯凯比(Skejby)医院接受肾移植手术,肾脏由原告的兄长捐献,医院以专门的灌注液保存。因灌注液缺陷,致肾脏动脉堵塞,无法移植。灌注液由奥尔胡斯医院药房实验室制作,供斯凯比医院使用。两家医院都由奥尔胡斯市议会创办。原告以1989年《丹麦产品责任法》为据,要求奥尔胡斯市议会赔偿损失。被告反驳说,产品未投入流通(《丹麦产品责任法》第7条第1项),且产品非为经济目的而制造(第7条第2项),盖两家医院皆为公立医院,完全由国家财政拨款。

官司打到丹麦最高法院。在欧共体(欧盟的前身)"产品责任指令"背

---

[3]《产品质量法》第四章、《民法典》第七编第四章(《侵权责任法》第五章)。

景下，[4]关于如何解释丹麦产品责任法，丹麦最高法院逡巡不定，遂中止诉讼，将五个问题提交欧洲法院，请求发布初步裁定。头两个问题关涉本文，即"产品责任指令"第7条列举的6项免责事由中，第1项（"未将产品投入流通"）和第3项（"产品非为销售而生产，非为任何经济目的之流布而生产，亦非在其经营活动中而生产或流布"）如何解释。[5]

就第一个问题，欧洲法院认为，"产品责任指令"并未就"投入流通"表述加以界定，故只得依该指令的规范目的来解释。根据判例法，这些封闭列举的免责事由应严格解释。第7条第1项所说"未投入流通"，本意在涵盖下面这种情形，即生产者之外的他人使产品脱离了生产过程。此外，违背生产者的意图而使用产品、为私人目的而使用产品或者类似情形，亦不受该指令规制。而本案的事实情形不在上述例外之列。奥尔胡斯市议会主张，产品从未脱离生产者药房和使用者医院的"控制范围"，故未投入流通。但在本案这样的情形，事实特征在于，要使用这些产品，患者就必须进入被告的控制范围，故奥尔胡斯市议会提出的那些情势并不具有决定意义。患者既进入医院，医疗服务过程中所使用的产品到底是医院制造还是从第三方当事人处取得，即无关轻重。服务过程中所用产品，是第三方当事人制造还是服务人自己制造，抑或跟服务人有业务关联的机构制造，不会改变产品已投入流通的事实。

第二个问题关涉下面小节，这里先予介绍。"产品责任指令"第7条第3项的抗辩事由，中国法上虽无明文，但通过对责任主体"生产者""销售者"的解释，可得到同样结论。欧洲法院认为，医疗活动由财政拨款，患者不必为服务付费，这一事实并不会改变产品制造活动的"经济和经营特征"（economic and business character）。所涉医疗服务并非慈善活动，不得依第7条第3项免除严格责任。也就是说，责任主体应是从事专门营业者，但是否收费并不重要。[6]

---

[4] Council Directive 85/374/EEC of 25 July 1985 on the approximation of the laws, regulations and administrative provisions of the Member States concerning liability for defective products (OJ 1985 L 210, p.29).《欧共体理事会1985年7月25日关于协调成员国关于缺陷产品责任的法律与行政规定的指令》，中译本可参见吴越、李兆玉、李立宏译：《欧盟债法条例与指令全集》，法律出版社2004年版，第267页以下。

[5] "流布"（distribute）系本书译法，其他中文著述中多称"分销""派发"等。

[6] See ECJ 10 May 2001, Henning Veed fald v. Århus Amtskonnune, C-203/99（Danish product liability kidney case）.

(二) 情境2：医疗机构为销售者

中国的医疗机构往往兼售药物，倘出售的缺陷药物致患者损害，无关是否引入《民法典》第1223条的新机制，受害人皆得依《民法典》第1202、1203条，《产品质量法》第42、43条，请求生产者和医疗机构承担连带赔偿责任。此际，医疗活动和销售活动相分离，医疗机构非以医疗服务人，而是以销售者身份对患者负连带赔偿责任。

就《民法典》第1223条的医疗机构是否即为第1203条的销售者，有二说：一为肯定说。起草机关表述上闪烁其词，只说"就医疗机构是否为销售者有不同意见""依据产品质量法作出具体规定"。[7]而在《产品质量法》中，责任主体非为生产者即为销售者，起草机关似乎是将医疗机构视同销售者。司法界和学界有颇多主张，或至少认为立法者的意图是，将第1223条的医疗机构看作销售者。[8]另一为否定说，反对将第1223条的医疗机构看作销售者，或至少认为并不当然如此解释。[9]

不论起草机关意图如何，本着法的客观目的，应持否定说，将第1223条理解为产品责任外的独立规整。倘第1223条的医疗机构即为产品责任法制下的销售者，那么合理做法是删除第1223条，由起草机关释法或者以准用性规范指向第1203条，而不是重复书写。

本此立场，设医院的医师开出药方并尽到用药说明义务，患者于医院药房取药，后因药物缺陷受损害的，即不适用第1223条。此际，医院的地位为纯粹销售者，患者得依第1203条，请求生产者与医院负连带赔偿责任。第1223条的适用领域较为狭窄，限于所谓"产品-服务结合体"（combination of

---

[7] 王胜明主编：《中华人民共和国侵权责任法解读》，中国法制出版社2010年版，第285页。

[8] 参见，例如，陈昌雄："医疗机构在医药产品侵权中的责任研究——以中外对比研究为重点"，载《中国卫生法制》2010年第5期，第12页；王利明：《侵权责任法研究》（下卷），中国人民大学出版社2011年版，第412—413页；前注2，杨立新、岳业鹏文，第117—118页；前注2，赵西巨："我国《侵权责任法》中的医疗产品责任立法之反思"，第91页；前注2，赵西巨："诊疗、告知、医疗产品使用与医疗损害责任之厘清"，第117页；前注2，赵西巨："再访我国《侵权责任法》第59条：情景化、类型化与限缩性适用"，第179页；冉克平：《产品责任理论与判例研究》，北京大学出版社2014年版，第204—205页。

[9] 参见，例如，前注2，廖焕国文，第56页；杨立新："医疗产品损害责任三论"，载《河北法学》2012年第6期；王竹："论医疗产品责任规则及其准用——以《中华人民共和国侵权责任法》第59条为中心"，载《法商研究》2013年第3期，第61页。

products and services）场合[10]，即于医疗服务过程中利用了缺陷产品，缺陷产品致患者损害的情形。

（三）情境3："产品-服务结合体"

1. "产品-服务结合体"的性质

产品责任法制强调产品、服务之别，不将严格责任扩张及于服务领域。[11]就产品服务的结合体，如何判断其性质，实质标准是"交易本质分析法"（essence of the transaction），即考察"交易的主要层面"（predominant aspect of the transaction）是流布产品还是提供服务。[12]

依美国《侵权法重述第三版：产品责任》，产品流布包括"销售"（sells）和"以其他方式流布"（otherwise distributes）。"在商业背景下，为使用或消费而转移产品所有权，或者为了导向最终使用或消费的转售而转移产品所有权，是为销售产品"（第20条a项）。"在销售之外的其他商业交易中，为使用或消费，或是充作导向最终使用或消费的预备步骤，而向他人提供产品，是为以其他方式流布产品"（第20条b项第1句）。就产品服务的结合体来说，"不论是交易整体，还是其中的产品部分，只要满足a项或b项标准，即为销售或以其他方式流布产品"（第20条c项），而非提供服务，应依产品责任法承担严格责任。

在美国判例法上，首先要考察，交易当事人是否将产品部分和服务部分区分开来。倘加区分，流布即独立于服务，就产品所致损害即负严格责任。例如，草坪养护公司就所施肥料或者机器修理商就更换的零件，倘单列账单，就肥料和零件缺陷所致损害即承担产品责任。[13]前文讨论的情境2即为如此。

当事人未区分产品部分和服务部分的，美国法的思路是分两种情况处理：①倘产品部分于服务过程中消耗掉，例如发廊使用的染发剂致顾客损害，"即便服务的提供者没有另外向顾客收取染发剂的费用"，该交易也被看作产品销

---

〔10〕《侵权法重述第三版：产品责任》第20条C项的提法。

〔11〕相关论述，参见前注8，冉克平书，第52—54页。

〔12〕See Richard L. Cupp, *Sharing Accountability for Breast Implants: Strict Product Liability and Medical Professionals Engaged in Hybrid Sales/Service Cosmetic Products Transactions*, 21（3）Florida State University Law Review 873, 878（1994）.

〔13〕参见美国法律研究院通过并颁布：《侵权法重述第三版：产品责任》，肖永平、龚乐凡、汪雪飞译，法律出版社2006年版，第407—408页。

售，发廊应负产品责任；②倘产品部分并未消耗或永久性转让给顾客，这样的交易被看作服务提供，服务人不必负产品责任。[14]

可是，这套产品是否消耗或永久转移给顾客的标准却并不适用于医疗领域。"在绝大多数州，无论在何种情况下，医院都不因其提供了与医疗服务有关的产品而被当作该产品的销售者"，"无论该产品是被移植到病人身上，借给病人使用，抑或只是作为一项工具"。对医疗领域和其他领域区别规制的理由纯粹是法政策上的，认为医疗服务牵扯到民众健康甚至生存，对社会总体福利至关重要，"超过了任何需要对口腔医生和其他医生课以严格侵权责任的政策尺度"。[15]

即便医院给所用产品加了价，也只会引起其他法律效果（例如报销事宜），而不会改变医院系服务人的定性。例如美国加州第二巡回区上诉法院判例，医院将赊购产品的发票交给患者结算处，法院认为，医院虽给手术中所用器械"加价"（adds an additional surcharge），也不应被界定为器械销售者，而仍是服务提供人，盖医院并非单纯充任产品流通渠道，实为完成医疗服务。[16]

最后要注意，倘医院使用的产品并不直接关涉医疗服务，则就产品缺陷所致损害，医院可能要负产品责任。[17]

2. "医药分家"与"销售者"

学界对《民法典》第1223条铺天盖地的批评，一条主要论据为，在医药分家的医改大势下，医疗机构不能再界定为销售者。这番论证的纰漏在于，其对销售概念的解释流于文义，不合法之规范目的。

美国《侵权法重述第二版》第402A条将产品责任主体表述为"销售者"，法院嫌文义过窄，向来扩大解释。到《侵权法重述第三版：产品责任》，起草人即干脆写为"从事销售营业或其他流布方式营业者"（第1条）。"流布"在商业上意指使商品（或服务）可得，消费者或商户得加消费或利用，并不以加价为要件。故而，在美国判例法上，免费样品、销售油漆而附赠的

---

[14] 前注13，美国法律研究院书，第408页、第415页。

[15] 同上注，第408页，第413—414页。

[16] Hector v. Cedars-Sinai Medical Center, (1986) 180 Cal. App. 3d 493. 陈昌雄先生最早介绍此案，参见前注8，陈昌雄文，第10页。

[17] 前注13，美国法律研究院书，第414—415页。

稀释剂、赌场提供的盛装免费饮料的玻璃杯，因缺陷致人损害的，"流布人"应负产品责任。[18] 从前面两小节的介绍也可以看到，对"经营活动"的理解，对"产品-服务结合体"性质的认定，并不考虑就产品是否收取了额外费用。

欧共体"产品责任指令"并不刻意突出"销售"，而是使用更为概括的术语"流布"和"提供人"（supplier）（第 3 条第 2 款）。"指令"并未对"提供人"加以界定，依欧洲法院的立场，意指产品"供给或流布链条里的中间人"（intermediary in the supply or distribution chain）[19]，是否加价并不重要。

法律概念的意义应受规范目的支配，而不必屈从于日常理解。中国产品责任法制下的"销售"，亦应扩张其文义，参照比较法的经验，跟《产品质量法》第 41 条第 2 款第 1 项所说的"投入流通"勾连起来理解。是以，问题的关键不在于是否加价，而在于将情境 2 和情境 3 区分开来。即便医药分家大功告成，也不能排除医疗机构充任"流布者"的可能性。而学界对《民法典》第 1223 条前身（《侵权责任法》第 59 条）的批评，更大破绽还在于，即便医疗机构确非"流布者"（情境 3），亦不意味着医疗机构必定与严格责任无缘。

二、产品责任外的独立规整：《民法典》第 1223 条

在情境 3 下，依有力解释，医疗机构并非产品责任法制下的"销售者"，不得依产品责任法制令其负严格责任。这是批判者的有力武器，惜乎无的放矢，盖《民法典》第 1223 条原本就是别开生面，在产品责任法制外树立的新规整，其正当性不依赖于对产品责任法制下"销售者"的教义学解释。这是基于法的客观目的得到的结论，而欧洲法院就法国贝桑松大学医院案发布的初步裁定，给本书的主张以有力支持。

（一）贝桑松大学医院案的启示

在"产品-服务结合体"场合，不令医疗机构负严格责任诚为比较法上的

---

[18] 前注 13，美国法律研究院书，第 410 页。

[19] Advocate General's Opinion in Case C‑495/10, Centre hospitalier universitaire de Besançon v. Thomas Dutreux and Caisse primaire d'assurance maladie du Jura, Court of Justice of the European Union, PRESS RELEASE No 119/11, Luxembourg, 27 October 2011. 5.

多数立场，却不能说相反的立场就"很难寻到踪影""别具一格"[20]，与各国"通过产品责任法解决侵权责任的思路不同"。[21]

最典型的是法国法。依法国《公众健康法典》，医疗产品给患者造成损害的，医疗服务人负严格责任（第 L. 1142-1 条）。这里的产品得为药物、化妆品、有毒的物质和制剂、疫苗、避孕用品、杀虫剂、用于特定医学目的的食品，或者医疗器械（第 L. 5111-1 条）。又依法国最高法院判例，输血单位提供的血液产品质量不合格，造成损害的，输血单位亦负严格责任（民一庭，1995 年 4 月 12 日）。另外，依法国最高行政法院 2003 年 7 月 9 日判例确立的原则，公办医疗机构所用缺陷设备或产品给患者造成损害的，医疗机构即便无过错，亦要负赔偿责任。[22]法国这套体制和欧共体"产品责任指令"不甚合拍。依后者立场，系由"生产者"就缺陷产品造成的损害负严格责任（第1条）；无法查明生产者的，方由产品"提供人"承担责任（第3条第3款）。此间龃龉之处，在贝桑松大学医院案中浮现出来。

该案案情为，13 岁的患者接受手术，躺卧的电热毯出故障，将患者灼伤。贝桑松行政法院（Tribunal administratif de Besançon）和南希上诉行政法院（Cour administrative d'appel de Nancy）皆依判例法令医院承担严格责任。医院认为法国判例法抵触"产品责任指令"立场，继续上告。法国最高行政法院不得不中止诉讼，动请欧洲法院就"产品责任指令"的立场发布初步裁定：在依"指令"引入产品责任后，法国那套令公办医院负无过错责任的体制还有效否？

欧洲法院阐明"产品责任指令"立场，即针对缺陷产品的责任规则并不适用于服务提供人，并给出定谳，即利用了缺陷产品的医院仅系服务人，并非产品提供人。但是欧洲法院又指出，"产品责任指令"并不规制缺陷产品责任领域的方方面面，不过是协调欧盟成员国立场的第一步，服务人应承担何种责任，该指令不予置喙。医疗机构向患者提供医疗服务，使用的缺陷设备或产品给患者造成损害的，为有效保护患者，"产品责任指令"并不禁止各成员国制定自己的规则，令医疗机构承担严格责任；惟内国规则不得妨碍患者

---

〔20〕 前注2，赵西巨："诊疗、告知、医疗产品使用与医疗损害责任之厘清"，第 116 页；前注2，赵西巨："再访我国《侵权责任法》第 59 条：情景化、类型化与限缩性适用"，第 176 页。

〔21〕 前注2，杨立新、岳业鹏文，第 111—112 页。

〔22〕 参见本书第七章，二（五）部分。

直接起诉生产者，亦不得妨碍医疗机构向生产者追偿。[23]

更近的例子则为《欧洲示范民法典草案》，令医疗服务人就产品所致损害负严格责任（第四编 C 分编第 8：103 条）。起草人提出几点政策考量：其一，现代医疗服务中所用设备很复杂，技术故障或人为故障在所难免，完全随机的无法预测的失灵风险亦消灭不掉；其二，方便患者获得赔偿；其三，严格责任一定程度上也合乎医务人员利益，盖不必将特定医务人员拎出来加以"责难"，而医疗机构既然置备了医疗产品，便只能在机构层面予以充分控制，预防损害，从而将个人责任转换为集体责任、组织责任；其四，实证研究表明，就缺陷产品致害，过错责任的威慑功能于个人层面不起作用，对预防此类医疗事故来说，整体性的积极措施（监管、核查）更为适宜。[24]此外，北欧国家亦同此立场。[25]荷兰学说亦多支持令医院就缺陷产品所致损害承担无过错责任。荷兰学者提出的理由包括：在荷兰法上，债务人应担保所用物品的质量；患者难以判断，伤害是由产品还是由服务造成；医院可以选择产品制造商，患者于此没有影响力；医院投保比较方便；严格责任法制可以激励医院尽到最大可能的注意；令医院承担责任，有助于司法的确定性。[26]

还是前引贝桑松大学医院案的裁定书阐述最为明白。欧洲法院指出，贝桑松大学医院既非产品生产者，亦非产品提供人，故不得依产品责任法制令其负无过错责任。但这不妨碍针对利用了缺陷产品的服务人，引入同样严格的责任，法国法即为如此。这里的法律基础，是考虑到患者和医院间的特殊关系，于产品责任法制之外另起炉灶的。明乎此，也就知道，对《民法典》

---

[23] 参见本书丁帙译文。有文献称，就医疗机构是否应负产品责任，比较法上立场有二：一是英美国家的反对立场；二是欧盟立场，将医疗机构看作销售者，与生产者、[之前的] 销售者依严格责任负连带责任。参见前注 8，陈昌雄文，第 8 页。此论当有误。欧共体"产品责任指令"并未将医疗机构看作销售者，该指令本身并不涉及医疗服务人的责任，不过是允许成员国各行其是而已。法国法仍属少数立场，故德国学者才会对《侵权责任法》第 59 条的立场表示不解。参见 [德] H.G. 博威格、N. 多考夫、N. 杨森："中国的新侵权责任法"，张抒涵译，载《比较法研究》2012 年第 2 期，第 147 页（医疗机构和生产者"处于不同的责任领域，这一规定同样并不具有说服力"）。

[24] 参见欧洲民法典研究组、欧盟现行私法研究组：《欧洲私法的原则、定义与示范规则：欧洲示范民法典草案（全译本）》（第四卷），于庆生等译，法律出版社 2014 年版，第 643 页。

[25] 同上注，第 644 页。

[26] 参见 [荷] 卡尔·斯多克、[荷] 希林·施莱伯斯："荷兰的医疗事故侵权"，载 [荷] 米夏埃尔·富尔、[奥] 赫尔穆特·考茨欧主编：《医疗事故侵权案例比较研究》，丁道勤、杨秀英译，中国法制出版社 2012 年版，第 185—186 页。

第二章 医疗机构就缺陷产品致患者损害的责任

第1223条的批评，倘纠缠于产品责任法制的解释论问题（医疗机构是否系销售者），那就全盘落空了。

是以，对《民法典》第1223条利钝得失的讨论，只能转移到公共政策上去，也就是在维护医院利益和便利患者救济之间，如何权衡。从法政策角度对第1223条提出的批评不外以下几点：医院不能有效控制风险，医院缺乏分散风险的机制，严格责任使医院负担沉重，甚至会加剧医患矛盾，等等。[27]本书无力就此发表实质性意见，只打算指出两点：

第一，好多论据是缺乏说服力的。比如，医疗机构并非药物的设计、制造单位，不能控制缺陷发生。但从法经济学角度看，施加严格责任的重要理由是，可以降低危险活动的水平，放在医疗领域，即督促医疗机构选择更为可靠的药物制造商，而不是苛求医疗机构必须发现缺陷；药品集中采购机制也并不意味着医疗机构在药物的选用上就失去了话语权。另外，有些论据是矛盾的。比如，既称"医疗机构缺乏分摊损害赔偿成本的机能"，又说"严格责任将会导致医疗服务成本的增加"。[28]还有些论据，不过是既无法证实也无法证伪的公说婆说而已。比如，责任形态对医患关系、医学发展的影响。

第二，正如美国威斯康星州最高法院所说，"医疗服务人之于患者，其地位颇类产品销售人之于消费者"[29]，是以，法政策立场的批评如果成立，那么这些批评大抵可以用之于产品责任法制对销售者的定位。故而，"本来医疗产品造成他人损害并不是新问题，通过《产品质量法》相关规定由生产者及销售者承担责任即可解决"[30]的说法就颇不牢靠。盖销售者同样可以喊冤叫屈，为什么《产品质量法》第43条不肯照着欧共体"产品责任指令"的思路来设计销售者的法律关系呢？后者的销售者可是只承担次位责任的。可以看到，自从《产品质量法》1993年颁布以来，两度修法，再经《侵权责任法》《民法典》先后制订，立法者的态度从未动摇，一直要求销售者和生产者对受害人负连带责任。这至少表明，《民法典》第1223条并非立法者心血来潮的

---

[27] 参见，例如，前注2，廖焕国文，第57—58页；前注2，杨立新、岳业鹏文，第119—120页。

[28] 前注2，赵西巨："诊疗、告知、医疗产品使用与医疗损害责任之厘清"，第119页。

[29] Hoven v. Kelble, 79 Wis. 2d 444 (1977), 468.

[30] 前注2，杨立新、岳业鹏文，第119页。

产物，纵使不合乎批评者的口味，但确是立法者一贯立场的延续。

"产品-服务结合体"致害场合，医疗机构承担何种责任在政策上更为合理，本文不持特别立场。要提醒的是，前文述及，欧洲法院并不反对各成员国令医疗机构承担严格责任。美国威斯康星州最高法院也指出，医院的责任形态一直在演化当中，既然医院过去享有的慈善免责优待可以褫夺，未来引入严格责任也并非不可想象。[31]何去何从，需要立法机关抉择，深入的实证研究是必要的，非黑即白的指责并不明智。

(二)《民法典》第1223条对产品责任法的类推适用

前已述及，《民法典》第1223条仅适用于"产品-服务结合体"场合。缺陷产品致患者损害的，医疗机构对患者负无过错责任，且和产品生产者对患者负连带责任（第1句）；医疗机构向患者赔偿后，得向生产者追偿（第2句）。

或谓，《民法典》产品责任章和第1223条乃是总则和分则、一般法和特别法的关系。[32]此论不妥。既已反复申叙，医疗机构并非销售者，可知第1223条和产品责任章（尤其是第1203条）当为并列的两套规整；排除一般法的，方为特别法，第1223条并未排除受害人依产品责任法制寻求救济，故非为产品责任法的特别法。第1223条这套新规整，《民事案件案由规定》（法〔2020〕347号）第三级案由第376项名之为"医疗产品责任"。又因为在第1223条的构造里，医疗机构的地位颇类第1203条中的销售者，是以，凡第1223条未尽之处，皆有类推适用产品责任章相关规范的余地。[33]至于《产品质量法》有关产品定义（第2条）、缺陷定义（第46条）、生产者免责事由（第41条第2款）的规范，则为《民法典》产品责任章及第1223条的一般规定。图示如下：

---

[31] Hoven v. Kelble, 79 Wis. 2d 444 (1977)，470-471.

[32] 参见前注2，杨立新、岳业鹏文，第117页；前注8，王利明书，第421页；前注9，杨立新文，第17页。

[33] 或谓，对医疗机构"准用销售者责任规则"（前注9，王竹文，第58页）。"准用"是我国台湾地区"民法"术语，我国实证法多使用"参照"表述。"产品-服务结合体"场合的医疗机构跟销售者终究有些距离，故而，倘立法者不写入第1223条，即只能认为是立法政策决定，而不得类推适用第1203条；立法者既写入第1223条，即是侧重医疗机构与销售者的相似性。写入第1223条，立法者当然可以明白说，"参照产品责任章有关销售者的规定"，既未如此表述，即无所谓"准用"，而只得类推适用。

广义产品责任法制构造		
一般规则 (《产品质量法》 第 2 条、第 41 条 第 2 款、第 46 条)	产品责任	《产品质量法》第 41 条第 1 款、第 42—43 条、第 45 条,《民法典》产品责任章
	医疗产品责任 (产品-服务结合体)	《民法典》第 1223 条 (个别类推适用产品责任相关规范)

《民法典》第 1223 条未提及销售者,将产品责任章看作一般法的,即主张以该章的规范径行填补。[34] 依本书见解,应先就第 1203 条为目的性扩张,继而,将扩张后的第 1203 条类推适用于第 1223 条区处的情形,方为妥当。第 1203 条只言及生产者和销售者彼此追偿;衡诸规范意旨,有上下游销售者的,先行承担责任的销售者,亦得向造成缺陷的销售者追偿。在第 1223 条的场合,得个别类推适才扩张得到的规则:患者得要求生产者、销售者、医疗机构以及新添加的药品上市许可持有人承担责任;先行承担责任者,得向造成缺陷的最终责任人追偿。

或谓,患者依第 1223 条请求医疗机构赔偿,不考虑医疗机构是否处于销售者的地位。[35] 该说法正确之处在于,认识到第 1223 条的正当性并非来自对产品责任法制的解释论;不妥之处在于,倘医疗机构处于销售者地位,即非复适用第 1223 条,而应适用第 1203 条。

或谓,尽管第 1223 条没有明文,但按照第 1203 条,医疗机构得向销售者追偿。[36] 得追偿是对的,但应是通过类推适用得到的请求权基础,而非直接适用第 1203 条。或以为,依第 1223 条文义,医疗机构得向生产者追偿,但生产者不得向医疗机构追偿;这里并无漏洞,立法者有意不许生产者追偿,以"表明医疗机构是不同于销售者的责任人"。[37] 诚然,第 1223 条乃是第 1203 条之外的独立规整,医疗机构也并非销售者,但从规范目的考察,立法者正是不愿纠缠于医疗机构是否为销售者的讨论,才干脆比照第 1203 条来设计医疗产品责任规整的,故不得认为法条中未写明生产者得向医疗机构追偿乃是出于立法政策的决定,而实系公开漏洞。

---

[34] 参见前注 8,王利明书,第 421 页;前注 9,杨立新文,第 17 页;前注 9,王竹文,第 61 页。
[35] 前注 9,杨立新文,第 17 页。
[36] 同上注,第 18 页。
[37] 前注 9,王竹文,第 61 页。

设缺陷系由生产者造成，但生产者丧失赔偿能力，医疗机构于赔偿患者后，得否请求销售者分担损失？或主张，"依照法理，医疗机构应当可以依照份额向销售者追偿"。[38]依本书见解，并没有这样的法理。从第1203条、第1223条的立场看，只能向最终责任人追偿；连带责任的设计是为了更好地救济受害人，只要不构成共同侵权，即不得向最终责任人之外的他人追偿。这也是立法起草机关的看法。[39]

产品责任章第1204条至第1207条有关销售者的相关规范，得个别类推适用于第1223条的医疗机构，不待烦言。

三、并非医疗产品责任的若干情形

就《民法典》第1223条的适用，学界颇有类型化的主张。例如，区分公办与私办医疗机构、区分是否实现了医药分家、区分产品和服务结合的紧密程度、区分缺陷类型，以及区分产品类型。[40]依本书意见，除了前面提到的三种情境（前两种情境适用《民法典》产品责任章，第三种情境适用第1223条），其他区分于第1223条的解释及适用要么无甚意义，要么意义不大（缺陷类型化对产品责任章意义重大）。但就缺陷类型中的警示缺陷和产品类型中的血液，还应稍加论及，医疗机构于某些情形并不承担医疗产品责任。

（一）医疗机构与警示缺陷

《产品质量法》将缺陷定义为"不合理的危险"（第46条前半句）。学说和实务上参考比较法经验，区分设计缺陷、制造缺陷、警示缺陷，或者还加上跟踪观察缺陷。[41]

通过合理警示，得避免或减少可预见的损害风险，而未加警示，使得产品不具备合理安全性能的，即为警示缺陷。有些产品技术性很强，只有在专业人士的指导下方能使用（例如处方药）；还有些产品，直接向消费者发出警示并不可行（例如隆胸用硅胶植入物），此际适用"博学的中间人规则"

---

[38] 前注9，杨立新文，第19页。
[39] 参见前注7，王胜明书，第224页。
[40] 参见前注2，杨立新、岳业鹏文，第114、120页；前注2，赵西巨："再访我国《侵权责任法》第59条：情景化、类型化与限缩性适用"，第184—190页。
[41] 参见，例如，陈现杰主编：《中华人民共和国侵权责任法条文精义与案例解析》，中国法制出版社2010年版，第148页；前注8，冉克平书，第77页以下。

（learned intermediary rule）。生产者只要向直接和消费者打交道的专业人士，也就是博学的中间人发出充分警示（例如详尽的说明书），即尽到注意义务，而将承担产品责任的风险卸下。[42]

药品、医疗器械等的生产者未向中间人（医务人员）发出充分警示，后因风险实现致患者损害的，系产品缺陷造成损害，适用《民法典》第1223条，患者得请求医疗机构赔偿，医疗机构得向生产者追偿。生产者尽到警示义务的，即不会再承担医疗产品责任。就处方药而言，医生未向患者充分说明用法、剂量、禁忌证、副作用等，致患者损害的，系医疗过失侵权，适用第1218条；就作用于患者身体的器械、植入物等，医生未向患者充分说明风险，而患者接受治疗的，系知情同意案型，适用第1219条。

在生产者尽到警示义务的情形，有学者正确指出，此际非医疗产品责任案件，但又笼统认为，应放在知情同意法则下考察[43]。此系将两类说明义务混淆。[44]一类是为征得患者同意的说明义务，目的在维护患者的自主地位。在法教义学上，说明是用来排除身体侵害的违法性，未尽此种说明义务所生之纠纷，为知情同意案型。另一类是为确保疗效的说明义务，与患者自主决定的意识形态无关，旨在使患者配合治疗、谨遵医嘱，俾达成治疗结果，说明本身构成医疗行为的内容，未尽此种说明义务而造成患者伤害的，为诊疗过失案型。[45]故而，医生就药品风险未尽警示义务的，并不涉及知情同意法制。

以上分析，亦适用于跟踪观察缺陷。

（二）医疗机构与血液责任

就血液是否属于产品，学界争执甚烈。在《侵权责任法》施行前，这样的讨论有其意义，盖关涉是否得适用《产品质量法》。待到《侵权责任法》起草，为免分歧，干脆比照产品责任的思路，写明血液提供机构和医疗机构

---

[42] See Michael Jones, *Medical Negligence*, Sweet & Mazwell, 2003, p.649；前注13，美国法律研究院书，第216—221页。

[43] 参见前注2，赵西巨：“我国《侵权责任法》中的医疗产品责任立法之反思”，第99页；前注2，赵西巨："再访我国《侵权责任法》第59条：情景化、类型化与限缩性适用"，第191页。

[44] 廖焕国先生说，"医师对药物的说明和警示义务"，可以从《侵权责任法》"第55条的规定中推导出来"，也是将两类说明义务混淆；但又说，未尽说明和警示义务，属诊疗过错，并非医疗产品责任，则是正确的。前注2，廖焕国文，第59页。

[45] 参见黄丁全：《医事法新论》，法律出版社2013年版，第165页。

对患者负连带责任。

或谓，就血液致害责任，应"准用"产品责任相关规范。[46]《民法典》第1223条乃是产品责任外的独立规整，法有明文的，直接适用，不必乞援于产品责任法制；法无明文的，立法者既未有"参照适用"之类表述，自无所谓"准用"，而只得类推适用。血液质量问题系由血液提供机构造成的，医疗机构赔偿患者后，得向血液提供机构追偿（《民法典》第1223条第2句）；所谓的窗口期风险，自应由血液提供机构承担。[47]血液质量问题系由医疗机构造成的，血液提供机构向患者赔偿后，得类推适用《民法典》第1203条第2款第2句，向医疗机构追偿。设有血库的医院（《血站管理办法》第10条），其地位形同血液提供机构。医疗机构间调剂用血的（《医疗机构临床用血管理办法》第26条第2款），地位相当于上下游销售者，类推适用经目的性扩张的《民法典》第1203条。

因为血液的储存、运输多由血液提供机构和医疗机构自行为之[48]，故类推适用《民法典》第1204条的机会应不多见。

为挽救生命垂危的患者，医疗机构临时采供血的（《医疗机构临床用血管理办法》第27条第2款），因不能如血站般从事相关检测工作（《献血法》第10条第3款），故不得被看作血液提供机构；因血液质量问题造成患者损害的，适用《民法典》第1218条，而非第1223条。

同理，采用自体输血技术（《医疗机构临床用血管理办法》第22条第3款），造成患者损害的，亦应适用《民法典》第1218条。

---

[46] 前注9，王竹文，第62页。

[47] 相反的主张，参见上注，第63页。或谓，因处于窗口期而无法查出病毒的血液为合格血液。前注2，赵西巨："再访我国《侵权责任法》第59条：情景化、类型化与限缩适用"，第187页。实则起草机关讲得很明白，这当然是不合格血液，对血站适用无过错责任。参见前注7，王胜明书，第291页。

[48] 参见行业标准《血液储存要求》（WS 399-2012）、《血液运输要求》（WS/T 400-2012）。

第三章
法院授权的剖腹产案件：英国判例法的经验

2010年底广州华侨医院的强行剖腹产事件曾引发各界热议，因未涉讼，故不能知道，就此间法律问题，中国法院会持何等立场[1]，但卫生部新闻发言人的表态[2]，却着实不能令吾人泰然处之，其立意虽称高远，可在实证法上全然找不到依据。

太阳底下无新事，从1992年到1997年，短短五年间，在英国踵足相接地发生了八起未经患者同意的剖腹产事件，来势若飘风，其中凸显出来的诸多问题，亦是在围绕肖志军"签拒"事件与广州华侨医院强行剖腹产事件所生的议论中所屡屡晤面的。例如，对孕产妇欠缺意识能力的一般推定[3]，对孕产妇及代为决策人非理性决定不可遏抑的厌恶，[4] 以及对孕产妇或胎儿生命利益无以复加的推重。[5] 在这一系列剖腹产案件中，英国法院的立场可谓

最早以"英国剖腹产案件中的患者自主权研究"为题发表于《环球法律评论》2012年第3期（有删节）。

〔1〕 或以为，在肖志军"签拒"事件中，法院既认为北京朝阳医院京西分院的不作为非为侵权，则广州华侨医院的作为当然构成侵权。但在形式逻辑上，由前提"S是P"并不能直接推导出"非S如何"的结论。

〔2〕 原卫生部新闻发言人邓海华在例行新闻发布会上表示，"医务人员在患者生命垂危的情况下采取紧急措施，是对患者生命权的充分尊重，履行了医务人员应尽的义务，符合法律精神"。参见《人民日报》2011年1月5日第18版"法治事件评析"。

〔3〕 在对华侨医院剖腹产事件的评论文章中，有学者称，"我们经常会说年满18周岁的自然人为完全行为能力人，但是我们忘记了伴随着社会发展和专业分工的细化，年满18周岁的自然人并不是意味着对所有事物均具有认知能力……所以用民法的意思自治原则在急危病症抢救中机械化套用必然出现尴尬的结局"。王岳："反思意思自治原则在急危病症抢救中的尴尬"，载《中国卫生法制》2011年第1期，第5页。

〔4〕 例如，"愚昧无知的肖志军"（上官丕亮："要用生命权至上理念来理解医疗法规——'孕妇死亡'事件留给我们的启示"，载《法学》2007年第12期，第12页）。

〔5〕 如代表广州华侨医院在手术书上签字的医务部副主任蔡湛宇说："我当时想到的就是产妇母子都很危险，生命权高于所有旁枝末节的法律规范。"在新浪网发起的"你如何看待孕妇拒签字医院强行剖宫救命？"调查中，共有23 776位网友投票，90%选择"理解，医院本着生命权高于一切原则，果断手术挽救了孕妇性命"，5.2%选择"质疑，孕妇当时神志清醒，有权选择，家属和医院不应帮其

一波三折，直至树静风止，也不能说将问题彻底澄清。本章旨在忠实呈现强行剖腹产案件的这一段英国经验、实证法的立场与学术界的回应。当可看到，单就法律政策而言，英中两国在立场上并无实质差异，至于如何通过对中国实证法的解释与适用来得致同样结论，留待另文。[6]

一、判例概览

文献中介绍的英国第一起强行剖腹产事件发生在1992年4月，这也是一连串强行剖腹产事件中唯一未获法院授权的。卡罗琳·斯皮尔（Caroline Spear）本来登记为在家分娩，但在助产士发现胎儿臀先露后，斯皮尔被送往医院。尽管产妇坚持要求自然分娩，医生仍不顾其反对施行了剖腹产手术。斯皮尔声称自己罹患产后精神障碍并提起非法侵犯之诉（assault）。北米德尔塞克斯医院并不认为自己负有责任，但仍以7000英镑的代价达成庭外和解。由于斯皮尔没能得到法律援助，故未将官司打到底，但在产科活动家（childbirth activists）看来，这已经是胜利；斯皮尔也对未能通过诉讼解决感到遗憾，但觉得起码维护了自己的权益。[7]

同年10月的S女士案则为英国法上第一起法院授权的剖腹产案件。[8]产妇S女士是尼日利亚人，当时胎儿处于横产式，倘不加手术，产妇可能子宫破裂，导致胎儿死亡，产妇亦有性命之虞。但S女士基于信仰拒绝接受剖腹产。卫生当局遂乞援于法院，请求发布紧急裁决，准其施行手术。听审程序持续了不到20分钟，且无人代表产妇到庭。"为了母亲及孩子的切身利益"，家事法庭庭长斯蒂芬·布朗爵士（Sir Stephen Brown）发布授权判决，但未及执行，胎儿已不幸死亡，这时S女士同意剖腹产取出胎儿。[9]S女士没有上诉，

（接上页）做决定"，4.7%选择"不好说"。参见http://survey.news.sina.com.cn/result/53318.html。

〔6〕参见唐超："未经同意不得施治的义务与强行剖腹产案件"，载梁慧星主编：《民商法论丛》（第56卷），法律出版社2014年版。

〔7〕See Wendy Savage, *Caesarean Section: Who Choose—the Woman or Her Doctor?*, in Donna L. Dickenson ed., Ethical Issues in Maternal-Fetal Medicine, Cambridge University Press, 2002, pp. 271-272.

〔8〕Re S (An Adult: Refusal of Treatment) [1992] 4 All E. R. 671.

〔9〕一部于中国流传甚广的比较法专著曾在注解中援引此案，当时作者写道，"法院认为该案中的剖腹产是合法的"。[德]克雷斯蒂安·冯·巴尔：《欧洲比较侵权行为法》（下卷），焦美华译，法律出版社2004年版，第597页，注128。中国学者也援引过这一案例，说"法院认为，违背患者意愿而实施该手术不违法，因为胎儿的福祉和利益应优先得以考虑"。赵西巨：《医事法研究》，法律出版社

但英国法律界的普遍看法是,该判决与此前的判例法相刺谬。[10]用希瑟·卡希尔(Heather Cahill)的话讲,"那些涉身其间的医务人员(包括助产士)真该额手称幸,感谢逃过民、刑事诉讼一劫"。[11]

此后一段时间风平浪静,法律再未涉足产房。可是到了1996年,类似的案件迭次而起,更有两件打到了上诉法院。

1996年1月,塔姆塞德与格洛索普卫生局试图寻求法院许可,就一依《精神健康法》被羁留的孕妇施行剖腹产手术。该妇罹患精神分裂症,依精神科医生的看法,欠缺意识能力。产科医生认为胎儿发育不好,应予产钳引产,倘胎儿情况有异,则应剖腹产。由于并非紧急情况,有充分时间讨论相关事宜。法院认为,倘胎儿死产,产妇的精神健康将会恶化,故依《精神健康法》发布命令,准许医生施行手术。[12]

4月,发生了圣乔治医疗基金诉S案。S系兽医,在妊娠36周时被诊断为先兆子痫,医生告诉S情况危险,可能导致癫痫发作、胎儿死产,但S明确表态,孕育乃造化之功,应顺其自然,不论结果如何,都不得有医疗介入。医生为之惊愕,与社工将S送往斯普林菲德尔医院,依《精神健康法》第2条就其精神状况加以评估。当晚,S又被转往圣乔治医院,盖斯普林菲尔德医院的精神科医生认为自己没有相应设施来照看孕产妇。次日,一位精神科医生应召而来,判断S就其医疗事宜有意识能力。尽管如此,法官豪格夫人(Mrs. Hogg J)仍然依布朗爵士所作的S女士案判决发布了立即施行手术的命令。S已经指定了律师,但本人及律师都未获开庭通知。S没有抗拒麻醉,盖认为有损尊严,遂降身辱志以从之。S拒绝签署知情同意书,且在孩子出生后,最初还拒绝接

(接上页)2008年版,第90—91页。不过该立场稍后被上诉法院在MB小姐案与圣乔治医疗基金诉S案中推翻,详参后文。

[10] 威尔士格拉摩根大学(University of Glamorgan)高级讲师格温·托维(Gwyn Tovey)的医事法讲义里介绍说,英国最富声望的执业人及学者,包括伊恩·肯尼迪(Ian Kennedy)、黛安娜·布拉姆斯(Diana Brahms)以及亚历山大·麦考尔·史密斯(Alexander McCall Smith),俱对该案口诛笔伐,伊恩·肯尼迪甚至说,"这是蕴含着多么可怕后果的冒犯,简直要将女性贬回奴隶地位"。See Gwen Tovey, Lecture Notes 2010-2011. Code: Med 01.02-v5-10.10Medical Law, Topic 1 (of 10), Consent. Lecture 2 (of 4): Capacity to Consent to Medical Treatment, p. 13, http://www.topnotes.org/Med-01-02-v5-10-10-Consent-Capacity.pdf (链接已不可访问,笔者存储有该文档)。

[11] Heather Cahill, *An Orwellian Scenario: Court Ordered Caesarean Section and Women's Autonomy*, 6 (6) Nursing Ethics 494, 495 (1999).

[12] Tameside and Glossop Acute Services Trust v. CH [1996] 1 FLR 762.

受这孩子。四天后 S 被转回斯普林菲尔德医院，精神科医生未发现任何精神疾病。S 就自其被收入斯普林菲尔德医院起那些负责医疗事务之人的全部决定提起司法审查申请，并就豪格法官的判决提起上诉，两案合并审。[13]该事件虽发生早，终审判决却最晚出。上诉法院的态度斩钉截铁，认定本案中的手术构成非法人身侵犯（trespass），并敦告医学界，"倘患者有意识能力并拒绝治疗，幸勿再徒劳奔赴高等法院求乞判决"。有识之士遂得据此预言，"有充分理由认为，这将是不恤产妇意见强行剖腹产手术的最后一起英国案件了"。[14]果然，十余年来，此类案件再未与闻。

同年 6 月 26 日，两件手术申请前后脚递至高等法院约翰逊法官（Johnson J.）案前。一件是洛奇代尔医疗基金诉乔杜里案，案情在两分钟内就陈述完毕。孟加拉产妇乔杜里小姐，由于有过一次痛苦的剖腹产经历，这次"宁死"不愿手术，但医生认为，倘不赶紧动手术，伤疤可能破裂。没有法律顾问代表乔杜里到场，也没有时间获取精神科医生的证言，但产科医生的看法是患者有意识能力。可约翰逊法官认定，"患者正经历分娩的艰难时刻，身体上的疼痛，精神上的紧张，如此种种，不一而足。在我看来，于此种情势下，其竟然说出什么不顾死活的话来，那定是不能就各种考量因素加以恰当权衡从而做任何有效决定，即便是毫末之事，其亦不能决之，至若关涉性命，更无论矣"。[15]极富戏剧性的是，在听审过程中，乔杜里忽然变了主意并愿意接受手术，于是，就像伊丽莎白·威克斯（Elizabeth Wicks）以嘲弄的笔调写道的，"产妇的意识能力与自主权立即得以恢复。既然同意手术，其同意表示就被视为自主权的有效行使，而对其意识能力的怀疑也就烟消云散了"。[16]

约翰逊法官该日听审的另一件案子为诺福克及诺维奇医疗基金诉 W 案。W 在产程停滞状态下被收入院，其有精神病史并在三次剖腹产手术后接受了绝育，故不承认自己怀孕。W 被诊断为已进入分娩第二期几个钟头，医生担

---

[13] St George's Healthcare NHS Trust v. S; R v. Collins and others, ex parte S [1998] 3 All ER 673.

[14] Kevin Dalton, *Refusal of Interventions to Protect the Life of the Viable Fetus—a Case-Based Transatlantic Overview*, 74 Medical Legal Journal 16, 22 (2006).

[15] Rochdale Healthcare NHS Trust v. C（未报道案例），see Re MB [1997] EWCA Civ 3093, para. 24.

[16] Elizabeth Wicks, *The Right to Life and Conflicting Interests*, Oxford University Press, 2010, p. 180.

心，倘不施行手术，胎儿可能死于产道窒息或者产妇旧伤口破裂。精神科医生认为产妇并无精神障碍，但不具有权衡信息的能力。约翰逊法官以与前案同样的理由认定产妇无意识能力，称"W 不得不在通常分娩过程中那精神最为紧张、身体最为疼痛的阶段做决定，再加上特殊的精神病史，对 W 来说尤为艰难"。[17]判决遂授权医生帮助分娩，若有必要，得施行剖腹产。W 安全生产，但对该医疗干预如何反应吾人不得而知。从这两件判决看起来，约翰逊法官的基本立场是，产妇一旦进入分娩状态，即可概括推定其无意识能力，这似乎也正是产科学界根深蒂固的看法。[18]

接下来是 1996 年 12 月 5 日针对 L 小姐的手术申请，缘由是 L 小姐患有针头恐惧症。柯克伍德法官（Kirkwood J.）利用电话听审此案，但只是跟医生及基金会律师沟通，没有和产妇通电话。法官认为针头恐惧症使患者失去了权衡信息的能力并发布手术命令。[19]

最后是 MB 小姐案。[20]在该案中，胎儿因臀先露而面临死亡或者严重残疾风险，医生建议剖腹产。尽管 MB 小姐希望得到健康的孩子并且也不反对剖腹产手术本身，但针头恐惧症让 MB 小姐在手术室里生出恐慌，不肯接受麻醉。布莱克本医院于患者屡次反悔之后，向法院提出申请并获手术授权；跟此前几起案件一样，没有律师代理患者出庭。产妇立即上诉，上诉法院维持了霍利斯法官（Hollis J.）当晚早些时候所作一审判决，认为患者因针头恐惧症而暂时丧失意识能力，从而得依 F 女士案牢固确立的原则[21]，本着患者最佳利益为其提供医疗服务。在 1997 年 3 月 26 日发布的延期判决中（时在手术授权后 5 周），上诉法院抓住机会，不仅详细阐述了何谓"欠缺意识能力（incompetence）"，还就如下假设情境——倘 MB 小姐有意识能力，英国法律的立场将会如何，补充了一段实质性附带意见（obiter），强有力地重申了有

---

[17] Norfolk and Norwich Healthcare NHS Trust v. W [1996] 2 FLR 613, 616.

[18] 现代产科学之父威廉姆斯（John Whitridge Williams, 1866-1931）就认为，产妇能力比较低下，智商比较低，情绪控制能力甚至诚实度都比较差，因而分娩活动的掌控权必须握在医生手里。参见 [美] 罗伯特·汉：《疾病与治疗：人类学怎么看》，禾木译，东方出版中心 2010 年版，第 276 页以下。

[19] 本案未经报道，案情及法官观点跟下面的 MB 小姐案相当并为 MB 小姐案初审法院判决援引。See Re MB [1997] EWCA Civ 3093, para. 26.

[20] Re MB [1997] EWCA Civ 309.

[21] Re F (Mental Patient: Sterilization) [1990] 2 A. C. 1.

意识能力的成年患者拒绝治疗的权利，并针对医院在患者由于精神疾病或者不能理解所提供的信息从而可能欠缺意识能力的情形所面临的困境，为医院开列了几条指引。

表3-1　20世纪90年代英国的强行剖腹产案件（1992—1997年）[22]

序号	案件	时间	医疗结果	判决
1	卡罗琳·斯皮尔案（Caroline Spear）	1992年4月17日	因臀先露而剖腹产，母亲称罹患创伤后精神压力障碍，提起非法人身侵犯之诉；胎儿健康	以7000英镑调解结案；医院不承认自己负有责任
2	S女士案（Re S）	1992年10月12日	基于信仰拒绝手术；胎儿死亡，术后母亲无恙	高等法院布朗爵士发布手术命令，产妇未上诉
3	塔姆塞德与格洛索普基金诉CH案（Tameside and Glossop Trust v. Re CH）	1996年1月12日	母亲因精神分裂症被医院羁留；因宫内生长迟缓需要引产、剖腹产	欠缺意识能力
4	圣乔治医疗基金诉S案（St Georges v. Ms S）	1996年4月29日	先兆子痫血毒症，需要剖腹产；母亲是医务人员，坚持自然分娩；胎儿健康生产	高等法院豪格法官未认定产妇欠缺意识能力即发布手术令；上诉法院判决手术构成非法人身侵犯
5	诺福克及诺维奇医疗基金诉W案（Norfolk and Norwich v. W）	1996年6月21日	产妇此前有过三次剖腹产，并做过绝育手术，故不承认自己怀孕；产钳引产	高等法院约翰逊法官以患者欠缺权衡风险的能力为由认定其欠缺意识能力
6	洛奇代尔医疗基金诉乔杜里案（Rochdale v. Choudhury）	1996年6月21日	产妇有过一次痛苦的手术经历，这次宁死不从；庭审期间，产妇同意手术；手术尚未施行，顺产	高等法院约翰逊法官以患者欠缺权衡风险的能力为由认定其欠缺意识能力

---

[22]　Supra note 7, Wendy Savage, p. 271.

续表

序号	案件	时间	医疗结果	判决
7	L 小姐案（Re L）	1996 年 12 月 5 日	产妇有针头恐惧症；母子平安；母亲对医生表示感谢	高等法院柯克伍德法官认定患者暂时丧失意识能力
8	MB 小姐案（Re MB）	1997 年 2 月 18 日	产妇有针头恐惧症；母子平安，因臀先露的选择性剖腹产	高等法院霍利斯法官认定患者暂时丧失意识能力；上诉法院维持此论

二、孕产妇的意识能力

因医生主张为防止胎儿（在某些案件中亦及于产妇）遭受严重损害或者死亡而有必要施行剖腹产手术，初审法院遂不顾患者反对慨然授权，在这样一阵疾风暴雨的判决之后，当终于有案件被呈递至上诉法院面前，其深感有义务就此间诸多混沌之处加以梳理，而首当其冲的就是意识能力。

（一）意识能力的内涵与判断标准

患者意志自主是医事法大力维护的核心原则，但并不是每个患者都能切实自主，盖意志自主要求患者具有做决定的意识能力（competence, has the capacity）。在这几起法院授权的剖腹产案件中，除了 S 女士案与圣乔治医疗基金诉 S 案外，高等法院家事法庭概系以产妇欠缺意识能力为由照准强行手术申请，正像卡希尔挖苦的，"看起来，过去法院是照着要使产科医生心愿得遂的方式来解释意识能力的"。[23]在有些案件中，对产妇意识能力的否认或有其理由，更多的则显得颇为牵强，正是这些疑窦丛生的判决，让吾人看到了医生及法院"关于女性的某些模式化的假定认识"，对于"产妇欠缺意识能力的一般推定以及随处可见的掩饰不及的强制立场"。[24]

有鉴于此，上诉法院于两件判决中正本清源：在以明确证据推翻之前，意识能力是只能推定其有，而不能推定其无的；[25]而且"怀孕固然增加了产

---

[23] Supra note 11, Heather Cahill, p. 499.
[24] Supra note 11, Heather Cahill, p. 494.
[25] Re MB [1997] EWCA Civ 3093, para. 30.

妇的个人责任，但怀孕本身并不能削减其决定是否接受治疗的权利"。[26]问题当然不会就此结束，盖意识能力概念的内涵及判断标准在英国法上仍有待厘清。

1. 理解能力进路

在被频频引作先例的 Re T 案中，掌卷法官唐纳森勋爵（Lord Donaldson MR）如是论道："成年患者……既有精神能力（mental capacity），自有选择是否同意治疗的绝对权利……至于其决定在他人看来是否明智，于此选择不构成任何掣肘。不论其选择的理由是否合乎理性，是否为外人所知，甚至全无理由，皆无碍该项权利之存在。"[27]

这里的能力概念滥觞于上议院吉利克案判决，在该案中，法院认为，只要患者能够预见并领会其所做医疗决定的性质及后果，即得认为其有意识能力并就医疗事宜为同意表示。[28]法律委员会在其第 129 号咨询文件《无精神能力的成年人及其医疗决定》中，亦对 Re T 案进路予以背书。法律委员会认为，患者是否接受治疗的决定，一般只要满足以下条件即为有效："就与医疗措施有关的基本信息，包括采取该措施或者不采取该措施情况下可以合理预见的结果，患者能够理解医生所作阐释，并且能够记住这些信息，直到做出有效决定。"[29]学者称这种以理解能力为内涵的定义为"意识能力的最小定义"（minimal definition）。[30]

2. MB 小姐案进路

但在几起剖腹产案件中，法院援引的却是索普法官在 Re C 案中确立的三阶段标准。在该案中，索普法官称，"E 博士将对决策过程的分析解剖为三个阶段，我以为颇为有用：（a）理解并记住治疗信息；（b）信任此种信息；（c）对此种信息加以权衡，从而做选择"。[31]

这一标准稍后被上诉法院在 MB 小姐案中修正。MB 小姐案判决指出，倘患

---

[26] St George's Healthcare NHS Trust v. S [1998] 3 All ER 673, 692.

[27] Re T (Adult: Refusal of Medical Treatment) [1992] 4 All ER 649, 653.

[28] Gillick v. West Norfolk and Wisbech AHA [1986] AC 112.

[29] Mentally Incapacitated Adults and Decision-Making: A New Jurisdiction. The Law Commission Consultation Paper No. 128, London: HMSO, 1993, para. 2.12.

[30] See Marc Stauch, *Rationality and the Refusal of Medical Treatment: A Critique of the Recent Approach of the English Courts*, 21 Journal of Medical Ethics 162, 165 (1995).

[31] Re C (Refusal of Medical Treatment) [1994] 1 FLR 31, 36.

者的心理功能受到损害或者干扰，无法做决定，即为欠缺意识能力，如下面两种情形：其一，患者无法理解并记住那些对做决定至关重要的信息，尤其是接受或不接受治疗之可能后果的相关信息；其二，患者无法运用或者权衡相关信息以形成决定，比如，患者由于强迫症或恐惧症而不相信医生提供的信息。[32]可以看到，索普标准的第二项在这里被取消了，除非被视为精神疾病的一部分。[33]但对信息加以权衡的能力被保留一来，而正是这一点，最受诟病。

上诉法院还论及诸如精神错乱（confusion）、震骇、疲惫、疼痛或者药物这样一些可能会侵蚀患者意识能力的"暂时因素"，要求相关人员必须确信，这些因素发挥作用到了相当程度，以致患者失去了决定能力。另外一个此类因素是因恐惧而生的恐慌（panic），在这里，同样必须对证据详加审查，盖对手术的恐惧可能是拒绝的一个理性理由。恐惧同样可能动摇患者的意志并使其丧失决定能力。

如前所述，在洛奇代尔医疗基金诉乔杜里案中，约翰逊法官并未理会医生就患者意识能力所持看法，而法官的论述也清楚表明，之所以认为患者欠缺意识能力，原因之一即在于，患者看上去竟然能够对死亡结果坦然受之，而这在法官看来绝非理性。在 MB 小姐案中，上诉法院特别回应此点，"或会生出疑问，是否有什么证据提交至法庭，从而使得［约翰逊］法官得出与产科医生相反的结论"，并着手对索普标准予以完善，尤其是将恐慌、犹豫不定以及非理性与欠缺意识能力区分开来："这里的非理性意指，当事人的决定因不合逻辑或者有违公认的道德标准而显得骇人听闻，而一个理智之人面临这里的待决问题，断然不会如是为之。正如伊恩·肯尼迪与安德鲁·格拉布指出的（Jan Kennedy and Andrew Grubb, Medical Law, Second Edition, 1994），倘决定系基于对现实的错误认知而为，即可能是非理性的（例如，血液有毒，盖血是红的）。这样的错误认知更有可能被认为是精神障碍。尽管一般认为，非理性与意识能力扞格难通，恐慌、犹豫不定以及非理性本身并不等于无意识能力，不过，这些可能是无意识能力的表征或者证据。决定的后果愈严重，相应地，所要求的意识能力的标准也愈高。"[34]这最后一句来自前引 Re T 案，

---

[32] Re MB［1997］EWCA Civ 3093, para. 30.

[33] Supra note 7, Wendy Savage, p. 270.

[34] Re MB［1997］EWCA Civ 3093, paras. 25, 30.

当时唐纳森勋爵虽未对意识能力加以界定，但提出了意识能力判断的风险标准（risk-related test）："这里关乎紧要的是，医生必须考虑，患者在做决定之时是否具有与其所欲做之决定相称的能力。决定愈重大，所要求的能力愈高。"[35]

3. 理论界的批评

索普标准以及修正后的 MB 小姐案标准颇受訾议，特别是对信息加以权衡的能力这个要素，被认为实际上是将患者决定的理性与否（从医生角度看）当作了判断依据，这在约翰逊法官的两件判决中看得格外真切，而这与英国法的一贯立场相悖。如学者指出的，尽管口口声声宣称患者有做非理性选择的权利，可这第三项要素实际上起到的作用却正是要将这种选择滤出：对某种在他人看来几乎没有什么价值的因素，患者却表现出不恰当的难分难舍，这就很容易让人得出结论，认为患者不能就各种信息加以权衡，因而欠缺意识能力。[36]

在圣乔治医疗基金诉 S 案中，上诉法院未再充分考虑意识能力问题，整个判决的调子都表明，法院认为 S 显然有意识能力：不要忘了，S 本来就是医务人员嘛，当然有权衡信息的能力。或许正是因此，法院只是重申了唐纳森勋爵在 Re T 案中有关风险标准的见解。这一风险标准同样见于前面所引 MB 小姐案判词，但将之用于意识能力的判断，可能是不合逻辑的。

阿拉斯泰尔·R. 麦克莱恩（Alasdair R. Maclean）基于理解能力进路批评说，关乎做决定所需要之理解能力的，并非风险，而是事态之复杂性质。倘吾人采纳风险标准，那么顺理成章的结论就是，拒绝比同意要求更高的意识能力。盖风险标准意味着，健康面临的风险越大，所需要的同意能力标准就越高。只有在经过权衡以后，相较拒绝治疗，治疗的收益更大、风险更小，其方有正当性。既然医学上认为，拒绝治疗将会给健康带来更大风险，那么依风险标准，拒绝治疗就需要更高的意识能力。在剖腹产案件中，为了认定产妇无意识能力以达到保护胎儿的目的，承受道德及情感压力的医生以及法院即得移动标杆并设置一个不可企及的意识能力标准。实际上，风险标准意味着，在风险很高的情形下，同意是唯一现实的选择：倘患者拒绝同意，就

---

[35] Re T (Adult: Refusal of Medical Treatment) [1992] 4 All ER 649, 661.

[36] Marc Stauch, *Court-Authorised Caesarians and the Principle of Patient Autonomy*, 6 Nottingham Law Journal 74, 77 (1997).

会被视为无意识能力，患者的决定也不会得到认可；唯一可行的选择就是遵从医生的建议并同意剖腹产手术，而家父主义遂得借此从后门悄悄潜入。[37]

如同 MB 小姐案，圣乔治医疗基金诉 S 案判决也承认"疲劳、震骇、疼痛或者药物"会影响意识能力。但正如玛格丽特·布雷热（Margaret Brazier）所评论的，"在很多情形下，所有这些都是分娩不可避免的部分"[38]，这些"暂时因素"给了法院特别是医生按照自认为最合乎患者最佳利益的方式来对待产妇的机会，就像在约翰逊法官的判词中看到的，特别提到了身体上的疼痛与精神上的紧张。对于这种可能性，倡导产妇自主的学者格外警惕，其强调说，虽然这些确实会影响同意能力，但只有在极端情形下才会如此；否则的话，就不会有病情危急还被视为有意识能力的产妇或者病人了。[39]

就恐惧这个因素，MB 小姐案判决的论证亦有疏漏。法院认为，强迫症、恐惧症可以阻扰患者对所提供信息的信赖，削弱其权衡这些信息的能力，从而使其无法做出真正的决定。但判决接下来又对两种恐惧加以区分：一是可能构成拒绝医疗之理性理由的恐惧，故不能排除患者的意识能力；二是动摇了患者的意志从而损害了其意识能力的恐惧。[40]虽说患者的恐惧确实可能压倒其理解并权衡信息的能力，但法院也不应该背离自己的原则，又将理性与否纳入考量。唯一的判断标准只能是，患者的恐惧是否导致其不能理解、记住、信任以及权衡信息，而不是看其恐惧是否合乎理性。

基于 MB 小姐案的事实，法院得出结论，愿意接受剖腹产手术但又害怕针头的患者已为针头恐惧症所控制，从而不能对任何其他考量加以权衡。这种恐惧严重损害了其心理机能，致其暂时失去意识能力。[41]尽管法院的结论似能得到案情事实的支持，但其论证过程却难令人满意。毋宁说，这判决让吾人看到了巨大反差：一方面是就患者意识能力所作的冗长理论论述；另一方面，在将这些原则用于手头个案时，却又那么轻率与粗糙。法院似乎是从 MB 小姐曾经同意剖腹产手术这一事实推断出是患者的针头恐惧症导致其失去

---

[37] Alasdair R. Maclean, *Caesarean Sections, Competence and the Illusion of Autonomy*, 1 Web Journal of Current Legal Issues (1999), http://www.bailii.org/uk/other/journals/WebJCLI/1999/issue1/maclean1.html (11 April 2022).

[38] Margaret Brazier, *Hard Cases Make Bad Law?*, 23 (6) Journal of Medical Ethics 341 (1997).

[39] See supra note 37, Alasdair R. Maclean.

[40] Re MB [1997] EWCA Civ 3093, para. 30.

[41] Ibid.

做决定的能力。但 MB 小姐一直表达得很清楚，其之同意剖腹产取决于特定条件，其中最为重要的是，不能针刺。既然已有自己的原则在先，法院就应该阐明何以 MB 小姐的针头恐惧症排除了其意识能力，而不是绕着圈子讲什么患者的行为前后矛盾故而非理性云云。依 MB 小姐案阐述的原则，要推翻对 MB 小姐有意识能力的推定，法院必须证明的是，患者的针头恐惧症在性质上已经使其无法做真正的决定，但实际上法院证明的是，对 MB 小姐来说，其宁可妨碍手术之施行，亦不愿受针刺，哪怕该手术能够帮助娩出一个健康的孩子。仅仅因为患者虽愿意接受剖腹产手术但又不肯以忍受针刺为代价，法院即得据此认为其决定不合乎理性，从而得出其暂时丧失意识能力的结论吗？如萨拜因·米哈诺夫斯基（Sabine Michalowski）批评的，在多数涉及剖腹产手术的案件中，下级法院的做法让吾人看到，法院更倾向于轻易认定产妇欠缺为医疗决策的意识能力，考虑到这个事实，应该更多地强调在给定个案中对患者意识能力的评估，这样才不至于一方面口头上喊着要尊重患者意志自主，另一方面又基于一些虚浮无根的理由而认定特定患者欠缺意识能力，不允许患者做出危及生命的不可逆的决定。[42]

上诉法院在 MB 小姐案与圣乔治医疗基金诉 S 案中虽然维护了患者意志自主的至高地位，却未能彻底解决意识能力这个"被医生及法院用之为剑却难被产妇用之为盾的真正难题"。[43]芭芭拉·休森（Barbara Hewson）将此情形描述为第二十二条军规，真是贴切：产妇只有具备意识能力，方能拒绝同意，但任何拒绝都有可能被认定为患者欠缺意识能力的证明而被否决。[44]这样一个极易上下其手的意识能力标准给了法官很大操作空间，其得以自己认为最便宜的方法加以认定，来安抚医生及法官的良心。如约翰逊法官在洛奇代尔医疗基金诉乔杜里案中所做的那样，不过一个两分钟的听证会，产妇没有到场，"信息了了"（the scantiest information）[45]，就推翻了产科医生关于产妇具有同意能力的意见。

---

〔42〕 Sabine Michalowski, *Court-Authorised Caesarean Sections—The End of a Trend?*, 62 The Modern Law Review 115, 119 (January 1999).

〔43〕 Supra note 37, Alasdair R. Maclean.

〔44〕 Barbara Hewson, *Could the High Court Order You to Have an Operation?*, 115 Living Marxism 24 (1998). As cited in supra note 37, Alasdair R. Maclean.

〔45〕 Re MB [1997] EWCA Civ 3093, para. 24.

(二) 指导意见

为了帮助医院应对此间的两难困境，上诉法院在 MB 小姐案中特地为医生提供了若干条指导意见，接着在圣乔治医疗基金诉 S 案中又进一步完善：

有意识能力的成年患者具有拒绝治疗的绝对自由，此点不可动摇，医生不必再徒劳向高等法院求乞判决。倘患者欠缺意识能力，不论长期抑或暂时，即应依医院判断之患者最佳利益施治。倘患者在失去表示能力之前有过预先指示，自应本其指示施治。倘有理由怀疑预先指示的可靠性，得向法院申请发布判决。

医院应快勘定，就患者的意识能力是否有疑。倘生严重怀疑，应首先评估。一般而言，患者的全科医生或者其他负责医生即有评估资质，但若涉及患者将来的健康以及福祉甚至是生命，则应由独立的精神科医生来评估，最理想的状况是依《精神健康法》第 12 条第 2 款任命。倘就患者的意识能力仍有严重怀疑，且严重到了需要法院介入的程度，精神科医生就需要考虑，患者是否由于精神障碍已无法处理自己的财产或者事务。倘如此，患者或已不能自行指定律师，即应为之任命诉讼监护人。医院应尽快寻求法律意见。倘请求法院判决，应立即通知患者律师；倘可行，律师应有机会接受患者指示并在必要时寻求法律帮助。

倘患者不能指定律师，或者被认为无法指定，医院或其法律顾问必须知会政府律师，由其在诉讼程序中担任患者监护人。若政府律师同意担任监护人，当然会希望安排与患者谈话，以确定患者意愿，并探究其拒绝治疗的原因。[46]

这些指导意见有两点值得注意：一是特别注意维护产妇的程序权利，而产妇没有得到充分的法律代理甚至对法院的听审程序毫不知情，这正是此前的剖腹产案件饱受抨击的重要原因。二是该意见实际上允许临床医生就患者的意识能力做出决定，只有生出疑问时，方可求诸法院，"这就等于全权委托（ carte blanche）医生以自己认为最合乎患者最佳利益的方式来对待产妇"，因而也令诸多学者颇感忧虑。[47]

三、理性与拒绝治疗

有意识能力的成年患者有同意或者拒绝治疗的绝对自由，至于其决定的

---

[46] See NHS Executive, *Consent to Treatment—Summary of Legal Rulings*, Health Service Circular, HSC 1999/031, 19th February 1999 Appendix B.

[47] See supra note 37, Alasdair R. Maclean.

理由何在，于决定之效力毫无影响，这是在英国法上已牢固确立的原则。在前引唐纳森勋爵 Re T 案判词中已经看到，在伊丽莎白·巴特勒-斯洛斯夫人（Dame Elizabeth Butler-Sloss）代表上诉法院发布的 MB 小姐案判决中，就该立场再加强调："能够做决定的有意识能力的女性，自然得选择不接受医疗干预，不管是出于信仰还是其他原因，也不论该原因是理性的还是非理性的，甚至不附具任何原因，哪怕这决定的后果可能会导致其所怀胎儿死亡或者严重残疾，甚至是产妇自己死亡。在此等情形下，法院并没有宣布医疗干预合法的权力，而且像患者客观最佳利益这样的问题也根本无由产生。"[48]

将做决定的意识能力与该决定本身是否合乎理性这两个问题分开来处理，体现的正是对患者意志自主的充分尊重。反之，倘一方面允许患者选择，另一方面又大加贬斥那些被认为非理性的选择，则无异于并没有赋予当事人真正的选择自由。

1. 医疗决策的理由

上诉法院虽已将立场阐明到了这个份上，家父主义（要求患者的决定符合法院及医生界定的理性标准）的魅影也不是可以断然祛除的。意识能力的信息权衡能力要素、意识能力判断的风险标准以及影响意识能力的暂时因素，都给了家父主义借尸还魂、卷土重来的机会；不宁唯是，公开要求给予理性标准以合法地位的呼声亦不绝如缕，从未止歇，表现出家父主义意识形态是何等地深植人心。

唐纳森勋爵 Re T 案判词确认了英国法上"有精神能力"（no mental incapacity）的成年患者的选择权利。马克·施陶赫（Marc Stauch）论道，这段意见看起来不过是对那闻名遐迩的原则的唱和，即由卡多佐法官率先揭明的原则，谓"任何神志健全（sound mind）的成年人，皆有决定何者得施于己身的权利"。[49]在施陶赫看来，卡多佐的"神志健全"与唐纳森的"精神能力"绝不可等同视之：依后者，患者所为之真正选择，包括选择理由（倘若有），纯粹是患者自个儿的事儿；相反，"卡多佐那个年岁稍长而又锋芒稍敛的'神志健全'标准，吾人大概敢说，已经包含了对患者决策理由的某种审查在里

---

[48] Re MB [1997] EWCA Civ 3093, para. 30.
[49] Schloendorff v. Society of New York Hospital (1914) 105 North eastern reporter: 92.

第三章 法院授权的剖腹产案件：英国判例法的经验

头"。[50]施陶赫接下来指出，患者的拒绝表示是一定要附具理由的，并将这些理由区分为三类：第一类是理性的理由（rational grounds），得界定为基于"常识"的理由，表现出的是一套来自日常生活经验的信念。例如，患者要挺过治疗得经受极大痛苦，且会丧失很多精神与身体机能。第二类是无涉理性的理由（non-rational grounds），即基于非经验观念的理由，此等观念是信仰问题而不是理性问题，在经验上既无从证实，也无从证伪。第三类是非理性的理由（irrational grounds），这类理由虽然也关乎经验世界，但与吾人对于这个世界通常的经验扞格不通，在认知上是错误的。例如，患者一直生活在幻觉中，以为自己会成为伟大女明星，而治疗会妨碍梦想。依施陶赫的意见，只有依前两类理由所为之选择方能被视为自主权的有效行使从而得到法院尊重，至于第三类选择，则应无视并以患者最佳利益代之。[51]

施陶赫的见解在英国实证法上得不到支持，此点自不待言；但尤需揭明其在论辩上的错误，方能将家父主义的顽疾彻底治愈。施陶赫反复申明，将其讨论限于患者的拒绝表示将会危及其生命的情形[52]，但若将该文逻辑一以贯之，则此等限制是没有道理的。依照该文的分析，顺理成章的结论是，一切非理性决定都不应该得到赞成，可一旦没有了可能的死亡后果带来的强烈情感冲击，该文论辩的说服力也就失之大半了。另外，还要看看施陶赫对于患者的最佳利益是如何理解的。

施陶赫举的第三个例子，一个梦想成为明星的患者拒绝治疗，盖会妨碍达成自己的目标，伊恩·肯尼迪也曾经拿来设例："这位女士已年老色衰，自孩提时代起，就生活在慈善机构，一直靠着有朝一日会成为大红大紫的明星这个信念维持着自己。"伊恩·肯尼迪相信，医生应该认为患者有拒绝治疗的能力。"若说该女士没有同意能力，实际上就是剥夺了患者对自己人格的权利，比起患者就某特定医疗建议所做决定的任何可能后果来说，这都更为严重，更为有害。"[53]施陶赫同意，倘失去了曾经令自己欢愉的信念的支撑，患者将来的生活很可能变得糟糕透顶，痛苦不堪，那还是不治为好。但施陶赫以

---

[50] Supra note 30, Marc Stauch, p. 162.
[51] Ibid., pp. 163-164.
[52] Ibid.
[53] Ian Kennedy, *Consent to Treatment: the Capable Person*, in Clare Dyer ed., Doctors, Patients and the Law, Blackwell Scientific Publications, 1992, p. 56.

为，这并不算是赋予患者自主优先性的例子，毋宁说，这不过是最佳利益标准乔装改扮地适用——"吾人之所以不愿意将患者的拒绝表示不当回事儿，是出于这样一种感情，若患者的继续生存果真苦痛一片，还真莫如死去为好"。[54] 显然，施陶赫所理解的患者最佳利益并非纯粹医学视角的，当施陶赫将某种精神利益也纳入其中的时候，已在悄然之间向着非理性选择妥协了。

施陶赫的主张来源于很常见的观点，认为意志自主原则的吸引力很大程度上依赖于如下理论，即每个个体都是其自身利益的最佳判断者，而该理论假定不适用于非理性患者。[55] 正如哈耶克深刻指出的，对于自由主义的立场来说，吾人不必假定每个人永远是其自身利益的最佳判断者，事实上也并非如此，想买后悔药的可是所在多有，但吾人不得不承认的是，吾人永远无法确知谁比行动者自己能更好地知道其利益所在，盖此处关键在于，吾人必须尊重每个人自己独特的价值等级序列（主观价值论），故而，每个人都要为自己的选择、为自己的命运负责，正是自由主义题中应有之义。[56]

2. 事前计划与嗣后反悔

分娩计划系产科领域相对晚出的事务，目的似乎在于方便产妇充分表达愿望，鼓励产妇与医生深度对话，但此类产前计划却被许多医务人员解释成对产妇亦具有拘束力的契约。例如，一家国民健康服务基金的律师 A. 安德鲁（A. Andrew）描述了如下场景：产妇第一次怀孕，签署的分娩计划写明拒绝任何镇痛措施，还写明，在分娩期间，倘自己提出任何镇痛请求，医务人员都不得照办。请问，倘产妇在分娩过程中叫嚷着要止痛，并让助产士别理会那分娩计划，该如何处理？安德鲁主张，产妇已预见到了此等情况，并以契约有效缚住了医务人员的手脚。[57]

这种对分娩计划法律效力的错误解释可能正反映了医生对于产妇的一般看法："虽然产妇在分娩阶段刚开始并作成生产计划的时候是被视为有同意能力的，但以后就不是这样了"[58]，或者至少，分娩状态下的产妇所做决定往往是非理性的，故而是不值得尊重的。

---

[54] Supra note 30, Marc Stauch, 164.

[55] Ibid.

[56] 参见 [英] 哈耶克：《自由秩序原理》（上），邓正来译，三联书店 2003 年版，第 90—95 页。

[57] A. Andrews, *Delivering justice*, 94（23）Nurs Times 31, 32（1998）.

[58] Supra note 11, Heather Cahill, p. 501.

施陶赫秉着与安德鲁相同的思路,以奥德修斯那段脍炙人口的故事设喻,来阐述何为自主权之行使。为了不被塞壬的歌声诱惑得撞上礁石,奥德修斯命水手将自己缚在桅杆之上,并严加饬令,绝不得遵守自己稍后可能发布的解缚指示。奥德修斯希望以如此方式限制自己的自由,来求得一线生机。当终于听到那歌声的时候,奥德修斯欲挣脱绳索,喝令下人松绑。施陶赫认为,水手不为之松绑的正当性在于,这是在遵守先前的指令。施陶赫进一步设想,假如奥德修斯并未事先发布指示,也没有被缚在桅杆上,听到塞壬歌声便将船只驶向礁石,这时候,水手应该将之缚住吗?施陶赫的看法是,必须将之缚住,这种本着奥德修斯最佳利益的家父主义行为"仍是在促进奥德修斯的意志自主。盖得假定,年寿长久才是奥德修斯人生计划的一部分,也是其在平静状态下的偏好"。[59]

这故事虽然动人,却经不起推敲。在医患法律关系中,医生负有遵从患者指示的义务,而患者得随时变更其指示;所谓对医生具有拘束力的预先指示,仅在患者丧失意识能力的情形下方有适用余地。正如埃克曼·拉德(Ekman Ladd)富有说服力的见解:分娩时,先前抽象的生产画面变得更为真实,先前只是想象的经历这时成为现实,故而,为知情决定的最好时间大概是在分娩当时,而不是在几个月之前。[60]卡希尔更尖刻地指出,强行剖腹产多半是沟通不足的产物,而医务人员应负主要责任,像分娩计划"这种书面文件不过是糟糕人际沟通的漂亮封皮,有欠连贯的医疗服务中临时的解决方案"。[61]至于奥德修斯,如果没有丧失意识能力的话,何以不能认为,当听到那美妙歌声的时候,其人想到的不是"牡丹花下死,做鬼也风流"呢?[62]

另外,在一些法院命令的剖腹产案件中,先前拒绝手术的患者后来庆幸地表示,多亏法院否决了自己的拒绝决定,方能借助手术娩出一个健康的孩子,上诉法院也考虑了此等事实。就此点,法院认为,不论娩出一个健康的孩子对于母亲来说是多么可喜可贺,严格来讲,这都算不上是切题的考虑。

---

[59] Supra note 36, Marc Stauch, p. 79.

[60] Rosalind Ekman Ladd, *Women in Labour: Some Issues about Informed Consent*, in Helen Bequaert Holmes & Laura M. Purdy eds., Feminist Perspectives in Medical Ethics, Indiana University Press, 1992, pp. 216-223.

[61] Supra note 11, Heather Cahill, p. 502.

[62] 事实上,就在闯过墨西拿海峡之后,这个乡愁症患者却在女神卡吕普索(Calypso)的海岛上淹留七年之久,而整个海上漫游岁月一共不过十年。

法院认为，即便产妇后来可能后悔，对其意志自主报以尊重，也要比对其施加襁褓式保护、以免日后对自主决定的后果感到后悔重要得多。[63]这是很重要的考虑，盖常人很容易认为，产妇对得到一个健康孩子的感激之情可以溯及地为此前对其愿望的否决提供正当性。但很显然，上诉法院对此等论辩的拒斥是正确的，盖如此进路会导致医学与司法上的家父主义。医生与法院就可以认为，尽管患者有意识能力，但以后很可能改变想法并为自己决定的后果感到懊丧，从而就可以胆大无忌地判定患者的愿望与其最佳利益相悖。正如米哈洛夫斯基所说，"患者的意愿被否决，但后来适应了因此而生的新境况，这一事实并不意味着，患者当时所做自主决定就是错误的，而强制则是有正当理由的；这仅仅表明，人的观念可以改变，并且能够适应变化了的环境"。[64]

四、胎儿的利益

患者自主并不是绝对的，基于特定社会政策的考量，得使某些客观社会利益凌驾于患者自主之上。[65]在产妇拒绝接受手术的场合，与产妇的意志自主及其身体的不可侵犯性相冲突的，主要是胎儿的生命利益以及社会在维护其成员福祉与生命方面的利益。[66]

---

[63] Re MB [1997] EWCA Civ 3093, para. 31.

[64] Supra note 42, Sabine Michalowski, p. 120.

[65] 艾伦·迈泽尔将那些同样为社会所珍视但与患者自由决定相冲突的价值笼统称为"社会健康利益"（societal interest in health），实质内容就是，促进个体健康并确保患者决定符合下面的客观价值序列，即健康好过疾病，生存好过死亡。社会健康利益分为三块：患者亲属对于患者健康的利益，社会对于社会成员个体健康的利益以及医疗职业的利益。See Alan Meisel, *The "Exceptions" to the Informed Consent Doctrine: Striking a Balance between Competing Values in Medical Decision Making*, 2 Wisconsin Law Review 413, 423-428 (1979).

[66] 如前注所说，与患者意志自主相对立从而需要立法加以平衡的是客观医疗利益，并非中国著述所谓患者生命权。在围绕着剖腹产事件展开的热烈讨论中，一篇文章即题为"要用生命权至上理念来理解医疗法规——'孕妇死亡'事件留给我们的启示"（前注4，上官不亮文）。还有作者写道，"这实际上是生命权与知情同意权之间发生冲突时的权衡问题"（孟强：《医疗损害责任：争点与案例》，法律出版社2010版，第66页）。再如，"患者的知情同意属于人格权的一种，但是在出现患者生命垂危的紧急情况时，面对生命健康权和人格权之间的利益权衡，医疗机构应当首先保护患者的生命健康权。为了这一更为重要的权益，而适度减损患者的知情同意权，是具有正当性的"[王利明：《侵权行为法研究》（下卷），中国人民大学出版社2004年版，第435页]。这些议论似是而非：生命健康权，还可以加上身体权与隐私权，与知情同意利益俱属患者一身，前者不存，后者焉附，两者只有同进共退之谊，断无决裂冲突之理，与知情同意利益发生冲突从而需要立法者或法官加以权衡的，只能是外在于患者的客观利益。

第三章　法院授权的剖腹产案件：英国判例法的经验

在患者的拒绝决定可能会导致其死亡的后果时，英国法的立场非常明确，生命神圣原则从属于患者自主原则。在 Re T 案中，唐纳森勋爵论道："拒绝接受治疗将导致两种利益的冲突，一为患者利益，一为患者生存于其间的社会的利益。患者利益即在于其自我决定的权利——过自己所希望的生活的权利，哪怕这会损害健康或者导致英年早逝。社会利益则表现为如下观念，即所有人的生命都是神圣的，并应尽一切可能加以保护。英国法固持的立场为，在终极意义上，个体权利至上。"[67]

当然，自我决定并不意味着患者可以不受限制地选择自己的死亡方式。例如，一般看法是，患者在企图自杀之后拒绝治疗的，构成对生命神圣原则的侮辱，医生对此等决定得无视之。但患者拒绝接受治疗本身在英国法上并不构成自杀，此点在这些剖腹产案件中未受质疑，故未成为讨论焦点。[68]而剖腹产案件的特殊性在于，当产妇拒绝接受手术时，其与胎儿那独一无二的身体联系也就意味着，有一个"第三人"也同样受到了影响，于是，"密尔的损害原则这一幽灵飘然而至"。[69]在这里，最有可能对产妇自主起到平抑作用的是胎儿的利益，这一冲突造成了伦理与法律的雷区，正如索普法官在一篇学术论文中所说："产科医生为胎儿的生命奋力维权，女权主义者则为怀孕妇女决定医疗事务的权利极力辩护，双方为这一伦理议题争得不可开交，情绪激昂，简直没有通融的余地，这是任谁都看得到的。"[70]

但在英国法上，胎儿向来不被认为是法律上的人。在佩顿案中，丈夫试图阻止产妇合法堕胎，法院支持了产妇的合法堕胎权，家事法庭庭长贝克爵士（Sir George Baker）在判决中写道："头一个要解决的问题是，原告是否享有权利。在我看来，在英国法上，胎儿在出世并成为一与母体分离的独立存在前，自身并不享有任何权利。整个国家的民事法律俱持此等立场（刑法不论，与此无关），并为普通法系国家民事判决之基础，诸如美国、加拿大、澳大利亚者是，我敢肯定，其他普通法系国家亦为如此。"[71]在另一件先例 Re

---

[67]　Re T（Adult: Refusal of Medical Treatment）[1992] 4 All ER 649, 661.

[68]　在 Secretary of State v. Robb [1995] 2 WLR 722 案中，索普法官先是指出在防止自杀方面的国家利益，又接着认为，拒绝接受治疗或者营养本身不构成自杀。

[69]　Supra note 37, Alasdair R. Maclean.

[70]　Thorpe, *The Caesarean Section Debate*, Family Law 663（1997）. As cited in supra note 37, Alasdair R. Maclean.

[71]　Paton v. British Pregnancy Advisory Service Trustees [1979] QB 276.

F案中，巴尔科姆法官（Balcombe J.）驳回了社工将一位产妇收治入院的申请，判决写道："就这样的原则性问题，在我看来，吾人没有权力将未出世的胎儿当作受法院监护之人（ward of court）。盖自理论言（*ex hypothesi*），未出世的胎儿并非一独立于母亲的存在，将监护法院的司法管辖权力扩张及于胎儿的唯一目的，不过在于对母亲的行为加以控制。"[72]

正因为法律的障碍如此壁垒森严、难以攻克，故不难理解，何以在诸多剖腹产案件中，家事法庭的法官对那个极富弹性的意识能力概念是那么青眼有加。可是，这一迂回策略却将许多原本应该开诚布公予以讨论的实质性论辩隐瞒了过去，也因此削弱了法院判决的说服力量。索普法官前引文即如是批评家事法庭在剖腹产案件中的意识能力策略："理论上持之有据者却未必能付诸实践。上诉法院甄别法律原则易，初审法院用之于实际难，缘司法本能、训练及情感作祟也。于剖腹产案件中，法律之适用［指意识能力的判断］端在家事法庭法官，而此等法官职守在于维护儿童利益。面临医疗两难，不论何人之生命，家事法庭皆会一视同仁，自无道理就此无端疑揣……但若不肯定对此等考虑的认可，牵强附会之推理、日益增长的诉讼……以及学科间合作的紧张关系，便为难免之事。"[73]

在这些法院授权的剖腹产案件中，只有布朗爵士与豪格法官没有假借意识能力，而是触及敏感的政策问题，这虽然鲁莽，倒也不失诚实，颇有堂吉诃德挑战风车的味道。布朗爵士在S女士案中提到了Re T案[74]。在本节开始处所引的那段确认"个体权利至上"的判词之后，唐纳森勋爵提出了一个可能的例外："成年患者，如本案中之T小姐，既然智力健全，自有同意、拒绝或者选择此种而非彼种医疗方案之绝对权利。只有在患者的选择或会导致可存活胎儿死亡的情形，方可能就其权利加以限制。本案自与此无关，但若此种情形果真发生，法院就不得不面临这个不论在法律上还是在伦理上都至为繁赜的新难题。"[75]

其他法院判决虽然未对胎儿不享有任何权利的原则表示质疑，但就完全

---

［72］ Re F (In Utero) ［1988］Fam. 122.

［73］ Supra note 70, Thorpe, p. 663.

［74］ "就这一根本难题，唐纳森勋爵于Re T案中提及，但未下定谳，也没有直接相关的判例。" Re S (Adult: Refusal of Treatment) ［1992］4 All ER 671.

［75］ Re T (Adult: Refusal of Medical Treatment) ［1992］4 All ER 649, 653.

不考虑胎儿利益一节却仍然表现得局促不安。例如，在诺福克与诺维奇医疗基金诉 W 案判决中，约翰逊法官最后写道："在整个判决书中，我屡屡提及'胎儿'，我希望强调，司法关注的重心在于产妇自身的利益，而不在于其所怀胎儿的利益。但现实却是，这胎儿已经发育成形，只要从母体内娩出，即得有正常生活。"[76] 这段判词颇为发人深省，盖表明约翰逊法官事实上正是由于对胎儿利益念念不忘，方才会借着对意识能力概念的解释，对产妇自主权来了一番阳奉阴违。

有鉴于此，上诉法院遂在 MB 小姐案中专门讨论，得否为了胎儿利益而将有意识能力产妇的拒绝表示置于不顾，尽管这个问题在该案中事实上并未发生，盖法院认定产妇欠缺意识能力。但应当注意，即便产妇被认定为欠缺意识能力，还是会产生类似问题，盖以最佳利益标准代替患者意志之后，是排他性地只关注产妇的最佳利益，还是同时将胎儿的利益也纳入考虑，所得到的结果自然是不同的。

上诉法院在判决中指出，唐纳森勋爵与布朗爵士的观点与英国法的立场相左，在考察了有关胎儿保护的制定法以及欧洲人权法院、美国法院的众多判例之后，总结当前英国法的立场如下："有决定能力的产妇……虽然了解得清清楚楚，倘拒绝接受注射麻醉，将大大降低胎儿活着出生的概率，却仍可能如是为之。法院在考虑是否应该照准剖腹产手术申请时，尚未出生的胎儿并不享有任何可以令法院将其纳入考量范围的独立权益。即便是胎儿眼瞅着行将诞出，法院也没有为了保护其利益而宣布此种医疗干预合法的权力。"[77]

职是之故，在紧急剖腹产手术案件中，胎儿利益不得被纳入考虑，更不必说使其凌驾于产妇利益之上了。不得为了胎儿利益而认产妇之拒绝表示为无效，而且在适用最佳利益标准时，能够被纳入考量范围的也只能是产妇利益，而不得是胎儿利益。

结论虽然如此，上诉法院似乎还是多少有些忐忑不安，盖就在这结论之前，判决写道："就能够活着出生的胎儿，刑法给予保护，不受故意毁灭，堕

---

[76] Norfolk and Norwich Healthcare (NHS) Trust v. W [1997] 1 FCR 269, 272-273.

[77] Re MB [1997] EWCA Civ 3093, para. 60. 在圣乔治医疗基金诉 S 案中，上诉法院再次强调："胎儿对医疗帮助的需要不能凌驾于产妇的权利之上。她有权利不被强制接受违背自己意愿的对身体的侵袭，哪怕她或者胎儿的生命依赖于这种医疗措施。不能仅仅因为她的决定在道德层面上似可苛责，即对其权利加以束缚。" St George's Healthcare NHS Trust v. S [1998] 3 All ER 673, 692 per Judge LJ.

胎法亦给予保护,除该法允许的情形外,不得堕胎,偏偏有意识能力的母亲(非理性)拒绝以医疗干预来避免胎儿死亡风险的时候,吾国法律却无动于衷,不再施以援手,这看起来或许不太合乎逻辑,却正是当前的法律立场……"[78]

难怪在剖腹产案件中,法院似有如下倾向,即千方百计地通过对个案事实的阐释来实现某可欲且合乎逻辑的结果,以此来绕过那被认为不可欲的、不合乎逻辑的法律原则。考虑到这一现象,便有必要阐明,MB 小姐案勾勒的法律原则,即非不合乎逻辑,亦不存在立场矛盾的情况。米哈洛夫斯基指出,1967 年《堕胎法》以及 1929 年《婴儿生命(保护)法》对胎儿所提供之保护,所针对者不逾故意毁灭。产妇拒绝接受剖腹产手术不能被视为故意毁掉胎儿,该拒绝表示不过自主决定权利的行使,保护其身体完好性不受讨厌的外科手术干预,正如面临生命危险的产妇拒绝接受治疗不能被视为自杀。在这两种情形下,听任自然之发展,都会造成死亡,而产妇所能受到的一切谴责至多也不过是,没有采取任何积极措施来保护胎儿的生命。可不论是 1967 年《堕胎法》,还是 1929 年《婴儿生命(保护)法》,都没有令产妇承担积极挽救胎儿生命的义务。故法院所援引之法律原则并没有什么矛盾之处,而是在规制不同的情况。[79]

再者,若法律果真令产妇承担此种义务,为了孩子的利益必须接受手术,那么父母为了孩子的利益是否也应该捐献器官呢?当然,绝大多数或会这么做,但能强迫父母付出这种牺牲吗?正如皇家律师罗伯特·弗朗西斯(Robert Francis)1995 年在医疗法律协会演讲时所说:"S 女士案的难题在于,倘该案立场正确,吾人就不得不面对越来越多的情形,即为了孩子的利益,患者被迫接受手术。倘为了挽救可存活胎儿的生命,即得强迫母亲接受手术,那么是不是亦得强迫父母为孩子捐献骨髓或者肾脏呢(设未得捐献,孩子会死亡)?倘基于父母与孩子的利益必须一致的理由不许如此,那么该要求又怎么与人之客观最佳利益从属于明示意思的既定法律立场相吻合呢?"[80]卡希尔将法院授权的剖腹产案件称为"奥威尔式局面",同样地,倘得基于社会就胎儿

---

[78] Re MB [1997] EWCA Civ 3093, para. 50.
[79] See supra note 42, Sabine Michalowski, pp. 124–125.
[80] See supra note 7, Wendy Savage, p. 278.

生命所享有的利益而让产妇遵从医生命令，那么亦得将这种立场称为"斯巴达式局面"——为了替国家产下健康的婴儿，妇女负有从事体育锻炼的义务、结婚的义务、孕育更多子女的义务以及在特定情形下尝试其他男子的义务，如此等等。[81]

故而，有意识能力的产妇不能被强迫接受剖腹产手术，哪怕拒绝手术会导致胎儿死亡，盖产妇没有拯救胎儿的法律义务。同样地，在剖腹产手术并不合乎产妇最佳利益而仅仅符合胎儿最佳利益的情形，也不能强迫欠缺意识能力的产妇接受剖腹产手术。任何使胎儿利益凌驾于产妇之上的做法，都将使产妇不复为康德所谓身为目的本身的人，而是变为实现第三人（胎儿）目的之工具。如乔治·安纳斯（George Annas）生动描绘的，"胎儿的容器（fetal container），对身体完好性并无任何权利的非人类（non-person）"。[82]

五、孕产妇最佳利益

在产妇欠缺意识能力的情形下，医院应该本着产妇的最佳利益施治，在判断哪些合乎而哪些又不合乎患者最佳利益时，应该考虑患者的偏好，而不得将自己的价值观念强加于患者。

在 MB 小姐案中，法院阐释说，当为丧失意识能力的患者做医疗决策时，要考虑的利益并不限于医疗利益，还包括患者的精神福祉，这是重要的澄明工作。[83] 根据证据，很显然，这位母亲希望孩子能够活着出世，而且是赞成手术的，唯一的掣肘不过是针头恐惧，而精神病学的证据似乎表明，倘孩子残疾或者死亡，MB 小姐很有可能遭受长期的巨大精神创伤。法院考虑了麻醉风险给产妇福祉可能造成的损害并得出结论：麻醉手术不会给患者带来持久损害，倒是孩子的死亡将会造成其长期精神损害，故施行手术符合其最佳利益。[84]

不过，这番对 MB 小姐最佳利益的考察仍有未尽之处：当判断其最佳利

---

[81] 参见［英］罗素：《西方哲学史》（上卷），何兆武、李约瑟译，商务印书馆 2001 年版，第 132 页以下。

[82] George J. Annas, *Protecting the Liberty of Pregnant Patients*, 316 (19) New England Journal of Medicine 1213, 1214 (1987).

[83] Re MB [1997] EWCA Civ 3093, para. 35.

[84] Re MB [1997] EWCA Civ 3093, para. 36.

益时，孤立地考察麻醉效果并不恰当。就该个案来说，对患有针头恐惧症的患者强行治疗会产生何等效果，也是应该考察的。对针头恐惧症的案例研究表明，患者一般会避免看医生，这很可能就是 MB 小姐在妊娠期间没有定期光临产前诊所的缘由。针头恐惧症一般是在外伤情境下因看到针头而产生的，而要治愈，必须建立信任关系。还应该考虑是否有替代针刺的其他方法或者帮助患者克服恐惧的可能性，而不是简单地强迫接受治疗。故法院在判断 MB 小姐的最佳利益时所为之权衡考量工作不能令人满意，盖未能充分考量强行治疗中涉及的所有风险，比如对医生职业产生敌对情绪，以后不再光顾医院等。

另外，在 MB 小姐案中，上诉法院只是排他性地关注麻醉风险，盖法院认为，既然患者同意剖腹产，那么剖腹产手术的风险也就不必考虑了。就该个案而言，这当然没有什么错误，但在所有法院授权的剖腹产案件中，对于剖腹产手术合乎患者最佳利益的医学证据，法院都是欣然从之，对于手术风险甚至提都不提，这就很成问题了。米哈洛夫斯基提请注意，剖腹产手术可是具有侵袭性的。除麻醉固有的风险外，剖腹产手术还给产妇带来了身体上的其他风险。例如，据研究，9%至15%的剖腹产手术导致严重妇科疾病，主要病因是子宫内膜异位、尿路发炎以及伤口感染。比起产道分娩的女性，接受了剖腹产的女性更有可能在以后的妊娠分娩中出问题。还有，尽管剖腹产的产妇死亡数字在下降，但剖腹产的死亡率仍要高出产道分娩死亡率 2 倍到 11 倍。剖腹产还有可能给产妇带来心理影响，例如抑郁症与负疚感，并对母子关系造成负面影响。故而，法院在判断剖腹产是否合乎产妇最佳利益时，应当对这些风险与潜在收益仔细权衡。还有，就剖腹产手术的必要性，尤其是在胎儿臀位的情形，医学观点千差万别，莫衷一是；为了娩出健康的孩子，剖腹产手术事实上是否非施行不可，也是必须解决的问题。[85]另外，在美国的一起剖腹产案件中，法院还提到，强行剖腹产会侵蚀产妇与医生间的信任关系，增加妊娠期并发症的风险，并将更多产妇推到医疗保健体系之外去生产。[86]

就剖腹产手术是否合乎产妇最佳利益这个问题所做的决定既然如此重要，

---

[85] See supra note 42, Sabine Michalowski, pp. 122–123.

[86] Re AC〔1990〕573 A 2d 1253（DC CA）.

对全部攸关权益仔细权衡便十分必要。对产妇利益应综合分析，不但要掌握所涉医疗措施的知识，还应该认识该决定可能加之于患者的心理及社会影响。

六、医疗行业的态度

在医学与法学这两门历史悠久的学科之间，"充满着猜忌、恐怖与敌对的气氛，而且这些还并非全是无源之水。之所以出现这种状况，全是由于缺乏沟通，对两个职业基本的职业目标、方法以及哲学缺乏同情之理解"[87]，彼此仿佛"击鼓执矛而来的命中冤家"。[88]

这样的论断原本大致不差[89]，可是在剖腹产案件中，局面却格外地扑朔迷离起来。曾经有那么一度，法院似乎与医生跳进了同一条战壕，而将产妇当作了共同的"敌人"，医院向法院提出的七件手术申请，照无例外得到了下级法院的批准。于是难免让人怀疑，"司法界对于患者自主的笃诚到底有几分为真"。[90]

可情形又不尽然如此，还在第一件法院授权的剖腹产判决刚刚发布而患者又未提起上诉之时，英国皇家妇产科医生协会即"为之一惊"。[91]该协会的反应很积极，以文件郑重提醒协会成员，怀孕状态并不能限制妇女的法律自由。尽管产妇对胎儿的义务随着妊娠期的进展而增加，但只要未经其同意，其身体完好性即不受侵犯。[92]这番表态是如此理性持重，倒与布朗爵士的激进态度形成了戏剧性反差，至于该协会到底是出于对产妇意志自主的衷心服

---

[87] Martin Lloyd Norton, *Development of an Interdisciplinary Program of Instruction in Medicine and Law*, 46 (5) Journal of Medical Education 405 (1971).

[88] Frederic K. Spies et al., *Teaching Law Students in the Medical Schools*, 77 Surgery 793, 795 (1975).

[89] 单就妇产领域而言，造成这种对立的部分原因在于，虽然当前的法律政策是产妇导向，可产科医生受的训练却是婴儿导向。人类学家罗伯特·汉敏锐地注意到，随着母婴医学的发展，在反映并塑造了20世纪产科学理念与实践的发展，因而被誉为产科学圣经的《威廉姆斯产科学》中，胎儿渐渐成了分娩过程中最有权利的一方，该书第18版中已经出现了"产科学的最高目标就是保证每个新生儿生理健全，身体强健，成为万物之灵"的表述。汉评论道，在20世纪初，当分娩地点由家中转移到医院时，产妇第一次丧失了自主权，而母婴医学对婴儿利益的强调则使产妇面临再次丧失自主权的危险——如果产妇曾经夺回了一些自主权的话。参见前注18，罗伯特·汉书，第278页。

[90] Supra note 36, Marc Stauch, p. 77.

[91] Supra note 11, Heather Cahill, p. 495.

[92] See Royal College of Obstetricians and Gynaecologists. *Ethics: A Consideration of the Law and Ethics in Relation to Court-Authorised Obstetric Intervention* (no. 1, April 1994), London: RCOG, 1994.

膺，还是为了保护医生免遭诉讼风险的防御姿态使然，自不必深究。可该文件至少表明，该协会清醒地认识到，现行法律秩序应予尊重，愤世嫉俗的急先锋不是医生应扮演的角色。

助产士行业的反应则姗姗来迟，一直到 1998 年，英国皇家助产士学会方才将该行业的官方立场予以揭明。[93]《立场文件第 20 号：拒绝治疗的权利》明白表示其系针对强行剖腹产案件而发，除将上诉法院关于产妇有拒绝治疗的绝对权利以及胎儿不具有独立法律人格的立场予以重申外，还格外强调了通过充分的信息沟通来促进产妇与助产士之间信赖关系的重要性，认为交流不畅是造成此前强行剖腹产案件的重要原因。考虑到此前剖腹产案件中普遍存在的程序瑕疵，很多产妇对于医院启动诉讼程序毫不知情、没能得到充分法律代理，甚至还有欺骗法官的现象[94]，英国皇家助产士学会的反躬自省便显得极为可贵。

英国医院系统最大雇主全民医疗保险系统委员会（NHS）则于短时间内连续两次发布工作指引《同意治疗：当前法律立场扼要》，其中专辟"妊娠期外科手术"小节，内容很简约，只是强调有意识能力产妇有做任何决定的绝对权利，倘欠缺意识能力的产妇拒绝手术，医院得请求高等法院发布确认性判决。[95]这份指引的特色在于两篇内容详尽的附录，篇幅超出正文一倍有余，附录 A 系 MB 小姐案判决中关于意识能力的论述，附录 B 则系上诉法院在圣乔治医疗基金诉 S 案中为医院提供的指导意见。如此不厌冗长的征引也表明了某种共识：伦理上的困境固未消除，但须知，吾人所面对的"不是道德法庭"[96]，是实证法为纷乱扰攘的生活世界提供内在理性秩序。

七、结论

今天的产妇要比以往任何时候都能掌握更多的信息，也更能就分娩事宜表达自己的愿望，但是，当产妇的选择最终将导致自我毁灭的后果，而只要一个很简单的医疗干预就可以避免这一切的时候，产科医生总是倾向于假定，

---

[93] The Royal College of Midwives, *Position Paper 20: the Right to Refuse Treatment*, March 1998.

[94] 在圣乔治医疗基金诉 S 案中，医院谎报了案情的紧迫性，使得豪格法官不得不利用午餐时间匆遽听审，仓促宣判。

[95] 1997 年颁布，1999 年修正。NHS Executive, *Consent to Treatment—Summary of Legal Rulings*, Health Service Circular, HSC 1999/031, 19th February 1999.

[96] Re MB [1997] EWCA Civ 3093, para. 40.

这种危害性选择绝非自主选择,故而不值得尊重。医生于此间所体会到的道德与情感压力固然值得体谅,但是实证法的立场坚如磐石:有意识能力的产妇有自主医疗决策的绝对权利;尽管胎儿亦有应受保护之利益,但不能以产妇的意志自主为代价,否则即是对产妇之为人地位的贬抑。

在 20 世纪 90 年代的一系列强行剖腹产案件中,英国下级法院通过对意识能力概念过于严格的解释来绕过法律壁垒,甚至公然对实证法的立场发起挑战,但正如伊丽莎白·巴特勒-斯洛斯夫人在 MB 小姐案中援引 Re F 案巴尔科姆法官判词表达的立场:"倘议会觉得为了那未出生孩子的利益计,应对母亲施加某种约束,那么毫无疑问,议会必须阐释清楚,在何等情形下得施加约束,以及为了保护母亲利益,又应提供何等措施。在这个关涉个体自由甚巨的敏感领域,扩张法律之权,唯在议会,不在法院。"[97]

这股疾如飘风的势头,不但在法律教义学上经不起推敲,在伦理上亦未经过足够深入的反思,故虽来势迅猛,却也去势匆匆。不过,上诉法院虽然在两件判决中扼制住了情绪化的异动,判决所持意识能力理论却仍然为家父主义的回潮埋下了伏笔。故而,单有法律原则还不足以为产妇意志自主提供充分保护。只要诸如应该不惜一切代价地让产妇娩出一个健康的孩子、分娩中的产妇欠缺做出有效决定的意识能力这样一些流布甚广的观念不得澄清,产妇导向的法律政策与婴儿导向的产科训练之间的冲突不得协调,强化了产科医生话语权的诸多社会、文化及制度环境不得改善[98],曲解、回避法律原则,强行手术的做法就断不会少。

八、附录:NHS 指引

上诉法院判决阐明了英国法的立场。英国医院系统最大的雇主 NHS 迅速于 1999 年 2 月 19 日发布工作指引,并特地将上诉法院两份判决中最为重要的

---

[97] Re MB [1997] EWCA Civ 3093, para. 61, citing Re F (In Utero) [1988] Fam. 122, 144.

[98] 比如,男性医生对女性患者的麻木不仁是妇女健康运动兴起的重要因素,女性健康组织发展起来,主张顺产、助产服务、居家分娩、堕胎权利等;患者的社会阶级地位影响医患沟通,底层阶级的患者更难让医生关注医疗的社会事务面向;组织环境不同以往,患者难以居家接受医疗服务,患者和医生并不生活在同一个社区;第三方付费制度对医患关系的腐蚀;在治疗性质的医疗服务占据主导地位的医疗体制下,市场是卖方市场。参见 [美] 威廉·考克汉姆:《医疗与社会:我们时代的病与痛》,高永平、杨渤彦译,中国人民大学出版社 2014 年版,第 122、130、180 页。

部分添作附录，谕导医务界好生理解法律立场，妥善行事。这份文献于中国医务界亦具重要参考价值，特转译于此。

同意治疗：当前法律立场扼要

1. 一般原则

1.1 依普通法，患者有同意或者拒绝接受检查或治疗的权利，这是医疗服务的基本原则。患者有权以其能够理解的方式获知充分信息，俾便权衡轻重而为判断。此处信息包括医生建议的医疗方案、可能的替代方案以及任何实质风险，或者某种在类型或规模上特殊的风险，或者对该患者来说特殊的风险。

1.2 依法院判决，精神能力健全的患者有拒绝接受治疗的绝对权利，不论其系基于何种理由（理性的或者非理性的）或者全无理由，哪怕其决定可能会导致死亡后果。* 一般而言，在紧急情况下，倘确有必要且在患者最佳利益合理需要的限度内，即便患者无能力，从而无法为同意表示，亦得施行治疗。但如果患者先前在有同意能力的情形下拒绝过治疗且该拒绝表示显然得适用于当前情势，则不得施行治疗。

2. 妊娠期外科手术

2.1 在一些案件中，出于不同原因，对产妇是否有能力就剖腹产手术做有效决定产生质疑，于是请求法院发布裁决，以便施行手术。令人遗憾的是，在多数经报道的案件中，申请太迟，且在有些案件中，无人代表产妇参加诉讼。此等状况引发诸多公众关切，人们担心产妇就其医疗事宜自主决定的权利受到侵犯。

2.2 上诉法院在 MB 小姐案中再次确认，在普通法上，精神能力健全的产妇与其他任何患者一样有同意或者拒绝治疗的权利。故而，有决定能力的产妇完全可能选择不接受治疗，哪怕（用判决书中的话讲）"这后果可能是胎儿的死亡或严重残疾，甚至其自身的死亡"。在此类案件中，法院没有权力确认

---

* 原注：Sidaway v. Board of Governors of the Bethlem Royal Hospital ［1985］AC 871 per Lord Templeman at pages 904-905；Re T (An Adult) (Consent to Medical Treatment) ［1993］Fa 95 per Lord Donaldson MR at page 102；Re C (Refusal of Medical Treatment) ［1994］1 FLR 31.

医疗干预合法,也不会产生患者最佳利益的问题。

2.3 倘产妇拒绝接受剖腹产手术(或任何其他医疗干预)而又被认为欠缺为此等决定的能力(参见附录 A),应请求高等法院发布确认判决,以决定是否得施行治疗。在圣乔治医疗基金诉 S 案中,上诉法院为以后此类案件开列了若干条应予遵循的基本原则(参见附录 B)。

更为一般的外科或者侵入性治疗

2.4 在外科或者侵入性治疗确有必要的情形,上诉法院开列的前述原则皆得适用,不论患者系男性抑或女性。

3. 1990 年《人工生殖与胚胎法案》相关条款

3.1 1990 年《人工生殖与胚胎法案》规定,未经人工生殖与胚胎管理局(Human Fertilisation and Embryology Authority)颁发许可证,不得储存或者利用人类配子(精细胞与卵细胞)或胚胎。该法案并要求,就此种储存及/或利用的同意,须以特定方式为之。上诉法院在 R 诉人工生殖胚胎管理局案(R v. Human Fertilisation and Embryology Authority ex parte Diane Blood〔1997〕2 AER 687)中强调了在所有案件中遵循这些规则的重要性。

3.2 临床医务人员应牢记:

(a)在储存人类配子或胚胎之前,向人工生殖与胚胎管理局申请许可证的相关法律要求(0171-377-5077);并且

(b)依 1990 年法案,应确保在检取配子之前已得到储存的书面同意。

(c)未得同意而检取配子很可能不法。

3.3 就睾丸或者卵巢组织之储存,人工生殖与胚胎管理局已发布指引。倘患者要接受的治疗活动可能导致失去生育能力,通常应考虑此点。采取何种方法,取决于诸多因素,包括患者的年龄以及其是否有能力为所需要的同意。得依上条电话向管理局获得更多建议。

4. 配子使用:同意程序考察

就普通法对获取配子的同意要求以及 1990 年法案对配子储存及利用的同意要求,格拉斯哥大学医疗法律与伦理学教授希拉·麦克莱恩(Sheila McLean)应英国卫生部长之请予以考察,于 1998 年 12 月发表报告。就报告提出的建议,卫生部发布咨询文件征询意见,要求在 1999 年 4 月 30 日前反馈。报告及咨询文件副本得依第 3 页地址自奥斯本小姐处获取。

附录 A： 决定能力

上诉法院于 MB 小姐案判决中阐明了若干基本原则，在处理同意能力这一棘手问题时，应将其牢记在心。当然，决定最终取决于待决案件的特定事实。

MB 小姐案判决摘录：

1. 所有人都被推定为具有同意/拒绝能力，除非该推定被推翻。

2. 能够做决定的有意识能力的女性，自然得选择不接受医疗干预，不管是出于信仰还是其他原因，也不论这原因是理性的还是非理性的，甚至不附具任何原因，哪怕这决定的后果可能会导致其所怀胎儿死亡或者严重残疾，甚至是产妇自己死亡。在此等情形下，法院并没有宣布医疗干预合法的权力，而且像患者客观最佳利益这样的问题也根本无由产生。

3. 这里的非理性意指，当事人的决定因不合逻辑或者有违公认的道德标准而显得骇人听闻，而一个理智之人面临这里的待决问题，断然不会如是为之。正如肯尼迪与格拉布指出的（Ian Kennedy and Andrew Grubb, Medical Law, Second Edition, 1994），倘决定系基于对现实的错误认知而为，即可能是非理性的（例如，血液有毒，盖血是红的）。这样的错误认知更有可能被认为是精神障碍。尽管一般认为，非理性与意识能力扞格难通，恐慌、犹豫不定以及非理性本身并不等于无意识能力，不过，这些可能是无意识能力的表征或者证据。决定的后果愈严重，相应地，所要求的意识能力的标准也愈高：Re T：Sideway at p. 904 and Gillick v. West Norfolk and Wisbech Area Health Authority [1986] 1A. C. 112, 169 and 186。

4. 倘心理功能受到某种损害或者干扰，无法为同意或者拒绝决定，则欠缺意识能力，下列情形属之：

（a）患者无法理解并记住那些于决定至关重要的信息，尤其是有关接受或不接受治疗的可能后果的信息。

（b）患者无法对相关信息加以运用或者权衡以形成决定。正像索普法官指出的，倘患者因强迫症或恐惧症而不能相信医生提供的信息，那么其决定可能就不是真正的决定［Re C（Refusal of Medical Treatment）[1994] 1 FLR 31］。如科伯恩勋爵所说，"病人的注意力可能会被某一对象抓住，从而将所有应予考虑之事都抛于脑后"（Banks v. Goodfellow L. R. 5 QB 549 at p. 569）。

5. 掌卷法官唐纳森勋爵在 Re T 案中提到的"暂时因素"，精神错乱、震骇、疲惫、疼痛或者药物，或得将拒绝/同意能力侵蚀殆尽，但相关人等必须形成确信，这些因素之发挥作用已到相当程度，致已无决定之能力。

6. 另外一个此类影响可能是因恐惧引起的恐慌。同样，须对证据详加审查，盖对手术的恐惧可能是拒绝的理性理由。恐惧同样可能麻痹人之意志从而毁灭决定能力。

附录 B： 上诉法院圣乔治医疗基金诉 S 案判决摘录

倘医院认为自己接收的产妇有可能需要剖腹产，而就产妇是否具有同意或者拒绝的能力又有严重怀疑，此等情形生出诸多重大难题，而本案则将这些疑难体现得淋漓尽致。为了避免本案判决中所述不尽人意的事件再度发生，经与家事法庭庭长及政府律师磋商，并参考哈沃斯（Havers）先生与戈登（Gordon）先生的陈词，本庭特将此前于 Re MB [1997] 2 FCR 541, 38 BMLR 175 案中所出意见再予申饬并加扩展。在或有必要施行外科或侵入性治疗的情形，但凡涉及患者之同意能力，不论患者系男性抑或女性，以下建议皆得适用，故建议中所称之"她"皆应作相应理解。此建议又不限于医院，其他医疗执业人及医疗服务专业人士亦得适用。

现将本建议所据之法律基本原则勾勒如下：

（1）倘患者有同意或者拒绝能力，本建议不得适用。原则上，即便患者依《精神健康法》而受羁留（detention），其仍有同意能力。

（2）倘患者有同意能力并拒绝接受治疗，再向高等法院寻求判决毫无意义。此际，应将向患者提供的意见记录在案。为保护自己，医院应敦请患者明确表态其拒绝表示系知情决定（以书面形式记录）：患者已理解所建议之医疗方案的性质与理由，以及同意或者拒绝决定带来的风险及可能的预后。倘患者不愿意签署拒绝书面说明，亦应将此情况以书面记载。患者的此等书面说明不过用于证据目的，不得被视为或混作弃权声明（disclaimer）。

（3）倘患者没有同意或者拒绝能力，不论是长期还是暂时（例如丧失意识），必须依医院所判断之患者最佳利益为其施治。倘患者在失去表示能力之前有过预先指示，则应依其预先指示为其施治、照护。但是，倘有理由怀疑预先指示的可靠性（例如，显然不适用于当下的情势），则得向法院申请发布判决。

对同意/拒绝能力存疑（Concern over Capacity）

（4）医院应尽可能快地勘定，就患者同意或者拒绝治疗的能力是否存有疑问。

（5）倘患者的同意能力受到严重质疑，应首先就此加以评估。在许多此类情形，患者的全科医生或者其他负责医生是有充分资质从事此项评估工作的，但若涉及患者将来的健康以及福祉，甚至是生命这样的难题，则应由独立精神科医生就同意能力加以检查，最理想的状况是依《精神健康法》第12条第2款任命。倘就患者的同意能力仍有严重怀疑，而且严重到了需要法院介入的程度，精神科医生需要考虑，患者是否由于精神障碍已经无法处理自己的财产或者事务。倘若如此，患者或已不能指定其律师，故应在诉讼期间为其指定监护人。医院应尽可能快地寻求法律意见。倘请求法院作宣告判决，应立即通知患者律师，若可行，患者律师应有机会接受患者指示并在必要时寻求法律帮助。医院的潜在证人应该清楚 MB 小姐案及本案确立的标准，以及卫生部、英国医学会发布的任何指引。

（6）倘患者不能指定律师，或者被认为无法指定，医院或其法律顾问必须知会政府律师，由其在诉讼程序中担任患者的监护人。若政府律师同意担任监护人，当然会希望安排与患者谈话，确定患者的意愿并探究其拒绝的原因。

听证

（7）法官主持之听证应有双方当事人到场。倘患者缺席，裁决对其无拘束力，除非有代表患者的诉讼监护人（倘患者无指示能力）或者法律顾问、律师（倘有指示能力）在场；仅有一造在场而发布之判决于医疗机构无所助益。若患者有能力自己指定律师，自不需要政府律师，但法院仍得召饱学之政府律师以法庭之友身份出庭襄助。

（8）欲声请法院发布手术命令，应提供精确且全面的信息，此乃不言自明之理。这里的信息包括施行建议治疗方案的理由、建议治疗方案所涉之风险、是否有其他替代方案以及患者拒绝建议治疗方案的原因（倘可探明）。欲就患者之同意能力以及最佳利益得出明智结论，法院必须掌握充足信息。

（9）法院任何裁决，皆须措辞精确，记录在案，经法院批准，方能交付医院。这些精确措辞，应使患者透彻理解。

（10）请求高等法院发布紧急手术命令的申请人，倘未提交相关文件及证据，应于听证结束之后尽快依程序要求行之（可能还有诉讼费用）。

结论

在有些情形，虽就患者之同意能力生出严重疑问，但情势过于急迫，而且后果着实可怖，已不容从容遵循本指引。此时须知，指引不过是指引。若是迟误本身会给患者健康造成严重损害或者危及其生命，那么，泥守指引当非恰当。

乙帙　医疗合同法

第四章
医疗合同法的构造：比较法考察

1999 年《合同法》只设计了 15 类有名合同，不敷民事生活所需，《民法典》编纂时增加有名合同类型本来势在必行。今天，服务业已成为国民经济第一大产业，GDP 占比过半，人民日益增长的物质文化生活需求愈发仰给服务业。折射于合同法，即有必要在市场中涌现出来的无限丰富的服务类型里，撷取最常用、最典型者写入民法典，形成以服务供给为内容的饱满壮大的合同群。医疗合同乃是其中格外受关注的选项。大陆法系国家已涌动将医疗合同"法典化"的潮流：1960 年《埃塞俄比亚民法典》（以下简作"埃民"）草创格局，尚嫌粗疏（第五编第 16 题第 5 章"医疗或住院合同"）；1995 年《荷兰民法典》（以下简作"荷民"）第七篇即已体例完备（第七章第五节"医疗合同"），以面面俱到的 23 条树立了现代医疗合同立法新范式；《立陶宛民法典》（2000 年，以下简作"立民"）、《爱沙尼亚债法典》（2001—2002 年，以下简作"爱债"）、代表欧盟法制基本共识的《欧洲示范民法典草案》（2009 年，以下简作"欧民"）踵武相继，以荷兰范式为师，诚为大陆法系民事立法新风气；《德国民法典》（以下简作"德民"）亦寻声响应，于 2013 年修法，增补医疗合同为有名合同，只是规模略小，区区 8 条。[1]中国学者组织起草的两部示范民法典也颇有远见地将医疗合同典型化（一是徐国栋教授主持的《绿色民法典草案》，以下简作"徐稿"[2]；一是梁慧星教授主持

最早以"医疗合同写入民法典的意义、路径及框架设计"为题发表于《天津法学》2020 年第 2 期。依《民法典》及最高人民法院司法解释、2022 年施行的《医师法》、2022 年修订的《医疗机构管理条例》相关条文略作文字修改。

[1] 本章提到的立法例，除特别注明外，可参见唐超编译：《世界各国患者权利立法汇编》，中国政法大学出版社 2016 年版。本文所引《埃塞俄比亚民法典》相关条款，参见薛军译：《埃塞俄比亚民法典》，厦门大学出版社 2013 年版。

[2] 徐国栋主编：《绿色民法典草案》，社会科学文献出版社 2004 年版（第 633—647 条）。

的《中国民法典草案建议稿附理由·合同编》，以下简作"梁稿"[3]；学界亦不乏鼓吹的声音。[4]惜乎立法机关只是将司法实践中已有成熟规则的几类合同塞入《民法典》草草了事，对比较法上医疗合同法典化的动态似乎并不关注。医疗服务之于民生的重要性不待烦言[5]，但仅此还不足以将之保送入民法典。法典编纂是专门的技术工作，是法教义学的重要应用领域。本章即旨在从技术角度探讨将医疗合同写入民法典的意义及路径，结合对适才提及的比较法上6件医疗合同立法例以及"徐稿""梁稿"医疗合同章节若干重要条款的评析，勾勒医疗合同法的大致框架，推动医疗合同写入民法典。

一、医疗合同写入民法典的意义

（一）医疗合同与委托合同的区别

学说上有主张医疗合同为有名合同，属委托合同具体形态。[6]最高人民法院《民事案件案由规定》（法〔2020〕347号）则于"委托合同纠纷"（第三级案由第119项）外单列"医疗服务合同纠纷"（第三级案由第137项"服务合同纠纷"下第4小项），显然将医疗合同看作无名合同。基于医疗合同与委托合同的下述区别[7]，当以最高人民法院的立场为是：第一，不同于《民

---

[3] 梁慧星主编：《中国民法典草案建议稿附理由：合同编》（下册），法律出版社2013年版（第1414—1434条）。

[4] 参见龚赛红："关于医疗合同若干问题的探讨"，载郭道晖主编：《岳麓法学评论》2000年辑，第90页；罗丽："日本的医疗合同"，载《北京理工大学学报（社会科学版）》2001年第1期，第54页；宁红丽："大陆法系国家的医疗合同立法及其对中国大陆的借鉴意义"，载王文杰主编：《月旦民商法研究：法学方法论》，清华大学出版社2004年版，第148—169页；吴运来："医疗损害救济的合同路径研究——兼与侵权路径比较"，载《北方法学》2017年第5期，第7页；周江洪："关于《民法典合同编》（草案）（二次审议稿）的若干修改建议"，载《法治研究》2019年第2期，第21页；刘炫麟："民法典编纂与医疗合同典型化"，载《法治研究》2019年第3期，第54—66页。

[5] 据2016年数据，中国卫生总费用GDP占比为6.22%，人均卫生费用为3351.7元。参见国家卫生和计划生育委员会编：《2017中国卫生和计划生育统计年鉴》，中国协和医科大学出版社2017年版，第91页。

[6] 参见韩世远："医疗服务合同的不完全履行及其救济"，载《法学研究》2005年第6期。

[7] 或谓，"医疗合同与委托合同在事务范围、是否有偿、义务人是否具有报告义务等方面存在诸多差异"，故非属委托合同。前注4，刘炫麟文，第56页；另见王利明：《合同法研究》（第四卷），中国人民大学出版社2013年版，第674—675页。此说不妥。以上三点，医疗服务皆落入委托合同范畴。尤其是第三点，医疗法制中医疗服务人对患者的说明义务正是委托合同中受托人对委托人报告义务的表现。可参见吴志正：《解读医病关系Ⅱ》，元照出版有限公司2006年版，第13页。

法典》第 929 条（《合同法》第 406 条），不论有偿无偿，医疗服务人都应尽到善良管理人的注意义务；与此相关，医患关系以无因管理为法律事实的，纵在紧急管理情形，亦不降低注意标准。[8]第二，更有甚者，立法者于特定情形还可能令医疗服务人就患者所受损害负无过错赔偿责任，例如《民法典》第 1223 引入的医疗产品责任。[9]第三，不同于《民法典》第 930 条（《合同法》第 407 条），医疗服务人因医疗活动中的风险受损害的，倘患者就此并无过失，不应准许医疗服务人向患者求偿。[10]第四，不同于《民法典》第 933 条（《合同法》第 410 条），医疗服务人的解除权受严格限制（详见后文标题七）。第五，除以上排除委托合同法适用的事项外，医疗服务领域还有诸多重要事宜，例如虽非当事人但与患者关系密切之人得参与医疗决策、患者的同意能力、利用患者的医疗信息从事科研活动等，委托合同法全不涉及，无从参照或者类推适用。第六，比较法上往往不允许医疗合同当事人背离医疗合同章节的相关规范从而害及患者利益（如荷民第 7：468 条，爱债第 773 条，欧民第四卷第三编第 8：111 条第 3 款），规范性质亦与委托合同有别。

综上，医疗服务领域诸多议题无法以法律解释及类推适用来区处，故有专门规制必要。

另外，有两类医疗合同，性质实为承揽：第一，医疗服务人允诺达成特定结果（如治愈），即所谓"包医"合同（如埃民第 2648 条，徐稿第 636 条）。第二，有些医疗服务从内容看应交付工作结果，"如单项之抽血检验、超声波诊断、羊膜穿刺、药物治疗及健康检查"[11]，或者医疗给付"以制作物为内容"[12]，如安装义肢。在立法技术上，医疗服务合同宜以标的为单纯医疗劳务给付的合同为模型；至于承揽性质的医疗合同，自当径直适用《民

---

[8] 参见 [英] 马克·施陶赫：《英国与德国的医疗过失法比较研究》，唐超译，法律出版社 2012 年版，第 66 页。至于《民法典》第 184 条，最好是通过目的论限缩，仅适用于无因管理事务的承担。

[9] 在《民法典》第 1223 条适用的情形，医疗服务人并非产品责任法制中的销售者，该条系为医疗服务人量身定做的。详参本书第二章。

[10] 比较法上的立法例如荷民第 7：406 条第 2 款第 2 句（"倘服务人系在其执业或者业务活动中行为，仅当潜在危险超过此种职业或者业务活动通常蕴含的风险时，顾客方负损害赔偿义务"）。主张《合同法》第 407 条适用于医疗领域的，参见前注 4，龚赛红文，第 86 页；艾尔肯："论医疗合同关系"，载《河北法学》2006 年第 12 期，第 141 页。

[11] 黄丁全：《医事法新论》，法律出版社 2013 年版，第 79 页。

[12] [德] 迪特尔·梅迪库斯：《德国债法分论》，杜景林、卢湛译，法律出版社 2007 年版，第 270 页。

法典》合同编第 17 章（《合同法》第 15 章），另于医疗服务合同定义条后补充一款，写明"当事人个别约定实现特定医疗效果或者医疗事务的性质要求交付特定医疗成果的，参照适用本章规定"。

至于住院合同，乃是医疗合同与旅店合同、雇佣合同等的混合合同，不必特别规制。

（二）医患关系法的立法模式

虽说委托合同法力不胜任，但并不意味着必须将医疗合同有名化。在比较法上，以立法正面规制医患关系是相当晚近的事情，大致有以下几种立法模式。

第一，"患者权利法"。此模式将公民在宪法、社会法上获取医疗资源的权利与患者在私法上对医疗服务人的权利规定于一部法律文件（多称"患者权利法"），循此路径者多为芬兰、冰岛、丹麦、挪威、以色列、塞浦路斯等没有民法典传统的国家，当然也不乏比利时、立陶宛、罗马尼亚、格鲁吉亚、拉脱维亚等制订了民法典的国家。

医疗服务非如传统民法典中的有名合同只涉及财产事宜，而是关系到患者的生命健康利益，故会有一些特别设计，例如关于患者同意能力以及无理由撤回同意表示的规则，兼之信息高度不对称，政策上颇有给予患者格外保护的理由。尤其在中国，医患纠纷已成为影响社会稳定、考验治道水平的棘手难题。在这样的背景下，技术上既有《消费者权益保护法》为先例，"患者权利法"模式诚为可能的选项。可十三届全国人大常委会将《基本医疗卫生与健康促进法》列入立法规划，并于 2019 年底通过，该法旨在保障公民"从国家和社会获得基本医疗卫生服务的权利"（第 5 条第 1 款），无意理会私法上的医患关系，遂将这条路径阻断。

"患者权利法"模式还有个支系，即诸法合体，将医政法与患者权利法堆砌于一部法律文件，以《匈牙利医疗服务法》《保加利亚卫生法》《南非全民医疗服务法》为典型，衹扱囊括全部医疗法律事务，并为患者权利设计专章。

第二，医政法。此模式于医政法中写明医疗服务人执业活动中应尽的义务，很多涉及患者，违反义务会招致公法制裁。我国台湾地区"医疗法"堪称此模式典范，该法于第四章（"医疗业务"）详尽胪列医疗服务人的诸项义务：具备适当医疗场所及安全设施（第 56 条）、合理安排医疗服务（第 57—59 条）、救助危急病人（第 60 条）、说明并征得患者同意（第 63—64 条）、制作保管以及向患者提供病历（第 67—71 条）、保密（第 72 条）、转诊（第

73条)、告知(第81条〔13〕)、善良管理人的注意义务(第82条)等。第九章系违反义务的"罚则",但违反第81条、第82条下义务的,却并不会遭受公法制裁,显示其为纯粹私法义务。在此公法模式下,违反公法义务在私法上会引起怎样的效果,如何寻求救济,需要本规范目的逐条解释,于患者不甚方便,故非为优选。

中国亦属此模式〔14〕,只是有关医疗服务人义务的规范散见于多部法律文件,既不集中,亦欠完备,且法律位阶往往较低。主要有亲自诊疗义务(《医师法》第24条,已废止的《执业医师法》第23条),急危患者救助义务(《医师法》第27条,已废止的《执业医师法》第24条,《医疗机构管理条例》第31条),说明并征得同意的义务(《医师法》第25条,已废止的《执业医师法》第26条,2022年修订的《医疗机构管理条例》第32条,《医疗事故处理条例》第11条,《医疗纠纷预防和处理条例》第13条),制作保管病历并提供查阅复制服务的义务(《医疗事故处理条例》第8条、第10条,《医疗纠纷预防和处理条例》第16条)。〔15〕此外,《侵权责任法》及《民法典》的医疗损害责任章又僭占医事法领地,写进诸多合同法条款,体例大乱。〔16〕

---

〔13〕 我国台湾地区"医疗法"应该是刻意区分第63—64条的"说明"与第81条的"告知"术语:前者属违法阻却事由范畴,后者则为纯粹合同法上的给付义务。详参后文标题五(三)关于说明义务的讨论。

〔14〕 或谓,"医疗合同的规制主要有特别法式和典型合同式两种立法体例,我国现行民事立法采取特别法式"(前注4,刘炫麟文,第54页),此说非无疑义,盖典型合同当与非典型合同对举,"特别法式"难谓合同立法。"特别法式和典型合同式"的说法袭自前注4,宁红丽文,第148页("医疗合同存在着两种立法例:特别法式和典型合同式")。不知其所本。

〔15〕 中国医政法制颇为粗疏。例如,1999年《执业医师法》(已废止)只是针对"未经患者或者其家属同意,对患者进行实验性临床医疗的"行为追究公法责任(第37条第8项),其他情形违反说明并征得患者同意义务的,《执业医师法》(已废止)及《医疗机构管理条例》(包括2022年修订后)完全未提及制裁。幸赖《医疗事故处理条例》第56条第1项、《医疗纠纷预防和处理条例》第47条第2项将漏洞填补。取代了《执业医师法》的《医师法》于第55条第1项补充了"提供医疗卫生服务"文字。

〔16〕 王利明先生亦认为,在中国法上医疗合同是"特别法规定的有名合同",理由是侵权法和医政法中都有相关规定。参见前注7,王利明书,第666—667页。依笔者意见,医政法中写明的系公法义务,并非合同法规范。至于王利明先生主张的,《侵权责任法》第55、57、61、62条(《民法典》第1219、1221、1225、1226条)"虽然是从侵权损害责任角度规定的""都可以成为合同义务的重要来源",恰恰表明了《侵权责任法》及《民法典》医疗损害责任章的失误,盖侵权法的职分不在于界定义务,以侵权法写合同法实属僭越。法律特别规定并赋予一定名称的,方称有名合同,各种法律文件中虽散落若干合同法性质的规范,亦不足以称有名合同。

第三，有名合同立法。前文已提及医疗合同"法典化"的潮流，但有名合同不见得一定载于民法典。中国《保险法》《旅游法》开创的风格是将行业管理法与合同法烩于一锅，反映了行政机关主导部门立法的强大惯性，也是现代民法"解法典化"面向的表现。《基本医疗卫生与健康促进法》颁布后，"医事法"或将列入立法规划，沿袭《保险法》《旅游法》的思路，于"医事法"中设计患者权利或者医疗合同专章，并非没有可能。医患关系法兼有谢鸿飞先生所谓政策型特别民法与行政型特别民法的特征[17]，"解法典化"的动力诚然强大，"法典化"与"解法典化"何者更为可取，自应稍加探讨。

医患关系法政策型特别民法的特征表现为颇多关照患者的规范设计。不过，诸如强制缔约、价格管制之类，对民法来说并不陌生，而诸如信息披露、知情同意之类，大抵可参照适用委托合同法规范（但不应允许合意排除），总体而言社会本位程度并不算高。另外，保护特定弱势群体也并不当然害及民法典的技术中立品质。"但凡社会共同的、达成底限共识的规则"，只要"不再是实现特定政治目的、获得合法性的临时工具"，即得看作"世俗自然法"而有纳入民法典的正当性。[18]从比较法上看，医疗合同法或者患者权利法的内容高度趋同，正是其世俗自然法品格的鲜明表现。

医患关系法行政型特别民法的特征表现为：利用管制法框架下的事先预防方式，令医疗服务人负担颇多公法义务，甚至得以医政法代行患者权利法职能；行政权力攘夺司法权，行政法规《医疗事故处理条例》造成医疗损害赔偿法制长期的二元化乱局；以私法方式实现行政给付，医疗服务人承担的危急患者救助义务实为国家向公民提供医疗资源义务的重要内容。在行政型民法扩张的大背景下，考虑到中国市民社会的发育现实，使"民法归民法，行政法归行政法"，维护民法典市民社会基本法的地位，"应为未来民法典的第一要义"。[19]

故而，中国医疗民事立法当回避《保险法》《旅游法》路径，积极"法典化"。

---

[17] 参见谢鸿飞："民法典与特别民法关系的建构"，载《中国社会科学》2013 年第 2 期，第 105 页以下。

[18] 同上注，第 111 页。

[19] 同上注，第 112—113 页。

(三) 医疗合同写入民法典的"紧急状况"事由

医患法律关系大抵因合同而生，偶尔因无因管理而生。医患法律关系一旦发生，医疗服务人即负义务，以善良管理人的注意为患者提供医疗服务。只有未尽到注意义务并致患者生命健康身体利益受侵害的，方才发生医疗侵权法律关系。是以医患关系以合同法律关系为常态，以侵权关系为异态。合同关系不但在数量上远为庞大，内容也极为丰富，包含了诸多侧面的原给付义务（第一次义务），而侵权法只涉及损害赔偿这个狭窄侧面（第二次义务）。故比较法上都是制订专门的患者权利法或者将医疗合同"法典化"，如此方得正面、多层次、全方位地规制医患关系，而从事后救济法角度来规制医患关系的中国《侵权责任法》及《民法典》的医疗损害责任章可谓比较法上绝无仅有的发明创造。

条款数为分则诸章之冠的医疗损害责任章当是《民法典》侵权责任编最大败笔。根本原因在于，医疗侵权责任乃是纯粹过错责任，径以《民法典》第1065条第1款为请求权基础即可，并无与产品责任章领衔的诸危险责任比肩而事的合法性。[20]此外，医疗损害责任章不得不植入众多医疗合同法条款，亦淋漓尽致地揭明以损害赔偿法之身勉力担荷医事实体法之任是何等不伦不类。而第1225条以下多处规范构成表述错误，无法充任裁判规范，亦正与此致命缺陷息息相关。[21]

医疗损害责任章从谋篇布局到技术细节的整体失误，借用知情同意法制的术语，构成了医疗合同写入民法典的"紧急状况"事由。倘不将医疗损害责任章断然删刈，转而于合同编下添附医疗合同章，这个编纂错误便会在比较法上一直形影相吊。

至于学说上主张的，医疗合同法在举证责任上更有利于原告[22]，怕是出于误会。就中国法来说，医疗人身损害赔偿的请求权基础当类推适用《民法典》第929条（《合同法》第406条，过错归责），并非《民法典》第577条

---

〔20〕《民法典》第1222条的立法技术问题，直接动摇了医疗损害责任章存在的合法性。参见本书第一章，二（一）。至于第1223条的医疗产品责任，可以考虑迁入产品责任章或者医疗合同章。

〔21〕详参本书第一章，四。

〔22〕参见前注4，宁红丽文，第161页（"应当由被告方承担无过错的举证责任"）；前注6，韩世远文，第102页（"医疗服务合同中医疗机构的过错是被推定的"）；前注4，吴运来文，第11页（"至少也应采过错推定原则"）；前注4，刘炫麟文，第57页（"医疗机构需要就自己的诊疗服务行为无过错或者其诊疗行为与患者的损害之间不存在因果关系进行举证"）。

（《合同法》第 107 条）。就德国法来说，诚然，依德民第 280 条第 1 款，原告只需要证明债务人违反合同义务，债务人则要证明自己就义务违反不可归责，但在医疗场合，不会仅仅因为特定疗效未实现或者患者遭受了医源性损害而径行认定违反合同义务，法律运行的结果是原告仍要证明医疗服务人有过错，与侵权法别无二致。[23]徐稿（第 643 条）、梁稿（第 1418 条）一般性地令医疗服务人就其无过错负证明责任，当是受《最高人民法院关于民事诉讼证据的若干规定》（法释〔2001〕33 号）第 4 条第 1 款第 8 项影响，已不合时宜。医疗合同法的正当性并不在于为人身损害赔偿诉讼的原告减轻证明负担，相较侵权法并无任何优越性；其正当性在于，医疗服务人承担责任以违反义务为前提，而这些义务有赖医疗合同法（而不是侵权法）来界定。另外，诸如医疗费用、病历等纠纷，未见得涉及侵权，亦有求于医疗合同法。

司法实务中患者过去多依侵权法寻求救济，原因在于违约责任法不支持精神损害赔偿。《民法典》第 996 条借鉴德民第 253 条第 2 款及我国台湾地区"民法"第 227 条之一，引入重大法制变革，称违约行为侵害人格权的，亦得请求精神损害赔偿。相信随着对该条理解的深入，医疗服务合同纠纷将成为医疗损害赔偿请求最重要的案由。

还有特别重要的一点。在医疗侵权纠纷中，受害人多会请求医院赔偿接受医疗服务过程中支付的医疗费用。倘法院认定被告侵权，往往不假思索地支持该请求。[24]事实上损害赔偿的基本立场是，使受害人处于倘未遭受侵害其本当处的位置，而不是恢复到遭受侵害前的位置，故该请求在侵权法上根本不能成立。支出的医疗费用是接受医疗服务的对价，而不是生命健康权受侵害的后果损害。恰当的请求权基础应是《民法典》第 563 条第 1 款第 4 项及第 566 条，以医疗机构根本违约为由解除合同。解除的法律效果包括请求"返还"已履行而未受对价的部分，这才是对已支出之医疗费用主张权利的恰

---

[23] 参见前注 8，马克·施陶赫书，第 48—49 页。德民 2013 年修法新添加的第 630h 条倒确实在特定情形将证明责任倒置，不过这些特别证明规则是在判例法上发展起来的，应是不加区别地适用于侵权诉讼与违约诉讼，参见施陶赫书第 112、121、143 页。特别请参看德民第 619a 条，该条清楚写明，在雇佣合同下，受雇人承担过错责任，不适用第 280 条第 1 款。

[24] 参见，例如，尹智、李燕生诉首都医科大学附属北京妇产医院医疗损害责任纠纷案，北京市第二中级人民法院（2012）二中民终字第 14456 号民事判决书。两原告在被告医院产下一子，孩子生下次日死亡。法院认定医院有过失，赔偿请求及赔偿项目中包括医疗费。当然是原告在被告医院就诊已支出的医疗费。

当依据，而不是请求"赔偿"该医疗费。除此之外，解除的法律效果还包括赔偿损失，即医疗纠纷中赔偿项目的大头，如死亡赔偿金等；再加上前段提到的第966条，亦得主张精神损害赔偿。《民法典》第563条第1款第4项应该成为医疗服务合同纠纷案由下最为经常引用的请求权基础（注意不是第577条），这是司法实务中应特别注意之处，也是医疗合同法路径优胜于侵权法的所在。

既打算积极争取"法典化"，就不得不论及可行性。或谓，"学术界的理论研究仍然比较欠缺，难以给予足够的智慧供给"，故只能作"原则性规定"，"以待未来民法典修订之际"再予充实。[25]这里的"原则性规定"不知作何理解，倡议者倘不能为医疗服务人和医疗需求人梳理出细致的义务群，自然不易说服立法机关。而前文提及，从比较法经验看，医疗合同法的内容大同小异[26]，多数在中国医政法及侵权法中都可找到对应规范，稍加整饬，勾勒出较为完备的医疗服务人义务体系，倚马可待；纵有疑难，亦多系法律解释或者意思表示解释事宜，于法律起草并无大碍。下面首先探讨医疗合同"法典化"的路径，继而依次讨论医疗合同法的几大议题，包括医疗合同的定义与当事人、医疗合同的订立、医疗服务人的义务、医疗需求人和患者的义务、医疗合同的解除，结合对几部法典相关规范的评析，试拟若干重要规则。

二、医疗合同写入民法典的路径

（一）"创新"进路与"实用"进路

医疗合同"法典化"路径有二，一是"创新"进路，一是"实用"进路。以下稍作阐述。

"创新"路径将若干类具有共性的服务合同聚于一处，形成服务合同群，先起草出服务合同群的共同规则，继而针对各类具体合同起草特别规则。荷民、欧民采此路径。荷民将服务合同、旅游合同、出版合同、保管合同等提供劳务的合同并列。在服务合同章下，先设服务合同一般规定，继而设委托

---

[25] 前注4，刘炫麟文，第66页。

[26] 相反说法，参见刘炫麟："公民健康权利与义务立法研究——兼评《基本医疗卫生与健康促进法（草案）》第2章"，载《法学杂志》2018年第5期，第89页（称各国家和地区对于患者权利的规定"内容粗疏有别，类型差异显著，在一定范围内尚难以达成共识"）。

合同、居间合同、商业代理、医疗合同四类。欧民则将服务合同、委托合同、商业代理并列，将建筑、承揽、保管、设计、咨询、医疗置于服务合同编下。

从这两件立法例设计的服务合同一般规则看，甚难取法。以荷民来说，这些一般规则不外乎审慎服务人的注意义务（第7：401条）、遵从顾客指示的义务（第7：402条）、说明义务与报告义务（第7：403条）、亲自履行的义务（第7：404条）、报酬给付义务（第7：405条）、费用偿还及损害赔偿义务（第7：406条）、任意解除权的行使及限制（第7：408条）、受指派的特定服务人死亡或者顾客死亡（第7：409条、第7：410条）、合同提前消灭情形的报酬给付（第7：411条）、文档交付请求权的时效（第7：412条）等，实质立场与中国委托合同法大致相当。欧民服务合同（第四卷第三编）则以商业性质的承揽为原型，故服务合同的若干一般规定在中国医事法看来完全无法接受。例如，服务人得不经顾客同意而将服务整体或部分地分包给第三人履行（第2：104条）；服务人应实现顾客于订立合同之际说明或设想的特别成果（第2：106条）；于无碍顾客解除权的前提下，任一方当事人得以通知他方当事人的形式变更服务内容（第2：109条）。

"实用"路径并不雄心勃勃地打算为若干类提供劳务的合同设计出共同规则，只是在现有典型合同队列中加入医疗合同。德民即为如此，径直在雇佣合同后增补医疗合同，盖在德国法框架下医疗合同性质最接近雇佣合同。中国学者起草的两部民法典草案也都是德民思路。徐稿设计了65类有名合同，多数属服务类型合同，却并没有试图设计服务合同的一般规则，置于医疗合同前后的分别是邮政合同与住宿合同。梁稿也增加了大量服务合同，如物业管理、教学培训、餐饮、住宿、旅游、演出、出版等，医疗合同置于教学培训合同与餐饮合同之间。徐稿、梁稿安顿医疗合同的位置似乎缺少些逻辑。

应该说，"创新"路径将民法典"总则-分则"的立法技术贯彻到合同法分则部分，难度更大，要求对提供劳务各类合同的法律关系有更为准确到位的析分与把握；而且由荷民经验可知，牺牲委托合同以成全一般规则，技术意义似可质疑。从目前民法典的起草进程看，中国立法机关无意设计出大的服务合同，在如此思路下，倘加入医疗合同，也以"实用"路径更为实际、更好操作。最方便的办法是在委托合同后面添加医疗合同章，并以引用性法条处理医疗合同与委托合同的关系。

（二）德国范式与荷兰范式

与前一个问题不甚相关，医疗合同章节的写法还有德国范式与荷兰范式之分。

德民医疗合同法仅有8条，只写明医疗合同的定义及诊疗义务的标准（第630a条）、当事人的协作义务及医疗服务人的说明义务（第630c条）、知情同意规则（第630d条、第630e条）、病历义务（第630f条、第630g条）以及若干特别证明规则（第630h条），另设引用性法条（第630b条），明确未尽事宜得适用雇佣合同相关规范。也就是说，德国范式牢牢抓住四项核心义务，即诊疗义务、向患者说明一切医疗信息的义务、侵入性医疗行为的说明并征得同意义务、病历义务，并无旁骛。

荷民医疗合同法则有23条之多，面面俱到、巨细靡遗，几乎不必依赖服务合同的一般规则。相较德国法，多出来的规则主要有：患者订立医疗合同的相应行为能力以及医疗决策的相应同意能力（第7：447条、第7：450条），对患者医疗信息的保密以及为科研目的对患者信息利益的限制（第7：457-7：458条），患者隐私保护（第7：459条），对医疗服务人任意解除权的限制（第7：460条），报酬给付义务（第7：461条），为医疗活动提供场所的医院与当事人负连带责任（第7：462条），医疗服务人的责任不得以合意限制或免除（第7：463条），因其他法律事实发生的医患关系适用医疗合同法的规定（第7：464条），患者欠缺同意能力情形的医疗决策（第7：465条），为医学研究而利用从患者身体分离的材料（第7：467条），医疗合同章节规范的强制性（第7：468条）。

两者相较，德国范式失之于简约。损害赔偿的归责原则、亲自履行义务、报酬给付义务尚可适用雇佣合同相关条款（德民第619a条、第613条，第612条、第614条），其他事宜仍需要通过法律解释或者漏洞填补来解决，减轻的立法负担完全转移给了法律适用，终有害法律安定。荷兰范式繁而不冗，更切合中国实际。立法详尽些，也可不再劳烦最高人民法院动辄出台系统性司法解释。徐稿、梁稿皆类荷兰范式。

三、医疗合同的定义与当事人

（一）定义

医疗合同，谓当事人约定，由开展医疗业务的一方（医疗服务人）为他方（医疗需求人）或者特定第三人提供医疗服务，他方给付报酬的合同。接受医疗给付之人称患者。

1. 医疗服务

《民法典》所用"诊疗"两字（第1218条），《医疗机构管理条例》"疾病诊断、治疗"的表述（第2条），似皆在治疗疾病、减轻痛苦的狭窄意义上理解"医疗"。[27]埃民第2639条、徐稿第633条的"保持健康或治愈疾病"，亦是如此写法。荷民第7：446条第2款、立民第6.725条第2款、爱债第758条第1款、梁稿第1414条第1款，或以说明性法条，或以例示，于宽泛意义上解释"医疗服务"，举凡帮助分娩、健康检查、医疗咨询等，无不包括在内。欧民第Ⅳ.C.-8：101条、德民第630a条及本文定义皆只提及"医疗服务"，不必更设说明性法条，举凡纳入医政主管当局监控范围内的活动，皆属之。为因应医学的不断发展及社会观念的流动变迁，自以宽泛理解为宜。

2. 诺成合同

医疗合同为诺成合同，定义中须写明"约定""允诺"等字样。徐稿第633条移植埃民第2639条，原文本有诺成表述，却于搬迁中遗失；欧民诸中译本的第Ⅳ.C.-8：101条第1款，亦皆将"允诺"字样漏译。这是中国法惯常的弊病，试看《民法典》合同编，只有委托合同定义揭明了诺成性质（第919条），其余从买卖合同到中介合同，皆未注意此节。

3. 有偿合同

立民第6.725条、德民第630a条、埃民第2639条、徐稿第633条以双方典型义务界定医疗合同之际，即写明医疗需求人的主给付义务为给付报酬。荷民第7：446条、爱债第758条只写及医疗服务人的给付义务，而后另以专条明确医疗需求人有付费义务（荷民第7：461条，爱债第761条）。欧民医疗合同章没有提及付费义务，适用服务合同编一般规定，即"服务人是经营者的，顾客应支付价款"（第Ⅳ.C.-2：101条）。梁稿如同荷民、爱债，医疗合同定义并未涉及有偿无偿（第1414条），后面的条款思路却不同，只说医疗合同倘为有偿，收费的标准、期限、方式该当如何（第1419—1420条）。

---

[27] 更有力的佐证是《医疗机构管理条例实施细则》第88条所下定义："诊疗活动：是指通过各种检查、使用药物、器械及手术等方法，对疾病作出判断和消除疾病、缓解病情、减轻痛苦、改善功能、延长生命、帮助患者恢复健康的活动。"

依梁稿思路起草，即意味着每件医疗合同都要经过意思表示解释方能确定其是否为有偿，故不若径直将医疗合同设计为有偿，唯当事人得特别约定为无偿，如此既合乎生活常态，亦方便法律适用。

(二) 当事人

依笔者意见，以医疗服务人、医疗需求人指称医疗合同当事人，最为合宜。[28]

1. 医疗服务人

《民法典》医疗损害责任章以医疗机构指称责任主体（第1218条），徐稿第633条亦以医疗机构为合同当事人，但医疗机构不见得是"民法中的人"，并非合适术语。就合同法律关系来说，医疗机构若是医院法人，固为独立民事主体，当事人即是自己；医疗机构若是个体诊所、企事业单位所设医务室，即非为独立民事主体，当事人应为医疗机构开办人。

《民法典》又频繁使用"医务人员"术语，意在将医疗侵权责任设计为替代责任，即医务人员致患者损害，由医疗机构承担责任（第1218、1221条）。[29]可医疗责任不必定为替代责任，医院违反组织义务，或者个体诊所开办医生造成患者损害，皆为自己责任。至于医务人员，法律地位亦非恒定，可能是合同当事人的履行辅助人（例如医院法人的雇员），也可能就是合同当事人（例如个体诊所的开办医生）。

到底是替代责任还是自己责任，谁又是合同当事人，这些事宜应交由主体法处理，对医疗法来说并不重要，故应以得囊括各种主体形态、责任形态的术语将此问题遮蔽。荷民第7：446条、立民第6.725条、爱债第758条、欧民第Ⅳ.C.-8：101条称"医疗服务提供人"（health care provider），德民第630a条称"施治方"，良有以也；梁稿第1414条写为"医方"，亦甚明智。本着汉语特点，建议用"医疗服务人"，不称"提供人"。中国侵权法上本有两个好榜样：一个是《道路交通安全法》第76条第1款第2项，该项任务旨

---

[28] 很早就有学者明智指出，将医疗合同当事人"称为医方和患方较为妥当"（前注4，龚赛红文，第76页）；他如前注10，艾尔肯文，第138页。以"医疗机构""患者"指称医疗合同当事人的，如前注6，韩世远文，第91页；前注7，王利明书，第665页。"医疗提供方""医疗需求方"术语多见于我国台湾地区著述，例如吴志正：《解读医病关系Ⅰ》，元照出版公司2006年版，第203页。

[29] 参见起草机关的阐述，王胜明主编：《中华人民共和国侵权责任法解读》，中国法制出版社2010年版，第273页。

在明确，机动车造成行人损害的，不以驾驶人过错为责任要件，至于是自己责任（驾驶私车）还是替代责任（驾驶公车），具体责任人为谁（有没有出借车辆等情形），非干第 76 条宗旨，故以"机动车一方"的表述将此问题遮蔽，交由主体法处理；另外一个是《民法典》第 1194 条的"网络服务提供者"术语。故使用"医疗服务人"表述，于中国法上毫不突兀。

2. 医疗需求人

立民第 6.725 条、爱债第 758 条、德民第 630a 条、欧民第Ⅳ.C.-8：101 条、梁稿第 1414 条皆以"患者"为医疗合同他方当事人，徐稿第 633 条称"就医者"。"医疗合同并非罕见，都是（纯正的）利他合同"[30]，与医疗服务人订立合同之人（当事人）未必是接受医疗给付之人（患者）[31]，故而，若将合同当事人写为"患者"，即应以专门条款来处理利他合同场合的法律适用事宜。

以德国法为例，于利他医疗合同场合，就患者的给付请求权，径直适用债法总则部分的第 328 条（利他合同）即可；就报酬给付义务，则是在医疗合同的定义部分，于患者的主给付义务之后添加但书，"第三人负支付义务的除外"。可以看到这里的别扭之处：就患者的给付请求权来说，患者系第 328 条所谓第三人；可就报酬给付义务来说，订立合同的当事人又是第 630a 条所谓第三人。或得如是解释：第 630a 条所谓"第三人负支付义务"仅指由第三人履行，例如由保险机构付费的情形，无关利他合同。可还有问题：以买卖为例，若为利他合同，即得如是表述，第三人虽非"买受人"，但得行使"买受人"的权利；可医疗合同若为利他合同，难道表述为第三人虽非"患者"，但得行使"患者"的权利吗？再看梁稿第 1414 条第 3 款，"接受医疗服务的人不是医疗合同当事人的，为第三人，但仍享有医疗合同中患者的权利"，可"接受医疗服务的人"不就是"患者"吗？这样就可以理解欧民何以如此啰唆，"患者非为合同当事人的，视为第三人，享有合同赋予的相对于本章下医疗服务人所负义务的权利"（第 8：101 条第 3 款）。这些费力的书写揭明了要害所在，即"患者"语词仅适宜指称接受医疗劳务给付之人，而不宜用来指称合同当事人。

---

[30] 前注 12，迪特尔·梅迪库斯书，第 269 页。

[31] 或谓，"病人具有相应的行为能力时，他（她）就确定地为医疗合同的一方当事人"（前注 4，宁红丽文，第 153 页），实则也未必，这是需要通过意思表示解释来判断的问题。

更合适的术语是医疗需求人，荷民第7：446条以"本人"为合同当事人，亦为此意。负有报酬给付义务的是医疗需求人（当然得与患者身份重合），但就医疗服务人的各项给付义务来说，直接将权利主体表述为"患者"即可（医疗需求人当然有说明医疗费用的给付请求权），法律适用负担遂大为减轻。这也是体现医疗合同典型化技术价值的地方。至于具体情形下如何认定医疗需求人，不过是合同解释事宜，无碍法律起草。

四、医疗合同的订立

（一）要约、承诺

合同订立"采取要约、承诺方式或者其他方式"（《民法典》第471条）。就医疗合同来说，要约人固得为医疗服务人（如扁鹊见蔡桓公），但现代医疗供给的组织形态决定了实务中发出要约者多为医疗需求人。要约既得为明示，例如挂号或者拨打急救电话，亦得表现为可推断的行为（默示），多见于急诊室与个体诊所。医院的承诺通常为明示，急诊室的抢救行为则为意思实现。但合同是否订立的问题交给意思表示解释工作即可，立法中刻意写明医疗合同以"挂号"形式订立（徐稿第634条，梁稿第1415条）或者亦得以默示形式订立（爱债第759条），不但失之琐碎，甚或挂一漏万。

单纯沉默原则上不构成意思表示，但比较法上有拟制承诺的立法例。依我国台湾地区"民法"，"有承受委托处理一定事务之公然表示者，如对于该事务之委托，不即为拒绝之通知时，视为允受委托"（第530条）。该条主要针对公开营业的医师、律师、会计师、银行等，目的"在于保护要约人因对方之公然表示而产生要约会得到承诺之信赖"。[32]该条源于德民第663条，但德国法的立场不是拟制承诺，而是令不愿接受要约之人立即为拒绝表示，否则要赔偿要约人的信赖利益损失。中国合同法倘引入类似规则，那些居高临下的三甲医院面对通宵达旦排队还挂不上号的医疗需求人或许就不会无动于衷了。

（二）缔约强制

缔约强制，法有明文者，为直接缔约强制；法无明文，仍负缔约义务者，为间接缔约强制。依中国医事法的立场，直接缔约强制仅见于急危患者救治

---

[32] 黄立主编：《民法债编各论》（下），中国政法大学出版社2003年版，第507页。

情形（《医师法》第 27 条，《医疗机构管理条例》第 30 条）。但此际，医疗需求人纵得诉请缔结医疗合同甚或拟制医疗合同成立，亦无甚助益，反显得迂阔，更有意义的毋宁是患者得否依侵权法请求医疗服务人赔偿因拒绝接诊致病情加重而生的损害。[33] 故而，危重病人救助条款仍以保留于医政法中为是，并于解释上明确其保护性法律的性质，不宜引入合同法。埃民、荷民、立民、欧民、德民皆未言及缔约义务，技术上更为可取；徐稿第 638 条第 2 句、梁稿第 1416 条第 1 款照搬医政法，或失轻率。

除急危患者救治情形外，医疗服务人是否负有缔约义务，即应考虑是否得整体类推适用直接强制缔约的相关法律规定，具体来说，参酌医疗服务人是否为公营事业、是否居于垄断地位、服务是否为民生所需三项因素综合判断。[34] 如前所述，广义"医疗服务"类型多样，医疗组织的形态又愈益多元，不宜如爱债第 760 条般引入一般缔约义务。

五、医疗合同的效力：医疗服务人的义务

现代债法从"义务群"角度来理解债的关系，下面即本此理论，依次考察医疗服务人和医疗需求人所负之各项义务。无意面面俱到，主要论及现行法制值得商榷，故于医疗合同法起草中应特别注意的地方。

（一）提供医疗服务的义务

就医疗合同来说，医疗服务人所负之主给付义务即为提供医疗服务。服务内容自然视个别合同当事人的意思而定，可能只是纯粹的咨询、体检，多数情形为诊疗。

医疗服务人提供诊疗等服务，应达到善良管理人的注意标准。这里包含两层意思：其一，贯彻客观、抽象标准，即树立假想的医生人像，而不考虑被告个体的医疗技能高低；其二，这假想的医生人像，不过是普通的、合格的医生，也就是说，法律要维护的是最低限度的注意水平[35]，并非中文著述中经常提到的"高度注意义务"。[36]

---

[33] 参见陈自强：《民法讲义 I 契约之成立与生效》，法律出版社 2002 年版，第 131 页。

[34] 现有规定如《邮政法》第 15 条、《电力法》第 26 条、《电信条例》第 30 条、《出租汽车经营服务管理规定》第 23 条第 8 项、第 26 条。参见上注，陈自强书，第 131—132 页。

[35] 参见本书第一章，二（三）。

[36] 参见屈茂辉、彭赛红："论医疗服务合同"，载《中南工业大学学报（社会科学版）》1999

判断是否尽到注意义务,以施治之际的标准为据,不得以事后聪明苛求医疗服务人。如德民第 630a 条第 2 款即道,医疗服务之提供,必须合乎"施治之际"公认的医疗标准。不过,这个时间点乃是当然之义,似无必要特别拈出;规范上的行为要求才是关键。规范上的要求不等于实践中的典型注意。是以,被告的行为纵合乎医疗行业惯常做法,亦不当然意味着未犯过错;反之,背离惯例亦不当然意味着犯下过错。德民第 630a 条所谓"公认",荷民第 7∶453 条所谓"审慎",欧民第Ⅳ.C.-8∶104 条所谓"合理",我国台湾地区"医疗法"第 82 条所谓"必要",皆系规范要求。徐稿第 638 条以"适当、合格"、梁稿第 1417 条第 1 款以"合理"界定医疗服务人的注意标准,皆甚明智。《民法典》第 1221 条选用"当时的医疗水平"术语,未免轻重失当。"医疗水平"提法出自日本学说,正因为该语词本身是描述性质,极易和惯例捆绑,不足以揭橥医疗服务人行为标准的规范意义,故为日本判例法所弃,早为陈迹。中国立法机关失察,难免拾人牙慧之讥。[37]

还要特别提及,诊疗义务往往包含着说明内容,"称确保疗效的说明义务、安全说明义务或者为治疗的说明义务,主要指向可避免的风险,使患者得妥为预防","性质上为主给付义务",属诊疗义务范畴。[38]

(二)遵从指示的义务

1. 遵从指示

在委托合同中,"受托人应当按照委托人的指示处理委托事务"(《民法典》第 922 条第 1 句),医疗合同亦然。学说上或主张,医疗服务人享有得与患者权利相颉颃,于特定情形甚至得凌驾于患者权利之上的所谓医疗干预权或者自由裁量权之类。[39]此说颇为可疑,实则医疗服务人除了费用请求权,绝不

(接上页)年第 3 期,第 256 页("必须尽到与其专业技术相一致的高度注意义务");杨立新:《侵权责任法》(第三版),法律出版社 2018 年版,第 259 页("违反医疗技术的高度注意义务")。

[37] 参见本书第一章,二(三)。

[38] 参见唐超:"说明义务的类型化与知情同意权否定论:兼及意志自主如何保护",载《河北法学》2018 年第 11 期,第 90 页。

[39] 参见,例如,前注 36,屈茂辉、彭赛红文,第 256 页("医疗机构应当有权针对病人情况自主采取治疗措施,而不受来自就诊方及其他方面的非法干预");前注 10,艾尔肯文,第 137 页(医师"具有高度的裁量权""通常不需要按照患者的要求和指示来履行义务");金玄卿:"韩国的医师说明义务与患者知情同意权",载《法学家》2011 年第 3 期,第 163 页("说明义务与医师的医疗裁定权可能发生冲突");前注 3,梁慧星书,第 965 页("医师在履约中有高度裁量权,通常无须按照

享有任何其他权利。医疗服务人于遵照指示办理事务过程中自有裁量余地，唯其性质为权限而非权利。医疗实务中，但见患者对医生言听计从，但自法律关系言，诚为患者"指示"医生，表现为医生只能建议治疗方案，决策却在患者。不应将法律术语"指示"与医生凭借知识优势而掌握的"权力"相混淆。〔40〕医疗服务人依其专业素养，认为患者指示有悖医学原理的，自当劝告患者（说明义务），甚至得于一定条件下解除合同，但绝无拂逆患者意志的干预权、裁量权。

类似裁量权，学说上还有医生于合同中享有"诊疗权""医学研究权"的提法。〔41〕这些是职业法上的权利，并非合同法上得对患者主张的权利。

受托人既应依委托人指示处理事务，自应向委托人报告事态进展，俾使委托人得随时发布针对性指示。为征得患者同意的说明义务即是此项报告义务于医疗领域的延伸。这里报告义务的性质系从给付义务抑或主给付义务固有争议〔42〕，惟不宜认为"属于附随义务范畴"。〔43〕

2. 患者丧失表意能力场合的医疗决策（"指示"）

前文提及，从比较法经验看，各法域医疗合同法大同小异。若说这"小异"中最大者，大概就是在患者不能表意的情形〔44〕，谁得代为医疗决策。就医疗决策事宜，有西方患者个体自主与东亚家庭自主的理念型区分。〔45〕不论个体自主模式，还是家庭自主模式，与患者关系密切之人纵非医疗需求人，总得参与医疗决策（只不过参与方式有异、深度不同），这是医疗合同迥异于纯粹财产性质合同的显著特征，也是医疗合同典型化的重要理由。

（接上页）患者的要求和指示履行义务"）。

〔40〕 相反的见解，参见前注4，龚赛红文，第81页（"患者无指示如何诊疗之可言"）；曾隆兴：《现代非典型契约论》，1996年自版，第291页（"在医疗行为中……医师系居于指示人地位。而民法上的委托，则受托人应依委托人的指示处理委托事务。两者主客颠倒，显有区别"，转引自前注6，韩世远文，第91页）。

〔41〕 参见前注4，刘炫麟文，第60—61页（误引荷民第7：467条第1款为医学研究权的例证，实则该款应理解为侵害行为的违法阻却事由）。

〔42〕 参见前注7，吴志正书，第17—18页。

〔43〕 前注6，韩世远文，第96页。

〔44〕 倘患者无行为能力，自然由监护人代为决策；倘患者指定了决策人，自然由受指定之人代为决策。这里讨论的情形是，患者有行为能力但不能表达意志，例如陷入昏迷状态等。

〔45〕 参见范瑞平："自我决定还是家庭决定：两种自主性原则"，载范瑞平：《当代儒家生命伦理学》，北京大学出版社2011年版。

患者个体自主模式下，医疗事务由患者本着自己的主观价值取向独立决定，与患者关系密切之人无从置喙。患者不能表意的，即由合同相对方（受托人，医疗服务人）本着患者的客观最佳利益施治。与患者关系密切之人，作用仅在备医生咨议，帮助医生探求患者的医疗偏好。德国法即是如此，无意识能力患者纵受照管，照管人亦无代为决策之权，医生应就选择的医疗方案与照管人商讨，确使合乎患者意愿（德民第1901b条第1款）；"只要不会造成显著迟误，应尽可能使受照管人的近亲属及其他受信赖之人有表达意见的机会"（德民第1901b条第2款）。他如爱债第767条（近亲属以及与患者关系密切的其他人帮助探求患者意愿）、《芬兰患者权利与地位法》第6条第2款（听取法定代理人、家属或其他亲近之人的意见）。

家庭自主模式下，医疗事务由家庭成员共同决策，俾维护家庭整体利益。1994年发布、2016年修订的《医疗机构管理条例》第33条最合乎理念型家庭自主模式：实施侵入性医疗措施，要同时取得患者以及"家属或者关系人"同意（第1句）；倘患者不能表意，自应由家属或关系人代为医疗决策（第2句）。《侵权责任法》及《民法典》医疗损害责任章建设的新体制，往患者个体自主意识形态大幅靠拢，表现有四：第一，取消了患者有表意能力情形下家属共享的决策权，故从本质上讲，中国法已背离家庭自主模式；第二，"家属"改为"近亲属"；第三，近亲属得参与决策的情形缩窄，以"不宜说明"和患者丧失表意能力为限，只是在这里还保留了家庭主义的余韵；第四，"关系人"被涂销（《民法典》第1219条、第1220条）。[46]《医疗机构管理条例》于2022年4月再经修订，第33条改为第32条，复制了《民法典》医疗损害责任章的立场。

理念型家庭自主模式今天已稀见罕闻，更多是像医疗损害责任章这样带有家庭主义色彩的个人自主模式，仅在患者不能表意的情形，方许与患者关系密切的特定人代为决策。至于代为决策人宽窄如何，有无顺位，各法域立场不一，思路大致有三。第一，大顺位式：依荷民，代为决策人第一顺位为配偶或生活伴侣，第二顺位为父母、子女或兄弟姐妹（第7：465条）；立民从之，代为决策人在先为配偶或伴侣，在后为父母或子女（第6.744条）。第二，全序列式：《比利时患者权利法》不厌繁琐，代为决策人首先为配偶、合

---

[46] 参见本书第一章第三部分标题之（三）。

法的同居伴侣或者事实上的同居伴侣，其次则依成年子女、父母、成年兄弟姐妹顺序而定（第14条第2款）；《拉脱维亚患者权利法》立场相似，代为决策人依次为配偶、子女、父母、兄弟姐妹、祖父母或孙子女（第7条第1款）。第三，概括式：《格鲁吉亚患者权利法》接近中国法思路，笼统说应经患者亲属或合法代理人同意（第22条第1款）；《丹麦患者权利法》表述更概括，由最为亲近之人代为决策（第9条第1款）。

典型患者自主模式与带着家庭主义色彩的患者自主模式都旨在探究患者主观偏好，两者区别在于：前者立足于患者将医疗事务托付给医疗服务人的自由意志选择，后者更看重患者与周围特定之人形成的血缘、情感等自然联系，倘双方意见冲突，采取法律行动的负担在前者即落于那些与患者关系密切之人肩上，在后者即落于医疗服务人肩上。带着家庭主义色彩的患者自主模式仍倾向于将患者与其家庭看作一体，合乎中国社会伦理观念，政策上尚称可靠，只要不经历深刻社会观念变迁，医疗合同法仍应坚持，唯以下问题亟待厘清。第一，《民法典》第1219条、第1220条的"近亲属"是否应从监护法、继承法的界定，进而是否应依监护法、继承法相关规则序齿排班？与此相关，涂销"关系人"是否合理？第二，近亲属所为之医疗决策倘不合乎患者客观最佳利益，医疗服务人得否不予理会。[47]

国内著述多倾向于依监护法、继承法来理解医事法中的"近亲属"，以定其范围与顺位；如前所述，比较法上从此思路者亦甚众。但此说不无商榷余地。第一，就监护法中的备选监护人、继承法中的继承人来说，注重配偶以及最近血缘亲属的抽象身份，至于价值观是否合拍，法律并不措意；而医事法中讨论代为医疗决策，恰恰重在探求个别患者就具体医疗事务的价值取向，恩断义绝、老死不相往来的父子，在继承法上固得不失优先地位，在医事法上却难再赋予就彼此医疗事务的话语权。第二，监护法中对监护人的确定有争议的，尚有法律途径来调整人选，继承法中亦得以遗嘱排除法定继承规则，皆有试错、转圜的余地；可医疗行为一旦实施即难逆转，患者又不能表达意志，规则设计只好确保患者最为亲近之人的话语权，而患者最为亲近之人不见得能跻身亲属座次前列。第三，医院并非警察机关，患者病情又往往迫在眉睫，查验亲属身份于医疗服务人而言，似甚不切实际。综上，鉴于医疗法

---

[47] 参见本书第一章第三部分标题之（三）。

与监护法、继承法立法旨趣大相径庭,鉴于现代社会人际关系的复杂,为了更准确地查明患者主观医疗偏好,似不宜以顺位制或者序列制自缚手脚,医疗损害责任章在这里应受肯定;基于这个立场,遭取代的"家属",甚至遭驱逐的"关系人",都应回复原状。

或谓,代为决策人既不设定范围,又不排列座次,这让医疗服务人何去何从?应该说,医疗决策是高度个性化的事件,谁最理解患者主观医疗偏好也高度依赖个案情境,过于机械的规则,比如排座次与多数决[48],并不契合患者自主模式下医疗法的价值关注。医生不是纯粹的技术专家,其同时还是人际沟通的专家,患者的客观最佳利益、多数家属的意见以及医生在与患者的短暂接触中把握到的患者人际圈子状况(谁是患者最信任的人,谁是最关心患者的人)[49],这些都是医生据以判断的基础,只要于个案情境下做到世事洞明、人情练达,即得排除医疗行为的违法性。

接下来的问题是,倘与患者关系密切之人的医疗决策有悖患者客观最佳利益,医生如何处理。比较法上有所谓国家监护权的设计,有权机关得于特定情形为无表意能力患者安排医疗事务(例如德民第 1904 条)。中国法上缺乏相应机制,故颇为棘手。最高人民法院编写的释义书认为,在患者近亲属的意见重大且明显地损害患者利益时,医疗机构应当拒绝接受患者近亲属的意见,此说多有从者,[50] 却颇有深入阐释的必要。就患者来说,固得为从医学角度看非理性的决策,亦不必向医生说明理由;但就代为决策人来说,倘为从医学上看非理性的决策,医生应要求其出具令人信服的证据,表明这合乎患者的主观医疗偏好,否则医生仍应本患者客观最佳利益施治。盖医生对患者负有善良管理人的注意义务("妥善处理委托事务",《民法典》第 922 条),对代为决策人非理性决定的审查乃注意义务使然。非谓只要患者亲近之人的意见不合医学立场,医生即得否决其意见;亦绝不能认为只要代为决策

---

[48] 参见徐喜荣、陈化:"论紧急救治中患者近亲属意见的取得——评《医疗损害责任司法解释》第 18 条",载《河北法学》2018 年第 8 期,第 43—47 页。

[49] 同上注,第 45 页(对美国若干州法的介绍)。

[50] 参见,例如,王岳:"论急危病症抢救中的医师治疗特权——《侵权责任法》第五十六条之适用范围",载《中国司法鉴定》2011 年第 4 期;第 52 页;刘小红:"我国医疗侵权知情同意原则问题研究——以借鉴美国法为视角",载《暨南学报(哲学社会科学版)》2014 年第 7 期,第 79 页;前注 48,徐喜荣、陈化文,第 48 页。

人拒绝施治，医疗服务人即应束手。[51]

(三) 说明义务

中国医事立法及著述普遍将医生的说明义务等同于知情同意法制[52]，造成法律关系混乱，给法律适用带来麻烦。[53]医疗合同"法典化"正是梳理此间法律关系、正本清源的良机。

1. 说明义务的立法例：单一制与双轨制

单一制最典型者如《冰岛患者权利法》第 5 条、《丹麦患者权利法》第 7 条，只在"知情同意"大标题下以一条写明患者获取医疗信息的权利，如此写法很容易导致如中文著述中普遍可见的想当然，即将医生的说明义务与患者获取信息的权利窄化为知情同意法制，进而提炼出诸如"知情同意权"这样的错误概念。荷民（第 7：448-7：450 条）、立民（第 6.727-6.729 条）、欧民（第Ⅳ.C.-8：105-108 条）虽未设"知情同意"大标题，但"知情"（以及相对的说明）只写一条并与"同意"紧密衔接的思路却是一般无二；爱债（第 766 条）更是将两者并为一条。梁稿虽就"病情的告知"（第 1422 条）、"治疗方案必要信息的告知"（第 1424 条）分写两条，却还是牢牢绑缚在知情同意范畴下。

双轨制则于知情同意法制之外，再以专条写明医疗服务人的说明义务与患者获取信息的权利；此处权利性质为给付请求权，医生不尽说明义务的，很可能只是单纯承担债务不履行责任而无关侵权。以德国法为例，德民第 630c 条第 2 款写道，"就关乎治疗的一切情况，尤其是诊断、预期健康变化、疗法，以及治疗之时、之后应采取的医疗措施，应以可理解的方式向患者说明"。旋于第 630d 条（同意）之后，以第 630e 条第 1 款写道，"关乎同意的一切情况，施治方皆应向患者说明。尤其是医疗措施的性质、程度、实施、预期结果及风险，以及诊断或治疗的必要性、紧迫性、适当性及成功前景"。

---

[51] 参见程啸：《侵权责任法》（第二版），法律出版社 2015 年版，第 561—562 页（"近亲属在现场都对患者的死活不闻不问""昏迷中的患者只能自认倒霉"）；程啸：《侵权责任法》（第三版），法律出版社 2021 年版，第 643 页（"无法表达意思的患者必须要自认倒霉，承受这种绝情的亲人的背叛"）。

[52] 参见，例如，前注 4，王利明书，第 688 页（"医疗机构所负担的告知义务，同时对应着患者的知情同意权"）；前注 3，梁慧星书，第 963 页（"患者的知情权来源于知情同意理论"）。

[53] 详参前注 38，唐超文。

说明的内容当然有重复，但有分开书写的必要，盖说明义务原本性质并非单一，所属义务类型、对应的患者权利以及违反义务的后果，多有分殊，不能合并处理。另外，双轨制提法意在强调分别处理，不见得只写两条，例如德民第 630c 条还单独规定了医疗费用的说明义务（第 3 款）。

双轨制立法例还有《挪威患者权利法》（第 3-2 条、第 4-1 条）、《以色列患者权利法》（第 13 条、第 18 条）、《比利时患者权利法》（第 7 条第 1 款、第 8 条 2 款）、《立陶宛患者权利与医疗损害赔偿法》（第 5 条第 3 款、第 17 条第 3 款）、《塞浦路斯患者权利保护法》（第 10 条、第 11 条）等。徐稿于此甚为睿智：知情同意条写明"医疗机构应让就医者充分了解有关情况"（第 639 条），另于第 641 条"就医者的其他权利"下写道，"就医者有知悉自己病情及相关情况的权利。有询问、获知医疗机构的技术设施、医疗水平、医疗收费等情况的权利"（第 1 款第 1 句、第 2 句）。中国《民法典》第 1219 条第 1 款 1 句、第 2 句似有以双轨制来解读的余地[54]，但这会造成更严重的体系违反，即以侵权法来书写合同法（第 1 款第 1 句），故注定难脱单一制窠臼。

2. 说明义务的类型化：双轨制的合理性

（1）说明义务得为主给付义务。虽同属主给付义务，却又可分为两类：第一，前面提到的为确保疗效的说明义务，特别指向患者的生命健康法益，违反义务致患者遭受伤害的，构成违约与侵权的竞合；第二，纯粹咨询情形的说明义务，完全可能只涉及患者的给付请求权而无关固有利益，违反义务只承担债务不履行责任。

（2）说明义务得为从给付义务。例如，医生手到病除，主给付义务履行完毕，患者对自己的病情以及医生施治原理却不甚了了，自得请求医生说明（《民法典》第 924 条第 2 句）。病历义务不限于病历的制作保管，也包括说明内容（立民第 6.735 条第 2 款第 3 句，欧民第Ⅳ.C.-8：109 条第 2 款 b 项、第 4 款第 1 句中段），亦属从给付义务。这些从给付义务固得诉请履行，但违反义务的，不会构成侵权，医疗需求人亦不得主张同时履行抗辩或者解除合

---

[54] 参见，例如，缪宇："类型化视野下的医疗机构告知义务"，载《北大法律评论》（第 18 卷第 1 辑），北京大学出版社 2018 年版，第 174 页（"第 1 句的告知义务主要是诊断结果的告知义务，违反这一义务可能成立违约责任，也可能成立侵权责任"，甚至违反医疗费用告知义务的部分情形亦得适用该句）。

同。知情同意法制下为征得患者同意的说明义务，学说上多以为属从给付义务，但违反此项说明义务的后果与违反主给付义务一般无二，即医疗需求人得主张同时履行抗辩或者解除合同；另外这项义务特别指向固有利益，即患者的身体法益，故违反义务构成身体侵权。

（3）说明义务得为附随义务。若有必要邀请其他医院的医生参与会诊或者希望安排医科学生观摩治疗，事涉患者隐私利益，自应向患者说明并征得患者同意。这里要特别讨论医疗费用的说明义务。医生建议患者手术，除手术本身的利弊得失，患者还需要知晓大致费用，或者住院患者会询问费用支出情况，这些情形的医生说明属委托合同中的报告义务范畴，自为从给付义务。医事法又往往要求，医疗费用超出医保覆盖尤其是费用过巨的，应主动说明[55]，以保护医疗需求人的经济利益，属附随义务范畴；未尽义务使患者遭受纯粹经济损失的，当负赔偿责任。另外，转诊义务也包含着说明内容，但转诊义务本身性质亦不单纯。患者就诊时医院即发现无力诊治而劝说患者转诊的，转诊义务应属附随义务；治疗过程中发现力有不逮从而劝说患者转诊的，似应属主给付义务范畴。

3. 说明义务的写法

医疗说明义务如此繁琐细碎，主要原因在于医疗服务本来高度依赖人际沟通。立法技术上，既要避免落入单一制陷阱，亦不宜完全遵循主给付义务、从给付义务、附随义务分类路径来切割说明义务，否则太过破碎。整体构思如下：第一，为确保疗效的说明义务本属诊疗义务范畴，自不必特别书写，只需在学理解释上使法官警惕，勿一见说明义务即思知情同意即可；第二，转诊义务则得于善良管理人注意义务下写为第2款，即医疗服务人判断自己无力诊治的，应劝说并帮助安排转诊（如爱债第762条第2句、欧民第Ⅳ.C.-8:104条第2款、梁稿第1417条第2款）；第三，为征得患者同意的说明义务属身体侵害的违法阻却事由（权利妨碍要件），必须单独书写并与患者同意条挂钩，以明确证明责任配置（医疗服务人证明，但并非倒置）；第四，病历的制作、保管、复制、说明仍应写为一条；第五，"收费可能对患者造成较大经济

---

[55] 参见《医疗机构管理条例实施细则》第88条对"特殊检查、特殊治疗"的解释。这个立场本身无可指摘，但将医疗费用的说明义务与手术风险等的说明义务等量齐观，殊不可取，盖纯粹经济损失赔偿制度与知情同意制度在法律适用上思路迥异，应以独立两条分别处置。

负担的"(《医疗机构管理条例实施细则》第88条),费用说明义务得写为独立条款;第六,其他事宜的说明以抽象概括形式写为一条("关乎医疗的一切信息"),于纯粹债务不履行情形用为请求权基础,此条对于打破说明义务的同质化理解最为重要。

(四)病历制作保管义务

医疗服务人制作、保管病历资料的义务,向患者提供病历资料的义务,医政法规定纂详(参见《医师法》第24条,《医疗事故处理条例》第8条、第10条、第16条)。该义务还应写入合同法,明确其在私法上的法律效果。

《医疗机构病历管理规定》区分门(急)诊病历和住院病历(第2条)。门(急)诊病历原则上由患者自行保管,医疗机构建有门(急)诊病历档案室或者已建立门(急)诊电子病历的,经患者或者其法定代理人同意,可以由医疗机构负责保管;住院病历由医疗机构保管(第10条)。这些是医政管理规范,从物权法角度看,患者挂号前后免费或者支付工本费领取病历本("交付"),即取得病历本所有权,医生于门诊病历上记载相关医疗信息,系向患者履行说明义务。住院病历本的所有权自然归属医院(法条中的"保管"非为合同法中的"保管",实为"占有");医生有向患者说明医疗信息的义务,而无移转病历本所有权的义务。梁稿第1428条第1款称"病历的所有权属于患者",立法目的"在于使患者查阅权有更为坚实的法理依据""对病历真实性的保护亦更为有力,医方擅自变更病历记载事项,构成侵权"。[56]但仅仅"基于病历对患者的重要性"[57]而设如此规定,并不合乎《民法典》第224条。梁稿该款针对的是住院病历,患者不依据一定法律事实(变动所有权的合意及交付),如何能够取得病历所有权?而且在医生篡改病历的情形,纵认为医生侵权,侵害物权于医疗纠纷责任认定有何助益?

比较法上,依有些立法例,患者得要求医疗服务人将病历销毁(荷民第7:455条第1款、立民第6.734条第1款),也有允许将病历交给患者占有的,此际医生应将情况记录在案(《以色列患者权利法》第17条c款),即是强调患者的信息自主权益在位阶上远远重于医疗服务人对于区区病历的所有权以及医疗行业在医政上利用相关数据的利益。

---

[56] 前注3,梁慧星书,第977页。
[57] 同上注。

违反病历义务的，卫生主管部门得施加制裁（《医师法》第56条、《医疗事故处理条例》第56条），患者亦得诉请履行（《民法典》第924条）。

（五）附随义务

除前面提到的经济利益外，医疗合同还特别关系到患者隐私和个人信息利益。

从比较法的经验看，就私密领域的保护，患者权利法或者医疗合同法多会写明，医生施治，只有为提供医疗服务所必需的人员方得在场（如《冰岛患者权利法》第17条第2款、荷民第7：459条第1款）。还有些法律会写明，医疗机构应以相应设施或者通过合理安排医疗活动，营造安全的私密领域。例如，奥地利《医院疗养院法》要求医院采取恰当措施，维护多人病房里患者的私密空间（第5a条第1款）。[58]

现代医事法更重视信息自主，参酌比较法经验，大致的规制思路为：①就患者的健康信息以及其他纯粹私人性质或保密性质的信息，未经患者同意，原则上不得公开或披露给他人。②区分几种情形，得对患者的保密利益加以不同程度的限制：其一，出于治疗目的或者类似情形，得将相关信息披露给其他医疗服务人（例如将患者转诊至医院的全科医生），此际，对患者保密利益施加最低程度的限制，即假定患者同意，但患者得以明确反对排除之；其二，在患者死亡的情形，得将相关信息披露给近亲属，但不得违背死者的愿望，不得严重害及死者的尊严和其他私人利益；其三，其他情形，例如为了主管部门行使监督、管理职能，或者为了科研、统计等目的，得施加更严厉的限制，但仍应尽可能对相关信息为匿名化处理。[59]

六、医疗合同的效力：医疗需求人和患者的义务

（一）医疗需求人的报酬给付义务

医疗合同多为有偿，公立医院的服务价格由省级物价部门确定最高限价或基准价格，民营医疗机构的服务价格由市场调节（国家发展和改革委员会、原国家卫生和计划生育委员会、人力资源和社会保障部《关于非公立医疗机构医疗服务实行市场调节价有关问题的通知》）。

---

[58] See Aline Leischner, etc., *Medical Law in Austria*, Kluwer Law International, 2011, p. 98.

[59] 最全面细致的规范，可参见《丹麦患者权利法》第23条至第31条。

报酬给付时间从当事人约定。医疗实务中,医院多以格式条款要求医疗需求人先交费。不给付医疗费用的,医疗服务人自得不提供服务。[60]在抢救急危患者情形,为履行公法义务,医疗服务人当然不得主张同时履行抗辩。[61]当事人未约定报酬给付时间的,依委托合同法,受托人完成委托事务后,方得请求委托人支付报酬(《民法典》第928条第1款),此际受托人自无从主张同时履行抗辩权。提供了服务而未受领报酬的,只要合乎自助行为要件,医疗服务人非不得拘束患者身体,梁稿第1421条一概不许"滞留患者",似嫌迂阔。[62]

依委托合同法,"因不可归责于受托人的事由,委托合同解除或者委托事务不能完成的,委托人应当向受托人支付相应的报酬"(《民法典》第928条第2款)。该句能否从反面解释为,因可归责于受托人的事由致委托合同提前终止的,受托人就其已给付劳务不得请求报酬,理论上素有争议,但于医疗合同意义不大。[63]医疗合同多是先支付报酬,此时有意义的毋宁是得否请求返还报酬的问题。合理的解释是,医疗需求人得根据个案中的给付性质和履行情况,请求返还全部或部分报酬(《民法典》第566条第1款)。

(二) 医疗需求人偿还医疗服务人所付出财产的义务

在委托合同法上,委托人应预付处理委托事务的必要费用,受托人垫付的,得请求委托人偿还(《民法典》第921条)。在医疗合同中,这些必要费用主要表现为医疗服务人直接用于患者的耗材、药品等所需费用,一般与报酬合并计算。

受托人因处理委托事务而负担必要债务的,依大陆法系传统立场,得请

---

[60] 相反见解可参见,前注36,屈茂辉、彭赛红文,第256页("医疗机构不得因就诊方未预付医疗费而拒绝为其诊疗");前注4,龚赛红文,第81页("必要费用与医师的医疗债务并非对价关系,所以患者未支付时,医师不得主张同时履行的抗辩");前注10,艾尔肯文,第138页("必要的费用与医方的医疗债务并非为对价关系。在患者未支付费用时,医师不得主张同时履行抗辩权");前注7,王利明书,第670页("医疗机构不能享有并主张同时履行抗辩权,中止对患者的治疗")。

[61] 依《社会保险法》第28条,"急诊、抢救的医疗费用,按照国家规定从基本医疗保险基金中支付";《疾病应急救助工作指导规范(试行)》第2条也明确,患者身份不明或者无力支付医疗费用的,"医疗机构对其紧急救治所发生的费用,可向疾病应急救助基金申请补助"。

[62] 另见前注7,王利明书,第670页("不能为了保障其债权的实现而采用不允许患者出院等自助方式")。

[63] 持反面解释者如崔建远主编:《合同法》(第四版),法律出版社2007年版,第494页;主张仍得请求报酬者如前注32,黄立书,第525页。

求委托人代为清偿（例如我国台湾地区"民法"第 546 条第 2 款）。在医疗合同中亦可能发生此等情事，例如医疗服务人专门为个别患者订购某种特殊器材，或者特别邀请某位医生会诊。

以上事宜，医疗合同法可以考虑略去不写，参照适用委托合同法。惟医生于医疗服务过程中遭受医疗风险的，如前所述，鉴于医疗事务如此专业，不得类推适用《民法典》第 930 条而令患者负赔偿责任（荷民第 7：406 条第 2 款），应特别写明。

（三）患者的不真正义务

医疗合同中的不真正义务表现为，在医疗服务人履行合同所合理需要的范围内，患者应尽力披露病情病史等信息、给予协作（参见荷民第 7：452 条、立民第 6.731 条、爱债第 764 条、德民第 630c 条第 1 款）。患者未尽到不真正义务的，就损害赔偿事宜适用与有过失规则，医疗服务人的责任视其有无过错及过错大小而予相应减轻直至免除。

七、医疗合同的终止

医疗合同多因医疗服务人将事务处理完毕而终止（《民法典》第 557 条第 1 款第 1 项），自不待言。在医疗合同法上特别有讨论意义的是任意解除权。

依委托合同法，当事人任何一方得随时解除合同（《民法典》第 933 条第 1 句），但就医疗合同来说，因医疗给付往往关乎患者的生命健康利益，故医疗服务人的解除权受到诸多限制。参酌比较法经验，这些限制主要有：第一，医疗服务人解除合同须有令人信服的理由（例如荷民第 7：460 条、爱债第 772 条第 3 款第 1 句、徐稿第 646 条第 2 款），最典型的即为医疗需求人或患者不履行协作义务和费用给付义务（参见立民第 6.739 条第 1 款），他如患者有伤害医生的行为、患者的指示有悖医生的医学素养等。[64]第二，解除合同（以及中止履行）将严重危及患者健康的，医疗服务人不得解除合同（以及中止履行）（参见欧民第Ⅳ.C.-8：110 条 a 项）。第三，医疗服务人纵得解除合同，亦应为患者安排接手的医生（参见欧民第Ⅳ.C.-8：110 条 b 项、埃民

---

[64] 或谓，医疗机构"因技术设备条件的限制不能诊治"，得单方解除合同（前注 4，刘炫麟文，第 65 页），似可商榷。此际，医疗服务人应劝说并帮助患者转诊（2022 年《医疗机构管理条例》第 30 条第 2 句），患者同意转诊，当为合意解除合同。

第 2647 条第 3 款），或者在患者于其他医疗服务人处得到医疗服务前，应继续提供服务（参见爱债第 772 条第 3 款第 2 句）。

患者固得随时解除合同，亦不必附具理由，但非因可归责于医疗服务人的事由而解除合同的，就医疗服务人所受损失应负赔偿责任（《民法典》第 933 条第 2 句）。

八、结语

应对医疗纠纷，中国法制过度关注事后惩罚与救济，更当着眼于事前为培育良好医患关系打下牢固法律基础。主要发力方向有二：一是《基本医疗卫生与健康促进法》，规制国家提供基本医疗服务的义务，对应社会法意义上的患者权利；二是医疗合同法，规制医疗服务人对患者的义务，对应民法意义上的患者权利。两者齐头并进，方能立体维护人民健康权益。

医疗合同"法典化"有助于细致梳理、平衡医患双方的权利义务，并借此机会修正《民法典》医疗损害责任章技术上的重大失误，与世界立法趋势保持同步。医患关系的改善是复杂的系统工程，合同法本身并不能起到立竿见影的效果，但这是系统工程中不可或缺的环节，是较侵权行为法在技术上更为重要、更有价值的环节。

第五章
比较法视野中的错误怀孕和错误出生诉讼

一、引言

随着生殖医学、妇幼保健医学的发达，优生观念的传播，生育相关医疗服务愈益丰富，却也催生出新类型的诉讼，即所谓错误怀孕（wrongful conception, wrongful pregnancy）和错误出生（wrongful birth）引发的诉讼。又由于私法与宪法基本原则于此间交互激荡，侵权法和合同法在此处畛域难分，更牵扯伦理、社会、经济以及法教义学层面诸多难题，遂演化为繁复缭绕、聚讼纷纭的领域。从比较法上看，制定法不大会为此专设明文（有例外），相关规则多半于判例法上发展。至于救济路径（侵权责任还是违约责任）、责任构成（是否以孩子残疾为要件、何等法益受侵害、心理学上的因果关系如何证明等）和责任范围（损害名目和损害计算），各法域立场多歧。

中国司法实践中颇不寻常的现象是，错误怀孕和错误出生纠纷竟然较知情同意诉讼显著为多。倘跟其他国家和地区比较，错误出生诉讼相对于错误怀孕诉讼占据压倒性优势。利用中国裁判文书网，以2015年1月1日和2015年12月31日为裁判日期起讫，法院名称分别设定为"北京""上海""天津""重庆"，先后在三个案由"医疗损害责任纠纷""医疗服务合同纠纷""侵害患者知情同意权责任纠纷"下检索民事案件一审判决书。这个较小规模的样本统计显示：错误怀孕和错误出生诉讼共9件（实则有一件为错误生命诉讼，医疗过失发生在产检阶段，为讨论方便，纳入错误出生诉讼），知情同意诉讼只有2件；错误出生诉讼8件，错误怀孕诉讼只有1件。参看表5-1（错误怀孕和错误出生诉讼的分布）。[1]

最早以"纯粹经济利益还是生育自主权：错误怀孕和错误出生诉讼的恰当路径"发表于《北方法学》2020年第3期（经删节）。依《民法典》及最高人民法院司法解释、2022年施行的《执业医师法》、2022年修订的《医疗机构管理条例》相关条文略作文字修改。

第五章 比较法视野中的错误怀孕和错误出生诉讼

表 5-1 错误怀孕和错误出生诉讼的分布

案由	裁判日期：2015 年	北京	上海	天津	重庆
医疗损害责任纠纷	检索结果	152	272	48	75
	错误怀孕	1[2]	×	×	×
	错误出生	2[3]	3[4]	2[5]	1[6]
医疗服务合同纠纷	检索结果	27	43	16	29
	错误怀孕	×	×	×	×
	错误出生	×[7]	×	×	×[8]

（接上页）[1] 中国裁判文书网，2017 年 6 月 19 日检索。就西方法制来说，知情同意诉讼远较错误怀孕/出生诉讼数量大。参见［英］马克·施陶赫：《英国与德国的医疗过失法比较研究》，唐超译，法律出版社 2012 年版，第 154—155 页。至于错误怀孕和错误出生诉讼，虽未见统计数字，但就印象而言，错误怀孕案件似乎更多（可参见文章第二部分所引判例），部分原因在于西方法制普遍限制堕胎，大大挤压了错误出生诉讼的空间，甚至不许提起错误出生诉讼。

[2] 高阳与中国人民解放军第 306 医院医疗损害责任纠纷案，北京市朝阳区人民法院民事判决书（2015）朝民初字第 04701 号。

[3] 弓政等与北京市通州区妇幼保健院医疗损害责任纠纷案，北京市通州区人民法院民事判决书（2014）通民初字第 08896 号；郭晶等与清华大学玉泉医院医疗损害责任纠纷案，北京市石景山区人民法院民事判决书（2015）石民初字第 948 号。

[4] 宋甲、宋乙等与上海市闸北区中心医院医疗损害责任纠纷案，上海市闸北区人民法院（2014）闸民一（民）初字第 3442 号民事判决书；李林玉、武健与上海市普陀区中心医院医疗损害责任纠纷案，上海市普陀区人民法院（2014）普民一（民）初字第 5235 号民事判决书；徐嘉璐与上海市松江区妇幼保健院医疗损害责任纠纷案，上海市松江区人民法院（2015）松民一（民）初字第 5286 号民事判决书（本件实为错误生命案）。

[5] 刘国山、冯莉莉与天津市滨海新区汉沽医院医疗损害责任纠纷案，天津市滨海新区人民法院民事判决书（2014）滨汉民初字第 1994 号；梅玉涛、翟林等与中国人民解放军第四六四医院医疗损害责任纠纷案，天津市南开区人民法院民事判决书（2015）南民初字第 5457 号。

[6] 杨皓添、周婕与重庆医科大学附属第一医院等医疗损害责任纠纷案，重庆市渝中区人民法院民事判决书（2013）中区法民初字第 07228 号。

[7] 有件涉及产前损害的案件，王明月等诉北京市房山区妇幼保健院医疗服务合同纠纷案，北京市房山区人民法院民事判决书（2015）房民初字 04308 号。

[8] 有件相关判例，陆智斌、尹红霞与重庆爱德华医院有限公司医疗服务合同纠纷案，重庆市沙坪坝区人民法院民事判决书（2015）沙法民初字第 00737 号。孩子的父母主张医院未尽到说明义务致残疾孩子出生，双方达成赔偿协议，本件诉讼系因协议的履行而发生，故并非真正意义上的错误出生诉讼。

续表

案由	裁判日期：2015 年	北京	上海	天津	重庆
侵害患者知情同意权责任纠纷	检索结果	2	×	×	×
	错误怀孕	×	×	×	×
	错误出生	×	×	×	×

出生缺陷发生率不断高扬[9]，社会生态环境又如此严酷[10]，可以想见，此类纠纷或许还会愈演愈烈。但就法律适用，却远未达成共识，不论实务界还是学术界，可谓言人人殊。[11]本章首先就此领域的法律术语加以梳理，接着考察若干法域尤其是德国法与英国法的立场，最后讨论中国法背景下的法律适用事宜。

二、术语辨析

不论错误怀孕还是错误出生引发的诉讼，都指称对医疗服务人提起的损害赔偿之诉。[12]在前者，原告主张，本希望避孕或绝育，由于被告的过失，原告仍怀上原本不打算要的孩子，从而遭受损害。从逻辑上讲，错误怀孕并不以孩子的出生为要件，但成功堕胎而仍提起错误怀孕诉讼的判例较为少见[13]，盖此际无从主张抚养费用损失；特别是西方法制往往限制堕胎，这样的案例更难碰到。在后者，原告主张，由于医疗服务人的过失，原告失去了终止妊娠的

---

[9] 据原卫生部《中国妇幼卫生事业发展报告（2011）》，出生缺陷发生率呈上升趋势，由1996 年的 87.7 例/万人，上升到 2010 年的 149.9 例/万人。参见中央人民政府官网，http://www.gov.cn/gzdt/2011-09/21/content_ 1952953.htm。

[10] 小共同体瓦解而社会保障又未健全，个体孤立无援，功利主义、物质主义和社会达尔文主义泛滥，推动内卷化的恶性竞争，即所谓不要让孩子输在起跑线上。

[11] 参见陈现杰："因产前检查疏失导致缺陷儿出生的，相关医疗机构应否承担侵权责任"，载《人民司法》2009 年第 3 期。

[12] 在少见的案例中，亦可能在产品责任范畴下讨论，但基于笔者主张的规范保护目的说，产品责任不成立。孩子的父亲伪称接受了结扎手术，致计划外孩子出生的（[美]小詹姆斯·A. 亨德森等：《美国侵权法：实体与程序》（第七版），王竹等译，北京大学出版社 2014 年版，第 332 页），母亲只得基于亲属法要求孩子父亲承担抚养费用，非为错误怀孕诉讼。

[13] 参见前注 2，高阳与中国人民解放军第 306 医院医疗损害责任纠纷案；张某与南汇区某医院损害赔偿纠纷案，转引自李燕："不当怀孕损害赔偿研究——从上海'绝育手术不绝育索赔案'说起"，载《东岳论丛》2009 年第 10 期。

机会，得到了原本不打算要的孩子，从而遭受损害。在比较法上，错误怀孕与错误出生诉讼中请求赔偿的名目主要有两项：其一，孩子的抚养费用。不论接受医疗服务的是父亲还是母亲，两人在亲属法上都对孩子负有抚养义务，都得主张遭受纯粹经济损失，故此项诉求可称父母诉求。其二，母亲因妊娠分娩所遭受的痛苦、创伤以及相关财产损害，此项请求只得母亲提起，故称母亲诉求。

错误怀孕的典型情形有：①咨询过失类型，即医疗服务人就避孕事宜或遗传风险未提供恰当咨询服务；[14]②绝育手术失败及相关类型，即手术本身失误，例如误将卵巢固有韧带当输卵管结扎，或者术后未尽到检测义务（如输精管结扎手术后，未恰当施行精液检测）或说明义务（如未警示原告输精管有自发疏通的风险）。[15]

错误出生主要有以下事实情形：①咨询过失类型，即医疗服务人未检出病人怀孕[16]，或者没有检测到胎儿的遗传畸形，未警示胎儿有感染风疹等疾病的风险，未恰当地检测胎儿的健康状况（中国司法实践中发生最多的案型）；②终止妊娠手术失败。[17]

众多著述以计划外孩子是否残疾为区分两类诉讼的标准：错误怀孕情形的孩子原则上健康，错误出生情形的孩子必为残疾。[18]笔者以为，这两类案

---

[14] 参见王俊："婚检出错生地贫儿 医院赔32万"，载《健康大视野》2005年第11期。

[15] 参见富心振："绝育手术未绝育 患者索赔被驳回"，载中国法院网 http://www.chinacourt.org/article/detail/2006/04/id/203785.shtml。

[16] 参见逸馨："孕妇被诊断为更年期反应案明天开审"，载中国法院网 http://www.chinacourt.org/article/detail/2006/04/id/201745.shtml。

[17] 参见王和成："引产失败挑起医患赔偿官司 本案社会抚养费谁担"，载中国法院网 http://www.chinacourt.org/article/detail/2005/05/id/161779.shtml。

[18] See Basil S. Markesinis & Hannes Unberath, *Thet German Law of Torts: A Comparative Treatise*, Hart Publishing, 2002, p.186；丁春艳："'错误出生案件'之损害赔偿责任研究"，载《中外法学》2007年第6期，第683—684页；王岳："产前超声筛查后'不当出生'的法律问题思考"，载《中华医学超声杂志》2011年第4期，第691页；张红："错误怀孕之侵权损害赔偿"，载陈小君主编：《私法研究》（第11卷），法律出版社2011年版，第25页；张红："错误出生的损害赔偿责任"，载《法学家》2011年第6期，第56页；张慧："错误出生之侵权损害赔偿"，载《华东交通大学学报》2013年第3期，第122页；左迪："医疗侵权案件中的宪法权利保护——以错误出生案件的美国司法裁判为参考"，载《宁夏大学学报（人文社会科学版）》2013年第5期，第97页；马强："论生育权——以侵害生育权的民法保护为中心"，载《政治与法律》2013年第6期，第22页；汪洁琼："'不当出生'案件之法律规制问题探究"，载《学术交流》2013年第10期，第57页；田野、焦美娇："从法院裁判看错误出生损害赔偿"，载《西北工业大学学报（社会科学版）》2014年第2期，第4页；[美]丹·B.多布斯：《侵权法》（上册），马静等译，中国政法大学出版2014年版，第687页；黄丁全：《医疗、

型，除非可认定避免残疾孩子出生系属医疗服务的内容，否则皆不以孩子残疾为责任成立要件。以医疗服务人的过失发生于怀孕之前还是之后来区分两类诉讼更为合理[19]，盖不但使两者形成矛盾关系，且于法律效果有显著意义。

区分这两类诉讼的意义，一般而言（错误怀孕而成功堕胎的情形为例外），不在法律基础有什么不同，而在以下两点：①倘堕胎本身为法所不许，错误出生诉讼即不得成立，而即便在最为敌视堕胎的法域，避孕或结扎手术大概亦为法律秩序所容忍，故错误怀孕诉讼成立空间更大。②损害赔偿名目以及损害计算的事实基础会有细微不同。这主要有以下几点，即（a）倘母亲因妊娠分娩所致误工损失得予赔偿，设其他情节相同，错误出生案件的误工时间即较错误怀孕为短，盖准母亲即便成功终止妊娠，亦需休养一段时间；（b）倘就妊娠分娩所致痛苦得请求精神损害赔偿，在过失咨询类型错误出生案件中，因母亲错过了同样要经受痛苦的堕胎手术，赔偿金额应当相应缩减；（c）在绝育手术失败类型错误怀孕案件中，母亲很可能要再次接受绝育手术，就此得请求赔偿；（d）在德国法上，计划外妊娠分娩是否构成人身伤害，亦因错误怀孕与错误出生诉讼而有异。

错误怀孕与错误出生术语时遭批评，以为错误不在怀上孩子或者孩子的出生，而在医生未恰当履行医疗契约下的义务；[20]遂有不同提法出现，如"医师违反产前诊断义务"或者"因产前检查疏失导致缺陷儿出生"。[21]诚然，中国司法实践中发生的多为此类错误出生案件，但不能全面涵盖所有事实情形。[22]倘表述为"违反孕前或产前检查说明诊疗义务致计划外怀孕或分娩"，未免繁琐。马克西尼斯和翁贝拉什即推荐中立的德国术语"计划外妊娠"

（接上页）法律与生命伦理》（下），法律出版社2015年版，第898页。另外，像麦克法兰案这样的典型错误怀孕案件，也有称为错误出生的。参见[德] U. 马格努斯主编：《侵权法的统一：损害与损害赔偿》，谢鸿飞译，法律出版社2009年版，第5页。

[19] See Michael A. Jones, Medical Negligence, Swell & Maxwell, 2003, p.727; Andrew Grubb, Judith Laing & Jean McHale eds., Principles of Medical Law, Oxford University Press, 2010, pp.925-926; 前注1，马克·施陶赫书，第35、37页；前注12，小詹姆斯·A. 亨德森等书，第332页。

[20] See Cattanach v. Melchior (2004) 215 CLR 1 (HCA) [67] [38]。

[21] 参见房绍坤、王洪平："医师违反产前诊断义务的赔偿责任"，载《华东政法学院学报》2006年第6期；前注11，陈现杰文。

[22] 参见上文，术语辨析小节第二、三段。

（ungewolte Schwangerschaft, unwanted pregnancy）[23]，这或许比"错误"字眼更为政治正确，未见得有多少实质改善。反过来，遂有主张，"应当直接引入错误出生的概念，将'错误出生损害赔偿责任'作为此类案件统一的诉由（医疗损害赔偿责任的具体类型），而无需刻意将其化为某一个其他的概念"[24]，这又矫枉过正。盖案由是对诉争法律关系的概括，"错误出生"则是对案情事实的精简描述。同一事实也可能生出多个不同法律关系。因医生过失而得到计划外孩子固得主张违约责任（医疗服务合同纠纷），侵权责任是否成立则待考察。

另外，在文献中，错误出生有时亦于广义上使用，将错误怀孕包括在内，从而与错误生命诉讼对举。医疗服务人未尽到注意义务，致产下残疾孩子，孩子以自身受有损害为由请求医疗服务人赔偿的，为错误生命诉讼。错误生命诉讼与错误出生诉讼的区别在于，原告为孩子且必定为残疾孩子，就所主张的最主要的损害名目（亦即抚养费用）来说，与错误出生诉讼构成竞合。比较法上，只有荷兰及美国个别州认可错误生命诉讼[25]，中国法院并不认可[26]，本章亦不论及此议题。

最后要注意区分错误怀孕/出生诉讼与知情同意诉讼。对错误怀孕/出生诉讼而言，请求赔偿的大头是孩子的抚养费用，性质为纯粹经济损失；而在知情同意诉讼中，受侵害的法益乃为绝对权，具体言之，为身体权或曰身体完整性。知情同意诉讼固得以契约法为据，但于侵权法上其成立不生疑问；错误怀孕/出生诉讼则不然，视不同法律体制而定，有可能只得乞援于侵权法或者契约法。倘将错误怀孕/出生诉讼寻求保护的法益，错误地理解为"个人

---

[23] Supra note 18, Basil S. Markesinis & Hannes Unberath, p. 180.

[24] 杨立新、王丽莎："错误出生的损害赔偿责任及适当限制"，载《北方法学》2011年第2期，第15页。

[25] 美国的加州、新泽西、华盛顿州认可错误生命诉讼；法国最高法院曾支持错误生命诉讼，但立法机关已将此立场推翻，比利时法态度尚不明朗。参见［荷］伊沃·吉森："比较法学于'错误生命'案件中之利用及影响（上）"，唐超译，载《中国卫生法制》2019年第3期。以色列最高法院亦曾肯定错误生命诉讼，但最近的判例已改弦更张，参见本书丁峡哈默案译文。

[26] 参见鲁天成诉宁波市镇海区蟹浦镇卫生院医疗损害赔偿案，转引自郑淑红、孙圣炯："医院B超未检查出胎儿左手缺失是否对胎儿或胎儿父母构成侵权"，载中国法院网 https://www.chinacourt.org/article/detail/2005/11/id/186408.shtml；曾子孟等诉中山大学附属第一医院医疗损害赔偿案，载国家法官学院、中国人民大学学院编：《中国审判案例要览（2011年民事审判案例卷）》，中国人民大学出版社2013年版，第353页。

选择、自治和自决的重要价值"[27]，或者所谓自主决定权之类，即很容易将两类诉讼混淆。[28]

三、比较法观察

以下先考察德国法系的德国、奥地利、中国台湾地区有关规定，接下来是受法国法影响的日本，继而是普通法系的英国、美国、澳大利亚，最后是以色列。通过这番考察，尤其希望揭橥，从法教义学上看，各法域不同的解决方案如何受到各自法律构造的影响，从而为在中国法的框架下找到法教义学上稳妥的进路提供借鉴。

（一）德国法

1. 父母诉求：孩子的抚养费用

依德国联邦最高法院向来的判例法，医生违反注意义务致原告夫妇得到计划外孩子的，倘避免计划外孩子带来的经济负担构成医疗服务契约的标的，原告夫妇即得请求赔偿抚养费用。主要有两类案件：一是出于家庭规划（计划生育）目的而接受医疗服务（主要是绝育手术），医疗措施失败；二是为避免残疾孩子出生而接受相关医疗服务（遗传咨询、堕胎），因医生过失，未能防止残疾孩子出生。[29]

文献中最早的错误怀孕诉讼，是联邦最高法院1980年3月18日两件绝育手术失败案判决。法院指出，"如果怀孕是因为绝育措施失败而导致的意外事件，而且违背父母的意愿"，父母即得请求赔偿抚养费用。[30]

就错误出生诉讼，文献频繁引用的是联邦最高法院第六民事法庭1983年1月18日判决。在该案中，母亲于妊娠第一周感染风疹，医生出于过失未能诊断出来，后孩子产下即先天残疾。倘母亲及时知晓孩子罹患疾病的风险，当会选择堕胎。就抚养费请求，联邦最高法院判决称，"自孩子出生，母亲本可通过堕胎来预防的风险遂告实现"，"母亲所受损害系由被告违约造成，一

---

[27] 前注18，丹·B.多布斯书，第686页。

[28] 这两类诉讼混淆现象严重，参见唐超："说明义务的类型化与知情同意权否定论：兼及意志自主如何保护"，载《河北法学》2018年第11期。

[29] 参见［德］马克西米利安·福克斯：《侵权行为法》，齐晓琨译，法律出版社2006年版，第17页；前注1，马克·施陶赫书，第35页。

[30] BGHZ 76, 249, 256; BGHZ 76, 259. 转引自上注，马克西米利安·福克斯书，第16页。

般来讲，被告应负恢复原状的责任。这里的损害系依契约法应予赔偿的财产损害，表现为母亲在经济层面和实际层面（劳动）必须全部或部分承担的额外费用，甚至可能承担一生"。[31]本案中，原告只请求赔偿孩子残疾所致的额外抚养费用，判决书亦未就一般抚养费用发表附带意见，但此后，法院也支持了一般抚养费用的赔偿请求。[32]

联邦宪法法院第二审判庭对联邦最高法院的判例法深表质疑。就一起因堕胎失败引发的错误出生案，联邦宪法法院第二审判庭于1993年5月28日发布判决称："依据《德国基本法》第1条，不得将孩子的出生界定为损害。公权机构对任何个体存在皆负有尊重义务，故不得将孩子的抚养费用界定为损害。是以，联邦民事法院就医疗咨询差错或者堕胎失败事宜的判例法，应予重新考虑。"[33]

联邦最高法院第六民事法庭遂在紧跟着的一起错误怀孕案中给予回应。原告夫妇1982年育有一女，该女先天严重残疾。原告夫妇担心系遗传所致，遂于1983年8月造访大学医院遗传病诊所。医生于10月27日函告原告夫妇，称遗传病几无可能，可放心生育。1985年3月6日，原告夫妇第二个孩子降生，其和姐姐罹患同样的精神和身体残疾。联邦最高法院第六民事法庭于1993年11月16日发布判决称，依"本庭向来的判例法立场"，得以违约为据赔偿计划外孩子的抚养费用，并胪列了众多判例。接下来展开和联邦宪法法院第二审判庭的论辩，称"尽管联邦宪法法院的评论对本庭并无拘束力，本庭也反复检讨过此前判决（see BGHZ 76, 249 [252] and NJW 1984, 2625），此处仍有必要就本庭立场给予深入细致分析"。

判决书认为，不管是遗传咨询契约、绝育手术契约还是堕胎服务契约，只要目的合法，"医生即应通过履行其承担的契约义务来实现契约目的"。"只要达成合意，保护患者的经济利益即得构成医生所承诺之义务的一部分，法律秩序亦对此内容表示体谅。是以，本庭坚持此前的判例法立场，倘医生同意，防止抚养费损失亦为治疗或咨询契约的具体目标，那么医生的责任即包

---

[31] BGH, 18th of January 1983, VI ZR 114/81, BGHZ 86, 240. As cited in supra note 18, Basil S. Markesinis & Hannes Unberath, p. 159.

[32] See BGH, op. cit. (4), NJW 2002, 2636 (2637) with references.

[33] BVerfGE 88, 203=NJW 1993, 1751. As cited in supra note 18, Basil S. Markesinis & Hannes Unberath, p. 163.

括防止此种经济后果发生的责任。在出于家庭规划目的而绝育的案件中，本庭即确认了此立场（BGHZ 76, 249 [256]; 76, 259 [263 et seq.]; NJW 1981, 630; NJW 1981, 2002 and NJW 1984, 2625）。"

针对联邦宪法法院关于不得将孩子出生界定为损害的说辞，判决书写道："本庭已于指导性判例中指出（BGHZ 76, 249），'孩子之为损害'（child as damage）这样的提法，并非考察问题的恰当方法，在法律上全无用处。相反，本院于该案及此后发布的判决，尤其是1984年6月19日判决中指出（NJW 1984, 2625），损害指的是计划外孩子出生带来的抚养费用。本院认为，区分下面两者，即一方面是孩子的存在及其人之为人无可质疑的价值，另一方面是孩子的抚养费用，并不意味着'对孩子人格完整性的人为拆分'（see Lankers in FamRZ 1969, 384），而是从损害赔偿法角度来看合乎逻辑的结果。为了达成损害赔偿法的目标，无论是侵权责任法，还是家庭法，还是综观整个案件事实，都没有必要将孩子的存在看作加害事件。只有父母将会承受的经济负担，也就是孩子的抚养费用，是应予赔偿的经济损失。"

稍后，判决书以大段篇幅论述，民法上的损害概念以及差额计算方法是"没有色彩的""价值无涉的"，并不包含任何负面价值判断。将抚养费界定为损失，不会伤及孩子的尊严。

判决书最后指出，"依损害赔偿金的填补目的，不得将赔偿额度限于孩子残疾导致的额外费用"。"从父母的意图看，父母咨询医生是为了防止残疾孩子出生，那么花在这个严重残疾孩子身上的财务开支，永远都在咨询契约保护范围之内。如本庭指出的（BGHZ 89, 95 [105]），这些抚养费用不能分割为两部分，一部分是法律期待（假设健康孩子的）父母承担的，一部分是孩子残疾造成的额外费用。为了维护这个严重残疾孩子的生存所需要的开销，是不可分割的。"[34]当然，这个论辩未必牢靠，前引风疹案即只判给特殊抚养费用。

针对联邦最高法院此件过失咨询案判决，以及另一件绝育手术失败案判决[35]，两位医生提起宪法诉愿。就计划外孩子的抚养费用是否构成得予赔偿

---

[34] BGHZ 124, 128 = NJW 1994, 788 VI. Civil Senate (VI ZR 105/92). As cited in supra note 18, Basil S. Markesinis & Hannes Unberath, pp. 166-170.

[35] Case 1 BvR 479/92. 诉愿人系泌尿科医生，医生为原诉讼原告（妻）之夫提供计划生育咨询服务并为其施行了绝育手术。手术失败但未告知患者。妻于1984年5月产下第四个孩子。医生及其保险公司拒绝赔偿。在原诉讼中，妻请求赔偿孩子的抚养费用，并就计划外妊娠和分娩所致痛苦和创伤

的损失，请求联邦宪法法院发布合并判决。

联邦宪法法院第二审判庭认为，抚养费用得否看作损失，乃是对民事法院判决具有决定意义的见解。就某法律见解是否具有决定意义这个预备问题，倘两个审判庭意见相左，应交由联邦宪法法院全体会议决定。

联邦宪法法院第一审判庭1997年11月12日发布判决。[36]多数意见认为(6∶2)，对制定法的解释，包括以判例法来发展法律，概属专业法院职责。联邦宪法法院不会审查这些判决正确与否，"联邦宪法法院的控制功能仅限于，确定专业法院于发展法律的过程中，是否尊重基本制定法的决定，是否遵循对制定法公认的解释方法"。联邦最高法院判令被告依契约责任法赔偿孩子的抚养费用，是基于对经济损害的惯常理解，另外，对损害评估采用的差额法，以及本着契约目的来确定契约责任，都是依据经过长时间发展起来的契约责任的一般原则，无甚不妥之处。

专业法院解释法律，应以宪法的基本权利为指导方针。倘专业法院解释法律犯下差错，在根本上误解了基本权利的涵义，尤其是基本权利的保护范围，而且所犯差错具有一定分量，联邦宪法法院即得纠正。就此领域的法律议题，联邦最高法院未犯这样的差错。联邦宪法法院第一审判庭于判决书中写道："绝育和怀孕前的遗传咨询皆为法律秩序所许可，故为合法。此外，依契约从事此种医疗服务的医生，必须对可归责的医疗错误负责任，此点亦无疑问。依联邦最高法院判例法，抚养孩子的义务被看作损失，这并非剥夺孩子人格价值的商品化。承担民法上的责任，原则上并不影响人格尊严，哪怕损害赔偿请求权直接和人的存在相联系。不会因此将人贬低为客体，也就是在契约或侵权关系框架里可替代的数目。民法规范以及判例法的解释，是为了公平地分摊负担。这并不会造成人格商品化的局面。将损害赔偿法适用于人格关系，并不会将人之为人以及不可让渡的权利转变为商品。将抚养费负担部分转移给第三人，并不意味着对抚养费请求权人的消极价值判断。"

联邦宪法法院第一审判庭最后形成多数意见（5∶3），不必召开全体会议

（接上页）请求赔偿。州法院判令诉愿人（医生）依照私生子的标准赔偿基本抚养费用，另额外赔偿基本抚养费的70%用为照护费用。因为母亲系单独起诉，依《民法典》第1360条第2句及第1606条第3款第2句，判给应予赔偿的总抚养费用的一半。另外，就原告遭受的痛苦和创伤，州法院判给6000德国马克抚慰金。See supra note 18, Basil S. Markesinis & Hannes Unberath, p. 171.

[36] BVerfG, 12th of November 1997, 1 BvB 307/94, NJW 1998, 519.

讨论此间议题。[37]

2. 纯粹经济损失还是一般人格权

父母为抚养计划外孩子已支出和将支出的费用，系纯粹经济损失。在德国侵权法上，纯粹经济损失得到赔偿的情形只有三类：第一，法律有明确规定，例如，直接受害人死亡的，受抚养人得请求赔偿抚养费用（《德国民法典》第844条第2款）；第二，违反保护性法律的（《德国民法典》第823条第2款）；第三，故意以违背善良风俗的方式加害他人的（《德国民法典》第826条）。典型的错误怀孕与错误出生案件，就此项损失于侵权法上乞援无门，故只得提起违约诉讼，以《德国民法典》第611条（《改善患者权利地位法》2013年2月26日生效后，即为新加入《德国民法典》的第630a条）、第280条第1款、第241条第2款为请求权基础。

不论侵权法还是契约法，损害赔偿的目的都在使受害人处于设引起赔偿义务的事件未发生，其本当处的状况（《德国民法典》第249条第1款）。将此本当处的状况与受害人现在实际所处的状况相比较，两者差值即为应予赔偿的损害（差额说）。差额说或令被告就过于遥远的损害承担责任，故当从价值判断角度框束应予赔偿的损害，手段有二：一为相当因果关系，一为规范保护目的。依相当因果关系说，只有依事物通常进程，引起赔偿义务的事件一般会造成的损害，被告方就此负赔偿责任。此外，还要考察请求权规范的保护目的（Schutzzwecklehre），只有落在规范保护范围内的损害，方予赔偿。就违约责任来说，除法律规范外，自然还应考察契约之意义与目的[38]，盖契约于当事人间具有相当于法律规范的效力。

医生提供咨询、绝育、堕胎等医疗服务之际，自然得预见，倘有差池，即可能给患者带来计划外的孩子，而父母依家庭法对计划外孩子当然负有抚养义务，故纯粹经济损失在相当因果关系的射程之内。但考察医疗契约的目的，防止父母的经济负担非为契约内容的，即不得请求赔偿。例如联邦最高法院几件判例。一件为错误出生案（BGH NJW 1985, 2749.），母亲已经历过四次困难的妊娠，在第五次妊娠第八周时决定堕胎。待发觉手术失败时，已

---

[37] See supra note 18, Basil S. Markesinis & Hannes Unberath, pp. 175-178.

[38] 参见曾世雄：《损害赔偿法原理》，中国政法大学出版社2001年版，第112—113页；[德]迪特尔·梅迪库斯：《德国债法总论》，杜景林、卢谌译，法律出版社2004年版，第439页以下。

错过再次堕胎的机会。母亲分娩顺利，产下健康孩子，其抚养费请求遭驳回，盖堕胎契约目的在于防止母亲和孩子遭受伤害，而事实上伤害并未发生。一件为错误怀孕案（BGH NJW 2000, 1782.），母亲接受检查，以确认是否妊娠，盖母亲欲接受手术，手术将有害于胎儿。医生未检出母亲怀孕，但后来的手术亦未伤及胎儿。原告夫妇主张，倘知道妊娠，当出于遗传学理由而堕胎。抚养费请求遭法院驳回。联邦最高法院认为，抚养费不在医生所负具体义务的保护范围之内，盖检查目的在于消除手术带来的健康风险。事实上，孩子生下来健康，风险并未实现。[39] 在联邦最高法院处理的另一件风疹案中，不是未检出风疹，而是母亲就风疹的治疗事宜咨询医生，尽管曾提及自己怀有身孕，但这还不足以将契约保护范围扩张到将残疾孩子的抚养费用也包括进来。[40]

特别应注意的是，德国判例法并不要求患者明示其节省经济负担的意图，在具体案型下，法院会视此经济目的为理所当然。例如，联邦最高法院1995年6月27日判决的绝育手术失败案（BGH VI ZR 32/94），丈夫接受的绝育手术失败，原告夫妇得到第六个孩子。案情介绍中并未提到医疗契约双方曾就经济事务有所磋商，但判决书以为此乃事理之常："倘患者打算行使终止自己生育能力的权利，而医生又参与其中，即必须依民法一般原则履行契约。倘医生出了差错，导致契约目的落空，产下孩子，医生即必须承担违约责任，从而依《德国民法典》第249条，使其契约相对方处于倘自己恰当履行了契约，对方本当处的境况。本案很明显（绝育案件多如此），订立契约的目的即在于避免孩子带来的经济负担，医生的责任即延伸及于使契约相对方免于此经济负担（倘自己恰当履行契约，对方本可避免的负担）。是以负担当然包括抚养费用，依本庭此前判例阐述的理由 [BGHZ 76, 259 (270ff.) = NJW 1980, 1452 = LM § 276 (Fc) BGB Nr. 7/8]，以私生子的标准抚养费用为基础，并依个案事实给予恰当增添，赔偿孩子额外需要服务的价值。正是此类出于经济目的而订立绝育手术契约的案件，契约目的决定了，倘契约目的不达，损害当然包括孩子的抚养费用。"[41]

---

[39] See supra note 18, Basil S. Markesinis & Hannes Unberath, pp. 195-196.

[40] BGHZ, 21 December 2004, NJW 2005, 891. 转引自前注1，马克·施陶赫书，第37页。

[41] BGH VI ZR 32/94 (Frankfurt am Main). Available at http://www.utexas.edu/law/academics/centers/transnational/work_ new/german/table.php? id=151 (19 April 2022).

在前引风疹案中（医生未检出风疹的案例），上诉法院同样本着规范保护目的说，以为不应赔偿抚养费用。在上诉法院看来，被告的治疗差错当然使第二原告（母亲）承担抚养费用。但堕胎不同于绝育，堕胎乃杀害行为，只是不可罚，在法律上仍为不法。除此之外，与绝育手术的情形不同，该案中，被告并不负有义务考虑第二原告的经济利益。被告的义务限于向第二原告解说妊娠在医学和遗传学方面的信息，以免第二原告生命健康受威胁。在该案中，倘检出风疹，唯一要关注的也只是挽救这个严重残疾孩子的生命。此外，经济考虑可能起一定作用，但仅此不足以为终止妊娠提供正当性。以过度的经济负担为堕胎合法事由，是否成立并未得到过证实。是以，被告在契约法上的义务并不包括保护原告主张的这些经济利益。[42]

这段判词代表了联邦宪法法院的立场，即在堕胎失败案件中，倘堕胎仅仅是刑法上不可罚但仍为不法，原告夫妇即不得请求抚养费用赔偿。[43]这些讨论于中国法意义不大。重要之处在于，联邦最高法院1983年1月18日判决只是强调，本可避免的危险确实发生，造成的损害十分严重，足以表明堕胎乃为合理选择的，即得请求赔偿。[44]这意味着依联邦最高法院的立场（不同于上诉法院），只要契约目的指向检查胎儿发育状况、防止残疾孩子出生，即当然包含着避免经济负担的内容，并不需要当事人刻意强调。

前引联邦最高法院1993年11月16日判决即写道："有件类似本上诉案的判例，妊娠期间，孕妇向医生咨询，意在防止严重残疾孩子出生（BGHZ 89, 95），本庭以为，虽不若出于经济目的而绝育的案件中那样以防止经济损失为契约首要目标，但防止经济负担仍在契约双方当事人设想的保护范围内。"[45]

看起来，德国联邦最高法院对规范保护目的理论的运用，于原告甚为友好。纵然如此，以契约法救济纯粹经济损失，时或鞭长莫及，盖医疗契约目的或不在家庭规划或者防止残疾孩子出生，甚至原被告间可能根本没有契约

---

[42] BGH, 18th of January 1983, VI ZR 114/81, BGHZ 86, 240. As cited in supra note 18, Basil S. Markesinis & Hannes Unberath, p. 157.

[43] 详参前注1，马克·施陶赫书，第38页。

[44] BGH, 18th of January 1983, VI ZR 114/81, BGHZ 86, 240. As cited in supra note 18, Basil S. Markesinis & Hannes Unberath, p. 159.

[45] BGHZ 124, 128 = NJW 1994, 788 VI. Civil Senate（VI ZR 105/92）. As cited in supra note 18, Basil S. Markesinis & Hannes Unberath, p. 167.

关系，遂有所谓计划生育权受侵害之类思路。

例如法兰克福高等法院判例。原告已有一子，先天残疾，为免重蹈覆辙，坚持服用避孕药物。后原告使用了被告厂家生产的抗生素，说明书未提醒抗生素对避孕药的减效作用，原告再度怀孕生产。原被告间并无契约关系，欲依产品责任法就抚养费用获得赔偿，以《德国民法典》第823条第1款意义上的法益受侵害为前提。原告遂主张，个体就计划生育事宜的自主权乃是一般人格权的内容（第823条第1款的"其他权利"），但为法兰克福高等法院所拒斥。法院以为，"这样一项权利并不为第823条第1款中的'其他权利'所认可，否则，'其他权利'的保护范围就会最终无限制地超出立法者为其设置的界限"。[46]

此乃德国判例法的牢固立场，联邦最高法院1983年1月18日风疹案判决即写道："根据联邦最高法院判例法，在经过严格界定的所谓一般人格权领域，就痛苦和创伤给予赔偿，该立场不得延伸适用于此间议题。尤其是，就受到影响的当事人来说，倘只是涉及其人格的决定在事实上受到挫折，如本案这般，不得主张有从一般人格权中衍生出来的'家庭规划权'（right to plan a family）受到侵害，从而请求给予财产损害赔偿。"[47]

《德国民法典》第823条第1款列举了生命、身体、健康、自由四项法益。而后，以《德国基本法》第1条、第2条为依据，判例法利用《德国民法典》第823条第1款的"其他权利"发明出一般人格权。依《德国基本法》第1条第1款，"人之尊严不可侵犯"；依《德国基本法》第2条第1款，"人人有自由发展其人格的权利"。可以说，一般人格权的核心内容即在于人格尊严、自主决定。一般人格权的发展思路是经由案例积累，形成明确保护范围，而不在于泛泛保护，构建法国式大概括条款。所谓生命、身体、健康、自由这些法益，亦可谓对生命、身体、健康、自由的自主决定。一般人格权的内容，目前集中于对名誉、隐私、个人信息等的保护，亦可谓针对若干相对稳定人格要素的自主决定。一般人格权不能容忍以纯粹意志自主为内容的

---

[46] OLG Frankfurt NJW 1993, 2388. 转引自前注29，马克西米利安·福克斯书，第15—16页。法院认为，意外妊娠分娩造成的身体负担或可视为身体伤害，但并未将抚养费用看作身体伤害的后果损失。

[47] Bundesgerichtshof (Sixth Civil Senate) BGHZ 86, 240, JZ 1983, 447. As cited in supra note 18, Basil S. Markesinis & Hannes Unberath, p. 160.

权利，否则将涵盖一切利益侵害，形同构造法国式大概括条款，摧毁德国法三个小概括条款的体系。正是基于这样的道理，《德国民法典》第 823 条第 1 款的自由法益，仅限于身体的活动自由，而不得及于一般意义的行动自由。是以，所谓知情选择权、婚姻自主权、生育自主权之类权利，皆不成立，盖此类权利率以纯粹意志自主为内容。这是德国判例法不认可计划生育权利的基本思路。

联邦最高法院前引 1993 年 11 月 16 日判决中亦论及此节，但这回不是讲财产损害，而是讲非财产损害。判决道："本庭还考虑过，在诸如本案这样的咨询过失案件或者家庭规划落空的案件中，出于宪法原因，是否有必要像学术文献中讨论的那样承认，以父母的一般人格权受侵害为由请求非财产损害赔偿。纵持此观点，还是要比较［现状与］假设孩子未出生的状况。而且，将父母所受损害界定为非财产损害，相较弄清楚医生必须分摊父母多大经济负担，对孩子的影响更为直接、更为显著。此外，就责任问题，一般人格权受侵害的观点尤其可疑，盖孩子出生带来的经济负担会间接影响赔偿金计算，因为在痛苦和创伤损害赔偿概念下，经济损失的赔偿不可能。这将模糊财产损害和非财产损害的差别。"[48]

这最后两句意为，依规范保护目的说，一般人格权只保护精神利益，于遭侵害时，只得请求精神损害赔偿。为救此弊，一个办法是，倘加害人获利，得以获利为评定慰抚金数额的参考因素（BGHZ 128，1-Caroline）；[49] 依此处判决，亦得以所受财产损害为慰抚金评定的参考因素，而联邦最高法院以为此举会混淆财产损害和非财产损害。身体、健康遭侵害的，得请求赔偿收入损失，盖依人力资源理论，这些人格要素本身具有市场价值，故收入损失乃为法益受侵害的后果损失，而非为纯粹经济损失。一般人格权受侵害的，本来只得请求精神损害赔偿，后来德国判例法的发展，亦径直认可姓名、肖像、隐私等人格特征具有财产价值，于遭侵害时亦得请求财产损害赔偿。[50] 可是，

---

[48] BGHZ 124, 128 = NJW 1994, 788 VI. Civil Senate（VI ZR 105/92）. As cited in supra note 18, Basil S. Markesinis & Hannes Unberath, p. 169.

[49] 参见王泽鉴："人格权保护的课题与展望——人格权的性质及构造：精神利益与财产利益的保护"，载《人大法律评论》编辑委员会组编：《人大法律评论》（2009 年卷），法律出版社 2009 年版，第 79 页。

[50] 同上注。

纵认可所谓计划生育自主权，其亦不具有财产价值，抚养费用并非计划生育自主权遭侵害的后果损失，从规范保护目的出发，无从依《德国民法典》第823条第1款得到赔偿。是以，欲以所谓计划生育自主权来救济抚养费用损失，恐非合适路径。

3. 母亲诉求：妊娠分娩带来的痛苦和创伤

就此项损害名目，德国判例法区分错误怀孕和错误出生。在错误怀孕情形，妊娠分娩本身即构成身体健康受侵害，如联邦最高法院1980年3月18日判决称："虽然涉及的只是没有并发症的、正常的生理学过程，但违背本案中这位女士的意愿而发生的妊娠和分娩，确为身体损害的情况，仍然可以构成提出痛苦抚慰金请求的正当理由。"[51]在错误出生情形，通常妊娠分娩所伴随的痛苦不构成损害，额外的痛苦方构成得予赔偿的损害。如前引联邦最高法院1983年1月18日风疹案判决即道："本案中，妊娠本身并非医生的过失咨询造成，而是出于原告的自由选择，至少是自愿接受。是以，被告并未以使母亲意外怀孕的方式而直接侵害母亲的身体健康。故而本庭认为，只有遭受的痛苦和创伤超出顺产（没有并发症）所伴随的痛苦和创伤，方得依《德国民法典》第847条请求赔偿。只有在孩子受到伤害而不得不施行剖腹产的情形，方为如此。"[52]在2002年债法改革之前，此项赔偿请求只得以侵权法为据，请求权基础为《德国民法典》第823条第1款及第847条。[53]债法改革后，亦得提起契约诉讼，请求权基础为《德国民法典》第280条第1款及第253条第2款。

学术界对此立场多持否定态度，以为妊娠分娩乃为自然生理进程，不得视作损害。[54]笔者亦持此立场。过夫妻生活诚为身体伤害，应援引受害人同意以排除违法性，怀孕却是过夫妻生活的正常"风险"，法教义学上没有单独拿出来对待的必要。还有，如果将妊娠分娩理解为身体伤害，在错误出生案件中，因医生过失使原告错失了堕胎机会之后，即应认为被告侵害了原告身

---

[51] BGHZ 76, 289＝VersR 1980, 558. 转引自前注29，马克西米利安·福克斯书，第19页。

[52] Bundesgerichtshof (Sixth Civil Senate) BGHZ 86, 240, JZ 1983, 447. As cited in supra note 18, Basil S. Markesinis & Hannes Unberath, p. 160.

[53] 《德国民法典》第847条（"侵害身体或健康，或侵夺自由者，被害人对非财产上之损害，亦得请求赔偿相当之金钱"）于债法改革后由侵权法部分删除，径适用债法总则部分增订之第253条第2款即可。

[54] 参见前注29，马克西米利安·福克斯书，第19页。

体法益，但德国判例法又不作如是解，颇费猜疑。

另外，纵将妊娠分娩看作身体伤害，考察规范保护目的（除《德国民法典》第823条第1款外，还有第843条第1款）[55]，除精神损害外，其后果财产损害亦仅限于医疗费用与收入损失（使人力资本恢复原状），并不及于计划外孩子的抚养费用。

4. 小结

依德国法的思路，纵将妊娠分娩理解为身体伤害，或认可所谓计划生育自主权，解释《德国民法典》第823条第1款的规范目的，计划外孩子的抚养费用亦非"身体、健康"或者"其他权利"受侵害的后果损害，故甚难于侵权法上得到救济。[56]

抚养费用并非权利受侵害造成的后果损害，而是纯粹经济损失，经解释契约目的，或得据契约法请求赔偿。由于联邦最高法院在契约目的解释上的慷慨立场，而且目的考察意味着不得单纯以孩子的健康或残疾为界分法律效果的标准，计划外孩子的父母较为容易得到救济，很可能是比较法上对孩子父母最为友好的法域。是以施陶赫对德国法的评价，说除了为家庭计划生育目的所为之绝育手术失败的例外，"在错误怀孕和错误出生案件中，德国法与麦克法兰案判决之后英国法的立场一致，并不会对父母的经济利益深掬同情之泪"[57]，似颇不准确。

就精神损害赔偿来说，此前只能于侵权法上主张（《德国民法典》第847条），自债法改革于《德国民法典》增添第253条第2款后，既得于侵权法又得于契约法上主张。很可能是因为《德国民法典》对精神损害赔偿防范太严（要求身体、健康、自由受侵害），逼迫判例法将妊娠分娩看作人身伤害，却又造成了只有母亲得请求赔偿妊娠分娩相关费用而父亲却被排除在外的尴尬局面，似不妥当。至于就生育事务意志自主的人格利益，在母亲这方面已由

---

[55] 可类比性犯罪受害人产下孩子的情形，在侵权法上得主张的为身体健康以及性的自主决定受侵害。请求加害人支付抚养费用的依据似应为亲属法。但我国台湾地区1973年台上字第2693号判决认为，"因被强奸所生子女而支出之抚养费，为侵权行为所生之财产上损害，被害人得依民法第184条规定请求损害赔偿"。转引自王泽鉴：《侵权行为》（第三版），北京大学出版社2016年版，第177页。

[56] 或谓，"在德国，由于契约法高度发达，法院都倾向于通过契约法而不是侵权法去解决新问题"。卢扬逊："'不当出生'案件的法律评析"，载《河南教育学院学报（哲学社会科学版）》2013年第5期，第74页。依笔者的理解，是因为侵权诉讼不成立。

[57] 前注1，马克·施陶赫书，第38—39页。

妊娠分娩诉求吸收，父亲则无由得到保护。

（二）奥地利法

1999年5月25日，奥地利最高法院就一起咨询过失错误出生案件发布判决。[58]判决书对德国判例法甚为倚重，在介绍了案情后随即道："自德国联邦最高法院1980年判决（BGHZ 76, 249），判例法向来的立场为，在失败的绝育手术和堕胎情形，计划外孩子的父母得请求赔偿必要抚养费用。这些案件在法律上归入契约法案件，这是讨论的出发点。"

判决书接下来指出，倘堕胎为刑法所允许，在民法上即应获得同样评价。"依公认见解，被迫担负义务是为积极损害。是以正如考茨欧（Koziol）说明的，承担抚养义务也可能构成损害。皮克尔（Picker）认为，在责任法上不能将孩子和抚养费用区别开来，否则孩子就会被看作致害原因，故对前引德国判例法持批评立场。考茨欧正确指出，皮克尔的错误在于将因果颠倒。将抚育孩子界定为义务，并不意味着对孩子的消极价值判断。皮克尔担心，父母请求损害赔偿将'父母不想要这个孩子的事实公然摆在孩子眼前'；考茨欧指出，这个思路不对，更该担心的是，倘父母不得不承担一切经济重负，更容易让孩子感受到自己的脆弱地位。"

在大段介绍了德国联邦最高法院1993年11月16日判决（BGHZ 1424, 128）关于孩子的存在与孩子带来的抚养费用应予区分的立场以及民法上的损害概念并不包含负面价值判断的论述后，判决书写道："像本案这种情形，由于医生提供的咨询意见有误，父母生下残疾孩子（倘得到正确信息，是不打算要这个孩子的），本庭赞同上段所引德国联邦最高法院的立场。如前所述，考茨欧也认为，就格外沉重的经济负担这种情形，家庭法律关系的形成亦得评估为损害。过失违反义务的医生是否必须赔偿全部抚养费的问题在本案中并未提出，盖原告仅就残疾造成的额外费用请求赔偿。"

由于原告仅请求赔偿特殊抚养费用，判决书将此问题留待将来继续思考。但据文献介绍，奥地利最高法院于附带意见中表明，健康孩子的出生不能被看作损害的源头，即不支持赔偿一般抚养费用。[59]判决书格外推崇的考茨欧

---

[58] Austrian Supreme Court (OHG) 1 Ob 91/99k; JBl 1999, 593. Available at https://law.utexas.edu/transnational/foreign-law-translations/austrian/case.php?id=1392 (21, April 2022).

[59] See Erwin Bernat, *A Cause of Action for "Wrongful Birth" Under Austrian Tort Law: Don't Take the Civil Code too Seriously!*, 1 (4) Journal of International Biotechnology Law 161, 162 (2004).

教授，亦曾援引规范目的说评判此类案件，但结论迥异于德国联邦最高法院。考茨欧以为，母亲接受堕胎，目的并非在财务上保护自己，使自己免于抚养负担，故不得请求赔偿抚养费用。[60] 在另一处（针对假想的错误怀孕案件），考茨欧更说，母亲原则上都不得请求，盖父母子女关系乃为若干财产因素与非财产因素的整体（其间的利益与不利益不可抵销），不得将抚养义务单独抽取出来看作损害。又说，只有抚养费构成极其沉重的负担，才可以认为从整体上看，母亲遭受财产损害。[61]

考茨欧组织起草的《奥地利损害赔偿法（讨论草案）》专为"非意愿的子女出生"设立一条（第1321条），其文道：①由于未恰当地履行合同而破坏了父母以法律上允许的方式避免子女出生之决定的人，对由于损害决定自由而引起的非财产损害应予赔偿。②只有且仅当抚养子女的费用给父母造成特别的负担，并且实质性地降低了他们的生活标准时，责任人才应赔偿该费用。[62]

由这两款可以看出，考茨欧教授将抚养费看作纯粹经济损失，而不是所谓自由决定权受侵害的后果损害，并非权利一遭侵害即得当然请求赔偿。立法者出于特定政策考量，得设定给予救济的条件。考茨欧教授并未以孩子的残疾或健康来界分不同法律后果（第2款），但以经济负担是否沉重为标准，确实隐藏着这样的倾向。此外，考茨欧主张，母亲得请求赔偿为照顾孩子而失去的收入，计至孩子上学为止。[63]

就母亲遭受的痛苦和创伤，考茨欧显然不赞成德国联邦最高法院的立场，以为妊娠分娩不构成人身伤害，但得以意志的自主决定受侵害为由请求精神损害赔偿，从而父母得共同主张（第1款）。考茨欧这份草案的立场还是很慷慨的，倘依《奥地利普通民法典》的立场（第1325—1331条），只有身体健康、性的自主决定以及隐私受侵害的，方得请求精神损害赔偿。在错误怀孕案件的绝育手术失败类型，母亲再次接受绝育手术的，手术构成身体伤害；

---

[60] 参见［奥］赫尔穆特·考茨欧："国别报告：奥地利法中的损害赔偿"，载前注18，U. 马格努斯书，第31页。

[61] 同上注，第30页。

[62] 李昊译："奥地利损害赔偿法（讨论草案）"，载于敏、李昊等：《中国民法典侵权行为编规则》，社会科学文献出版社2012年版，第727页。

[63] 参见前注60，赫尔穆特·考茨欧文，第30—31页。

使患者免遭此等伤害,当在头一次医疗契约保护范围内,故母亲得请求精神损害赔偿。[64]

(三) 我国台湾地区

1. 判例及学说

在我国台湾地区,最重要的判例系朱秀兰与财团法人新光吴火狮纪念医院损害赔偿纠纷案。此件纠纷亦属错误出生案件咨询过失类型,因被告医院提供产检服务未尽到注意义务,原告夫妇产下先天严重残疾的婴儿。

原告夫妇据契约法请求赔偿母亲及孩子的医疗费用、因孩子残疾所致特殊抚养费用(人力照顾费用与特殊教育费用)以及孩子50年的生活费用。前两项请求皆获照准,惟一般抚养费请求遭驳回。初审士林地方法院认为,父母对未成年子女负有支付生活费之义务,在亲属法上又负有特别照顾义务,不能将支付抚养费的义务单独抽离出来令被告承担,否则将破坏父母子女间的伦理感情。

原告夫妇并在侵权法上主张堕胎自由权及生育决定权受侵害,士林地方法院从两个角度讨论此诉求。第一,所谓堕胎自由权及生育决定权可否纳入民法中的自由权范畴?士林地方法院以为,是否得如是理解,除应探讨现行法律之相关规定外,并应考虑历史文化背景及伦理价值观念,以期符合人民之法律感情。言下之意,不以为然。第二,原告夫妇主张,依我国台湾地区"优生保健法"第9条第4款,"胎儿有畸形发育之虞者",怀孕妇女得施行人工流产,是为堕胎自由权及生育决定权之依据。士林地方法院则以为,堕胎在刑法上构成犯罪,立法目的在于保护胎儿生命利益,而不在保护妇女身体健康。在"优生保健法"第9条规制之情形,固得人工流产,但仅系排除堕胎之违法性,于刑法上得不受罚,非谓妇女得据此而享有堕胎自由权或生育决定权。士林地方法院并退一步分析说,纵使认可原告夫妇权利受侵害,尚须有损害后果,方得请求赔偿。孩子出生本身自不得视作损害,因此而生的父母的抚养照顾义务亦不得单独抽取出来而将抚养费看作损害。[65]

此案历经三审,我国台湾地区2003年台上字第1057号判决肯定原告得

---

[64] 参见前注60,赫尔穆特·考茨欧文,第31页。

[65] 我国台湾地区士林地方法院1995年重诉字147号判决,转引自王泽鉴:《侵权行为法》,中国政法大学出版社2001年版,第141—143页。

就医疗费用及特殊抚养费用请求赔偿,惟就侵权法上的请求是否成立,立场正与士林地方法院相左。该判决认为,"刑法"上堕胎罪相关规范保护的客体固为胎儿,而妇女依"优生保健法"第9条施行之人工流产仅为违法阻却事由,但并不意味着民法上不能有所谓堕胎自由权。依"优生保健法"第11条第2项,"怀孕妇女施行产前检查,医师如发现有胎儿不正常者,应将实情告知本人或其配偶;认为有施行人工流产之必要时,应劝其施行人工流产",可知于具备"发现胎儿不正常"要件时,医师即负有告知及建议堕胎的义务,于反面言,即妇女于法定情形有选择除去胎儿之权利(自由)。倘医师未尽到检查及告知义务,使怀孕妇女未能依"优生保健法"第9条施行人工流产,最后生下不正常婴儿,自属侵害妇女对本身得决定施行人工流产之权利。[66]

王泽鉴先生曾赞成士林地方法院立场,以为所谓堕胎自由权及生育决定权非属我国台湾地区"民法"第184条第1项前段所称权利。[67]台上字第1057号判决发布后,王泽鉴先生改变见解,以为德国实务所持身体健康受侵害的观点不甚精确,盖"所涉及的不仅产妇身体完整性的保护,更是生育的自主决定,乃人格及其自主发展的核心,系属一种应受保护的人格利益",故该判决所谓"妇女对本身得决定施行人工流产之权利"乃合适表达,亦可称生育自主权或家庭计划的权利,自得适用我国台湾地区"民法"第184条第1项前段。[68]

本案中,原告并未主张精神损害赔偿,台上字第1057号判决亦未对此表达意见,但既认可所谓"妇女对本身得决定施行人工流产之权利",王泽鉴先生认为自当照准无疑(我国台湾地区"民法"第195条第1项)。台上字第1057号判决肯定被告医院就残疾所致特殊费用应负赔偿责任,至于一般抚养费赔偿请求,士林地方法院及高等法院相继驳回,原告就此未再上诉,台上字第1057号判决亦未表态,颇难揆知其态度。王泽鉴先生以为,孩子的出生乃为价值实现而非为损害,涉及全面性的亲属法上的关系,兼含各种财产及精神的构成部分,其权利义务不可分地结合构成一整体,不宜将抚养义务单

---

[66] 我国台湾地区2003年台上字第1057号判决,转引自王泽鉴:《侵权行为》,北京大学出版社2009年版,第137—138页。

[67] 参见前注65,王泽鉴书,第143页。

[68] 参见前注66,王泽鉴书,第138页。

独抽离而认其为应予赔偿的损害。[69]

2. 小结

不同于德国法,我国台湾地区"民法"就人格权设有一般规定(第18条),就生育事宜的自主决定自属人格权范畴,故于错误怀孕与错误出生案件中,乍看起来,得如王泽鉴先生所言,依第184条第1项前段请求财产损害赔偿("因故意或过失,不法侵害他人之权利者,负损害赔偿责任"),[70]尤其是抚养费用。详考细究,却又不然,我国台湾地区显然未将计划外孩子的抚养费用看作生育自主权受侵害的后果损害,而是定性为纯粹经济损失,于契约法上区处。依规范保护目的说,如此处理甚为合理。因可归责于债务人之事由致不完全给付的,债权人得请求损害赔偿(我国台湾地区"民法"第227条第1项),赔偿的限度在于填补债权人因契约不履行所生之损害,如同契约已履行然。在错误怀孕与错误出生案件中,倘医疗服务人尽到注意义务,原告即不会得到计划外的孩子,亦不会承担任何抚养费用,而不是仅仅不承担特殊抚养费用,是以王泽鉴先生所谓"不宜将抚养义务单独抽离"云云似乎说理未尽。还是应从规范保护目的着手,要考察原告是否并非不想要孩子而只是不愿得到残疾的孩子。

就精神损害赔偿,我国台湾地区认可的所谓生育自主权系"民法"第195条第1项第1句中的"其它人格法益",仅于"情节重大"时方能得到救济。情节是否重大,应考虑加害人的过错程度及所受损害是否严重而定[71],既不以苛刻的故意违背善良风俗为要件,而不菲的抚养费用亦可认为后果严重,故较易得到救济。而且计划外孩子的父母得同时主张,显然较德国法合理。在德国法上,就生育事宜的自主决定非属《德国民法典》第823条第1款"其他权利"中的一般人格权,仅为一般人格利益,几乎不能请求精神损害赔偿(《德国民法典》第826条得保护纯粹经济损失,但不救济精神损害),或许正是为此,推动或者说逼迫德国法将妊娠分娩看作身体伤害。另因我国台湾地区"民法"第227条之一,于契约诉讼中亦得准用第195条第1项第1句而请求精神损害赔偿。

---

[69] 参见上注,第141—142页。

[70] 参见前注66,王泽鉴书,第138页。王泽鉴先生该书第三版就此议题下的内容有所删减,故这里几个脚注仍引用该书前两版。参见前注55,王泽鉴书,第177页。

[71] 参见前注55,王泽鉴书,第167页。

综上，我国台湾地区判例与学说纵将生育自主决定的人格利益上升为"权利"，于保护力度上亦不能提供任何优待（不能据以请求财产损害赔偿，也不能一遭侵害即请求精神损害赔偿），仍与未上升为权利的一般人格利益同样处理。是以，是否认可此项权利的争议于法律效果并无影响、全无实益，或者说，此项人格利益实非"权利"。

（四）日本法

1. 判例概览

就日本法的情况，找到六件判例，皆为错误出生案件过失咨询类型，前四件中的胎儿感染风疹，后二件中的胎儿罹患唐氏综合征。[72]

第一件为东京地方法院1979年9月18日渡边诉富士美案（Watanabe v. Fujima）：尽管血液检测结果显示母亲抗体效价数值为512，医生仍以为不会产下残疾孩子，亦未向母亲说明风险。法院认为："被告负有义务，对缺乏医学知识的原告，给予详细说明和指导，使原告得选择是否娩出婴儿。被告尤其应向原告说明，由于准母亲系于妊娠早期感染风疹，故孩子有可能且极可能残疾；倘婴儿果然罹患先天风疹综合征，身体的重要部分，例如眼睛和心脏，可能遭受严重伤害。"法院判决，原告夫妇就所遭受的痛苦和创伤，各得到300万日元慰抚金。

第二件为东京地方法院1983年7月22日泉诉小田园医院案（Izumi v. Odawara hospital）：母亲告诉医生胎儿感染风疹，医生未为抗体效价检测，未向母亲说明婴儿罹患先天风疹综合征的风险。判决写道："本院查明，1976年，全国爆发风疹，不少妊娠早期感染风疹的女性堕胎。本院还查明，妇科医生普遍认为，得依《优生保护法》堕胎。妇科医生的论证思路是，倘发现准母亲于妊娠期间感染风疹，且准母亲为此忧心忡忡，担心生下残疾孩子，其健康即受威胁，遂得适用该法第14条第1款第4项。[73]本院以为，于此等情形，有认可堕胎为合法的空间，而且难以否认前述情形适用于原告母亲的可能性。""既如此，原告夫妇，也就是孩子的父母，对于孩子是否残疾有着

---

[72] See Eiji Maruyama, "Japanese Law of Abortion, Prenatal Diagnosis and Wrongful Birth", available at http://www2.kobe-u.ac.jp/~emaruyam/medical/Lecture/slides/160809wcml.pdf（29 April 2002）. 世界医事法协会2016年年会报告，作者为神户大学教授。

[73] 1996年6月18日，《优生保护法》废止，《母体保健法》（Maternal Protection Law）颁行。所引条款相当于现《母体保健法》第14条第1款第1项。

重大关切和利益,对于得到医生的详细说明,对于得到机会来考虑是否继续妊娠,有利益于其上。倘否认原告夫妇此等利益,自会给其沉重打击,故有充分理由认为,对此等利益的侵害本身构成独立损害名目。"原告夫妇各得到150万日元慰抚金。

第三件为东京地方法院 1992 年 7 月 8 日 X 案（X v. Hoshi）：母亲有流产征兆,医生的注意力完全放在防止流产上,未为必要检测（fourth HI test）。法院认为："原告夫妇既为孩子父母,于孩子自有重大关切与利益。原告夫妇期盼着自己的担心原来全无依据,好将心放下,但也知道在最坏的情形,要面对胎儿残疾的严酷现实并就是否继续妊娠做出决定；无论如何,原告夫妇希望尽快得知实情,此乃人性使然。原告夫妇要求医生提供必要信息,使其得为自主决定。医生未尽到义务,而原告夫妇自主决定的利益受侵害的,即得主张法律保护的利益受侵害而请求慰抚金。"原告夫妇各得到450万日元慰抚金。

前两件案子,原告仅请求精神损害赔偿。本案中,原告尚主张财产损害赔偿,但法院并未照准赔偿残疾所需医疗费用的请求,判决书论证说："纵依《优生保护法》,孩子罹患先天风疹综合征的可能性也不当然意味着堕胎为合法。是寻求堕胎医疗服务,还是将残疾的胎儿生下来,原告夫妇的决定最终取决于更高层次的伦理道德观。妇科医生的准确诊断（仅是此决定程序的一个因素）,则处于完全不同的层次,而且不能认为两者（父母的决定和妇科医生的准确诊断）间有法律上充分的因果关系。还有,将这先天残疾的胎儿堕掉或者将其养大,通过比较这两种情形下原告夫妇的经济与心理状况,以便确定损害大小,此种工作实非法律所能。"这里法院主要从两个角度论证。第一,被告的过失行为与原告主张的损害间没有因果关系。又分两点：先是一般而言,依《优生保护法》,不得以胎儿残疾为由请求堕胎；继而就个案而言,原告应证明,倘其知晓相关信息,当会寻求堕胎服务。第二,也是在比较法文献中屡屡晤面的,即以为损害无法计算。

第四件系前桥地方法院 1992 年 12 月 15 日铃木案（Suzuki v. Hino）：尽管检测结果显示有风险（抗体效价值为 64）,医生却没有要求再次检测,认为没有感染风疹的风险。

就原告的特殊教育费用赔偿请求,法院指出,孩子的残疾并非被告医生的误诊造成,但风疹确是在妊娠期间感染,而且只有两个结果：要么伴着严重残疾生下来,要么根本不来到这世上。判决书接着写道："原告的请求是否成立，最终取决于下面的判断，即比较两种情况，孩子生而残疾以及假设孩子堕掉而未生下，能否认为原告受有损害。法院并不胜任这样的比较工作，也不能论证说，倘将孩子堕掉而不是让孩子伴着残疾来到世上，原告遭受的损害本该更少些。此外，一般认为，在诸如本案这样的情形，堕胎非为《优生保护法》所允许。"这里将诉讼请求驳回的理由同前件判决，只不过把论述重心更多放在损害无法计算上。

就精神损害赔偿请求，法院认为，倘被告医生诊断正确并将相关信息通报给原告母亲，那么即便堕胎非为选项，原告夫妇亦有时间为残疾孩子的到来做好心理准备。结果却是，跟原告夫妇千依百赖的医生的信誓旦旦正相反，孩子罹患先天风疹综合征。这给原告夫妇的心理打击是无法衡量的。原告夫妇各得到 150 万日元慰抚金。

第五件为京都地方法院 1997 年 1 月 24 日 Y 诉日本红十字会案（Y v. Japan Red Cross）：孕妇 39 岁，妊娠 20 周时要求医生行羊膜穿刺术，医生拒绝此请求，盖堕胎须于妊娠 22 周前方为合法，而羊膜穿刺的结果只有于 22 周后方可知晓。后孕妇产下唐氏儿。原告主张，若非医生过失，本可合法堕胎，即不会产下残疾婴儿。但法院以为，原告即便于妊娠 20 周时接受羊膜穿刺术，亦不能为合法堕胎，且做好心理准备的利益非为法律保护的利益，请求遂遭驳回。

最近一件为函馆地方法院 2014 年 6 月 5 日判决的案件：被告建议准母亲接受超声波筛查，可透过观察胎儿颈部透明带判断是否可能罹患唐氏综合征或其他疾病。考虑到自己是高龄孕妇（41 岁），这位准母亲选择羊膜穿刺术。实验室报告称："观测到染色体异常。并检测到 9 号染色体倒转。应为正常变异，不会有显性影响。"报告里还有分析图表，显示胎儿罹患唐氏综合征。被告对原告称，检测结果指向罹患唐氏综合征概率小（安全）。谁知仍产下唐氏儿，并发展为弥漫性血管内凝血。患儿只存活了三个半月，即因肝功能衰竭而死亡。

原告主张继承死亡患儿的损害赔偿请求权，就住院及死亡请求 2165 万日元慰抚金。但法院不认为被告的错误报告和患儿出生以及患儿出生和患儿因唐氏综合征死亡之间有什么因果关系。原告夫妇又主张自己选择以及做好心理准备的机会遭剥夺，此项请求得到法院支持。法院认为："原告夫妇接受羊膜穿刺术以检测胎儿是否发育先天异常，而身为父母，孩子是否健康的问题就家庭规划而言至关重要。倘被告准确报告了羊水检测结果，原告本可以选择堕胎，或者为先天残疾孩子的降生做好心理准备，为这个残疾孩子的成长布置好合适的环境。被告错误报告羊水检测结果,也就剥夺了原告这样的机会。""原告夫妇对被告的诊断笃信无疑,以为胎儿发育正常,待孩子出生,原告夫妇不但意识到孩子罹患唐氏综合征,还不得不看着孩子饱受疾病折磨并很快走完人生路。是以可认为原告遭受的心理打击极为沉重。""另外,被误读的羊水检测报告中分明写着'观测到染色体异常',且分析图表亦可见21号染色体三份副本。是以,被告的过失涉及极为基本的事项,本身即得视为非常严重。"法院判决,原告父母各自得到500万日元慰抚金,乃为适宜。

2. 小结

依《日本民法典》第709条,"因故意或过失侵害他人权利或受法律保护的利益的人,对于因此所发生的损害负赔偿责任"。如此概括的规范,构造上颇类法国民法;第二次世界大战后,我妻荣倡导的"相关关系说",也就是依德国法的思路来解释该请求权基础的学说,获得了通说地位。生命、健康、身体这些人格利益受侵害的,得直接征引不法性;其他人格利益受侵害的,则要考察侵害行为的样态,甚至其他因素,以判断是否违法。[74]

《日本民法典》第709条所谓"受法律保护的利益",根据日本判例法的发展情况,范围远较德国法上的一般人格权为广,最典型的即为日本最高法院认可的所谓自我决定权。在患者出于信仰拒绝接受输血而引发的知情同意案中,日本最高法院认为,"必须尊重这种作为人格权的一项内容的意思决定的权利",而医疗机构的行为,"不得不说剥夺了患者的意思决定的权利,侵害了该患者的人格权,应该承担该患者因此而受到的精神痛苦的精神损害赔偿"。[75]前已论及,以针对生活事务的意志自主为内容的人格利益,在德国法上非属一般人格权范畴,而在日本法上,通过个案中的利益衡量即得保护,力度相当于德国法上的一般人格权,可见日本法对受害人更为慷慨。

就本章讨论的议题,前引判例除了第五件,皆照准原告的精神损害赔偿请求。虽表述各异("考虑是否继续妊娠的机会""自主决定""心理准备"等),实皆为以意志自主为内容的人格利益,而并未将妊娠分娩看作人身伤害。第二件判例尚牵强附会解释法律,谓有合法堕胎的可能性(母亲健康受

---

〔74〕 参见[日]吉村良一:《日本侵权行为法》,张挺译,文元春校,中国人民大学出版社2013年版,第23—34页、第36页。

〔75〕 最判平12.2.29民集54.2.582。转引自上注,第35页。

威胁），以表明原告实有选择的机会，而此机会遭剥夺。后面的判例则开诚布公，纵无合法堕胎的可能性，只有接受残疾的孩子，实无选择余地，知情利益本身（"心理准备"）亦可谓《日本民法典》第709条所谓"受法律保护的利益"。又由于此种人格利益地位甚薄弱，故第六件判例特别强调被告过失重大，给原告造成的打击严重，坐实个案中给予救济的正当性。

在日本法上，堕胎原则上构成犯罪（《日本刑法典》第214条），例外得依《母体保健法》第14条由指定医生施行堕胎。依该条第1款，"受府县医师协会指定之医生，经下列患者及其配偶同意，得施行堕胎手术：①出于生理或经济原因，继续妊娠或分娩会给母亲身体造成极有害之影响；②因被强奸或受胁迫而受孕，或者系于不能抵抗或拒绝性生活期间内受孕"。依第2款，"配偶不知晓或不能表达意见，或已死亡的，经患者同意即可"。由此条可知，日本法不许以胎儿残疾为由而选择性地堕胎。故准母亲纵知晓胎儿罹患疾病或发育不良的实情，亦无选择是否终止妊娠的机会。此际，错误出生诉讼并不成立，但法院认为做好心理准备的人格利益受侵害[76]，实即知情利益受侵害，仍得请求赔偿。由此推论，在错过合法堕胎机会或者堕胎失败的错误出生案件以及错误怀孕案件中，精神损害赔偿应该都不成问题。

就孩子的抚养费用，从前述判例看，法院似乎倾向于认为没有办法依差额说来认定原告是否或者在多大程度上受有损害。倘果真如此，那么日本法可谓在精神损害赔偿方面最为慷慨而在财产损害赔偿方面最为悭吝两个极端立场的组合。

（五）英国法

就本章研讨的领域，英国判例法上最为重要的三件判例皆为绝育手术失败类型错误怀孕案，两件为上议院发布，一件为上诉法院裁决，以下依时序予以简单介绍。

1. 麦克法兰诉泰赛德卫生委员会案[77]

麦克法兰诉泰赛德卫生委员会案（以下简作"麦克法兰案"）系英国上

---

[76] See Mitsuo Sakaihara, *Wrongful Birth Claim in Japan*, 42 (3) Medicine, Science and the Law, 258, 260 (2002 July).

[77] McFarlane v. Tayside Health Board [2000] 2 AC 59 (HL). 参见唐超译："英国上议院对错误怀孕（出生）诉讼的基本立场——麦克法兰诉泰赛德卫生委员会案"，载《苏州大学学报（法学版）》2019年第3期。

议院区处的第一起错误怀孕/出生案。原告夫妇已有四个孩子,丈夫接受输精管结扎手术,医生告知手术成功,已失去生育能力,原告夫妇遂未行避孕,后生下第五个孩子,孩子健康。母亲就妊娠分娩所致痛苦和创伤请求赔偿;原告夫妇并请求赔偿计划外孩子的抚养费用。

就母亲诉求,斯莱恩(Lord Slynn)、斯泰恩(Lord Steyn)、霍普(Lord Hope)以及克莱德(Lord Clyde)四位法官持多数意见,认为绝育手术失败造成计划外怀孕分娩的,母亲就遭受的疼痛、不适、沮丧和不便,得请求赔偿。某些经济损失(后果损失,而非纯粹经济损失)也得到支持:斯莱恩主张,分娩的医疗费用、自己的服装费用、孩子的装备以及母亲的收入损失,皆应赔偿;斯泰恩以为,母亲于妊娠后期放弃工作的损失,应予赔偿;霍普的看法是,分娩后的收入损失,只要不过于遥远,即得予赔偿。[78]

这里在法教义学上特别有意义的问题是,妊娠分娩是否构成"人身伤害"。斯莱恩语焉不详,但提到"妊娠分娩对身体的影响";斯泰恩立场很明确,认为妊娠分娩虽属自然进程,但终究造成身体影响,带来痛苦和创伤;霍普肯定,"妊娠分娩定会带来身体变化,造成不同程度的不适、不便、痛苦和创伤",不过也提到"饮食男女采取措施限制家庭规模的权利";克莱德认为,妊娠带来疼痛、不适和不便,这是不能忽略的事实,得列为潜在损害名目。独持异议的是米利特法官(Lord Millett),诚然提到妊娠是"对身体完整性的侵犯",但不认为得据此请求赔偿;倒是主张"原告夫妇丧失了控制家庭规模的自由。原告夫妇人格自由的重要侧面遭否定",得据此请求常例慰抚金。[79]

上诉法院的立场向未含糊。对于麦克法兰案之前的沃金案,奥尔德法官(Auld L. J.)和尼尔法官(Neill L. J.)认为,计划外怀孕,不论是错误咨询还是错误手术所致,都会造成原告身体变化,这是"对原告身体状况的损害"(impairment of physical condition),在此意义上构成人身伤害。[80]麦克法兰案之后的帕金森案,黑尔法官(Hale L. J.)虽未明确表态,但提及,各位法官皆以为,违背女性意志而使其怀上孩子,侵害了女性对身体完好性的基本权

---

[78] 参见注77,唐超译麦克法兰案判决书,第137、143、146页。
[79] 同上注,第138、142、145、153、160页。
[80] Walkin v. South Manchester HA [1995] 1 WLR 1543 (CA)。

利。[81] 稍后的米切尔案，黑尔法官已晋升为女男爵（Baroness Hale），这回确实主张，计划外妊娠分娩是对母亲的身体伤害。[82]

就父母诉求，上议院多数法官同意，此乃纯粹经济损失赔偿请求，并以全体一致意见，将此项请求驳回。斯莱恩援引了布里奇法官在卡帕罗案中关于"公平、正当并合理"标准的论述，接着指出，医生虽就防止妊娠负有注意义务，但此义务并不当然包含避免抚养费用的内容，令医生就此承担责任，恐难称公平、正当并合理。斯莱恩最后说，"倘顾客欲请求这些费用，须为妥当契约安排"。斯泰恩则从分配正义角度考虑，乞援于社会成员"对何谓道德正当的未必经过清晰阐释的前设"，主张将负担和损失在社会中公平地分摊，并称倘有必要，自当援引"公平、正当并合理"那套说辞。霍普强调，不将为人父母的利益纳入考虑有失公平，但这些价值却无法计算，无法证明抚养费用一定高过这些利益；霍普不厌其烦地援引卡帕罗案的立场，以为此处经济损失，就其类型而言，只能认为落在医疗服务提供人的注意义务之外。克莱德认为，将抚养费用转嫁给医生，在事实上免去父母抚养孩子的经济负担，超出了可以合理想象的任何责任；另外，潜在的抚养费用和医生应受的责难完全不成比例。最后是米利特，米利特坚持孩子的出生乃为福报。这福报是悲喜交集的，同时带来利益和弊害，而社会一定要将利弊权衡的结果看作有益，否则不啻对社会的道德冒犯。[83]

2. 帕金森案[84]

原告有四个孩子，接受输卵管结扎手术，医生过失致手术失败。原告十个月后怀上第五个孩子，婚姻破裂，三个月后孩子出生，严重残疾。初审法院判决，因孩子残疾所生的特别费用应予赔偿，基本抚养费用则不予支持。原被告的上诉皆给驳回。上诉法院认为［布鲁克法官（Brooke J.）和黑尔法官持多数意见］，计划外孩子残疾造成的可预见的损失和费用，包括收入损失

---

[81] Parkinson v. St James and Seacroft University Hospital NHS Trust［2002］QB 206,［58］(CA).

[82] Mitchell v. Glasgow City Council［2009］2 WLR 481,［75］(HL). As cited in supra note 19, Andrew Grubb, Judith Laing & Jean McHale, p. 298.

[83] 参见前注 77，唐超译麦克法兰案判决书，第 138、142、150、155、159 页。

[84] Parkinson v. St James and Seacroft University Hospital NHS Trust［2002］QB 266,［2001］3 All ER 97. 上诉法院帕金森案判决书在网络上检索不到，本小节就法官思路的介绍，转引自 J. K. Mason, *Troubled Pregnancy: Legal Wrongs and Rights in Reproduction*, Cambridge University Press, 2007, p. 153。

和专业医疗服务的费用,可以请求特别损害赔偿金。同理,父母给孩子提供的服务,其价值也可以得到赔偿。[85]

布鲁克法官首先说,绝育手术既然失败,那么生下先天残疾的孩子即为可预见结果。由此推论,可以认为医生就其过失造成的"可预见的灾难性经济后果",已经承担起责任。布鲁克接着说,手术目的是防止帕金森女士怀上孩子,当然包括先天残疾的孩子,医生的注意义务与此手术目的紧密相关。布鲁克还说,在麦克法兰案之前,这些费用皆可得到赔偿,故照准原告请求,算不得太激进。最后,参考卡帕罗案确立的三步检测法,可预见标准和紧密关系标准都得满足。倘将抚养费用限制在孩子先天残疾造成的特殊费用,亦可谓公平、正当并合理,正体现普通人的矫正正义观念。

布鲁克还是在传统框架下讨论问题,黑尔法官的论证思路则迥异于传统过失侵权法,学者称之为"壮举"(tour de force)、"花俏"(flamboyant)。[86] 在黑尔看来,妊娠会给女性身心带来显著变化,深刻影响女性生活,是以"妊娠本身就是对权利的侵害","是对身体完整性和个体自主的侵害"(invasion of bodily integrity and personal autonomy)。[87] 一旦确认妊娠系不法造成,给予赔偿即是水到渠成之事。黑尔颇有些六经注我式地认为,上议院也接受,错误怀孕场合,抚养费用原则上是应予赔偿的,只不过就麦克法兰案个案而言,计划外孩子带给父母的天伦之乐将这损失抵消了。依黑尔的看法,子女带给父母的欢愉只能将基本抚养费用抵消,再往前走便有失"平衡"(equilibrium),是以孩子残疾带来的特殊费用应予赔偿,这样的思路将"残疾孩子看得和健康孩子具有同样价值","只不过承认残疾孩子需要的费用更多"。[88]

虽说黑尔后来在另案中称,帕金森案判决"并未破坏上议院的论证",盖两案区处的具体法律事实不同[89],但布鲁克法官和黑尔法官字里行间流露出来的对麦克法兰案判决的憎厌,很容易看得出来。稍后澳大利亚高等法院卡塔纳克案(Cattanach v. Melchior)庭审记录中即载明,高等法院法官将帕金森

---

[85] See supra note 19, Andrew Grubb, Judith Laing & Jean McHale, p. 305.

[86] Supra note 84, J. K. Mason, p. 156. 黑尔法官于2009年10月担任英国最高法院首位女性法官,2013年担任副院长,2017年任院长,2019年12月18日卸任。

[87] As cited in ibid., p. 157.

[88] As cited in ibid., p. 158.

[89] Rees v. Darlington Memorial Hospital NHS Trust [2003] QB 20, (2002) 65 BMLR 117, CA. As cited in ibid., p. 162.

案喻作上诉法院的造反。[90] 帕金森案判决的困境就在于，两位法官的论证，几乎可以原封不动地适用于麦克法兰案：都是医生过失使原告得到计划外孩子，区别只在于孩子的健康状况，合乎逻辑的结论是，两案应以相同思路来处理。也就是说，黑尔法官所谓两案融洽的平行关系不过诳语，实为水火不容的反对关系，必有一案为非。

3. 里斯案[91]

在里斯案中，母亲有严重视力残疾，担心不能照顾好孩子，遂接受输卵管结扎手术。母亲手术失败，后产下健康的孩子。这位单身母亲请求赔偿全部抚养费用。

初审法院对麦克法兰案规则的理解是，只要孩子健康，即分文不给。上诉法院黑尔法官和罗伯特·沃克法官持多数意见，认为正如残疾孩子的父母得请求赔偿残疾造成的特殊需求（上诉法院于帕金森案中确立的规则），残疾父母当然亦得请求赔偿为履行扶养义务而生的特殊费用，此乃帕金森案规则的合理延伸。

上议院以 4∶3 多数意见撤销上诉法院判决，即抚养费用不予赔偿，但为麦克法兰案立场添加了一条重要"笺注"。宾厄姆法官（Lord Bingham）指出，真正的损失在于，医生的过失行为剥夺了原告以自己希望和规划的方式生活的机会。宾厄姆赞成米利特在麦克法兰案中提出的建议，即应给予常例慰抚金，以表征原告所受损害。慰抚金以 1.5 万英镑为宜，系于对妊娠分娩的赔偿之外给予，并不考虑案情差异而得一体适用。尼科尔斯（Lord Nicholls）、米利特和斯科特（Lord Scott）三位法官附议之。[92] 斯泰恩则认为常例慰抚金"构成法律的激进变革"，乃是"旁门左道"，断然不可接受；霍普法官赞成其说，赫顿法官（Lord Hutton）则未论及此点。[93]

上诉法院帕金森案判决主张，孩子残疾所致特殊抚养费用应予赔偿。因当事人未继续上诉，上议院遂无机会表态。到了里斯案，上议院各位法官得

---

[90] See supra note 84, J. K. Mason, p. 162.

[91] Rees v. Darlington Memorial Hospital NHS Trust [2004] 1 AC 309 (HL).

[92] Rees v. Darlington Memorial Hospital NHS Trust [2004] 1 AC 309 (HL), para. 8 per Bingham, para. 18 per Nicholls, para. 123-125 per Millett, para. 148 per Scott.

[93] Rees v. Darlington Memorial Hospital NHS Trust [2004] 1 AC 309 (HL), para. 45 per Steyn, para. 70-77 per Hope.

以不具拘束力的附带意见发表看法。宾厄姆与尼科尔斯立场明确,麦克法兰案判决所立足的法律政策(孩子的出生乃为福报,孩子带给父母的利益无法计量,不能加重全民医疗服务系统的财政负担)坚如磐石,故抚养费用一概不予赔偿。[94] 米利特似对帕金森案判决颇抱同情,但未下定论;就上诉法院里斯案判决,则坚决反对。斯科特法官(Lord Scott)和米利特一样,认为里斯案仍受麦克法兰案规则辖制;但就帕金森案,则主张考察当事人寻求医疗服务目的所在。特地为了防止残疾孩子出生而寻求医疗服务的,得请求赔偿计划外孩子的特殊抚养费用,单纯为避孕而寻求医疗服务的则否。[95] 斯泰恩则以为,麦克法兰案判决仅限于孩子健康的情形,不论帕金森案还是里斯案,就残疾所致特殊费用,皆应赔偿;霍普和赫顿立场与斯泰恩相同。[96]

4. 研讨:计划外孩子的抚养费用

在英国,大多数医疗服务都由全民医疗服务系统免费提供,由于欠缺约因,就错误怀孕与错误出生,遂无从依契约法寻求救济,只能乞援于过失侵权法。[97]

依过失侵权法的构造,被告未尽到合理注意义务给原告造成损害的,即应负赔偿责任。从外观上看,此颇类法国式大概括条款,但从实际运作看,又有类似德国法那样对法益受侵害与结果损害的区分。20 世纪初的判例及学说即认可,虽遭损害而法益未受侵害(*damnum sine iniuria*)或者法益虽受侵害而未遭损害(*iniuria sine damno*),即不得请求损害赔偿。[98] 过失侵权法

---

[94] Rees v. Darlington Memorial Hospital NHS Trust [2004] 1 AC 309 (HL), para. 9 per Bingham, para. 18 per Nicholls.

[95] Rees v. Darlington Memorial Hospital NHS Trust [2004] 1 AC 309 (HL), para. 112 per Millett, para. 145 per Scott.

[96] Rees v. Darlington Memorial Hospital NHS Trust [2004] 1 AC 309 (HL), paras. 34-35 per Steyn, para. 57 per Hope, para. 91 per Hutton. 或谓,上议院于里斯案中"强调,抚养费能否最终获赔取决于小孩是否健康"(前注 18,张红:"错误怀孕之侵权损害赔偿",第 30 页),当为讹误。

[97] 斯科特似将医疗服务契约理解为利益第三人契约,契约当事人为医疗服务人与全民医疗服务系统,患者为第三人,仍得对医疗服务人主张契约利益。See Rees v. Darlington Memorial Hospital NHS Trust [2004] 1 AC 309 (HL), per Lord Scott, para. 131.

[98] 参见 [美] 詹姆斯·戈德利:"过失行为致人纯粹经济损失不予赔付规则:是历史偶然吗?",载 [意] 毛罗·布萨尼、[美] 弗农·瓦伦丁·帕尔默主编:《欧洲法中的纯粹经济损失》,张小义、钟洪明译,林嘉审校,法律出版社 2005 年版,第 39—40 页。

"在核心上所涉及的仅为对健康、身体完整性的侵害及对所有权的侵害"[99]，对纯粹经济损失原则上不予救济，很难不令人想起《德国民法典》第823条第1款。

但英国过失侵权法终究不同于《德国民法典》第823条第1款，并未将适用范围局限于排他性权利，亦可用来保护纯粹经济利益，倘无特别控扼机制，难免蕴藏责任泛滥的风险。在稍早的赫德利·伯恩案中，上议院指出，要认定被告人对原告免遭纯粹经济损失负有注意义务，多诺霍案确立的可预见标准是不够的，[100]还需要满足以下两点：①当事人间存在特殊关系，因该特殊关系，被告自愿承担了不使原告遭受纯粹损失的责任；②原告合理地信赖被告陈述并据此行事。[101]在安斯诉默顿市议会案中，威尔伯福斯法官（Lord Wilberforce）确立了判断是否负有注意义务的安斯标准，或称两步标准：①要求基于可预见性的足够密切的关系（sufficient relationship of proximity based upon foreseeability）；②从反面考虑是否有否认注意义务的理由。[102]依此标准，纯粹经济损失太过容易得到救济。此后，法院开始撤退，更倾向于类型化思路（category-based reasoning）[103]；上议院墨菲案判决将安斯诉默顿市议会案判决推翻[104]，更是宣告了对赔偿纯粹经济损失的司法怀疑主义立场。在此背景下，上议院于1990年发布卡帕罗案判决，认可了上诉法院提出的注意义务判断的三步检验法：[105]①多诺霍案的可预见标准；②原被告间要有足够密切的关系（proximity）；③令被告赔偿原告的纯粹经济损失，合乎公平、正当并合理的标准。

就错误怀孕和错误出生案件来说，计划外孩子的抚养费用，医疗服务人自能预见。就第二步的标准，奥立佛法官（Lord Oliver）阐发说："'密切'

---

[99] [德]克雷斯蒂安·冯·巴尔：《欧洲比较侵权行为法》（下卷），焦美华译，法律出版社2004年版，第12页。另见前注18，丹·B. 多布斯书，第230页。

[100] Donoghue v. Stevenson [1932] UKHL 100. 即著名的佩利斯蜗牛案，该案为英国过失侵权法的滥觞。

[101] Hedley Byrne & Co. Ltd. v. Heller & Partners [1964] AC 465.

[102] Anns v. Merton London Borough Council [1978] A. C. 728.

[103] [意]毛罗·布萨尼、[美]弗农·瓦伦丁·帕尔默：" 欧洲责任体系——表象及内部构造"，载前注98，毛罗·布萨尼、弗农·瓦伦丁·帕尔默书，第104页。

[104] Murphy v. Brentwood District Council [1991] 1 A. C. 398.

[105] Caparo Industries plc v. Dickman [1990] 2 AC 605.

这个表达并不必然照字面理解为身体或比喻意义上的'接近'(closeness), 不过是描述特定情势的方便标签, 于此情势下, 法律认为应使当事人负注意义务。应牢记, 注意义务与原告诉称因注意义务违反而遭受的损害不可分割。非于抽象层面尽到注意的义务, 乃使特定原告免遭事实上遭受的特定类型损害的义务。"[106]也就是说, 要考察被告所负的注意义务是否指向使原告免受后来实际遭受的纯粹经济损失。就错误怀孕和错误出生诉讼来说, 这个考察工作当然离不开探究契约目的, 即原告与医疗服务人订立契约, 寻求医疗服务人保护的是何样利益。有几位法官的论述触及此点。斯莱恩即说: "医生就防止妊娠负有义务; 但不能顺理成章地认为, 倘有孩子出生并纳入家庭, 防止妊娠的义务也包含了避免抚养费用的内容"; "医生对这些损失并不负有责任。倘顾客欲请求这些费用, 须为妥当契约安排"。霍普大篇幅援引了卡帕罗案判决, 同时又援引遵循卡帕罗案思路的加拿大安大略拉克斯法官的判词, 指出要考察绝育手术到底意图保护何种利益, 手术目的于判决结果至关重要。[107]斯泰恩在里斯案中提到, "应特别考虑母亲严重残疾这个事实, 正是为此才接受绝育手术以避免妊娠"。斯科特对麦克法兰案规则的解读是, 应区分两种情形, 为防止残疾孩子出生而寻求避孕医疗服务, 以及单纯为避孕而寻求医疗服务。只有前种情形, 才能请求赔偿残疾所致特殊抚养费用。[108]

第三步的"公平、正当并合理"标准, 是引入法律政策以裁抑纯粹经济损失救济。在上议院两件判决中, 更多法官似乎情愿直接诉诸法律政策事宜; 窃以为, 从医疗服务人对计划外孩子的抚养费用是否负有注意义务着手分析, 更有利于维护法的安定性, 而上议院诸多判词完全冷落了密切关系标准的作用, 似嫌轻佻。

由于普通法的决疑法特点, 法官的判词不会充分展开, 是以未必能轻松地提炼出一般法律规则。比如, 就上议院的麦克法兰案, 即可能作三种不同解读: ①凡计划外孩子的抚养费用, 不考虑是一般抚养费用还是特殊抚养费用, 一概不予赔偿; ②区分计划外孩子健康与残疾两种情形, 一般抚养费用

---

[106] Caparo Industries plc v. Dickman [1990] 2 AC 605, 651E-F.

[107] 参见前注77, 唐超译麦克法兰案判决书, 第138页、第148—149页。

[108] Rees v. Darlington Memorial Hospital NHS Trust [2004] 1 AC 309 (HL), para. 39 per Steyn, para. 145 per Scott.

不予赔偿，残疾抚养费用得予赔偿；③计划外孩子的抚养费用原则上不予赔偿，但考察个案，被告的注意义务及于此纯粹经济利益的，即予救济。方案三似乎更契合普通法的实用主义特征，但从里斯案各位法官对帕金森案的附带意见看，有可能走上方案二的路径。

倘遵循方案三，也就是契约目的思路，依德国法的宽松立场，为计划生育而接受的绝育手术失败的，得请求赔偿抚养费，而依前引英国判例法中零星闪烁的意见，立场要严格得多。就麦克法兰案来说，自当驳回抚养费赔偿请求，盖原告接受绝育服务之际，仅提及"家庭圆满"，未有经济事务方面的特别诉求。就帕金森案，未见案情详细介绍，倘原告只是单纯接受绝育服务，并不以防止残疾孩子出生为目的，亦不能请求赔偿。反倒是里斯案，家庭医生将里斯女士转往专科医生处，转诊单特别写明里斯面临的巨大困难，减轻原告的生活负担自应纳入手术医生的注意义务范围。倘如米利特法官所质疑的，患者不肯向医生披露其动机，则患者接受医疗服务的动机自然不纳入医生的注意范围，亦仅就妊娠分娩相关损失负责，而不必顾及计划外孩子的抚养费用。

（六）美国法

1. 概况[109]

（1）父母不打算要孩子，计划外孩子健康。父母不打算要孩子，由于医生的过失仍得到计划外孩子，所幸孩子健康，也就是麦克法兰案式的情形，父母是否得请求赔偿计划外孩子的抚养费，有43个州受理过此类诉讼。

这43个州里，只有内华达州拒绝在过失侵权诉因下认可此类请求。在塞凯赖什诉罗宾逊案中，内华达州最高法院指出，要依侵权法得到赔偿，原告必须遭受某种法律给予赔偿的损害。健康孩子的出生不能被看作法律意义的伤害，相反，孩子的出生乃是无可争议、不可扣减的利益，远远重于原告因失败的绝育手术所付出的任何经济或非经济成本。法院最终将案件发回重审，在契约法下处理。法院认为，当事人为防止妊娠而订立契约，结果仍然怀孕，或得依当事人于缔约之际的规划请求损害赔偿。[110]

---

[109] See Kathryn C. Vikingstad, *The Use and Abuse of the Tort Benefit Rule in Wrongful Parentage Cases*, 82（2）Chicago-Kent Law Review 1063, 1069（2007）.

[110] Szekeres v. Robinson, 715 P. 2d 1076（Nev. 1986）.

另外42个州中，32个州认可此类诉讼，但将父母请求赔偿的范围限于妊娠分娩相关费用，明确将孩子的抚养费用排除。[111]此等立场通常被称为"有限赔偿"（limited recovery），亦是英国上议院麦克法兰案判决所持立场。主要的也是常见的论据，类似内华达州最高法院的论据：健康孩子的存在非为损害。此论据也常常换个表达方式，即抚养孩子（哪怕是计划外孩子）得到的利益永远重于抚养费用。这些法院还援引了众多其他论据，诸如抚养费用过于不确定；孩子的抚养费与被告的过失不成比例；过重的赔偿责任会影响绝育医疗服务的可及性；判给抚养费会伤害孩子的感情；是否应判给抚养费最好交由州立法机关处理；抚养孩子的负担距侵权行为过于遥远；没有合乎逻辑的终止点，这样的赔偿会鼓励更多诉讼；判给孩子抚养费会损害家庭关系和家庭的稳定。

这42个州中，有6个州肯定孩子的抚养费可以得到赔偿，同时援引《侵权法重述》第920条的损益相抵规则，允许陪审团以父母得自亲子关系的利益来抵消孩子的抚养费用。[112]英国上诉法院帕金森案判决中黑尔法官的意见亦大抵如此。这些法院认为，损益相抵规则防止了孩子的父母得到倘来之物。

---

[111] See Boone v. Mullendore, 416 So. 2d 718（Ala. 1982）; M. A. v. United States, 951 P. 2d 851（Alaska 1998）; Wilbur v. Kerr, 628 S. W. 2d 568（Ark. 1982）; Coleman v. Garrison, 349 A. 2d 8（Del. 1975）; Flowers v. District of Columbia, 478 A. 2d 1073（D. C. 1984）; Fassoulas v. Ramey, 450 So. 2d 822（Fla. 1984）; Fulton-DeKalb Hosp. Auth. v. Graves, 314 S. E. 2d 653（Ga. 1984）; Cockrum v. Baumgartner, 447 N. E. 2d 385（Il. 1983）; Chafee v. Seslar, 786 N. E. 2d 705（Ind. 2003）; Nanke v. Napier, 346 N. W. 2d 520（Iowa 1984）; Byrd v. Wesley Med. Ctr., 699 P. 2d 459（Kan. 1985）; Schork v. Huber, 648 S. W. 2d 861（Ky. 1983）; Pitre v. Opelousas Gen. Hosp., 530 So. 2d 1151（La. 1988）; Macomber v. Dillman, 505 A. 2d 810（Me. 1986）; Rouse v. Wesley, 494 N. W. 2d 7（Mich. Ct. App. 1992）; Girdley v. Coats, 825 S. W. 2d 295（Mo. 1992）; Hitzemann v. Adam, 518 N. W. 2d 102（Neb. 1994）; Kingsbury v. Smith, 442 A. 2d 1003（N. H. 1982）; P. v. Portadin, 432 A. 2d 556（N. J. Super. Ct. App. Div. 1981）; O'Toole v. Greenberg, 477 N. E. 2d 445（N. Y. 1985）; Jackson v. Baumgartner, 347 S. E. 2d 743（N. C. 1986）; Johnson v. Univ. Hosps. of Cleveland, 540 N. E. 2d 1370（Ohio 1989）; Morris v. Sanchez, 746 P. 2d 184（OkL. 1987）; Mason v. W. Pa. Hosp., 453 A. 2d 974（Pa. 1982）; Emerson v. Magendantz, 689 A. 2d 409（R. I. 1997）; Smith v. Gore, 728 S. W. 2d 738（Tenn. 1987）; Flax v. McNew, 896 S. W. 2d 839（Tex. App. 1995）; C. S. v. Nielson, 767 P. 2d 504（Utah 1988）; Miller v. Johnson, 343 S. E. 2d 301（Va. 1986）; McKernan v. Aasheim, 687 P. 2d 850（Wash. 1984）; James G. v. Caserta, 332 S. E. 2d 872（W. Va. 1985）; Beardsley v. Wierdsma, 650 P. 2d 288（Wyo. 1982）.

[112] See Univ. of Ariz. Health Scis. Ctr. v. Superior Court, 667 P. 2d 1294, 1299（Ariz. 1983）; Custodio v. Bauer, 251 Cal. App. 2d 303, 323（Cal. Ct. App. 1967）; Ochs v. Borrelli, 445 A. 2d 883, 886（Conn. 1982）; Jones v. Malinowski, 473 A. 2d 429, 435（Md. 1984）; Burke v. Rivo, 551 N. E. 2d 1, 18（Mass. 1990）; Sherlock v. Stillwater Clinic, 260 N. W. 2d 169, 176（Minn. 1977）.

这6个采取损益相抵方案的州,适用思路又有不同。例如,依马萨诸塞州判例法,只有父母出于经济或财务原因寻求绝育医疗服务的,方得请求赔偿孩子的抚养费用。父母因孩子的存在而得到利益的,应抵扣赔偿金。[113]亚利桑那州和马里兰州判例法要求事实审理者考虑父母寻求绝育医疗服务的原因,俾便确定父母因计划外孩子的出生受到多大程度的损害,但父母在寻求绝育医疗服务时是否怀有某特定动机并非损害赔偿的要件。在这些法院看来,考虑父母的动机是为了查明父母所受损害的真实程度。[114]这个范畴下的其他州并不要求考察原告父母的动机:明尼苏达州、康涅狄格州、加利福尼亚州。依这些州法院的判例,父母得自亲子关系的任何利益,都应抵扣任何抚养费赔偿金。[115]

只有3个州的态度相当于德国判例法,允许计划外孩子的父母得到全部抚养费而不适用损益相抵规则:威斯康星州、新墨西哥州和俄勒冈州。[116]新墨西哥州最高法院在洛夫莱斯医疗中心诉门德斯案中采取了不同于很多法院的路径,认为父母所受损害表现为法律保护的财务安全和家庭计划利益受侵害。[117]如此界定原告所受损害,新墨西哥州最高法院避开了其他法院将健康的计划外孩子看作损害的不妥,也避开了将计划外孩子看作损害引发的诸多公共政策论辩。这3个州拒绝以父母得自亲子关系的利益来抵扣抚养费。在马辛尼亚克诉伦德伯格案中,威斯康星州最高法院称,损益相抵规则受同样利益限制,抚养孩子的经济开销只能用经济利益来抵消。更重要的是,损益相抵规则的适用要合乎公平要求,而在此类被迫做父母的诉讼中适用损益相抵规则有失公平。父母寻求绝育或其他防止妊娠的医疗服务,就已经决定不

---

[113] Burke v. Rivo, 551 N. E. 2d at 4.

[114] See Univ. of Ariz. Health Scis. Ctr. , 445 A. 2d at 1300 (事实审理者应考虑和重视个案中原告寻求绝育医疗服务的原因所在,但并不要求原告怀有特定动机);Jones v. Malinowski, 473 A. 2d at 436 ("要评估健康孩子出生带来的损害,应将重心放在被告医生过失给原告造成实际损害的特定利益上")。

[115] See Sherlock v. Stillwater Clinic, 260 N. W. 2d 169, 170-71 (Minn. 1977);Ochs v. Borrelli, 445 A. 2d 883, 886 (Conn. 1982);Custodio v. Bauer, 251 Cal. App. 2d 303, 323 (Cal Ct. App. 1967)。

[116] See Lovelace Med. Ctr. v. Mendez, 805 P. 2d 603 (N. M. 1991);Zehr v. Haugen, 871 P. 2d 1006 (Or. 1994);Marciniak v. Lundborg, 450 N. W. 2d 243 (Wis. 1990)。

[117] See Lovelace Med. Ctr. v. Mendez, 805 P. 2d at 612-13 ("原告就家庭财务安全的利益是法律保护的利益,被告出于过失未能恰当施行手术而侵害了原告受法律保护的利益";"原告夫妇限制家庭规模的利益受法律保护,对此利益的侵害使原告夫妇遭受损害")。

要孩子,并且放弃孩子出生带来的那些利益,如果还要把这些强加给父母,而且还要以此来抵扣父母所遭受的损害,从而使父母为此利益有所付出,实难谓公平。[118]

还有一个在计划外孩子健康情形认可此类诉讼的是佛蒙特州。[119]

(2) 父母不打算要孩子,计划外孩子残疾。父母通过绝育手术、堕胎或者任何其他方法防止孩子出生,这些预防措施失败,并不见得总是得到健康的孩子,也可能得到残疾的孩子,也就是帕金森案式的情形。处理过此类案件的法院不多,一般都不准许赔偿因残疾所生的额外费用。这些法院都认为,父母寻求医疗服务之际,残疾孩子的出生并非医生过失可预见的结果,是以不存在近因。[120] 这些法院并未处理一般抚养费用的赔偿事宜,大概因为这些法院在涉及健康孩子的诉讼中本来就不准许赔偿抚养费用。

路易斯安那州和罗得岛州允许赔偿残疾造成的额外抚养费用。在路易斯安那州,只要特定残疾是医生行为可预见的结果,原告即得请求赔偿残疾造成的额外费用,一般抚养费用不予赔偿。[121] 在处理过此类案件的法院中,罗得岛州最高法院的赔偿方案最为慷慨:孩子残疾带来的额外费用得予赔偿。倘被告注意到原告父母很可能产下残疾孩子,父母得请求赔偿全部抚养费用。不论哪种情形,即便孩子成年,被告仍要负赔偿责任。政府或者私立机构为原告夫妇抚养孩子给予的金钱帮助,应从抚养费赔偿中扣除。最后,父母就所受精神痛苦得请求赔偿。[122]

(3) 为防止残疾孩子出生而接受相关医疗服务,仍得到残疾孩子。父母也可能愿意得到健康的孩子,至少不会为了怕得到健康孩子而避孕,寻求医疗服务的目的专在避免残疾孩子出生。此种情形,倘因医生过失仍得到残疾孩子的,是否得请求赔偿?

佐治亚州、肯塔基州和密歇根州不认可此类诉讼。依这些州的判例法,原告并未有合法权利遭受侵害,不论孩子残疾程度多么严重,都不能说父母

---

[118] See Marciniak v. Lundborg, 450 N. W. 2d at 245-49.

[119] See Begin v. Richmond, 555 A. 2d 363 (Vt. 1988).

[120] See Williams v. Univ. of Chi. Hosps., 688 N. E. 2d at 135 (Ill. 1997); Williams v. Van Biber, 886 S. W. 2d at 13 (Mo. 1994); Simmerer v. Dabbas, 733 N. E. 2d at 1174 (Ohio. 2000); LaPoint v. Shirley, 409 F. Supp. 118, 121-22 (W. D. Tex. 1976).

[121] See Pitre v. Opelousas Gen. Hosp., 530 So. 2d at 1162 (La. 1988).

[122] Emerson v. Magendantz, 689 A. 2d at 414 (R. I. 1997).

因孩子的生命而受损害。[123]另外,倘原告诉称,若非被告过失,本当将孩子堕掉的,仅就此等诉由,有 6 个州出于反堕胎立场不认可此类诉讼。[124]

有 12 个州允许请求赔偿孩子残疾所致的额外费用(但原告不得请求赔偿一般抚养费用)。[125]额外抚养费用包括因残疾所生的必要医疗费用和特殊教育费用,但不包括对精神痛苦的赔偿。堪萨斯州、伊利诺伊州和特拉华州法院驳回精神痛苦赔偿请求,是认为纯粹精神损害难以得到支持。纽约州法院驳回精神痛苦赔偿请求则是因为要精确评估精神痛苦就得适用损益相抵规则,而孩子带给父母的利益,其价值太过不确定,难以评估。[126]依这些法院的看法,有限赔偿进路与被告的过失正相称,防止了父母得到倘来之物。法院不愿意支持一般抚养费用赔偿请求还有个理由,即在此类案件中,原告的"典型情况是,希望得到孩子,也计划抚养孩子"。[127]

有 8 个州的判例法不但允许赔偿残疾所生的额外抚养费用,身体和精神

---

[123] See Atlanta Obstetrics & Gynecology Group v. Abelson, 398 S. E. 2d 557 (Ga. 1990); Grubbs v. Barbourville Family Health Ctr., 120 S. W. 3d 682 (Ky. 2003); Taylor v. Kurapati, 600 N. W. 2d 670 (Mich. Ct. App. 1999).

[124] See IDAHO CODE ANN. § 5-334 (2006); MiNN. STAT. ANN. § 145.424 (West 2006); MO. ANN. STAT. § 188.130 (West 2006); 42 PA. CONS. STAT. ANN. § 8305 (West 2004); UTAH CODE ANN. § 78-11-24 (1953); Azzolino v. Dingfelder, 337 S. E. 2d 528 (N. C. 1985). 明尼苏达州和北卡罗来纳州判例明确说,倘原告主张,若非医生过失,原告本可成功避孕,据此就残疾孩子的出生提起错误怀孕之诉的,诉因得到法律认可。See Molloy v. Meier, 679 N. W. 2d 711 (Minn. 2004); McAllister v. Ha, 496 S. E. 2d 577 (N. C. 1998).

[125] See ME. REV. STAT. ANN. tit. 24, § 2931 (2004); Keel v. Banach, 624 So. 2d 1022 (Ala. 1993); Turpin v. Sortini, 643 P. 2d 954 (Cal. 1982); Lininger v. Eisenbaum, 764 P. 2d 1202 (Colo. 1988); Garrison v. Med. Ctr. of Del., 581 A. 2d 288 (Del. 1990); Haymon v. Wilkerson, 535 A. 2d 880 (D. C. 1987); Siemieniec v. Lutheran Gen. Hosp., 512 N. E. 2d 691 (Ill. 98 7); Bader v. Johnson, 732 N. E. 2d 1212 (Ind. 2000); Arche v. United States, 798 P. 2d 477 (Kan. 1990); Viccaro v. Milunsky, 551 N. E. 2d 8 (Mass. 1990); Greco v. United States, 893 P. 2d 345 (Nev. 1995); Smith v. Cote, 513 A. 2d 341 (N. H. 1986); Schroeder v. Perkel, 432 A. 2d 834 (N. J. 1981); Becker v. Schwartz, 386 N. E. 2d 807 (N. Y. 1978); Jacobs v. Theimer, 519 S. W. 2d 846 (Tex. 1975); Naccash v. Burger, 290 S. E. 2d 825 (Va. 1982); Harbeson v. Parke-Davis, Inc., 656 P. 2d 483 (Wash. 1983); James G. v. Caserta, 332 S. E. 2d 872 (W. Va. 1985); Dumer v. St. Michael's Hosp., 233 N. W. 2d 372 (Wis. 1975).

[126] 还有些州并未特别处理过精神痛苦的赔偿请求:西弗吉尼亚州、缅因州、科罗拉多州、新泽西州、威斯康星州、哥伦比亚特区、德克萨斯州、加利福尼亚州。

[127] Arche v. United States, 798 P. 2d at 481; see also Haymon v. Wilkerson, 535 A. 2d at 884 ("原告于上诉中自认,被告不必为健康孩子也需要的抚养费用负赔偿责任,因为原告愿意怀上一个健康的孩子")。

的痛苦、丧失配偶陪伴以及妊娠分娩相关费用也可以得到赔偿。[128]这些法院同样认为，抚养健康孩子的一般费用不能得到赔偿，因为这些费用是父母本来就要承担的。[129]不同于只允许赔偿额外抚养费用的法院，这些法院也允许请求精神损害赔偿。只有华盛顿州要求以父母得自孩子的精神利益抵消精神损害赔偿金。这些法院都不准许以父母得自孩子的利益抵消残疾所生的特别抚养费用。

这些法院都要考虑的难题是，孩子成年后所需要的特别费用，父母得否请求赔偿。伊利诺伊州、堪萨斯州和华盛顿州只准赔偿孩子未成年期间的特殊抚养费用。还有7个州认为，如果父母能证明孩子成年之后仍然需要特别抚养费用，仍得请求赔偿。[130]

还有些州也处理过类似诉讼。亚利桑那州和康涅狄格州允许父母得到全部抚养费用（一般抚养费用和特别抚养费用），但要扣减掉父母将得自孩子的利益。[131]俄亥俄州则不予赔偿任何抚养费用，哪怕特别抚养费用也不赔偿。[132]

（4）成功堕胎后提起的错误怀孕之诉。因医生过失而怀孕的父母，也可能选择堕掉胎儿。父母堕胎的情形得请求赔偿哪些损害，并不太清楚，只有怀俄明州和田纳西州处理过此类情形下的诉讼。在比尔兹利诉维尔德斯马案中，怀俄明州最高法院认为，父母得请求赔偿失败绝育手术的费用、妊娠分

---

[128] See Keel v. Banach, 624 So. 2d 1022 (Ala. 1993); Kush v. Lloyd, 616 So. 2d 415 (Fla. 1992); Bader v. Johnson, 732 N. E. 2d 1212 (Ind. 2000); Viccaro v. Milunsky, 551 N. E. 2d 8 (Mass. 1990); Greco v. United States, 893 P. 2d 345 (Nev. 1995); Smith v. Cote, 513 A. 2d 341 (N. H. 1986); Naccash v. Burger, 290 S. E. 2d 825 (Va. 1982); Harbeson v. Parke-Davis, Inc., 656 P. 2d 483 (Wash. 1983).

[129] See, e. g., Kush v. Lloyd, 616 So. 2d at 424（"损害赔偿金的计算，不能参照倘孩子压根儿未出生事态本应处的状况，盖父母总是要承担健康孩子的抚养费用，即便是计划外的孩子也如此"）; Smith v. Cote, 513 A. 2d at 349（依契约法的期待规则看待损害赔偿，"计划外孩子的一般抚养费用可类比原告为了达到期待结果愿意支付的价格"）.

[130] See Lininger v. Eisenbaum, 764 P. 2d 1202, 1207 n. 8 (Colo. 1988); Garrison v. Med. Ctr. Of Del., 581 A. 2d 288, 292 (Del. 1990); James G. v. Caserta, 332 S. E. 2d 872, 882–883 (W. Va. 1985); Smith v. Cote, 513 A. 2d at 350; Greco v. United States, 893 P. 2d at 350; Viccaro v. Milunsky, 551 N. E. 2d at 11; Kush v. Lloyd, 616 So. 2d 415, 424.

[131] See Ochs v. Borrelli, 445 A. 2d 883, 886 (Conn. 1982); Walker v. Mart, 790 P. 2d 735, 738 (Ariz. 1990).

[132] Schirmer v. Mt. Aubum Obstetrics & Gynecologic Assocs. Inc., 844 N. E. 2d 1160, 1168 (Ohio 2006).

娩所致误工损失、堕胎费用以及因堕胎所生的身体和精神痛苦。这和怀俄明州在孩子健康情形的立场一致。[133]

尽管只有两个州的法院处理过堕胎成功情形的损害赔偿事宜，但想来其他州当会遵从孩子健康情形的赔偿规则。从本质上看，终止妊娠就是在本来会发展为得到计划外健康孩子的案件中减轻了损害。终止妊娠也就消除了抚养费事宜，只剩下堕胎相关费用事宜。因堕胎所生费用，本质上等同于本来因分娩将承担的费用。不管是选择生下孩子的父母，还是选择堕胎的父母，都会承担失败绝育手术的费用、妊娠费用、（分娩或堕胎都导致的）误工损失、（分娩或堕胎的）疼痛和痛苦，这些得予赔偿。

2. 小结：动机分析

美国各州立场多歧，隐约间似有以计划外孩子是否残疾为界分标准的倾向。[134]例如佛罗里达州最高法院的法索拉斯诉雷米案，判决书于阐述了一般抚养费用不予赔偿的基本立场后写道："本庭同意联邦地区法院的看法，即对于因孩子残疾而生的特殊抚养费用应设例外。参见 Moores v. Lucas, 405 So. 2d 1022 (Fla. 5th DCA 1981)。对家庭的财力和社会的健康发展来说，超出通常抚养费用的特殊医疗费用和教育开销，往往数额巨大，令人气沮胆丧；'抚养这样的孩子对父母而言，经济和精神上的重负好似大山压顶'（Ramey v. Fassoulas, 414 So. 2d at 201）。并没有什么政策上的有力论据来反对赔偿父母支出的这些特殊费用，帮助父母将孩子抚养到成年。本庭以为，因孩子残疾而生的特殊抚养费用应予赔偿。"[135]

这个思路有些类似英国判例法中的两步检测法，即从反面考察是否有反对赔偿的政策理由，而不是从正面探究何以防止原告的纯粹经济损失落入被告的注意义务范围。倘纯粹经济损失原则上不予赔偿诚为讨论问题的出发点，那么这份判决书几乎没有尽到说理义务；单纯强调原告夫妇面临的重负，非为合理论辩。

---

[133] See Beardsley v. Wierdsma, 650 P. 2d 288 (Wyo. 1982). See also Smith v. Gore, 728 S. W. 2d at 752.

[134] 参见前注 12，小詹姆斯·A. 亨德森等书，第 331 页；前注 18，丹·B. 多布斯书，第 687—689 页。

[135] Fassoulas v. Ramey, 450 So. 2d 822 (Fla. 1984). 可参见前注 12，小詹姆斯·A. 亨德森等书，第 328—330 页。

第五章 比较法视野中的错误怀孕和错误出生诉讼

同时，也有不少判例并未轻率乞援于法律政策，而是着眼于对原告动机的考察，一般称"动机分析"（motivational analysis），相当于德国法的契约保护目的进路。简单说，动机分析将原告寻求绝育医疗服务的原因归为三类：第一，治疗目的，即为了防止母亲的生命健康受到威胁；第二，优生目的，即为了防止得到有遗传缺陷的孩子；第三，经济目的，即出于社会经济理由而寻求生育医疗服务。[136]此思路通过探求父母接受生育医疗服务的动机，确定父母寻求保护的特定利益何在。法院是否判给赔偿金，要看孩子的出生是否代表了对这些利益的实际损害。

据杰夫·米尔斯腾的阐述：第一，倘动机在治疗，即保护母亲健康，赔偿应限于失败手术的费用、妊娠分娩造成的损失以及直接源于母亲健康损害的损失。一般抚养费用不得赔偿，盖原告接受医疗服务不在于节省这些费用。但如果妊娠分娩造成母亲残疾，没有特别帮助就无力抚养孩子，那么因特别帮助而生的特别抚养费用应予赔偿。第二，倘目的在于优生，即防止怀上有遗传缺陷的孩子，孩子的一般抚养费用同样不得赔偿；孩子果然先天残疾的，只有养育残疾孩子而生的特殊费用方得请求赔偿。第三，父母出于纯粹经济原因寻求生育医疗服务的，经济考虑是唯一动机，当事人希望得到保护的是金钱利益，所有能够证明的经济损害，父母都可以得到赔偿。倘寻求绝育医疗服务是出于"社会经济原因"（socio-economic），即并不纯粹出于经济原因，同时考虑到避免妊娠分娩对生活方式或职业生涯的影响，则受损害的利益应根据案情而定，赔偿金额应显著少于纯粹经济动机的场合。[137]前面看到，在专门为防止残疾孩子出生而起的诉讼中，有20个州的判例法准许赔偿特殊抚养费用而驳回一般抚养费请求，可以说都是动机分析的体现。即使在计划外孩子健康的情形，也有若干州采纳动机分析法。相较德国联邦最高法院的规范保护目的考察，出于治疗目的而接受医疗服务的，处理上没有不同；但出于优生和社会经济原因而接受相关医疗服务的，德国法倾向于给予全部赔偿。

---

[136] See Speck v. Finegold 268 Pa. Super. 342, 348 n. 4, 408 A. 2d 496, 499 n. 4 (1979), rev'd in part, 497 Pa. 77, 439 A. 2d 110 (1981).

[137] 参见［美］杰夫·米尔斯腾："错误出生案件中孩子的抚养费用能否得到赔偿：动机分析"，唐超译，载刘艳红主编：《东南法学》（2018年辑秋季卷，总第14辑），东南大学出版社2019年版，第187页以下。

（七）澳大利亚

在 2003 年的梅尔基奥诉卡塔纳克案中，澳大利亚高等法院头一次受理错误怀孕诉讼，即判令被告就计划外孩子的一般抚养费用负赔偿责任，立场十分激进。

梅氏夫妇育有两个孩子，不打算再要。1992 年，梅太太于昆士兰某公立医院接受卡塔纳克医生提供的绝育医疗服务。梅太太告知医生，右侧卵巢和输卵管在 15 岁某次手术中切除。实则，梅太太自己弄错了，而手术中，右侧输卵管又被肠粘连遮挡，卡塔纳克医生遂以为梅太太所述无误，故只将左侧输卵管结扎。卵细胞从左侧卵巢迁移至右侧输卵管，1996 年，梅太太于 44 岁时又怀孕，1997 年诞下一子乔丹。梅氏夫妇对卡塔纳克医生及昆士兰州政府（医院开办人）提起过失侵权之诉。

初审法官认为，由于梅太太的缘故，卡塔纳克医生手术中未观察到右侧输卵管不算过失。但卡塔纳克医生过于轻信患者说法，没有建议患者深入调查，没有警告患者，倘其误认，将会怀孕，这方面医生有过失。损害赔偿请求包括三部分。第一项请求针对梅太太怀孕分娩，初审法院判给 103 672 美元（包括痛苦和创伤，丧失生活愉悦，部分兼职工作收入损失，分娩导致的血栓使梅太太丧失工作能力，以及医疗费等赔偿名目）。第二项请求，梅先生因太太妊娠分娩而就丧失配偶陪伴（loss of consortium），得到 3000 美元赔偿。第三项请求，是梅氏夫妇共同请求赔偿孩子的抚养费用。在庭审中，此项请求具体化为住房、服装、饮食、教育、娱乐费用超出梅氏夫妇收入的部分，支付至乔丹 18 周岁。初审法官判令赔偿 105 249 美元。卡塔纳克医生及州政府上诉至昆士兰上诉法院，认为第三项请求应予驳回。上诉法院以 3∶2 多数意见将上诉请求驳回。[138]

官司打到澳大利亚高等法院。高等法院以 4∶3 微弱多数认为：就计划外孩子的合理抚养费用，应予全部赔偿，至孩子经济上应自立时为止，不考虑孩子是健康还是残疾；父母得自孩子的欢愉不能抵消抚养费用，盖两者性质不同。2003 年 7 月 16 日发布判决，维持上诉法院判决，驳回卡塔纳克医生和昆士兰州政府的上诉。[139]

---

[138] Melchior v. Cattanach & Anor［2001］QCA 246（26 June 2001）.

[139] Cattanach v. Melchior［2003］HCA 38（16 July 2003）.

持多数意见的四位法官中，柯比法官（Kirby J.）将妊娠分娩理解为身体伤害，计划外孩子的抚养费用即为身体伤害的后果损害，而非纯粹经济损失，故而赔偿完全不成问题。[140]这在比较法上是稀见罕闻的想法。麦克休（McHugh J.）和古墨法官（Gummow J.）主张抚养费用乃是纯粹经济损失，但又以为判决结果不取决于此定性。[141]加里南法官（Callinan J.）亦持纯粹经济损失的看法，认为赔偿要件皆具备而反对的政策论辩甚为无力。[142]

在澳大利亚判例法上，请求赔偿纯粹经济损失的要件可见于佩雷案。[143]判断被告对原告免遭纯粹经济损失是否负担注意义务的因素主要有：明知自己受到信赖，原告易受伤害（vulnerability），对风险的控制，知晓风险和风险规模，可确定的原告类型，不违背现行法，不妨碍合法商业利益。核心思想在于，"避免令不确定的［行为人］类型，于不确定的时间，承担不确定量的责任"。[144]或许法院认为，医疗机构为患者提供生育相关服务，正合乎这些要件，但窃认为，一般而言，医疗服务人之于计划外孩子的抚养费，仍然只是可预见，而并未为之担起责任。

判决发布后，引发诸多质疑与批评，甚至时任总理霍华德也发声说，倘这是现行法的立场，"那么法律应该修改"。[145]2003年8月21日，昆士兰州总检察长韦尔福德议员（Hon. R. J. Welford）提出立法修正案，一项重要内容是修正昆士兰州《2003年民事责任法》（Civil Liability Act），以侵消卡塔纳克案的影响。韦尔福德说，卡塔纳克案判决给昆士兰州绝育医疗服务的前景蒙上阴影，让从事此类医疗服务的医生面临巨大责任风险，可能侵蚀掉《2002年人身伤害诉讼法》和《2003年民事责任法》的改革成果。修法目的在于确保绝育医疗服务和计划生育服务的稳定供给，但不妨碍父母就过失医疗行为

---

[140] Cattanach v. Melchior［2003］HCA 38 para. 149, 151, 154, 176 per Kirby J.

[141] Cattanach v. Melchior［2003］HCA 38 para. 66 & 72 per McHugh and Gummow JJ.

[142] Cattanach v. Melchior［2003］HCA 38 para. 296 per Callinan J.

[143] Perre v. Apand Pty Ltd［1999］HCA 36（High Court of Australia, 1999）.

[144] Bryan v. Maloney（1995）182 CLR 609, 618（Mason CJ, Deane and Gaudron JJ）, quoting Ultramares Corporation v. Touche174 NE 441（1931）, 444（Cardozo CJ）. Both quoted in Perre v. Apand Pty Ltd［1999］HCA 36, para. 32 per Gleeson CJ, para. 106 per McHugh J, para. 243 per Kirby J, para. 329 per Hayne J, para. 393 per Callinan J.

[145] See Hon Rod Welford MP, Attorney-General and Minister for Justice, Queensland Acts to Protect Medical Sterilisation Services, Media Statement, 17 July 2003.

提起诉讼。修订条款将限制此类案件的赔偿数额，当然，并无溯及力。[146]

2003年11月，昆士兰州议会通过立法修正案，于《2003年民事责任法》中添加两条。第49A条［失败的绝育手术］："①施行绝育手术未尽到注意义务或就手术未尽到咨询义务，致接受绝育手术之人（包括男性）生育婴儿的，本条得适用之。绝育手术示例：输卵管或输精管结扎手术。②由养育子女的通常费用所生之经济损失，法院不得判令赔偿。"第49B条［失败的避孕手术或避孕建议］："①施行避孕手术未尽到注意义务或就手术未尽到咨询义务，或就避孕事宜未尽到咨询义务，致接受手术或咨询意见之人（包括男性）生育婴儿的，本条得适用之。②由养育子女的通常费用所生之经济损失，法院不得判令赔偿。"[147]

稍早时候，新南威尔士州《2002年民事责任法》也引入类似条款。第71条［就孩子出生提起的诉讼，对损害赔偿金的限制］："①就孩子出生而有所请求，在本小节所适用的任何涉及此类请求的诉讼中，法院不得判令赔偿下列经济损失：（a）原告已经承担或者将来会承担的抚育费用；（b）原告养育孩子所致之任何收入损失。②第1款（a）项并不排除就养育残疾孩子所致的额外费用给予赔偿。"[148]

（八）以色列

1986年，以色列最高法院曾于蔡特索夫案中认可错误生命和错误出生诉因。[149]但此间诸多法律事宜并未充分厘清，给司法实践带来诸多麻烦。2009年，以色列最高法院由七位法官组成大审判庭，将涉及相关事宜的六件上诉案合并审理，欲就若干原则性问题给出定论。2012年5月28日，审判庭发布判决，仍认可错误出生诉因，但将错误生命诉因废弃，遂同多数法域立场保持一致。[150]就以色列法来说，废弃错误生命诉因诚为意义重大的法制变革，

---

[146] See Hon R J Welford MP, Attorney-General and Minister for Justice, Justice and Other Legislation Amendment Bill 2003, (Qld), Second Reading Speech, Queensland Parliamentary Debates, 21 August 2003, pp. 3177-3179.

[147] 参见悉尼技术大学法学院与新南威尔士大学法学院合办澳大利亚法律信息学会官网：http://www5.austlii.edu.au/au/legis/qld/consol_act/cla2003161/ (29 April 2022)。

[148] 澳大利亚法律信息学会官网：http://www7.austlii.edu.au/cgi-bin/viewdoc/au/legis/nsw/consol_act/cla2002161/index.html (29 April 2022)。

[149] CA 518/82 Zeitsov v. Katz, 40 (2) IsrSC 85 (1986).

[150] 参见本书丁帙哈默案判决书。

但对中国法而言，此节不甚紧要。至于错误怀孕，法院表示，"愿待此类案件发生，再行检讨"（判决书第 67 段）。里夫林法官（E. Rivlin）撰写的主旨判词未涉及合同法事宜，一直在过失侵权法框架下讨论。

1. 抚养费用：纯粹经济损失

将恢复原状原则应用于错误出生诉讼中，就会得出结论，倘非医生过失，孩子根本不会出生，父母即不会负担任何抚养费用。要使父母处于倘未发生过失行为其应当处的状况，就应该既赔偿因孩子残疾带来的特别费用，也赔偿一般抚养费用（判决书第 56 段）。但最高法院出于以下政策考虑，只判令赔偿特殊抚养费用。

第一，不论在法教义学还是伦理层面，孩子的生命无论如何不是所赔偿的损害。虽说原告夫妇主张，倘当初有选择机会，不会将这孩子生下，可面对已经生下来的残疾孩子，父母还是有感情的。在这孩子降生后，父母还是稀罕他，享受孩子出生、成长带来的无形欢愉（判决书第 57 段）。是以，一般抚养费用并非损害，只有赔偿被告过失带来的额外费用才是理所当然的（判决书第 58 段）。这是比较法上最经常援引的论辩。

第二，孩子出生的积极后果应纳入损害评估，因孩子出生和抚养孩子所带来的一切无形利益都应予以量化，并从父母应得的赔偿金中扣除。这些无形利益约略等于抚养孩子的一般费用，将此扣除，所得即为特殊抚养费用（判决书第 59 段）。英国上诉法院黑尔法官曾如此论证。

残疾孩子成年后，往往仍要依赖父母，甚至整个生命预期都是这样，父母仍有照护的义务，1959 年《家庭法修正法（扶养）》第 4 条、第 5 条载有明文。判决书认为，在孩子的谋生能力因残疾而降低的限度内，特殊抚养费用和一般抚养费用皆应赔偿（判决书第 60 段）。

2. 非财产损害

判决书指出，错误出生诉讼中请求赔偿的精神损害系所谓"纯粹"精神损害（判决书第 68 段）。"纯粹"意指原告未曾遭受身体伤害。正如纯粹经济损失原则上得不到侵权法救济一样，纯粹精神损害的赔偿也往往以法有明文为限（例如直接受害人死亡，近亲属得请求精神损害赔偿）。判决书称，以色列判例法已经认可，并非附属于身体伤害的纯粹精神损害，亦得请求赔偿（判决书第 69 段），但未展开说明。

相较下文的侵害自主决定，纯粹精神损害特点有二：第一，以得请求金钱损害赔偿为前提，不会单独得到赔偿（判决书第 68 段）；第二，并非在短时间造成的单一事件损害，而是持续性的损害，贯穿父母余生，应该得到有力赔偿（判决书第 70 段）。

3. 侵害自主决定（violation of autonomy）

值得关注的是，以色列最高法院于前项纯粹精神损害之外，又创立了侵害自主决定这个独立的损害赔偿名目。

以色列最高法院援引另案判决书来界定自主决定权，称此项权利是"任何个体依自己的选择决定自己的行为和愿望，并依其选择而行事的权利"，是"书写自己人生故事"的权利。"个体自主位于人格尊严的核心。此项权利乃是以色列法律体制的基础价值，'是以色列《基本法：人格尊严和自由》所捍卫的人格尊严受保护的宪法性权利的主要表现'"（判决书第 71 段）。

但此项权利又并非在任何情形下皆可得到保护。最高法院还是援引另案判决书，认为"只有侵害发生在选择权（right to choose）的核心地带，发生在尊奉自主地位的人权的'中心阴影区'（inner penumbra），并且关涉重大事宜，原告方得请求赔偿。比如医疗领域的例子，任何人都有控制自己生活的权利，侵害行为发生在此种权利的中心阴影地带，即构成对自主决定权的侵害，盖'这会对患者的生活方式和生活质量产生直接影响，有时甚至是不可逆的影响'"。"应界定清楚，哪些伤害可以请求赔偿，这样法院才能更好地维护自主决定权利，但只有在合适案件中，才判令承担赔偿责任"（判决书第 71 段）。

判决书援引另案判词，称对侵害自主决定权的赔偿，并不是对"受害人的宪法权利在抽象意义上遭受侵害"的赔偿，而是对"具体结果损害"的赔偿（real result-based damage）。这些损害可被称作"情感侵害"（violation of feelings），包括"以个体或者以群体成员的身份，所感受到的尊严受侵害、心理痛苦、蒙羞、耻辱、悲恸、受挫、对他人失去信任、丧失自信、对自我评价或自我实现能力的伤害，等等"（判决书第 72 段）。

对自主决定的侵害，构成独立的损害名目。哪怕没有其他损害，亦可诉请赔偿对自主决定的侵害。例如，原告虽证明堕胎委员会当批准堕胎，但不能证明自己当会选择堕胎，此际错误出生诉讼请求不成立，不得请求赔偿抚养费用和纯粹精神损害，但得就侵害自主决定请求单独赔偿（判决书第 54 段）。

和纯粹精神损害相似，只有"触及权利核心地带，关涉重要事宜"，才能认定原告的自主决定地位受侵害（判决书第 73 段）。

就赔偿数额，判决书援引另案判词道："我们处理的是无形损害评估，法院应依个案具体情势及自己的生活经验来评估。一般来讲可以确定，未告知的信息越重要，受损害的利益越靠近权利中心地带，对权利的影响越显著，对侵害自主决定的赔偿数额就越高。""考量因素包括：未告知的信息类型；相对于已告知的信息，未告知信息的范围、质量及特殊的重要性，患者对信息告知方式的立场，治疗结果，等等"（判决书第 73 段）。

4. 因果关系

格外引人注目的地方在于，以色列最高法院用了很大篇幅讨论因果证明事宜。判决指出，原告要证明"医生过失和因孩子缺陷所致的各种类型损害之间的因果关系"（判决书第 43 段），也就意味着，父母就必须证明，"倘非医生过失，父母当会选择以堕胎终止妊娠，不让这孩子来到世上"（判决书第 42 段）。

以色列法原则上不许堕胎，惟于《以色列刑法》第 312 条至第 321 条所列情形，经堕胎委员会批准，方得人工流产。就眼下讨论的事宜，《以色列刑法》第 316 条 a 款第 3 项的堕胎事由最关紧要，即胎儿"很可能有生理或心理缺陷"。卫生部制定了专门指引，详细写明堕胎委员会如何在不同妊娠阶段行使其自由裁量权（判决书第 44 段）。

对错误出生诉讼的原告来说，因果关系证明遂分两步：首先必须证明，倘所有相关医疗信息都提交给堕胎委员会，该委员会当会批准父母终止妊娠（客观障碍）。接下来必须证明，倘非医生过失，自己确实会向堕胎委员会申请终止妊娠（主观障碍）（判决书第 43 段）。

这里涉及的，是事实因果关系认定中对假设替代行为的考察，本来在一般侵权法上就是难题。[151] 就第一步来讲，有卫生部发布的指引为参照，尚好把握。[152] 就第二步，先要明确是采用客观标准还是主观标准。依客观标准，只要证明假想的理性患者于获知胎儿残疾的信息后当会选择堕胎即可；依主观标准，则要证明涉案原告确实会选择堕胎。最高法院倾向于主观标准。但主观标准亦有其困难，如判决书所引拜利希法官（D. Beinisch）于某件知情同

---

[151] 参见冯珏：《英美侵权法中的因果关系》，中国社会科学出版社 2009 年版，第 198 页。

[152] 统计数据表明，98%至 99%的堕胎申请都得到批准。See Sagit Mor, *The Dialectics of Wrongful Life and Wrongful Birth Claims in Israel*: *A Disability Critique*, 63 Studies in Law, Politics and Society 113, 123 (May 2014).

意案中的判词所称，"毫无疑问，要探查患者当时的立场很困难，盖患者总是等遭受了医疗伤害，才会回过头去再加判断。诸多法院判决指出，让正饱受痛苦的医疗受害人去证明，倘当时知道了所有可能的结果会如何抉择，既不人道，亦难令人信服"（判决书第47段）。

法院往往利用群体信息（group data）来判断原告夫妇的行为方式。例如，"信仰极端正统教义并且经过艰苦治疗方才怀孕的大龄妇女，相较已有多个孩子又自然怀孕的世俗年轻女性，要证明自己当会终止妊娠，孰难孰易，不言自明"（判决书第49段）。

司法实践中，法院更依赖堕胎委员会的立场。"就父母在堕胎事宜上的立场，堕胎委员会的决定得充任可反驳的推定。一般来讲，倘依社会观念，在某种情形可以终止妊娠，而指导堕胎委员会的标准亦设明文，即可事实推定，个体亦会依此风格行事"（判决书第52段）。

法院特别强调，在堕胎委员会当会批准终止妊娠的情形，推定原告夫妇当会申请终止妊娠的，这个推定不能依群体信息予以完全反驳。这样的群体信息有时可能很重要，但终归只代表了这位女性全部个体信息的单一侧面，故不能轻率得出结论。应当牢记，需要探查的并不是原告所属教派在待决案件中就堕胎事宜的立场，而是诉至法庭的这个具体原告当会怎样行事。个体很可能背离群体行为方式；不管在事实还是规范层面，既然秉有自由意志，偏离即不可避免。因此，仅仅知道原告夫妇所属教派不许可堕胎，还是不够的；被告还必须说服法院，原告确实会遵从不许可堕胎的教义，如此，这条有关信仰的信息才能发挥作用（判决书第53段）。

5. 小结

就计划外孩子的抚养费用赔偿名目，以色列最高法院正确指出，倘依差额说，自然一切抚养费用皆应赔偿，但出于政策考虑，却不能全部支持。这个思路值得赞赏，但可取的做法是以注意义务的射程和因果关系要件来节制纯粹经济损失赔偿，如德国法上对规范保护目的和英国法上对密切关系的考察，而不是直接诉诸法律政策。

以色列判例法对自主决定利益的保护，相当于日本法对做好心理准备利益的保护，不以错误出生诉讼成立为前提，故不同于英国上议院里斯案判决给予的常例慰抚金，后者以错误怀孕诉讼成立为前提。在日本法上，错误出生诉讼极难成立，判例法发展出所谓对做好心理准备利益的保护，给当事人以抚慰，勉强可以谅解；在以色列法上，错误出生诉讼较易成立，可以请求纯粹精神损害赔偿，复设计出自主决定利益的独立名目，未免叠床架屋。错误出生诉讼一旦成立，得请求赔偿的精神损害为纯粹精神损害，非如德国法与英国法那般认为是人身伤害的后果损害，此种认识在法教义学上更为坚实。

以色列最高法院判决书尤其值得称许之处是对心理学上因果关系的讨论。事实因果关系并不纯粹处理自然科学事宜，亦涉及归责问题，在心理学上的因果关系这里表现明显。倘医生向原告提供了真实信息，原告将作何反应，答案更多的是法律评价问题，而非事实问题。法院得充分利用因果关系要件，使其起到诉讼洪闸的作用。

(九) 比较法考察的总结

从比较法的经验看，普遍将计划外孩子的抚养费界定为纯粹经济损失，偶有将之看作身体伤害之后果损害的思路，从未见将之理解为所谓生育自主权受侵害之后果损害的例子。既为纯粹经济损失，依德国侵权法的构成，在典型的错误怀孕和错误出生诉讼中即不能得到赔偿，故只好乞援于契约法，并通过考察契约目的，将对纯粹经济损失的赔偿框束在合理范围内。在普通法系当然可以置于过失侵权的框架下处理，但要考察医疗服务人是否对原告负有使原告免于承担后来实际遭受的纯粹经济损失（抚养费用）的注意义务，单纯的可预见是不够的，还要求被告确实对此担当起责任。美国有些州采纳的动机分析思路与德国法的规范保护目的理论异曲同工，英国麦克法兰案的部分判词也体现了同样思路。

英美法和德国法将妊娠分娩看作身体伤害不合乎传统侵权法对人身伤害的理解，而且依此思路，只有母亲得据此请求妊娠分娩相关费用以及精神损害赔偿（皆为后果损害）。为何孩子的父亲被排斥在此等赔偿请求之外？或许部分为了弥补此点，英国上议院于里斯案中发明了常例慰抚金，父母皆得主张。但母亲对生育事务的意志自主，实则体现在对自己身体的自主支配上，既然就妊娠分娩得请求精神损害赔偿，又就被剥夺自主地位给予常例慰抚金，仍不免屋下架屋。父亲既得主张常例慰抚金，那么就妊娠分娩相关损失，是否亦得请求纯粹经济损失赔偿？倘不可以，实无道理，盖妊娠分娩的医疗费用等，实系父母共同支出。倘可以，为何同一笔费用，父母竟不能共同主张？

四、中国法的进路

就错误怀孕和错误出生案件的法律适用，中国判例与学说的立场可分为两派，即契约法进路与侵权法进路。契约法进路排斥侵权法进路（认为侵权之诉不成立），侵权法进路却不排斥契约法进路，只不过认为侵权诉讼更有利于保护受害人。侵权法进路占绝对优势，但参酌比较法经验，此说表现出以下几点不足：就受侵害的法益理解有偏差，进而影响对责任是否成立的判断；未充分认识责任成立阶段因果关系考察的难度和意义；就责任范围，只讲可预见性，忽略了规范保护目的。以下试述之。

（一）契约法进路

1. 最高人民法院民一庭的立场

最高人民法院民一庭曾以陈现杰法官执笔，专文探讨错误出生诉讼咨询过失案型的法律适用。文章认为，倘以权利侵害为由提起侵权诉讼，权利客体难以界定。知情同意权"系基于医疗保健服务合同关系发生的相对权，而非绝对权，即使受到侵害，亦只能主张违约损害赔偿"。依德国法的思路，固得以"违反以保护他人为目的的法律规定"为由提起侵权之诉，但中国现行法律体系没有接受该源自德国法的"侵权法的体系构成"，故缺乏相应请求权基础。医疗保健机构在产前医学检查过程中未尽勤勉和忠诚义务导致检查结论失实，使信赖该项检查结果的合同相对人生育缺陷婴儿，额外增加抚育、护理及治疗费用，蒙受纯粹财产上损失，构成加害给付，应依《合同法》第107条（《民法典》第577条）承担违约损害赔偿责任。损害赔偿的范围包括支付的医疗费等合同对价，以及额外增加的抚育、护理、治疗费用等财产上损失，并考虑损益相抵、过失相抵等因素相应扣减。[153]

可是稍晚，陈现杰法官却改弦更张，著文称，"最高人民法院在指导侵权案件的审理并制定司法解释的过程中，历史地走向了类似《德国民法典》侵权法体系构成的类型化模式"。陈现杰法官并以错误出生案为"目的违反类型"侵权的典型，这里的保护性法律是《母婴保健法》。该法第三章第17条、第18条将保护性规定具体指向接受保健服务的当事人，规定了医疗保健机构的诊断义务、告知义务和终止妊娠的建议义务等。医疗机构在超声检查中因

---

[153] 参见前注11，陈现杰文。

过失检查失实，致患有先天疾病的残疾儿出生，使保护母婴生殖健康的法律目的落空、原告夫妇遭受纯粹经济损失，应当承担赔偿责任。[154]

2. 司法实践的普遍做法

在本章引言部分所作小样本统计中，未见以医疗服务合同纠纷为案由提起错误怀孕和错误出生诉讼的例子，表明最高人民法院民一庭的立场并未得到地方法院普遍遵从。其他文献的类似调查亦证实此点：实务中孩子父母提起的多为侵权诉讼，违约诉讼甚为少见。[155]迄今为止，最高人民法院只发布过一件错误出生案的法律文书，亦认可侵权诉讼成立。[156]

原告偏好提起侵权诉讼的主要理由在于，违约诉讼不支持精神损害赔偿请求（《民法典》颁布前的立场）。文献中还提出另外的理由，认为依合同相对性原则，只有合同当事人得提起违约诉讼，配偶主体不适格，于受害人保护不周。[157]这个说法恐不成立。最高人民法院民一庭主张，产前医疗服务契约系典型的"附保护第三人作用之契约"，孩子的父亲虽非契约当事人，亦得请求赔偿。[158]依其思路，母亲乃契约当事人，父亲则与母亲处在同样的危险中，父亲的幸福与痛苦，亦是母亲的利益之所在。[159]就"附保护第三人作用之契约"来说，第三人于发生某些给付障碍时，得请求损害赔偿，但并没有给付请求权。[160]可最高人民法院民一庭却援引《母婴保健法》第18条"医

---

[154] 参见陈现杰："《侵权责任法》一般条款中的违法性判断要件"，载《法律适用》2010年第7期，第11页、第13—14页。

[155] 参见前注18，左迪文，第102页；前注18，田野、焦美娇文，第5页；吕成龙："错误出生的法理寻踪与新解"，载《清华法律评论》编委会编：《清华法律评论》（第八卷第一辑），清华大学出版社2015年版，第105页；郭慧："不当出生之诉的比较法分析——以中美法判决为研究视角"，载《河南理工大学学报（社会科学版）》2016年第1期，第15页（检索到37件判例，只有2件为合同之诉）。

[156] 崔山、陈晶与泰安市中心医院医疗损害赔偿纠纷申请再审民事裁定书，最高人民法院民事裁定书（2012）民再申字第219号。

[157] 参见前注21，房绍坤、王洪平文，第7页；李燕："不当怀孕损害赔偿研究——从上海'绝育手术不绝育索赔案'说起"，载《东岳论丛》2009年第10期，第178页；周云涛、赵红玉："论错误出生损害赔偿请求权的法律适用"，载《法律适用》2010年第9期，第79页；前注18，张红："错误怀孕之侵权损害赔偿"，第37页；前注18，张红："错误出生的损害赔偿责任"，第65页；前注18，马强文，第22页。

[158] 参见前注11，陈现杰文，第153页。

[159] 参见前注38，迪特尔·梅迪库斯书，第592页。

[160] 同上注，第591页。

师应当向夫妻双方说明情况"的表述来论证其立场[161]，未免首尾相攻。窃以为，在产前医疗服务契约中，医疗给付之对象或许只是妻或夫，在通常情形下，契约当事人（医疗服务需求人）却应为夫妻两人；[162]纵然妻或夫单独出面订立或履行契约，亦得从日常家事代理角度来构造契约法律关系。

少数判例遵循了最高人民法院民一庭的立场，认为侵权诉讼不成立。在丁娜诉韶山计生站医疗服务合同纠纷案中，韶山市人民法院一审认为，原告主张"被告侵害了原告对生殖健康的知情选择权。根据《母婴保健法》第17条、第18条规定，知情选择权具有相对性，只能向具有医疗保健服务合同关系的相对方医疗保健机构主张，而不具有普遍对抗的效力"，非为侵权法保护的客体，故只得依契约法寻求救济。[163]

更早的杨超、李长城与彭州市妇幼保健院医疗侵权赔偿纠纷案中，彭州市人民法院思路也是如此："优生优育权是公民生育权衍生出来的一项权利，虽然我国《宪法》《民法通则》没有规定，但《母婴保健法》《人口与计划生育法》等相关法律对此做了相应规定。然而，优生优育权虽然也是公民的一项基本权利，但毕竟有别于其他人身权利。《母婴保健法》规定，经产前检查及诊断，如胎儿存在严重缺陷等情况，医生应提出终止妊娠。此时夫妻双方有决定是否终止妊娠的权利。可见，优生优育选择权并非绝对权，权利的行使是受到一定限制的，故杨超、李长城主张的优生优育选择权不属于侵权行为法所指的权利，因此，不能认定杨超、李长城主张的侵权事实成立。"[164]

这两段判词的结论没错，但最好放弃优生优育权这样的术语。医疗服务需求人依《母婴保健法》相关条款对医疗服务人享有的是给付请求权，优生优育权这样的术语不能揭明给付请求权的性质。

---

[161] 参见前注11，陈现杰文，第153页。

[162] 正确指出夫妻两人为契约当事人的，如李秀芹、姜福先："'不当出生'之诉法律问题探讨"，载《山东审判》2008年第5期，第82页。

[163] 韶山市人民法院（2011）韶民一初字第87号民事判决书，湘潭市中级人民法院（2012）潭中民一终字第139号民事判决书。二审法院似认为构成侵权之诉与违约之诉竞合，但未说明何种法益受侵害。

[164] 彭州市人民法院（2006）彭州民初字第505号民事判决书，成都市中级人民法院（2008）成民终字第296号民事判决书。二审法院回避了法益受侵害的事宜，只是认定被告无过错，而将上诉驳回。

(二) 侵权法进路

以下围绕受侵害的法益、责任成立的因果关系和责任范围，评述学界及司法实务中占主导地位的侵权法进路。

1. 生育自主权受侵害说

表述上或有不同，但绝大多数中文文献及判例，包括最高人民法院仅有的相关法律文书[165]，皆以《母婴保健法》第17、18条，《人口与计划生育法》第17条，甚至《妇女权益保障法》第51条第1款为据，或者更精致一些的，搬出《侵权责任法》第2条第2款的"等人身、财产权益"（《民法典》删除该条款），认为原告夫妇自主决定生育事务的权利遭受侵害。[166]

或主张，原告夫妇只是没有得到正确信息，但仍可依其意志选择生育或堕胎，故受侵害的是知情权或者充分知情的利益，而不是所谓堕胎自由权或生育选择权。[167]类似地，还有这样的说法：在典型错误出生案件中，是医生未检出胎儿发育畸形，而不是检出却不告知原告夫妇，故非为侵害知情权。[168]得引为同调的，还有杨立新先生。依其看法，所谓生育选择权是指"对于先天残疾的孩子，孕妇有选择生或不生的权利"，而在错误出生案件中，应受保护的利益较此宽泛，还包括"得到医疗机构适当的产前医学意见、产前检查和产前诊断服务的权利"，两者合称"获得适当产前保健服务的权

---

[165] 崔山、陈晶与泰安市中心医院医疗损害赔偿纠纷申请再审案，最高人民法院（2012）民再申字第219号民事裁定书（"知情权""健康生育选择权"）。

[166] 参见汤建平、李丹、王启辉："'错误出生'之诉与'错误生命'之诉辨析——以中国的诉讼案件为视角"，载《南京医科大学学报（社会科学版）》2008年第1期，第17页（"健康生育选择权"）；前注162，李秀芹、姜福先文，第79页（"知情选择权"）；张健、向婧："'不当出生'侵权诉讼民事审判实证研究"，载《法律适用》2009年第5期，第54页（"生育选择权"）；前注18，王岳文，第691页（"选择权"）；林劲标、黄延丽："谁动了产妇的生育知情选择权？"，载《人民法院报》2011年7月10日第3版；皮轶之、赵鸣："违约或侵权——论不当出生损害赔偿诉讼法律之维"，载万鄂湘主编：《探索社会主义司法规律与完善民商事法律制度研究——全国法院第23届学术讨论会获奖论文集》（下），人民法院出版社2011年版，第1054页（"自主选择机会"）；前注56，卢扬逊文，第76页；前注18，左迪文，第97页（"生育自由或生育选择权"）；前注18，马强文，第22—23页（"优生优育选择权""生育决定权"）；前注18，田野、焦美娇文，第6页（"生育选择权"）；赵西巨："生命的缔造、期许与失落：人工生殖服务领域的医疗损害责任法"，载《东南大学学报（哲学社会科学版）》2016年第2期，第67页（"生育自主权"）。

[167] 金福海、邵冰雪："错误出生损害赔偿问题探讨"，载《法学论坛》2006年第6期，第40页；前注157，周云涛、赵红玉文，第79页。

[168] 文女士诉漳州市医院侵害健康生育选择权案，转引自前注21，房绍坤、王洪平文。

益"。[169]窃以为，这些繁琐的区分在法教义学上并无意义，不论是未检出胎儿残疾，还是检出却未恰当告知，都是认为原告不能基于正确信息做决定，意志自主受到妨碍，主张的法律效果与前段学说无异。

依此派见解，生育自主权受侵害，造成妊娠分娩的医疗费、妊娠分娩期间的误工损失、计划外孩子的抚养费等财产损害以及精神损害，自应予以赔偿。此说从未谈及纯粹经济损失，即是将孩子的抚养费理所当然看作法益受侵害可预见的后果损失，丝毫不以为这里有任何疑难问题。[170]

依规范保护目的说，物质性人格利益本身有其市场价值（人力资本），故生命、健康、身体受侵害时，得请求赔偿医疗费、误工损失以及（残疾情形的）将来收入损失等财产损害，精神性人格利益本身没有市场价值，遭侵害时即只得请求精神损害赔偿。随着时代变迁，法律亦逐步认可，肖像等精神性人格利益或亦有其市场价值，从而有主张财产损害赔偿的余地（《民法典》第1182条）；就本章讨论的话题，纵承认所谓生育自主权，其保护的是就生育事务的意志自主，从规范保护目的上看，受侵害时亦只能请求精神损害赔偿。倘以孩子的抚养费或者妊娠分娩的医疗费、妊娠分娩期间的误工损失为生育自主权受侵害的后果损失，为何每位民事主体生育意志的价格不一样？证券市场的虚假陈述行为致投资人受损失的，为何定性为纯粹经济损失，而不是意志自主受侵害的后果损失？[171]

根本问题在于，人格权体系里并没有生育自主权一席之地。医生依《母婴保健法》第17条、第18条对准母亲所负的诊断说明、建议义务，是依孕产期保健服务契约对患者夫妇所负的给付义务（类推适用《民法典》第922条、第924条），接受孕产期保健服务的夫妇得请求医生向自己尽到诊断说明义务，此乃因合同而生的给付请求权，而非受侵权法保护的绝对权。前引韶山市和彭州市人民法院判决及最高人民法院民一庭文献，正确指出依《母婴保健法》享有的权利并非侵权法保护的绝对权，欠妥之处在于仍将给付请求权错误看作人格权，实则诸如知情同意权、知情选择权这样的术语极易导致理论混乱，最好弃置不御。

---

[169] 参见前注24，杨立新、王丽莎文，第16页。
[170] 参见，例如上注，杨立新、王丽莎文，第20页。
[171] 参见《最高人民法院关于审理证券市场因虚假陈述引发的民事赔偿案件的若干规定》。

至于《人口与计划生育法》第 17 条、《妇女权益保障法》第 51 条第 1 款所谓"生育（子女）的权利"，乃宪法意义上的基本权利，是对抗国家的防御权，并非民事权利。依《宪法》第 49 条第 2 款，"夫妻双方有实行计划生育的义务"；但国家只能要求人民尽少生义务（《人口与计划生育法》第 18 条），却不能不许人民生育，故而以《人口与计划生育法》第 17 条补苴《宪法》第 49 条第 2 款之不足。国家又不能徒令人民尽少生义务，亦允诺投入医疗资源使人民得到良好的孕产期服务，并提供相关福利待遇，故《人口与计划生育法》《母婴保健法》皆为宪法性法律。国家投入资源促进母婴保健事业的发展，但具体医患关系的发生，仍以个别孕产期保健服务契约的订立为法律事实。《母婴保健法》第三章（"孕产期保健"）大多数条款皆为补充契约当事人意思表示的任意性规范（第 14—19 条），不能解释为"不是当事人自主约定的产物，而是法律强制课以医方的合同义务"[172]（这是理解为强制性规范了），进而得为提起侵权诉讼的请求权基础。

《母婴保健法实施办法》第 4 条称："公民享有母婴保健的知情选择权。国家保障公民获得适宜的母婴保健服务的权利。"这里所谓知情选择权，从立法意图看，仍应理解为公民在宪法或社会法上对国家主张的获取优质医疗资源的权利，并非侵权法保护的权利。

前文在德国法部分言及，人格权的本质即为意志自主，围绕若干边界稳定的人格要素（生命、健康、身体、自由），析分出独立人格权。而就日常生活事务的意志自主，边界过于汗漫，无法构造具体人格权。比如这段论述："如同法律主体不应当被强迫缔结婚姻、被强迫订立合同一样，父母不应该被强迫生养一个先天残疾的子女"，所以，"父母所享有的终止妊娠从而防止残疾婴儿出生的决定权（即优生选择权），应当作为一项被侵权法保护的权利"。[173] 实则这里举的例子，反而引狼入室。民事主体就婚姻事务自然得意志自主，但没有婚姻自主权这一项人格权。受欺诈而缔结婚姻的，得诉请离婚；受胁迫而缔结婚姻的，得诉请撤销婚姻；拐卖妇女，侵害的是身体权、自由权；逼婚、催婚本身（倘无特别情节），不构成侵权。契约法当然奉行缔约自由原则，但这里同样没有什么具体人格权。受欺诈、受胁迫而订立契约

---

[172] 前注 21，房绍坤、王洪平文，第 7—8 页。
[173] 前注 18，丁春艳文，第 694 页。

的，得以意思表示瑕疵为由撤销契约，或者依缔约责任法请求损害赔偿。生育事务也是如此。如学者举的两个用来支持生育自主权范畴的例子：妻患有遗传疾病，伪称不会遗传，夫遂同意生育，后孩子果然罹患疾病；夫意外死亡，妻欲终止妊娠，公婆强迫儿媳将孩子生下。[174] 就前例，所谓"夫妇之私，有过于画眉者"，法律对这些事务完全不予调整，谎言或会破坏夫妻感情，但不能认为侵害生育自主权。就后例，在极端案情下，或得依《最高人民法院关于确定民事侵权精神损害赔偿责任若干问题的解释》（法释〔2001〕7号）第1条第2款主张"其他人格利益"受侵害（修订后的解释将该条删除）。提出生育自主权范畴，于法律适用不但并无助益，反生困扰。很容易将此类案件错误置于绝对权受侵害案型下讨论，一遭侵害，径认不法。

遂有文献退一步主张，生育自主权虽非具体人格权，但得定位为一般人格权或者一般人格利益。[175] 德国法上的一般人格权，性质为框架权利，但并非什么都可以装的箩筐。是经判例法严格勘定若干较为稳定的领域，主要是肖像、隐私、名誉之属，并不及于就生活事务的意志自主，故计划生育并非一般人格权的内容。就生育事务的意志自主，当然属于一般人格利益，那么就该摒弃生育自主权的提法。在典型的错误怀孕和错误出生案件中，被告只是普通过失，故难以侵权法提供救济。有些著述虽将生育自主权定位为《侵权责任法》第2条第2款的"等人身、财产利益"（《民法典》删除该条），但就责任成立的论述，完全是当绝对权来理解的。[176]

最高人民法院就错误出生案件发布的民事裁定书，亦认为原告"健康生育选择权"受侵害，故得请求精神损害赔偿，但就原告主张的"医疗费、陪护费、支具费、营养费等费用"，最高人民法院认为与"医院的过失并无直接的因果关系"，故不予支持。[177] 精神损害赔偿事宜，稍后再论；最高人民法院未将残疾相关财产损害径认为所谓生育选择权受侵害的后果损害，值得肯定。但最高人民法院否定财产责任的理由，即医疗过失与所受损害间无因果关系，

---

[174] 参见朱晓喆、徐刚："民法上生育权的表象与本质——对我国司法实务案例的解构研究"，载《法学研究》2010年第5期，第77页。

[175] 同上注，第76—77页。

[176] 参见前注56，卢扬逊文，第74页；前注18，张慧文，第124—125页；前注18，田野、焦美娇文，第6页。

[177] 崔山、陈晶与泰安市中心医院医疗损害赔偿纠纷申请再审案，最高人民法院（2012）民再申字第219号民事裁定书。

如果意指孩子的残疾系先天形成，而非医生造成，显然并非妥当论证。盖此思路意味着，且不论一般抚养费用，即便是特殊抚养费用也永远得不到赔偿。如果意指财产损害不可预见，亦非妥当论证，这里医疗服务契约的内容决定了，医生的过失行为很可能让患者得到计划外孩子，进而带来抚养孩子的经济负担。如果意指不在规范保护目的范围内，那么是否认可这些损失乃是纯粹经济损失？是否可以得到救济以及如何寻求救济？最高人民法院又未释明。

至于文献中所谓生育自主权或知情选择权不管在大陆法系还是英美法系侵权法上都得到认可的说法[178]，不足为训。

正因为不能围绕就生活事务的意志自主来构造具体人格权，故德国法系的自由权概念仅限于身体行动自由，即离开特定地点的可能性，并不及于精神自由。[179]那种"将人身自由权作为错误出生案的请求权基础"，认为"夫妻在生育这一重大问题上意思决定自由"受侵害的主张[180]，与前述生育自主权受侵害说没有本质区别，愚意不能赞成。

2. 生育自主权与身体健康权受侵害说[181]

前述生育自主权受侵害说，认为单一的人格权受侵害，造成财产损害和非财产损害。英国法与德国法则认为这里有两个诉因：①母亲因计划外的妊娠分娩遭受身体伤害，故得请求财产损害赔偿和精神损害赔偿。应强调的是，此处财产损害非指孩子的抚养费用，而是身体受侵害带来的后果损失，例如错误怀孕案件中母亲分娩的医疗费用、妊娠分娩所致误工损失等。②父母得请求赔偿计划外孩子的抚养费用。这是纯粹经济损失，不是身体健康受侵害的后果损失，更不是所谓生育自主权受侵害的后果损失。少数中文文献注意到了英国法和德国法两个诉因的区分，但借鉴中似乎颇有偏差。

丁春艳教授将错误怀孕和错误出生分开来讨论。在错误怀孕案件中，母亲的身体健康权和生育自主决定权受侵害，造成两项损害结果：一是母亲的

---

[178] 参见前注 21，房绍坤、王洪平文，第 8 页；前注 18，田野、焦美娇文，第 7 页。

[179] 参见杜景林、卢谌：《德国民法典全条文注释》（上册），中国政法大学出版社 2015 年版，第 668 页。

[180] 参见韩祥波："探寻'错误出生案'的请求权基础"，载《求索》2013 年第 11 期。另见前注 18，汪洁琼文，第 57 页（"侵犯了父母的一般人格权项下的人身自由中的生育决定权"）。

[181] 主要讨论丁春艳教授、张红教授的主张（论述较详细）。同样立场，另请参见前注 157，李燕文，第 178 页；张雪、王萍、张赫楠："不当妊娠之诉损害赔偿问题探讨"，载《中国卫生法制》2011 年第 1 期，第 59 页；前注 18，张慧文，第 123—124 页。

医疗费、误工损失等财产损害，以及妊娠分娩的精神痛苦；二是孩子的抚养费用，还可能包括因违反计生政策而征收的社会抚养费。丁春艳教授并没有特别明确地将受侵害的两项法益和两项损害结果对应起来。那么，第一项损害结果是身体受侵害的后果损失吗？能否理解为生育自主权受侵害的后果损失呢？如果可以，生育自主权是否将身体权吞并了？如果不可以，下面对错误出生案件法律效果的处理又如何解释？第二项损失呢？文章没有明确讲，似乎意指生育自主决定权受侵害的后果损失。但据本章前面的讨论，依规范保护目的说，纵使认可这样的人格权，后果损害亦只是精神损害。

在错误出生案件中，身体健康权未受侵害，只有防止残疾婴儿出生的权利受侵害，这造成两项损害后果：第一项是医疗过失发生后至分娩阶段，母亲的医疗费、误工损失等财产损害，以及妊娠分娩的精神痛苦；第二项主要是抚养残疾孩子所需要的额外费用。似乎是将抚养费用看作后果损失，称"绝大多数的法域都认可"防止残疾婴儿出生的权利。[182]窃以为，这里防止残疾婴儿出生的权利，和错误怀孕情形的生育自主权，完全没有区分的意义。所谓比较法上普遍认可此项权利，恐怕非是。比较法上普遍将计划外孩子的抚养费用看作纯粹经济损失，偶有异说，也认为是身体受侵害的后果损失。另外，认为错误怀孕情形身体权受侵害而错误出生情形则否，可在法律效果上又看不出这样的区别处理有何影响。

张红教授思路相似（事实上也反复援引了丁春艳教授论文），认为在错误怀孕情形，两项权益受侵害：母亲的身体健康权和父母的生育自主权。就前者，得依最高人民法院关于人身损害及精神损害赔偿的司法解释请求赔偿财产损害和非财产损害，自无疑义。就后者，张红教授主张计划外孩子的抚养费用应予赔偿。在错误出生情形，父母的生育自主权未受侵害，母亲的身体健康权亦未受侵害，受侵害的是"防止残疾婴儿出生的愿望"，可称为优生优育权。优生优育权受侵害的，对"继续妊娠、生出、抚养残障小孩的必要支出"，应予赔偿；父母并得依最高人民法院关于精神损害赔偿的司法解释请求赔偿精神损害。

依张红教授的看法，错误怀孕情形侵害的是生育自主权，性质为一般人格权；错误出生案件中保护的优生优育权，则属《侵权责任法》第2条第2

---

[182] 前注18，丁春艳文，第693页。

款的"其他人身、财产权益"(《民法典》删除此条)。窃以为,两种情形涉及的都是就生育事务的意志自主,并无区分价值。张红教授所谓"一般人格权",似在德国法的意义上使用。但就德国法来说,《德国民法典》第 823 条第 1 款后半段对"其他权利"的保护,与第 823 条第 2 款及第 826 条对纯粹经济利益的保护,力度有别,判断侵害行为违法性的标准不一。可张红教授似乎一直将生育自主权和优生优育权当作《德国民法典》第 823 条第 1 款前半段的绝对权来处理,法益受侵害,即径认为违法。[183] 张红教授除了提到中国法不承认违反保护性法律侵权类型[184],没有论及纯粹经济损失(一直将抚养费当后果损失看[185]);没有探讨过个案中的利益权衡事宜(一般人格权的保护思路);也没有考察过,就典型错误出生案件而言,是否并不存在"违反社会公共利益、社会公德"情节的问题(一般人格利益的保护思路)。另外,张红教授在介绍了德美两国判例法的动态后写道:"从比较法上看,承认在错误出生案件中父母基于其优生优育权或堕胎权被侵害而产生的、因抚养残障婴儿而额外支出的赔偿请求权,已渐成一种趋势。"[186] 前已反复论及,此诚非实情。

以上分析说明,错误怀孕和错误出生诉讼不应分别区处,两者法律基础相同,本章引言部分已提及。下面讨论关键:计划外妊娠分娩是否构成身体伤害?

德国判例法明确肯定计划外妊娠分娩构成身体伤害。英国判例法立场稍欠清晰,但不少法官持此说。新西兰法则反对将计划外妊娠分娩看作身体伤害。新西兰建立起了意外事故的无过错补偿体制,这套体制仅覆盖人身伤害,主要指身体伤害。[187] 就医疗场合来说,伤害必须由"医疗意外"造成,或者是"治疗伤害"。[188] 早期判例将妊娠看作自然生理状况(natural physiological condition)[189],更近些的判例也确认,妊娠不在补偿体制覆盖范围内。[190] 在

---

[183] 参见前注 18,张红:"错误出生的损害赔偿责任",第 56—57 页。
[184] 同上注,第 62 页。
[185] 同上注,第 60—61 页;前注 18,张红:"错误怀孕之侵权损害赔偿",第 35 页。
[186] 前注 18,张红:"错误出生的损害赔偿责任",第 59 页。
[187] Accident Compensation Act 2001, s 26(1)(b)(NZ).
[188] Ibid, ss 20(2)(b), 32, 33.
[189] XY v. ACC(1984)2 NZFLR 376, 380 per Jefferies J(分娩将任何"伤害"治愈);ACC v. Auckland Hospital Board [1980] 2 NZLR 748, 753 per Speight J(孕育孩子的能力竟被描述为应予"赔偿"的医疗意外,真是令人惊奇的事情)。
[190] Rosemary Tobin, *Wrongful Birth in New Zealand*, 12(3)Journal of Law and Medicine 294(March 2005)。

ACC v. D 案中，输卵管结扎手术失败，原告怀孕，以遭受医疗意外为由请求补偿。[191] 上诉法院以多数判决认定，计划外妊娠并非 2001 年《意外事故补偿法》所说的"人身伤害"，盖妊娠并非"身体伤害"。依阿诺德法官（Arnold）和埃伦·弗朗斯法官（Ellen France）的看法，如此理解更合乎意外事故补偿体制不同阶段的一贯立场。疾病当然是得界定为身体伤害的"自然"事件，但妊娠非为疾病，不是病理学问题（pathological）。早期法律文本曾称妊娠为"伤害"，但 1992 年法律文本将此删去，再考察立法沿革，都表明妊娠非属人身伤害范畴。虽说普通法上确有将妊娠看作伤害的例子，但新西兰的这套体制却不能如是理解，否则整个意外事故补偿体制就被颠覆了。[192]

愚以为计划外妊娠分娩并不构成身体伤害。试述如下。

第一，如前段所述，身体健康受侵害表现为病理学过程，而妊娠分娩乃为自然生理进程。妊娠分娩自然会经历疼痛、焦虑，这些毋庸置疑，但母亲的生理完好性未受危害，母亲的身体在分娩后也会复原如初。是以，妊娠绝不是传统意义上的身体伤害，而是"社会建构的"伤害。[193]

第二，是计划外妊娠构成身体伤害，还是妊娠本身构成身体伤害？从法律构造上讲，似应将妊娠本身看作身体伤害，是否在父母生育计划内则涉及伤害的违法性事宜。倘妊娠本身构成身体伤害，那么夫是否也应援引妻之同意（不限于错误怀孕），来排除致妻妊娠的违法性？过夫妻生活，已征得彼此同意，就妊娠事宜，还要再度同意？夫伪称已采取避孕措施，致妻怀孕，是否应承担侵权责任？

第三，倘（计划外）妊娠构成身体伤害，那么在错误出生案件中，自医生未检出胎儿残疾或者堕胎手术失败开始，医生即以其不作为侵害了孕妇的身体权（表现为妊娠持续）。可德国法及前面丁春艳教授、张红教授又不作如是解。

第四，妊娠分娩构成身体伤害，只有妻得请求精神损害赔偿，欲使夫亦得请求精神损害赔偿，即不得不另设其他损害名目，例如英国上议院于里斯案发明的常例慰抚金，必致叠床架屋。就妊娠分娩的医疗费用，本是夫妻共

---

[191] ACC v. D [2008] NZCA 576.

[192] See supra note 19, Andrew Grubb, Judith Laing & Jean McHale, p. 299.

[193] Christian Witting, *Physical Damage in Negligence*, 61 (1) The Cambridge law Journal 189, 192 (2002).

同支出，夫却不能据此诉因请求赔偿。

基于以上讨论，不才立场为：其一，原告夫妇就生育事务的自主意志受妨碍，仅在特殊案情下（比如已检出胎儿残疾，却表现得麻木不仁，不将相关信息通报给原告夫妇），方得依《最高人民法院关于确定民事侵权精神损害赔偿责任若干问题的解释》第1条第2款（该解释修订后删除此条），以被告违背社会公德侵害其他人格利益为由请求精神损害赔偿。其二，就妊娠分娩的医疗费用、误工损失，在最初医疗契约的保护目的范围内，原告夫妇得据契约法请求赔偿。

3. 纯粹经济损失说

偶有中文文献提到纯粹经济损失，但论述上多有不周。房绍坤教授认为，母亲的知情选择权受侵害，得请求赔偿财产损害和非财产损害。父亲亦有知情选择权，可以独立提起诉讼，亦可夫妇共同起诉。但又说，"母亲遭受的是直接的财产损害和非财产损害，而父亲所遭受的损害只是妻子人身损害和残疾孩子出生的反射损害"，"属纯粹经济损失中的反射损失"。[194]稍后讨论赔偿范围，又分为两个方面：妊娠分娩造成的精神痛苦和经济损失，抚养孩子带来的财产损害和非财产损害。[195]这些论述既没有清楚界分绝对权受侵害的后果损失与纯粹经济损失，也未能准确厘定错误出生案件的诉因。

前文提及，最高人民法院民一庭正确指出，计划外孩子的抚养费用性质为纯粹经济损失。但其又认为，中国法并未吸收德国侵权法的体系构成，故不能以违反保护性法律为由请求赔偿。[196]可稍后陈现杰法官又著文称，中国判例法实际接受了类似德国侵权法体系构成的类型化模式。在错误出生场合，违反的保护性法律即《母婴保健法》第17条、第18条，原告得据此请求赔偿纯粹经济损失。[197]吕成龙博士亦认为，现行法希望通过产前诊察措施来促进人口优生优育，亦在此中涵盖了对妇女优生优育选择的保护，故得认为，错误出生案件中医方违反了保护他人的法律，患者得据此请求侵权损害赔偿，

---

[194] 前注21，房绍坤、王洪平文，第11页。
[195] 同上注，第13页。
[196] 参见前注11，陈现杰文。
[197] 参见前注154，陈现杰文，第11、13—14页。

实现对优生优育人格利益及相关财产利益的保护。[198] 在中国法上，是否得以违反保护性法律为由寻求纯粹经济利益的救济，得通过法律解释找到答案。[199] 此处要害在于，《母婴保健法》对人的保护范围固然为"母亲和婴儿"，但目的在保障身体健康、"提高出生人口素质"（第1条），而不在于心疼父母的钱包。医生发现胎儿患有严重遗传性疾病或者严重缺陷，向接受服务的父母详细说明即可，当事人自得秉其意志自主行事，《母婴保健法》唯恐愚夫愚妇心慈手软，竟然令医生劝告患者终止妊娠（第18条第1项、第2项），再结合患有严重遗传性疾病，经采取长效避孕措施或者施行结扎手术后不生育的可以结婚的条款（第9条、第10条），可知消极优生主义沦肌浃髓，又岂意在体谅匹夫匹妇养育残疾子女的晨兴夜寐、节衣缩食。

诚然，在典型的错误怀孕和错误出生案件中，都是医生出于过失未尽到检查说明等义务，但在极端案情下，亦可能构成故意以违背善良风俗的方式加害他人类型的侵权。就这里的"故意"，间接故意足矣，即行为人预见到并且放任损害结果发生。在德国判例法上，过失咨询案件类型，倘出具咨询意见之人就信息真实与否表现得无所顾忌、毫无责任感，就其轻率行为的潜在损害后果漠不关心，法院即倾向认为违背善良风俗。[200] 据最近的新闻，某位孕妇妊娠早期产检时，医生即查出血液存在梅毒、人类免疫缺陷病毒（HIV）感染待确诊，稍微联系孕妇未果后即放弃尝试，亦未报告医院相关部门，终致产下婴儿感染梅毒、HIV。[201] 此类案件，即有依侵权法请求赔偿抚养费的可能性。

4. 责任成立的因果关系

中文文献及判例于因果关系着墨甚少，似乎认为不成其为问题。试看这段论述："患者请求遗传咨询"，"其目的性是非常明确的，医生对此也明确知悉，因此医生的过失医疗行为与原告权利受侵害之间的因果关系是直接和确定的"。[202] 类似的说法是，"不当出生的特殊性还在于只要查明了医疗机构违

---

[198] 参见前注155，吕成龙文，第117页。
[199] 实务界的意见，例如，前注154，陈现杰文，第10页以下；学术界的意见，例如，葛云松："《侵权责任法》保护的民事权益"，载《中国法学》2010年第3期，第37页以下。
[200] 参见前注29，马克西米利安·福克斯书，第166页。
[201] 参见谢寅宗、邱萧芜、王茜："宜宾孕妇称产检HIV阳性未获告知致婴儿疑感染，卫计委介入"，载澎湃新闻网 https://www.thepaper.cn/newsDetail_ forward_ 1646936。
[202] 王洪平、苏海健："'错误出生'侵权责任之构成"，载《烟台大学学报（哲学社会科学版）》2008年第3期，第37页。

反了告知义务，那么其违法行为与孩子不当出生之间的因果关系也就成立了"。[203]

这些论述背后隐藏的前见是，"对于先天残疾的胎儿，父母一般会选择终止妊娠"。[204]这前见并非理所当然，甚至让人害怕。中国法纵然未将堕胎入罪，却也绝不能将胎儿当作稍破即弃的物件而免去原告的证明负担。原告夫妇需要克服的主要障碍，在于责任成立阶段的必要条件（事实因果关系），即必须使法官形成内心确信：倘被告医生向自己披露了正确信息（替换法），自己当会终止妊娠，从而避免纯粹经济损失（抚养费用）。这里的难度在于，需要证明的是假设的心理学上的联系。

曾秀静诉南海妇幼保健院案终于触及因果关系难题。被告及鉴定人都认为，足阙如并不是医学上终止妊娠的绝对指征。[205]也就是说，即便掌握真实信息，原告夫妇也不见得会终止妊娠。要判断原告夫妇的主张是否为真，应遵循主观患者标准：考察个案中原告夫妇的生育观念（比如说，是否不接受堕胎）、生育历史（比如说，有几个孩子、是否高龄产妇）、家庭环境（比如说经济状况、社交小圈子对残疾人的态度是否宽容）、医疗契约的目的（比如说，是绝对不打算要孩子，抑或只是不想要残疾孩子）、孩子的发育状况、有无治愈的可能性等因素。依《母婴保健法》第18条，胎儿罹患严重遗传性疾病或者有严重缺陷，医生应建议终止妊娠（第1项、第2项）。得由卫生主管部门或者行业协会制作终止妊娠胎儿适应证的清单，清单当然是依客观患者标准制作；出现适应证的，法官根据个案情势，得用为初步认定事实的基础（从而转移主观举证责任）。事实上，原卫生部确实制定了相关规范，《超声产前诊断技术规范》（卫基妇发〔2002〕307号附件6）写明了妊娠16周至24周应诊断的六种致命畸形，"包括无脑儿、脑膨出、开放性脊柱裂、胸腹壁缺损内脏外翻、单腔心、致命性软骨发育不全等"。曾秀静案中的被告应该即是据此持论，足阙如既然不见于清单，法院即不应支持原告的主张。愚以为，此类清单只是帮助法官初步形成内心确信：见于清单的疾病，法院衡诸个案

---

[203] 前注162，李秀芹、姜福先文，第80页。还有前注166，皮轶之、赵鸣文，第1056—1057页（"产前检查医院在诊疗过程中未尽法定义务的过失行为，导致了孕父母自主选择机会的丧失……两者之间具有相当因果关系"）。

[204] 前注18，张红："错误出生的损害赔偿责任"，第59页。

[205] 参见前注166，林劲标、黄延丽文。

案情，并不必须如此认定；不见于清单的疾病，法院亦非不能如此认定。有些学者提出"不可治愈"标准：只要胎儿缺陷不可治愈，即可推定父母当会堕胎。[206]诚然，倘胎儿的残疾不可治愈，法官固得于个案中为此推定，但不得将此设计为约束法官的规则。也有文献主张设立门槛，对于轻微残疾，父母应予容忍。[207]中国法既然没有不许堕胎的规则，这样的主张当然站不住脚。

错误怀孕（出生）诉讼和知情同意诉讼都会涉及心理学上的事实因果关系，但客观证明责任的配置不同。在知情同意诉讼中，被告医生对违法阻却事由负客观证明责任。倘不能证明已征得知情同意，医生还得援引假设同意抗辩（合法替代行为抗辩）：即便自己将关乎手术风险的全部信息披露给患者，鉴于患者的病情及其他个人情况，患者仍会同意治疗。倘法官形成初步确信，行为意义的证明责任或者说主观举证责任转移至患者处。患者不必证明自己一定会拒绝治疗，只要证明这些真实信息会使自己处于严重的两难困境即可（将待证事实推回真伪不明的状态）。在错误怀孕（出生）诉讼中，原告对心理学上的事实因果关系负客观证明责任，故必须在高度盖然性标准上使法官确信，其当会终止妊娠。法官一方面要保护原告夫妇就生育事务的意志自主，另一方面又要避免孩子父母过于容易得到偶然性赔偿，将命运的不公转嫁给医生。这里，心理学上因果关系的考察是平衡冲突利益、控制诉讼规模的有用工具，在中国司法实践中尚未发挥应有的作用。

附带提及，错误怀孕（出生）诉讼并非医疗过失诉讼（前者保护纯粹经济利益，或者加上就生育事务的意志自主，后者则保护生命、健康、身体权），即便在《最高人民法院关于民事诉讼证据的若干规定》（法释〔2001〕33号）适用的时代，亦不得依第4条第1款第8项将举证责任倒置。[208]医疗过失诉讼的请求权基础为《民法典》第1218条；错误怀孕（出生）诉讼即便在侵权法上提起，亦只涉及《民法典》第1065条第1款，无关第1218条。

在司法实践中，由于错误地将此类诉讼理解为医疗过失诉讼，不少法院竟

---

[206] 参见前注167，金福海、邵冰雪文，第40页。

[207] 参见周平："'不当出生'案件中医疗机构责任之探讨"，载《兰州学刊》2010年第10期，第112页。

[208] 相反的意见，参见前注18，张红："错误怀孕之诉侵权损害赔偿责任"，第36页（"在举证责任倒置的前提下，被告只需证明此两类因果关系中其中有一类不成立即可免责"）。

委托鉴定机构就事实因果关系事宜出具意见。本章引言部分检索到的8件错误出生诉讼,有3件犯了这个错误。试看这段鉴定意见:"根据现有的鉴定材料,分析认为金山医院在对周婕的超声检查过程中,存在未能检出胎儿患有先天性心脏病的医疗过错。医疗过错使周婕丧失了优生的机会。因此,医方的医疗过错与患有先天性心脏病的胎儿杨某某出生存在因果关系。"[209]胎儿的发育不良是否应检出,固得据"当时的医疗水平"来判断,母亲当会狠心堕胎的结论又是如何得出的?须知此处心理学上的因果关系并非科学(医学)事宜,正是谙练人情世故的法官施展之处,鉴定机构并不拥有任何知识优势,何由置喙。

5. 责任范围

(1)精神损害赔偿。有少数判例,只给予精神损害赔偿,不支持财产损害赔偿请求。例如,云南平安中西医结合医院与陈武凤医疗损害赔偿纠纷案中,法院认为,优生优育权和生育知情权并非"实体的物质权利,无法具体计算或衡量受损权利的价值和数额",这两项权利都属人身权,得请求精神损害赔偿。假肢费和抚养费赔偿请求不予支持。[210]前面提到,最高人民法院仅有的一件错误出生案法律文书亦持此立场。

此类判决对原告甚为苛刻,但实有可取之处,即体现了规范保护目的说,正确认识到计划外孩子的抚养费并非所谓生育自主权受侵害的后果损害。反倒是批评此立场的文献未能体会这一点。[211]至于此类判决当然给予精神损害

---

[209] 杨皓添、周婕与重庆医科大学附属第一医院等医疗损害责任纠纷案,重庆市渝中区人民法院(2013)中区法民初字第07228号民事判决书("金山医院的医疗过错与患有先天性心脏病的胎儿杨某某的出生之间存在因果关系")。另见刘国山、冯莉莉与天津市滨海新区汉沽医院医疗损害责任纠纷案,天津市滨海新区人民法院(2014)滨汉民初字第1994号民事判决书("汉沽医院的医疗行为与患者冯莉莉因B超漏诊未能及时终止妊娠,最终导致剖宫产的损害后果有因果关系,原因力为完全因素");梅玉涛、翟林等与中国人民解放军第四六四医院医疗损害责任纠纷案,天津市南开区人民法院(2015)南民初字第5457号民事判决书("第四六四医院的超声检查结果与患儿之母决定是否继续妊娠具有相关性,其原因力为半量因素")。

[210] 昆明市中级人民法院(2007)昆民三终字第854号民事判决书。他如倪某某、涂某某诉高邮市妇幼保健所生育残疾儿童赔偿案,参见沈成良、谭申生、陈国平:"错误生产的法律问题探讨",载《中国医院管理》2005年第6期;韩某夫妇与荆州市某医院侵害生育选择权纠纷案,参见汪文汉、裘苗根:"B超未查出残疾胎儿谁买单:湖北省首例状告医院侵害'健康生育选择权'案纪实",载《检察风云》2006年第23期,第54页;杨志强:"'不当出生'医患纠纷中的赔偿责任——曲某诉某市计划生育服务站医疗损害赔偿纠纷案",载《山东审判》2007年第5期。

[211] 参见前注56,卢扬逊文,第76—77页。另见前注18,田野、焦美娇文,第5页。

赔偿的做法，有待商榷。盖不才认为因生育事务的意志自主受到妨碍所生的精神损害，乃是纯粹精神损害。

从比较法上看，英德两国的立场是，母亲请求精神损害赔偿的依据是身体健康受侵害，而不是所谓生育自主权受侵害。至于乍见孩子残疾，受到震惊，或者养育残疾孩子的顾复劬劳，则不得请求精神损害赔偿。盖精神损害赔偿贯彻"直接身体伤害规则"（direct physical impact rule），精神损害为身体健康受侵害之后果损害的，方得请求赔偿，纯粹精神损害原则上得不到救济。中国法的立场也一样，只有以违背社会公德的方式加害"其他人格利益"的，方得请求纯粹精神损害赔偿。[212]

中文著述颇多以为，原告夫妇生下残疾孩子，预期落空，感受到的失望、悲伤等不良情绪，[213]以及抚养残疾孩子的艰难苦恨，[214]皆得请求精神损害赔偿。依不才理解，此乃纯粹精神损害，性质上即不予救济，并非因为抚养孩子得到的欢愉将这些损害抵消。

错误怀孕案件有类特殊情形，即孕妇以手术成功终止妊娠。此际不生抚养费问题。手术为身体伤害，因医生过失，原告不得不受此身体伤害。就手术费用、误工损失等财产损害，手术所致身体疼痛和精神痛苦，得请求赔偿。[215]

（2）额外抚养费用。王泽鉴先生反对赔偿一般抚养费用，以为"子女不是一种损害，而是价值的实现，子女的出生涉及全面性的亲属法上的关系，兼含各种财产及精神（包括亲情、欢乐）的构成部分，其权利义务不可分地结合构成一个整体，不宜将抚养义务单独抽离，认为系属一种应予赔偿的损害"。[216]判例与学说持此立场者甚众，而且往往诉诸权威，援引王泽鉴先生为

---

[212] 以违背公序良俗方式加害他人，依《德国民法典》第826条只得请求纯粹经济损失赔偿。

[213] 前注157，周云涛、赵红玉文，第78页（"孕育健康宝宝的希望化为泡影"）；前注166，张健、向婧文，第53页（"缺乏应当的预期而遭遇事实"）；前注18，田野、焦美娇文，第9页。

[214] 前注157，周云涛、赵红玉文，第78页（"歧视与偏见""艰辛与困难"）；毛彦、宋巧仙："错误出生之诉的法律分析"，载《江南大学学报（人文社会科学版）》2009年第4期，第67页（"陪伴、担心畸形孩子的父母一生的痛苦"）；前注166，皮轶之、赵鸣文，第1058页（"因生育先天畸形儿童而产生的失望、焦虑、悲观等负面情绪可能伴随父母一生"）；前注56，卢扬逊文，第76页（"无止境的担心与惊惧"）；前注18，左迪文，第98页（"因抚养残疾孩子所承受的精神痛苦"）；前注18，田野、焦美娇文，第9页（"承受常人难以想象的精神压力和痛苦，付出更多的劳动和心血"）。

[215] 参见前注157，李燕文，第178页。

[216] 前注66，王泽鉴书，第142页。

奥援。[217]问题在于，倘此论辩成立，同样可以适用于特殊抚养费用。

比较法上亦呈现出若隐若现的趋势，即额外抚养费用予以赔偿，一般抚养费用则不予赔偿。愚以为，多数错误怀孕（出生）案件，原告夫妇寻求医疗服务的目的在于防范残疾孩子出生，而不是根本不要孩子，从契约目的考察，自应将赔偿限于孩子残疾所致的额外费用，从而造成了以计划外孩子是否残疾为界分标准的假象。

（3）全部抚养费用。少数学者主张，不论精神损害、特殊抚养费用还是一般抚养费用，在责任范围的因果关系上，皆是法益受侵害直接造成，得请求赔偿。[218]

丁春艳教授详细胪列了应予赔偿的各项损害。在错误怀孕案件中，①母亲诉求：母亲妊娠分娩的医疗费、误工损失，再次接受节育手术的医疗费用；母亲因妊娠分娩以及再次手术所遭受精神损害。②父母诉求：将孩子养大到成年所需抚养费、教育费用，为照顾孩子放弃工作所失去的收入，因违反计生政策而缴纳的社会抚养费；抚养计划外孩子的精神痛苦。在错误出生案件中，①母亲诉求：在医生犯下过失后，母亲继续妊娠分娩所支出的医疗费、误工损失，遭受的精神痛苦；但母亲避免了声称打算接受的堕胎手术，相应的医疗费用、误工损失以及精神痛苦，应予扣减。②父母诉求：因残疾所生的额外抚养费、教育费用，治疗残疾的医疗费，残疾辅助器具费，因残疾而生的护理费等财产损害，父母因孩子残疾而遭受的精神损害。[219]

前文已反复阐述，抚养费用能否得到赔偿，要考虑契约目的。妊娠分娩相关损失当然在契约保护目的范围内。孩子残疾给父母的打击以及抚养残疾孩子的艰难，不得给予精神损害赔偿。在错误怀孕案件中，准母亲不顾计生

---

[217] 判例如，文女士诉漳州市医院侵害健康生育选择权案，引自前注 21，房绍坤、王洪平文，第 4 页（赔偿了残疾生活补助费）；曾秀静夫妇诉佛山市南海妇幼保健院侵害知情选择权案，参见前注 166，林劲标、黄延丽文（赔偿了残疾赔偿金）。学说如前注 214，毛彦、宋巧仙文，第 67 页；前注 166，张健、向婧文，第 53 页；前注 157，周云涛、赵红玉文，第 80 页；前注 18，张慧文，第 125 页；前注 18，汪洁琼文，第 60 页；前注 18，田野、焦美娇文，第 22—23 页。

[218] 参见前注 21，房绍坤、王洪平文，第 13—14 页。另见前注 167，金福海、邵冰雪文，第 40—41 页；乔东天：“错误生命和错误出生法律问题探析”，载《山东警察学院学报》2014 年第 2 期，第 76—77 页（只论及抚养费）。

[219] 参见前注 18，丁春艳文，第 692、696 页。主张医院赔偿社会抚养费的还有前注 181，张雪、王萍、张赫楠文，第 59 页；前注 18，马强文，第 23 页。

法律法规的限制（《人口与计划生育法》第18条），仍将孩子生下的，得否请求赔偿抚养费用？或主张，"原告坚持生育孩子，因其本身行为违法，被告不必赔偿抚养费"。[220]愚以为，仍应从规范目的分析入手。违反计生相关法律法规，主要引起公法上的法律效果（缴纳社会抚养费，《人口与计划生育法》第41条），间或引起劳动法上的法律效果，这些法律效果原则上不在医生注意义务射程之内。

另外，继续妊娠危及孕妇生命健康的，医生应建议终止妊娠（《母婴保健法》第18条第3项），医生未尽到此项义务致孕妇死亡或者健康受损失的，房绍坤教授认为亦应赔偿。[221]愚以为，此种情形非为错误出生诉讼，而是典型的医疗过失诉讼，在现行法下，请求权基础为《民法典》第1218条。

6. 司法实践立场

下面将引言部分检索到的9件判例，加上最高人民法院受理的那件错误出生案，做成一览表（表5-2：中国法院的立场），借以大致把握司法实践中法律的运作情况。

中国法院的立场可以概括为外松内紧。"外松"表现为原告胜诉率较高。在这10件判例中，只有2件的审理法院以被告提供产检服务无过错为由驳回起诉。还有2件的审理法院虽未认定被告有过错，但仍给予原告一定精神损害补偿。另外6件，精神损害赔偿请求都得到支持；妊娠分娩相关损失也视原告的主张而大抵得到赔偿（崔山、陈晶与泰安市中心医院医疗损害赔偿纠纷申请再审案未主张）。法院从来没有在事实因果关系的证明上刁难过原告，一般都是直接认定了。"内紧"则指，就最为主要的赔偿名目，也就是计划外孩子的抚养费用，在涉及此项请求的3件判例中，2件支持了特殊抚养费用赔偿请求（弓政等与北京市通州区妇幼保健院医疗损害责任纠纷案和梅玉涛、翟林等与中国人民解放军第四六四医院医疗损害责任纠纷案），崔山、陈晶与泰安市中心医院医疗损害赔偿纠纷申请再审案则将特殊抚养费用赔偿请求驳回；原告没有主张，法院也没有讨论过一般抚养费用的赔偿事宜。总体来看，法院还算沉稳持重，未曾见到如某些学说主张的给予一般抚养费用赔偿的判例，值得赞赏。

---

[220] 前注157，李燕文，第179页。
[221] 前注21，房绍坤、王洪平文，第14页。

表 5-2 中国法院的立场

	判例	法益受侵害	赔偿名目	判决依据
错误怀孕	高阳与中国人民解放军第306医院医疗损害责任纠纷案	身体伤害（绝育环脱落，复堕胎）	（a）医疗费（上环、人工流产、取环三次手术）、误工费、护理费、交通费、住院伙食补贴费等经济损失； （b）精神抚慰金3000元	《侵权责任法》第16条、第54条
错误出生：咨询过失	崔山、陈晶与泰安市中心医院医疗损害赔偿纠纷申请再审案	知情权、健康生育选择权（脊椎缺陷）	给予原告精神损害赔偿。 驳回特殊抚养费用（医疗费、陪护费、支具费、营养费等）赔偿请求	《民法通则》第106条
	弓政等与北京市通州区妇幼保健院医疗损害责任纠纷案	知情、同意、选择权（未检出胎儿脊柱生理曲度改变）	（a）在错误生命诉讼中驳回残疾赔偿金请求； （b）赔偿母亲照顾残疾孩子的误工损失； （c）赔偿孩子的医疗费用； （d）赔偿父亲的精神损害1万元	《侵权责任法》第6条第1款、第22条、第54条
	梅玉涛、翟林等与中国人民解放军第四六四医院医疗损害责任纠纷案	优生优育选择权（未检出右手阙失）	（a）酌令赔偿经济损失10万元（加重了原告夫妇的抚养负担）； （b）酌令赔偿精神抚慰金10万元	《侵权责任法》第6条、第54条

续表

判例	法益受侵害	赔偿名目	判决依据
杨皓添、周婕与重庆医科大学附属第一医院等医疗损害责任纠纷案	知情权和生育选择权（胎儿心脏发育不全，后死亡）	(a) 母亲和孩子的医疗费、护理费、住院伙食补助费、交通费等经济损失； (b) 精神损害赔偿金4万元	《母婴保健法》第14条、第17条、第18条第2款，《侵权责任法》第54条
刘国山、冯莉莉与天津市滨海新区汉沽医院医疗损害责任纠纷案	生育选择权（胎儿畸形，后死亡）	(a) 分娩期间医疗费、交通费、住院伙食补助费，母亲接受护理的费用、营养费，母亲的误工损失； (b) 母亲的精神损害8.2万元	《侵权责任法》第16条、第54条
宋甲、宋乙等与上海市闸北区中心医院医疗损害责任纠纷案	选择权（未告知可行唐氏筛查）	精神损害抚慰金4000元	《民法通则》第5条
李林玉、武健与上海市普陀区中心医院医疗损害责任纠纷案	超声检查报告描述不确切（手足畸形）	补偿原告5万元	《侵权责任法》第2条、第54条

续表

判例	法益受侵害	赔偿名目	判决依据
郭晶等与清华大学玉泉医院医疗损害责任纠纷案	未提到	被告未检出胎儿右耳畸形,但无过错	《侵权责任法》第60条
徐嘉璐与上海市松江区妇幼保健院医疗损害责任纠纷案	未提到（本件为错误生命诉讼）	未检出左手掌阙如,但无过错	《侵权责任法》第54条

应受质疑的还是前文反复论及的,中国法院普遍将受侵害的法益看作生育自主权,进而将抚养计划外孩子的费用和父母所受精神损害看作后果损害,认为理所当然应予赔偿。不才则以为这里所受的系纯粹精神损害和纯粹经济损失,都需要附加更严格的要件才能得到救济。最高人民法院在崔山、陈晶与泰安市中心医院医疗损害赔偿纠纷申请再审案中将特殊抚养费用赔偿请求亦驳回,但未尽到说理义务。多数法院都援引《侵权责任法》第54条（《民法典》第1218条）,错将此类诉讼看作医疗过失侵权。另外,精神损害赔偿缺乏可操作的标准,少则3000元,多则10万元,有碍法律公平与安定。

五、结论

在错误怀孕和错误出生案件中,不能认为妊娠分娩构成身体伤害,也不能认为在具体人格权体系里有所谓生育自主权。就生育事务意志自主的人格利益受侵害的,只有在特定案情下,得认为医疗服务人的行为违反社会公德的,方得给予精神损害赔偿。权利人不限于接受医疗服务的患者,亦及于其配偶。

计划外孩子的抚养费用既非身体伤害的后果损害,亦非生育自主权受侵害的后果损害,而系纯粹经济损失。《母婴保健法》以及其他相关法律规范,目的在于提高全体人群的健康水平,而不在于提供财务救济,故不能主张被告违反保护性法律而请求赔偿抚养费用。在极特别的案情下,倒是有可能认为被告故意违背公序良俗,但并非此类案件常态。是以,对计划外孩子的抚养费用这个赔偿名目,只得乞援于契约法。至于能否得到救济或者得到多大程度的救济,要看原告夫妇通过生育相关医疗服务寻求保护的是何样利益,亦即寻求医疗服务的目的或者动机。倘得认为,防止原告夫妇因抚养计划外孩子而担上经济重负确实落在医疗服务人的注意义务射程内,医疗服务人自应负赔偿责任。正因为纯粹经济损失在侵权法上原则上是不赔偿的,才说规范保护目的对责任认定的极大重要性尤其体现在纯粹经济损失中。[222] 倘立法者认为有必要,自得如澳大利亚某些州或者考茨欧的损害赔偿法草案,以特别立法将可予赔偿的抚养费用框束在一定限度内。只要没有此类立法,法官即不得直接援引法律政策而置法教义学上的合理解释于不顾,擅自将赔偿额限于特别抚养费用甚至不予赔偿。

不才倡导考察契约目的和就医动机来确定保护的深度,这是德国判例法的基本路径,在英美判例法中亦有相当体现。在出于治疗目的场合,计划外孩子的抚养费用不予赔偿,这一点不存在分歧。在出于纯粹经济目的场合,计划外孩子的抚养费用应予赔偿,亦无分歧。在出于优生目的和社会经济目的场合,德国联邦最高法院判例法倾向于给予全部赔偿,并不妥当。在优生的场合,原告只是不想得到残疾的孩子,并不是根本不想要孩子,将规范保护目的说贯彻到底,即应只赔偿残疾所致额外抚养费用。在出于社会经济动机的场合,自应考察经济动机在混合动机中所占分量,给予相应赔偿。在医疗实务中,医疗服务需求人未必愿意向医疗服务人披露充分信息,凡遇此类疑难之处,就赔偿事宜皆应严格解释,盖医疗服务契约的内容本身并不直接指向经济利益,故不应遵从德国判例法的宽松解释路径。

在全部咨询过失案件以及部分手术失败案件中,原告要克服心理学上因果关系的证明难题。[223] 法官得因应法律政策的需要,利用这道在中国司法实

---

[222] 前注 99,克雷斯蒂安·冯·巴尔书,第 559 页。
[223] 比如麦克法兰案,原告即应证明,倘知道结扎手术不能杜绝怀孕风险,自己当会采取进一步措施。

践中形同需设的闸口,把握诉讼洪流的规模,不必动辄陷入孩子的出生是否构成具有法律意义的损害或者父母得自亲子关系的利益得否扣减抚养费用这样的哲学伦理泥淖。

最后要提到的是患者最初接受生育相关医疗服务的费用如何处理。有些案例径直将之归入计划外妊娠分娩后的损失[224],并不妥当。医生出于过失,提供的生育相关医疗服务未达成预期效果,有可能构成根本违约,原告得请求回复原状(《民法典》第577条),也就是倘医疗服务人恰当履行义务,原告本当处的状况。这是原告通过支付合同对价应该得到的待遇,当然不能请求返还对价。比如在绝育手术失败的情形,由被告再次为原告施行手术,或者要求被告支付回复原状所需要的费用,由原告另行寻找医疗服务人。最初支付的医疗费用不得要求返还。原告亦得解除合同,请求医疗服务人返还自己支付的合同对价并赔偿自己所受损失(《民法典》第566条)。这里的损失,当然很可能包括抚养费用;也只有解除合同,才能请求返还最初支付的医疗费。

是以,除了成功堕胎的案件得主张侵害身体健康权,一般而言,错误怀孕(出生)诉讼的案由当为医疗服务合同纠纷,请求权基础视原告的主张而定,或为《民法典》第563条、第566条,或为《民法典》第577条。

---

[224] 参见高阳与中国人民解放军第306医院医疗损害责任纠纷案,北京市朝阳区人民法院(2015)朝民初字第04701号民事判决书。

丙帙　医疗损害救济法制改革

第六章
瑞典人身损害综合救济机制研究

一、引言

瑞典斯德哥尔摩大学的比尔·杜瓦（Bill W. Dufwa）教授将侵权法的发展历程划分为三大阶段。第一阶段，一直到19世纪中叶的传统侵权法，在此阶段，一切都围绕着过错原则展开。18世纪末、19世纪初欧洲的伟大民法典皆奠基于过错原则之上，其在学理上几乎不受质疑。德国法儒耶林《罗马私法中的过错要素》为此提供了完美的学理解释。可就在耶林著述问世的时候，变化已生。侵权法历史的第二阶段悄然来临。在某些领域，特别是工伤赔付领域，过错原则被弃置不御，为严格责任让路。与此同时，公共保险和私人保险开始发挥作用。侵权法历史第三阶段的特征则在于各种特别赔付体制的发展，这些特别赔付体制甚至在一定程度上将侵权法体制冲击得晕头转向。在这变迁的背后，乃是对侵权法尤其是人身损害赔偿法制积聚的不满。侵权法虽也屡经改革，但仍不能平息众议。积怨在20世纪后半叶达到阈值，如燎原之火般迸发蔓延开来。这甚至被看作传统侵权法走向终结的起点。[1]

正如其在地理上偏居一隅，瑞典之法制成就，在世界法制史波澜壮阔的历史画卷中，亦向来叨陪末座，不甚引人注目。瑞典法制的崭露头角，甚至可以说脱颖而出，全在杜瓦所谓侵权法发展的第三阶段。被冠以"瑞典模式"（Swedish Model）之名的一组人身损害特别赔付体制，不但赢来无比赞誉，追慕者亦不在少数，真可谓风头一时无两。

本章主旨即在考察瑞典的人身损害特别赔付体制，具体言之，即交通险、职业安全险、患者险、药害险和刑事受害人赔付计划，其目标、功能、适用领域、赔付条件与赔付额、筹资、运营机构、与传统侵权法体制以及社会保

---

[1] See Bill W. Dufwa, *Alternative Compensation Systems: Personal Injuries*. 国际保险法协会第11届国际会议主旨报告，载 https://aidainsurance.org/events/xi-aida-world-congress_ 2002-10-20。

险体制之协调，如此等等。在此之前，先敷陈瑞典侵权法制与社会保险法制之荦荦大端，盖人身损害赔偿法的"瑞典模式"并非空穴来风，先有福利国家的"瑞典模式"搭台布景，人身损害赔偿法的"瑞典模式"方能搬演，不知前者，难以明了后者，而瑞典侵权法制的谦冲自牧亦为往后诸般特别赔付体制之顺利运转埋下伏笔。"瑞典模式"放而大之，即为"北欧模式"。前面言及之五类体制，丹麦、挪威、芬兰诸国大抵皆制备相应构设。虽然北欧诸国之间差异亦不在小，但就外人而言，仍可一体视之。在北欧以外，踵武"瑞典模式"尤其是其独领风骚的患者险体制之呼声亦屡见不鲜，但从之者莫说仅有，实在绝无，原因何在，颇值得探讨。

二、瑞典的侵权法制

（一）1972年之前

17世纪，北欧法的法典化时代到来，将所有私法、刑法、诉讼程序法汇辑于一处的全面性法典开始编纂。最早是1683年的《丹麦法典》，接着《挪威法典》于1687年施行。《瑞典法典》（Sveriges rikes lag）完成于1734年。这部法典乃是发轫于瑞典帝国或者说列强时代的全面立法改革运动的最终成果，取代了克里斯托弗国王（King Christopher）时代的中世纪法，以及马格努斯·埃里克森国王（King Magnus Eriksson）以降的城市法，经弗雷德里克一世（Fredrik I）御准，于1736年9月1日施行。《瑞典法典》计九编，前五编涵盖了大部分私法，包括婚姻法、继承法、土地法、建筑法，还有商事法律，之后则为侵权法、刑法、判决执行法和诉讼程序法。[2]

1734年《瑞典法典》竟是瑞典最近一次"彻底"法律改革，其法制演化之持重稳健性格可见一斑。虽然大多数规则或者由于情势变迁已经废弃不用，或者已经被新的制定法取代[3]，但《瑞典法典》本身还是有效的，仍"被视为瑞典法之脊梁"。与大陆法系之法典不同，《瑞典法典》于法律原则全不在意，而是斤斤执着于特殊案件之处理，故颇有处理具体侵权问题之规则，

---

[2] 参见［德］K. 茨威格特、H. 克茨：《比较法总论》，潘汉典等译，法律出版社2003年版，第408页。

[3] 同上注，第409页。

比如动物致人损害（这在农业社会乃是很重要的事宜），却并没有一般侵权法。[4]

拿破仑鼓荡起的滚滚风雷，让波罗的海亦卷起波涛。1811年，瑞典国会设立特别委员会，思谋起草新法典。1826年，带着《法国民法典》鲜明烙印的草案面世，但由于保守派的反对而未克功成。[5]私法草案设损害赔偿一章（第15章），但主要针对的是契约损害赔偿。《瑞典刑法典》（Strafflagen，Act on Punishment，以下称"老刑法典"）倒是于1864年颁行，该法典第六章包含有损害赔偿规定。1972年之前，就刑事案件之外的侵权，关于损害赔偿，还没有一般的制定法条款，1864年老刑法典第六章因缘际会而为侵权责任之主要法源，特别是有关儿童和精神病人责任的规则，还有连带责任以及与有过失的规则。[6]

1864年老刑法典颁行前，虽无制定法可供援引，但就侵犯人身和财产，法院一直都是令被告承担过失责任。一方面是类推适用有关各种合同的制定法规则，这些都是过失责任规则；另一方面是从其他法律体制寻求支持，比如阿奎利亚法（lex Aquilia）就屡见于文献，也推动了瑞典法的发展。还要一提，瑞典民事责任法的一个重要特征在于，向来不严格界分侵权责任与违约责任。[7]

这些主要的历史发展没有影响到严格责任。随着交通手段的发展，引严格责任入侵权法成为具有重大实务价值的问题。海事法长久以来即由特别立法规制，船舶所有权人就一切雇员的过失负侵权责任，不问该雇员之地位轻重。这一原则为1891年立法所确认，尽管法律已遭修订，仍有效施行。铁路之运行更令严格责任引进变得迫在眉睫，遂有立法出台，针对不同情况设计了不同规则。

机动车交通事故领域格外重要，瑞典法于此领域循序渐进。立法于1906年规定，车辆所有权人就驾驶人员的过失负责。1916年，又引入一套准严格责任来补充：立法推定，损害不是因驾驶人员之过错而造成，即是因车辆之缺陷而造成。就两辆机动车相撞，设有特别的、复杂的责任规则。机动车责

---

[4] See Jan Hellner, *Compensation for Personal Injuries in Sweden—A Reconsidered View*, 41 Scandinavian Studies in Law 249, 251 (2001).

[5] 参见前注2，K. 茨威格特、H. 克茨书，第410—411页。

[6] See supra note 4, Jan Hellner, p. 251.

[7] Ibid.

任险最初系自愿险，但从1928年、1929年间起，变为强制险。同时，开始允许受害人直接起诉保险人。

以上略述瑞典侵权法制之早期梗概。总体而言，改革之前的法律状况不令人满意。不过，实际局面因保险而得改善，尤其自20世纪中叶始，一揽子保险推广开来。一揽子保险一般都包含责任险。用作回复原状手段的侵权责任，如今既为侵权行为人的责任险所覆盖，即便责任人破产或者不愿支付，原告获得赔偿的机会也不会受影响，效率自然得到加强。[8]

（二）《损害赔偿法》

第二次世界大战之后，北欧诸国司法部长曾聚议，拟于某些领域推行北欧共同法，侵权法榜上有名。瑞典历来是北欧诸国法制异动的急先锋，改革看来势在必行。

最初的改革计划气势恢宏。为了落实庞大的战略，免不了从各国点兵点将，瑞典乌普萨拉大学的刑法学教授，同时亦为侵权法专家的伊瓦尔·斯特拉尔（Ivar Strahl, 1899—1987年）位列其中。1950年，斯特拉尔就侵权法改革的原则发布综合报告。从长远来看，这份报告的影响不可小觑，此处且按下不表（详见第三部分），不过，若将其理念通盘接受，未免过于激进，若是立即付诸实施，涵盖范围又过于宽广。可以马上着手实施并且也有此迫切需求的，乃是以下三个领域：替代责任、机动车交通事故、政府责任。另外，瑞典早就在筹划以新刑法典取代1864年的老刑法典（后于1962年通过新刑法典），正好借着这个机会，将老刑法典有关损害赔偿事宜的第六章一并更替。斯特拉尔的报告于1960年出版。此后工作进展缓慢。立法机关以为，机动车交通事故有待再加斟酌，其他三项建议则可纳入统一的制定法。又俄延至1972年，《损害赔偿法》（Skadeståndslagen, 1972：207）才终告颁行。从理论上讲，这部损害赔偿的一般法亦沿袭瑞典法的传统，不严格区分违约责任与侵权责任，故同样适用于违约责任，但实际上其价值还是在侵权法领域。[9]

《损害赔偿法》并非意在瑞典侵权法制的任何彻底改革。经由早期立法和

---

[8] See supra note 4, Jan Hellner, p. 253.

[9] Ibid., pp. 253-254. 这部法律或译为"侵权责任法"（Tort Liability Act），如Erland Strömbäck, *Personal Injury Compensation in Sweden Today*, 38 Scandinavian Studies in Law 431 (1999)；或译为"损害赔偿法"（Damages Act），如Bill W. Dufwa, *SWEDEN*, in B. A. Koch & H. Koziol eds., Compensation for Personal Injury in a Comparative Perspective, Springer, 2003, p. 326。似以后者为妥。

判例法所确立的一些基本原则并未更易或者只有轻微变动。1864年老刑法典第六章的基本格局事实上仍可于《损害赔偿法》法中窥觅。就人身损害和财产损害，过错责任仍为瑞典侵权法之基础：故意或者过失致人身或者财产损害者，负赔偿责任（第2：1条）；[10]对严格责任压根儿没有提及。

这部法乃是"框架法"（frame legislation），就诸多重要事宜并未加以界定与规制。这意味着该法条款不能反面解释（e contrario）。该法虽然只讲过错规则，但不能由此得出结论，说严格责任一概禁止。这种立法技术正与此前的司法实践相吻合。过错原则固然为主导原则，但法院亦得于特定情形强化责任，而且做得很成功。这部法的一般法性质使得其可能与侵权法领域的特别立法相互配合、协力共治。[11]那些在1972年还生效的有关严格责任的制定法，多数都已为更新的立法所取代，其他的也都有所增添，但总的风貌依旧。《损害赔偿法》的一些条款，尤其是有关原告与有过失以及复数侵权人之间责任分摊的条款，当然也适用于严格责任。为了解决损害赔偿金评定事宜，《损害赔偿法》于1975年经部分改革（1975：404），旨在起草出更为清晰的规则，协调各种赔付来源之间的关系，确保既不会赔偿不足，也不会赔偿过度。有关损害赔偿金评定的规则同样适用于严格责任。

此前的判例法时期，雇主责任一直没有梳理出清晰的头绪。依新的制定法，雇员于执行职务过程中过失造成人身或财产损害的，雇主负替代责任（第3：1条）。这条必须与第4：1条合起来看，雇员就其执行职务过程中的过失行为，仅在"异常原因"下，方负个人责任。这需要考虑雇员作为或者不作为的性质、雇员所处的位置、受害人的利益以及其他相关情势来判断。"异常原因"必须很强大。实际上，这种情况很少见。第4：1条时或被视为对下面无奈事实的妥协：赔偿数额稍大一些，雇员往往就无力承担，而雇主则"囊橐充盈"。另外一种立场则将替代责任看作某种企业责任，这种立场得于《损害赔偿法》的预备文件（travaux préparatoires）中找到支持。一般来讲，雇主都投有责任险，将赔偿大笔金钱的风险转化为了定期缴纳的保险费

---

〔10〕 该法第2：2条规定，就因犯罪行为（例如欺诈）所致之纯粹经济损失，负赔偿责任；但不能反面解释，说非因犯罪所致之纯粹经济损失，即不得赔偿。Mårten Schultz, *Questioning the Questionnaire: The Unheard Message from Scandinavian Tort Law*, 50 Scandinavian Studies in Law 290, 299 (2007).

〔11〕 See supra note 9, Bill W. Dufwa, pp. 326-327.

用。[12]因过失行使公权力造成损害的，政府负赔偿责任（第3：2条）。

看起来，以上也不过是些"普遍公认的侵权法原则"[13]，卑之无甚高论。但有一处，也就是与有过失规则的适用，预告了对侵权责任的新立场。受害人与有过失的，侵权责任得予扣减，如何扣减方为合理，则依双方当事人各自过错程度以及个案特别情势而定。但就人身损害，却将与有过失规则严加绑缚，仅当受害人故意、重大过失或者酒醉驾驶时，方允许扣减责任（第6：1条）。要说故意去遭受人身损害，自然是凤毛麟角，而且一般都意味着试图自杀，故而，将削减责任局限于受害人的重大过失乃为这一条的关节。在人身损害案件中，即便受害人犯下过失，瑞典法院也一向不情愿认定过失为重大。是以，在司法实践中，因受害人之与有过失而将人身损害赔偿责任予以削减的规定几乎形同废弃。

据《损害赔偿法》的预备文件，此种立场乃系出于社会考量：受害人已经遭受了严重伤害，就因为片刻的疏忽，便要在没准儿整个余生承受起沉重的经济损失，实在苛刻。这论辩背后的哲学思想不外乎，虽然依精确的正义要求，应该照着双方当事人行为的可责性来分担损失，但出于对人身损害受害人的悲悯之情，却不得不对正义理念稍作背离。在司法实践中，对现行的规则似乎普遍比较满意。甚至是负责掏腰包的保险人，也没有多大兴趣去探个究竟，可有什么削减责任的基础，又能够削减多少。当然，肯定会有情形适用该规则的结果不能令人惬意。可以设想，加害人（没有投保责任险）过失更轻而受害人过错更大一些，但只要受害人的过错尚未构成重大过失，即不得将加害人之责任削减。在有些学者看来，单考虑这种可能性，即足以视为法律之缺陷。[14]

在这一小节的收梢处，有一点必须提及，即侵权法下的赔偿水平。就损害赔偿金的评定，《损害赔偿法》贯彻的当然是全部赔偿原则，主要是收入损失和抚养费损失，包括"痛苦和创伤"（Sveda och värk）、"容貌损毁或其他永久损伤"（Lyte eller annat stadigvarande men, Ersättning för medicinsk invaliditet）、"其他不便"（olägenheter i övrigt）在内的非经济损失，俱得赔偿。非常

---

[12] See supra note 4, Jan Hellner, p. 254.
[13] Supra ntoe 9, Bill W. Dufwa, p. 326.
[14] See supra note 4, Jan Hellner, pp. 255-256.

遗憾，缺乏精确的统计数据，但照一般看法，瑞典乃至整个北欧，相较欧洲其他国家，赔偿水平都"有些寒碜"（fairly low）。[15]比如，依瑞典侵权法的一般原则，在死亡案件中，原告并没有请求非经济损害赔偿的权利，像失去至亲至爱家庭成员的痛苦，是无由主张损害赔偿的。[16]这一背景对包括瑞典在内的北欧诸国无过错体制的发展深具影响，稍后再论。

（三）民事责任特别立法

在某些风险活动领域，会设置特殊责任规则。一般来说，相对于过错规则，这些特殊规则意味着更为严厉的责任。依 1985 年《铁路交通法》（Railway Traffic Act），就人身损害，铁路负无过错责任。《交通损害赔偿法》（Traffic Damage Act）人身损害赔偿规则亦夯筑于无过错原则之上。责任由强制交通险所涵盖。因机动车事故而受损害的，不论车辆所有人或者驾驶人员是否有过失，俱得请求赔偿。若是受害人故意、重大过失或者因过失而酒醉驾驶，促成事故发生的，或者自杀，得扣减赔偿。

特别责任规则亦适用于其他领域，比如，1994 年《海事法》（Maritime Law），1922 年《航空运输责任法》（Air Traffic Liability Law），1957 年《航空运输法》（Air Traffic Act），1902 年《电力设施法》（Electric Installations Act），1968 年《核能责任法》（Nuclear Liability Act），1986 年《环境责任法》（Environment Liability Act），1992 年《产品责任法》（Product Liability Act），以及 1943 年《宠物看管法》（Law on Supervision of Dogs and Cats）。为了特别保护刑事犯罪的受害人，1978 年出台了专门的赔偿立法。[17]

---

[15] Bo von Eyben, *Alternative Compensation Systems*, 41 Scandinavian Studies in Law 195 (2001). 位于苏黎世的瑞士再保险公司（Swiss Re）理赔部曾就一些欧洲国家赔偿规则加以调查，出具报告"欧洲国家人身损害赔偿标准的近来趋势"（Recent Trends in the Standard of Compensation for Personal Injury in a European Context）以及"西欧人身损害赔偿：西欧八国非金钱损害赔偿的原则、实践与近期发展"（Compensation for personal injury in Western Europe: Principles, practice and recent developments in the field of non-pecuniary loss in eight countries）。尽管并未就瑞典与其他国家加以比较，但很显然，瑞典的赔偿水平并不是最高的，当然也不是最低的，而是处在中间某位置。欧洲保险与再保险联盟（Comité Européen des Assurances）也曾发表研究报告"欧洲的人身损害赔偿原则：九国比较研究"（The Principles Governing Compensation for Bodily Injury in Europe: Comparative Study in Nine European Countries），同样认为，相较于其他欧洲国家，瑞典的赔偿水平"差强人意"（fairly）。See supra note 9, Erland Strömbäck, p. 444.

[16] Supra note 9, Erland Strömbäck, p. 449.

[17] Ibid., pp. 433-434.

三、瑞典的社会保险法制

欲知晓人身损害赔偿法制领域之"瑞典模式",先得了解社会发展道路意义上的"瑞典模式",后者乃为前者之幕布远景。20世纪60年代末,法国《快报》(L'Express)主编施赖贝尔写作《美国的挑战》,最早提出"瑞典模式"说法,就这术语的所指,各式见解颇多[18],撮其要,不外乎"阶级合作"与"社会福利"。[19]

从1932年到1976年,社会民主党于瑞典连续执政43年,开创西方左翼政党绝无仅有之历史。社会民主党推动劳资合作、建立福利国家,卓有成效,形成所谓"瑞典模式"。瑞典的各种福利措施,覆盖领域广泛,从教育、就业、住房、养老到妇女儿童保护,花色繁多,琳琅满目。[20]本章仅就与人身损害相关者略陈大意。

瑞典的保险体制由三大支柱构成:第一大支柱是政府设立的社会保险或者叫公共保险;第二大支柱是雇主提供的劳动保险,多依据劳资双方订立的集体协议而设,但不限于此;第三大支柱则是受补贴的私人自购保险,就此种缴款,减免课税。

(一)社会保险

因疾病或者受伤而失去工作能力,强制性质的社会保险为受害人提供基本保护。国民保险(National Insurance)与工伤基本险系社会保险中的主要两股。

1. 国民保险

国民保险的赔付不考虑损害原因,也不考虑伤害发生的个案情势。保险金主要出自国家一般岁入以及雇主缴款,被保险人也得缴款(参见表6-1)。

---

[18] 参见刘军:"瑞典学界对瑞典模式的争论与思考",载《国际社会科学杂志(中文版)》2009年第1期,第125页。

[19] 参见潘培新:"谈谈瑞典模式的由来、意义和几点思考",载《当代世界社会主义问题》1989年第2期,第52页。

[20] 参见杨迟:"瑞典模式的演变及当今瑞典社民党的政治定位",载《国际论坛》2002年第6期,第66—67页。

表 6-1　法定雇主缴款

	占工资百分比（%）	
	2012 年	2020 年
退休金（retirement pension）	10.21	10.21
未亡人抚恤金（survivor's pension）	1.17	0.6
医疗险（health insurance）	5.02	3.55
工伤基本险（occupational injury insurance）	0.30	0.20
亲职险（parental insurance）	2.60	2.60
失业险（unemployment insurance）	2.91	2.64
工资扣缴（payroll contribution）	9.21	11.62
总计	31.42	31.42

在瑞典，所有雇主依法都要代表其雇员向社会保险缴款，缴款占工资总额31.42%。雇主缴款是在工资之外另缴的，只要雇员年收入达到1000瑞典克朗，雇主即应为其缴款。

雇员向抚恤金体制缴纳的7%工资。这项缴款包含在所得税中，雇主在源头处将缴款与初始所得税（preliminary income tax）扣除。收入超过一定数额的部分，雇员不必缴款（2012年为440 622瑞典克朗，2020年为501 000瑞典克朗）。[21]

国民保险主要包括医疗险、基本抚恤金和补充抚恤金。在医院接受的治疗活动，还有药品之类，皆由医疗险埋单。患者承担的全部或者几乎全部费用，都纳入了保险。还有疾病险救济金（sickness insurance benefits），赔偿疾病期间的收入损失。不过，对收入损失的赔偿设有封顶，即基本数额的7.5倍，能赔多少，还要看患病时间长短。疾病第一阶段，雇员所得赔偿还是由雇主以平常的薪金形式发放，不过得扣除一定比例。

其他的抚恤金，主要是退休金和死者遗属的抚恤金，都区分为基本抚恤和补充抚恤两个不同项目。瑞典早在1913年就创办了基本抚恤金体制，1959年又建成ATP体制（公共保险性质的补充抚恤金，allmän tilläggspension），前

---

[21] See The Swedish Trade & Invest Council, Business Sweden: The Swedish Social Security System 2021. See https://www.business-sweden.com/.

者系固定福利，依基本数额（Basic Amount）特定比例而定[22]，后者则与特定阶段的收入水平挂钩。ATP体制于议会表决通过前，"曾遭到过资产阶级政党的顽固反对，因为它对工人和其他中下层工薪阶层是有好处的"。[23]

只要受害人的工作能力受到损害，就得发放救济金。若是永久性质的工作能力损害，就得由提前退休金计划来补偿收入损失，其性质为伤残抚恤金。受保人因为受伤害、疾病或者任何其他身体或精神活动能力的降低，工作能力永久性地减少25%，即得请求发放基本退休金和补充退休金。完全残疾或者近乎完全残疾，得请求全部退休金。倘残疾程度较轻，即只能得到全部退休金的一部分，大抵与残疾程度相当。

基本退休金系以基本数额特定比例为据的固定救济金，补充退休金计划则是以受保人在具备完全工作能力的情况下于特定计算期间内的收入为依据。倘其工作并未贯穿整个计算期间，缺失期间的收入将被推定之。基本退休金和补充退休金加起来，将占受保人具备完全工作能力时收入的60%至90%。在最低收入档次，赔偿程度最高。而在更高的收入档次，也就是年收入270 000瑞典克朗以上，赔偿程度不过略高于60%。

倘失去家庭经济支柱，遗属得请求家庭抚恤金，表现为孀妇抚恤金（widow's pension）与幼童抚恤金（children's pension）。家庭抚恤金同样包括基本抚恤金与补充抚恤金：前者系固定救济金，依基本数额特定比例而定；后者则与死者生前收入挂钩。近些年，孀妇的抚恤金请求权受到严格限制，从长远来看，这种抚恤金将遭废弃命运。孩子则有权获得死亡父母提前退休金的特定比例。[24]

但是，1994年，瑞典公共保险体制经历"巨变"（radical change），退休金计划从固定福利转为固定缴款体制。[25]新体制于1999年引进，自2003年1

---

[22] 基本数额系依物价指数调整的单位，用于社会保险目的。依1957年价格水平，现值（present value）4000瑞典克朗。

[23] 前注20，杨迟文，第68页。

[24] See supra note 9, Erland Strömbäck, pp. 436-437.

[25] 根据《国际会计准则第19号》，退休金计划分为固定缴款计划（defined contribution plan）与固定福利计划（defined benefit plan）。固定缴款计划指企业定期缴付一定数额的退休基金给独立第三方（信托机构）保管，由第三方到期支付雇员退休金；固定福利计划指职工退休时，企业有支付退休金的义务，企业是否按时提取退休基金则由企业决定。有时两者并没有明确界限，在某种程度上可以从不确定性角度来判断，即看不确定性引起的风险（主要指投资风险）由谁来承担。在固定福利计划

月起全面适用，取代了此前的基本抚恤金与补充抚恤金。[26]新体制的救济水平尚待详考，但总体上看，对中低收入水平的人来说，意味着退休金的减少，甚至被当作"瑞典模式空心化"的表征。[27]

2. 工伤基本险

遭受了工业伤害以及其他伤害的人，有权自1976年落实的强制工伤基本险（Arbetsskadeförsäkringen）获得赔偿。所有雇主都要代表雇员向保险缴费。除了典型的工作中伤害，上下班途中所受伤害以及职业病亦在保险范围之内。

工伤基本险强化了国民保险对职业伤害或者职业疾病的基本保护。在伤害或者疾病导致残疾或者死亡的情形，工伤基本险的赔偿水平更高。就轻伤小害，赔偿水平则相去无几。若是受害人的工作能力永久降低至少1/15，工伤基本险将为其提供终生年金。年金，再加上来自国民保险的救济金，旨在完全赔偿受保人的收入损失，但不得超过基本数额7.5倍，这是瑞典社会保险所能考虑的最高数额了。工伤或者疾病导致死亡的，在特定情形下，年金亦得发放给遗属。

据斯托派克讲，"由于其他的赔付计划，尤其是社会保险［覆盖了大部分损害］，就受害人及其家属持续的基本生活费来讲，［侵权法的］损害赔偿金已失其大半功用"，"在大多数情况下，损害赔偿金不过是起到补充作用"。[28]

通过收入替代率与覆盖率两个指标（表6-2），可以看到北欧国家福利制度曾经的慷慨与辉煌。

（接上页）下，由企业确保退休金的最终支付，企业承担由不确定性导致的投资风险；而在固定缴款计划下，企业把由不确定性导致的投资风险转移给了个人。参见鲁昌："养老金的核算原则与会计处理"，载《经济论坛》2004年第13期，第131页。

[26] Christine Trampusch et al. eds. (2010), Pension in Sweden. REBECA (Research on Social Benefits in Collective Agreements). Database, Part 2 "Social Benefits in Collective Agreements". SNF-Project No. 100012-119898. Institute of Political Science, University of Berne. See https://cccp.uni-koeln.de/fileadmin/wiso_fak/wisosoz/pdf/REBECA/Sweden_Pension_eng.pdf.

[27] 前注20，杨迟文，第68页。

[28] Supra note 9, Erland Strömbäck, p. 442.

表 6-2　1985 年普通生产工人的收入替代率（工资的百分比）
及主要转移支付项目的覆盖率[29]

国家		瑞典	挪威	荷兰	丹麦
收入替代率（%）					
养老金	最低标准	48	48	48	54
	全额享受	77	67	69	56
疾病津贴（26 周病休）		90	100	74	77
产假/父母亲假（26 周休假）		92	83	77	83
失业（26 周）		72	61	56	59
覆盖率（%）					
养老金		100	100	100	100
疾病津贴		87	85	92	81
产假/父母亲假		100	100	100	81
失业		75	90	63	80

（二）雇主提供的劳动保险以及私人保险

除公共保险外，许多雇主还为雇员提供劳动抚恤金（occupational pension），用作吸引和挽留熟练雇员的手段。这样的保险计划大多是通过劳资双方的集体协议设立，当然，非集体保险也是有的。

瑞典私营部门最早的劳动抚恤金计划于 1917 年由一些雇主建立，针对的是白领工人，称为 SPP（Svergies privatanställdaas pensionskassa）。这一抚恤金计划由退休金与孀妇抚恤金组成，在国民基本抚恤金之外提供更多救济。

1960 年，ATP 体制建立。私营部门白领工人的劳动抚恤金遂在 ATP 体制的封顶之上提供额外救济。这一年，依据瑞典企业联合会（Svenskt Näringsliv[30]）

---

[29]　[美] 约翰·斯蒂芬斯："斯堪的纳维亚福利制度：成就、危机与展望"，载 [丹麦] 戈斯塔·埃斯平－安德森编：《转型中的福利国家——全球经济中的国家调整》，杨刚译，商务印书馆 2010 年版，第 53 页。

[30]　简称 SN，系瑞典雇主协会（Svenska Arbetsgivareföreningen, SAF）和瑞典工业联合会（Federation of Swedish Industry）2001 年合并而成，代表私营企业，有 50 个会员组织。

与协商合作委员会（Privattjänstemannakartellen[31]）之间的集体协议，设立了工商业白领雇员的补充抚恤金 ITP。ITP 计划是以雇员退休时的收入为基础的固定福利计划，由保险公司阿莱克塔（Alecta）与服务公司克莱克特（Collectum）管理。2007 年，像国民保险一样，ITP 体制也由固定福利转变为固定缴款体制。

1973 年，瑞典建立了蓝领工人的以集体劳动协议为基础的劳动抚恤金 STP（Svenska tillägs pension）。1996 年，依据瑞典企业联合会与瑞典工会联盟（Landsorganisationen i Sverige[32]）的集体协议，瑞典雇主协会与瑞典工会联盟依集体契约设立的抚恤金（SAF-LO avtalspension）取代了 STP。2008 年，SAF-LO 协议也依样学样地改制为新的固定缴款计划。此后，蓝领和白领工人适用同样的抚恤金协议。

这些计划主要是为国民保险封顶（基本数额 7.5 倍）之上的收入损失提供救济。收入高于封顶的雇员约占劳动力总量的 36%，劳动抚恤金"或多或少"掀翻了封顶。是以，随着 1994 年启动、1999 年落实的第一大支柱改革，公共体制如今全力庇佑的乃是低收入老年人，契约性质的抚恤体制则在公共体制的封顶之上提供更丰厚的救济。彼消此长，诚如伯尔尼大学政治科学研究所"福利国家的私有化"项目所言，"这是瑞典福利体制有趣的一面，盖一般而言，瑞典的工资结构是扁平型的，税收与社会保险体制将这扁平结构捶打得更为坦。是以，在第一支柱的封顶之外提供救济的集体抚恤金体制多少冲击了这种扁平结构。对瑞典乃系全民福利国家的传统描述，似乎也有了否定的口实"。[33]

有些公司没加入雇主组织，未与工会组织订立集体协议，得与工会签署集体适用协议（hängavtal，即约定适用工会与某雇主组织订立的某集体协议，也可能作些修正），也可以提供非集体保险。就蓝领工人来说，这种途径极为罕见，盖工人一般都是工会成员。不过，没有订立集体协议或者集体适用协议的公司，并不是必须提供非集体保险计划。

最后，个体雇员亦得通过私人养老储蓄形式来补充自己的保险待遇。

20 世纪 70 年代以后，瑞典经济增长渐趋迟缓，甚至陷入停滞，失业率陡

---

[31] 简称 PTK，27 家领薪雇员及文官工会组织的联合组织，此前称作工商领域领薪雇员联盟（Federation of Salaried Employees in Industry and Services）。

[32] Landsorganisationen，简作 LO，直译为"全国组织"（national organisation），斯堪的纳维亚国家蓝领工人工会组织的通称。瑞典 LO 有 200 万蓝领会员。

[33] Supra note 26, Christine Trampusch et al., p. 2.

增,在新自由主义世界大潮下,整个发展道路向右转,私有化、去管制、减税、砍削社会福利,传统的"瑞典模式"被宣告已经破产。[34] 表6-3展示出10年间三类抚恤金收入所占份额的变化,可以看到,第一大支柱节节后退,而二、三类支柱步步挺进;但从上文亦可见,瑞典的社会保障体制仍然可谓体贴周到,这又是理解人身损害赔偿法制"瑞典模式"不可或缺的另一背景。

表6-3 各类养老金收入所占份额(65—69岁老年人)[35]

年份	国民养老金 (National pensions)		劳动养老金 (Occupational pensions)		私人养老金 (Private pensions)	
	男	女	男	女	男	女
1996	74.4	80.6	20.3	15.6	5.3	3.8
2002	67.9	76.2	24.2	16.4	8.0	7.4
2006	64.0	72.1	27.7	19.0	8.1	8.9
2007	62.2	70.3	29.4	20.3	8.4	9.4

(三)保险金与损害赔偿金的协调

在今天的人身损害赔偿领域,侵权法下的损害赔偿金往往与来自其他途径的救济相伴而生,各种不同种类的救济金如何相互协调,这一问题的重要性愈益凸显出来。

1962年,有关各种社会保险的规则经过大修,大多纳入同一部制定法,这时候发现,就社会保险针对侵权责任人追偿权的规则,此前各保险领域的立法立场各异。要想保持立场统一,最为简便的办法就是彻底废除一切此类追偿权,而瑞典走的正是这条路。就某损害,倘应支付损害赔偿金,所有社会保险金都要从损害赔偿金中扣除。这一基本立场见于《国民保险法》(National Insurance Act, 1962:381)第20:7条以及《工伤基本险法案》(Industrial Injuries Insurance Act, 1976:380)第6:7条。[36]

这些规则因《损害赔偿法》1975年修订而得到强化,还有一定程度的扩

---

[34] 参见[瑞典]珀·奥尔森:"瑞典是社会主义国家吗?——瑞典模式的起落",葛晶晶译,载《当代世界与社会主义》2010年第1期。

[35] Supra note 26, Christine Trampusch et al., p.2.

[36] See supra note 4, Jan Hellner, p.256.

张，此后虽经一些细节上的调整，仍适用到今天。核心规则写在第5：3条，其文道："在赔偿收入损失或者抚养费损失时，就受害人因损害而有权获得的下列形式的福利，应予扣除，即①依《国民保险法》或者《工伤基本险法案》的强制保险条款应得的赔偿或者任何类似福利；②抚恤金或者其他定期补偿或者病假工资，只要该笔福利系由雇主支付或者自额外福利（perquisite）保险处获得。"[37]

是以，仅就未为社会保险所覆盖的那部分损失，受害人方得请求赔偿金，此中要义在于，社会保险救济金旨在扶助贫弱，但要避免过度赔偿。就社会保险救济金来说，不得向加害人追偿，故而，社会保险之运行，不单单惠及受害人，亦有利于加害人或者加害人的保险公司。此间道理在于，通过税收及其他途径，加害人于社会保险之筹资大业亦与有微劳。[38]

就雇主所出之救济金，不论直接支付还是通过保险，不论是病假工资还是退休金，原则上俱应由损害赔偿金中扣除。就直接支付的救济金，扣减的主要理由在于，雇主就其支付给雇员的赔偿，得代为行使雇员的损害赔偿请求权。就雇主通过保险所出之救济金，例如像 ITP 计划这样的集体或者个别退休基金，或者像 AGS 这样的集体医疗险，早先的法律立场与今天不同。依过去的看法，这里的保险原则上系定额保险，依《保险契约法》第 25 条，除非特别写明，否则不得追偿。可是，大多数的退休金或者此类医疗险救济金，与损失密不可分，其针对的正是特定水平上的收入损失。是以，依 1975 年修订后之规则，集体退休基金以及来自集体医疗险的救济金，应从损害赔偿金中扣除，以避免过度赔偿。1995 年《损害赔偿法》修订后（1995：1190），就个别退休基金，亦采纳相同立场。[39]

---

[37] Supra note 9, Bill W. Dufwa, p. 316.

[38] See supra note 9, Erland Strömbäck, p. 450. 政府于 1999 年设立专门委员会，研讨社会保险的追偿事宜。专门委员会于 2002 年 1 月提交工作成果，结论为否定。社会民主党、左翼，还有专门委员会主席，都认为社会保险不该提起任何诉讼。政治家认为这些事宜关乎社会连带；成本应该由全体社会成员分担。即便侵权行为人系故意为之，社会连带思想也该受到尊重。社会保险能不能提起追偿诉讼，看起来实在是政治问题。See supra note 9, Bill W. Dufwa, p. 314.

[39] See supra note 9, Erland Strömbäck, p. 450. 这一立场亦遭学界批评。设 X 系小企业 A 的雇员，因大企业 B 的过错造成的事故而遭受损害。依瑞典法，A 必须向 X 支付抚恤金或者病假工资。但就这些费用，A 企业不能从任何途径得到补偿。1999 年设立的议会委员会在其 2002 年报告中建议，雇主应有追索权。See supra note 9, Bill W. Dufwa, p. 316.

多数情况下，私人保险所支付的救济金不存在与损害赔偿金相协调的问题，也就是说，不论有多少张保险单，受害人都可以照收保险金不误。当然，如果保险人保留了追偿权，或者得依转让条款要求偿还，就不会出现得到多笔救济金的权利。私人保险被看作个体的"私人事务"。是以，受害人可以从私营的疾病险、意外险或者养老险那里领取救济金，完全无碍损害赔偿金。数额多是提前固定的。而且，一般来说，这些救济金相互也不影响。所以，完全可能从任一意外险中得到全部救济金。[40]

四、瑞典的特别赔付体制："瑞典模式"

20世纪后半叶前段，两部学术著作宣告了侵权法第三阶段的到来，一为法国作家维内的《责任的衰落》（Geneviève Viney, Le déclin de la responsabilité, 1965），一为英国作家阿蒂亚的《事故、赔偿与法律》（P. S. Atiyah, Accidents, Compensation and the Law, 1970）。在这两部著作中，作者关注的都是更为广阔的画面。侵权法只被看作更大赔付体制的一部分，那些因为侵权法饱受抨击而涌现出来的新体制则为整个赔付体制提供了全新的维度。维内将这些新体制看作对侵权法的补充，阿蒂亚则要悲观得多，预测侵权法终将为新的赔付体制所吞没。阿蒂亚称新体制为"有限赔付体制"（limited compensation schemes）或者"无过错体制"（no-fault schemes）。后者渐为国际学界最为流行的表达。[41]

瑞典得时代风气之先，缓慢而平稳地，依照社会进路发展起数种人身损害赔付的"无过错体制"，在欧洲独树一帜，获赞为"瑞典模式"。无此数种特别赔付体制，即无所谓"瑞典模式"之说。[42]

---

[40] See supra note 9, Erland Strömbäck, pp. 439–440.

[41] See supra note 1, Bill W. Dufwa, *Alternative compensation systems*; *Personal injuries*.

[42] 如斯德哥尔摩大学荣休教授杰·赫尔纳写道，"所谓瑞典替代体制，乃系四类保险的通称，这四类保险有一些共同的基本特征并于各自领域或多或少取代了侵权责任"（supra note 4, Jan Hellner, p. 249）。哥本哈根大学的博·冯·艾本教授写道，"要说这些赔付体制的共同特点，其皆非依立法而设，却系自愿而为（立法机关自然密切关注），而且皆为集体险种，从事相关活动的当事人（职业安全险场合的劳资双方，患者险场合的医疗服务人，药害险场合的药品生产与进口商）所担负的'责任'逾出一般侵权法下的责任。这套赔付体制经常称作'瑞典模式'"（supra note 15, Bo von Eyben, p. 202）。

第六章 瑞典人身损害综合救济机制研究

(一) 概述

1. 斯特拉尔的革命性理念

"瑞典模式"的主旨在于，就人身损害，务必使受害人得到赔付。[43]人身损害赔偿法制意义上的"瑞典模式"所由兴，实与社会发展道路意义上的"瑞典模式"同根共源，可视为后者之延展。[44]在"瑞典模式"的发展进程中，政治因素清晰可辨，而学者的作用也尤为重要。没有这些学者，大概瑞典的侵权法改革也难以走上今天的方向，而首功则当记于前面提到的斯特拉尔教授名下。

在前面提到的那份报告中，斯特拉尔一反常规，将人身损害与财产损害判然区分开来。在七十多年前，如此来把握主题还颇为新鲜，盖传统瑞典侵权法向来是将两者揉于一处的。古老的传统遭到如此猛烈的、影响深远的撞击，这还是头一回。[45]

依斯特拉尔之见，倘人身受到伤害，应尽可能地运用保险机制来施以援手。赔偿法完全不该被缚于侵权法之上。相反，应该本着满足受害人需求的标准来赔偿。要么由政府（或者法律明令的其他什么主体）出资设立社会保险，要么通过集体协议（将负担落到可能遭受损害的人头上），来全力加以救济。只有那些极端危险活动——这种活动造成的损失往往超出一般可以理解的程度，才应该由活动本身负担其外部成本（external costs）。像侵权法这样的体制，少数人就其损失可以得到全部赔偿，多数受害人却往往分文难取，斯特拉尔则认为，宁肯赔偿额少些，也要让大多数都能够得到赔付。照斯特拉尔的看法，谁要是对强制社会保险的救济水平不满意，就应该自己掏腰包去投保意外险或者疾病险。[46]在斯特拉尔看来，就财产损害，即无法建立这样的体制。斯特拉尔积极鼓吹侵权法的急进改革，并认为倘无立法推动，这目标断然难以实现。惜乎立法机关从来没有如斯特拉尔所愿地那般出手。[47]

斯特拉尔之后，纛旗传于欧洲保险法教授杰·赫尔纳之手。赫尔纳较斯

---

[43] "瑞典模式"最基本的理念就是，人身损害一定要得到赔付，并且赔付成本一般通过集体机构消化。Supra note 10, Mårten Schultz, 291.

[44] 最为重要的大概就是劳资双方的历史性妥协与社民党的长期执政。

[45] See supra note 9, Bill W. Dufwa, p. 312.

[46] See supra note 4, Jan Hellner, pp. 267-268.

[47] See supra note 9, Bill W. Dufwa, p. 312.

特拉尔更为老成持重，没有鼓吹斯特拉尔倡导的急进方案，而是更倾向于以各种不同种类的保险体制来取代侵权法，非如斯特拉尔般，唯我独尊地以一套社会保险体制架空侵权法。法学教授、最高法院法官伯蒂尔·本特松（Bertil Bengtsson），最高法院的另两位法官，厄兰·康拉迪（Erland Conradi）和乌尔夫·诺德森（Ulf Nordenson），还有两位保险界的代表，卡尔·奥尔德茨（Carl Oldertz）和厄兰·斯托派克（Erland Strömbäck），都为"瑞典模式"的发展贡献良多。[48]

2. 特别赔付体制的含义

阿蒂亚所谓"无过错"体制，瑞典法律界似乎更愿意称之为替代赔付体制（alternative compensation system），所"替代"者，自然是传统侵权法体制。[49]何种赔付体制得被看作侵权法之"替代"，不可能挑出单一界定标准。不过，总得或多或少地运用一些不同于侵权法的"技术"。为2002年国际保险法协会第11届国际会议，哥本哈根大学的博·冯·艾本（Bo von Eyben）教授代表北欧分会提交了一份北欧四国替代赔付体制的总报告，拈出以下四点与侵权法的不同，用作替代赔付体制的辨识性特征：[50]

（1）受害人于赔付体制寻求救济的权利不依赖对责任基础（不论是过错责任还是严格责任）的传统描述。相反，所要描述的只是为相关赔付体制所覆盖的事故或者伤害类型，这种描述主要是客观标准，或者至少是客观化的标准，表现为特定（商业）活动与相关事故/损害之间的关系要求。在这个意义上，赔付体制所提供之救济完全独立于所涉侵权行为人的任何"个人"责任。在有些情形，前面提到的（商业）活动与事故/损害之间的关系要求超出了简单的因果关系，这些关系要求也会经过"剪裁"，适应相关领域的特殊复杂性，这意味着请求赔付的权利并不能直接套入一般侵权法的责任范畴。

（2）赔付体制的筹资模式乃是集体主义的，资金来源于从事特定商业或

---

[48] Ibid., pp. 312-313.

[49] 杜瓦教授则强调，新体制在相当程度上以侵权法为基础，说什么侵权法的"替代"体制，显然言过其实，还是特别赔付体制或者无过错体制的提法更为准确。See supra note 1, Bill W. Dufwa, *Alternative Compensation Systems: Personal Injuries*.

[50] See supra note 15, Bo von Eyben, pp. 200-201. 此处所谓北欧四国乃指瑞典、丹麦、挪威、芬兰，冰岛非为国际保险法协会成员国，但1944年以前，冰岛与丹麦曾联合一体，故两国法制颇为相似。

者活动的主体，相关事故/损害得"归因于"（attribute）该种商业或者活动。典型的赔付体制由保险范围以及/或者一个（或更多）集体基金（pools）或者公共基金（public funds）构成。故，虽说这里的保险完全可能设计成将依一般侵权法应负损害赔偿责任的情形涵盖进来，但这并不是传统责任保险的问题。

（3）替代赔付体制所予之赔付与依一般侵权法应付之损害赔偿金大体上相当，如此，替代赔付体制得与普通的社会保障体制区别开来——社会保障体制的特征在于，其覆盖范围广于（1），而筹资方式异于（2）。不过，这只是出发点。这套体制所予之赔付也可能或多或少与依一般侵权法应付之损害赔偿金不同，比如说设有特别的最高额度，或者将微不足道的请求排斥于门槛之外，但仍得界定为"替代"。

（4）替代赔付体制设置有专门机构来负责运行，包括尤其是索赔申请之受领、对请求内容的调查以及负责裁决之权力，在这个意义上，赔付处理程序也是替代性的。与之相较，侵权法的一个典型特征在于，其并无"自己的"运营机构，一般来讲，争议或者由受害人与侵权人/责任险公司协商解决，或者由普通法院裁断。

替代赔付体制并不必然在四个方面皆与侵权法相悖。两套体制的区别只是程度上的差异。不过，若是某套体制在以上任何方面皆与侵权法无异，则难谓替代。是以，夯筑于严格责任之上并辅以强制责任险的体制（比如很多国家的机动车强制保险体制），其本身便不能说是侵权法的"替代"，不过，若受害人同样得直接对保险公司提出请求，或侵权人的个人责任被免除或者受限制，抑或所提供之赔付同样扩张于任何潜在损害赔偿责任之外，界限就变得模糊了。

说到这套体制的外延，倒没有什么争议，依引入时间之先后而列，为职业安全险（occupational safety insurance，1973）、患者险（patient insurance，1975）、交通险（traffic insurance，1976）、药害险（pharmaceutical injuries insurance，1978），捎带刑事受害人赔付计划，以下分述之。

（二）职业安全险

不唯瑞典，即在别国，对工伤损害勤力救护，皆为从侵权法体制走向综合救济机制之始，不过法律构造上有所不同而已。

前文述及，依《损害赔偿法》（第3：1条），就雇员过失造成的损害，雇主皆须负替代责任，哪怕受害人亦为雇员。虽然当初这改革被看得很重，但很快就发现仍然不敷所需。有一些情形招致特别批评，比如为外国船只工作的码头工人，这些船只很快驶离瑞典，工人受了伤，即便船舶所有权人负有责任，亦杳不可寻。这一回，扩张雇主责任的手段乃在集体协议。工会自然大力欢迎这种发展，而对雇主来说，围绕过失问题展开的争议往往闹得面红耳赤，还耗时费力，改弦更张亦未始不可。职业安全险（trygghetsförsäkringen vid arbetsskada, TFA）遂于1973年引入，最初仅及于特定人群，也就是装卸工人，此后普及开来，几乎涵盖了瑞典全部工业领域。[51]

职业安全险的基础是瑞典工业领域两家最大组织之间的集体协议，一是瑞典雇主协会，一是瑞典工会联盟。协议声称，必须建立保费由雇主支付的工伤保险。职业安全险非由立法规制，在此意义上，其系出于自愿；但实际上，如今所有标准集体协议都要求受协议约束的雇主承担投保职业安全险的义务，而不论雇员是否加入工会，在此意义上，其仍然带有鲜明的强制性质。[52]依集体协议，只要遵守有关安全险的集体协议，不仅受害人的实际雇主，还有加附该保险（adhering to the insurance）的其他雇主，都不再受那些有权获得保险赔付的雇员在侵权法上请求赔偿的追诉之苦。[53]

工人供职的企业若是不受集体协议约束，也就是说，企业并非同业公会成员，则不在职业安全险承保范围之内；雇主何以不加入同业公会，工人于此毫无干系，其亦不得自职业安全险处得到分毫赔偿。另外，集体协议覆盖不到的地方，比如家务工作者、被看作临时雇员的园艺师等，也得不到职业安全险的庇佑。[54]

工业伤害早被纳入社会保险体制，包括国民保险与工伤基本险。职业安全险将这套体制充实完成。也就是说，职业安全险所赔付的，只是社会保险覆盖不到的部分。最为主要的就是非经济损失（痛苦和创伤等），这是社会保险体制完全不理会的；在永久损害情形，社会保险也赔付不足。职业安全险提供的补偿金与侵权法下的损害赔偿金规模相当。不过，为了方便调整赔偿

---

[51] See supra note 4, Jan Hellner, p. 261.

[52] See supra note 9, Bill W. Dufwa, p. 320.

[53] See supra note 4, Jan Hellner, p. 262.

[54] See supra note 9, Bill W. Dufwa, p. 320.

请求，减少交易成本，这种补偿跟损害赔偿金相比，在计算上更为标准化了。[55]

不管是工作中的事故还是上下班途中的事故所造成的人身损害，还有超过90天的职业病，皆在保险覆盖范围之内。[56]另外，"职业安全险的受益人甚至亦得集体地或者个别地为工余时间（leisure time）投保。是以，即便在工作时间之外，一般侵权法规则亦在一定程度上失去了重要性"。[57]

就赔付条件来讲，完全不考虑雇主或者其他雇员是否犯下过失的问题，也就是说，职业安全险责任乃是严格责任。受害人有重大过失或者受酒精、药物影响而造成损害的，职业安全险不予赔付。[58]

在社会保险框架里，工伤本质上由雇主通过缴纳规费来赔付。职业安全险框架下同样是由雇主负担成本，这回是经由缴纳给保险人的保险费。

但瑞典体制也带来一些难题。公共保险性质的工伤基本险逐渐让政府感到昂贵，只好缩减福利金。于是，社会保险赔付水平与侵权损害赔偿金水平之间的缺口被拉宽了，盖侵权法的赔偿水平不受公共保险影响；雇主也担惊受怕，忧心职业安全险的成本会不会也越来越昂贵。结果，甚至是职业安全险下的福利金也缩水了。[59]可以看到特别赔付体制对社会保险体制在某种程度上的依赖：社会保险越丰厚，特别赔付体制便越容易运转。

（三）交通险

其他几种特别赔付体制皆只针对人身损害，交通险与之不同，亦及于财产损害。[60]另外，交通险从头即由立法引入，而非为自愿体制。[61]

《交通损害赔偿法》（Trafikskadelagen, 1975: 1410）系由乌尔夫·诺德森

---

[55] 瑞典的工伤赔付体制如今包括三套规则：工伤基本险、职业安全险、一般侵权法。从其他领域的发展情况看，都是将赔付事宜疏导入一套替代赔付体制，工伤领域倒好，正背道而驰。本来，将工伤基本险的赔付标准提高到侵权法的水平，从而起到整合作用，当为便宜之道。但经验表明，出于政治上的原因，很难通过立法对工伤险加以一般改革，立足于集体协议的自愿方案乃是唯一可走的路了。Supra note 15, Bo von Eyben, p. 226.

[56] Supra note 9, Bill W. Dufwa, p. 320.

[57] Supra note 9, Erland Strömbäck, p. 435.

[58] Ibid.

[59] See supra note 4, Jan Hellner, p. 262.

[60] Ibid., p. 251.

[61] 患者险于1996年由自愿体制转变为法定体制，详参下文。另外杜瓦说，瑞典的交通险是追随了美国潮流。See supra note 1, Bill W. Dufwa, *Alternative Compensation Systems: Personal Injuries*.

领导制定，1976年7月1日生效。这部法律完全体现了斯特拉尔的理念：怎么也不能叫寻求救济的受害人跟造成事故的驾驶人或者车辆所有人之类缠斗不休，而应该转而求助于机动车辆的保险人。

从技术构造上看，交通险体制"不能说就是侵权法上的严格责任跟强制责任保险的联姻"[62]，但也着实相去不远。[63]由于《交通损害赔偿法》并非以任何侵权责任原则为基础，故其给予的救济也不叫损害赔偿金（skadestånd），而称汽车事故补偿金（trafikskadeersättning）——当然，在计算的时候，是照着《损害赔偿法》的损害评定条款来的。

就人身损害来说，《交通损害赔偿法》的原则很简单。任何人因机动车之运行而受伤害的，皆得请求补偿，伤害系由核活动造成乃是唯一的例外。依早先的法律，责任的基础要么是过错，要么是汽车的缺陷，新的保险则以严格责任为基础，表现为无条件地请求车辆相关保险补偿的权利。

但《交通损害赔偿法》并未废止驾驶人及其他人的过错责任。交通险的功用在于，受害人一般用不着动用这种个人责任。就典型责任险来讲，投保人全部或者部分免于个人责任，保险人不得向投保人追偿，但交通险不同，因自己的过失而造成交通事故，进而造成损害的驾驶员或者所有人，或者任何其他人（比如说技师），并未免于基于过错的个人责任。不过现实却是，其承担责任的情况基本不会发生。受害人为何要舍易求难地追究侵权人的个人责任（或者侵权人所投的某种责任险），而不是直接向交通险索赔呢？为何偏偏要以过失为诉求之基础，而不是乞援于严格责任呢？当然，原告有时确实会盯着侵权人不放，而不会去打扰保险人。比如，针对保险人与侵权人的时效期间不同，前者已逝而后者尚未届至。不过此类情形实属凤毛麟角、难得一见。倘受害人果真追究侵权人的个人责任而侵权人也支付了赔偿，其有权请求交通险补偿（第19条第1款）。倘损害系侵权人故意或者重大过失造成，即失其针对交通险的补偿请求权。不过这实在稀见罕闻，可以忽略不计。[64]

交通险胸怀阔大，交通事故之各种受害人，包括车辆之所有权人与驾驶

---

[62] Supra note 4, Jan Hellner, p. 257.

[63] 比如杜瓦教授就说，"不过自本质而言，不论从给付之要件，还是从给付之规模，其即系损害赔偿。是由交通险而非车辆之所有人或者驾驶人来承担责任，且就人身损害承担严格责任"（supra note 9, Bill W. Dufwa, p. 317）。不过这么讲多少是有些粗糙了。

[64] See supra note 9, Bill W. Dufwa, pp. 318-319.

人，不分厚薄地皆被纳入赔付范围。

车辆所有权人，那个签署了交通险的人，竟也拥有此种权利，这真让人瞩目，其人所投不是责任险吗？原因在于，交通险不仅仅是责任险，也是人身险，由车辆所有权人投保。是以，仅就人身损害来讲，交通险实际上是责任险与人身险的结合。

驾驶人亦受强制保险覆盖，看起来同样可怪，与交通险乃系责任险的理念显然扞格不入，盖在侵权法上，不论驾驶人是否有过错，都无从对自己承担法律责任。但这一立场却被看作交通险的基石之一，与斯特拉尔的基本理念同轨合辙。照立法者的看法，驾驶人与交通事故的任何其他受害人一样，都需要保险庇佑，将其纳入强制险的覆盖范围从社会政策上看是可欲的。在交通险引入之前，跟许多其他国家一样，瑞典通行的乃是自愿性质的驾驶人意外险。但有识之士深知，就严重伤害，这种庇护来得杯水车薪。这见识后来为丹麦的反面经验所证实，盖丹麦的交通险虽然在诸多方面与瑞典相近，却未将驾驶人纳入强制险范围。另外，将这些人全都纳入同一强制险，保险的管理成本将会减少。还有，将驾驶人纳入强制险，重型车交通险的费率因之而增长，盖不但对第三人，而且主要对车主驾驶人，重型车都极端危险。正因为费率高了，这种车的买主也就少了，重型车卷入的交通事故也就减少了。

可是，即便从一般政策上讲，将驾驶人强制纳入保险无可厚非，但瑞典的交通险于此竟然一星半点的例外都不设，就难免批评了。要说最扎眼的，莫过于窃得车辆并因所窃之车而遭受损害的，亦能获得赔付。何以如此慷慨呢？还是拿社会论据来说事——交通险确有强烈的社会保险性质。另外的理由是不希望规则过于复杂。[65]

在保护驾驶人方面，还有其他一些重要特点。驾驶人和乘客受到伤害的，只能从其身在之车辆的保险人处获得救济，而就相撞的对方车辆的保险，不得主张任何权利。照一般的看法，补偿事宜最好交由一家保险人完成，也就是受害人身在车辆的保险人。在碰撞案件中，所涉各车的驾驶人和乘客，向各自车的保险人请求赔付。于是就得决定，到底由哪家保险人来承担人身损害赔偿以及其他费用的最终成本。决定标准原则上还是驾驶人的过错以及车

---

[65] See supra note 4, Jan Hellner, p. 258.

辆的缺陷。保险人为了避免扯皮，减少交易成本，一般会依据保险人之间的协议，按照一些标准化因素来做决定。

对驾驶人的保护还有另外一个侧面。在传统侵权法体制下，受害人与有过失的，将减少损害赔偿金，是以相撞两车的驾驶人都不能自所涉当事人或所涉当事人的保险人处获得全部赔偿。倘某位驾驶人就车辆之碰撞与有过失，其对自己所受之损害亦与有过失。设甲车与乙车相撞，甲车驾驶人负 2/3 责任，乙车驾驶人负 1/3 责任，则甲车驾驶人（或者其责任保险人）应该赔付乙车驾驶人所受 2/3 的损失，乙车驾驶人（或其责任保险人）赔付甲车驾驶人所受 1/3 损失。只有凤毛麟角的情形，双方就碰撞皆无可指责的，才可能获得全部赔偿。法国法学家顿克（André Tunc）就传统体制下的此种局面大加抨击，而瑞典体制在构造上的一个有力因素就是避免此种局面。根据 1975 年立法引入的体制，这里也适用人身损害的一般规则，亦即仅在受害人故意或者重大过失情形，补偿金方可扣减。不过，倘驾驶人饮了酒，哪怕不构成重大过失，亦应将对方的责任扣减，此等行径配不上对驾驶人员的一般保护。[66]

就驾驶人之外的其他人所受之损害，瑞典体制简单地课以严格责任。如果系由多辆机动车造成损害，受害人得起诉任一机动车的保险人，因此也会产生费用最终如何分担的争议。就受害人的与有过失，适用一般规则，亦即仅在故意或者重大过失情形，补偿金方予扣减。这种情形下的受害人一般是路人和乘客。由于受害路人多为儿童或者老人，这更让立法者在与有过失规则上格外开恩。

一切车辆都应投保，受害人向保险公司请求赔付，由保险公司自行做决定。但即便车辆未曾投保，受到伤害的驾驶人和乘客仍得请求赔付；肇事车辆无法确定的，受害人亦得请求赔付。在这两种情形，由交通险公司协会（Association of Traffic Insurance Companies）负责赔付事宜。

---

[66] See supra note 4, Jan Hellner, p.259. 不过，完全不予赔付的情形极为少见，在扣减的多数情形，都是减少到通常数额的 2/3 到 1/2。See SWEDEN-The activities of the Road Traffic Injuries Commission (Trafikskadenämnden) in Sweden in determining compensation for personal injuries resulting from the use of motor vehicles, www.trafikskadenamnden.se (18, Feb, 2013)。交通损害赔偿委员会官网已找不到该文档，可参见官网对交通险的介绍，https://transportstyrelsen.se/en/road/Vehicles/traffic-insurance/（2022 年 5 月 9 日访问）。

是否予以赔付，赔付多少，为了保证这些决定的立场连贯和公平，瑞典于1936年设立了中立的交通损害赔付委员会（Road Traffic Injuries Commission）。该委员会主席由政府任命，现任主席系退休法官，其余成员分为三类：第一，设6位副主席（含替补），主席与副主席必须是法律工作者，多为法官，并不得受雇于任何保险公司；第二，代表各保险公司的13位专业人士（含替补），经交通险公司协会推荐，由金融监管局（Financial Supervisory Authority）任命；第三，13位非专业人士（含替补），由各劳工组织推荐，同样由金融监管局任命。

依《交通险条例》（Traffic Insurance Decree）第6条，所有提供交通险业务的保险公司都应向委员会缴款。委员会之章程由政府审核。在伤残或者死亡情形，保险公司提出解决方案前，必须先征求委员会意见，但此等意见对保险公司与受害人并不具有拘束力；至于轻微伤害，往往由保险公司直接处理。此前，委员会仅就赔付事宜出具意见，近年来，开始越来越多地就医疗事宜出具意见，比如身体或者精神上的痛苦以及工作能力的丧失到底是不是由交通事故引起的。

交通损害赔付委员会的建议虽无法律拘束力，但保险公司一般都会遵照执行。受害人仍得向法院起诉，但每年寥寥无几。由于该委员会的审查程序免费，且其中立性质颇受信任[67]，受害人往往不用聘请律师。案件复杂，受害人聘请了律师的，只要请求得到支持，律师费亦由保险公司赔付。

交通损害赔付委员会不但就个案赔付事宜出具意见，还从事科研活动，制定客观赔付标准。不要说保险公司会遵从这些标准，就是法院审理一般侵权案件（不限于交通损害），也往往向该委员会咨询。难怪斯托派克讲，若说正是交通损害赔付委员会和人身伤害责任险委员会在设定人身损害赔偿的标准，而最高法院则腾出手来对付一些更为重要的关键议题，也毫不为过。[68]

总之，《交通损害赔偿法》所立足之法律政策完全不同于传统侵权责任的理念。新的法律政策不是要拎出谁来为其过错或者行为负责，而是以尽可能

---

[67] 根据2007年的统计数据，就保险公司提出的解决方案，委员会支持的占64.9%，建议增加赔付额的为27.8%，建议减少赔付额的为7.3%。See supra note 66, SWEDEN – The activities of the Road Traffic Injuries Commission (Trafikskadenämnden) in Sweden in determining compensation for personal injuries resulting from the use of motor vehicles.

[68] Supra note 9, Erland Strömbäck, p. 432.

少的交易成本，为卷入机动车事故的受害人提供合适的保险庇护。就这点而言，立法似乎已经达到了目标，就受害人赔付请求权的争执，如今已是稀见罕闻。[69]

（四）患者险

要说前面这两套体制，再加上后面的刑事受害人赔付计划，"除了技术上的构造，事实上的新颖性倒着实有限"，在实务中觉不出什么稀奇，在别国也都能找到相仿佛者。真要说"展示出了完全可以说是'瑞典模式'风貌的那些特征的"，[70]还要算患者险和药害险体制，堪为"瑞典模式"之招牌。[71]

1. 从自愿体制到法定体制

在加害人与受害人之间存在契约关系的场合，无过错体制的一个主要价值在于，避免将损害赔付置于受害人与侵权人的"对抗"基础上，损害赔偿诉讼即为这种对抗的最糟糕形式。这也是最初引入特别工伤赔付体制的主要原因，倘双方当事人法律上的关系由于利益尖锐对立的损害赔偿诉讼而变得剑拔弩张，则实为不幸。同样的立场亦主导着患者险。最近几十年，在有些国家，医疗过失诉讼数量激增，成本（责任保险费用、防御治疗等）暴涨，酿成所谓"医疗过失危机"。还有，在过失侵权法体制下，实际上有更多的损害，患者是得请求过错赔偿的，但没有提起诉讼。过错原则不能起作用，原因之一在于侵权法固有的"对抗机制"。若仅在过错情形下方能得到赔偿，医生肯定会采取防守策略。过错原则阻挠了医患关系间的开诚布公，且不论结果如何，损害赔偿诉讼都不会促进医患间的信任关系。另外，过错原则之适用亦于治疗场合生出特别难题。由于医疗决定多属自由裁量范畴，而所有治疗都会包含或多或少的并发症风险，故在过错与没有过错之间，常常难以界分。最后，医疗领域意味着特定的证明难题，尤其是因果关系事宜。在这一点上，医疗的突出特征在于，受害人此前已经罹患疾病或者受有伤害。[72]在引入无过错体制之前，瑞典的医疗过失诉讼凤毛麟角，多半还都被驳回了。

---

[69] Supra note 4, Jan Hellner, pp. 259-260.

[70] Ibid., pp. 269-270.

[71] 如艾本教授所言，"四国率皆建立起覆盖广泛的患者险，并设有药害险，两套体制皆可谓举世无双"。Bo von Eyben, *Alternative Compensation, Mechanisms for Damages, Common Report and National Reports from the Nordic Countries*, Preface, see http://www.aida.org.uk/worldcong_ nordic.asp（9，May 2022）.

[72] See supra note 15, Bo von Eyben, pp. 215-216.

据可靠估计,每年大概只有 100 位病人通过诉讼、私下谈判或者通融付款(ex gratia payment) 而得到某种形式的补偿。得到赔付的病人如此之少,这状况不能令人惬意。[73]

瑞典的医院多为公立,由市县主办。1975 年,在司法部非正式监督之下,县议会联盟(Federation of County Councils)与"患者险联合"(Consortium of Patient Insurance)通过磋商,达成协议,创立自愿性质的无过错医疗损害赔付体制,涵盖由公家出资的医院、门诊服务以及所有其他由县提供的服务。私人执业医生亦有样学样,通过自己的组织加附(adhering to)此种保险。

"患者险联合"系由瑞典四家顶尖的保险公司组成。1993 年 7 月 1 日,因应欧共体要求,瑞典新的《反不正当竞争法》生效施行。患者险的整个组织与解释都与不公平竞争规则相抵牾,四家大保险公司"杀死"了整个市场。"患者险联合"被迫解散。各县议会成立互助保险公司(Landstingens Ömsesidiga Försäkringsbolag, LÖF),接管了"患者险联合"的业务。互助保险公司又将赔付事宜交由股份公司 PSR(Personskadereglering AB)打理。[74]

"患者险联合"的解散,动摇了自愿体制。同时,医疗领域私有化浪潮滚滚而来,私营医疗机构的数目增长很快。国家对医疗市场的控制力削弱了,有 5% 的私营医疗服务人游离于集体险体制之外。[75] 为将所有医疗服务纳入保险体制,1996 年,国会通过《患者损害赔付法》(Patientskadelag, 1996:799),将此前的自愿体制改造为法定体制,这部法律于 1997 年 1 月 1 日施行。从此,所有医疗服务人都负有投保患者险之义务(《患者损害赔付法》第 12 条)。由于这部法律并未完全夯筑于侵权法的责任要件规则之上,故不能依责任险这一术语的传统意义界定这套保险,得将之看作责任险与社会保险的混合。

从这部法律的名称看,不是叫"患者损害责任法",而是叫"患者损害赔付法",不是以加害行为,也不是以损害,而是以赔付为法律规则的出发点。立法意图已经昭然若揭,也就是说,这套体制的核心在于"补偿"(ersättning),而不是预防。是以,患者险所给付之金钱,不叫损害赔偿金(damages),而叫

---

[73] Supra note 4, Jan Hellner, p. 263.

[74] Supra note 9, Bill W. Dufwa, p. 322.

[75] Allen Kachalia, Michelle M. Mello, Troyen A. Brennan & David M. Studdert, *Beyond Negligence: Avoidability and Medical Injury Compensation*, 66 (2) Social Science and Medicine 387, 389 (2008).

"患者伤害赔付"(patient injury compensation)。这是本法第一个概念,也是最为重要的概念。本法第 1 条即规定了患者请求伤害赔付的权利。第二个重要概念就是保险本身:医疗服务人负有投保该保险的义务(第 1 条)。要说"责任"概念,则不见于本法。

在立法者看来,对预防和威慑功能的追求只会妨碍补偿目标的实现。于是,瑞典体制在赔付活动与纪律惩戒活动之间建起"长城"(Chinese wall)。[76] 患者就医疗质量投诉的,由医疗责任委员会(Medical Responsibility Board,MRB)处理。医疗责任委员会乃是政府机关,形似法院,负责纪律惩戒工作,诸如警告、训诫,发现医生力不胜任并给患者带来危险的,得停止其执业活动。患者险与医疗责任委员会,你管赔付,我管惩戒,两套体制之间绝不许有信息互通——如此设计,旨在营造出宽松气象,就无关过失的不良事件或者差错,能以开诚布公的态度对待之,而不用担心受到制裁。[77]

患者险的资金主要来自县议会缴纳的保险费,费用出自所得税,费率乃是依人头统一划定,而不采经验费率。也就是说,赔付金主要来自税收,而不是由众多个别医疗服务人分摊。费率也不高,2003 年,人均约为 47 瑞典克朗(5 美元)。私立医疗服务人则得通过集体责任保险另外付费。[78]

2. 赔付程序

患者认为自己受到医疗伤害的,得免费向保险公司提起赔付请求;患者失去能力或者死亡的,其家庭成员得提起赔付请求。全体医务人员积极投身其中,帮助患者准备申请表格、提醒患者可能遭受了医疗伤害、将患者转交给社工以获取援助,在 60% 至 80% 最终提出了索赔请求的案件中,甚至帮助患者索赔。[79]

所有发放患者险的保险公司都得加入患者险协会(Patientförsäkringsföreningen,PFF),其性质为公众公司。政府或者政府任命的机构负责制定协会章程(第 15 条)。患者险协会负责赔付请求之处理、审核并决定赔付额。患者险协

---

[76] Supra note 75, Allen Kachalia et al., p. 388.

[77] See Clara Felice & Litsa Lambkros, *Medical Liability in Three Single-Payer Countries*, http://www.pnhp.org/facts/medical_liability_in_three_singlepayer_countries.php (9 May 2022).

[78] Ibid.; World Bank, *Medical Malpractice Systems around the Globe: Examples from the US-tort Liability System and the Sweden – no Fault System*, 2013. https://openknowledge.worldbank.org/handle/10986/26120 (9 May 2022).

[79] See supra note 77, Clara Felice & Litsa Lambkros.

会聘用赔付审核员（claims handlers）来处理赔付请求。审核员多有临床或者法律背景，一般都术业有专攻，仅负责特定伤害类型或者医疗领域，主要是审查受害人和医生提供的书面材料，偶尔也会与患者面谈。

一旦事实信息充分，审核员将决定所受伤害是否符合法定的赔付标准。赔付请求不清晰的，得参考过去类似案件中的决定；过去的决定都存储于数据库。另外，审核员往往会向相关医学专家寻求咨询。这些专家多为附近教学医院的资深专科医生，与公司订有长效聘用协议，为与其专业相关的案件提供咨询意见。这些专家与赔付体制合作多年，经验极其丰富。

决定做出后，审核员将知会患者。如果拒绝赔付，应书面说明何以不予赔付。患者对赔付决定或者赔付额度不满意的，得提起"上诉"（并非司法意义上的上诉）；对患者险协会的拒绝赔付决定，有20%患者提起上诉。[80]

加入了患者险协会的保险人应共同设立患者赔付委员会（Patient Claims Panel）并提供运营资金。患者赔付委员会应吸纳患者利益代表。患者赔付委员会组成之细则由政府颁布（《患者损害赔付法》第17条）。患者赔付委员会设主席一人，由法官担任；另外六位成员，三位为患者利益代表，一位是医学专家，一位熟悉所涉保险公司的人身伤害理赔程序，一位是医疗体制专家。[81]第一上诉机构即患者赔付委员会。患者赔付委员会乃系咨询机构，故其意见仅具建议性质，但当事人多愿遵从。据估计，提交给委员会的请求中，有10%被建议由患者险协会给予赔付。对患者赔付委员会的决定不服的，得向法院起诉。由普通法院听审。上诉人所得之救济，不得超过在患者险体制下可得之赔付额。[82]

下表比较了包括瑞典在内的无过错体制与美国侵权法体制在程序上的异同，无过错体制在效率上更胜一筹，七八个月就能结束（表4）。

---

［80］ Supra note 75, Allen Kachalia et al. , p. 391.

［81］ Henry Johansson, *The Swedish System for Compensation of Patient Injuries*, 115（2）Upsala Journal of Medical Sciences 89（May 2010）.

［82］ 在此前的自愿体制下，只能申请仲裁，转为法定体制后，法院从仲裁机构手中夺回最终决定权。

表 6-4　美国、瑞典、丹麦、新西兰赔付程序概览 [83]

赔付程序及要求	美国	瑞典	丹麦	新西兰
时效法	因州而异，多为3年，自发现受伤害时起算	自发现时起3年/自治疗之日起10年	自发现时起5年/自治疗之日起10年	无
如何提出赔付请求	患者，通常有律师	患者 [84]	患者	医生必须为患者提出请求
可否直接起诉	不适用	是 [85]	否	否
谁负责审查	陪审团	索赔审核员	索赔审核员	索赔审核员
裁决平均时间	5年	70%，8个月	7个月	医疗意外7个月；治疗伤害16天
患者是否有上诉权	是	是	是	是
第一次上诉机关	上诉法院	患者赔付委员会	上诉委员会	行政听审
再次上诉机关	更高级别上诉法院	地方法院	地方法院	地方法院

患者险的赔付金由保险人给付（《患者损害赔付法》第13条）。若是竟未投保患者险（虽然这一险种系强制险，这种情况还是有可能发生的），就倘投保患者险本应给付之赔付金，依第15条加入患者险协会的保险人负连带责任。此际，以协会为众多保险人之代表（《患者损害赔付法》第14条第1款）。

赔付额设有限制。总的封顶大约在120万美元，约合790万瑞典克朗。同时设有门槛，275美元（1985瑞典克朗）以上才能请求赔付。需要强调的是，患者险（包括下面的药害险）并未设特别的赔付金评定规则，以《患者损害赔付法》第8条简单援引侵权法了事。这里的"琐细门槛"（triviality threshold）并不构成一般评定规则的真正例外，盖不是责任的扣减，主要是起到合理化措施的作用，使赔付机构不必劳必费力地去对付微不足道的损害。而最

---

[83] Supra note 75, Allen Kachalia et al., pp. 393-394.
[84] 瑞典的患者一般也会聘请律师，但律师不得取成功酬金。See supra note 78, World Bank.
[85] 原表中作"No"，当系手民之误。

高赔付额度主要是出于保险技术的考虑,并不会在所有个案中都加以限制。[86]

2004年,平均每件请求的赔付额,在瑞典约为2.2万美元,合16万瑞典克朗,与英美侵权法体制下的赔偿额度简直不能相提并论。部分原因在于,北欧国家的社会保险发达,包括收入损失保险和全民医疗保险。其他赔付来源的救济应予扣除,患者险体制的成本因而得减至最低。[87]另据世界银行文件,在瑞典,80%的保险费得用于赔付,而美国则只有40%,显示无过错体制管理费用也较低。[88]

下表比较了若干法域医疗损害赔付请求的成功率,无过错体制明显高于侵权法体制(表6-5)。[89]

表6-5 医疗伤害赔付请求率、上诉率和成功率

比率	美国	瑞典	丹麦	新西兰 (1992—2005年)	新西兰 (目前)
年赔付请求率 (每百万人口)a	200	1000	1000	750	新体制, 总成功率 大概60%
赔付请求成功率	30%	45%	40%	38%	
申请人上诉率	不适用b	18%	20%	20%	
上诉成功率	不适用b	10%	15%	10%	
总成功率	30%	47%	43%	40%	

a 大概的人口:美国,2.9亿;丹麦,500万;瑞典,900万;新西兰,400万。
b 美国的上诉率难以估算,并且可以忽略。

3. 赔付条件

受害人必须为患者。这意味着受害人必须已经与医疗服务人建立了法律关

---

[86] See supra note 15, Bo von Eyben, p.224.

[87] See supra note 75, Allen Kachalia et al., p.390. 其他保险体制将大部分经济损失接了过去,患者险主要是赔付非经济损失,赔付办法已经标准化,事前即可预见,且前文曾述及,北欧国家的非经济损失赔付额度也不高。

[88] Supra note 78, World Bank.

[89] Supra note 75, Allen Kachalia et al., p.390. 另据世界银行文件,1992年,瑞典的索赔频率(claims frequency,请求赔付的案件数/每百位医生)为21,美国为13至16,前者比后者高约50%。See supra note 78, World Bank.

系。以受试者身份自愿参与医学研究的，或者为了移植或其他医疗目的而捐献器官或者其他生物材料的，视为本法下之患者（《患者损害赔付法》第 2 条）。

本法仅适用于在瑞典国内接受医疗服务过程中所受之伤害（《患者损害赔付法》第 3 条）。医疗则意指依医疗领域一些特别法所为之活动（《患者损害赔付法》第 5 条）。

新法承袭此前之自愿保险体制，极为详尽地枚举得予赔付之法律事实，包括治疗伤害、诊断伤害、产品相关伤害、感染相关伤害以及意外事件所致伤害（《患者损害赔付法》第 6 条）。

就治疗伤害和诊断伤害来说，是否应予赔付，要看伤害是否可以避免，这里适用的是"熟练专科医生"（experienced specialist）规则。由于这两类伤害占了所有赔付请求的大约85%，故"熟练专科医生"规则实为瑞典体制下是否予以赔付的枢机所在。"熟练专科医生"规则之适用与过失规则颇为相似，盖皆要对所施展之医疗措施的质量加以评估，以决定是否应予赔付。区别仅在于，在过失侵权法下，适用的是普通的力能胜任的医生标准，而在瑞典体制下，适用的乃是相关专业领域饱富经验或者说"最好的"医生标准。[90]

除了将注意标准抬升到极高的水平，瑞典体制还从下面两点对患者殷勤照顾。一个是适用"替代治疗"规则。依该规则，在施治之时，若还有其他同样安全与有效的措施存在，且该替代措施能够避免伤害，则所受伤害应予赔付。乍看起来，这一规则将极大提高获得赔付的可能性，但瑞典的经验表明并非如此。实际上，这一规则极少得到适用。试想，倘真有这样的替代措施，早就被列为最佳操作（best practice）供医生遵行了。另外，这一规则的适用也受到临床证据方面的掣肘。倘没有医学上的大量数据来说明某种医疗措施在性质和程度上优于所选措施，"替代治疗"规则即无从适用。另外一个就是回溯论证（retrospectivity），也就是说，对致害事实的判断都是事后性质的（ex post），依据的是补偿请求提出之时所知晓的信息，而不是事前性质的（ex ante），就像侵权法中，在就过失加以判断时，所要考察的是医生或其他负有责任之人依当时可得之信息应该如何行事。倘伤害系因错误诊断或者迟延诊断而

---

〔90〕 有些中国著述只讲可避免性，参见刘兰秋："域外医疗损害无过失补偿制度研究"，载《河北法学》2012 年第 8 期，第 155 页。但可以看到，单讲可避免性，无法与过失标准区分开来，必须附带上熟练专科医生标准和回溯论证规则，方能表现出瑞典体制的特征。

生，即不得适用回溯性规则，盖不言而喻，依该规则，所有伤害都得赔付。[91]

除了可避免性，欲获赔付，还需满足损害的严重性要件：丧失身体能力达到30天，住院治疗10天，永久性身体残疾，或者死亡。[92]

因果关系要件也是免不了的，不过"证明标准要低于一般侵权法的证明标准"。[93]

倘对于挽救患者生命或者防止严重残疾来说，治疗措施是必要的，就因此所生损害，不得请求赔付（《患者损害赔付法》第7条第1项）。

未得患者知情同意的情形，一如往昔仍未被列入保险范围。此间颇有争议，立法机关不打算在这部患者险改革法案中给出定谳。是以，知情同意事宜仍由法院依过失侵权法裁判。[94]

下表比较了若干法域医疗伤害的可赔付标准（表6-6）。[95]

表6-6 医疗伤害的可赔付标准

国别	一般原则	伤害类型	可赔付性规则	界定	过错要件
美国	过失伤害	所有	过失	未尽到可以合理期待的注意与技术义务而造成伤害	是
瑞典	"可避免"伤害	治疗相关伤害	熟练专科医生（回溯论证，"替代治疗"规则）	伤害由治疗造成，若由"最好的专科医生"着手，本不会发生。有时适用回溯论证，施治之时无从得到的某些信息也纳入考虑。若采用其他同样有效、安全的措施，伤害本可避免	否
		诊断相关伤害	熟练专科医生（不适用回溯论证）	伤害因误诊造成，若由"最好的专科医生"着手，本不会发生。不适用回溯论证；只考虑施治之时可得之信息	否

---

[91] See supra note 75, Allen Kachalia et al., p. 395.

[92] Chief Medical Officer (Sir Liam Donaldson), *Making Amends: A Consultation Paper Setting Out Proposals for Reforming the Approach to Clinical Negligence in the NHS*, London, Department of Health, 2003, p. 99.

[93] Supra note 15, Bo von Eyben, p. 216.

[94] [英] 马克·施陶赫：《英国与德国的医疗过失法比较研究》，唐超译，法律出版社2012年版，第225页。

[95] Supra note 75, Allen Kachalia et al., p. 393.

续表

国别	一般原则	伤害类型	可赔付性规则	界定	过错要件
丹麦	特定情势下"不可避免的"伤害	产品	严格责任	医疗产品或者医院设备的缺陷或者不当使用，造成伤害	否
		传染	传染	因治疗中的感染造成伤害。感染超出合理容忍限度。一是疾病的严重性和治疗的必要性，二是感染的严重性和感染概率，后者压倒前者	否
		意外	严格责任	因发生于医疗机构的意外（比如滑跌）或火灾而造成伤害	否
	"可避免"伤害	治疗相关	熟练专科医生（不适用回溯论证）	伤害由治疗造成，若由"最好的专科医生"着手，本不会发生。不适用回溯论证；仅考虑施治之时可得之信息	否
		治疗相关	替代治疗	伤害因治疗造成，若采用其他同样有效、安全的措施，伤害本可避免	否
		诊断相关	熟练专科医生（不适用回溯论证）	伤害因误诊造成，若由"最好的专科医生"着手，本不会发生。不适用回溯论证；只考虑施治之时可得之信息	否
		设备相关	严格责任	因治疗相关之仪器、设备的故障或失灵而造成伤害	否
	超出合理预期的罕见、严重的"不可避免"伤害	治疗相关	"可忍受性"（Endurability）	超出患者可以合理期待忍受的治疗而造成损害，即便是已知的并发症。一是疾病的严重性和治疗的必要性，二是并发症的严重性和发生概率，后者压倒前者	否
	过失伤害	意外	过失	因医院的意外而造成伤害，该意外系因医院过失而造成	是

续表

国别	一般原则	伤害类型	可赔付性规则	界定	过错要件
新西兰（1992—2005年）	过失伤害	治疗相关，诊断相关	医疗差错（Error）/过失	医生未尽到可以合理期待的注意与技术标准，造成伤害	是
	罕见和严重的伤害	治疗相关	医疗意外（Mishap）	因罕见（低于1%）、严重（死亡、住院超过14天，或者超过28天的严重伤害）的治疗并发症造成伤害	否
新西兰（目前）	不能预料的"治疗相关"伤害	所有	治疗伤害	并非治疗"必要且通常"结果的伤害。要考虑治疗时的情势，包括施治时患者的健康状况以及可得之临床医学知识。广义的治疗概念，包括诊断评估的所有方面	否

（五）药害险

1976年3月，《患者损害赔付法》尚待通过，立法机关已经张罗着要制定药品损害赔付法，连草案都拿出来了。面对此等咄咄逼人的"威胁"，药品生产商与进口商颇识抬举，主动与保险公司合作，在司法部觊觎之下，于1978年"被迫"引入"自愿"性质的药害险体制（läkemedelsförsäkring）。[96]

此间高度组织化的局面有利于自愿保险体制之创立。所有药物之发放，皆须取得行政许可，且不论国内还是国外的制药厂商，皆背倚协会，故由协会襄助来组织保险实为手到擒来之事。[97]

药害险的设计理念与患者险如出一辙，事实上出自同一人手笔，即卡尔·奥尔德茨（Carl Oldertz），此人乃是保险公司斯堪地亚（Skandia）的副总裁。[98]在药害险体制下，请求保险人赔付，受害人既不必证明过错，也不必证明产品有缺陷。药品领域的经济局面为严厉的责任立场提供了方便。营业额很高，定价受到控制，很大一部分成本已经由社会保险和公共医疗服务机

---

[96] See supra note 9, Bill W. Dufwa, p. 325.
[97] Supra note 4, Jan Hellner, p. 265.
[98] 瑞典有两大保险公司，一为斯堪地亚，一为佛克萨姆（Folksam）。

构承担，其余的部分算不得很多了。[99]也正因为赔付规模还算有限，再加上是按照药物企业的市场份额缴费，故保险费用也不太高。[100]

药物生产商与进口商承担连带责任。消费者往往用了好几种药，损害到底由哪种药造成，要查明委曲本末，困难不待蓍龟可知。为了使保险真正发挥作用，连带责任实为必要。[101]

药物副作用的风险总是存在，故药物不会因这种风险而被认定为具有产品责任法上的"缺陷"，药品制造商的产品责任也就几乎没有什么实务上的重要性。实践中，与用药相关的责任更多地是由于用药方式而生，而这又带回到了医疗过失责任。这样，药物损害与医疗损害紧密联系在一起，倘某赔付体制只覆盖其中一种损害类型，就会生出界分难题。是以药害险的保险人与患者险的保险人总是合作无间。

与过失责任甚至是产品责任不同，药害险的思路是，因用药而生的严重意外后果应予补偿。是否补偿，很大程度上还是取决于案情。明显的错误，比如开错药或者剂量过大，当然应予补偿，但即便找不到过错，也可能产生补偿请求权。许多案件涉及药物的副作用，这需要根据整个案情来判断。[102]基本的思路是，从合理性上来评估，患者是否应该忍受所涉之副作用，尤其要比较衡量药物副作用与疾病的严重性。[103]重病难免用险药，险药带来的不幸副作用即不应补偿。有些一般无害的药物，由于不走运的环境使然，造成重大损害的，则应予补偿。比如给血友病患者输血致其感染艾滋病。虽说早期的时候，即便尖端科学亦不知晓艾滋病为何物，医务人员无从指责，可受害人还是得到了赔付（尽管抱怨数额太低）。为了防止保险成本过于昂贵，有封顶设计。[104]每位受害人，包括年金贴现在内最高可获得1000万瑞典克朗的赔偿。[105]

受害人向保险公司提出赔付申请，由审核员负责处理，以书面审查为主，

---

[99] See supra note 9, Bill W. Dufwa, p. 325.

[100] 参见唐慧鑫、孙骏："浅析瑞典药品损害赔偿机制及其药品保险制度"，载《药物警戒》2006年第6期，第331页。

[101] Supra note 9, Bill W. Dufwa, p. 325.

[102] See Supra note 4, Jan Hellner, p. 266.

[103] Supra note 15, Bo von Eyben, p. 221.

[104] See supra note 4, Jan Hellner, p. 266.

[105] 前注100，唐慧鑫、孙骏文，第330页。

平均用时 4 个月。对决定不服的，得向药害赔付委员会（Pharmaceutical Injury Panel）上诉。委员会由医药领域专家、业外人士和政府指派的法律专家组成。委员会的建议仅具参考性质，但保险公司通常都会采纳。对委员会的决定仍有异议的，得申请仲裁。仲裁结果具有终局性。

1978 年到 2005 年，赔付申请近万件，呈逐年递增趋势。1996 年到 2005 年，赔付申请近 6300 件，2139 件得到赔付。赔付金额累计 2.9 亿瑞典克朗，个案平均赔付金额约 9 万瑞典克朗。[106]

受害人得舍药害险体制而向法院起诉，这时自然适用产品责任法。产品责任法下的赔偿当然不设封顶，但以产品缺陷为责任要件。走诉讼途径的寥寥无几，看起来，保险体制确实起到了替代作用。

（六）刑事受害人赔付计划

就暴力犯罪的受害人来说，局面与前面颇为不同。前面所做的是，将请求赔付之权利扩张及于侵权法设置的责任要件之外——主要是工业伤害与医疗损害的过错要件，特别是对药物伤害来说，产品责任法的产品缺陷要件。这里的难题则是，受害人的权利不成问题，但难以从犯罪人那里将损害赔偿金拿到手。犯罪人一般来说都没有钱履行损害赔偿义务，当然，这麻烦在其他领域也存在，但在这里却是难上加难。实践中，95%的北欧家庭都购有"一揽子保险"（insurance package），责任险也是其中的组成部分，但责任险并不覆盖故意伤害责任。故相较其他受害人群体，暴力犯罪的受害人处境更糟。

早在 1948 年，瑞典即引入针对刑事伤害的赔偿计划。随着 1978 年《刑事伤害赔偿法》（Criminal Injuries Compensation Act）通过，国家赔偿头一次有了立法基础。这一赔偿计划的资金来源于公共税收。赔偿计划的规则即为侵权法的一般规则，当然也有明显的背离，比如，这部法明列了赔偿的最低与最高额度；还有，许多不得不做出的裁断都是以"合理性"（reasonableness）为基础的。

为了获得赔偿计划的救济，受害人必须证明，其并无其他途径获得赔偿。相对于社会保险、私人保险及其他赔偿来源，刑事伤害赔偿计划仅具附属性质。

这一赔偿计划的主管机构是刑事受害人赔偿援助局（Crime Victim Com-

---

[106] 前注 100，唐慧鑫、孙骏文，第 331 页。

pensation and Support Authority)。根据法令,在更具原则性的案件中,由委员会来裁断赔偿事宜。委员会所从事之损害评估工作在许多方面都类于法院。就委员会之决定,不得上诉。[107]

(七) 特别赔付体制与侵权法的关系

无过错体制的发展是否意味着侵权法将遭彻底废弃?或者,侵权法体制仍得在无过错体制内继续存在?这问题也就是特别赔付体制与侵权法体制之关系,如杜瓦所说,乃是"重大的、原则上最为重要的议题"。这些事宜关涉侵权法之方方面面,比如赔付的条件、赔付数额的评定、赔付额的扣减。[108]

就责任要件而言,已经知道,无过错体制经常意味着不考虑过错而科责,但并不当然意味着凡是损害皆予赔付,故存在划界问题。在构建此种体制时,往往会受此种责任于侵权法中系如何构建的影响。这在患者险身上表现得尤为明显。就医疗检查、护理、治疗或者类似措施造成的损害,依《患者损害赔付法》,所要解决的问题是,"就选定的医疗措施,倘以不同方式操作,或者选择其他可行的医疗措施,而根据事后从医学角度所为之评估,替代操作或措施能够以造成较小损害的方式满足医疗活动的需要,伤害是否本来可以避免"(第6条第1款第1项)。这里的核心,也就是可避免性,与过失标准并没有本质区别。另据世界银行文件,1975年到1986年,在瑞典患者险体制下,55%的请求得到了赔付,但1986年到1991年,这个比例急跌至18%,1992年又回升到40%。[109]可以看出,跟侵权法上的过错判断一样,在无过错体制下,也要平衡各种利益、社会关注和经济原因,并不比过错体制更少武断随意。评估因果关系的情形也差不多。"在侵权法中,因果关系费去了无尽笔墨,很难想象这些讨论于无过错体制内竟然不会发生影响"。[110]

但要说侵权法于无过错体制影响最为强烈之点,还要数赔付额之评定。何以如此呢?盖替代赔付体制所能保证的赔付规模决定了其替代作用的发挥。只有替代体制的赔付额与受害人依一般侵权法所能得到的损害赔偿金一般无二,其替代功能方能发挥得淋漓尽致,这时已无必要主张侵权法上的损害赔

---

[107] See supra note 15, Bo von Eyben, 216; Supra note 9, Bill W. Dufwa, p. 326.

[108] Supra note 1, Bill W. Dufwa, *Alternative Compensation Systems: Personal Injuries*.

[109] Supra note 78, World Bank.

[110] Supra note 1, Bill W. Dufwa, *Alternative Compensation Systems: Personal Injuries*.

偿请求权。但只要替代作用未至如斯程度，也就是说，只要所予之赔付与一般侵权法下的赔偿金并不完全一致，就会生出以下两难：（1）要么，就两者之间的缺口，允许受害人依一般侵权法请求补充赔偿。可替代赔付体制正是起源于理论与实践两方面对侵权体制的批评，若再保留侵权体制来提供部分赔偿，立场上难免首尾不一。（2）要么，就只准受害人择一寻求救济。特别体制虽然赔付条件宽松，但数额不足，受害人不得不在两种体制之间从事成本收益的权衡。同样境况的受害人，押了不同的注，结果大相径庭，殊难谓公平。若是相当比例的受害人流往侵权法体制，特别体制存在的合法性就生出疑问。

总之，除非特别赔付体制保证给予的赔付与侵权法上的损害赔偿金大抵处于同一水平，否则任何解决办法都是成问题的。[111]但瑞典体制的鲜明特征即在于，赔付标准原则上系基于一般侵权法来定的。照杜瓦的说法，"这挽救了侵权法"。[112]当然，一些特别的限制手段，比如封顶、免赔额、将特定损失排除，也很常见。

正是因为赔付水平大致相当，是以，虽然求助于侵权法的机会仍然得到保留（安全险除外，另外在整个北欧范围内，还有丹麦的工伤险和患者险），但实践中走诉讼途径的已是寥寥无几了。[113]同样，在依无过错体制得到赔付后，是否还可以依侵权法请求补充赔偿，这个问题在实务中一般也不会产生。但从规则设计上看，在整个北欧范围内，就刑事伤害和工伤，受害人得请求补充赔偿（瑞典的安全险为例外），而就患者险和药害险，情况颠倒过来，一般都不许以损害赔偿金为补充（瑞典的患者险又为例外）。[114]

另外，前面也数度提及，在特别赔付体制下，与有过失规则也有适用空间。在安全险和交通险场合，受害人犯下重大过失的，赔付额应予扣减；在刑事伤害场合，受害人挑衅激起事端的，赔付额也可能扣减。自然，这些考虑深受侵权法影响。

---

〔111〕 See supra note 15, Bo von Eyben.

〔112〕 Supra note 1, Bill W. Dufwa, *Alternative Compensation Systems: Personal Injuries*.

〔113〕 保留求助于侵权法的机会，得从两方面来看，既得认为是这一问题并不重要的表征，亦得认为是侵权法上附着特定象征价值的指征。倘后一种观点意在表明对侵权法体制的揄扬态度，那可能会问：侵权法体制曾饱受批评，故有替代体制之设，这两种立场如何调和呢？See supra note 15, Bo von Eyben, p. 228.

〔114〕 Ibid., p. 228.

就无过错体制的代位权来说，侵权法的重要性亦表现得很明显。一般来说，无过错体制允许对责任人追偿。[115]

是以，虽然"事实上，这些赔付体制将侵权责任完全取代"[116]，但经深入分析，"真相令人吃惊，侵权法规则实际上被各种特别的保险体制纳入并运用。所以说，侵权法仍然发挥着巨大作用"，正如杜瓦借用瑞典诗人古斯塔夫·弗勒丁（Gustaf Fröding）的名句所道，"花罐虽破，玫瑰依旧"。[117]

（八）特别赔付体制的扩展

倘特别赔付体制运转良好，那么为什么恰恰限于这几种类型的损害？是否得推而广之？就此问题，学术界意见颇为一致，特别赔付体制再难向外扩张到其他损害类型上去。

妨碍特别赔付体制往外扩张的，主要是筹资难题。当前的特别赔付机制，资金或者来源于所涉商业"营运人"支付的保险费用，或者来自公共途径（比如最终通过税收）——要么是由于所涉商业系由政府营运（例如医院的服务），要么是由于很难找到其他筹资来源（比如对暴力犯罪受害人的赔付机制）。而就更显"星散的"事故类型，则无从勘定类似的侵权人群并强加投保义务[118]，或者说，找不出适当的"成本单位"（cost unit）。[119]倘赔付资金不是最终出自"造成"损害之人，就会招致社会政策视角的反对：相比那些由于疾病或者其他社会意外事件而遭受了不幸的人，为什么这里的受害人可以得到更好的赔付呢？比如，瑞典司法部曾经考虑，成年人在其世界中尚多可得到特别保护，而脆弱的儿童却得不到格外庇佑，故打算设立某种特别体制，但最终放弃。[120]

还有主张，一般性地废除人身损害的侵权责任，建立新西兰似的体制。

---

[115] Supra note 1, Bill W. Dufwa, *Alternative Compensation Systems: Personal Injuries*.
[116] Supra note 15, Bo von Eyben, p. 225.
[117] Supra note 9, Bill W. Dufwa, p. 313.
[118] See supra note 15, Bo von Eyben, p. 219.
[119] Supra note 1, Bill W. Dufwa, *Alternative Compensation Systems: Personal Injuries*.
[120] 赫尔纳从强制性的角度来论证，瑞典体制虽多出自愿，实际上还是强制性的。这种强制性多出自行业组织领导，对一切从事特定活动的主体来说，行业组织的会员身份都至为重要，个别会员的观点无足轻重。比如，就个别药物进口商来说，他怎么看待药害险并不重要，但都得遵从行业组织领导的决定。正是由于这种强制性，营销费用省了，高风险投保而低风险不投保的逆向选择可能也消灭了，管理成本也大大降低了。这与"成本单位"角度的论证实为一枚硬币的两面。See Supra note 4, Jan Hellner, pp. 270-271.

这种思路高估了为特别赔付体制所覆盖的人身伤害事故总量。据艾本教授讲，交通事故和工业事故加在一块儿，也只占人身损害总数的30%，其他类型的人身损害，不管是医疗损害，还是暴力犯罪的损害，都只占意外事故导致人身损害总数很小的百分比。事实上，大概接近2/3的人身损害并未落入任何特别赔付体制的领域，而只受过错原则调处。是以不待蓍龟可知，将获得赔付的标准予以扩张，将一切损害都涵盖进来，成本恐怕难以负担。[121]

五、从"瑞典模式"到"北欧模式"

（一）"北欧模式"

百余年来，就私法领域的立法工作，北欧国家一贯协力合作，经这优良的传统而于局部形成真正的"北欧间立法"（inter-Nordic legislation）。就侵权法来说，早在20世纪40、50年代，即有敦行"北欧间立法"的倡议，虽未告功成，却于此后各国的部分法典化留下鲜明烙印（挪威1969年，瑞典1972年，芬兰1974年，丹麦1984年）。

20世纪70年代，以瑞典为嚆矢，特别赔付体制生长壮大起来并蔓延及于其他北欧国家。这影响最明显地见于患者险与药害险体制，所有北欧国家都引入了与瑞典相似的险种——先是芬兰（1984年覆盖药物伤害，1987年覆盖患者伤害），继而挪威（1988年覆盖患者伤害，1989年覆盖药物伤害），最后是丹麦（1992年覆盖患者伤害，1996年覆盖药物伤害）。这些赔付体制在设计上当然因国而异，并不会将瑞典模板拿来照抄硬搬，但没有谁能摆脱瑞典的影响，这也是北欧诸国的共识。在北欧各国，就这里所讨论的各种体制，若是思谋改革，必会审慎考察邻国施行的体制，此乃惯例成规，盖他国之经验往往得直接拿来用作起草方案的基础。是以，北欧诸国所适用的体制，皆可谓本于瑞典的开创性工作，并因应各自国情加以改造修饰而成。自然，瑞典亦受反哺之惠。1997年，瑞典以立法取代了自愿性质的患者险模式，新体制的设计即颇受其他北欧国家发展状况的启迪。挪威也正以法定险取代自愿患者险体制。看起来，在北欧，引进法定强制患者险正蔚为潮流。在这整个进程中，并无任何真正的官方合作，但彼此借鉴、经验共享却给人留下鲜明印象。

---

[121] See supra note 15, Bo von Eyben, p. 218.

患者险和药害险还是北欧诸国独有的特征。至少,就此险种的一般形式来说,除了新西兰,举世找不出第二例。在这个意义上,北欧模式(Nordic "model")的提法还是可行的。其他几种体制,既非为北欧国家所独有,共性相对来说也少一些。

为2002年国际保险法协会第11届大会,艾本教授提交了一份北欧诸国特别赔付体制的总报告,将北欧四国几种特别体制的基本面貌通过表格表现出来,俾便鸟瞰。下面将艾本教授的表格照录,可以有个宏观的了解。[122]

(二) 表解北欧诸国特别赔付体制

1. 工业伤害

表6-7 北欧诸国工业伤害赔付体制

	丹麦	芬兰	挪威	瑞典
1. 名称	工业伤害险(Arbejdsskadesikring)	工业伤害险;职业病法案(Olycksfallsförsäkring, Yrkessjukdomslag)	特殊社会保障规则;工业伤害险(Særregler i trygd; yrkesskadeforsikring)	(1) 工业伤害险(Arbetsskadeförsäkring);(2) 职业安全险(Trygghetsförsäkring)
2. 目标、功能	基于过错责任的保护不充分。避免损害赔偿诉讼。将赔付纳入生产成本	独立于过错责任以及其他侵权责任要件,确保赔偿	勾连事故与责任险,以补充(特殊)社会保障福利。避免损害赔偿诉讼,分摊损失,简化因果关系及证据事宜	(2) 的目的是补充(1),提高赔付水平,避免基于过错责任的损害赔偿诉讼
3. 自愿/强制	强制	强制	强制	(1) 强制;(2) 以(自愿)集体协议为基础的保险

---

[122] See supra note 15, Bo von Eyben, p. 206 (该次大会未讨论交通险)。

续表

	丹麦	芬兰	挪威	瑞典
4、5. 适用领域及其他条件	任何雇佣关系。不包括上下班交通。事故，职业病	任何雇佣关系。包括上下班交通。事故，职业病	任何雇佣关系。不包括上下班交通。事故，职业病	任何雇佣关系+雇主本身。包括上下班交通；但不适用于（2），如果损害为车辆保险所覆盖。事故，职业病，工作环境的其他影响
6. 赔偿数额	永久伤害，收入能力损失，失去抚养人：与一般侵权法同样的赔付水平；但收入最高值设得更低。暂时的收入损失、痛楚与创伤，不予赔付	仅及于金钱上之损失且设封顶	与侵权法同（无惩罚赔偿）；但是就将来收入能力的损失、永久伤害和失去抚养人，设有特别的标准化规则	（1）就暂时的收入损失，不予赔付。其他情形：收入损失全部赔付，但设封顶。（2）暂时收入损失以及痛楚与创伤：特别限制（除非侵权责任成立）。其他情形：与侵权法同
7. 首先乞援一般侵权法的义务？	否	否	否	否
8. 首先乞援一般侵权法的权利？	否	是	是（但不具实务上的重要性）	否
9. 侵权法补充赔付？	是	是	是	否
10. 得请求出资人赔付？	否	是	否	否

续表

	丹麦	芬兰	挪威	瑞典
11. 得请求第三方侵权人赔偿？	否	是	是	(1) 否 (2) 是
12. 赔付体制之营运人	工业伤害国家委员会，社会事务上诉委员会（Social Appeals Board）。普通法院	保险公司，工业伤害委员会，社会保险法院。最高法院	没有特别营运人：保险公司。普通法院	(1) 社会保险办公室，县行政上诉法院，最高行政法院。 (2) 保险公司，委员会，仲裁
13. 筹资	普通保险费。职业病场合的出资（contributions）	普通保险费（受特定规制）	普通保险费	依工资特定比例所付之款项/费用（levy/premium）

2. 患者伤害

表 6-8　北欧诸国患者伤害赔付体制

	丹麦	芬兰	挪威	瑞典
1. 名称	患者险（Patientforsikring）	患者险（Patientskade）	患者损害赔付（Pasientskadeerstatning）	患者险（Patientförsäkring）
2. 目标、功能	相较过错责任，扩张请求赔付的权利。使受害人更容易得到赔付	扩张并更精确地界定请求赔付的权利。避免基于侵权法的诉讼	扩张请求赔付的权利。使受害人更容易得到赔付	改进请求赔付的权利。避免复杂的过失责任问题
3. 自愿/强制	强制	强制	强制	强制

续表

	丹麦	芬兰	挪威	瑞典
4、5. 适用领域及方便赔付的设计	原则上限于公立医院。限于身体伤害	公营、私营医疗服务	所有医院及合法个体执业人	所有公立及私营医疗服务
	富有经验的专家标准，不同治疗观点案件中的回溯性推理，仪器失灵，一般合理性标准	富有经验的专家标准，仪器失灵，传染，事故，一般合理性标准	过错或者疏忽（并非富有经验的专家标准），仪器失灵，传染	富有经验的专家标准，不同治疗观点案件中的回溯性推理，仪器失灵，传染伤害案件中的合理性标准，特定事故
6. 赔偿数额	同侵权法（不过，仅在赔付超过10 000元的情形）	同侵权法（不过，微不足道的损害不予赔付）	同侵权法（不过，仅在赔付超过10,000元的情形）；无惩罚性赔偿	同侵权法（不过，较小的免赔额，较高的封顶）
7. 首先乞援侵权法的义务？	否	否	否	否
8. 首先乞援侵权法的权利？	否（产品责任：是）	是	是（但不得针对公立医疗机构）	是
9. 侵权法补充赔付？	否；参见6	否；参见6	否；参见6	是（未设限制，参见6，侵权责任很明确的情形）
10. 得请求出资人赔付？	仅针对雇员，故意情形	限于故意或者重大过失	限于故意或者重大过失	限于故意或者重大过失
11. 得请求第三方侵权人赔偿？	是	是	是，在产品及第三方机动车责任情形	是，在产品责任或者机动车事故情形

续表

	丹麦	芬兰	挪威	瑞典
12. 营运人	患者保险协会，患者伤害告诉委员会。普通法院	患者险中心，患者伤害委员会。普通法院	挪威患者伤害赔偿（Norwegian Patient Injury Compensation）。普通法院	保险公司，患者伤害委员会。普通法院
13. 筹资	普通保险费用（或者自己保险）	普通保险费用（受特定规制）	普通保险费用	普通保险费用

3. 药物伤害

表6-9　北欧诸国药物伤害赔付体制

	丹麦	芬兰	挪威	瑞典
1. 名称	药物伤害赔付（Lægemiddelskadeerstat-ning）	药物伤害险（Läkemedelsförsäkring）	药物伤害责任（Legemiddelansvar）	药物伤害险（Läkemedelsförsäkring）
2. 目标，功能	逾出产品责任规则（尤其关乎缺陷概念），扩张赔付请求权	避免过错与因果关系的证明困难。就已知副作用，也可能获得赔付	逾出产品责任规则，扩张赔付请求权。损失分摊	避免过错与因果关系的证明困难。就已知副作用，也可能获得赔付
3. 自愿/强制	强制	自愿	强制	自愿
4、5. 适用领域及方便赔付的设计	由医生等配发之批准药物。仅限于身体伤害。对越出患者合理预期的副作用加以赔付	药物伤害保险联营（Pharmaceutical Injuries Insurance Pool）成员所生产或进口之药物。仅限于身体伤害。对越出患者合理预期的副作用加以赔付	药物责任联盟（Pharmaceuticals Liability Ass.）成员所生产或进口之药物。仅限于身体伤害。对越出患者合理预期的副作用加以赔付	药物伤害险（Pharmacuetical Injuries Insurance）成员所生产或进口之药物。仅限于身体伤害。对越出患者合理预期的副作用加以赔付

续表

	丹麦	芬兰	挪威	瑞典
6. 赔偿数额	同侵权法（仅当可赔付额超过3000元；较高的封顶）	同侵权法	同侵权法（严重伤害情形的封顶）	同侵权法（较高的封顶）
7. 首先乞援侵权法的义务？	否	否	否	否
8. 首先乞援侵权法的权利？	是，产品责任情形	是	是	是
9. 侵权法补充赔付？	否；参见6	否；参见6	否；参见6	否（一切权利让与保险人）
10. 得请求出资人赔付？	否；参见13	？	否	是（通过损害赔偿金请求权的让与，但这一权利未曾行使过）
11. 得请求第三方侵权人赔偿？	是，产品责任情形	？	是	是（通过损害赔偿金请求权的让与，但这一权利未曾行使过）
12. 营运人	患者险联盟，药物伤害告诉委员会。普通法院	保险公司（联营），药物伤害委员会。仲裁	保险公司。普通法院	保险公司，药物伤害委员会。仲裁
13. 筹资	政府	？	普通保险费	基于药物公司市场份额所收之费用（levy）

4. 刑事受害人

表 6-10 北欧诸国刑事受害人赔付体制

	丹麦	芬兰	挪威	瑞典
1. 名称	犯罪受害人赔付（Erst. til ofre for forbrydelser）	刑事伤害法案（Criminal Injuries Act）（Brottskadelag）	犯罪受害人赔付（Erst. for personskade ved strafbar handling，预期立法）	刑事伤害法案（Brottskadelag）
2. 目标、功能	确保针对犯罪人的请求得到赔付	确保针对犯罪人的请求得到赔付	确保针对犯罪人的请求得到赔付。人道主义刑事政策的相当制度	确保针对犯罪人的请求得到赔付
3. 自愿/强制	强制	强制	强制	强制
4、5. 适用领域及方便赔付的设计	犯罪情形的人身伤害（及特定财产损害） 法定赔付请求权（有例外）。向警局报告；在刑事程序中赔付	犯罪情形（交通事故除外）的人身伤害（及特定财产损害） 法定赔付请求权（有例外）。向警局报告	暴力或者强制犯罪中所受人身伤害 法定赔付请求权。向警局报告；在刑事程序中赔付	犯罪情形的人身伤害（及特定财产损害） 法定赔付请求权。向警局报告
6. 赔偿数额	同侵权法（但就社会保险和第一方保险等救济，更多扣除。有废止这些扣除的建议）	同侵权法，但设特别最高限额并扣除其他赔偿	以一般侵权法为基础，但设特定最高额度，微不足道的损害不予赔付；其他赔偿予以扣除	同侵权法，其他赔偿予以扣除；最高限额及免赔额
7. 首先乞援侵权法的义务？	否（在刑事程序中赔付）	否（显然能获得损害赔偿金的，才予赔付）	否（不过先得刑事或民事程序结束）	否

续表

	丹麦	芬兰	挪威	瑞典
8. 乞援侵权法的权利?	是	是	是	是
9. 侵权法补充赔付?	是	是	是	是
10. 得请求出资人赔付?	(不相干)	(不相干)	(不相干)	(不相干)
11. 得请求第三方侵权人赔偿?	(针对犯罪人)	(针对犯罪人)	(针对犯罪人—受害人让与请求权)	(针对犯罪人)
12. 营运人	赔付委员会。普通法院	政府办公室+刑事伤害委员会。社会保障法院	县—赔付委员会。普通法院	刑事伤害委员会。不是普通法院
13. 筹资	政府	政府	政府	政府

六、国际视野下的"瑞典模式"：限于患者险

前已言及，于工业伤害、交通伤害和刑事受害人，发达国家大抵皆于侵权法之外开辟有其他救济途径（当然技术构造上容有不同）。令瑞典及北欧模式秀异特出者，乃是其患者险体制，除新西兰而外，可谓举世无匹。故凡有思谋侵权法尤其是医疗过失法改革者，无有不参阅瑞典的。真说到取法学样，却又没有。[123] 是以，"瑞典模式"之顺利运转需要何种不可或缺之外部条件，令别国难以照搬，又有哪些照顾不到之处，使他人不敢踵武，便都需要致详。

（一）对瑞典"患者险"的考察：英国与美国

以侵权法体制来支应医疗伤害案件，向来被认为与医患关系的特殊性质扞格难通。一旦出了什么错就公堂相见，打一开始就会严重动摇对于医疗关

---

[123] 其他国家的无过错体制往往限于特定损害类型，如疫苗损害，但没有瑞典那样的一般体制。

系来说至关重要的坦诚相见与互信互赖。另外还多有主张，侵权法上的责任机制提供了反向激励，导致所谓防御治疗。再者，侵权诉讼的复杂性与不确定性，导致运转成本高昂。由于医疗案件的证明困难，成本难题在医疗过失诉讼上表现得格外突出。受害人不敢轻启讼端，很多时候，实践正义难得伸张。

虽说如此，"瑞典模式"到底也没能乘隙捣虚，难题何在，试以英美这样两个高度发达国家的相关考虑为例来稍加探讨。

1. 英国：从《皮尔逊报告》到《穷则变》

20世纪70年代，充任赔偿体制的侵权法，其运行路径在英国引发日深一日的惶惶忧心。这忧心弥漫于学术文献，痛诋那被侵权法奉为圭臬的过错原则在公正分配现代社会的风险方面一败涂地。据此种见解，意外损害的风险应以社会化方式处理，并由福利国家一力承担。与此同时，反应停药害事故引得群情激昂、人神共愤，侵权法却不能科责制药企业。

在如此背景下，皮尔逊爵士（Lord Pearson）受命领导专门调查委员会，对人身损害赔偿诉讼中侵权责任改革的可能路径加以检视，确定到底是以无过错机制取而代之，还是另觅良方。《皮尔逊报告》自然不会对瑞典与新西兰的新鲜模式视而不见，但却以为，其运行为时尚短，不足以做出有益评估。

除了关于成本以及可能的诉讼泛滥这样的忧虑之外，专门调查委员会还特别倾听了来自医疗行业的反对声音，医疗行业担心这样的方案会导致医生临床自主地位的丧失。但最为重要的是，专门调查委员会在设计无过错方案并试图明智界分由该方案覆盖的损害与由患者自己承担的损害之时，深切体味到其间的艰难。《皮尔逊报告》就此论道："要想把［无过错方案覆盖的］医疗意外与［不覆盖的］疾病或伤害的自然进程、医疗行为可预见的副作用区分开来，自然有诸多困难……即便像非由医疗过失造成的疫苗伤害这种极其罕见的副作用，从医学知之甚详这个意义上讲，通常也是可预见的。倘这种伤害也被纳入无过错体制，那么怎么能够将之与那些可接受的治疗风险区分开来呢？"[124]于是，专门调查委员会拒绝在医疗损害领域引入无过错体制方案，宣布萧规曹随，沿用传统的过失法进路。

20余年后，英国女王委托国家医务顾问利亚姆·唐纳森爵士（Sir Liam

---

[124] 转引自前注94，马克·施陶赫书，第228页。

Donaldson）撰述咨文，就全民医疗服务系统内的医疗损害赔偿事宜再作考量。2003年6月，唐纳森上呈咨文《穷则变》，考察了各种改革方案，包括引入无过错赔偿体制的可能性。国家医务顾问力倡在某特定情境下引入无过错体制，即在全民医疗服务系统内的医院出生的婴儿于出生过程中遭受神经损害，却断不肯在医疗过失案件中全面投靠无过错进路，原因并不新鲜，《皮尔逊报告》早已勾勒在前，撮其要点，不外乎界分损害的困难以及对经济成本的担忧。就后者而言《穷则变》咨文考察了来自瑞典及新西兰的证据，指出"每10万人口的医疗伤害赔偿请求，英国更低，胜诉的比例也更低。但英国的平均赔偿额远远高于新西兰和瑞典的平均额度"（参见表6-11）。[125]

表6-11 瑞典、新西兰、英国医疗损害赔偿请求的相关数据

	瑞典	新西兰	英国
每年赔付请求	7775	1743	10517
每年获赔请求	3654	1046	4207
人口	8 910 910	3 737 277	50 225 000
每10万人口年赔付请求	87	47	21
每10万人口年获赔请求	41	28	8
平均赔付	63 000 瑞典克朗	7419 新西兰元	57 447 英镑
平均赔付（1996年英镑水平）	6107	3115	45 957

根据受国家医务顾问之托完成的一份研究成果，倘采无过错进路，不论是诉讼的数量，还是胜诉的比例，都将有显著增长，故而，如果仍依传统侵权法原则来计算赔偿额，成本将无法控制。照其见解，倘贯行无过错体制，即便是赔偿规模降低25%，并且只有28%的适格当事人提出申请，全民医疗服务系统的总成本也将超过40亿英镑，也就是说，是过失体制下总成本的近10倍。[126]

《穷则变》咨文还担心，新体制完全不考虑医学上的问责事宜，"在激励医务人员关注服务质量方面起反向作用。根据本项目下的研究，确有迹象显

---

[125] Supra note 92, Chief Medical Officer (Sir Liam Donaldson), p. 106.
[126] 前注94，马克·施陶赫书，第236页。

示这种反向激励,美国和其他国家早前的研究结论也是如此"。[127]

虽然没有拎出来大书特书,但《穷则变》咨文也确实一笔带过地提到,"新西兰和斯堪的纳维亚国家的社会福利和社会保险体制更为广泛,亦可能对无过错体制的可接受性产生影响。尤其在斯堪的纳维亚国家,赔付额要低于英国侵权法的水平,盖社会保险给付的收入替代本已十分慷慨,无过错体制不过是补仓罢了"。[128]

《穷则变》咨文虽也承认无过错体制的诸般好处,但终不能在或然性权衡上完成证明责任,也只好仍旧"不坏不补"了。

2. 美国:纽约法学院正义与民主中心白皮书

经年以来,将陪审团审判从美国医疗过失案件中驱逐出去的呼吁屡见不鲜,并总是援引瑞典与新西兰的无过错体制来说事儿——无过错体制既于此等国家运行良好,亦必能于美国运行良好。纽约法学院正义与民主中心(Center for Justice & Democracy)则发布白皮书,排击此等只顾趋时的见解。

白皮书一开始就卓有见识地强调,对瑞典医疗伤害无过错行政体制的任何考察,首先得将其置于公共福利与公办医疗体制背景下。医疗受害人所花费用,还没等医疗事故赔偿体制搭腔,先已由福利体制与公办医疗体制担过大半。瑞典的公共福利体制支付受害人病假工资的80%,医疗体制负担所有医疗开销,而医疗事故无过错体制不过为公共福利体制"锦上添花"。[129]

凯斯西储大学(Case Western Reserve)法学院马克斯韦尔·梅尔曼(Maxwell J. Mehlman)和戴尔·南斯(Dale A. Nance)在新著《医疗不正义:对医疗法庭说不》中,就无过错体制可能导致的成本暴增猛长前景深表忧虑。白皮书援引以为论据:

"医疗法庭"肯定会"导致整个体制成本的巨幅增长","倘把这些拥趸的话当真,其目标是要将那些刻下没打算提出赔偿请求的人都笼络入索赔程

---

[127] 《穷则变》咨文也承认,"这种影响很难量化,而且很显然,多数医务人员还是努力提高医疗服务的质量,倒不是诉讼之剑悬于顶,而是职业精神和训练使然。可就像吾人看到的,医疗差错照样发生。在预防医疗差错或者纠正错误方面,侵权法体制似乎也没发挥多少激励作用"。See supra note 92, Chief Medical Officer(Sir Liam Donaldson), p. 108.

[128] Ibid., p. 105.

[129] Jocelyn Bogdan, *Medical Malpractice in Sweden and New Zealand: Should Their Systems Be Replicated Here? White Paper of Centre for Justice & Democracy*, 18 July 2011, https://centerjd.org/content/white-paper-medical-malpractice-sweden-and-new-zealand-should-their-systems-be-replicated-0.

序",“涉及过失的赔偿请求数目将因之而增加33倍到50倍。"

"即便假设,只有涉及差错的请求才给纳入这套体制,其他条件(比如体制的效率)不变,成本仍将增加至少28倍。"

"即便假设,在覆盖了全部潜在申请人的新体制下,每位患者所获平均赔偿金仅为现在平均赔偿额的30%,整个成本也要膨胀8.5倍,这里仍然是保守的估计。"

"'医疗法庭'也就意味着创造一套新的司法或者行政官僚体制。成本"肯定会无比庞大,要比现在(由纳税人负担的)医疗过失司法体制的成本高出不知多少"。

"一些医疗法庭的倡导者也承认,如果新体制真要为庞大的患者群体提供赔付,大概也不会比侵权法体制更为低廉。共和党政策委员会就公开评论说,医疗法庭建议总体上降低不了成本(盖赔偿额虽然要少一些,但更多的人可以得到赔付)。"

"而且可以预料,还会有其他压力","会有一大堆的程序出台,将赔付水平压低到对实际所受损失的任何公平评估之下"。[130]

白皮书批评说,那些新体制的拥趸只顾讲如何为医疗受害人大开方便之门,但这套据称覆庇更广的新官僚体制,其运营成本从何而出,却片言不提。"考虑到今天美国的政治气候,甭管是针对一般民众课征新税(如瑞典与新西兰般),还是提高保费(最终转嫁给投保人),都寸步难行"。[131]

除了成本问题,白皮书还对新体制下的患者安全问题深表忧虑。对那种新体制"有利于预防损害、促进安全"的说法,白皮书不以为然。单以瑞典来说,白皮书援引了大量数据和轶事证据来支持自己的主张。在瑞典的"无过错"或者说"不责怪"(no-blame)体制下,由于不重视问责,只有6%的案子提起诉讼。影响显而易见:医疗差错每年导致3000瑞典人死亡。患者安全问题已为集矢之的。

有位医生至少漏诊了27例皮肤癌,而医院只是将其开除了事。还有位医生,7次都没能查出患者得了癌症,可甚至连暂停执业的处罚都没有。瑞典医

---

[130] Maxwell Mehlman & Dale Nance, Medical Injustice: The Case against Health Courts, American Association for Justice, 2007, pp. 72-75.

[131] Supra note 129, Jocelyn Bogdan.

学会也承认，由于医生短缺，很多医疗操作都不太安全。证据表明，瑞典的医疗过失记录实际上正在变糟。过去5年，针对治疗的书面投诉增加了80%，而过去10年，医疗过失赔付翻了番。另外，单2011年头三个月，瑞典患者针对医务人员的新投诉就有700件，而这之前等着处理的未结投诉就已经有2300件了。

白皮书拿了克罗赫医生（Dr. Johanne Krogh）事件，指摘瑞典已成庸医的避风港。这位恶名昭彰的医生，在挪威劣迹斑斑，挪威患者险体制光为他就赔了29件案子，还有一打以上没处理。赔了20件后，挪威取消了克罗赫的整形科和外科执照，谁想克罗赫越岭而来，竟能安然无恙地于瑞典继续执业。"如此失察，瑞典模式还敢称患者安全的模范体制吗？"

白皮书最后得出两点结论：其一，除非政府极大增加开销到不可想象的地步，大幅度拓宽浚深社会安全网络，否则任何类似瑞典和新西兰那样的体制都不可能照搬到美国来；其二，在瑞典，由于赔付体制与问责体制脱钩，患者安全事业已深罹其害，事实上，瑞典医务界还正指着从美国学两手，来解决深重的患者安全难题呢！一句话，这样的体制，美国学不了，也不该学。[132]

（二）移植"瑞典模式"的困难

移植"瑞典模式"的困难，既有原则性的，也有实用主义角度的，既有知识上的，也有观念上的。

不论多么慷慨的赔付体制，都不会将一切损害收入囊中，故总得在可予赔付之损害与不予赔付之损害间划出界线。过错标准因其在伦理哲学上的正当性而深孚众望，那么无过错体制的赔付标准应该设在何处呢？

就医疗损害，瑞典模式系以损害事后视角的可避免性为梁柱，以一定程度上的严重性为檩椽，完成其架构。实践证明，这一赔付标准的界定还算合理，"若是将请求赔付的权利再予大幅扩展，成本将过于高昂，而管理上也会颇为困难；若是将请求赔付的权利大幅缩减，则又多多少少退回了过错原则"。[133] 可是，如此界定的理论基础到底何在呢？固然，那个被纳入的患者受到了严重损害，而大多数其他患者却是安然无恙，两者相较，前者之不幸自

---

[132] Supra note 129, Jocelyn Bogdan.

[133] Supra note 15, Bo von Eyben, p. 223.

不待言；但再想，某人罹患了某种罕见疾病，自始即为不治，与健康的芸芸众生相较，不是同样不幸吗，何以厚此而薄彼？[134]事实上，瑞典学者像赫尔纳也说，正义考虑于瑞典模式无足轻重[135]，个别赔付体制都是本着实用主义路数发展起来的，完全是为了更好地解决特定领域的赔付难题。[136]

与同样是无过错的新西兰体制时或遭遇诟病不同，瑞典体制倒一向口碑甚佳，[137]而其所以能够运转如此良好，很重要的一点，离不开前面提到的两方面背景：一是侵权法的赔偿水平，真不好意思拿出来评功摆好；二是社会保险和雇主提供的劳动保险却相当慷慨，颇可自矜高出侪辈。特别赔付体制的使命，本就在填补这个缺口，正是由于两者差距不大，特别体制方能担负得起来。如艾本教授所论，"有些国家，损害赔偿金水平更高，或者社会保障体制覆盖的金钱损失范围较小，或者社会保险的追偿权扮演的角色更大，那么采纳北欧这样的机制，成本就过于高昂了"。[138]

不论是对改革家，还是对研究者来说，棘手的地方在于，缺乏相关经验数据。从侵权法体制转向无过错体制，成本将会有怎样的增长，既然对此茫然无知，还是不要急于施展大刀阔斧的全面革命，渐进演化更为可取。[139]

同样找不到经验数据来解答的一大难题是，就事故预防和威慑，不同体制的比较优势如何。预防和威慑，向来被当作侵权法的重要任务，而无过错体制对此并不介怀、不置一词，也因此落下话柄。但瑞典学者一般的看法是，影响意外事故发生的因素众多，故根本无从得出任何一般结论，说明这两套体制在对事故发生的影响方面孰优孰劣。以患者险和药害险为例，在这两个领域，公共当局监管甚严，各种强有力的尽到注意义务的激励机制也是所在多有，很难设想，"患者险和药害险的一般特征会在多么大程度上降低医院、私人执业医生、药品制造商、进口商的注意水平"。[140]

国民的信念也是引入新体制时需要考虑的议题。在瑞典与新西兰，无过

---

[134] 参见前注94，马克·施陶赫书，第250页。
[135] Supra note 4, Jan Hellner, p. 276.
[136] Supra note 15, Bo von Eyben, p. 217.
[137] 参见前注94，马克·施陶赫书，第225页。
[138] Supra note 15, Bo von Eyben, p. 225.
[139] 如英国的《疫苗损害赔付法》（1979）、德国的《艾滋病患者救助法》（1995），参见前注94，马克·施陶赫书，第229、242页。
[140] Supra note 4, Jan Hellner, p. 274.

错体制之所以被欣然接纳,"很可能不过是两个社会特殊面向的反映,彼处人口稀寡,同质性强,就医疗事务乃为公共物品的意见已形成高度共识"。[141]当初筹划这套体制,举国支持,认为这是理性的思路,"政治家还能怎么做呢"?[142]

最后,无过错体制也可能受到传统导向的法律人的抵制。那些将侵权法看作对某种道德原则的肯定形式的人,对瑞典模式自然难说满意。那些将传统原则看得至高无上、不肯出于实用主义考虑而轻易从权的人,也不会满意。[143]如同库恩讲过的道理,新旧范式的嬗递,需要在学术共同体内的晕染过程。

七、结论

应该说,瑞典的特别赔付体制确实在很多方面代表了人身损害救济法制的发展潮流。这套体制并非出自什么高瞻远瞩、精打细算的全盘规划,而是为了解决特定领域的赔付难题,见招拆招地演化生成。不过,背后的基本立场还是显而易见的,即在人身伤害领域,一般侵权法这套赔偿体制鲁钝笨拙,应该转向设计出更好的保险体制来满足受害人的赔偿需求,同时将社会的政策目标、资源的理性使用以及简洁、高效、迅速的理赔程序等考虑纳入。

大概主要是由于赔付体制与惩戒体制的脱钩,交易成本得以降低、赔付效率得以提高;再加上侵权法与社会保险之间的缺口不大,减轻了新体制的运行成本,得将庇护范围扩张到侵权法的领域之外,多多少少具有了社会保险的性质。同时,在这套体制下,缴款人即为致损活动领域的营业人,也符合成本分配的古老经济学说,即所谓内部化。

不过,这套体制仅存在于若干易于勘定成本单位的领域,再要往外扩张,庶几为真正的福利体制。而福利体制,如今已是强弩之末,势难穿鲁缟。主要是由于侵权法和社会保险法方面的制度背景差异,可能还有社会价值观念等方面的不同,瑞典模式也没有表现出什么殖民势头,论者多,从者寡。

---

[141] 前注94,马克·施陶赫书,第250页。在卫生经济学上,医疗服务并非"公共物品"(public goods),作者这么讲,大概是因为瑞典的医疗服务机构主要是公办的。

[142] Supra note 1, Bill W. Dufwa, *Alternative Compensation Systems: Personal Injuries.*

[143] Supra note 4, Jan Hellner, p. 276.

在所涉的损害领域，传统的侵权法体制差不多真被新体制取代了（主要是从实务上讲的，而不是在法律上被取代），但新体制的构建，却相当大程度上是以侵权法为基础的。侵权法仍在新环境下生存，只不过嵌入了新体制。

法国作家司汤达生前寂寥，在给巴尔扎克的信中写道："我中了彩票，号码是 1935 年，那时候我会拥有读者。"杜瓦援引这则轶事，寄托自己对特别赔付体制的期待。[144] 而对外国的研究者来说，更为重要的是，尽可能充分地掌握这套新鲜奇妙体制方方面面的细节，其内部构造、外部条件、运行实效，如此等等，然后才谈得到借鉴。

---

[144] Supra note 1, Bill W. Dufwa, *Alternative Compensation Systems: Personal Injuries*.

第七章
法国医疗损害救济法研究

一、引言

损害救济法面临两个往往背道而驰的目标：一方面希望便利受害人得到救济，另一方面又要限制责任成本。出于诸多道理，这个两难在医疗领域显得格外突出，比如，不能轻率地以被告的营利动机为正当理由而把事故风险负担加诸医疗机构，还有，确保医患双方彼此信赖于高质量医疗服务至关重要。

就医疗损害救济事务，英德两国仍主要在传统私法框架下谋求发展，北欧国家与新西兰干脆将侵权法架空，以无过错体制取而代之。法国走了条中间道路，在维护传统过错责任体制的前提下，辟出两块严格责任领域，同时就严重医疗风险等若干类型的医疗伤害引入无过错行政赔偿体制，力求在便利受害人赔偿与控制责任成本间取得恰当平衡。

法中两国法制原本算不得渊源深厚，可偏在医疗损害救济领域，机缘巧合，中国法与法国法发生诸多牵连。中国颇为流行的学说倡议，借鉴法国法上医疗技术过错与医疗伦理过错的两分法，构造中国的医疗损害赔偿法制，此说拥趸甚众，云集景从；[1]但法国医疗损害赔偿法是否真有如此区分，是颇可质疑的。在知情同意领域，就教义学上如何塑造此间法律关系，对于患者的意志自主利益给予多大力度的保护，两国判例及学说同样在诸多颇为类似的方案之间徘徊不定，正可同忧相救。中国立法机关在并不了解法国信息的情况下，摸索出了严格责任形式的医疗产品责任，这件独创作品竟与法国

---

〔1〕 参见杨立新：《医疗损害责任研究》，法律出版社2009年版，前言第2页（详细说明了陈忠五先生介绍的法国立场如何影响自己，提出医疗技术损害责任与医疗伦理责任的类型化学说）。最高人民法院编写的民法典释义书以该说为当然之理，参见最高人民法院民法典贯彻实施工作领导小组主编：《中华人民共和国民法典侵权责任编理解与适用》，人民法院出版社2020年版，第412页。

法不谋而合，也因此互增了正当性。如此种种，真可谓比较法上的有趣现象。本章旨在介绍法国医疗损害救济法的全貌，以之为镜，中国学说及实务或能发现自己某些知识上的偏差，也或者能在某些法律适用问题上受启发而找到恰当的解释学路径；另外，法国创造的行政赔偿体制也为中国法探索多元救济机制提供了有益经验。

二、医疗损害赔偿法

如同比较法上的普遍经验，在2002年立法改革之前，法国的医疗责任法都是由法院发展起来的，而且对医疗事故造成的伤害，法国医疗服务人同样是基于过错负赔偿责任。但顺应时代变迁，法国医疗责任法也经历了稳步演化：最初是相当严格地解释过错规则，给予医疗职业人有力呵护，而后逐渐走向更灵活的路径，先是宽松解释何者构成引致责任的过错，而后表现出了不待过错而强加责任的趋势，直至在责任体制之外构造起不以过错为要件的行政赔偿体制。

（一）过错责任概述

1. 梅西耶案之前：侵权法路径

19世纪以前，法国社会的普遍观念是法律不入医界，若发生医疗意外，医生只受良知谴责，不承担法律责任。[2]

19世纪上半叶，医疗事务开始受到法律干预，医疗职业努力争取的待遇是，在医疗事故场合，只要生出医疗科学或技术问题，即应豁免医生的责任（少数医生甚至主张完全豁免于责任）。医疗职业的立场是，只有案涉作为或不作为不牵扯医学之适用，方可承担责任，即区分普通过失与专业过失。法国法院接受了这个区分立场。[3]

在医疗过失诉讼中判令医生承担责任的报道案例，始于1830年东弗龙地

---

[2] 参见陈忠五："法国法上医疗过错的举证责任"，载朱柏松等：《医疗过失举证责任之比较》，华中科技大学出版社2010年版，第96页。

[3] See Simon Taylor, *The Development of Medical Liability and Accident Compensation in France*, in Ewoud Hondius ed., The Development of Medical Liability, Cambridge University Press, 2014, p.77. "普通过失"（ordinary negligence）与"专业过失"（professional negligence）这对术语，参见 Thomas E. Carbonneau, *The Principles of Medical and Psychiatric Liability in French Law*, 29（4）The International and Comparative Law Quarterly 742, 744, 746（Oct., 1980）。

方法院初审判决（1830年2月28日）。法国最高法院认可医生责任是在1835年（上诉庭，1835年6月16日），该案中的医生在治疗过程中未加警示就中止治疗，最高法院认为医生有重大过失，应依《法国民法典》第1382条及第1383条的侵权规则承担责任（2016年债法改革后的第1240条及第1241条）。判决称，"医生不能为纯粹涉及医疗科学问题的作为或不作为承担责任……只为过失、疏忽或者显然应该认识到某事情而懵然无知［承担责任］"。早期阶段的案件，如这段引文所示，适用一般过错规则，且法院倾向于只在不涉及医疗科学问题的案件中判令被告承担责任。下面这些案例即为典型：医生接到申请后未核查是否属实，即开具涉及拘押患者的医学证明（卡昂地方法院，1901年1月16日）；医生未警示乳母，交付给其喂养的孩子感染梅毒（亚眠地方法院，1893年8月12日）；医院领导让不具备相应资质的同事做手术，该领导被判承担责任（波尔多地方法院，1900年2月6日）。这个进路得到当时学界支持。[4]

进入20世纪，更多的医疗过失案件被提交到法国法院，比如1900年，大概每个月有8到10起。但在20世纪的前三分之一时间段，相对来说还算较少。在这个阶段，法官仍旧极不情愿参与对医学的评价。法官不情愿评价的行为尤其表现在，民事法院坚持要求证明"典型过错"（*faute caractérisée*）或"重大过错"（*faute lourde*），才肯令医院承担责任。法官使用这样的术语不过是要表明，只有不必求助医疗科学即可明显认定被告的作为或不作为构成过失的，法官才愿意施加制裁。1931年的一件案子是用来说明法院倾向的好例子。在该案中，患者是位时装模特，腿部畸形影响美感，遂寻求医生帮助，手术并发症使患者腿部生出坏疽，终致截肢。患者在民事法院起诉医生。法院并不情愿以医学知识运用上的差错为理由来认定责任，故拒绝考虑被告医生在手术前是否充分检查了患者身体，是否本来有机会发现患者皮肤的特质会带来一些潜在风险。但法院还是依《法国民法典》第1382条及第1383条的侵权法规则判令被告医生承担责任，盖法院认为，医生未向患者充分警示手术蕴含的风险，是以患者所处位置并不能就手术为充分知情的同意表示。法院称此为"重大过错"（*faute grave*），这是法院有能力考虑的事宜，盖不涉

---

［4］ See supra note 3, Simon Taylor, pp. 77–78.

及医疗科学评价（巴黎地方法院，1931年3月12日）。[5]

在这个阶段，法院将医疗伤害看作侵权法事宜，医患关系的契约维度仅限于为服务索取酬金的场合：患者允诺支付医疗费用，该允诺当然是契约债务，得诉请履行。[6]

2. 梅西耶案：契约法路径

自20世纪第二个三分之一时间段开始，随着X光照相技术普遍运用以及手术技术的发展，医疗事故数量显著增加，针对医生的诉讼数量亦水涨船高。在这个时期，法国学者已普遍从契约视角而非侵权视角看待问题。比如拉卢（Lalou）在其1936年论民事责任的专著中就指出，医生的职业行为是为履行与患者间的契约（明示或默示），违反契约（不履行或不当履行）即为医疗责任的基础。医生的法律定位得依下面的脉络分析：考虑到费用或谢礼，医生允诺为患者提供专业服务。[7]

在此背景下，法国最高法院改变了判断医生责任的法律框架，虽保留侵权概念并依赖侵权分析，但认定责任源于违反契约义务，转捩点是1936年作出判决的梅西耶案（Nicolas c. époux Mercier）。在该案中，患者鼻腔感染，遂往放射科医生尼古拉斯处就诊，医生建议接受X光治疗，时在1925年。后患者罹患皮肤黏膜病，认为是医生过失操作X光机器所致。1929年，在治疗结束差不多3年后，患者诉请尼古拉斯医生赔偿。法院认为，医生对患者伤害应负责任，侵权责任规则看起来由于诉讼时效法而排除了患者得到救济的权利，但就医疗过失所致伤害，责任认定实与侵权法并无干系。法院宣称应依医生的契约义务来判断责任事宜。法院立场超越了个案事实以及时效法的技术事宜，称"医生与患者间形成了不折不扣的契约"。依此"推定"契约的条款，医生承担了债务，"若非治愈患者的债务（显然不是，患者从未如此主张），至少也是提供医疗服务的债务，并非只要提供医疗服务即可，而是要提供勤勉谨慎的医疗服务，除非在特殊例外情形，否则必须合乎已掌握的科学知识"（1936年5月20日）。

---

[5] Supra note 3, Simon Taylor, pp. 78-79.

[6] 早在1857年，亚眠地方法院判决即认可医患关系的契约基础，但只限于费用争议（亚眠地方法院，1857年10月10日）。

[7] See George G. Lorinczi, *The Legal Liability of the Physician in France*, 2 (2) The American Journal of Comparative Law 226, 227 (Spring, 1953).

医疗损害救济法：比较与探索

　　法院判决遣词造句表达得清楚明白，医生的契约义务对应传统侵权责任概念：勤勉谨慎的注意标准即是说要对普通过失承担责任，而施治必须合乎当时牢靠医学知识的要求等同于要为专业过失承担责任。一些法国学者批评梅西耶案，其他学者则认为该案应受肯定。批评立场认为，这里的契约是推定的，立足于法律拟制的司法规则本质上就不牢靠。肯定立场则认为，该案并未在医疗责任领域实施彻底革命，法院所为不过是将契约框架叠加于传统侵权规则之上。既然并没有规则上的创新，判决对后来案件的结果即无影响。认可医患间存在推定契约至少达到两个值得赞赏的结果：将医疗责任事宜置于契约框架下，契约框架的规则很成熟，当事人的义务很清晰；将患者和医生置于同等法律地位，医生这边面临的困难和风险，患者这边对身体完好性和隐私的权利，受到同等重视。[8]

　　无论如何，梅西耶案意义重大，医疗责任从此被看作民事责任的特定类型，而且法国最高法院第一次明确，医生对患者的民事责任以契约为依据。虽将医生责任认定为契约性质，但在1945年之前，这并未对过错的评判方式产生影响。在此阶段，法院仍经常提到"重大过错"（*faute lourde*），意指过错具有显而易见的性质，此点确凿无疑。[9]当时的权威著作认为，只有诊断错误是出于完全忽视或无视众所周知的、公认的医学规则，错误本身必须重大、显然欠缺普通注意，才能让医生承担责任。[10]

　　在梅西耶案的基础上，法国法院继续改进契约分析路径。《法国民法典》包含了两套契约责任理论，看似彼此矛盾。《法国民法典》第1137条的立场是，依契约负有义务保管特定物或照护特定人的，必须尽到善良家父的注意义务（2016年债法改革后第1197条，文字有变动）。而第1147条称，债务人哪怕并无任何恶意，也要为债务不履行或迟延履行而承担赔偿责任，除非证明损害系不能归咎于自己的外部原因所致（2016年债法改革后第1231-1条）。在普通医疗情境下，胜出的当然是第1137条的标准。比如巴黎地方法院1945年的X医生案（Docteur X. c. Y），患者输入感染了梅毒的血液，医生被判令为患者所受损害负责。法院特别将医生的契约义务定性为第1137条的

---

[8] See supra note 3, Thomas E. Carbonneau, pp. 745–746.

[9] See supra note 3, Simon Taylor, p. 80.

[10] See Rauzy, Les Obligations du Medecin, 1939, p. 93. As cited in supra note 7, George G. Lorinczi, p. 229.

手段债务（obligation de moyens），而不是第 1147 条的结果债务（obligation de résultat）。考虑到医疗行为的内在风险及不确定性，医生虽同意为患者治疗，却并未允诺实现特定结果（即治愈患者）。医生不过是允诺尽其所能地为患者提供最好的专业服务。法院论证说，通常的检测程序本来可以发现血液受污染，故被告行为构成违反手段债务（1945 年 4 月 25 日）。〔11〕

法国法院将征得患者知情同意的义务也纳入了契约法框架。法国最高法院 1951 年 5 月 29 日判决称，外科医生与病人之间的契约义务，原则上包含"只有事先经病人同意才能实施被认为有益的、特定的外科手术的义务"。〔12〕

3. 从双轨制到库什内法

法国法区分私法关系与公法关系。19 世纪后半叶，最高行政法院决定，《法国民法典》的责任规则不得用于决定在公共部门工作的公务员的责任。这个决定得到一脉相承的判例支持，依据的理念是区隔国家与社会，进而区隔公域与私域。国家行为旨在服务公益及公共职能，不同于私主体的行为，是以不得适用同样的规则。个人与国家间的关系根本上不同于两个私主体间的关系。结论是，公域不得由《法国民法典》规制，《法国民法典》规制私法主体间的关系。是以有必要基于公共行政法创设独立规则体系，这套体系要有自己的逻辑及解决问题的办法，正当性在于政府机构的需求。

法国医疗体制也分成两大块：私营部门（私营执业人和医院）和公营部门（公立医院及政府雇用的医生）。在私营部门，患者与私营服务人、私立医院及其他医疗机构缔约，适用民法。在公营部门，患者是公共服务及公共设施的利用人，适用行政法。行政责任规则不同于民事责任之处主要在于：就公立医院雇用的医生、助产士或护士的行为，只能以公共服务不合要求令公立医院承担责任，而不是为医生、助产士或护士个人不受允许的行为承担责任。

法国还有两套法院系统。司法法院依据规制私人执业的民事责任规则，行政法院遵从规制公营医疗部门的行政责任规则。法律不准直接起诉公共机构，故请求公立医院赔偿的患者必须首先与医院交涉。医院拒绝赔偿或者在 4 个月内未予回复，患者方得向行政法院寻求救济。由于两套责任规则和法院

―――――――――

〔11〕 See supra note 3, Thomas E. Carbonneau, p. 747.
〔12〕 参见罗结珍译：《法国民法典》（下册），法律出版社 2005 年版，第 862 页。

系统并立，法国医疗责任法向被批评为过于复杂。从来的说法是，视医疗事故发生于私营抑或公营部门而定，会得到不同且不平等的待遇。[13]

这个不同尤其表现在对过错概念的理解上。法国行政法院在很长时间里都采取袒护被告的立场，更甚于民事法院，只在重大过错案件中让医院承担责任。行政法院对重大过错概念的用法不同于民事法院。在行政法中，该概念指称格外严重的过错。行政法院对该概念的使用格外严格，比如，昏迷患者被热水瓶烫伤（1934年7月13日），针头未消毒使患者感染坏疽（1937年5月13日），行政法院都拒绝判令被告承担责任。行政法院用重大过错概念来保护公共服务，并不特别针对医疗事务，但学者为优待医疗服务人提出了更多理由，认为应该保护公营部门的医生。这些医生受到公共服务规则的约束，不能以欠缺设施或人员为由拒绝治疗患者；医生的工作不限于治疗患者，还要培训其他医务人员。还有人主张，全民医疗系统医生的薪水往往比私营部门的医生少。[14]

为了避免公立医院医生与私营部门医生的责任基础不一致，民事法院有些案例依侵权法规则判令身为公立医院雇员的医生为医疗行为中的过错承担个人责任（上诉庭，1938年11月30日），出现了民事法院同行政法院竞争管辖权的情况。实务中，受害人往往可以在这两套法院系统中选择，很少提交到争议法庭（Tribunal des conflits）。这种不确定状态由争议法庭1957年的裁定解决，其确认行政法院对公立医院医生过错行为的管辖权，最高法院在20世纪60年代接受了这个立场。[15]

在责任法趋向严格的背景下，行政法院开始背离以重大过错为责任基础的原则，在医疗过失案件中一直稳定地为证明重大过错给予方便，以帮助受害人得到赔偿，这一趋势始于医疗责任领域，而后扩张及于其他公共服务供给领域。最高行政法院在20世纪50年代末认为，重大过错概念的适用应仅限于医疗事故生于"医疗行为"的场合，不得及于"医疗辅助行为"（para-

---

[13] See Dominique Thouvenin, *French Medical Malpractice Compensation Since the Act of March* 4, 2002: *Liability Rules Combined with Indemnification Rules and Correlated with Several Kinds of Proceedings*, 4 Drexel Law Review 165, 170-172（2011）; Marc A. Rodwin, *French Medical Malpractice Law and Policy through American Eyes: What it reflects about Public and Private Aspects of American Law*, 4 Drexel Law Review 117（2011）.

[14] Supra note 3, Simon Taylor, p. 81.

[15] Ibid.

medical），倘损害赔偿责任生于医疗机构有瑕疵的组织或运转，只需要证明"一般过错"（faute simple）（1959年6月26日）。[16]医疗机构的组织运转既包括与医疗机构组织管理密切相关的纯粹行政管理类行为，例如医疗场所选择不当、人员配备不足或人员缺乏资质、部门协调不力、不合理的延误、工作人员纪律涣散、工作效率低下、医疗设备维护不当、未建立充分的记录系统、没有及时向病患及其家属告知相关信息等，也包括诸如扎针、注射、输液之类无需医生干预监督的日常医疗处置行为。[17]可以看到，这个区分大致相当于民事法院对普通过失与医疗专业过失的区分，医疗机构的组织过错可归入普通过失范畴。

为了让被告承担责任，最高行政法院倾向于将发生在医疗行为中的过错解释为医疗机构组织运转上的过错（1968年10月4日），或者采取替代办法，宽泛地解释何者构成重大过错（1969年7月9日）。直到1992年4月10日V夫妇案判决，最高行政法院终于摒弃医疗过失案件的重大过错要件。[18]在该案中，患者接受脊椎麻醉剖腹产手术，医生使用麻醉剂过量、用了禁忌药物，且输入解冻但温度不合适的血浆，在经历三次血压骤降、心脏停搏半个小时、昏迷数日后，患者左侧偏瘫并罹患严重的神经性肢体紊乱症。初审法院认为医院的过错只构成一般过错，故驳回起诉。国家法律顾问向最高行政法院出具意见认为，判例法的发展缩小了医疗行为的范围、泛化了重大过错的适用，在此背景下，简化归责原则甚有必要，本案"医疗机构的一系列失误行为已经构成了一个足以让医院承担赔偿责任的（一般）过错"。最高行政法院采纳该意见，判令医院承担责任。[19]此后，最高行政法院1997年6月20日判决又将这个原则扩展到紧急医疗护理服务责任。[20]

除过错要件外，两套责任体制在时效期间方面也不同：民法为10年（侵权）或者30年（契约），行政法为4年。另外，两套法院系统在判例法中各

---

[16] Supra note 3, Simon Taylor, p. 81.
[17] 参见张莉："医疗纠纷与赔偿责任体系建立——法国医疗赔偿制度最新发展及其启示"，载《行政法学研究》2015年第5期，第104页；[法]苏珊·加兰-卡瓦尔："法国的医疗事故侵权"，载[荷]米夏埃尔·富尔、[奥]赫尔穆特·考茨欧主编：《医疗事故侵权案例比较研究》，丁道勤、杨秀英译，中国法制出版社2012年版，第122页。
[18] See supra note 3, Simon Taylor, pp. 83-84.
[19] 参见前注17，张莉文，第104—105页。
[20] 参见前注17，苏珊·加兰-卡瓦尔文，第122页。

自发展出一些严格责任，宽窄不一。[21]这样的局面增加了法律体制的复杂性，也有失正义。

统一责任法制是法国医疗立法改革的重要目标。法国议会通过"2002年3月4日第2002-303号关于患者权利及医疗系统服务质量的法律"，文献多以时任卫生部长贝尔纳·库什内（Bernard Kouchner）之名称之为库什内法，该法第四编标题为"对医疗风险所致损害的赔偿"，稍后编入《公众健康法典》，不再考虑医疗服务人姓公姓私，统一了医疗责任规则。

《公众健康法典》第L.1142-1条写道，"除了因医疗产品缺陷而承担责任的情形外，本法第四编所提及之职业人，以及预防、诊断或治疗行为于其间施行的任何医院、医疗机构或医疗组织，就此类行为引起的损害，仅于有过错的情形，方负赔偿责任"（第1款），"前面提及的医院、医疗机构或医疗组织对院内感染造成的损害负赔偿责任，除非证明有外部原因"（第2款）。这一条将民事法院和行政法院的责任基础统一，从此医疗损害赔偿诉讼不再适用《法国民法典》第1137条或者行政法院的判例法，而以该条为请求权基础，采过错责任原则，并将严格责任限制在医疗产品责任和医院感染责任两种情形。当然，裁判权的双轨制并未受影响。

自梅西耶案开始，法国法院认为医院和患者间有契约关系存在。就契约责任与侵权责任的关系，法国法采法条竞合说，即不竞合主义：契约不履行致固有利益受侵害的，契约法优先于侵权法，以免契约法被架空。[22]是以可知，以契约法处理医疗事故，并非否认有过错的医疗行为构成侵权，只是优先适用特别规则而已。同理，库什内法颁布后，学界的说法是，"创立了性质并不明确的责任（undefined nature）"，或者"建立了统一的责任体制，至于责任性质是契约责任还是侵权责任已非复问题（not an issue）"[23]，或者"如今乃是既非契约亦非侵权的法定体制（legal regime）"[24]，或者"不依

---

〔21〕 See supra note 3, Simon Taylor, p. 90.

〔22〕 参见李世刚：《法国侵权责任法改革——基调与方向》，人民日报出版社2017年版，第63页、第96—97页。

〔23〕 Suzanne Carval & Ruth Sefton-Green, *Medical Liability in France*, in Bernhard A Koch ed., Medical Liability in Europe: A Compensation of Selected Jurisdictions, De Gruyter, 2011, pp. 201, 212.

〔24〕 Florence G'Sell-Macrez, The French Rules of Medical Liability since the Patients' Rights Law of March 4, 2002, in Ken Oliphant & Richard W. Wright eds., *Medical Malpractice and Compensation in Global Perspective*, De Gruyter, 2013, p. 135.

赖于契约的法定责任（statutory liability）"〔25〕，不过意指请求权基础发生变动，并不否认医疗过错行为往往同时构成侵权行为与违约行为，用于分析的概念与路径并不会改变。中文文献有所谓法国医疗合同责任理论衰落的说法〔26〕，恐怕言过其实。

2010年1月28日，法国最高法院发布重要判决（民一庭，2010年1月28日）。此前判决一般援引《法国民法典》第1137条，这件判决却只言及《公众健康法典》第L.1142-1条，肯定了改革成果。〔27〕

（二）过错责任：普通过失

如前所述，很长时间里，法国法院倾向于只在普通过失案件中令医疗服务人承担损害赔偿责任，不愿意介入医学争议。比如手术过程中将手术工具遗落在患者体内，或者本应给右边动手术却错误施于左边，皆为典型。医疗机构违反组织义务，亦属普通过失类型，也是法院追究医疗服务人责任的惯常路径，无甚理论纷争。理论上最有意义的，应该是知情同意案件，留待下面小节。这里浏览一下更为常见的违反保护义务的案件。

前面提到，在医疗责任法的早期阶段，法院只援引侵权法上的概念和分析思路。如1920年的凯斯特案（Kester c. Dr. Sollier et al.），罹患神经衰弱症的患者坚持要求在被告神经障碍专科医院接受住院治疗。入院后，不顾患者反对，医院将两位护工分配给该患者。医院又将患者从二楼病房转移到一楼病房，以方便医生施治。几周后，一位护工将患者独自留在浴室也就几分钟，患者将自己从窗户里摔出去，严重受伤。法院认定患者试图自杀不可预见，无法以合理手段预防。虽然承认医生应采取适应患者病情的必要安全措施，法院仍认为在本案中不至于要求医生务必将患者置于没有窗户的房间。另外，患者此前从未表现出自杀倾向，故超出谨慎监护的任何要求都是违反治疗宗旨的（巴黎上诉法院，1920年6月25日）。〔28〕

1926年的贝里永案（Bérillon et al. c. cons de Lavaulx）预示了梅西耶案奠

---

〔25〕 参见［法］西蒙·泰勒：《医疗事故责任与救济：英法比较研究》，唐超译，中国政法大学出版社2018年版，第36页。

〔26〕 参见叶名怡："医疗合同责任理论的衰落——以法国法的演变为分析对象"，载《甘肃政法学院学报》2012年第6期。

〔27〕 See supra note 24, Florence G'Sell-Macrez, p. 135.

〔28〕 Supra note 3, Thomas E. Carbonneau, p. 754.

定的契约框架（虽说态度有些犹疑，表述亦有些含糊），今天的法院仍然援引。在该案中，罹患严重神经衰弱症的患者自医院逃离，10 天后在废弃的采石场被找到，由于饥饿，加上风吹雨淋，差点死亡。患者一脚截肢，一脚永久残疾。事发后，医院声称，自己并无权利阻止患者逃离，盖这位患者乃是自愿住院的。但法院认为医院过失是患者截肢的直接原因。法院强调，患者病情未有改善，故医院未能做到持续监督是无法辩解的。法院论证时的那些表述，正是后来梅西耶案让人熟悉的语言，即认为医院的过失构成对契约义务的违反（最高法院上诉庭，1926 年 12 月 14 日）。[29]

到 1938 年，贝里永案的侵权-契约混合分析路径在所有法院辖区都成为主流。比如德弗朗索瓦案（Ste des Régimes et traitements médicaux c. Défrancois），患者两次自杀未遂后被收入院，负责持续监督患者的护工有片刻离开，患者从窗户跳出，后死亡。法院认为医院应为患者死亡负责，理由是医院在监督上有过失。法院明确说医院依契约负有两项义务：提供医疗服务；持续监督患者，防止患者自杀（最高法院上诉庭，1938 年 1 月 4 日）。[30]

稍晚些时候，可以看到法院熟练地将契约法的手段债务分析思路用于违反保护义务的医疗案件中。如塔扬迪耶案（Taillandier c. Docteur X. et al.），患者罹患精神障碍疾病很长时间，曾试图自杀，主治医生令其住院。医院将患者安置于一楼房间，有护工持续看管。住院两周后，患者病情改善，经主治医生建议，医院停止持续看管，将患者转往较小的毗连房间。该房间经推拉门可通向一僻静露台，得自由出入。治疗方案调整两周后，患者自露台坠下身亡。法院判决医院不必为患者死亡负责，认为医院的契约义务仅仅是手段债务。精神病医院的注意义务与普通医院的注意义务一样，是依据患者病情、患者可预见的反应以及其主治医生的处方，提供医疗服务。患者两周时间里情绪稳定，主治医生认为已治愈，可以考虑出院，鉴于这些事实，精神病医院没有采取更严格的安全措施算不得错误。在法院看来，自杀完全不可预见（雷恩初审法院，1955 年 11 月 21 日）。[31]

诸如此类案件，较医疗领域外的其他侵权或违约案件在分析上并无特殊

---

[29] Supra note 3, Thmoas E. Carbonneau, p. 754.
[30] Ibid., p. 755.
[31] Ibid.

之处，皆要在具体案情下分析被告是否违反注意义务。有些案件看起来相似，结果也可能不同，最高法院的两件案子可为适例。1963年这件案子，患者眼部受伤，入住眼科医院，准备手术。术后，患者表现亢奋（焦虑），两天后，夜间突发癔症。为让患者镇静，夜间护士休息前给患者注射药物，并对旁边的患者说，若该患者病情恶化，可能需要旁边患者帮助。当晚，患者从走廊窗子跳楼，背摔断。最高法院认为医院应承担责任，因为患者术后病情表明需要持续的、格外警惕的照顾，而医院未尽到保护义务。法院认为患者行为可预见，医院监督不够。医院主张，患者是突发性精神失常，又是在普通医院，故可视为不可抗力，由于缺乏合格医务人员应对这样的紧急情况，故不可预见且不可克服，但法院认为医院未动用所有可采取的预防措施以应对潜在危险，医院的论辩并无说服力（社会庭，1963年2月5日）。另一件案子，法院就监督义务的立场稍有缓和。患者入院时有抑郁症，需要离开家庭环境。主治医生就监护事宜未予特别指示，患者入院后亦无举动表现出自杀倾向，故法院认为医院并不负有特殊监督或持续监督义务，对试图自杀患者所受伤害不负责任。以类似事件的其他案件结果为参照，本案判决看起来采克制立场。在普通医院，只有患者突发的精神失常明显表现出患者非理性和潜在自杀行为的急迫性，非精神病医院才负有严厉的监督义务（民事庭，1965年3月31日）。[32]

（三）过错责任：说明过失

"在普通过失这个标题下，最关键的议题是知情同意"。[33]在比较法上，医疗过失诉讼通常分为两类："诊疗过失"（treatment malpractice）与"说明过失"（disclosure malpractice）。[34]类型化的目的当然在于方便法律适用：两类诉因保护的法益不同，责任构成有别。法国法似乎有些独特，如前所述，向来是区分普通过失与医疗专业过失，说明过失不过是普通过失下的子类型。这个判例法传统的要害在于，在保护的法益及责任构成方面，普通过失与专业过失并无不同。随着医疗判例法的发展，说明过失诉因展现出挣脱束缚，欲与医疗过失诉因比肩而立的趋势，似乎佐证了通行类型化思路的正当性。

---

[32] Supra note 3, Thomas E. Carbonneau., p. 756.

[33] Ibid., p. 749.

[34] See Dieter Giesen, *International Medical Malpractice Law*, Nijhoff, 1988, p. 72.

医疗损害救济法：比较与探索

1. 责任构成与证明责任

法国最高法院最早认可医生的说明义务，是在 1942 年的泰西耶案（Teyssier）中。泰西耶是司机，在车祸中受伤。医生诊断为左臂骨折，有两个方案备选：打石膏或骨接合术。患者接受手术，结果不利，高烧并有其他并发症，终致手臂截肢。手术的施行并无违反注意义务的情节。但法院认为，医生应告知手术风险，俾便患者为同意表示。医生未披露必要信息，故要承担责任。法院称，除紧急情况外，医生手术前必须取得患者知情同意。让医生承担此义务的根据，在于对人的尊重。医生违反说明义务的，应负责任（民一庭，1942 年 1 月 28 日）。[35] 该案很大程度上体现了医疗判例法对说明义务的认知，即在遭受医疗伤害而过错或因果关系要件又难以证明的案件中，以违反说明义务为替代手段，方便患者就医疗伤害得到赔偿。虽然提到对人的尊重，但保护的法益仍是生命健康权，责任构成也没有特殊之处，要求医生的（说明）义务违反与患者所受人身伤害间有因果关系。

既然在责任构成上并无特殊之处，当然由原告承担证明责任，即患者要证明医生未尽到说明或征得同意的义务。很长时间里，这都是判例法的当然立场。学界批评说，证据要求让患者背负了格外沉重的任务：不仅必须证明消极事实，还处在举证更为困难的位置上（在订立契约的时候，患者的病情多多少少影响其发挥全部能力）。不顾这些反对，法国最高法院坚持由患者负责举证。在孔斯案（Cons. Y. c. B.）中，患者诉称医生未经其同意即施行截肢手术（1951 年 5 月 29 日）。据称，医生已告知患者将施行不太激进的手术。法院认为，若患者系在明知状态下接受手术，那么由患者证明，医生未履行向患者说明手术真实性质并征得患者同意的契约义务。曾有下级法院尝试对证明责任规则做不那么严厉的解释，以兼容患者和医生的利益。在帕耶案中（Payeux c. X.），拉昂民事法院宣称，考虑到证明同意或未经同意的困难，法院处在最佳位置，得在个案案情下评估这些事宜，从而决定是否已经同意以及是否知情。为了决定死亡患者是否曾经同意手术，该案法院任命一专家小组判断以下事宜：手术是否必要，患者或患者家属的同意是否本来能够在手

---

[35] See Alina-Emilia Ciortea, *What Medical Risks Should Physicians Disclose to their Patients? Towards a Better Standard in American and French Medical Malpractice Law*, 10 (1) Journal of Civil Law Studies 173, 197, 2017.

术前取得，若能，患者在接受注射后所予之同意是否出于自愿、是否基于充分知情（1952年7月2日）。当然，地方法院普遍遵循最高法院孔斯案立场。[36]

直到20世纪末，法国最高法院和最高行政法院方才改弦更张，要求医生就尽到医疗风险说明义务承担证明责任。法国最高法院在1997年判决中称，任何依法律规定或契约约定负有某种特别信息义务者，应举证证明其已履行此一义务（民一庭，1997年2月25日）。该裁判立场射程范围相当大，几乎可以适用于任何专门职业者（如律师、公证人、保险经纪人等）对客户应尽的信息义务，当然也包括医生，从而建构起信息义务举证责任倒置的一般原则。法国最高行政法院亦予呼应，于2000年1月5日判决中采纳相同见解，指出医疗信息义务是否履行的证明责任应由公立医院负担，且医疗信息义务的内容扩大及于通常及例外的危险因素，均属应告知说明的范围。[37]

上开立场嗣后得到库什内法肯定，被编入《公众健康法典》第L.1111-2条，称"一旦涉诉，应由医疗职业人或者医疗机构提出证据，证明已依本条所设条件向相关人等提供了信息。此等证据得以任何方式提出"（第7款）。为完成证明任务，医生通常会制作书面证据，医疗实务中一般是患者签字的知情同意书。倘知情同意书系以格式条款写成，并未特别针对患者的个人情况，则仅有签过字的文件并不够，医生应考虑患者的个性特征、社会文化背景来履行说明义务。此外，还可以援引证人，或者通过证明已和患者交流多次、已给了患者充分的考虑时间，通过患者病历上的记载或者医患往来信函，推定信息已向患者披露。[38]

依德国法的思路，患者知情同意乃是侵害身体法益的违法阻却事由，当然由被告承担证明责任，即在医疗机构方面为本证。法国法并未清晰地将身体法益（或意志自主）看作独立法益，保护的仍是生命健康法益，又不区分过错与违法性要件，故将医生未尽说明义务理解为过错范畴，自然由原告证明。职是之故，法国医疗判例法的改弦更张才会被看作基于政策考虑的"戏剧性转变"，被定性为证明责任倒置。[39]

另外，就说明义务违反与患者人身损害间的因果关系，患者并不必须在

---

[36] See supra note 3, Thomas E. Carbonneau, pp.749-750.
[37] 参见前注2，陈忠五文，第115、117页；前注17，苏珊·加兰-卡瓦尔文，第125页。
[38] 参见前注25，西蒙·泰勒书，第57、142页；前注2，陈忠五文，第116—117页。
[39] 前注2，陈忠五文，第116页。

高度盖然性的程度上使法官确信,倘得知正确的风险信息,患者当会拒绝接受治疗。法院适用机会丧失理论,认为没有告知患者相关信息只是剥夺了受害人拒绝接受引起损害的医疗行为的机会,故只能就部分损害得到赔偿,以所丧失机会的百分比乘以总损失来计算(民一庭,1997年2月25日)。[40]

2. 说明义务的范围

早先,医生不必告知患者罕见风险,但判例法后来的发展让医生对患者承担了很重的说明义务:医生必须告知"一切可能产生的不便"(民一庭,1998年2月17日);一切风险,哪怕很罕见(民一庭,2001年10月9日)。与民事法院相辉映,最高行政法院亦采纳相似立场(2000年1月5日)。[41]

法国最高法院1998年10月7日判决阐述了此立场。在该案中,患者摔倒,椎骨骨折。由于持续疼痛,患者接受手术,术后左眼失明。失明风险已知极为罕见,故医生术前并未向患者说明。患者起诉,主张医生未告知视觉功能决定性丧失的罕见风险。上诉法院驳回诉讼,认为医生只需要披露通常可预见的风险,本案中的风险极为罕见,医生不告知算不得违反义务。最高法院撤销该判决,认为医生并未尽到披露义务。最高法院主张必须告知患者检查治疗措施的严重风险,哪怕严重风险只在罕见情形发生,仍应尽告知义务(民一庭,1998年10月7日)。这就留下了问题:何谓"严重风险"(*risques graves*)?最高法院将之界定为:"可能会导致死亡、残疾或严重毁容的风险,要考虑对患者生活、生理及社会侧面的影响"(民一庭,1997年10月14日)。此外,如果微小的罕见风险不必披露,或生疑问,可预见的微小风险是否应予披露?茹尔丹(Patrice Jourdain)解释说,依最高法院的立场,必须区分下面两者:一是严重风险,应予披露;二是医疗措施的单纯不便,不必披露。这是很细微的分界。政府法律顾问圣·罗丝(Sainte-Rose)坚持,关于罕见风险的这个理论必须再加分析。[42]于是在2002年,库什内法重新界定了信息披露标准,将之纳入《公众健康法典》。《公众健康法典》第 L.1111-2 条写道:

"任何人都有权利要求[医疗服务人]说明自己的健康状况。这些信息涉

---

[40] 参见前注17,苏珊·加兰-卡瓦尔文,第125页;前注25,西蒙·泰勒书,第57、147页。

[41] See supra note 24, Florence G'Sell-Macrez, p. 139.

[42] See supra note 35, Alina-Emilia Ciortea, 200. 前注17,苏珊·加兰-卡瓦尔文,第124页。

及以下内容：各样不同检查措施、拟采取的治疗或预防措施、这些措施的效用、可能的紧急情况、后果、多发风险或者通常可预见的重大风险，以及其他可能方案，还有拒绝治疗的可预见后果。在采取检查、治疗或预防措施之后，若是发现了新风险，但凡可能，必须向患者说明。

前款的说明义务及于一切医疗职业人，以其职能为限并应遵守相应职业规则。情况紧急或者向患者说明不能的，不在此限。

……一旦涉诉，应由医疗职业人或者医疗机构提出证据，证明已依本条所设条件向相关人等提供了信息。此等证据得以任何方式提出。"[43]

制定法放宽了此前判例法的披露标准，并未要求医生披露详尽彻底的信息，只要求医生披露多发风险或者严重且通常可预见的风险。

就风险的多发性质，行政法院认为，即便风险不严重，若被视为多发，医生即有义务披露（巴黎上诉法院，2012年11月12日）。有判例主张，若风险很严重，哪怕并不多发，医生的说明义务也不会卸下（里昂上诉法院，2001年4月7日）。

至于何谓严重风险，立法并未下定义。法国国家健康局（Haute Autorité de santé）给医生起草了一份指引，界定何谓严重。"严重伤害（serious harm）意指'危及生命或者改变了极重要的身体功能'"。从这个界定看，法国法上的披露标准应该是客观标准。不过并没有明确指引澄清披露标准到底是从理性医生、理性患者还是具体患者的角度来理解。[44]

对法律要求的风险通常可预见（normalement prévisible），行政法院认为，若风险发生概率为千分之一，哪怕罕见，仍为通常可预见（里昂上诉法院，2010年12月23日）。是以，判断可预见性时，统计数据扮演重要角色。此外，还有一个因素法院也会考虑，即患者先前的病情（南锡上诉法院，2009年4月9日）。[45]

法国最高法院在判例中明确了披露标准，称医生必须将严重风险"忠实、清晰、妥当"地披露给患者，俾便患者决定是否接受特定医疗措施（民一庭，

---

[43] See supra note 23, Suzanne Carval & Ruth Sefton-Green, pp. 207, 213.

[44] See Simon Taylor, "Cross-Border Patients and Informed Choices on Treatment in English and French Law and the Patient's Rights Directive", 19 *European Journal of Health Law* 467, 475 (2012).

[45] See supra ntoe 35, Alina-Emilia Ciortea, pp. 202-203.

1998年5月27日）。[46]

法国法也承认所谓医疗特权例外。以患者的心理状态，若是理解不了医生的建议，或者理解不了其拒绝或是同意决定的后果，医生便只好三缄其口，以待患者家人（《公众健康法典》第R.4127-35条）。对说明义务的此种限制，必须基于情理，合乎患者利益，"依病理之性质，其可预见之演化，还有患者个性，评估而后定"（民一庭，2000年5月23日）。[47]

3. 附属机制还是独立责任

（1）传统立场：生命健康权。如前所述，在司法实务中，知情同意诉讼是诊疗过失诉讼的替代手段，用于克服诊疗过失诉讼中的证明难题。法国法院以机会丧失为常规手段，将患者所受损害重新界定为避免伤害的机会丧失。被告得主张假设同意抗辩：若是医疗行为至关重要，得假定患者无论如何也会同意治疗（哪怕得到了充分信息），患者即不能就所受伤害得到赔偿。虽说法国作家一再强调，"患者得到赔偿的，乃是其避免受伤害的机会丧失"，[48]但看起来，知情同意法制保护的似乎还是生命健康法益。患者生命健康法益未受侵害的，纵医疗行为实施前并未得到充分信息，亦无从请求赔偿。

将损害界定为机会丧失，似乎可解读为旨在保护独立于生命健康法益的意志自主利益，但这并非法国法院的立场。如法国作家指出的，不要将机会丧失规则理解为法律认可了患者知情权本身，医疗判例法不会将医生未尊重患者意志自主与人格尊严当作独立损害形态而给予赔偿。[49]

（2）激进立场：意志自主说。如前所述，说明过失诉讼适用机会丧失规则，倘假设同意抗辩成立或者丧失的机会太小，即得不到赔偿（最高法院民一庭，2007年12月6日）。

在民事责任总体趋向严厉的潮流中，传统立场受到批评。法国最高法院2010年6月3日判决毅然转向激进立场。在该案中，医生未警示患者手术可能导致不举。法院同意，为避免严重的感染风险，手术在医学上有其必要，故纵使患者事先知晓该风险也会同意手术。依传统立场，当驳回诉讼。可最

---

[46] Ibid., 200.
[47] See supra note 24, Florence G'Sell-Macrez, p. 140.
[48] 参见前注25，西蒙·泰勒书，第148—149页。
[49] 同上注。

高法院又认为，此际，患者得据《法国民法典》第 16 条、第 16-3 条请求损害赔偿。依这两条，法律保护人格尊严与身体完整性。判决书写道，"患者有权利知晓医疗行为固有的风险"，"未尽到因之而生的说明义务给患者造成损害"，"法院应予赔偿"（民一庭，2010 年 6 月 3 日）。[50]

接下来法国最高法院和最高行政法院发布一系列判决，医生未充分披露治疗风险的，患者就其精神损害都得到赔偿。但这些判决并未清楚阐述保护的到底是何等法益。有两条可能的解释路径：一条路径是心理准备说，患者本得为所遭受的人身伤害做好心理准备，可医生未充分披露信息，剥夺了患者这个机会，正是就这个未做好心理准备的精神损害，患者得请求赔偿。依此说，纵使患者充分知晓了相关信息仍会同意治疗的，亦无碍其就精神损害请求赔偿，这是较传统立场激进的地方；但这条路径仍以人身伤害为前提，这是对传统立场的维护。另一条路径可称意志自主说，认为法院采纳了更具创造力的原则，即主张法院认可了获取医疗相关信息的基本人权，医生未尊重此项权利的单纯事实即构成应予赔偿的损害。法国最高法院 2012 年 6 月 12 日判决再次强调，患者获取医疗信息的权利是指向人格尊严的基本人权，纵使没有任何事实证明更完备的信息会使得患者拒绝医生推荐的治疗方案，这项权利亦受保护（民一庭，2012 年 6 月 12 日）。倘认可获取医疗风险信息的基本人权，那么顺理成章的结论即是，获得赔偿并不以人身伤害为必要，证明该权利本身遭医生无视即为已足，意志自主受侵害构成了独立诉由。[51]

前面小节援引了《公众健康法典》第 L.1111-2 条，该条并未写明医生未尽说明义务的法律后果，故并非请求权基础。法国最高法院 2010 年 6 月 3 日判决依《法国民法典》第 16 条、第 16-3 条及第 1382 条令医生承担责任。看起来，法院认为这是侵权责任，而不是梅西耶案确认的契约责任。为何会发生这样的"判例法转向"（revirement de jurisprudence）？[52] 揣摩起来，基于契

---

[50] 前注 25，西蒙·泰勒书，第 150 页。《法国民法典》第 16 条："法律确保人的至上地位，禁止对人之尊严的任何侵犯，并且保证每一个人自生命开始即受到尊重。"《法国民法典》第 16-3 条："人的身体完好性不受侵害，除非有医疗上的必要或者例外情形合乎他人的治疗利益。""为前款之侵害，应事先征得该人同意，除非其病情需要医疗干预而其不能为同意表示。"

[51] 参见上注，第 148—149 页。

[52] Supra note 35, Alina-Emilia Ciortea, p.195. 也有学者称，因医疗事故发生于《公众健康法典》施行前，故法院不能援引该法第 L.1111-2 条。前注 25，西蒙·泰勒书，第 149 页。实则问题在于，法院为何不援引《法国民法典》第 1137 条。

约法的说明过失诉讼仍是人身伤害诉讼，赔偿的是财产损害（如医疗费），而法院想探索以意志自主人格法益为保护内容的独立诉因，赔偿精神损害。法国最高法院曾于 2001 年 10 月 9 日判决中称，维护人格的宪法原则应受尊重，医生的说明义务即植根斯义（民一庭，2001 年 10 月 9 日）。法院援引人类尊严原则即旨在揭明，对医生不尽说明义务的行径之所以深加谴责，依据乃在侵犯人格自主，也就是说这是侵权法事宜。这个思路终于在 2010 年 6 月 3 日判决中瓜熟蒂落。[53]

（3）妥协立场：心理准备说。激进立场又被批评为对医疗职业人过于苛刻，或会害及医患关系，最高法院遂从这立场退却。最高法院在 2014 年 1 月 23 日判决中称，在信息披露不充分的场合，患者为所受人身伤害做好心理准备的机会遭剥夺，是以遭受精神损害（民一庭，2014 年 1 月 23 日）。法官由是明确，人身伤害乃是责任成立的前提要件，但患者纵使知晓风险仍会同意手术的，亦得据此请求损害赔偿。最高行政法院也是这个立场，医生未充分披露风险信息的，损害表现为患者没有为风险发生的可能性做好心理准备（2012 年 10 月 10 日）。但两套法院系统在一个点上仍有分歧。依法国最高法院 2014 年 1 月 23 日判决，患者的心理损害是直接假定的，最高行政法院则要求患者证明遭受此损害。鉴于法国法并不要求这个心理损害构成医学上的疾病，是以在患者遭受严重人身伤害的情形，证明相对来说容易成立。[54]

在说明过失诉讼中，精神损害应该赔偿多少？有些评论家认为赔偿金额可以是（也应该是）实质性的，也有些认为只能是象征性的，尤其是未引起患者注意的信息并未实现的情形。[55]法国最高法院 2010 年 6 月 3 日判决针对的那件案子，发回图卢兹上诉法院审理，判给患者 1.5 万欧元精神损害赔偿金（图卢兹上诉法院，2012 年 6 月 18 日）。同时期，患者就实际所受人身伤害做好心理准备的机会遭剥夺的，最高行政法院照准的精神损害赔偿金为

---

[53] See supra note 24, Florence G'Sell-Macrez, pp. 139-141. 人格尊严原则的宪法价值源于《法国宪法》序言提到的《人权宣言》。1958 年《法国宪法》序言写道，"法兰西人民郑重宣告，恪遵 1789 年《人权宣言》中所明定以及 1946 年《宪法》序言中所确认与补充之人权暨国家主权原则"。

[54] 参见前注 25，西蒙·泰勒书，第 151—152 页。

[55] See supra note 23, Suzanne Carval & Ruth Sefton-Green, p. 225.

3000 欧元（2012 年 10 月 10 日）。[56]

（四）过错责任：专业过失

若患者诉称的医生过失涉及医疗技术错误，会引出更有趣的法律难题以及更多争议的司法解决方案。

1. 医疗过错

医疗过错意指，设以通常的勤勉态度工作且力能胜任的医生置身于案涉犯错医生所处情境，其当可避免的行为中的任何瑕疵。在行政法院废弃了重大过错要件后，医生责任同样是基于普通过错标准，依据是被告是否达到得期待于合理执业人的行为标准（最高行政法院，1992 年 4 月 10 日）。《公众健康法典》第 L.1110-5 条第 1 款着眼于患者主观权利角度，以更为现代的语言将此立场揭橥如下："任何人都有权利得到与其疾病及病情急迫程度最相适宜的医疗服务。以公认的医学知识为据（connaissances médicales avérées），医疗行为应有疗效并合乎最高安全标准。以当下的医学知识为据（l'état des connaissances médicales），相较预期收益，预防诊断治疗行为不得置患者于不成比例的风险境地。"

在治疗错误或诊断错误情形（fautes techniques），依前引法条，应参照案涉医疗行为发生之际而非法院裁判之际的医学知识，以评判医生或医疗执业人的行为或医疗决策。比如 2008 年的一件判例，常规疗法不奏效，又不能动手术，医生遂施用某种创新疗法，这种疗法当时不知有何副作用，但医生之特定运用方式并不见于这种新疗法的推介书，法院认定被告无过失（最高法院民一庭，2008 年 12 月 11 日）。[57]

立法机关使用术语为"公认的医学知识"（connaissances médicales avérées），而不是梅西耶案判决所称"习得的科学论据"（données acquises de la science）。医生应该采用已为科学共同体所尝试、检验并接受的治疗方法和技术，至于如何精确界定"为科学共同体所接受"，却并不那么清楚。多数意见似乎是，"公认的知识"（données avérées, recognized）和"习得的知识"（données acquises, acquired）并无本质区别，而且正如法院此前判决所称，必须是科学共同体大多数人所接受的知识（la partie la plus considérable de la communauté sci-

---

[56] 参见前注 25，西蒙·泰勒书，第 152 页。
[57] See supra note 24, Florence G'Sell-Macrez, p. 137.

entifique)。也有见解以为,有些知识、技术和治疗方法,虽为严肃科学文献所认可,却未必在科学共同体内部得到多数赞成,仍可纳入"公认知识"(*connaissances avérées*)。[58]

这两个思路在医疗判例法中都有体现。如前所述,法国法院往往不情愿独立调查有争议的医疗技术事宜,故倾向于尊重医学共同体的公认做法,只有无可争辩地认定违反当下医疗标准,法院才会判令被告承担技术过失责任。比如弗夫案(Veuve L. c. V.),患者因治疗期间生出的疾病而死亡。法院不去分析导致死亡的因素,反倒只顾着一些非常表面的事实调查工作。法院认定医生对患者最初病情适用的是典型的治疗方案,剂量合适,治疗的时长也没问题,遂判决医生不应负责任(巴黎地方法院,1963年10月17日)。[59]

但也有判例主张,医生的做法在医学上持之有据即可,不必定在医学共同体内部得到多数支持,如西戈诺案(Signaud et Soc. "Le sou medical" c. Jalais)。患者主张,医生的治疗方法已过时,导致自己受伤害,事实上,有些医疗专家禁止这种治疗方法。法院却认为,不得仅仅据此就认定被告有责任。法院区分以下两种情况:一是医生不了解医学进展而适用某治疗方法;二是某种古老的、此前有危险的治疗方法,由于药理学进步而变得安全,医生试图使旧方法起死回生。判决指出,在发生医学争议的场合,法院不该质疑任何一方的专家意见,以免司法介入妨碍医学进步。法院至多审查治疗方法的具体适用和适时性,而非本质上的医疗价值(巴黎地方法院,1972年3月3日)。[60]

在医疗判例法上,法国法院在过错的证明上对原告不算苛刻。小错、小过,都可能被认定为过失。就诊断来讲,误诊本身非为过错。医生未能利用必要资源以完成任务的,方得认为医生有过失。如《公众健康法典》第R. 4127-33条所说,医生诊断,应尽最大注意,利用最合适的科学方法,投入必要的时间从事分析。比如,患者病征已表明,医生应审查其诊断,可医生仍刚愎自用,是为过失(最高法院民一庭,2008年11月13日);再如,若加深入检查或者向更专业的同行请益,误诊本可避免,医生有过错(最高法院民一庭,2008年6月8日)。最近有件案子,实际并无肿瘤,但医院未从事

---

[58] 参见前注25,西蒙·泰勒书,第38—39页。
[59] See supra note 3, Thomas E. Carbonneau, p. 751.
[60] Ibid.

进一步必要检查,即将患者肾脏摘除,最高行政法院惩罚了医院(2009 年 3 月 30 日)。婴儿产下时为假死状态,医生因"诊治上不合理的刚愎",未以心肺复苏术及时抢救,此为过失无疑(尼姆地方行政法院,2009 年 6 月 2 日)。于患者身体安装医疗设备,或者施行包含特定风险的检查,亦以过失为要件。在医疗机构运转过程中也会犯下过失,比如,某些重要内容没有记载在病历中(最高行政法院,1959 年 1 月 8 日),或者护士没有及时联系主治医生(最高行政法院,1970 年 11 月 4 日)。[61]

就医疗过失的认定,法国医疗判例法在下面几点值得关注。

第一,医疗惯例。法国法院间或表现得很愿意质疑当下医疗惯例,哪怕被告医生遵循惯例而为,亦可能被认定有过错。倘若法院认为医疗指南或者通行惯例是否正确无误并未得到确证,即得拒绝认可其有效性。当然,这种情况极少发生。法官的角色并不是评估专家意见的科学价值,不能以自己的外行意见替代专家意见。倘若法官果真摒弃了专家证据,一般发生在下面的情形,即专家超出了委托给其的任务,或者在专家证据提交后,又有其他因素发挥作用,改变了专家意见的相关性。[62]

第二,专家证据。原则上,法国法官更容易认定被告的过错。只要有专家证言证明被告犯下过错,法官即得如是认定,不必非将其他相冲突的专家证言打倒不可。如上段所说,法国法官不会轻易摒弃专家证据,否则即冒巨大风险,法国最高法院或者最高行政法院或会以未正确适用证据法为由将判决撤销。西蒙·惠特克(Simon Whittaker)在产品责任法的背景下强调了专家证据在法国法律体制中的地位:"在英国程序法上,专家证言就法院判决来说不过起证据作用,双方大可就此激辩,而在法国程序法上,虽说当事人尽可于专家面前发表其观点,但专家报告出具的意见不论对法官还是对当事人,几乎不可质疑。在法国法的背景下,倘有多个科学或技术观点就责任决定事宜都颇具分量,那么结果在很大程度上取决于法官选择的专家。"[63]

此外,虽说专家的作用限于就事实问题而非就法律问题得出结论(《法国民事诉讼法典》第 238 条),但事实裁决和法律裁判的边界往往难以划定。大

---

[61] See supra note 24, Florence G'Sell-Macrez, p. 137.

[62] See supra note 3, Simon Taylor, p. 102.

[63] S. Whittaker, *Liability for Products: English Law, French Law and European Harmonisation*, Oxford University Press, 2005, p. 214. 转引自前注 25,西蒙·泰勒书,第 43 页。

体来说，法国法官更愿意循规蹈矩顺着专家的裁决来。法国法院判决书风格简约，过错分析有些浮皮潦草也在所难免，而且判决书几乎不会明确考察，基于案件事实，为何被告的行为构成过错。法国最高法院和最高行政法院当然保有权力，得审查初审法院将事实界定为构成过错是否准确，但最高法院和最高行政法院的判决书并不会重新评估提交给初审法院的证据，最初向初审提交的专家报告往往径依其记载而得到采纳。[64]

第三，事实过错（faute virtuelle）。自20世纪第二个三分之一时段开始，医疗判例法表现出明显的背离过错的趋势，越来越倚重所谓事实过错范畴。事实过错，即基于损害事实的过错推定，是法院用来减轻原告举证负担的重要手段，只要患者所受损害并非医疗行为的固有风险，患者也没有遭受任何使得所受损害不可避免发生的身体异常，法院即倾向于如此推定。这个手段早期适用于诸如医疗器械或纱布遗落于患者体内之类的案件（最高法院民一庭，1958年5月6日），而后逐渐拓宽领域。例如1962年的一件案子，依正确医疗程序，就某种特殊类型的注射，必须以特定方式插入针头，一旦插入，要迅速有力地完成注射。虽说并未查明医生有实际过错或者医生有不遵守步骤的情节，但法院仍判令医生承担责任，理由是，只要遵照正确步骤，手术即不会失败（最高法院民一庭，1962年6月19日）。类似地，患者从躺着接受检查的桌台上摔下来受伤，法院推定医生监管上有过错（巴黎地方法院，1963年11月4日）。还有1960年的一桩初审案件，医生在剖宫产手术中伤及新生儿面部神经。尽管所有证据都表明，手术操作完全正确，法院基于案涉医生不具备产科相应资质以及此类手术极少发生事故这两点，认定医生有过错（塞纳地方法院，1960年5月31日）。再如最高法院民一庭2000年5月23日两件判决：第一件，膝盖韧带手术中，医生切断患者动脉；第二件，患者拔除智齿，遭受神经损害。通常情形下，所涉医疗行为不会导致患者所受损害，故得推定医生犯有过错。[65]

与事实过错手段相当程度上重叠的是所谓错误操作医疗器械（gestural error），法国法院于此种情形往往认为，损害既已发生，错误操作即构成过错，原告不必格外证明医疗执业人的行为低于要求的注意水平。例如，手术过程

---

[64] 参见前注25，西蒙·泰勒书，第44页。
[65] 参见前注25，西蒙·泰勒书，第40—41页；Supra note 3, Simon Taylor, p. 82.

中操作错误致患者食道穿孔，医生自应承担过错责任（最高法院民一庭，2007年4月3日）。类似地，插管致患者气管撕裂，事故系构成过错的操作错误所致，麻醉师负损害赔偿责任（最高法院民一庭，2002年4月9日）。[66]

这些法律工具似乎是对法国医疗判例法传统的延续：在涉及医疗专业过失的案件中，法院不情愿卷入医疗科学争议，只有被告行为构成对公认医学意见或原则的违反，才能令被告承担责任；更为经常让被告承担责任的情形是，医生负责治疗活动的管理、各种医疗措施的落实以及各种医疗设施的使用，为这些活动而承担责任。比如布萨尔案（Boussard c. Verdez），患者接受疝气手术，手术过程中，医生用针刺穿了右动脉。为止住出血，医生用止血钳夹住动脉，损伤了患者小腿神经。患者最终残疾。法院认为医生未履行其"谨慎治疗，合乎已掌握的医学知识"的契约义务，未达到医生应尽的注意标准。法院指出，最近的医学文献已警示医生注意此种病情可预见的风险，倘若医生尽到充分注意，并利用医疗专家推荐的治疗措施，损害本可避免，或者损害发生的可能性会显著降低（最高法院民一庭，1970年10月27日）。还有个合适例子是瓦莱案（Vallet c. B.）。医生给患者骨折的胳膊打了石膏，次日，患者称石膏太紧，医生遂给石膏开了几道口子，让石膏松一些。患者仍感到不适、疼痛，但医生18天后才拆开石膏。医生的延误使得患者臂部遭受永久伤害。法院判决医生负责，认为迟延拆除石膏构成技术医疗差错。法院援引的专家证言称，就医疗程序来说，一旦出现疼痛和不适症状，即应完全拆除石膏（昂热上诉法院，1951年1月24日）。[67]

2. 因果关系

（1）因果标准。法国民法贯行条件等值理论（equivalence of conditions），被告行为欲构成损害原因，必须是损害"若非-则不"（but-for）意义上的条件。这意味着，除非证明，倘无案涉被告行为，损害就不会发生，否则因果关系不成立。比如，倘若证明，受害人即便完全获知手术风险仍会同意手术，未尽说明义务与损害间即无因果关系。在患者表现出病理学上倾向的情形，条件等值理论同样适用，比如，早已隐伏的疾病因医疗过失而发作（最高法院民一庭，1999年12月7日），或者患者对医生的手套发生过敏反应（最高

---

[66] 前注25，西蒙·泰勒书，第39—40页。
[67] See supra note 3, Thomas E. Carbonneau, pp. 748, 752.

法院民一庭，2007年11月22日），患者的身体特质并不会妨碍法院判定医生的不端行为造成损害，从而应予全部赔偿。[68]

法国法院时或也会援引直接联系（direct link）或者充分因果关系来认定因果关系。比如2004年10月5日判决的案件，受害人在医院因感染而死亡，最高法院刑庭不认为导致患者住院的事故与后来的死亡之间有因果关系。在某些医疗过失案件中，最高法院民庭时或判决，不能认为受害人的损害归因于先前的事故（民二庭，1987年2月4日）或前面的医疗过失（民一庭，1997年9月30日），虽说正是由于前面这些事故，受害人才不得不接受手术。另外，在法国行政法上，多数学者主张，因果关系要件应采用充分因果关系理论（la théorie de la causalité adéquate），行政法院系统采纳该标准的看法相当普遍。如查普斯（Chapus）指出的，应该考察的乃是，依事态运行之常轨，得否认为被告的行为在造成损害方面扮演了特别的角色。[69]

（2）事实推定。原则上，原告负担证明责任，证明被告的不法行为造成了医疗伤害。依法国法，因果关系的证明应达到确定无疑标准（最高法院民一庭，2009年9月24日）；司法实践中，法院往往认为高度盖然性程度足矣。[70]

因果关系属法律事实，得以一切手段证明，这意味着各类证据皆可采纳。对原告提交的证据，下级法院有独立评价权力，不过最高法院有权力审查承审法官出具的理由。

在许多案件中，法官乞援于《法国民法典》第1349条之推定证据工具，依该条，推定意指"律条或法曹由已知事实推论而出未知事实"。《法国民法典》第1353条又特别明确，推定事宜"委诸法曹之卓识及周慎，仅得承认重大、准确、前后连贯之推定"（债法改革后第1354条、第1382条）。此处"重大、准确、前后连贯"之表达普遍见于判例及文献。这里要提及，"以排除来证明"（evidence by exclusion）是推定论证的具体形式。损害何以发生，若无其他因素得为解释，被告行为即被视为原因。比如，患者服用某种治痛风药物后罹患莱尔氏病（Lyell's disease），法院查明，患者服用药物后21天即

---

[68] See supra note 24, Florence G'Sell-Macrez, p. 148.
[69] Ibid., p. 149.
[70] 参见前注25，西蒙·泰勒书，第50—51页。

患病，停止服药后症状即消失，患者并非易罹患此种疾病的体质，处方亦无差错，基于这些事实，法院认定药物和患者所受损害间有因果关系（最高法院民一庭，2005年4月5日）。再如，患者患高血压，除了服用某种药物，别无其他解释，即得认为药物是致害原因（最高法院民一庭，2006年1月24日）。[71]

　　法国法院一贯宣示其独立性，并不盲从专家观点，然经验表明，法官于判定因果关系之际，科学的影响格外显著。法院任命专家，将技术事宜尽皆托付，乃是法国体制极为鲜明的特征。但跟在专家意见后面亦步亦趋，实非法院系统所愿，最高法院最近将此点揭橥出来。催生出最高法院重要判决的是乙型肝炎疫苗诉讼，在这里，关于疫苗毒性，并没有确凿科学证据。众多受害人罹患神经系统疾病（诸如多发性硬化），面对此情此景，法国法官渐次改弦更张。2003年，最高法院还拒不承认接种乙肝疫苗与多发性硬化之间有因果关系，盖专家意见以为两者之间的关系在科学上并不确定（最高法院民一庭，2003年9月23日）。可在2008年，最高法院发布六道重要判决，其间以为，虽在科学上并不确定，结论性的统计学数据亦付之阙如，但根据"重大、准确、前后连贯之推定"，仍得认定因果关系。此后，最高法院又数次遭逢多发性硬化案件，还有其他神经疾病案件，将此立场屡屡重申。在此类案件中，有两点被法官纳入考虑：第一，没有其他因素可解释疾病（受害人身体健康，无病史）；第二，疫苗注射与症状初现在时间上紧密衔接。还应该提到，在因强制接种乙肝疫苗而生的诉讼中，最高行政法院采纳了类似立场和标准。最高行政法院认为，若特定条件满足，比如在注射后最多3个月内出现临床认可的症状，而且在患者病史中找不出任何致病因素，强制接种乙肝疫苗即可被视为损害的肇因（2009年2月18日）。在近来的其他疫苗案件中，若有其他因素可供解释疾病之发生，或者原告所提交之证据还不足以构成"重大、准确、前后连贯之推定"，法官即不认为有因果关系存在。[72]

　　"重大、准确、前后连贯之推定"乃"事实推定"，与"法律推定"（*présomptions de droit*）有别，后者要求，一旦认定另一事实，法官即应推定某特定事实存在。法律推定得由法律或法官创制。比如，就特定类型损害，尤其是

---

[71] 参见前注25，西蒙·泰勒书，第51页。
[72] See supra note 24, Florence G'Sell-Macrez, p. 150.

输入受污染的血液导致疾病,法律要求强制推定。若立法者或者法官欲倒置证明责任,这就相当于法律推定。例如,在无法认定被告的案件中,为患者计,最高法院决意倒置证明责任,从而在己烯雌酚(DES)诉讼中创制了新的法律推定。更近些时候的一件医疗感染判例中,受害人先后在几家医疗机构接受过治疗,法院判令几家医疗机构负连带责任,除非能证明自己没有造成感染(最高法院民一庭,2010年6月17日)。[73]

(3)机会丧失。法国法形式上要求原告证明因果关联的确定性(实践中并不必然如此),在受害人不能证明确定性的场合,机会丧失规则提供了得到赔偿的途径。机会丧失规则在医疗过失诉讼领域格外流行,盖患者于此类案件中要证明因果关系往往面临巨大困难。法官就医疗行为与患者所受损害间的因果关系不能形成内心确信的,遂得利用此概念,将患者所受损害界定为失去了得到恰当治疗或治愈的机会。

法国最高法院最早在1965年判例中采纳此路径。在该案中,医生诊断错误,遂致治疗欠妥当,使患者失去治愈机会,法院判令医生承担责任(民一庭,1965年12月14日)。稍后,最高法院又有两件判决肯定了此立场。头一件,最高法院维持上诉法院判决。法院虽明白承认,并不能证实是被告的过失行为致患者死亡,但仍判令医生就患者失去生存机会负赔偿责任(民一庭,1969年3月18日)。第二件,医生未能确保麻醉师立即介入,法院认为医生危及患者生存机会(民一庭,1970年1月27日)。有些时候,看上去患者得救不过纯粹可能性而已,更可能的倒是被告过失行为于结果全无影响,但受害人就丧失治愈或生存机会仍得到赔偿。有件案子,患者是位年轻女性,流感引起并发症。被告先是迟误将患者收入医院,继而又治疗失误,最终患者死亡。专家报告并不确信妥当治疗是否可避免此结果发生。上诉法院只是认定,若被告医生正确施治,受害人本得更早入院,但很难说这会对患者病情的演化有何影响,患者系呼吸困难死亡,然病因仍未确定。法国最高法院认为,"但凡错过有利结果,即为机会丧失,是以,虽说病情演化趋势并不清晰,导致死亡的严重呼吸困难也未得到恰当解释,可这些都不会妨碍认定医生过错行为与患者生存机会丧失之间的因果关系"(民一庭,2010年10月14

---

[73] See supra note 24, Florence G'Sell-Macrez, p. 152.

日）。[74]

就公立医院，在 2000 年之前，最高行政法院并不将机会丧失概念适用于医院责任场合，还是全有或全无那一套。照当时判决的说法，"丧失了避免最终发生之事件的机会，应该对应遭受的各式名目损害的一部分"（2000 年 1 月 5 日），即不认可机会丧失为独立损害名目。但最高行政法院稍后也在医疗过失案件中采纳此进路（2007 年 12 月 21 日）。[75]

丧失的机会必须是实质机会，倘若即便没有医疗过失，能不能治愈、能不能生存，或者健康能不能改善，"全在不可知之数"（highly speculative）（最高法院民一庭，2000 年 6 月 20 日），或者"纯属玄想"（illusory）（昂热上诉法院，1998 年 9 月 11 日），即不能得到法律救济。[76]

将损害重新界定为机会丧失，固然便利了因果关系证明，但也意味着受害人就其所受损害只能得到一定比例的赔偿，也就是法院评估所丧失机会的百分比。此外，这个规则还会导致恣意武断的判决，但凡法官就因果关系存疑，纵使可能丧失之机会至为微末，亦得随意循此路径，而配置给丧失的机会多大百分比，法官权限又甚宽广。故而此规则颇受批评。[77]

3. 损害

就损害要件，医疗责任法原本没有任何特殊之处，但世纪之交的错误生命案件引发社会热议，甚至成为促成立法改革的重要推手。

在 2000 年听审的佩吕什案（The Perruche Case）中，医生为孕妇佩吕什太太检查身体，目的是诊察是否罹患风疹。检查结果表明，佩吕什太太未罹患风疹，且有免疫力。不幸，这并非事实。胎儿在子宫内感染风疹，生下来即是严重残疾。法院认为实验室要为其过失负责（实验室就其差错未加争辩），而且医生未尽到勤勉的注意义务，并违反对患者的说明义务，亦应负责任。法院判令实验室及医生与其保险公司负连带责任（in solidum），赔偿因其过失给佩吕什太太造成的损害。佩吕什太太一开始就告诉医生，若罹患风疹，自己会堕胎，法院认为实验室及医生的行为剥夺了孕妇终止妊娠的权利。难题在于，佩吕什夫妇还主张，这个严重残疾的孩子就所受损害也应得到赔偿。此前的判例法向

---

[74] 参见前注 25，西蒙·泰勒书，第 51—52 页。
[75] See supra note 24, Florence G'Sell-Macrez, p. 153.
[76] Ibid；前注 17，苏珊·加兰-卡瓦尔文，第 126 页。
[77] 参见前注 25，西蒙·泰勒书，第 54 页。

来拒绝给生来残疾的孩子以赔偿,最高法院这次却照准了赔偿请求。[78]

这个立场遭到学术界铺天盖地的批判。孩子的损害(残疾)并非医生的过失(未检测出来)造成,而是母亲在妊娠期间传染给孩子的风疹造成的。医生差错并未造成残疾;医生差错导致的是孩子出生,而未被母亲堕掉。法官既然判决医生承担责任,可以推知,真实损害即是"残疾孩子的出生"。这个方案在伦理角度不可接受,盖其暗示"生而残疾"构成损害,而且在胎儿残疾与终止妊娠之间构想了系统性关联,预示着某种优生学的到来。另外,最高行政法院在类似案件中拒绝赔偿孩子的损害。[79]

立法机关决意遵循比较法上的普遍立场,遂以库什内法废止了佩吕什案判决所持理论。该法第1条即宣称,"任何人不得仅以自己出生的事实为据而主张遭受损害"。此后,先天残疾的孩子不再得请求医生赔偿损失,目前是在全民共济的名义下,由政府给予救济。父母仍得请求赔偿,但受两点限制:第一,金钱赔偿不能包括对残疾孩子的终生照护,父母只得请求赔偿非金钱损害。第二,父母必须证明医生的过失达到严重性门槛。[80]

(五)严格责任:医疗产品

1. 归责

依1985年欧共体"产品责任指令"的立场(Directive 85/374/EEC),缺陷产品致人损害的,产品生产者负严格责任("产品责任指令"第1条)。无法识别产品生产者的,产品提供人若不能在合理期限内指明生产者或者向自己供货之人,方对受害人负赔偿责任("产品责任指令"第3条第3款)。通过1998年5月19日第98-389号法律,这套体制转化为法国内国法,编为《法国民法典》第1386-1条至第1386-18条(2016年修法后,为第1245条至第1245-17条)。依《法国民法典》第1245-6条,倘不能确定缺陷产品生产者,销售者、出租人或者在营业或职业过程中的任何其他供货人,应负赔偿责任,除非在受害人请求赔偿之日起三个月内能指出自己的供货人或者产品生产者。

---

[78] See Brigitte Feuillet, *The Perruche Case and French Medical Liability*, 4 Drexel Law Review 139, 140 (2011).

[79] Ibid., p. 143.

[80] 医疗差错达到这个门槛的例子有,医生未向母亲充分说明超声检查有偏差可能,以及将两位患者的检查分析结果弄混淆(最高行政法院,2003年2月19日)。Ibid., p. 147.

这里的问题是，医疗机构在为患者提供医疗服务的过程中，使用了缺陷产品并致患者损害的，医疗机构是否是产品责任法中所谓"供货人"（supplier）？倘回答为肯定，医疗机构可能负严格责任，当然前提是医疗机构不能指出产品生产者或上游销售商。倘回答为否定，那么医疗机构理当只承担过错责任。法国判例法却开辟了新的道路。

于此类案件中，法国最高行政法院向来令医院承担严格责任，不得因指出生产者而逃避责任。比如，在最高行政法院 2003 年的一件判例中，患者因呼吸设备运行缺陷而受伤害，医院承担了严格责任（2003 年 7 月 9 日）。不管是单纯利用产品，比如手术中所用电热毯灼伤患者（最高行政法院，2012 年 3 月 12 日）、测量动脉含氧水平的仪器造成损害（最高行政法院，2012 年 4 月 24 日），还是利用并"提供"医疗产品，比如植入身体的假膝给患者造成损害（最高行政法院，2013 年 7 月 25 日），都依同样规则处理。法国最高法院亦持同样立场（民一庭，1999 年 11 月 9 日）。[81]

欧洲法院 2011 年肯定了法国路径的合法性。医疗服务人于治疗过程中利用产品的，并不构成商品生产及流通链条的环节，其功能仍是服务人，不是产品责任法所说供货人，不受"产品责任指令"规制，故而，法国判例法令医疗机构承担首位的严格责任，并不抵触"产品责任指令"的立场。至于内国法令服务人就缺陷产品所致损害负严格责任是否可取，欧洲法院无从干涉，由各国自行取舍。[82]

令评论家惊诧的是，法国最高法院近来颠覆了自己的立场，称缺陷医疗产品造成损害，医疗职业人有过错的方负赔偿责任（民一庭，2012 年 7 月 12 日）。这个动向颇让人困惑，盖《公众健康法典》第 L.1142-1 条第 1 款言之凿凿，医疗服务人就缺陷产品承担的责任是过错责任的例外。行政法院的立场没有动摇，最近一件案例，骨科手术中所用工具断裂，造成患者损害，法院令医院承担严格责任（最高行政法院，2012 年 3 月 14 日）。[83]

2. 证明责任

在产品责任案件中，原告要证明产品有缺陷，以及缺陷与所受损害间有因

---

[81] 参见前注 25，西蒙·泰勒书，第 46 页。
[82] 参见本书第二章及丁峡贝桑松大学医院案判决。
[83] 参见前注 25，西蒙·泰勒书，第 47 页。

果关系（《法国民法典》第 1245-8 条）。[84]

在赛诺菲案（Sanofi）中，法国最高法院碰到的问题是，医学研究不能确定疫苗是否有缺陷以及缺陷与患者损害间是否有因果关系，能否以事实推定认定此点。法国最高法院将此问题提交给欧洲法院，2017 年 6 月 21 日，欧洲法院作出有利于受害人的判决。欧洲法院赞成法国法院以推定方式认定因果联系："虽说法院已认定，施打疫苗与受害人罹患疾病之间是否有关联，医学研究既不能肯定，也不能排除，但原告依赖的特定事实证据，构成重大、准确且前后连贯的证据，法院得据之认为疫苗有缺陷，且缺陷与疾病之间有因果关系。"[85]

欧洲法院认为，提交到法院的诸多事实，如"施打疫苗与疾病发作之间紧密衔接，患者及其家族皆无病史，再加上已有施打此疫苗后疾病发作的众多报告"，即是法院得据以确认因果关系的证据。碰上病原学尚不清楚的疾病，倘有充足线索以认定因果关系以及产品缺陷，不必依赖不可推翻的科学要素或者要求确定性。欧洲法院甚至认为，施打疫苗后此疾病发作的事例已有多起，亦得据以确立因果关系。但要注意，于此种情形，不能系统性地认定因果关系，不能在缺陷与损害间建立自动推定机制（automatic presumption）。[86]

（六）严格责任：医院感染

1996 年，法国最高法院判决确认，患者在手术台上感染的，推定医院有过错（民一庭，1996 年 5 月 21 日）。1999 年，最高法院更进一步，以严格责任取代过错推定，也不要求感染必须发生于手术台，只要感染源于医疗活动，医疗服务人即应承担责任。依法国卫生部的定义，医院感染意指患者住院时尚未发生的感染，不限于外源性感染（传染病细菌来源于医院，如医务人员、手术器械等），亦及于内源性感染［致病细菌在患者进入医院时已存在于患者体内，在医院期间因医疗行为（一般在手术过程中）散布到敏感区致患者损害］。[87]

---

［84］《最高人民法院关于审理医疗损害责任纠纷案件适用法律若干问题的解释》第 7 条第 3 款令被告就医疗产品不存在缺陷承担证明责任，是错误解释。

［85］CJEU, N. W, L. W, C. W v. Sanofi Pasteur MSD SNC, Caisse primaire d'assurance maladie des Hauts-de-Seine, Carpimko, June 21, 2017 (C-621/15).

［86］Ibid.

［87］参见前注 17，苏珊·加兰-卡瓦尔文，第 134 页。

在公营部门，医院责任最初以医疗机构在组织和运营上的过失概念为基础。在此背景下，行政法院系统创设了过失推定机制：患者住院期间，微生物组织意外进入体内的，感染本身即表明医院有过失。最高行政法院较民事法院更加袒护医院，只令医院为外源性感染负责，排除内源性感染（2002年9月27日）。[88]

2002年立法改革维护了判例法的成果，并消弭了两套法院系统的分歧。《公众健康法典》第L.1142-1条写道，"医疗院所、医疗机构和医疗组织应为院区感染造成的损害负赔偿责任，证明存在外部原因的不在此限"。从此，不管行政法院还是民事法院，也不管是外源性感染还是内源性感染，医疗院所都要负严格责任。

在医疗院所外执业的医生得到豁免。依此前判例法，个体执业医生也要对医疗场所感染负严格责任，依新法立场，感染发生于个体医生门诊的，医生仅负过错责任。故在这方面，对患者来说，2002年改革似有退步。库什内法溯及自2001年9月5日生效施行，法国法院遵循偏向患者的立场，主张就该日之前发生的医院感染，个体医生仍应负严格责任。[89]

责任保险行业认为经济风险太大，抗议声四起，并展开游说，立法机关遂于当年年底通过"2002年12月30日第2002-1577号关于医疗责任的法律"（库什内法的修订法），修正了库什内法。依修正后立场，医院感染造成永久残疾且残疾程度达到25%或者更为严重的（如死亡），由库什内法新设立的行政体制赔付。为了不害及法的威慑效果，倘医院严重违反针对医院感染的防范规则，国家基金得向医院追偿（《公众健康法典》第L.1142-17条）。达不到该严重程度门槛的，仍由医疗机构承担严格责任。[90]

《公众健康法典》将医院感染界定为，"发生于医疗院所内，跟医疗服务相关的任何感染"（第R.6111-6条）。为了更有力地帮助受害人，法院对医院感染给予宽泛理解。这里的"医疗服务"即从宽解释，比如说，受感染的瓶装牛奶致婴儿罹患传染病的即包括在内（最高法院民一庭，2010年7月1日）。[91]

---

[88] 参见前注17，苏珊·加兰-卡瓦尔文，第135页；Supra note 24, Florence G'Sell-Macrez, p.146.
[89] 参见前注25，西蒙·泰勒书，第48页。
[90] 同上注。
[91] 同上注，第49页。

就医院感染，受害人往往去过多家医院，难题是没法证明到底哪家医院造成了案涉损害。依传统因果原则，没有哪家医院应为此负责，盖感染更可能是其他医院中的某一家造成的。法国法院遂将证明责任倒置，帮助受害人克服此困难。2010年有件案子，患者曾在六家医院就诊，在其中某家医院（不能确知）感染疾病，最终死亡。在患者家属针对两家医院提起的诉讼中，法国最高法院称，"医院感染已得证实，但感染可能发生在几家医院任一家的，赔偿请求所针对的任一家医院都负有责任证明其并未造成感染"（民一庭，2010年6月17日）。此类案件，被告对受害人的损害负连带责任（巴黎上诉法院，2012年10月26日），至于几位被告间如何分担责任，法国法院尚未发布指示。在此类案件中，原告甚至不必证明个别医院确实制造了感染风险，故超越了对所制造风险的责任，可见法国医疗判例法在优待患者方面走得有多远。而后，最高法院将同样思路应用于缺陷产品责任领域，无法证实到底是哪家制药厂造成受害人损失的，令几家制药厂承担连带责任，此系将负担加诸被告，由其证明并未造成原告损害（民一庭，2009年9月24日）。[92]

（七）严格责任：医疗风险

库什内法通过前，行政法院系统还为公立医院患者创制了一套针对医疗风险（Aléa Thérapeutique）的严格责任体制。

1993年的比安奇案（Bianchi），最高行政法院写道："为诊断或治疗所需要的医疗行为，带来某种风险，此种风险固为人知，但不大可能发生，也没有理由相信患者体质格外易触发此种风险，如此，倘医疗行为的实施是损害的直接原因，损害极为严重，且与患者原来的病情无关，公立医院即应就损害负责。"（1993年4月9日）[93]

据此，医疗风险严格责任的要件为：为诊治所必要的医疗行为；伴随虽罕见却已知的风险；患者之身心素质并不易于发生此种风险；损害与风险的实现直接相关（与疾病的进展无关）；损害极为严重，如死亡、瘫痪等。只有医疗行为造成患者身心障碍，表现出明显异常，与患者接受治疗前的病情全不相称，又非患者身体状态合理的、可预见的发展结果，方予以赔偿。这套

---

[92] 参见前注25，西蒙·泰勒书，第55—56页。
[93] See supra note 24, Florence G'Sell-Macrez, p.146；前注17，苏珊·加兰-卡瓦尔文，第128页。

机制界定狭窄，适用颇受束缚。比如，患者接受眼部手术，麻醉事故致患者瘫痪，损害与先前的疾病无关，故为治疗风险；倘是眼部手术失败，患者失明，即为医疗失败，而非治疗风险。[94]

库什内法施行后，患者因医疗风险遭受严重损害的，得乞援于新的行政赔偿体制。自此，行政法院创设的这套严格责任体制即只适用于极少数的患者：因医疗风险遭受伤害，但未达到法定的严重程度门槛。[95]

（八）社会保障机构的追偿权

支付了费用的福利机构是否享有追偿权，属一般立法调整事宜（1985年7月5日第85-677号法律第28-32条）。医疗事故造成损害的，并没有特别规定。

三、行政赔偿体制

（一）改革背景：医疗责任法的困境

传统民事责任法面临的那些困境，在医疗领域显得格外突出，法国法亦然。法国医生相信，面对医疗难题，法国正走向美国式好讼进路。法国医生还相信，很多时候自己并无过错，也被迫赔偿患者所受损害。患者也抱怨诉讼途径缺乏效率，高昂的成本让医疗过失受害人望而却步，过于冗长拖沓的程序导致不正义。法律人与政策制定人也承认，法律体制过于复杂。患者向哪家法院起诉，适用怎样的责任规则，要看患者是在公立医院还是私营医院接受医疗服务。对待类似诉讼请求，两套法院系统立场可能不一致，有悖法国法对公平的关注。此外，舆论与政策制定人都以为，在没有法律上过错的情形，那些受到严重伤害从而承受了沉重负担的病人，亦应给予救济。[96]

医疗民事责任的成本，很大部分落在责任保险人头上。比如，每件案子的平均赔偿额，2002年大约为18万美元，2007年就升到了38.4万美元。保险公司的经济负担不断加重。[97]早在20世纪90年代初，保险业及医疗职业人就认为，医疗责任法的运转方式太过偏袒受害患者，使得保险公司不堪重

---

[94] 参见前注17，苏珊·加兰-卡瓦尔文，第129、132页。
[95] See supra note 24, Florence G'Sell-Macrez, p. 146.
[96] See supra note 13, Marc A. Rodwin, p. 111.
[97] Ibid.

负。医疗保险公司联合医生团体以及各医生协会的主席,在 1992 年 10 月 14 日发表声明指出,过去 25 年,医疗技术诚然进步巨大,但医疗风险也同步显著增加。该声明据此认识提出建议,依医疗事故与医疗过失或风险的关系,分散医疗事故的经济负担:医疗服务人以过错为限,对自己的差错负责;而在医疗行为造成异常结果的情形,医疗行为包含的无关过错的风险也就是固有治疗风险,应在全民共济的名义下由公共基金赔偿。尤其是世纪之交,两个备受瞩目的伤害领域,一个是错误生命诉讼(佩吕什案),一个是医院感染,让这个议题引发极大关注。[98]

早在 1966 年,侵权法大家顿克(Tunc)就在第二届世界医疗伦理大会上提议为医疗事故引入无过错赔偿基金。20 世纪 80 年代到 90 年代,政府也委托制作了多份报告,下院议员也提出不少议案。经过 30 年积累,到 2001 年 9 月 5 日,政府终于第一次向议会提交立法建议。[99]时任总理为利昂内尔·若斯潘(Lionel Jospin),立法成果即为前面提到的库什内法。库什内法一方面巩固了民法传统立场,明确医疗服务人仅对过失负责任;另一方面推行重大改革,引入行政赔偿体制。改革主要有两部分:在程序法方面,开辟了诉讼外替代纠纷解决路径;在实体法方面,针对特定残疾和医疗伤害,创设全民共济体制,给受害人提供新的救济途径。

(二)改革理念:全民共济或曰社会连带

法国人将全民共济或曰社会连带(social solidarity)看作重要价值。共济观念根植于法国大革命的博爱理想,这个理想就体现在"自由、平等、博爱"的箴言中。连带观念在慈善仁爱之外为社会扶助提供了解说,而慈善仁爱不过是标识旧制度(Old Régime)特征的不平等、等级制以及社会地位的遗迹。19 世纪末 20 世纪初,莱昂·布尔茹瓦(Léon Bourgeois)将连带主义(solidarism)与互助、保险挂钩,使之成为法国核心政治理念。二战后,法国基于社会连带原则建立起包括医疗保险在内的社会保险体制。1946 年《法国宪法》序言"宣告全体法国人民和衷共济、团结一致,平等承担国家灾难带来的损失",并"允诺使所有人尤其是儿童、母亲和老年工人的健康、物质条件、休息及闲暇都能得到保障"。《社会保障法典》解释说,为了让任何需要医疗服

---

[98] See supra note 13, Dominique Thouvenin, p. 166.
[99] Supra note 3, Simon Taylor, p. 93.

务的人都能在平等条件下享受到福利待遇，社会连带主义要求所有个体基于自己的收入而不是风险向基金缴款。[100]社会个体得到的福利待遇并非其所缴款项的函数。资源在社会保险覆盖的所有个体间重新分配。社会连带的理想激励法国人创造出专门机制，让那些因医疗事故遭遇坏结果的患者得到救济。[101]

（三）替代纠纷解决机制：调解赔偿委员会

库什内法创设了三个新机构，以运作新行政体制、实现改革目标。第一个是大区医疗事故、医源性疾病及医院感染调解赔偿委员会（Commission Régionale de Conciliation et d'Indemnisation des accidents médicaux, affections iatrogènes et infections nosocomiales, CRCI），简作"调解赔偿委员会"，运作一套替代纠纷解决机制，方便严重事故纠纷快速解决。第二个是医疗事故、医源性疾病及医院感染国家赔偿总署（Office National d'Indemnisation des Accidents Médicaux, Affections Iatrogènes, et Infections Nosocomiales, ONIAM），简作"医疗事故国家赔偿总署"，提供资金供各调解赔偿委员会运转，并在过错责任不成立的情形，在全民共济名义下向受害人支付赔偿金。第三个是医疗事故国家委员会（Commission national des accidents méducaux, CNAMed），负责建立专家库以评估医疗伤害，并协调各调解赔偿委员会的立场，避免处理损害赔偿请求的标准不一致。

1. 调解赔偿委员会的设立、构成及目标

依"2002年3月4日第2002-303号关于患者权利及医疗系统服务质量的法律"（库什内法）、"2002年12月30日第2002-1577号关于医疗责任的法律"（库什内法的修订法），应于各大区设立医疗事故调解赔偿委员会（《公众健康法典》第 L.1142-5 条）。各调解赔偿委员会依"2002年5月3日第2002-886号关于医疗事故、医源性疾病及医院感染的各大区调解赔偿委员会的法令"创立。

全法国共设立25家调解赔偿委员会，由司法法院或行政法院的地方法官任主席，成员20人，[102]代表六类利益群体，分别为患者、医疗执业人（health

---

[100]《社会保障法典》第111-1条（"保护工人及其家属抵御任何可能降低或剥夺其劳动能力的风险。覆盖妇产及承担家庭责任的费用。覆盖居住在法国的任何其他人及家属的医疗及妇产费用"）。

[101] See supra note 13, Marc A. Rodwin, p.118.

[102] 依2014年1月9日第2014-19号法令，成员逐步减少至12人。参见前注25，西蒙·泰勒书，第64页。

professionals，意指独立开业的执业人）、医院执业人（hospital practitioners）、医疗组织与医疗机构、医疗事故国家赔偿总署、保险人。[103]

调解赔偿委员会负有双重职责：一个是促进受害人与责任人的保险人达成调解协议，一个是在全民共济体制下处理医疗事故。这对应两套程序：一个是调解程序，一个是友好解决途径（amicable dispute resolution）。[104]

调解赔偿委员会负责运行新创设的诉讼外纠纷解决机制，这套替代机制由当事人自愿选择。"任何人，倘认为自己遭受了可归咎于预防、诊断或治疗活动的损害，或在死亡情形其继承人，或在恰当情形其法定代理人，都得将相关事宜提交给调解赔偿委员会"，该提交行为将发生诉讼时效中止的法律效果（《公众健康法典》第 L.1142-7 条）。调解赔偿委员会致力于居中斡旋，推动受害人与医疗职业人或其保险人达成调解协议。[105]引发纠纷的医疗事故发生于 2001 年 9 月 5 日及之后的（库什内法溯及生效之日），方予受理。依申请人意愿，纠纷既得由调解赔偿委员会全体听审，亦得由个别委员听审，还可以由调解赔偿委员会之外的独立调解员主持。调解结果记载于文档，申请人与相关医疗职业人签字。今天，差不多 60% 的赔偿请求都通过调解赔偿委员会达成调解协议。[106]

除了以调解方式促成医疗纠纷解决，调解赔偿委员会还通过友好解决途径，帮助在医疗事故中遭受严重伤害的受害人尽快拿到赔偿金（下面两小节）。立法机关决定在这里设置门槛，只"解决严重医疗事故难题"，"倘若调解赔偿委员会壅塞着无数轻微事故的病历，这套程序的社会效用将大打折扣"。[107]这个门槛由法令另外设定，"依据身体功能丧失情况以及对私人生活及职业生涯可计量的影响来评估，尤其要考虑永久残疾或者暂时失去工作能

---

[103] 《公众健康法典》第 L.1142-6 条："医疗事故、医源性疾病及医院感染调解赔偿委员会由一位法官担任主席，得为行政法官，亦得为民事法官，在任或退休不论。委员会由以下人等组织：患者或医疗服务系统利用人的代表人，医疗职业人，医院、医疗机构或组织的管理人，第 L.1142-22 条所说医疗事故国家赔偿总署的代表人，以及保险公司。"

[104] See supra note 23, Suzanne Carval & Ruth Sefton-Green, p. 217.

[105] 参见《公众健康法典》第 L.1142-5 条："每个大区都要成立大区调解赔偿委员会，负责调解医疗事故、医源性疾病及医院感染引发的诉讼，以及医疗服务系统利用人与第 L.1142-1 条及第 L.1142-2 条所说医疗职业人、医院、医疗机构或组织，或者医疗产品制造人之间的诉讼。"

[106] Florence supra note 24, Florence G'Sell-Macrez, pp. 158-159.

[107] Projet de loi relatif aux droits des malades et à la qualité du système de santé, Ass. Nat. 3258, 11th PARL. (2001). As cited in supra note 13, Dominique Thouvenin, p. 178.

力的程度"(《公众健康法典》第 L.1142-1 条第 2 款);原则上以算术比值来计量受害人永久或暂时残疾的程度,如立法所说,"损害超过法令设定的残疾等级表中的某个百分比,即得向社会共济体制请求赔偿;这个百分比至少等于 25%,由前述法令决定"(《公众健康法典》第 L.1142-1 条第 4 款)。

2. 医疗事故国家委员会与专家选任

患者认为所受医疗伤害达到了法定严重门槛的,既得走传统诉讼途径,亦得向调解赔偿委员会寻求救济,两套体制并行不悖。患者在利用司法程序之前、之后或者过程中,皆得向调解赔偿委员会申请救济。[108]

调解赔偿委员会收到申请,先为初步筛查。多数赔偿申请都不完备,往往缺少至关重要的书面文件,如病历或证实伤害的医疗鉴定。数次要求患者补充缺少的文件,材料仍不完备的,即作结案处理。从递交申请到处理完毕,平均时长为五周。[109]

通过初步筛查后,接下来审查赔偿请求是否成立。专家针对每一份申请起草报告,由调解赔偿委员会全面审查,邀请并鼓励申请人出席(《公众健康法典》第 R.1142-16 条)。自最初申请之日起 6 个月内,调解赔偿委员会应就案情、事故原因、损害的性质和程度以及可适用的赔偿机制等事宜做出决定(《公众健康法典》第 L.1143-8 条第 1 款、第 2 款)。这个阶段,调解赔偿委员会需要专家出具意见,故要挑选专家评估医学事宜。社会事务部长及司法部长"关于医疗责任及医疗风险赔偿的报告"批评说,医疗责任诉讼不能确保挑选的专家具备相应技术资质,立场亦不甚公正。[110] 为回应该批评,议会决定成立官方专家机构,以改善对医疗行为及患者伤害的专家评估质量。

(1)医疗事故专家的评定登记。库什内法设立医疗事故国家委员会,为

---

[108] 同理,"受害人利用此程序,并不排斥在有管辖权的法院起诉请求赔偿,受害人得自由决定在利用调解程序之前、之中或未达成和解之后提起诉讼"(法国最高行政法院,2007 年 10 月 10 日判决)。See supra note 13, Dominique Thouvenin, p.186.

[109] Supra note 13, Dominique Thouvenin, p.179.

[110] Inspection générale des affaires sociales et Inspection Générale des Services Judiciaires, Rapport sur la responsabilité médicale et l'indemnisation de l'aléa thérapeutique 43 (1999). 报告认为有必要确保专家意见的质量,盖"若是欠缺详尽、独立且敢争辩的(independent and contradictory)、所用语言不受指责的专家意见,受害人就医疗执业人或医疗机构是否负有责任就会永远在心中生疑"(Ibid. at 72)。See supra note 13, Dominique Thouvenin, p.180.

评定医疗事故专家的权能机构。该法确立了两个主要原则：第一，必须由相关医疗专科的执业人从事医疗事实的分析工作。例如，医疗伤害涉及麻醉的，即必须由麻醉医师评估案件。法律所用术语为"医疗事故［评估］专家（experts in medical accidents）"，而非"医疗事故［评估］医生专家（physician experts in medical accidents）"（《公众健康法典》第 L. 1142-10 条），故助产士、护士、理疗师皆得申请登记为专家，但实际上申请登记为专家的基本上是医生。第二，对医疗伤害的分析工作必须以谨慎态度为之，盖医疗专科医生并不总是接受过评估身体伤害及残疾的培训。是以，医疗事故国家委员会要对每一位愿意登记为医疗事故专家的申请人详加评估，以决定其是否具有医疗专科的技术资质，以及评估身体伤害及残疾的经验。《公众健康法典》第 L. 1142-11 条规定，医疗事故国家委员会必须"评估［申请人的医学］知识和执业情况"。每份申请由医疗事故国家委员会两位成员审查，审查内容包括申请人提供的信息（文凭、执照、执业领域、医疗技能发展、出版物），以及申请人此前出具过的专家报告示例。医生经登记后，医疗事故国家委员会要详写注明该医生就下列事宜是否能充任专家：评估特定医疗专科领域的执业活动，评估身体伤害及身体机能丧失，或者两者皆可。[111]

（2）调解赔偿委员会选任专家。医疗事故国家委员会草拟出登记专家清单，提交至各调解赔偿委员会，俾便后者挑选专家。立法确立了集体评估原则，调解赔偿委员会"从全国医疗事故专家名单中选任专家，成立专家组"，但立法也认可，调解赔偿委员会"于其认为适宜时，得自该名单中指定一位专家"（《公众健康法典》第 L. 1142-12 条）。有两点很有趣：第一，医疗事故国家委员会是在调解赔偿委员会后一年设立的（2003 年 6 月 3 日关于依《公众健康法典》第 L. 1142-10 条所设立之医疗事故国家委员会组成事宜的命令），又过了一年，方有法令设定医疗事故专家的任命条件（2004 年 12 月 23 日第 2004-1405 号关于依《公众健康法典》第 L. 1142-10 条所设立之医疗事故专家名录准入事宜的法令）。由于这个缘故，在 2003 年至 2008 年间，调解赔偿委员会指定的专家未必在后来的名单上。但在 2009 年至 2010 年，指派专家不在名录上的就只有寥寥 8%。第二，选任专家组集体评估而不是专家个人评估的比例，这些年虽稳步增长，但仍占不到一半（2009 年至 2010 年数据

---

[111] See supra note 13, Dominique Thouvenin, p. 181.

为45%）。之所以没有更普遍地采用专家组评估，是为了减少迟延。就单个专家，提交专家报告的时限是3个月，若是采用专家组，时限则是4个月。实务中，提交专家报告的用时平均为5个月。[112]

在法国的诉讼程序中，法院任命的专家不是证人，也不是决定人。专家是从事审查或评估事实，备咨询的技术人员（《民事诉讼法典》第232条，《刑事诉讼法典》第158条）。专家就技术事宜出具意见。挑选专家的法律机构可以接受，也可以拒绝专家意见。但在过去20年中，专家的角色改变了。今天，专家意见并不仅仅是澄清争点，其对于决定案件结果亦至关重要。实际上，专家参与了决定程序。结果就是，欧洲人权法院在审查一件法国医疗过失案件时认为，"专家奉命回答的问题也正是法院决定的那个问题，即给申请人女儿施用氟烷的那个具体情势，是否表明医院方面有过错"，而且，"虽说行政法院在法律上并不受专家意见约束，但专家意见对法院评定案件事实可能产生压倒性的影响"。欧洲人权法院遂决定，"依对抗式程序的原则，若是法院要求专家出具意见，当事人得与专家对质，质疑专家于奉命出具意见时所考虑的那些证据［的效力］"。调解赔偿委员会并非法院，但关于调解赔偿委员会如何使用专家意见的规则，类似于法院。依库什内法，"专家组或个人专家确保专家意见的对抗性质，故需要当事人在场……当事人得选择他人帮助。专家组或个人专家要考虑当事人的看法，并应（经请求）报告一切相关文件材料。当事人得另外寻求其他医疗职业人出具意见"（《公众健康法典》第L.1142-12条第7款）。调解赔偿委员会若不满意专家报告，得任命新专家。[113]

3. 调解赔偿委员会的意见书及责任认定

收到专家报告后，调解赔偿委员会将开会全面审查案件。并不要求当面听取申请人或者包括医疗服务人、医疗机构或保险公司在内的其他相关当事人陈述。

（1）调解赔偿委员会倘认为不具备赔偿条件，不必出具意见，理由不外乎：所受伤害在最低门槛之下（占33%）；医疗行为与伤残之间无因果关系

---

[112] See supra note 13, Dominique Thouvenin, p. 182.
[113] Ibid., p. 183.

（占 46%）；没有过错或者固有医疗风险（占 17%）。[114] 倘患者认为自己的赔偿请求能成立，得对医疗服务人提起诉讼。

（2）倘若认为所受伤害具有第 L. 1142-1 条第 2 款所说严重特征，调解赔偿委员会应就损害的具体情形、原因、性质及程度等出具意见书，并说明有哪些可用的赔偿体制；调解赔偿"委员会应于申请提交之日起 6 个月内出具意见书"（《公众健康法典》第 L. 1142-8 条），但没有权限建议应予赔偿的金额多寡。法国最高法院和最高行政法院的判例都认为，调解赔偿委员会是行政委员会（administrative commissions），任务是通过初步措施，促进医疗事故纠纷友好解决，发布的意见书并不具有拘束力。[115]

倘若调解赔偿委员会认为医疗服务人确有过错，即应知会负有责任的医疗服务人（通常是医疗服务人的保险人），冀望其出具赔偿提议。[116] 倘若受害人接受责任保险人的赔偿提议，和解协议即告达成，保险人应在 1 个内月内给予赔偿。和解协议构成《法国民法典》第 2044 条意义下的"和解契约"，这意味着，除非受害人以后病情恶化（可以提出新请求），否则不得复起讼争。[117] 若是 4 个月内保险公司未为赔偿提议或者拒绝给付赔偿金，申请人有权利请求医疗事故国家赔偿总署运营的国家基金赔付[118]，医疗事故国家赔偿总署即代保险公司之位并向患者为赔付提议。[119] 倘患者接受提议，医疗事故

---

[114] See supra note 13, Dominique Thouvenin., pp. 183-184.

[115] Cour de cassation 1e civ., May 6, 2010, Bull. civ. I, No. 09-66947; CE, Oct. 10, 2007, Rec. Lebon 206590. See supra note 13, Dominique Thouvenin, p. 184.

[116] 《公众健康法典》第 L. 1142-14 条第 1 款（"若医事故、医源性疾病及医院感染调解赔偿委员会认为，第 L. 1142-1 条所说医疗职业人、医院、医疗机构或组织，或者第 L. 1142-2 条所说医疗产品制造人，应为第 L. 1142-8 条第 1 款所说的损害承担赔偿责任，为委员会认为应负责任的前述人等承保了民事或行政责任的保险公司，应于收到意见之日起 4 个月内向受害人或其继承人为赔偿提议，在保险单设定的限额内，赔偿全部损失"）。依《公众健康法典》第 L. 1142-2 条，医疗服务人有投保责任险的义务（"从事预防、诊断或治疗活动的私营部门医疗职业人及医疗机构，医院及医疗组织，以及医疗活动中所用产品的制造人及供货人，为从事此类伤及人身的医疗活动给第三人造成人身伤害而可能承担的民事或行政责任，购买保险"）。

[117] 《法国民法典》第 2044 条（"和解协议构成契约，当事人得据之解决争议或防止发生纠纷。和解协议具有如同判决的效力"）；另见《法国民法典》第 2052 条（"和解协议在当事人之间具有终局判决的既判力"）。

[118] 《公众健康法典》第 L. 1142-15 条第 1 句（"若保险公司未予回应或明确拒绝为赔偿提议，或者责任人并未投保"或保险范围已用尽，医疗事故国家赔偿总署"入替保险公司"）。

[119] 《公众健康法典》第 L. 1142-15 条第 2 句（"此际，第 L. 1142-14 条的规定，尤其是关于为赔偿提议及给付的规定，适用于医疗事故国家赔偿总署"）。

国家赔偿总署于赔付之后，得依代位权向私营保险公司追偿。保险公司当然得于法庭质疑调解赔偿委员会的意见（《公众健康法典》第 L. 1142-14 条）。保险公司拒绝向患者赔付的，倘最终认定责任成立，法官得处以罚款并令其承担调解赔偿委员会支付的专家费用（《公众健康法典》第 L. 1142-15 条）。有几件案子，拒绝给付的保险公司赢得诉讼，主要是法院发现，请求保险公司赔偿的权利要件不满足。此种情形，申请人不必退还款项，医疗事故国家赔偿总署承受损失。[120]

倘若患者认为保险公司的赔偿提议过低，得请求法院评估应支付的赔偿金额。倘法院认为保险公司的提议"显然不足"，得命令保险公司向受害人支付全部赔偿金，并在该笔赔偿金额 15% 的限度内另向国家医疗事故赔偿总署支付罚款（《公众健康法典》第 L. 1142-14 条）。法律通过这些措施督促保险公司与行政赔偿体制合作。学者认为，15% 的罚款显然不足以威慑保险公司的抵制态度。[121]

倘若调解赔偿委员会得出结论，损害系由医疗风险、医院感染或者全民共济下的任何其他赔偿事由所致，即应知会医疗事故国家赔偿总署，"自收到意见之日起 4 个月内，向受害人为赔付提议，以赔付受害人之全部损害"（《公众健康法典》第 L. 1142-17 条）。医疗事故国家赔偿总署倘若认为受害人的伤害并非固有医疗风险造成，亦得拒为赔付提议；拒绝的比例很低，在 2010 年出具的所有意见中只占 6%。[122] 倘若医疗事故国家赔偿总署拒为赔付提议，或者受害人认为提议的赔偿金额过低，得向法院提起诉讼（《公众健康法典》第 L. 1142-20 条）。法院不得因医疗事故国家赔偿总署不听从调解赔偿委员会的意见而处罚款。

调解赔偿委员会认为患者有权利得到赔偿的，一半案件认为应由某位医疗执业人或者医疗机构在法律上负责，另一半案件认为应由国家基金赔

---

〔120〕 See supra note 13, Dominique Thouvenin, p. 186.

〔121〕 参见前注 25，西蒙·泰勒书，第 66 页。另外，法国最高法院判例指出，此种罚款合乎法国宪法，盖给了保险公司反驳的机会（民一庭，2011 年 3 月 31 日）。See Phillippe Pierre, *The Role of Insurance in Compensation for Medical Injuries since the Kouchner Act*, 4（1）Drexel Law Review 151, 162（2011）.

〔122〕 往往是基于技术理由，如认为医疗事故是病情发展的结果，实际上可能是为了节省国家基金。See supra note 121, Phillippe Pierre, p. 163.

付。[123]

（3）还有这样的可能，受害人认为调解赔偿委员会对自己所受伤害评估不到位，拒绝调解赔偿委员会的意见。调解赔偿委员会并不给伤残设定任何金钱价值，只是评估损害程度。例如，认为患者丧失30%身体活动能力，或者患者每天需要若干小时的日常活动帮助。就调解赔偿委员会对患者伤残程度的认定，患者不能辩驳。是以，倘患者不同意该意见，唯一选项就是在有管辖权的法院提起损害赔偿诉讼（《公众健康法典》第 L.1142-8 条第 3 款）。倘若损害赔偿诉讼得不到法院支持，比如法院认为赔偿条件不满足，患者不能再选择接受此前保险公司或者国家医疗事故赔偿总署所为之赔付提议。[124]

（四）全民共济体制：医疗事故国家赔偿总署

有时，损害不能归咎于医疗服务人得构成医疗过失的任何不端行为，而是起于常规的预防、诊断或治疗行为。库什内法要求创设专门的国家基金，为不牵涉任何医疗过失的特定损害的受害人提供救济。这套新体制，类似于为恐怖事件和刑事犯罪受害人提供的救济机制，立足于全民共济或曰社会连带理念，由医疗事故国家赔偿总署经办。此外，在替代纠纷解决程序中，碰上责任保险人拒为赔偿提议或者医疗服务人没有投保等情形，亦得通过医疗事故国家赔偿总署尽快得到救济。如立法所说，医疗事故国家赔偿总署"是政府的公共、行政机构（public, administrative body），受卫生部长监管。其职责在于，依第 L.1142-1 条第 2 款或者第 L.1142-1-1 条设定的事由，在社会共济体制下，赔偿医疗事故、医源性疾病及医院感染造成的损害，并负责第 L.1142-15 条及第 L.1142-18 条要求的赔偿工作"（《公众健康法典》第 L.1142-22 条第 1 款）。

1. 主要适用范围（main jurisdiction）：固有医疗风险与医院感染

医疗事故国家赔偿总署运营的基金由国会每年拨款，为了保证财务上可持续，最初将赔付的损害局限于固有医疗风险造成的不良结果。这个立场最早出自法国社会事务部长及司法部长"关于医疗责任及医疗风险赔偿的报

---

[123] See supra note 13, Marc A. Rodwin, p. 116.

[124] "当事人既选择放弃协议，即不得再有效援引该协议条款"（罗德兹普通初审法院，2005 年 5 月 19 日）。See supra note 13, Dominique Thouvenin, p. 184.

告",该报告将"固有医疗风险"(inherent therapeutic risk)界定为"源于诊断或治疗行为的伤害(但医疗行为并无过错),且结果不同于患者病情及预期发展"。[125] 法国最高法院判例的提法是,"医疗措施内在事故风险之发生,其发生并未伴有执业人的任何过错,且不可控制"(民一庭,2000年11月8日)。[126]

国家基金赔付条件有三:第一,必须没有其他主体承担责任,也就是说,全民共济体制这套救济措施是辅助性质的。如立法所说,并"无前面提及的医疗职业人、医院、医疗机构或医疗组织承担[过错]责任,亦无产品制造人承担责任"(《公众健康法典》第 L.1142-1 条第 3 款)。第二,损害直接归咎于预防、诊断或者治疗行为,并符合异常性标准。如立法所说,"在医疗事故、医源性疾病或者医院感染情形,倘若该事故、疾病或者感染直接归咎于预防、诊断或者治疗行为,(衡之以患者的病情及可能的发展)给患者带来了异常结果"(《公众健康法典》第 L.1142-1 条第 3 款)。也就是说,患者疾病的自然演进,从患者的健康状况以及治疗活动的性质看非常可能发生的事故,全民共济体制不予救济。第三,必须达到前面提及的严重损害门槛。具体标准为:患者死亡,或者身体一部分永久残疾且残疾程度达到 25%;暂时丧失工作能力持续至少 6 个月,或者在 12 个月的期间里不连续地达到 6 个月;已确定不再能从事先前的职业活动;生活方式面临格外严重困难,包括经济性质的困难("2003 年 4 月 4 日第 2003-314 号关于《公众健康法典》第 L.1142-1 条所说医疗事故、医源性疾病及医院感染严重性质的法令"第 1 条)。[127] 能够达到这个门槛的,占医疗事故总数略低于 4%。[128]

依库什内法通过时的立场,医院感染造成损害的,医疗机构负严格责任,但得证明外部原因而免责;倘医疗机构证明了外部原因,感染伤害由全民共济体制赔付。保险行业抗议严格责任带来的经济负担太重,威胁退出保险市场,并展开游说,议会遂通过库什内法修订法,称"在第 L.1142-1 条第 1 款

---

[125] Inspection générale des affaires sociales et Inspection Générale des Services Judiciaires, Rapport sur la responsabilité médicale et l'indemnisation de l'aléa thérapeutique 68 (1999)(该报告建议设立公共保险基金、医疗事故国家委员会以及大区调解委员会). See supra note 13, Dominique Thouvenin, p.174.

[126] See Geneviève Helleringer, *Compensation Based on National Solidarity*, in Ken Oliphant & Richard W. Wright eds., Medical Malpractice and Compensation in Global Perspective, De Gruyter, 2013, p.164.

[127] Supra note 23, Suzanne Carval & Ruth Sefton-Green, pp.214-215.

[128] See supra note 3, Simon Taylor, p.95.

所说医院、医疗机构或医疗组织内，院内感染造成损害，依该条第 2 款所说残疾等级表评定，永久伤残超过 25%，以及院内感染造成死亡"，得向全民共济体制请求赔付（《公众健康法典》第 L. 1142-1-1 条），将医院感染所造成之严重伤害的经济负担转移给了全民共济体制下的国家基金。在个体诊所感染的，被告承担过错责任。倘个体诊所没有过错，且患者损害达到严重程度标准，亦由全民共济体制赔付。[129]

2. 医疗事故国家赔偿总署的裁判程序

医疗事故国家赔偿总署受理案件后，由其赔偿委员会（Compensation Committee）审查赔偿条件是否满足，审查期限为 3 个月（得应受害人或其受益人之请而延长）。赔偿委员会研讨疾病详情并加调查。赔偿委员会得举行听证会，申请人得寻求法律援助或者使人代表自己出席。倘提交之证据可采信，医疗事故国家赔偿总署得应受害人请求，于 1 个月内支付一笔或多笔赔偿金（《公众健康法典》第 L. 3122-2 条）。

医疗事故国家赔偿总署应于一定期间内向申请人为赔付提议，这一期间由法令规定，不得超过自受理之日起 6 个月。在损害加重的情形亦然。赔付提议以附回执的挂号信形式寄给申请人。内中写明医疗事故国家赔偿总署对各项损失的评估，考虑到受害人从第三方支付人那里已经取得或者可能取得的利益（损益相抵），受害人可以得到的赔偿金额（《公众健康法典》第 L. 3122-5 条）。倘受害人接受提议，相当于和解（《公众健康法典》第 L. 1142-17 条）。任何待决法律程序，视为撤回。

受害人拒绝医疗事故国家赔偿总署的赔偿提议，得诉至法院来评定其赔偿请求，赔付提议即告消灭，医疗事故国家赔偿总署得将提议撤销，撤销不必等到对受害人赔偿请求的裁决结束。最高法院的近期判例肯定了此点（民一庭，2011 年 1 月 6 日）。在诉讼中，受害人不得依据已拒绝的赔付提议获得任何最低赔偿。

受害人得基于一般责任规则提出竞合的赔偿请求，完全不受妨碍。就任何待决司法程序，受害人对医疗事故国家赔偿总署负有在先禀知义务（《公众健康法典》第 L. 1142-17 条）。同样，医疗事故国家赔偿总署受理之后，受害人又提起诉讼的，受害人必须禀知法官（《公众健康法典》第 L. 3122-3 条第

---

[129] See supra note 23, Suzanne Carval & Ruth Sefton-Green, p. 215.

1款)。是以，法院与医疗事故国家赔偿总署或者其他可能的司法机构之间，就各样程序的地位及处理结果共享信息格外重要。于是，为得到医疗事故国家赔偿总署的救济而采取行动，就表现为在程序上介入受害人与责任人之间在民事法院、刑事法院或行政法院已经启动的诉讼。

倘若受害人以为医疗事故国家赔偿总署的提议金额不足，或者医疗事故国家赔偿总署未在期间截止前提议，或者拒绝受理，受害人得对医疗事故国家赔偿总署提起诉讼，后者得利用法律提供的所有救济形式。[130]

3. 辅助适用范围（accessory jurisdiction）

全民共济体制作用愈显，地位愈重。库什内法通过前，针对特定类型医疗伤害已经设立若干特别赔偿机制，渐次麇聚于医疗事故国家赔偿总署运营的基金庇护之下；又通过立法及司法解释，时或有一些新的赔偿项目进入基金覆盖范围，体量愈发壮大。

（1）输血感染与公共卫生安全措施。人类免疫缺陷病毒（HIV）专项赔偿基金于1991年设立，"2004年8月9日第2004-806号关于公众健康政策的法律"将之并入医疗事故国家赔偿总署运营的国家基金。因输血而感染人类免疫缺陷病毒，要请求赔偿，受害人或其继承人必须证明感染了人类免疫缺陷病毒，以及输过血或注射过血液制品（《公众健康法典》第L.3122-1条）。一切可以得到的信息，都要告知医疗事故国家赔偿总署（《公众健康法典》第L.3211-2条）。《公众健康法典》推定病毒感染与输血或注射之间有因果关系，但得推翻，即因果关联的证明责任还是在申请人。医疗事故国家赔偿总署得以一切手段反驳，诉称之输血不可能是造成感染的原因，从而推翻推定。[131]

为因输血而感染丙型肝炎的受害人设立赔偿基金，这想法一直不受待见，到2008年，终于得到支持（"2008年12月17日第2008-1330号关于社会保障筹资的法律"）。在法国境内因输血或注射血液制品而感染丙型肝炎，对所受损害，医疗事故国家赔偿总署必须救济（《公众健康法典》第L.1221-14条）。这套赔偿体制主要以人类免疫缺陷病毒受害人赔偿体制为基础。受害人或其继承人请求基金赔偿的，必须证明感染了丙型肝炎以及曾经输血或注射

---

[130] See supra ntoe 26, Geneviève Helleringer, p. 174.

[131] Ibid., p. 167.

了血液制品。同样，丙肝感染与输血或注射之间的因果关系由法律推定，但得推翻（《公众健康法典》第 L. 3122-2 条）。[132]

因强制接种疫苗而致感染（《公众健康法典》第 L. 3111-9 条），以及为对付严重公共卫生风险而采取紧急医疗措施，例如，为对付猪流感（swine flu）于 2009 年至 2010 年开展大规模接种，发生医疗事故或传染（《公众健康法典》第 L. 3131-4 条）。

在以上情形，目前的救济规则完全一样。[133]不以没有其他责任人为前提，也不必通过调解赔偿委员会，受害人直接向医疗事故国家赔偿总署申请赔付，后者应自申请之日起 6 个月内做出决定（《公众健康法典》第 R. 1221-73 条）。申请人接受赔付提议的，医疗事故国家赔偿总署必须在一个月内支付赔偿金（《公众健康法典》第 R. 1221-74 条）。[134]

（2）其他事由。还有其他特别赔偿体制，适用不同实体和程序规则。生物医学研究造成受试人损害而研究机构又不必承担责任的（生物医学研究机构必须证明自己未犯过错），由医疗事故国家赔偿总署负责赔偿（《公众健康法典》第 L. 1142-3 条）。此际，受害人向调解赔偿委员会提出申请，但不同于一般赔偿体制，并不要求损害达到特定的严重程度。

医疗事故国家赔偿总署还负责赔偿生长激素导致的亚急性海绵状脑病（克雅氏病）给患者带来的损害（《公众健康法典》第 L. 1142-22 条第 3 款）。

苯氟雷司（benfluorex）受害人得直接向医疗事故国家赔偿总署申请救济，后者应于 6 个月内认定申请人是否系因该药物而受损害（《公众健康法典》第 L. 1142-24 条）。倘认定如此，药品生产商或者其保险公司应于 3 个月内为赔偿提议。药品生产商或者其保险公司未为赔偿提议的，受害人得要求医疗事故国家赔偿总署赔付。生产商或其保险公司拒绝合作的，法院得处以罚款（第 L. 1142-24-6 条、第 L. 1142-24-7 条）。[135]

依 "2010 年 1 月 5 日第 2010-2 号关于法国核试验受害人确认和赔偿的法

---

[132] See supra note 26, Geneviève Helleringer, p. 168.

[133] 先是依 2008 年 12 月 17 日法律，针对艾滋病、丙型肝炎、强制接种患者的程序规则得以统一，而后依 2011 年 1 月 18 日法令，又扩展至紧急公共卫生安全措施的受害人。

[134] 参见前注 25，西蒙·泰勒书，第 69 页。

[135] 同上注，第 70 页。

律",医疗事故国家赔偿总署为核试验的受害人提供赔偿。

4. 国家基金赔付与法院裁判

倘若受害人已自国家基金得到赔偿,还能与损害的始作俑者对簿公堂否?若是受害人的损失已自基金处得到"全部"赔偿,即已无可诉利益。反过来,若是赔偿不足,即仍有利益依民事责任规则寻求进一步赔偿。可法国最高法院并不做如是观:依彼之见,国家基金所予之赔偿即当假定为"全部"赔偿(民二庭,1994年1月26日判决),遂将受害人请求进一步赔偿的利益褫夺。这一立场遭欧洲人权法院攘斥。在欧洲人权法院看来,受害人或可合理相信,其得平行地分别于国家基金和法院提出赔偿请求,在此情形,法国最高法院的做法即壅塞了受害人具体且有效的诉讼途径。[136]法国最高行政法院与欧洲人权法院持同样立场。行政法院的法官判决之际,倘若国家基金赔偿程序尚未结束,行政法院必须给予恰当救济,政府将在受害人针对国家基金的权利中安排代理人。可法国最高法院民一庭(1996年7月9日)和大审判庭(1997年6月6日)还是固执己见。最高法院的立场也受到学界质疑,学界认为对受害人诉讼的唯一限制就是不重复赔偿规则,受害人已经从国家基金得到的赔偿,法院从评定的赔偿金中扣除即可。

但在特定情形,法国最高法院已经承认,全民共济体制和民事责任赔偿体制可以相互补充。在2010年3月11日判决中,医生违反了说明义务,最高法院认为,受害人可以从两种体制得到赔偿(民一庭,2010年3月11日)。在这件案子中,就避免损害的机会的丧失,受害人得到部分赔偿,就损害的其余部分,又从国家基金那里得到赔偿。这样的裁决让受害人真正得到全部赔偿。在更为理论的层面上,这件重要判决似乎区分了以下两者,一是机会丧失,一是因医疗事故所致之人身损害。这样的区分可以在法律事实层面上表现出来:一是造成人身伤害的技术过失,一是导致了机会丧失的说明义务违反。《公众健康法典》第L.1142-1条第1款从而得予重新解释:只是就技术过失,全民共济体制方才附属于医疗服务人的责任体制,并不适用于说明义务的违反。在说明过失案件中,国家基金的赔付只是起补足作用(top-up)。[137]

---

[136] Bellet v. France, Eur. Ct. H. R., App. No. 23805/94 (1995).

[137] See supra note 126, Geneviève Helleringer, p. 171. 法国最高行政法院立场相同(2011年3月20日判决)。前注25,西蒙·泰勒书,第67页。

(五) 行政体制的运营效果及评价

1. 患者

受伤害的患者有利用替代纠纷解决机制的动机：免费，方便，快捷。第一，申请人不必付费，医疗事故国家赔偿总署运营的国家基金为专家评估付费。第二，申请人填写简单的表格即可启动程序，案件完全由调解赔偿委员会负责调查，申请人参与程序也不必聘请律师（当然也不妨找律师代理）。第三，调解赔偿委员会应在6个月内处理完毕（当然，实践中往往延宕很久，多在9个月到11个月），较诉讼途径快捷。患者利用了替代纠纷解决程序但对得到的结果不满意的，得拒绝赔付提议并向法院起诉。[138]

调解赔偿委员会这套程序还有个重大好处，不考虑医疗纠纷发生在私营还是公营部门，在患者先后于私营及公立医院就诊的情形，帮助格外大。患者在长时段里接受过多家医疗机构服务的，调解赔偿委员会评估整个治疗过程（委员会独此一家，不管私营还是公营部门的医疗事故，都有受理权限），判断患者遭受的医疗损害是否产生过错责任，或者是否属于国家基金的覆盖范围。相较之下，倘患者提起诉讼，只能分别在民事法院及行政法院提起，而两套法院系统只会考虑其管辖范围内的医疗行为，而不是整个医疗行为。[139]

现在每年向行政赔偿体制提出的申请有4000余件，而每年在民事及行政法院系统提起的医疗过失诉讼大约为5000件。[140] 2010年，患者向各调解赔偿委员会提出的赔偿请求共计4117件，在54%的案件中，调解赔偿委员会认为不应赔偿。2013年的赔偿申请为4314件，其中1237名受害人得到赔偿。[141] 2006年到2009年间，赔偿金额大于或等于22 500美元的案子计4082件，70%通过调解赔偿委员会（2875件）解决，30%通过法院（1207件）解决。从以上数据看，行政体制似乎确实起到了诉讼程序的替代功能。2009年，受害人拒绝的赔偿提议只有3.7%，看起来患者通常愿意接受调解赔偿委员会的意见，多数争议来自保险公司。[142]

立法机关担心索赔洪水，故设置很高的伤残门槛，不让调解赔偿委员会

---

[138] See supra note 13, Dominique Thouvenin, p. 178.
[139] Ibid.
[140] 法院受理的医疗诉讼，超过80%是民事诉讼。前注25，西蒙·泰勒书，第33—34页。
[141] See supra note 13, Marc A. Rodwin, p. 116. 前注25，西蒙·泰勒书，第68页。
[142] See supra note 121, Phillippe Pierre, p. 154.

第七章　法国医疗损害救济法研究

陷入大规模轻微事故的泥沼中。但除死亡外，无法立即知晓伤害的严重程度，通过调解赔偿委员会的道路仍十分宽阔。[143]故调解赔偿委员会最初受理了大量赔偿请求，以免受害人得不到调解赔偿委员会提供的专家意见。这个选择意味着，调解赔偿委员会收到专家评估后，会认定很多伤害落在门槛之下，从而拒绝赔偿请求。这对受害人来说当然是令人失望的结果，得不到专家意见即结案。25%的初始请求因达不到门槛而被驳回，专家评估后保留下来的案卷还有30%稍后也会被驳回。患者协会组织及学术界多主张降低门槛。[144]

另外，行政体制给受害人的待遇也未必总如法院那般友好。就以过错为基础的医疗责任来说，法院对医疗服务人的立场似乎比调解赔偿委员会更严厉：66%的诉讼案件法院都惩罚了被告，而调解赔偿委员会认定有过错的案件不过33%。[145]就给予的赔偿金来说，新体制似乎远不如法院慷慨。2010年，医疗事故国家赔偿总署平均每笔赔付金额为79 173欧元，法国互助医疗保险公司（MACSF）的平均责任成本则为113 413欧元，医院互助保险协会（SHAM）的成本更高达194 000欧元。有些学者主张，医疗事故国家赔偿总署正是出于对赔偿给付的不断增长在经济上无力承受的担心（当然这风险并未实现），才就提议的赔付水平采取严格政策。还有研究指出，就严重医疗事故的受害人，比较医疗事故国家赔偿总署和巴黎法院给予的赔偿水平，两者的差距往往多达9万欧元。可以认为这是以较低的赔偿水平换取更为快捷、更低成本的赔偿程序。[146]

还有，行政体制在程序设计上也有诸多受质疑的地方。主要有以下几点：第一，调解赔偿委员会的立场不连贯。设立医疗事故国家委员的部分目的即在于确保各调解赔偿委员会路径统一，但正如该组织自己承认的，不同委员会间仍存在显著差异。在初步筛查阶段遭拒绝的申请占全部申请的比例，各委员会在这个数字的把握上倒是越来越接近一致（各大区不同，从28%到37%不等），但就驳回申请的理由，仍存在明显分歧。医疗事故国家委员会缺乏有效协调手段。若是拿传统的法院诉讼来比照，即可看出行政赔偿体制的

---

[143] 参见《公众健康法典》第L.1142-7条（任何人，只要自认为是归咎于医疗事故之损害的受害人，即得利用该体制）。

[144] See supra note 13, Dominique Thouvenin, p. 188; supra note 126, Geneviève Helleringer, p. 166.

[145] See supra note 24, Florence G'Sell-Macrez, p. 160.

[146] 参见前注25，西蒙·泰勒书，第130页。

弱点，在诉讼中法院会遵循牢靠的判例法规则，行政赔偿体制却没有相应机制保证立场连贯。第二，医疗事故国家赔偿总署承担了两个冲突角色。尤其是，医疗事故国家赔偿总署在调解赔偿委员会里有代表席位，而调解赔偿委员会要就患者是否应予赔偿（倘应赔偿，金额为多少）出具意见，负责赔偿的可能正是医疗事故国家赔偿总署。法国行政赔偿体制未设内部复议机制，医疗事故国家赔偿总署不得不于法院应付针对其决定提起的日益增多的诉讼。第三，未充分实现程序正义。2013年，各调解赔偿委员会在初步审查阶段驳回的申请占34%，多数驳回决定依据的都是申请人家庭医生的简单医学诊断书，程序上不需要征求医学专家意见，不必经过听证程序。而且，申请人往往没有经过法律咨询或者只得到很少的法律建议就走完了整个程序，这个事实亦深值关切。双方当事人往往力量悬殊，到席参加调解赔偿委员会的审查，对申请人来说是极为艰难的事情。申请人往往不得不孤身面对责任保险公司指派的富有经验的法律代理人和医学专家。[147]

2. 保险业

通过将某些严重医疗伤害的经济负担从私营保险行业转移给公共保障基金，改革减轻了保险公司的风险，但私营保险行业对新体制仍感到担忧，原因有四。

第一，库什内法要求所有医疗服务人及医疗机构购买责任保险。在此之前，虽说多数医疗服务人都买了保险，但立法并未强制。或会想象，保险公司定会欢迎制造出这样的垄断市场。事实上，强制保险有重大缺点。那些高风险医生，保险公司本来可以不承保，现在保险公司却要承受这个负担。保险公司仍得拒绝卖给高风险医生保险，但该医生若是遭到两次拒绝，得将争议提交给中央价格局（Central Indexation Bureau），该机构由保险人及受保人双方代表组成。中央价格局为该医生确定一个高于平均数的费用标准，但保险公司必须承保。保险公司没有拒绝承保的选项，盖不遵循中央价格局的决定，可能丧失保险执照，那就只好停业了。是以，好多公司未雨绸缪，干脆退出市场。第二，保险公司相信库什内法洗牌作弊对付自己。保险公司指出，在调解赔偿委员会中，保险公司的代表只有2人，而患者协会代表为6人，保险业显然代表不足。保险业还认为，在诉至法院的损害赔偿请求之外，调

---

[147] 参见前注25，西蒙·泰勒书，第124、132页。

解赔偿委员会体制将增加损害赔偿请求的数量。另外，若是保险公司不遵循调解赔偿委员会的赔偿建议，或者保险公司支付的金额低于调解赔偿委员会的建议，而法院后来支持患者的立场，保险公司要将相当于赔偿金额15%的处罚金交给公共保障基金，保险业对此项规则大为不满。第三，大概是最为重要的，职业人责任保险市场依专业高度分割，并不存在跨越执业领域及医疗专科而分散风险的事情。比如全科医生（这个职业群体风险最低，执业人数最多），保险费用向来稳定，甚至过去10年还有些降低，而像妇产科，一旦发生严重事故，保险费用就会上涨，其他医疗专科则不会受影响。第四，诸多因素膨胀了成本，增加了保险公司的风险。依保险业统计数据，2002年，每件案子平均赔偿18万美元，5年后就爆炸般增长到38.4万美元。如此膨胀部分归咎于受害人较高的胜诉率。针对医生的赔偿请求成功率在20世纪80年代只有33%，今天已超过68%。[148]

3. 制度设计

从制度层面讲，全民共济体制与民事责任体制如何勾连，问题于兹生焉。是彼此从属，是补充，还是互相排斥？答案总不令人满意，盖特定基金（主要是医疗事故国家赔偿基金），视讨论的损害而定，可能扮演不同角色。如前所述，一方面，医疗事故国家赔偿基金的主要适用范围（也就是医疗风险和医院感染）乃为从属性质，仅在医疗服务人于民法或行政法上不负赔偿责任的情形，方才派上用场（《公众健康法典》第 L. 1142-1 条第 2 款）。在保险人未予赔偿或者赔偿不足的情形，适才之主要适用范围亦起补充作用（《公众健康法典》第 L. 1142-15 条）。医院感染致受害人死亡或者永久残疾程度在25%以上的，其亦为替代赔偿机制（《公众健康法典》第 L. 1142-1-1 条）。医疗事故国家赔偿基金还是医疗服务人违反说明义务而承担民事责任情形的补充体制（最高法院民一庭，2010年3月11日判例）。另一方面，医疗事故国家赔偿基金的辅助适用范围（因输血或注射所致之感染，生长激素损害，强制接种损害）则非为从属性质，第令医疗服务人应负民事责任，亦得向医疗事故国家赔偿基金直接告请。在特定情形（例如强制接种损害），此适用范围是替代性质的：受害人得请求负有责任的医疗服务人赔偿，亦得乞援于医疗事故国家赔偿基金。2008年之前，因输血而感染的，亦然；但2008年以

---

[148] See supra note 121, Phillippe Pierre, p. 155

后，由负有责任的输血中心赔偿，医疗事故国家赔偿总署让出位置（2008年12月17日第2008-1330号关于社会保障筹资的法律，第67条）。

可资适用之体制既如此繁杂，全民共济与民事责任之关系又如此纷乱，受害人难免困扰。协调不同程序及赔偿金额，厘清全民共济与民事责任原则之关系，乃是这个生生不息法律领域面临的任务。[149]

四、结论

自19世纪中叶以来，医疗事故领域的责任规则一直在持续演化，这个运动在20世纪中叶加速，在20世纪90年代达到顶峰。这个运动进程始于过错概念，最初非常严格地解释，从而对医疗职业人颇为有利，而后较为宽泛地解释，接着呈现出背离过错责任，朝向特定情形下严格责任的趋势。这个运动几乎完全是法国法院推动的。2002年的库什内法对医疗判例法的演进成果予以巩固与澄清，包括重申医疗责任以过错归责为基石，肯定了在医院感染及医疗产品责任两块领域令被告承担严格责任，同时统一了民事法院和行政法院的责任规则。

库什内法的创举，也是法国医疗损害救济法最显著的特征在于，建设了一套举世无双的行政救济体制，同时在程序法及实体法两方面发挥作用，帮助遭受严重伤害的患者得到救济。达到严重门槛的患者在传统诉讼途径之外，亦得乞援于新体制下的调解赔偿委员会，为拥堵的河道分流。调解赔偿委员会形同枢纽：认为责任成立的，即建议责任人的保险公司赔付，新体制利用若干激励机制督促保险公司采取合作态度；认为责任不成立但患者所受伤害系无关过错的固有医疗风险造成的，即建议同样是新创设的国家基金赔付，这也是新体制被称为全民共济（社会连带）的原因所在。新体制希望避开诉讼路径的高昂成本，同时还要让在责任体制下两手空空的最为脆弱的受害人得到救济，要实现如此两难的目标，当然也要付出一些代价，诸如不太充裕的救济水平，有欠完善的程序设计，等等。

依向来的说法，法国文化重视理论、原则及意识形态，"有能力将哪怕是

---

[149] See supra ntoe 126, Geneviève Helleringer, pp. 176–177.

利益冲突问题也处理得仿佛是原则问题"。[150]但在医疗损害救济领域,法国法却呈现出鲜明的实用主义色彩,"医疗过失成为热点政策议题不过十来年,就成功改革,通过传统司法程序的替代机制,让更多受害患者得到了赔偿"。[151]目前法国的医疗救济体制虽显破碎(责任体制与行政体制,过错责任体制与严格责任体制,民事法院与行政法院体制),法国立法者似也不以为忤。如美国作家赞赏的,"经过改革的法国体制还说不上完美,但对法国法表现出来的应变能力,美国实用主义者理当脱帽致敬"。[152]

---

[150] Robert Paul Wolff, *Beyond Tolerance*, in Robert Paul Wolff et al., *A Critique of Pure Tolerance*, Bacon Press, 1965, p. 21.

[151] Supra note 13, Marc A. Rodwin, p. 138.

[152] Ibid.

丁帙　域外医疗判例选译

诊疗过失与比例责任：以色列最高法院卡梅尔医院与马鲁尔医疗损害赔偿案

案件名称：Carmel Haifa Hospital v. Malul，FH 4693/05

法院及审级：以色列最高法院，再审

当事人：

再审申请人（初审被告，二审上诉人）：卡梅尔医院（Carmel Haifa Hospital）、克拉利特健康基金（Clalit Health Fund）

再审被申请人（初审原告，二审被上诉人）：伊登·马鲁尔（Eden Malul）、齐波拉·马鲁尔（Tzipora Malul）、阿蒙德·马鲁尔（Armond Malul）

审判庭：

多数意见：副院长里夫林法官（E. Rivlin），列维法官（E. E. Levy）

同意意见*：院长拜利希法官，格尼斯法官（A. Grunis），普罗卡恰法官（A. Procaccia）

反对意见：瑙尔法官（M. Naor）、朱布兰法官（S. Joubran）、鲁宾斯坦法官（E. Rubinstein）、阿贝尔法官（E. Arbel）

判决日期：2010 年 8 月 29 日

当事人请求重新审理最高法院于 2005 年 3 月 31 日由马扎法官（Mazza）、瑙尔法官、朱布兰法官发布［上诉］判决（CA 7375/02）的案件。

事实：第一被申请人系以剖宫产方式出生，出生时即有多种缺陷，其母为第二被申请人。初审法院认定［第一］申请人医院出于过失延误了手术，但不能确信第一被申请人的缺陷由何因素造成：是早产（申请人就此自无过失），还是对母亲的治疗迟误（这是第一申请人过失所致）？下级［初审］法

以色列最高法院判决书网址（卡多佐法学院创办）：https://versa.cardozo.yu.edu/opinions/carmel-haifa-hospital-v-malul-summary（2022 年 5 月 9 日访问）。

* 译按：少数法官的单独意见，同意多数法官的判决，但对判决依据提出不同理由。

院判决被申请人得到全部损失40%的赔偿，[医院]向最高法院提起上诉。三位法官组成的审判庭认为，虽然被申请人并未依通常的优势证据标准证明确实是医院过失行为造成损害，医院仍应为其过失承担一定比例的责任。[医院]就上诉判决请求再审，本院组成大审判庭审理此案。

裁决：多数意见由副院长里夫林法官撰写。里夫林法官裁决称，只有优势证据标准丧失了身为证据标准的优点，此等情形方得例外地采用比例责任标准。此等情形主要发生在这样的场合：已造成共同性质的、重复的损害风险（joint, repeated risk）；此类风险针对多数潜在原告，而且适用优势证据标准（结合"全有或全无"的损害赔偿标准），在令被告承担（或者不承担）责任这个问题上导致反复扭曲（recurring distortion）。仅在此种情形，优势证据标准既不能实现矫正正义，也不能达到最优威慑效果。若是为了在个案中实现正义而于[反复扭曲之外]其他情形下适用比例责任，那么审判结果将处于不可接受的高度不确定状态。院长拜利希法官支持以反复扭曲标准为常规证据标准唯一得允许的狭窄例外；拜利希法官同意格尼斯法官的看法，即若是将比例责任规则当一般规则适用，将导致侵权责任扩张，酿成危险滑坡，并强调，全体公众会为此付出成本。普罗卡恰法官着重指出，没有立法机关表态，优势证据标准不得废弃。列维法官完全赞成副院长里夫林法官的意见。

少数意见：瑙尔法官撰写。瑙尔法官认为，第一次上诉审判决应予维持。里夫林法官撰写的多数意见中设定的那些要件，指向的是另外类型的不确定（ambiguity），不同于本案呈现出来的不确定类型，涉及的是受害人身份的不确定。本案中不确定之处在于损害本身的真正起因，反复扭曲与多数潜在原告这两个因素与此类案件并不相干。损害赔偿的"全有或全无"进路在此类案件中应予废弃，以支持比例责任例外；这类案件在损害真正原因上包含内在不确定，被告对原告（哪怕是单一原告）的过失已经利用优势证据标准得到证明，而且已经认定，被告的过失行为类型是个案中原告所受损害的潜在原因。在此类案件中，无辜的受害人当然要比过失已获证明的当事人得到更多照顾，而且应依被告确实造成损害的合理可能性来确定赔偿金额；这个因果关系得用一般合理可能性（general probability）证据或者对真实因果关系的科学评估来证明。但就眼下的法律发展看，这个例外仅应适用于身体伤害案件，即因果关系内在不确定最为典型的案件。朱布兰法官同意瑙尔法官的意见，不同之处在于强调比例责任例外特别适用于科学不确定案件，应将之定性为证据例外,而不是实体法的改革。鲁宾斯坦法官指出,反复[扭曲]案件是有必要引入比例规则的最好例子,而打算使用比例责任规则的法官的专业素养足以防范"危险滑坡"并消除对司法不确定的担忧。在鲁宾斯坦法官看来,比例责任是实现正义所需要的。鲁宾斯坦法官还阐述了犹太法在对各方当事人的真实过错存疑的案件中所持立场。阿贝尔法官指出,瑙尔法官勾勒的比例责任例外在威慑过失行为方面实现了最优平衡,而且自第一次上诉审之后地方法院发布的判决看,法官能够恰当适用该例外,不会突破司法确定的边界。

判决书(概要^{**})

一、副院长里夫林法官

被申请人伊登·马鲁尔是早产儿,在再审申请人医院通过剖宫产手术出生。初审法院认定,医院未能在有医学必要时尽快施行剖宫产手术,就此有过失,被申请人产下时即有精神缺陷。但不清楚,导致精神缺陷的是早产(无关过错的因素)还是医院手术迟延的过失行为。

初审法院认为,医院的过失行为可能造成被申请人所受伤害,判令赔偿被申请人全部损失的40%。医院及健康基金向最高法院提起上诉。最高法院认为,在事实因果关系不确定的案件中,倘事实因果关系的存在有实质性(substantial)合理可能但又未超过50%,有时令当事人承担比例责任是正当的。在本案中,最高法院即认定比例责任恰当,但将赔偿金额减少至损害的20%。

在事实因果关系不确定案件中令当事人承担比例责任乃是优势证据标准的例外,现当事人请求最高法院组成大审判庭就此例外再予审查。

一般来讲,原告要得到赔偿,要依优势证据标准证明损害赔偿请求的一切要件。不能证明,即得不到赔偿。此即通常所说"全有或全无"规则。比例责任不得将该规则完全取代。第一,"全有或全无"规则反映了下面的基本观念,即在事实层面,被告要么造成损害,要么未造成损害,真相唯一。第

** 译按:这份判决书的英译本是概要,故为间接叙述句式。

二，这条规则再搭配上优势证据标准，最大程度减少了司法错误并将司法错误的风险在原被告双方间平均分配［see David Kaye, *The Limits of the Preponderance of the Evidence Standard: Justifiably Naked Statistical Evidence and Multiple Causation*, 7 Am. B. Found. Res. J. 487（1982）］。故这条规则合乎社会效益。只要被告过失造成原告伤害的可能性更大，"全有或全无"规则就让原告得到全部赔偿，也合乎公平与矫正正义的理念。

虽有这些优点，但以色列法院向来也认可优势证据标准以及跟随的"全有或全无"规则有若干例外。一个例外就是认可"（医疗意义上）痊愈机会丧失"为可诉损失。在适用机会丧失规则的场合，赔偿金不是针对身体伤害，盖并不知晓该伤害是否系过失行为造成。是以，身体伤害仅仅用于帮助计算机会丧失这个替代损害名目的赔偿金额。丧失机会的赔偿金额，是以身体伤害之金钱价值的一定比例来计算。可以看到，机会丧失规则转移了在因果关系证明上的困难，这样，并没有偏离优势证据标准，事实上（*de facto*）可能得到部分赔偿。值得注意的是，在有些案件中，丧失的机会超过50%，依优势证据标准本来可以得到全部赔偿，以色列法院也适用了机会丧失规则。还有，对于丧失机会的镜像，即"增加风险"（increased risk），虽说有意见认为区分两者并没有牢靠理由，但以色列法院并不认可其为可诉损失。若认可增加风险为损害名目，会导致严重偏离优势证据标准。

优势证据标准还有个例外，以色列法院在医疗知情同意案件中建议采用。法院认为，倘原告的同意是［医生］以恰当方式得到的，那么原告本来会如何行事，这个问题［的答案］很大程度上是假想；是以，欠缺同意与身体伤害间的因果关系通常并不确定。在达卡诉卡梅尔医院案［CA 2781/93 Daaka v. Carmel Hospital IsrSC 53（4）526（1999）］，有法官认为，法院应该评估，倘若原告的同意系［医生］以恰当方式取得，那么原告当会拒绝医疗措施的合理可能性有多大。若拒绝的合理可能性是实质意义上的，哪怕低于50%，法院亦得判给部分赔偿金。这个意见未被采纳为规则，盖法庭多数意见认为"侵害意志自主"（infringement of autonomy）构成可诉的侵权，遂无必要证明身体伤害的因果关系。

在本件再审案中，就于何种条件下应该认可优势证据标准的例外，［有人］建议设置更为一般性的规则。在设计这样规则的时候要记得，一般而言，优势证据标准是民法中对付不确定性的最佳方式。优势证据标准若能得到连贯适用，不单纯因为在某特定案件中未消除不确定性即将之废弃，其优点就能实现。但在特定条件下，适用优势证据标准会湮灭其通常的优点。这些条件是：某潜在被告对一潜在原告群体制造了共同的、重复的损害风险（joint, repeated risk），以及在适用优势证据标准时发生内在的、反复的扭曲（inherent, recurring distortion）。共同的、重复的损害风险得由单一侵权行为造成，如环境污染，亦得由被告的一系列侵权行为造成，每个行为都令群体某些成员暴露于风险之下。被告设置的医疗政策（medical care policy，可能是指临床操作步骤之类）有过失，即为如此。在当前法律制度下，适用优势证据标准时反复发生的内在扭曲，导致在任何一位原告与被告间的任何法律诉讼中都得到一个固定不变的法律结果。这个法律结果［就是］必定在某个方向上有所偏护：倘事实因果关系的合理可能性低于50%，没有原告能成功证明其主张，哪怕在某些情形，被告显然确实造成伤害；倘合理可能性高于50%，全部原告都将成功证明其主张，哪怕被告事实上并没有在全部案件中造成伤害。

　　是以，在前述条件下，优势证据标准的适用会导致不受欢迎的结果。被告确实过失造成损害却不能令其承担责任，或者令被告就其并未造成的损害承担责任，都无法实现矫正正义。原状未能回复。同样，为了实现有效威慑，被告必须为其过失造成的损害承担赔偿责任，不能多也不能少。在诸如上面描述的情形适用优势证据标准，倘合理可能性本来低于50%，得使被告豁免于责任，那就完全没有威慑作用；反之，倘合理可能性高于50%，优势证据标准会导致过度威慑。相较之下，依比例责任规则，被告的预期责任等于侵权行为造成的实际损失。最后，在会导致反复扭曲且影响到群体原告的情形，适用优势证据标准不会将司法错误的成本减到最小，并且产生消极的分配效果（distributive effect）。倘存在反复扭曲，同一［方］当事人会一直承担司法错误的成本。通常来讲，司法错误的风险［本应］在各方当事人间平等分配。

　　诚然，在反复扭曲和潜在群体原告场合适用比例责任规则并不能完全回复原状，有些原告就并非被告造成的损害得到赔偿，还有些原告的损害完全由被告造成却只能得到不足额赔偿。但被告的总体责任将等于其所造成之损害的真实价值——这是依优势证据标准实现不了的结果。还有，依优势证据标准，那个得到不足额赔偿的原告就完全得不到赔偿（设合理可能性低于50%）。群体原告这个要件的意义在于，确保没有造成任何损害的被告不会承担责任（在单一当事人诉讼中适用比例责任规则就可能出现这种情况）。实现这个结果［没有造成损害的被告不会承担责任］的办法是将视角从特定原告转向群体原告，是以某种程度上不同于最严格意义上的矫正正义概念，但已是回复原状最为接近可能的结果了。矫正正义在集合意义上（aggregative sense）得以实现。

比例责任规则必须一并用于合理可能性高于及低于50%的案件，以发挥这个规则的价值，这是当然之理。是以可期待，不管原告还是被告（当然不是在同一案件中），都会努力证明为适用比例责任规则设定的条件。任何希望适用比例责任规则的当事人都必须证明下面4个条件：有加害人，有群体原告，共同的重复损害风险，适用优势证据标准的反复扭曲（以下简作"反复扭曲"）。原告群体必须真实存在，非为理论或假想，当然原告不是必须指明群体的诸个体成员。试图证明这些条件的当事人，当然还要向法院提交侵权行为与伤害间有因果关系的合理可能性的证据。这些证据可以是科学证据，也可能是统计学证据。当法院将视角从单一原告转向群体原告，伴随统计学证据的诸多难题也就无关紧要了，只要这些证据可信且相关，法院即得采信之。

总之，多数案件中，优势证据标准仍为一般规则。反复扭曲是该规则经过清晰界定的例外。不能过于宽泛地解释，但也不能过于狭窄。反复扭曲的适用条件若得满足，即得用作不同类型因果不确定案件的适宜框架，包括环境毒素案件和烟草案件。

以色列法院及其他［国家］法制针对优势证据标准提出了各种例外，反复扭曲学说该如何影响这些不同例外？如前面指出的，以色列法院讨论过两个例外：机会丧失学说（可能还包括对增加风险的责任），以及医疗场合欠缺知情同意的案件。只有机会丧失学说被认可为规则。考虑到这个学说［机会丧失］带来的难题及弊端，以及对一个总括性的比例责任框架的需求，或建议以反复扭曲学说代替机会丧失的可诉损失地位。

他国法制针对优势证据标准还提出其他例外，主要是"市场份额责任"以及"大规模"或"毒物侵权"。这些都可看作反复扭曲学说适用之案件类型的适例。市场份额责任得这样来理解，即每个生产者都制造了对群体原告的共同风险，如此即得将之看作反复扭曲学说的一部分。每个原告的损害由某特定生产者侵权行为造成的合理可能性正等同于该生产者的市场份额，在此类案件中适用优势证据标准即会带来反复发生的内在扭曲。在典型的市场份额责任案件中，被告为多人，但这并非适用反复扭曲学说的要件。只要求原告为群体——这个群体针对每位被告而存在。

术语"大规模侵权"适用的情形是，众多人暴露于特定风险之下，但就单个案件而言，损害与风险暴露间是否有〔因果〕关联并不明确。橙剂案即为如此〔In re "Agent Orange" Prod. Liab. Litig 597 F. Supp. 740 (E. D. N. Y. 1984)〕。在这些橙剂案中，好多美国士兵暴露于毒物环境下，这些毒物增加了罹患不同疾病的风险。从人群角度看，显然很多士兵确实生病。但在每件个案中，无法证明疾病"更有可能"（more likely than not）是有毒环境暴露所致，而非其他因素造成。这些属性基本上是反复扭曲学说所要求的。这里务必指出，虽说大规模侵权一般都合乎反复扭曲学说的要件，但后者通常要比前者宽泛。反复扭曲学说并不要求原告群体通常比较庞大，也适用于诸如医疗政策有过失这样的场合（negligent medical policy）。

反复扭曲学说有个极大好处，即是用作经过清晰界定的一般框架，适用于因果不确定的所有类型案件，而不是分别为因果不确定各类型案件提供具体而狭窄的方案。一般框架的方案并不取决于任何具体个案的特征，而是立足于广泛的理论考虑。最后要提到，反复扭曲学说适用于被告是所有个案共同主体（common figure）的案件。有些法域（但不是全部）也将此规则适用于原告是共同主体的案件中，比如原告暴露于数个侵权行为，但不清楚哪个侵权行为造成损害。反复扭曲学说是否也应适用于某些此类案件，尚不确定。

二、列维法官

列维法官同意副院长里夫林法官清晰全面的论述，赞成其所得结论。

三、瑙尔法官

瑙尔法官称，在得到证明的过失行为和得到证明的损害之间，事实因果关系的证明有内在困难的，以色列侵权法允许基于合理可能性（probability-based）判给赔偿金。这是依优势证据标准判给赔偿金的传统规则的例外。瑙尔法官勾勒了比例责任例外规则的适用标准，依其意见，副院长里夫林法官为此例外提出的建议方案并非唯一选择。

瑙尔法官建议，适用比例责任要满足以下全部要件：

（a）过失：原告必须依优势证据标准证明被告有过失；

（b）损害：原告必须依优势证据标准证明原告遭受损害；

（c）因果关系内在不确定：原告必须依优势证据标准证明事实因果关系内在不确定，故无法像"若非-则不"（but-for）标准要求的那样证明事实因果关系确实存在；

（d）过失是潜在侵权风险因素：原告已以优势证据标准证明，过失行为是原告所受伤害的风险因素，而且被告本应预见此等损害[以下简作"侵权风险因素"（the tortious risk factor）]；

（e）显著的侵权风险因素：原告必须证明，侵权风险因素实际造成损害的概率是实质性的（虽说低于50%）；

（f）若不赔偿原告所受损害，有失公正。

依瑙尔法官的意见，满足了这些条件，法院既得依据统计学证据，亦得依据科学评估，认定基于合理可能性的事实因果关系。在这些案件中，一切可能因素（涉及过错以及不涉及过错的因素），皆依具体案情而给予恰当权重，以确定合适的赔偿力度。

瑙尔法官强调，其无意创设新的统一理论框架以解决此等事宜。以色列及世界各国的法律文献已充分讨论过这个议题，要说能找到全面的解决方案，令人生疑。没有必要担心通往新方向的措施，但在核心处，应将这些举措[动向]与待决个案的具体事实联系起来。是以其提出来的一般规范指向解决具体案件——单一原告遭受损害的具体案件，而不是有多数潜在原告的案件[以下简作"多数原告"（multiple-plaintiff）]。

瑙尔法官在再审中的意见涉及以下几方面：阐述因果不确定难题；在个案中利用比例责任例外解决不确定因果难题的正当性；对自己倡导的进路所受批评的回应；最后描述了依比例责任例外判给赔偿金的标准。下面即是其主要观点。

（一）因果不确定难题

1. 优势证据规则。这里的起点是，必须证明被告有过失，原告遭受了损害。侵权法中因果关系规则的目的在于从法律视角确定，被告过失行为与原告所受损害间是否有充分联系。因果关系是下面两者间的分界线：一边是个体自由，即得依自己意志行事、冒险甚至犯过失，另一边是个体必须为自己的行为以及行为造成的损害承担责任。因果不确定难题意指事实（factual）因果联系不确定，从而无法确定是否存在此等［因果］关系。由于对致害因素的医学知识掌握有限，而且疾病和伤残得由诸多因素造成，故不确定性乃是此类身体伤害案件的固有侧面。

2. 界定比例责任例外。瑙尔法官写道，比例责任例外只应适用于侵权法，只适用于身体伤害得到证实的情形，只适用于伤害的真正原因不确定的情形。这个例外及其限制直接源于侵权法的政策考虑（要求优势证据标准在适用于侵权法时应予宽缓），是为了使该规则合乎侵权法的目标而做的修正。这样的宽缓修正相应地导致"比例"赔偿结果，而不是"全有或全无"的决定。是以，这是侵权法在实体法上的例外（substantive exception），而不是适用于所有法律领域的证据法例外。这个"宽缓"（relaxation）例外的起点，如前所述，即是因果不确定难题。

3. 比例责任例外与不同类型的因果不确定案件。得指出四类不同的因果不确定案件：第一类案件涉及的是损害范围不确定，第二类案件涉及的是加害人身份不确定，第三类案件是造成损害的真正原因不确定，第四类涉及的是受害人身份不确定的案件。这个分类法并不绝对，可能还会有子类型，但这个建议的分类法有助于分析更为精致，使得对因果不确定这个复杂难题的讨论更为简洁。瑙尔法官在判决中建议的标准涉及第三类案件，即损害的真正原因不确定。这类案件的不确定性在于不法行为与原告损害间的事实因果关系——用通常的优势证据标准，原告内在地无法证明有过失的被告给自己造成了不管什么样的损害。

鉴于因果不确定难题的重要性，瑙尔法官也简略讨论了其他三类。以色列学术文献曾就这些类型有过深入研究：I. Gilead, *Comments on the Tort Arrangements in the Legal Codex — Liability and Remedies*, 36 Hebrew Univ. L. Rev. (Mishpatim) 761, 775 (2006); A. Porat & A. Stein, *Liability for Uncertainty: Making Evidential Damage Actionable*, 6 Cardozo L. R. 1891 (1997)。

（1）关乎损害范围的［因果］不确定。损害范围的不确定发生在如下情形：已知晓部分损害毫无疑问是由特定被告的行为造成，被告也确实有过错，但不知道被告造成的损害占多大比例，其他因素（不管这些因素是否有过错）造成的损害又占多大比例。就此类型，以色列侵权法规范是依合理可能性大小（包括以估测方法确定可能性），判给一定比例的赔偿［CA 8279/02 Golan

v. Estate of Albert（6002）, per President Barak, at para. 5］。主要原因在于，没有理由忽视无辜受害人的利益而完全偏袒应受谴责的加害人的利益（可以确定，加害人应对受害人所受部分损害负有责任）。侵权法的起点总是优先考虑无辜受害人，而不是那个毫无疑问以侵权行为造成了他人损害之人。

瑙尔法官援引英国判例来支持此类型下的比例责任例外（Fairchild v. Glenhaven Funeral Services Ltd［6006］UKHL 22；Barker v. Corus UK Plc Ltd［2006］UKHL 20）。费尔柴尔德案看起来属于损害范围不确定的案件类型；在该案中，可以确定受害人的部分损害至少由被告中的一个造成。

以色列判例法认可痊愈机会丧失为损害名目，瑙尔法官试图将此立场理解为与损害范围不确定相关联。盖判例法将痊愈机会丧失视作独立损害名目，造成机会丧失的原因能够也必须依优势证据标准证明。判例法将医疗场合欠缺知情同意认可为独立损害类型，即侵害意志自主（violation of autonomy），瑙尔法官也是类似理解。盖在此类案件中，损害已发生的事实并不存在不确定性，已以优势证据标准证明，被告的侵权行为造成独立损害（表现为原告利益受损）：被告使人的"福祉"（well-being）受伤害，该伤害正合乎《侵权法令》第2条界定的"损害"（damage）。

（2）关乎不法行为人身份的因果不确定。在加害人身份事项上的因果不确定涉及的情形是，单一受害人面对的是一系列行为，所有这些行为都有过错（即两个或更多过失当事人），但无法知道哪个行为造成损害。不同于损害范围上的因果不确定类型，这里的不确定性在于，相对于有过错的行为人群体中的任何他人，某特定被告是否是真正加害人。难题在于确认"正确被告"。以色列侵权法就此类型没有单一标准进路。在某些情形，判例法为了让受害人得到全部赔偿，将证明责任转移给被告。比如，若是已经依优势证据标准证明，应受谴责的［数个］被告中的每个人都给原告造成了某些（some）损害，哪怕原告的损害自性质言是单一不可分的伤害，被告也被视作共同加害人，对全部（all）损害负连带责任（FH 15/88 Melech v. Kornhauser［0990］IsrSC 44（2）39, at pp. 109-112, 115）。但梅勒赫案并不属于加害人身份上的因果不确定类型"疑难案件"（hard cases）；刚才提到，每个被告都确实造成某些损害，这一点是确定的。在一桩并未以优势证据标准证明特定被告给原告造成任何损害的"疑难案件"中，以色列判例法支持了个人责任（personal responsibility），哪怕所有被告都有过错［CA 600/86 Amir v. Confino（0996）

IsrSC 46（3）233，多数意见]。

有鉴于此，瑙尔法官从比较法视角检视该议题。在美国法上，倘有两个可能的被告/不法行为人，证明责任转移给被告，使得两个被告对全部损害负连带责任［比如 Summers v. Tice 199 P. 2d 1（Cal.，1948），两个猎人皆开枪，无法确认是谁打中受害人]。在此典型案件中，损害的不管任何部分是由哪个特定被告造成，无法确定。将证明责任转移给被告，《侵权法重述》第三版第28条也采纳了该方案。该方案适用的情形是不法行为人身份不确定，而且仅限于身体伤害案件。在其他情形，比如有两个以上可能的过失被告，判例法依市场份额学说令被告承担比例责任［参见己烯雌酚案，药物市场由数百家生产商分割，药物供孕妇防流产用，服药孕妇产下的孩子多年后罹患严重疾病：Sindell v. Abbott Laboratories 206 P. 2d 924（Cal.，1980）]。在该案中，同样不能确定原告所受损害的任何特定部分是由特定不法行为人造成。是以看起来属于不法行为人身份上的因果不确定案件类型。但己烯雌酚案亦可归入受害人身份上的因果不确定案件类型；不法行为人/被告的身份是知道的，盖损害系由所有不法行为人造成，这些人的身份都是清楚的，但不知道如何在这些被告之间分割责任。在这些情形，每个被告造成的危险是相同的，依市场份额分割责任的办法既有吸引力，也能切实操作。另外，己烯雌酚案也可定性为两个类型的结合，不法行为人身份和受害人身份上的因果不确定（see J. Spier & O. A. Haazen, *Comparative Conclusions on Causation*, in J. Spier, ed., Unification of Tort Law：Causation, 2000, 127, 151），或者定性为分别属于这两类中的一类（T. K. Graziano, Digest of European Tort Law, Volume 1：Essential Cases on Natural Causation, 2007, pp. 452-457）。

但《欧洲侵权法原则》针对此类案件采用了不同方案，即基于合理可能性的比例责任（probability-based proportional liability）。《欧洲侵权法原则》的目标是为欧盟国家建立一套共同侵权法基础，最终实现这个领域的法律一体化。这个项目从事了深刻全面的跨国别研究，为各内国法院的判例法提供了灵感源泉（see B. A. Koch, *Principles of European Tort Law*, 20 KLJ 203, pp. 203 - 205；Article 3：103（1）of the PETL）。

就关乎不法行为人身份的因果不确定议题，这些不同进路的共同基础在于，都认为不能让受害人落得两手空空："侵权嫌疑人"（tort suspects）的复数性质是分配责任而不是限制责任时的考虑事宜。"［这群被告中]每个被告的行为都是有过错的,其中某个人的行为造成了损害,就因为这个不法行为的性质使得原告无从知晓是被告群体中的哪个人造成损害,就让整个被告群体免于损害赔偿责任,这是明目张胆的不公道"[B. Shnor, *Factual Causal Connection in Claims for Bodily Injury Caused by Environmental Pollution*, 23 Bar Ilan Univ. L. Rev. (Mehkarei Mishpat) 559, 618 (2007)]。

(3) 关乎受害人身份的因果不确定。关乎受害人身份的因果不确定发生的情形为,受害人为多人(群体),有一系列的被告行为,有些是过错行为,有些不涉及过错,无法确定哪些受害人受过错行为影响,哪些是其他因素造成损害。不同于关乎损害范围的因果不确定议题,这里同样不确定的是,特定受害人损害的任意某部分系由特定被告造成。这里不确定性涉及的是,某特定原告(区别于原告群体中的任何他人)是否系由有过失的当事人伤害。此处难题涉及"正确原告"的认定。

就此类型,《欧洲侵权法原则》同样适用基于合理可能性的比例赔偿规则,如针对多数受害人的第 3:103 条第 2 款。美国判例法在橙剂案中讨论过此类型[In re "Agent Orange" Prod. Liab. Litig. 597 F. Supp. 740 (E. D. N. Y. 1984)]。在该案中,法院为众多原告提供的和解安排即是给予比例赔偿(*pro rata*)。造成损害的因素是确定的,即橙剂。不确定的是受害人个体的身份(ibid., p. 833)。看起来有可能证明,在整个群体中一定数目的原告由于暴露于危险物质而遭受伤害。但无法确定原告群体中的哪些特定个体是适才所说的受害人。法院指出,认定这些受害人个体并无可能(ibid., p. 837)。如此,橙剂案看起来是关乎受害人身份的因果不确定类型的适例。法院认为,如前所述,无法依通常的优势证据标准得到个体化方案,故有必要采用"集团诉讼"这样的集体化方案(ibid., pp. 837-838)。

(4) 讨论副院长里夫林法官的反复扭曲标准。副院长里夫林法官立足于其所称的反复扭曲标准,提出了"集体化"方案,类似于橙剂案中的方案。这个标准关乎的"案件特点是,制造了面向受害人群体的反复发生的共同风险"。反复扭曲标准适用的条件是,受害人为群体。此际,难题在于"无法在多个受害人中辨别[真正的受害人],有些人可能会为并非侵权行为导致的伤害得到赔偿"。里夫林法官建议的标准是,"如果没有办法认定到底是对受害人中的哪些人,不法行为人制造的风险达到了实际损害的程度,那就在受害人群体所有成员中分割赔偿金"。

诊疗过失与比例责任：以色列最高法院卡梅尔医院与马鲁尔医疗损害赔偿案

瑙尔法官认为，里夫林法官建议的描述标准适用于关乎受害人身份的因果不确定类型；该标准并不适用于本案讨论的案件类型，也就是第一次上诉审（以下简作"马鲁尔案"）的标的，即关乎损害真实原因的不确定案件。里夫林法官举的例子，都是假定一位有过错的不法行为人对受害人群体遭受的至少部分损害并无争议地负有责任，唯一的问题是群体中哪些人实际遭受损害并不确定。这属于关乎受害人身份的因果不确定类型。看起来，反复扭曲标准主要意图在于解决以"大规模侵权"诉讼为特色的因果不确定事宜。是以，里夫林法官照准了申请人要求的主要救济，意在限定比例赔偿例外的适用范围，使之"主要适用于下面的侵权案件，即人群暴露于大规模风险因素，如己烯雌酚诉讼、橙剂诉讼、烟草诉讼等"。

瑙尔法官评论说，就关乎受害人身份的因果不确定案件，自己倾向于认可里夫林法官的立场确为有用办法，但这个问题还是留待更深入考察为好。依瑙尔法官的看法，里夫林法官的进路抛弃了马鲁尔案的案情事实，设立了一条群体侵权案件中的责任认定规则，而此类案件完全不是马鲁尔案的争点。在瑙尔看来，理想的法律路径应立足于手头个案的事实。瑙尔补充说，反复扭曲标准太过狭窄，盖其排除了在单一原告案件中基于合理可能性判给赔偿金的余地，从而原则上也就排除了在诸如眼下这样的案子里赔偿的可能性。依副院长主张的进路，主要结果看起来是，认为被申请人不应得到赔偿；但出于实际考虑，又建议第一次上诉审的判决应予维持。瑙尔法官的思路是，在单一原告的案件中基于合理可能性的赔偿有很牢靠的标准，故在本案中判给被申请人部分赔偿正确无误。在瑙尔法官看来，如果基于合理可能性的赔偿只有依据反复扭曲标准才成立，马鲁尔案判决的最重要结果就不能允许存在（在意见不一致的情况下）。瑙尔法官还相信，反复扭曲标准在某种意义上太过宽泛：援引这个标准时，依副院长里夫林法官的意见，传统的优势证据规则即完全不得适用——既不利于受害人，也不利于不法行为人。但在另外的方面，瑙尔法官建议的例外规则更受限制，只有益于单一受害人，对不法行为人并无好处（稍后会解释）。无论如何，如上所述，副院长里夫林法官阐释的政策考虑处理的是不同于此处的案件类型，故不能以同样的方式适用于马鲁尔案讨论的类型。瑙尔法官是以认为，在损害的真正原因不确定的案件中，里夫林法官的意见不会否决基于合理可能性的赔偿进路。这样的赔偿有其自成一体的独立正当理由。

(5) 损害真正原因不确定：马鲁尔案。将这些案件归入不同类型有助于讨论的精确，并将瑙尔法官提倡的描述标准聚焦于因果不确定的核心情境，即损害真正原因不确定。损害真正原因不确定发生的情形是，受害人不能以优势证据证明是被告的任何过错行为造成不管什么损害。相较关乎损害范围或者不法行为人身份的因果不确定，这里无法证明的是不管怎样的任何过错行为造成了不管怎样的任何损害。不同于关乎受害人身份的因果不确定案件（此际可以确定，被告的过错行为不法地给群体造成损害，而原告遭受了同样类型的损害），损害真正原因不确定的问题在于，被告是否以其过失行为给不管怎样的任何个体造成任何损害，内在不确定。损害真正原因不确定可以发生在下面的情形，比如马鲁尔案，同时存在涉及过错的风险因素与不涉及过错的风险因素（"自然"因素），并不清楚侵权风险因素是否造成了不管怎样的任何损害。瑙尔法官认为，在损害真正原因不确定的案件中，基于强有力的理由，在特定情形下背离优势证据证明标准是正当的。

(二) 损害真正原因不确定情形基于合理可能性赔偿的理由

1. 理由一：矫正正义。支持"宽缓"优势证据规则的主要考虑就是正义本身。碰上因果不确定，受害人可能无法依适用于民法的通常证据规则证明过失侵权成立要件，而让受害人两手空空违背了侵权法的目标，有失正义。初级法院依据本院马鲁尔案的意见（也是本次再审的对象）发布了若干判决，考察这些判决可知，这条规则（比例责任例外）早已得到广泛认同及援引。在具体个案情境下追求公正的结果，正是司法程序的核心要义。正义是吾等努力的理想。依瑙尔法官的看法，矫正正义原则是蕴含在侵权法中的关键政策考虑。

矫正正义的定义。若是将矫正正义原则界定为就是要让不法行为人承担个人责任（personal liability），在损害真实原因不确定场合令过失当事人承担责任就会侵蚀矫正正义的根基。但也可以采纳不同的定义——适应因果不确定场合，并且尽可能接近符合矫正正义原则。这个定义"宽缓"了个人责任概念，从而有可能在特定情形下令过失当事人赔偿部分损害。矫正正义原则是个概念框架，里面填充的规范内容得依据社会标准而变化。

瑙尔法官认为，法院得如是界定矫正正义，即在一定程度上改善受害人的处境，不惜牺牲过失当事人。这个矫正正义定义对过失当事人并不中立；事实上，让过失当事人处在劣势位置。一旦证明被告的过失，过失被告与受害原告之间即不会再处于平等状态。之所以要在一定程度上照顾受害人,当然要怪罪过失被告那个有瑕疵的行为。尽管就损害的真实原因多少有些不确定,但仍可确定被告对原告有过失且被告行为不恰当。认定被告"有过失"意味着,被告未满足在个案案情下从理性人角度看社会所要求的行为标准。被告已犯下"社会[认为的]罪过"(social guilt)。这个罪过已依通常的优势证据标准,利用标准的证据得到证实。在如此情形下,将过失被告的行为打上烙印的那个罪过对于事实因果联系亦会产生影响,可以无视"个案不确定的外衣"(mantle of individual ambiguity)。奥地利学者比德林斯基提出了在理论上很相似的思路,即在责任[义务]要件与因果要件之间建立起互动平衡关系: see H. Koziol, *Causation under Austrian Law*, in J. Spier ed., *Unification of Tort Law: Causation*, 2000, p. 14; H. Koziol, *Problems of Alternative Causation in Tort Law*, in H. Hausmaninger, H. Koziol, A. M. Rabello & I. Gilead eds., *Developments in Austrian and Israeli Private Law*, 1999, pp. 178-180; B. A. Koch, *Digest of European Tort Law*, pp. 396-398。

对矫正正义的这个定义用在损害真实原因不确定情形,在最终救济事宜上将无辜原告摆在过失被告的前面。这么做的道理在于,既已证明不法行为人的过失,再让完全无辜的受害人承受全部损害就甚为不公。偏向给予最终救济,再加上损害的真正原因不确定,两者联系起来就意味着有过失的当事人要承担一部分成本。这个成本转化为给受害人的部分赔偿金。在损害真正原因不确定场合,个体受害人要求损害(或部分损害)得到赔偿的主张只能对有过失的被告(可能是复数)为之,这并非没有道德基础。有过失的当事人(可能是复数)和个体受害人都是单一关系中的一部分。造成损害之法律事实的发生也是特定受害人与特定过失当事人(可能是复数)之间关系的一部分。在这样的关系中,依瑙尔法官的看法,基于两者间有事实因果关系合理可能性的考虑,受害人得到救济的权利正对应过失当事人救济损害的义务(哪怕只是部分救济)。依适才讨论的矫正正义原则的定义,令过失当事人承担部分责任、负担部分赔偿金(包括单一原告的案件),而不是适用"全有或全无"的规则(被告不承担责任,受害人得不到赔偿),更为可取。也就是两害相权取其轻。这个解决办法最适宜受害人得不到任何赔偿的场合。诚然,有可能被告并非造成原告损害的那个人,正是基于这个可能性,令被告承担的是部分赔偿责任,而不是全部责任。对矫正正义原则如此界定,并未将基于合理可能性的赔偿概念局限于侵权行为系针对群体原告实施的案件。

在损害真实原因不确定的场合[适用比例责任例外]，像副院长里夫林法官建议的那样设置"多数原告"（multiple-plaintiff）限制，瑙尔法官并不认为切合实际。若是原告并不知晓多数受害人的存在或者受害人群体的特性，原告该如何证明任何相关"群体受害人"（group of injured parties）的要件呢？在现行法制下，是否有为此目的设计的恰当诉讼程序？若没有，是否要创设特别的诉讼程序，又如何创设呢？纵使这些程序事宜得以解决，多数原告的诉讼请求在矫正正义的概念框架下也没有任何优待：众多单一原告案件的司法判决累积起来，就在整个司法体制内实现了矫正正义。实现矫正正义的目标并不要求放弃个体[原告]方案而转向多数原告或者集体诉讼方案。依瑙尔法官的看法，通过[众多]个体/单一原告案件中基于合理可能性的赔偿，侵权法的目标同样能实现。在瑙尔法官看来，选择"只有多数原告"方案意味着放弃在单一原告案件中得到公正方案的可能性，瑙尔法官认为这并不妥当。

2. 理由二：威慑。最优威慑考虑的基本思想是，侵权责任的分配要有助于在最大程度上减少事故的损害总额以及用来预防事故的费用。依瑙尔法官的意见，威慑原则和经济效益考虑并不是唯一目标，"理性人不仅是讲究效益的人，还是公正、公平和讲道德的人"[CA 5604/94 Hemed v. State of Israel (6002) IsrSC 58（2）294, at p. 511c]。

过去的标准立场是，就事实因果关系，"全有或全无"进路将产生最优威慑效果。这个思路被证明有缺陷，依有力主张，在特定情形下，比例赔偿同样可以带来最优威慑[see J. Makdisi, *Proportional Liability：A Comprehensive Rule to Apportion Tort Damages Based on Probability*, 67 N. C. L. Rev. 1063, 1067-1069（1988）; S. Shavell, *Uncertainty over Causation and the Determination of Civil Liability*, 28 J. L. & Econ. 587, 589, 594-596（1985）; D. Rosenberg, *The Causal Connection in Mass Exposure Cases：A "Public Law" Vision of the Tort System*, 97 Harv. L. Rev. 849, 862-866（1984）]。副院长里夫林法官以反复扭曲标准来框束适用比例责任的情形，主要意图是避免在多数原告案件中适用优势证据标准导致的威慑不足。在瑙尔法官看来，出于下面几点理由，威慑考虑并不需要这样的限制。

第一，看起来里夫林法官的主张是，在单一原告案件中适用"全有或全无"规则不会造成任何重大害处。学者波拉特和斯坦因见解相似,认为单一案件中的有失公正及欠缺效益这些事情"远未摆上法官案头"[see A. Porat & A. Stein, *Indeterminate Causation and Apportionment of Damages: An Essay on Holtby, Allen, and Fairchild*, 23 Oxf. J. Leg. Stud. 667, 671 (2003)]。这个立场抵牾瑙尔法官对法官职能的看法。递交至法官案头的任何案件对于诉讼当事人来讲都至为重要,法官就该案的决定并不依赖也不应该依赖是否有其他类似案件存在。当事人的诉求都是个体的,而不是代表他人的;诉因也是个体的,而不是群体共享的;纵使有失公正或欠缺效益,也是个体的,而非由其他原告共担的。政策考虑不应将单一原告案件看作"可忽略不计"(negligible)。"复数原告"标准主要立足于下面的状况,即案件涉及的事故可能反复发生。瑙尔法官认为这是人为标准(artificial criterion),反映的是程序法考虑,而不是实体法考虑。比如,有这样的主张,可以把单一医生被告的名字改为该医生所供职医院的名字,或者利用代理责任学说,从而使民事诉求由单一原告类型走向复数原告类型(Porat & Stein, *Indeterminate Causation*, ibid., 682, n. 41)。这个改变当然是程序法事宜,而受害人实体法上的诉因,也就是被告对原告犯下过失,仍原封不动。

第二,应该记得,事实因果关系是在过失得到证明后考察的,这个时候尤其要考虑威慑效果事宜。在认定过失时对威慑效果的考虑与在认定因果关系时对威慑效果的考虑,两者相互影响。在最后的分析中,这些考虑是同一的。倘被告由于因果不确定而免于承担任何责任,那么在认定过失时用作指导因素的威慑考虑也就失去了价值。此际,[法院关于]"被告未采取充分预防措施,故有过失"的认定,自救济而言,并未转变为因违反注意义务而产生的一笔损害赔偿金,有过失的被告有效避免了任何赔偿义务。如此结果侵蚀了在认定过失阶段起指导作用的同样的威慑原则。英国判例麦吉诉英国煤炭部案(McGhee v. National Coal Board [1973] 1 WLR 1)就碰到了这个重要问题。医学科学的局限性导致因果关系上的"科学"不确定(参见罗杰勋爵在费尔柴尔德案中发表的意见),该案即为著例。上议院在该案中判令雇主赔偿雇员的损失,认为雇主未提供沐浴室增加了雇员暴露在石棉环境下的时间,而这被公认为可能的致病风险因素,这就足够了。西蒙勋爵认为,被告的过失已经得到证实(未采取必要预防措施),若由于不能确定因果关系而让过失被告逃脱责任,就相当于发布司法许可令,坐视雇主不采取这些预防措施

(McGhee, p. 8E and 9B)。

第三，瑙尔法官认为，在单一原告案件中，相较矫正正义这个主要政策考虑，威慑效果方面的政策考虑本身是薄弱的。盖在一次性的、本质上例外的、将来不太可能再次发生的案件中，不论令被告承担多少责任都无助于实现威慑目标。是以，即便受害人得到过度赔偿，也不会真正损害威慑原则。瑙尔法官认为，在单一原告案件中，反复扭曲标准导致赔偿不足，以及对最优威慑原则的违反（事实上这个标准导致威慑不足）。副院长里夫林法官的进路在单一原告案件中让过失被告免于承担任何责任，从而在此类案件中给侵权损害的原因开了"绿灯（green light）"。相反，瑙尔法官的进路既适用于多数原告案件，也适用于单一原告案件，在单一原告案件中对最优威慑原则的破坏最小。事实上在特定案件中，还会导致过度威慑。但在身体案件中，一定程度上的过度威慑是可以接受的。

3. 理由三：减少司法错误的规模。优势证据规则，显然里夫林法官［针对比例责任例外］倡导的多数原告限制也一样，都意图减少司法错误的数量。但减少司法错误的数量并不是唯一可能的目标。在单一原告案件中减少某一法律错误的体量，即减少"大错误"（large errors）的数目，也是有效目标。依此进路，某一法律错误对个体的影响更弱一些，甚至可能更相称［B. Shnor, *Factual Causal Connection in Claims for Bodily Injury Caused by Environmental Pollution*, 23 Bar Ilan Univ. L. Rev.（Mehkarei Mishpat）559, 588（2007）］。将减少某一法律错误的分量设定为目标，并将此目标看得重于减少法律错误的数量，这是甚有价值的决定。法院有义务在已有知识的范围内解决纠纷。办法是，将做出"错误"（erroneous）事实决定的风险在原告和过失被告之间分割。在损害真实原因不确定情形，一边是有过失的被告，一边是无辜受害人，无法直接勾勒出实际发生的真正因果路径（甚至无法勾勒出大致路径），此际比例责任例外即有其正当性。这个立场背后有其价值判断，即减少某一法律错误对个体受害人的影响，这个目标优先于减少法律错误总体数量的目标。这个选择合乎判例法在单一原告案件中处理基于合理可能性的赔偿时的立场。对于减少法律错误的数量这个目标的关注，必然要立足于对大量司法判决的分析，而要减少某一法律错误的分量，是基于个案案情通过检视个案而实现。

错误风险的分配当然可以在和解协议的框架下完成，得由法院推动，亦得通过双方当事人达成的协议。法院在和解程序中向来如此行事，在当事人之间分割错误风险。但依瑙尔法官的看法，在恰当案件中，错误风险甚至得不经双方当事人同意而分割。基于合理可能性给予赔偿这个例外规则，即在损害真正原因不确定的情形允许个案下的公正判决，并不依赖当事人间的协议，而是依赖实体侵权法的政策考虑。

4. 理由四：用作发现真实的激励机制。在此类案件中令被告承担比例责任，激励被告提供尽可能相关的基于合理可能性的信息（probability-based information）。此类关于损害发生过程的信息，得用作工具在诉讼程序中确定更为精确、公平的赔偿金，具有显著社会价值。类似地，在医疗、保险、风险管理以及其他知识领域，可以间接起到改善作用。此类案件（身体伤害案件中的过失）的典型被告都是大型机构（与典型原告鲜明对比），是法庭上的"熟练玩家"（repeat players），至少在系列个案中是如此。就这些被告，必须特别重视从长时段考虑如何引导被告的行为，这样的考虑当然不同于特定个案中的考虑。这样的考虑当然也不必局限于有多数受害人原告的情形。

（三）对批评的回应

1. 基于合理可能性的赔偿并不需要立法改革。在损害真正原因不确定场合基于合理可能性给予赔偿，并不仅仅出于对受害人"更多的同情"（greater sympathy），也是侵权法自身的原则所要求，矫正正义原则、"两害相权取其轻"（lesser evil）论辩以及减小法律错误规模的必要性，都支持如此处理。依瑙尔法官的看法，[引入此规则]也不需要立法。基于合理可能性的赔偿规则，不管何种类型，得经由逐案裁决的路径而采纳。当然，立法机关也可能对这个问题最终表态，而且很显然，不管设计怎样的法定标准，都对法院有拘束力。要知道，判例法过去一直认可的转移说服责任的概念，就没有制定法的任何明确规定。

2. 恰当的法律原理：比例责任。瑙尔法官澄清，其倡导的[基于合理可能性的赔偿]规则是比例责任规则的例外，并非意在取代比例责任规则的新概念框架。* 并不是基于风险的一般责任规则（risk-based liability doctrine）。依其看法，损害真实原因不确定情形的比例责任规则给法院提供了有用工具，给予案件涉及的各方利益以恰当保护，并且平衡了这些利益。法官被给予判给部分赔偿金的自由裁量权，得依据统计学证据或者[科学]评估而定。

---

* 译按：句中的"比例责任规则"疑为"优势证据规则"之误。

3. 欧洲法的启发。瑙尔法官在判决意见中大量参考《欧洲侵权法原则》，用作将比例责任例外引入以色列法的论据。在损害真实原因不确定场合，《欧洲侵权法原则》认可比例责任例外。该例外是《欧洲侵权法原则》将两个原则合并的产物。第3：103条第1款写道："若有多个活动且每个活动都足以单独造成损害，但不确定事实上哪个活动造成损害，则依每个活动造成受害人损害的可能性，将之视作损害原因。"

第3：106条扩张了第3：103条第1款的适用范围，规定如下："受害人的损失可能是由其自身领域内的活动、事件或其他情况造成的，在此可能性范围内承担损失。"

第3：106条补充了第3：103条，这两条都立足于比例责任例外（see European Group of Tort Law, Principles of European Tort Law: Text and Commentary, 2005, p.56）。这一条应对的情形是，就原告所受损害的真正原因，有多个潜在风险因素，包括"自然"风险因素或者涉及原告自身的风险因素。《欧洲侵权法原则》规定，"自然"风险因素或者那些涉及原告自身的风险因素都包含在受害人的领域内，就这些因素［对应的损害］不得请求赔偿。第3：103条第2款，结合扩张第3：103条第1款的第3：106条，得到比例责任的结果。"活动"术语意指就原告所受损害的真正原因可能构成风险因素的任何行为或举动，包括在受害人责任范围内的风险因素，这个定义［一样］适用于第3：103条和第3：106条，并在单一原告案件中导致比例责任结果，在原被告之间分割责任。

《欧洲侵权法原则》并不要求证明反复扭曲：即便是不会重复发生的案件，亦得适用比例责任例外，不必证明优势证据标准会导致系统性扭曲，从而有利于一方当事人。《欧洲侵权法原则》第3：106条的评注就此规则的适用所举例子，即是个别的医疗过失案件（see European Group of Tort Law, Principles of European Tort Law: Text and Commentary, 2005, p.58）。

《欧洲侵权法原则》的起草人认识到将比例责任例外引入英国普通法是大胆革新，但建议采纳该规则："如前所述（第3：103条），本小组认识到，第3：106条的进路是走向共同法的重要一步……从欧洲视角看，几乎看不到支持或然性权衡（balance of probabilities）的共识。在普通法领域内部似乎对此也有争议"（European Group of Tort Law, Principles of European Tort Law: Text and Commentary, 2005, pp.57-58）。

依瑙尔法官意见，比例责任例外合乎《欧洲侵权法原则》的立场。这格外接近奥地利法，在《欧洲侵权法原则》文本中即可看到对奥地利法认可的"印记"。在爱沙尼亚也可看到类似比例责任的进路，在荷兰法上也可看到几分（see H. Koziol, Digest of European Tort Law, Volume 1: Essential Cases on Natural Causation, 2007, p. 437）。爱沙尼亚最高法院民庭的一份判决即放宽了对事实因果关系要件的要求 [Case No. 3-2-1-78-06, as cited in Lahe Janno, *Fault in the Three-Stage Structure of the General Elements of Tort*, Vol. 1 Juridica International, 152-160（2007）]。还要提到，法国判例也表达过放宽事实因果关系要件的立场（Appeal No. 06-109767, 22 May 2008）。《欧洲侵权法原则》并非欧盟国家的实证法，但与瑙尔法官关于单一原告案件中比例责任的看法甚为合拍。

（四）比例责任例外小结：对基于合理可能性的赔偿标准的详细说明

1. 适用情形。

第一，原告必须依通常的优势证据标准证明过失侵权的另外两个要件，即过失和损害。原告还必须依通常的优势证据标准证明，过失和损害之间有法律上的因果联系。这些要件将不确定事宜缩减到只涉及事实因果关系。如前所述，原告必须证明损害要件。瑙尔法官建议，比例责任例外眼下只应适用于涉及身体伤害的过失案件。

第二，原告必须证明，就损害的真正原因，在事实因果关系方面有着内在不确定。若是损害真正原因的内在不确定尚未证实，即不得依据比例责任例外而只得依据通常的优势证据标准争讼。若是损害真正原因的内在不确定得到证实，即不适用通常的优势证据标准。

第三，适用比例责任以证明身体伤害为前提。瑙尔法官建议，比例责任例外仅适用于侵权诉讼，且仅限于身体伤害案件。是以比例赔偿规则涉及的是原告身体遭受伤害，并源于此等伤害。瑙尔法官知道对此例外的担心，即会"逾越边界"或者"危险滑坡"。是以瑙尔法官认为有必要设立身体伤害限定，哪怕只是在这条规则发展的眼下阶段。身体伤害得不到赔偿就是落实矫正正义的最有力理由，而且要求以认可基于合理可能性的赔偿这种方式落实矫正正义。瑙尔法官认为，在这条规则发展的眼下阶段，该例外是否应适用于不涉及身体伤害的过失案件，该问题并未出现在马鲁尔案中，故应留待将来更深入地考察。瑙尔法官同样认识到自己进路可能面临的批评：或主张立场应该连贯，故该例外应适用于侵权法一切领域，甚至有人会说应一般地适用于一切法律领域；也会有相反的主张，既然希望立场连贯，就应该将这个建议彻底废弃，或者根本就不该有选择项。依瑙尔法官的看法，对如此复杂的事宜，有必要每次只迈一步，边走边下结论。瑙尔法官认为并无必要将针对身体伤害的基于合理可能性的赔偿规则局限于医疗过失案件。但就实务而言，就身体伤害真正原因认为内在不确定的，在很多情况下都涉及医疗过失。盖要就疾病或者身体缺陷的原因给出绝对结论，当然很困难。是以，医疗过失案件是认可比例责任例外的通常案件［see A. Porat and A. Stein, *Indeterminate Causation and Apportionment of Damages*: *An Essay on Holtby*, *Allen*, *and Fairchild*, 23 Oxf. J. Leg. Stud. 667, 668（2003）］。虽说比例责任例外背后的政策考虑是侵权法领域的一般特征，但一直都有争议，是否应将基于合理可能性的赔偿局限于医疗过失案件，各种不同学说可见于法学文献。瑙尔法官认为，该例外不应局限于医疗过失案件。该例外同样可以适用于环境污染侵权等案件。就损害真正原因不确定的难题，之所以有必要提供解决方案，往往牵扯到科学局限性带来的不确定，即要想找出造成身体伤害的风险因素，人的能力有其局限性。身体伤害的真正原因内在不确定的典型例子是，没有科学上的可能性数据来支持利用优势证据标准证实或证伪特定因果关系是否存在。即便在没有统计学证据的情形也是如此（没有做过相关科学研究）。但瑙尔法官认为，眼下比例责任例外只应适用于基于身体伤害的侵权法案件。这个例外往往适用于医疗过失案件，当然如前所述，并不局限于这个领域。

第四，原告必须以优势证据标准证明，已得证实的过失行为是原告所受特定类型损害的一个重要原因且被告本应预见到此损害［以下简作"侵权风险因素"（*tortious risk factor*）］。比例责任例外规则并不必然要求设立数值-数学的（numerical-mathematical）合理可能性标准，实质可能性（*significant probability*）要件即已足够。这样的可能性既不是最小可能，也不是可忽略的可能。倘若原告不能证明（哪怕单纯基于估测）实质意义的可能性，即不得援引比例责任例外，而只得适用通常的"全有或全无"规则。实质可能性要件可以排除边缘案件，设立最低限度门槛（低于门槛的不让被告承担责任），减少法院被诉讼洪水淹没的担忧。

第五，比例责任例外只有受害人得主张适用。比例责任例外只能用在下面的情形，即原告无法满足优势证据标准（证明的固有障碍所致），而该例外得将原告自损害真实原因不确定的陷阱中解救出来，并助其得到部分（比例）赔偿。依瑙尔法官的看法，原告依优势证据标准证明了事实因果关系的，被告不得主张适用比例责任例外。是以，基于自己的特定证据、证人意见及细节，依优势证据标准证明了自己主张的受害人，可以得到全部而不是部分赔偿。倘将比例责任例外同样适用于被告，对于传统优势证据标准进路未免破坏过大。既然是主导原则的例外，则必须将之当例外看待并予严格解释（尤其是考虑到主导原则的核心地位）。此处要点是，如前所述，支持比例责任例外的一个重要政策考虑就是过失被告的行为本身有瑕疵。原告（受害人）与被告（过失已得到证实的不法行为人）之间的道德不对称（moral asymmetry）是为此类案件中基于合理可能性的赔偿提供正当理由的起点。相应地，这个起点也提供了正当理由，程序当事人可得的这个法律工具实现的矫正并不对称（corrective asymmetry）。受害人遭受了伤害，损害真正原因的内在不确定使得事实因果关系无法证实，这个法律弱点又让受害人吃到苦头。是以，找到的解决办法应有利于受害人而不是不法行为人。这就消除了下面的担忧，即瑙尔法官在本案中倡导的规则会使受害人的处境恶化。

第六，优势证据标准与比例责任例外间的界限清晰。法官首先要确认，原告是否基于眼前的证据材料，以优势证据标准证明了自己的主张。法院评估事实及各事实的相对权重时有很大裁量空间。若是法院被说服，能够基于优势证据标准确认事实因果关系是存在还是被排除，损害真正原因事实即并非处于不确定状态，自应适用通常的"全有或全无"规则。是以，若法院确信已经得到充分证据，足以依优势证据标准决定事实争议，即必须遵照通常的裁决规则。相应地，倘通常的优势证据标准认定事实因果关系已得到证实，原告将得到全部赔偿。反之，倘优势证据标准证实被告并未造成损害，被告即不承担任何责任。这就减轻了被告可能为显然并非其造成的损害承担责任的担忧。

2. 司法实务：赔偿金的计算方法。在损害真实原因不确定案件中（哪怕是单一原告案件），在基于合理可能性的赔偿标准得到满足后，瑙尔法官认为法院有自由裁量权，依侵权风险因素造成已证实的身体伤害的可能性程度判给赔偿金。

如前所述，统计学证据不能取代通常用于证明事实的证据规则。但在损害真正原因不确定案件中，得合理假定，任何一方当事人就受害当事人［所受伤害]都不会有具体统计学证据。既然没有具体统计学证据，法院得援引有关一般可能性的统计学证据，基于合理可能性判给赔偿金。依瑙尔法官看法，只有达到适用比例责任例外的标准，才能允许依据有关一般可能性的统计学证据[裁判]。一旦达到适用比例责任例外的标准，也只有在这时（即原告证明个案中损害真正原因不确定），法院才得依据有关一般可能性的统计学证据来评估基于合理可能性的赔偿金额。

（1）基于统计学证据的证明。一般的统计学证据包含对一般潜在可能性的评估，即依据科学证据、流行病学研究以及统计学估测，得到被告过失行为造成原告所受类型损害的合理可能性。法学文献一直在讨论援引一般统计学证据的困难，瑙尔法官的看法是，比例责任不能仅以一般统计学证据为依据。一般统计学证据并不是适用比例责任例外的充分条件。适用该例外的一个必要条件是，就被告针对特定原告的过失行为有具体数据资料（data），这些数据资料是用优势证据标准认定的证据事实支持的。一旦认定这些数据资料存在（适用比例责任例外的标准中包含的条件），适用比例责任例外的开关即得启动。瑙尔法官认为，这个时候法院就可以依据一般统计学证据判给比例赔偿金。是以法院的判决依据的并不仅仅是一般统计学证据，而是此类证据结合关于被告[针对原告]过失行为的具体数据资料。这样使用一般统计学证据，也就调整了传统的统计学上的原因概念，以适应现在的科学现实。

一般可能性的证明责任由原告负担，而且必须依所要求的标准证明。这个要求的意义在于，原告必须为一般可能性的大小（general degree of probability）提供可采信的证据基础。若有相关数据资料，即应向法院提交；原告必须利用专家证言来说明这些数据资料的意义以及如何恰当评估这些资料。法官必须借助基于科学研究及统计学评估而出具的医学专家证言并予深入钻研。原告的证明活动并不必须达到特定的统计学上的确定性标准或者特定的可靠性程度，只需要达到实质意义的一般可能性（significant general probability）这个法律标准。这个标准是法律上的，而不是数学上的。

要在法律上认定存在一般的实质意义的可能性，必须依据提交给法院的科学证据，并以提交给法院的材料整体为背景来梳理和理解，这是主要考虑。比例责任例外在损害真正原因不确定情境下给事实原因概念输入了新内容，必须从"宽阔视角"（broad perspective）来检视这个认定因果关系的标准。若是适用比例责任例外的条件得到满足，法院不得推诿懈怠而不适用。法院的主要职责即在于，考虑眼前的信息以及可以提交到眼前来的信息，从而解决双方当事人之间的争议。法院于裁判案件之际，不得让有过失的被告从事实不确定中"获益"，而让原告落得两手空空。是以，即便科学研究并未达到毫无疑问的科学证据程度，法院仍得就［待研究的］科学现实认定法律上的真实（legal truth），哪怕只是基于部分科学证据（给这些证据恰当权重）同时依据其他证据。如果专家证人的一般评估（general estimation）在医学上具有合理程度的确定性，那么据此证实（一般）可能性的程度，有何不可呢？医学专家证言同样要确切说明个案中关乎原告诉求的一切具体细节（比如原告的病史，没有家族病史的遗传学指征，等等）。

赔偿计算的规则是，以得到证明的实质可能性程度，乘以得到证明的身体伤害的金钱价值。基于比例责任例外而判给的赔偿金，其数额得以估算方式为之，如本案初审判决。法院为决定部分赔偿金额而最终采纳的那个可能性程度（level of probability），不必反映真正的统计学或数学数据；亦得立足于生活经验及专家证言，加上当事人为支持自己关于因果关系的主张而提交的证据，对这些证据的权重给予无法量化的评估，最后估测出可能性程度。

（2）对批评的回应。为比例责任例外勾勒出界限的那些条件，本身就回应了下面两点担忧：对这个例外规则的适用会扭曲赔偿金额的判定工作，这个例外规则会将通常［优势证据］规则吞噬。通常规则与比例责任例外之间的界限是清晰的，而且后者并非通常规则的"替代"（alternative）或"便捷办法"（shortcut）。有批评认为，马鲁尔案判决确立的规则很容易侵蚀法律确定性，瑙尔法官经过讨论，给予两点回应。在实体法层面，在各个法律领域对法律确定性的消极影响不可避免，所有能做的就是尽力限制该影响的范围（但无法完全避免）。比例责任例外减轻了法律判决偏离"事实真相"的程度，对确定性的影响较低。在实务层面，瑙尔法官认为，随着时间推移，比例责任例外规则的适用会获得一定的确定性。

（3）比例责任例外是价值决断。瑙尔法官在结穴处指出，比例责任例外是基于价值的决定。侵权法中布满基于价值的决定。司法判决循此路径，逐案发展。在损害真正原因不确定案件中，比例责任例外就传统优势证据进路的弊病给予了公正回应。比例责任例外灵活且公允（flexible and balanced），可以防止传统进路弊端可能带来的不公正。如此，在瑙尔法官看来，也就建立了包含规则和例外的完整体制，以理想方式实现了侵权法的目标。相较更为极端的完全不赔偿模式（"全有或全无"的通常规则）或者全部赔偿模式（证明责任转移或者类似进路），比例责任例外反映的是"折中模式"（intermediate model）。受害人得依优势证据标准证明除事实因果关系之外的全部责任要件，并且得依同一标准证明损害真正原因内在不确定这个要素，在如此情形下，还要求原告独自承担此等内在不确定可能带来的司法错误的风险，何其不公！此际，那个本该预见损害甚至可能确实造成损害的当事人，也就是有过失的被告，才是应该承担（哪怕只是部分承担）填补损害之成本的当事人。

瑙尔法官解说，比例责任例外是侵权法实体法的例外，不是一般地适用于全部法律领域的证据法例外。比例责任例外并不适用于证据法，证据法处理的是如何认定事实因果关系是否存在的问题。该例外涉及的是实体侵权法，侵权法处理的是什么是因果关系的问题，同时依据损害真正原因不确定的例外情势改良了因果关系的概念。这个例外"宽缓"了侵权法的事实因果关系要件，适用这个例外的结果是判给比例赔偿金。

依瑙尔法官的看法，法官要在司法权力及现行法基本价值的范围内，为新问题找到新办法。瑙尔法官认为，自己建议的模式解释了比例责任例外的理由、内容及限制，是解决事实因果不确定难题灵活而恰当的方案。这个例外既适用于多数原告案件，亦适用于单一原告案件。

基于以上理由，瑙尔法官认为再审申请应予驳回。

四、朱布兰法官

1. 在因果不确定的侵权案件中背离优势证据标准（包括该标准带来的"全有或全无"结果），转而适用基于合理可能性的赔偿规则，就引入此立场的可能性，朱布兰法官赞成副院长里夫林及瑙尔法官的观点。就比例责任规则应该适用的领域，朱布兰法官赞成瑙尔法官的意见，即没有必要证明被告的行为是造成反复扭曲场景的一部分（副院长里夫林法官则要求证明此点），亦得适用于单一原告案件。朱布兰法官同意该规则得适用于本案，但理由略微不同于瑙尔法官。

（一）矫正正义原则的适用

2. 朱布兰法官指出，副院长里夫林试图从宽阔视角来解决法院碰到的问题，其进路主要是基于贯彻矫正正义的必要性，并避免出现被告承担责任不足或者过度的情况，防止不法行为人与受害人之间的双极联系遭到破坏（这个联系是矫正正义概念的核心）。但没必要认为，矫正正义原则只是在反复扭曲的场合受到破坏或者贯彻矫正正义原则必须设置这样的要件。如果认为反复扭曲内在地破坏了正义原则，那就应该在单一原告的层面上解决问题，案件数量多［这个要件］本身并不足以在实质上改变单一原告案件中的不公正。

3. 不法行为人对受害人的损害并不负有责任的（以及从实务层面看，该责任未得到证明的），从矫正正义的角度看，根本未对"受害人"造成任何损害［没有因果关系］。如果不法行为人的过错并未表现为侵害受害人权利的独立存在，并通过关于双方当事人之间因果关系的独立证据得到证明，那么不法行为人的过错本身（per se）无助于决定其对受害人的责任。朱布兰法官指出，瑙尔法官并未将不法行为人的过失看作一言九鼎的角色（可以克服不法行为人对"受害人"的伤害并不负有责任［这一点］）：只有在如下情形，即不法行为人的行为有着真正概率（real chance）在事实上造成原告的伤害，但内在不确定性使得原告无法依优势证据标准证明［被告的］责任，才可以克服未能证明责任［这一点］。但依朱布兰法官的看法，由此得到的结论更宽：只要被告的过失行为与原告所受损害之间的事实联系从法律视角尚未得到充分证明，过失行为这个事实本身并不足以改变法律对被告责任的立场，哪怕因果关系不确定的情形也一样。是以，即便如前所述，朱布兰法官赞成同事的看法，即因果不确定场合原告应该从被告那里得到赔偿，正当理由也不在于不法行为人的"过错"或者对无辜受害人的偏向。

（二）科学不确定性

眼下这个议题的本质涉及相关科学知识的复杂性和独特性，正是这些性质造成了因果不确定难题。在朱布兰法官看来，此等情形的难题（法院必须考虑的难题）取决于不确定的性质。这个性质使得法律难以与真实世界恰当关联起来，从而妨碍了正义原则的贯彻。

4. 科学发展，以及这里涉及的医学科学的发展，就物质世界以及人体功能带来诸多发现。这些发现让以前隐蔽的因果关系呈现出来，为以前笼罩在迷雾中的关联提供了解释的基础。法律有必要反映现实世界不确定，故任何裁决都必须认可科学知识关于因果关系的发展。最为重要的，为跟上现实世界运转的步伐，关于科学知识的这些发展必须展现出来，途径是认可只有这些知识能解决的因果不确定类型,将其设定为当前法律制度下所适用规则的例外。在这些科学因果关系不确定的案件中,不再有只要足够努力即可能利用标准法律工具得到法律结论,并且不留下结构性疑问(structural doubt)的毫不含糊的现实。法律意图讲述的现实是毫不含糊的,或者至少可以如是看待。但在科学不确定的狭窄领域内(利用目前可得的科学工具无法理解和表述现实本身),法律既然自称要建立毫不含糊的现实,看起来必须调整其路径,变得更为灵活。

5. 精确勾勒出眼下正处理的这一领域的边界,并与其他也可能存在不确定的领域区别开来,是特别重要的工作。这里讨论的案件,不仅缺乏相关信息,使得因果关系无法确定,使得法官难做决定,而且由于科学知识本身的性质使然,不管是法庭内还是法庭外,都不允许得到明确的决定。同样重要的是,区分科学不确定与科学争议。只有案件不涉及事实不确定和科学争议(剩下的就是真正的科学不确定,即提交给法院的科学信息本身不确定),才能说在这样的情形,必须通过本身不确定的规则(a rule which is itself ambiguous)在法庭上陈述事实,采用基于比例的合理可能性证据来证明已实施的不法行为与已遭受的伤害之间有因果关系。显然,科学不确定的存在本身(相对于其内容)必须以通常的证据规则来证明,也就是基于优势证据标准证明。

(三)恰当规则:说服责任标准的改革

6. 不同于同事瑙尔法官,朱布兰法官认为,科学不确定性例外的几何学定位主要是在证据法领域,涉及的是因果关系存在的事实以什么方式来决定的问题。但这个例外并不只是涉及内容;其既涉及实体法事宜,又涉及形式,超出了法律勾连现实通常的单一价值模式(single-value mode)。如此,其影响亦超出纯粹证据法领域,并反映在基于这个例外所做法律决定的性质中。是以,对证据基础的决定是依据比例可能性,并就比例因果关系的存在得到实体法上的决定。但这个比例只是产生于所依据的证据法例外的性质。在这个意义上,不管是因果关系,还是(相应地)不法行为人的责任,就不法行为人对(通过乞援于证据法例外规则得到证明的)损害的比例份额而言,都是绝对的/完全的(absolute)。不同于瑙尔法官,朱布兰法官对这个结论的理解并不是以创设比例责任的方式对侵权法在实体法上改革,而是对程序法/证据法规则的宽缓,结果便是在实质意义的可能性水平上部分地证明(partial proof)因果关系。是以,以低于优势证据的标准证明因果关系,由这个立场得到的结论是，不法行为人按照已证实的造成损害的合理可能性大小承担相应比例的损害赔偿责任。

7. 务必重申，认定的事实并非不法行为人可能造成损害，而是在无法做出其他事实认定的情形下，将不法行为人看作是经过证明在事实层面确实造成了损害之一部分的人，将之表示为其造成全部损害的合理可能性程度。在这个意义上，如前所述，就得到证明的损害部分，不法行为人的责任不是部分责任，而是完全责任（not partial but absolute）。

五、鲁宾斯坦法官

1. 鲁宾斯坦法官研讨了副院长里夫林法官及瑙尔法官全面透彻的意见，细致阐释了本案难题所在。依鲁宾斯坦法官的看法，副院长里夫林法官描述的反复扭曲案件诚为基于合理可能性的赔偿规则应予适用之案件类型的好例子，但最后还是接受了瑙尔法官的立场，即比例责任规则不应局限于此类稀有案件。不论是对案件的分类（哪些类型应援引比例责任规则），还是瑙尔法官讨论的其他事宜（尤其是在超过50%的一般可能性已得到证明的案件中适用比例责任规则的方式，以及痊愈机会丧失赔偿规则的继续适用），鲁宾斯坦法官都表示赞成。人类及法律的现实往往非黑亦非白，在侵权法领域也一样，毋宁说是灰色的。法官往往需要有超越"全有或全无"进路的一定灵活性，尽管不是法律规则，但在鲁宾斯坦法官看来，这同样是其他法律领域的基本原则。

2. 鲁宾斯坦法官承认，尽管从理论视角看（以及无可否认地，从直觉视角看），瑙尔法官就因果不确定问题的方法是合理的，但确会引发担忧，即边界会被突破，发生"危险滑坡"，如副院长里夫林法官说到的。但从司法程序实际运行的数据资料看，本件再审案的法官处境要好过此前主持本案上诉审的法官：盖自最高法院于2005年发布本案上诉审判决以后，地方法院一直努力将上诉审判决设立的规则适用于诸多案件，而且看起来地方法院表现得谨慎而稳健。此外，由于科技的巨大进步，尤其是20世纪的科技进步，现实世界变得格外复杂：可得数据膨胀，虽说测算工具也在改进，但复杂程度仍然以极快速度增加。是以，侵权法哲学也必须与时俱进，虽说并没有诸如"一半侵权"（half-tort）这样的范畴，但有诸如"可能的侵权"（possible tort）这样的范畴,而且确实有诸如"1/8 损害赔偿"(one eighth of the damages)这样的范畴(当然,这是副院长里夫林法官排除在外的)。鲁宾斯坦法官认为本案亦是此类案件。另外,眼下讨论的事宜涉及的是侵权法。在所有法律领域中,大概侵权法最适宜采用估算法(estimation)。在鲁宾斯坦法官看来,在恰当案情下,法律必须采用拆分整体为部分的方法来得到公正且合乎道德的结果。

3. 依鲁宾斯坦法官的看法,副院长里夫林法官对"情感会扰乱恰当秩序"的担心是有道理的——欠缺恰当法律基础的正义感可能会造成实际上的不公正。这个担忧不能根除,但如前所述,通过司法责任机制(judicial responsibility),以及在个案中谨慎发展相关规则,可以有效应对。鲁宾斯坦法官认为,要在个案中"开启比例责任例外的大门",法官需要考察的最为重要的条件是,该案是否涉及"内在的因果不确定"。法院应区分以下两者:证据有缺陷造成的不确定与内在不确定。

(一)存疑案件的判决:犹太法的立场

4. 瑙尔法官只是提到犹太法,鲁宾斯坦法官更想要扩展这个话题。解决不确定问题的办法在犹太法中很常见,可以说实际上就嵌在犹太法中。不确定难题从很早的时候就一直伴随犹太法,既涉及因果关系或者间接损害以及相应责任问题,也涉及损害赔偿金额。就因果事宜,《塔木德》教导说,在疑案中有两条裁判规则可用,到底适用哪一条打开始就有争议。第 15 代坦拿(Tannaim,对犹太教口传律法集编注者的称谓)西玛库斯(Symmachus,处在密西拿律法书编辑的时代)所持立场为,"不能确定金钱所有权归属的,分割之"。可律法圣贤说,"证明责任落在原告身上,这是基本法律原则"。"分配方案"(distributive solution)背后的道理在于证明责任规则的不平衡性质导致零和博弈局面,而"正义并不必然只在一边"。犹太法实际采纳的是二元规则(没有遵循西玛库斯的进路,依二元规则,判决只能支持一方),这也是以色列法原则上采纳的立场(Maimonides, Laws of Financial Damages, 9:3; Laws of Forbidden Relations 15:26)。但可以发现,在诸多事宜上,实际决定是把存疑的结果分配给双方当事人。迈蒙尼提斯(Maimonides)在《买卖法》(20:11)中说,若一方说"我不知",另一方也说"我不知",标的物即处在不属于任一方的领域内,应予分割。向来有大量文献讨论,迈蒙尼提斯的立场如何与犹太法的一般裁判规则相协调,但事实上,犹太法的裁判者认为这两条裁判规则可以共存。在因果内在不确定案件中,犹太律法圣贤愿意发布裁决将责任分割——看起来如此裁决并不在法律的通常界限内（当然，正如璃尔法官说的，犹太拉比法庭有权力强加妥协解决方案）。但在特殊情况下，可能有特别的裁判规则，而且在特殊的、预先决定的情况下，犹太法适用特别的裁判规则是很常见的事情。在鲁宾斯坦法官看来，在更宽的层面，犹太法在这个场景下关注的是正义和道德因素；诚然，有些案件中正义完全落在当事人一方，但在很多案件中，正义落在中间的位置，故应依此裁决。

（二）关于因果不确定场合的"司法造法"（judicial legislation）

5. 鲁宾斯坦法官还打算就普罗卡恰法官的意见补充几句。鲁宾斯坦法官希望说明，为何认为自己的意见合乎司法的职能，且绝不会偏离界限。第一，在理论层面：本质上，这个主题与其他诸多主题并无区别，相关法律都是通过判例法发展起来的，优势证据规则本身也是判例法发展的产物。如果优势证据规则是判例法的产物，为何创造力的源泉而后必须枯竭？第二，不要忘记，对以色列法律影响最为深刻的是英国法制以及普通法，本身完全是"内部生长"（internal growth）的法制，好比从树干伸展的枝叶、自有机体不断分裂的细胞。第三，在《基本法》（Foundations of Law Statute）中，立法机关本身明确了法律发展的各种方式。依鲁宾斯坦法官的看法，在本案中通过法律解释来发展法律，并未偏离解释权力的界限。如前所述，这就是法院日常工作的主要内容，无论如何都在法律专业技能的范围内。

（三）法律解释、司法能动主义与消极主义：犹太法的立场

6. 犹太法也一样，解释规则的创设（"摩西五书解释的13条规则"）壮大了法律。即便不考虑这些规则的全部细节，显而易见，解释标准自性质言是革新的。一个相关话题是相对于"消极主义"的司法"能动主义"；同样，犹太法也有类似问题。迈蒙尼提斯关于犹太法的论述众所周知，"法官裁判民事案件，必须依据自己倾向于认为真实并在内心强烈感到正确的立场裁判，哪怕没有找到明确的证据。不消说，若法官确信待证事实为真，必须依其所知晓者裁判"（Laws of the Sanhedrin, 24∶1）。迈蒙尼提斯继续说，"这些待证事实完全交由法官，依其内心认为正确的判断而决定"（ibid.）。有学者称之为法律革命，将法官确立为"主要支柱，几乎是唯一的支柱，人与人之间法律的整个结构建筑于其上"（H. S. Hefetz, Circumstantial Evidence in Jewish Law, 1974, p.52）。鲁宾斯坦法官要补充的是，犹太侵权法向来考虑宽广的社会维度，以多种方式践行正义。

(四）针对格尼斯法官的意见

7. 格尼斯法官赞成下面的观点，即现代法制偏离了二元式的"全有或全无"判决。但格尼斯法官区分开二元式判决与因果不确定情形，盖贯穿那些二元式判决的规则并不处理特定事件是否发生的问题（"事实"），而是处理已发生者的影响/后果；虽说格尼斯法官的说法事实上是正确的，但仍未给本案法院面临的基本问题提供答案，这在本质上，跟优势证据标准带来的困境并没有什么不同，跟侵权法里面非常普遍的各种标准也没有什么不同，侵权法本来就是充满不确定的领域。格尼斯法官的意见中有启发意义的地方在于，在方法论上试图尽可能关注个案事实，希望认定过失要件与"不可抗力"（act of God）因素之间的关系；但其论证并未完全否决"比例责任"规则。鲁宾斯坦法官重申：优势证据规则诚然立足于累积的司法经验（如格尼斯法官指出的），但也是通过司法裁量权的行使来落实的。

8. 格尼斯法官考虑了比例责任规则与妥协解决（compromise settlements）领域的关系问题，并指出，倘两者结果相同，那么援引比例责任规则的意义就在于，使得法院得不经当事人同意而基于妥协发布裁判。这个比较工作很吸引人，但鲁宾斯坦法官质疑其有效性，尽管并未发生［格尼斯法官说的情况］。此外，基于比例责任的判决与妥协判决（compromise decision）区别主要在于，妥协解决方案往往经双方当事人同意而给赔偿金额设置了上限与下限，而且一般来讲法院并不提供（或者只提供很少的）论证工作；基于比例责任的判决则会（且应该）包括对法院论证工作的解说（立足于实体法的法律考虑），哪怕关于赔偿金额的实际决定是出于估测（如侵权案件中往往发生的）。鲁宾斯坦法官注意到格尼斯法官的担心，增加的司法裁量权会影响法律的安定性，尤其担心的是，法官以判决倡导其个人意见和价值观念，难免"恣意"（arbitrariness）。鲁宾斯坦法官认为，不像英国和美国那样的陪审团审判，在由专业法官审理的案件中，这些担心是不太多的：第一，法官基于经验，会表现出专业上的谨慎；第二，即便比例责任规则的适用包含着格尼斯法官提到的那些措施，比如关于损害的统计学评估的专家证言，接受比例责任规则跟接受"大法官脚掌尺码"（the length of the chancellor's foot）式的损害评估，也还有着天壤之别。

9. 最后但并非不重要的，格尼斯法官担心平均主义（averages）和比例责任进路会导致危险滑坡。但格尼斯法官并未质疑过法院的职责就是公正解决争议:"你们听讼,无论是弟兄彼此争讼,还是与同居的外人争讼,都要按公义判断"(申命记1:16);"你要追求至公、至义"(申命记20:16)。制定法和判例法中俯拾可见对正义的表达。这是司法裁判的本质。天下没有两个完全相同的法官,是以裁判或会有差异(即便利用优势证据标准也是如此)。鲁宾斯坦法官主张,没有必要担心法官和判决发出"多种声音",生恐"法律交到了每个人的手里"(Mishnah, *Shevi'it* 2:1)。最终来说,集体理解(collective understanding)和上诉审体制有其日积月累的价值,常识也能发挥相应作用。鲁宾斯坦法官的看法是,无损诸位同事践行公义的志向,支持比例责任规则的四位法官的意见倘得到采纳,就是对公义最好的践行。

六、院长拜利希法官

1. 院长拜利希法官强调,基于"优势证据"的证明仍是一般规则,这个共识乃是讨论的起点。在因果不确定的特定情形,一般规则不能提供满意方案的,亦得适用例外规则,这也得到认可;此际,得援引基于合理可能性的赔偿例外规则。眼下的争议所涉案件类型为,损害原因以一般证据规则无法证明,得适用例外规则。

2. 允许法院基于合理可能性判给赔偿金这个例外,其适用范围需要另外决定,最重要的是区分造成损害的[原因]事实不确定与损害数额的不确定。拜利希法官指出,在损害原因事实不确定情形适用部分赔偿方案,包含的困难更大一些,若被告的过失行为造成原告损害已得到证明,只是损害数额的事实不确定,困难要小一些。

3. 拜利希法官指出,就损害真正原因不确定事宜,里夫林法官和瑙尔法官的进路不同,两人的建议都有些极端。拜利希法官主张折中路径,遵循判例法审慎演进的风格。

4. 院长拜利希法官认为,副院长里夫林法官针对反复扭曲场景提出的方案应适用于涉及上述因果不确定类型的案件。但拜利希法官指出,里夫林法官的进路可能导致侵权责任过度减轻(excessive reduction)。是以,例如,拜利希法官认为没有理由拒绝判例法认可痊愈机会丧失为独立损害名目的立场,这个学说在以色列法制中已牢固确立,判例法已注意到其优点。关于此点,拜利希法官赞成瑙尔法官对下面两个损害赔偿名目的区分:痊愈机会丧失、

"增加风险"（increased risk）。拜利希法官补充说，瑙尔法官所持进路的意图在于，在个案中得到公正结果，故法院将无辜受害人置于过失已得到证实的被告之前；但基于合理可能性的赔偿规则，不管是瑙尔法官建议的形式还是其他类似形式（比如朱布兰法官建议的），从长远来看果真能够得到公正结果否，颇为可疑。拜利希法官认为，由于没有清晰边界，诚可担忧该进路会导致危险滑坡，是以就当下而言，不应接受此进路。

5. 院长拜利希法官表示，希望未来几年里，在科学知识的局限性造成的因果不确定情形，能够发展出解决此间若干难题的办法。在一些此前不确定或者不清楚的领域，科学取得长足进步，遂有可能证明各种不同类型损害的原因（事实问题）。一旦事实问题上的不确定性（或者不清晰）消灭，即得以立法手段解决赔偿难题。

6. 还有一个必须考虑的议题，即比例赔偿进路是否需要［进一步］考察，（尤其是）有没有可能将比例赔偿方案适用于承担赔偿责任的被告。在这里有必要考虑的事实是，归根结底，侵权责任扩张的成本可能还是会落在公众身上，而不仅仅是不法行为人身上。是故拜利希法官主张，虽说扩张侵权责任是值得赞赏的愿望，但也必须讲究方法，稳步推进，注意平衡各方利益。希望在个案中得到公正结果是任何司法程序的基础；但要在实体法领域引入全盘变革应极为审慎，不能仅仅为了解决个案难题而更改现行规范。是以在恰当案件中，应该努力以实用方式得到个案情境下最为公正的结果。要做到这一点的合适方法大概是，在法官认为适宜的案情下，鼓励双方当事人达成合意，发布妥协判决。另外的办法就是，在例外情形，可以转移说服（证明）责任。

院长拜利希法官指出，依自己的意见，要点是避免下面的最终结果，即社会公众整体承担了侵权损害赔偿的成本。公正的解决方案可能包含了在经济、社会或保险方面不同的成本分担方案，但只有将此等事宜交付公众讨论并检视立法的可能性，而后方能发展此类方案。是以，就因果证明事宜于传统路径之外引入全盘改革方案，看起来时机尚未成熟。

院长拜利希法官是以裁决，不赞成瑙尔法官的意见。

七、阿贝尔法官

阿贝尔法官赞成瑙尔法官的意见，即基于合理可能性的赔偿规则应可适用于因果不确定案件,哪怕是单一原告案件,而不应局限于反复扭曲案件。在阿贝尔法官看来,在因果不确定案件中,倘不确定性涉及的是损害的真正原因,利用优势证据规则确立的法律真实去客观真实甚远。是以有必要选用其他规则,利用基于合理可能性的赔偿规则,减少法律错误的规模,从而让法律真实与客观真实更为接近。当记住,在这些案件中,不法行为人有过失以及制造了不合理的危险是要得到证明的。当然有可能,判令被告承担一定比例的赔偿金,结果不法行为人就其实际造成的损害不必全部赔偿,不法行为人遂从中获益,但也可能会有这样的情况,即被告不得不为并非其造成的损害承担部分赔偿。但这总好过无辜受害人完全得不到赔偿。如此组合处理方式正是瑙尔法官所说矫正正义理念的体现。阿贝尔法官认为,就威慑效果来说,这样处理也更好一些:在单一原告案件中倘不允许基于合理可能性的赔偿,即生威慑效果不足的问题,倘允许基于合理可能性的部分赔偿,赔偿责任与不法行为人制造的风险导致损害的合理可能性成比例,即能达到最佳威慑效果。就法律的威慑效应来说,法律认可阻吓不法行为有其必要,哪怕是在因果关系和实际损害都未得到证明的案件中。

依阿贝尔法官的看法,法院必须承认,人类知识的局限性带来了挑战,法院多年来在侵权法框架下适用的传统规则并不总能应付这个挑战。是以有必要继续发展侵权法,使之提供最佳方案(在实现侵权法所有目标的意义上讲)来应对此类案件。此类案件中的平衡态势必须调整,重心务必放在不法行为人的过失上。倘不法行为人的过失以及无辜受害人所受损害都得到证明,比例责任例外是实现侵权法目标的最好办法,也是个案中最公正的方案。

阿贝尔法官认为,此前在判例法上发展起来的那些规则,在损害真正原因不确定的案件中并未提供全盘的系统性的解决方案,故而不敷使用。类似地,诸如促使当事人妥协、转移证明责任,或者等待科技进步之类方案,对于一直产生的现在必须解决的实体法问题,并未提供真正的全盘法律方案。至于痊愈机会丧失规则,只是部分解决了损害真实原因不确定难题。是以在该规则之外,还需要补充更为全面、适用范围更广的规则,如瑙尔法官在判决中所阐述的。

阿贝尔法官认为,这个创新规则引发的担忧是可以缓解的。第一,判例法已经开始采取部分赔偿的办法来着手解决因果不确定难题,这个方法事实上背离了优势证据标准;第二,马鲁尔案确立的新规则已在上诉审判决中得到阐述,此后,地方法院一直适用该规则,并未突破任何疆界;第三,将来仍有可能及必要持续观察判例法,审视之,维持现有边界,并在必要时设立新的边界或者给予额外指令以维持该规则的恰当界限。本法院职责的一个重要方面就是发展法律,在必要和恰当的时候,法院不得畏葸不前。

八、普罗卡恰法官

1. 就当下的法律立场而言,原告要以优势证据标准证明民事诉由的一切要件。原告倘能依此标准(或者更高的标准)证明其诉讼理由的一切要件,即赢得诉讼,倘不能,即完全败诉。优势证据标准的基础是利用或然性价值(probability values)平均处理原被告之间的风险与机会。依据优势证据标准得到的矫正正义立足于下面的理念,即原被告双方地位对称,双方之间的均衡点处于(有不同刻度的)证据天平的中间位置。

2. 由原告完成的证明程度(哪怕低于50%)衍生出被告"责任档次"(liability ranking)概念,这对优势证据标准原则来说完全是陌生的,而且在实质上偏离了民事案件所要求的证明标准背后的基本原理。较低的证明程度对标准证据规则来说是陌生的,由此衍生出较低的证明程度导致比例责任结果的可能性,这在根本上改变了现在证明民事诉由的平衡点。倘某证据规则使得民事诉由的某实质要件得以部分证明(partial proof),从而令被告承担部分责任,那么不仅是证据规则的实质改变,也是民事责任实体法规则的深刻变革。

3. 若是认可低于优势证据标准的证明程度以及由此产生的档次责任(graduated liability),简直是责任概念以及侵权法中权利义务关系的深刻革命。这样的革命可能会影响民法一切领域,并在责任概念以及民法一切领域所要求的证明程度方面引起实质改变。这个改变反映了在原被告双方的风险和概率关系方面均衡点的移动,并在社会、经济及道德的一般政策领域产生深远影响。这会影响法律确定性的程度以及事先评估个案结果的能力。

4. 普罗卡恰法官指出,自己几位同僚提出的方案,虽说重要且有趣,但会对司法裁判产生广泛影响。这会导致侵权法的实质变革以及证据规则的革命,移动不法行为人与受害人之间法律关系现在的均衡点,对当下法律实务也有深刻改变。

5. 基于较大可能性的赔偿概念试图填补疑难案情下法律与现实要求之间的空隙；在此疑难案情下，受害人要证明被告的过错行为与自己所受伤害之间的因果关系，面临系统性难题，而现行法并未提供合适解决方案。为了弥合空隙，首先要做的是确定哪类案件需要特殊的司法工具，哪类损害需要使用这些特殊工具；还有必要找到得用来弥合空隙的工具。还有可能在现有制度之外找到弥合空隙的一些方案，比如制定法为此设计专门机制，不必证明过错而得到赔偿。这些变化对实体法上就民事责任的理解、对实体法所能提供的救济措施以及对原被告之间恰当平衡点的位置，大概也会有决定性影响。法律政策在社会、经济以及道德领域的一般表现伴随着这些努力。这样的变化可能会影响民法和法律体制整体。

6. 这并不是现行法自然的整体的发展，而是现行法的实质改革，影响到整个法律体制。这样的改革尤其需要考虑以下事宜：

特别针对因果关系要件（causal connection element）而不是过错和损害原因要件（causation of damage）而承认事实不确定和档次责任，是否有正当理由？承认档次责任，是否应局限于人身伤害、医疗过失及大规模侵权，而不扩张及于其他可能涉及结构性证据难题的情形（包括其他法律领域）？承认被告的档次责任，但并不根据其实际责任（在优势证据标准之外）得到证明的程度而对称地调整不法行为人责任金额大小，这是否可能？在基于档次责任赔偿的情形，原告必须达到的证明要求是什么：是任何证明程度都足以令被告承担［相应］责任，还是要设立最低门槛，达不到证明门槛的请求予以驳回？在过失侵权案件中的不确定情形将证明责任转移（比如在适用事实自证规则的场合以及涉及危险物质的场合），而在因果关系不确定情形，依前面提出的各种方案，并不转移证明责任，而是令被告承担档次责任，这两个立场如何协调？

此等法律变革，会使当事人以及社会公众承担怎样的经济成本？对要求购买之保险的范围及收取的保险费用多寡影响如何？这些变革（责任会扩大）对科学或医学领域被告的职业地位影响如何？是否会对医生行医产生过度威慑效应，从而增加防御医疗的风险？

依据这些改革方案，虽说原告的证明程度并不能确定任何实质或具体的合理可能性水平，足认为不法行为人实际上造成了原告所受损害，仍得令被告依原告证明的程度承担一定比例的责任，对由此产生的伦理问题，会有怎样的回应,而从道德及法律公正的角度看,在此等情境下指派给被告的"过错"又有怎样的效果?这些改革建议对于私人被告又有怎样的影响(相较于有保险庇护的企业法人,私人没有深口袋)?侵权责任概念的这些改革对其他法律领域的民事责任概念又会有怎样的影响?真能做到在侵权法这个狭窄领域里从事概念改革而不影响整个法律体制内部必须遵循的立场协调?在面临内在证据难题的场合,侵权法的改革难道不会强制要求其他法律领域采取相应动作吗?

7. 上面这些问题并未穷尽这个主题的所有方面,在司法造法的框架下,并不能够面面俱到地检讨这些问题。这些问题需要在全面的立法程序下,展开广泛且深入的讨论。是以,因果不确定事宜在其所有方面都必须交由立法机关处理。

九、格尼斯法官

1. 格尼斯法官赞成院长拜利希法官、副院长里夫林法官、普罗卡恰法官和列维法官的立场,认为上诉审判决采纳的规则,也就是本次再审的标的,应予撤销。格尼斯法官认为,侵权法在因果不确定情形不应承认比例责任规则。

2. 格尼斯法官指出,说眼下讨论的案件提出了"因果不确定"争点(该争点即为再审标的),非常可疑。说在认定第一被申请人所受损害的原因时碰到内在困难,在本案中并未得到证实。格尼斯法官强调,若是初审法院面对的证据表明,无法将某个具体的可能原因排除出损害原因的范围,同时又有证据证明确有得到证实的已知因素造成了损害,法官遂裁决损害系由该得到承认的已知因素造成,这不可避免。在本案中,提交到初审法院的证据表明,早产是得到承认的具体原因,长时间出血只是损害的可能原因。是以,法院本当裁决,被申请人所受损害系由早产造成,而非由剖腹产手术迟误造成。

3. 虽有自己的结论,格尼斯法官还是认为有必要讨论再审提出的争点。格尼斯法官的初始假设是,初审法院面临的情形为,无法基于可得证据认定损害系由医院的过失行为造成还是早产本身造成。

4. 如前所述,格尼斯法官认为,过失被告不必赔偿原告的全部损害,而是依被告[造成损害的可能性]承担一定比例的责任,这样的比例责任不应得到认可。无法证明被告的过失行为造成原告所受损害,仅仅因为被告过失造成了让他人受损害的风险即令其承担赔偿责任,同样不可接受。这样的结论违背侵权法的矫正正义原则;依该原则,被告违反注意义务造成他人损害的,必须就该损害负赔偿责任。格尼斯法官还强调,允许得到这样结论的法律规则并不必然能防止制造特定风险,可能有更为有效的法律工具可以防止此等风险。格尼斯法官承认,在特定法律领域,法院已经开始背离二元式判决(一方完全胜诉,另一方彻底败诉)。但在格尼斯法官看来,对事实因果关系是否存在的问题,必须回答以是或否:在个案中造成原告所受损害的是被告的过失行为,还是不可抗力(act of God)?

5. 格尼斯法官同样讨论了著名的萨默斯案(Summers v. Tice)。在该案中,两位猎人开火,第三位猎人中枪受伤。法院判决两位猎人对受伤猎人的损害负连带责任。格尼斯法官指出,在猎人案中,不管哪个被告,其是真正造成损害之不法行为人的概率都是50%。此际,令两位被告都承担赔偿责任不可避免。但在眼下的案子中,没有这样的主张,也未见证明有同等概率(即50%)造成损害的是过失行为而非不可抗力。

6. 就副院长里夫林法官提出的反复扭曲标准,格尼斯法官指出,虽说该标准并不完全符合矫正正义原则,但有可能认为,倘有多数受害人且反复发生扭曲,那么在严格条件下小范围偏离矫正正义原则即有道理。无论如何,格尼斯法官认为没有必要给出最终结论。

7. 格尼斯法官还认为,第一次上诉审的判决应予撤销,盖承认比例责任不合乎现行法在优势证据标准方面的立场。在格尼斯法官看来,现行法在优势证据标准方面的立场是以数百年的司法经验为基石,没有理由推动革命性变迁。

8. 格尼斯法官强调,在本案中认可比例责任,对民法的发展,对于如何理解上级法院在民事诉讼中的功能,都会产生极为深远的影响。格尼斯法官指出,尤其考虑到女孩生下来即有严重残疾的事实,再加上不管怎么判决都会产生重大的经济后果,本案可谓困难案件。从最高司法审级的视角看(尤其是本案为再审),难度来自下面两者间的紧张关系:一方面是眼下个案细节让人生出的正义感,一方面是认识到法院判决会对将来产生影响。格尼斯法官认为,本案对比例责任的发展诚为富有创造力和创新性的路径,但面对此类困难,并不是适宜路径。比如会产生这样的难题,即是否有可能,不管是依法律判决还是依当事人的妥协判决(compromise decision),最终结果会是一样的。这个难题主要来自下面的事实,即依法律,妥协判决只有当事人同意方得为之。[2]采纳因果不确定学说会扩张并强化司法裁量权;这样的结果并不合乎期待,盖会降低法律的确定性、鼓励没有充分依据的诉讼,并且增加恣意司法裁判的危险。说采纳此学说会增加法律的不确定性,眼前的案件即为明证:初审法院令被告承担40%的责任,上诉法院[最高法院]把这个比例降低了一半,确定为20%的责任。法官用来支持适用特殊的因果不确定学说的立场并没有解释清楚,为何本案中要采纳这个比例数字而不是另一个。

9. 此外,格尼斯法官指出,接受比例责任学说(基于比例的判决或解决方案),也就一步踏上危险的滑坡,无法预料会滑向何方。实务中,在侵权法的因果关系领域之外,本法院也一直在多方面尝试基于比例的判决或解决方案。如此进路很容易最终导致法院角色的实质变革,尤其是最高法院(法律的发展和创造者)功能的实质变革。[法院的]重心将会从理论方面完全和决定性地转向更为具体的方面。有着数百名各样法官工作的初审法院困难可能更严重。在疑难案件中,将会以本质上是妥协的判决(却未经当事人同意采取此进路),*** 取代依据可适用的法律而得到的判决。

10. 总之,格尼斯法官认为,从各个角度看,本案都很困难。是以,法院于锻造其进路之际必须听从奥利弗·霍尔姆斯法官的不朽警示:"疑难案件出坏法"。格尼斯法官的立场是,如果认可比例责任学说,那么结果正将是那位伟大美国法官已经警告要防止的。

依多数意见判决,在因果不确定情形不承认比例责任例外,撤销[最高法院]原上诉判决。法院并未令被申请人将已经受领的赔偿金返还,也未令申请人给付更多赔偿金。

希伯来历 5770 年 12 月 19 日
公历 2010 年 8 月 29 日

---

〔2〕 格尼斯法官强调,依诸多制定法的规定,只有经双方当事人同意,法院方得依双方妥协发布裁判(《法院法》第 79A 条,《交通事故受害人赔偿法》第 4 条 c 款)。
*** 译按:意指比例责任的本质是未经当事人同意而强加妥协解决方案。

知情同意法制保护的法益：以色列最高法院达卡诉卡梅尔医院医疗损害赔偿案

案件名称：CA 2781/93 Daaka v. Carmel Hospital IsrSC 53（4）526（1999）*

法院及审级：以色列最高法院，上诉审

当事人：

上诉人（一审原告）：米亚莎·达卡（Miassa Ali Daaka）

第一被上诉人（一审被告）：卡梅尔医院

第二被上诉人（一审被告）：以色列工人协会医疗基金

审判庭：

多数意见：院长巴拉克法官（A. Barak）、副院长里夫林法官、奥尔法官（T. Or）、车辛法官（M. Cheshin）、恩格拉德法官（Izhak England）

独立意见：斯特拉斯伯格－科恩法官（T. Strasberg-Cohen）

反对意见：拜利希法官

上诉结果：依奥尔法官的立场，多数意见照准部分上诉请求。

事实：上诉人住院接受左腿手术，签署了手术同意书。两天后，上诉人上了手术台，服用了镇静剂，准备接受麻醉，医生要求上诉人签署一份活体组织检查手术同意书，部位在右肩。上诉人签署了该份文件，活体组织检查未发现恶性。出院后，上诉人肩部仍感僵硬，遂起诉医院过失侵权，主张医院决定实施活体组织检查以及为患者提供后续治疗，未征得知情同意，犯有过失。初审法院驳回诉讼请求。

判决：最高法院照准上诉请求，奥尔法官撰写多数意见，院长巴拉克法官、副院长里夫林法官、车辛法官、斯特拉斯伯格－科恩法官、恩格拉德法官

---

* 以色列最高法院判决书网址（卡多佐法学院创办）：https://versa.cardozo.yu.edu/sites/default/files/upload/opinions/Daaka%20v.%20Carmel%20Hospital.pdf（2022年5月9日访问）。

于后附议。奥尔法官认为,实施活体组织检查的决定、检查的方式以及术后治疗这些方面皆无过失,但医院未征得上诉人对手术的知情同意,犯下过失。但未征得知情同意与手术造成的损害之间没有因果关系,盖上诉人纵事先获知手术性质和风险,也几乎肯定会接受手术。故上诉人就身体伤害无权请求赔偿,但手术未征得知情同意,上诉人意志自主受侵害,这是侵权诉讼中的独立损害名目,上诉人得就此请求赔偿。斯特拉斯伯格-科恩法官撰写独立意见,认为在这个假想情形(倘征得知情同意,上诉人是否会同意手术),应评估[同意]概率[的大小]以认定因果关系,倘患者当会同意手术的概率并非微不足道,哪怕并不超过50%,亦得依比例得到赔偿。由于本案上诉人有50%的可能不同意手术,上诉人就身体伤害可以得到一半赔偿,意志自主受侵害当然可以得到赔偿。拜利希法官持异议,认为本案上诉人不会同意手术,故就身体伤害可以得到全部赔偿。至于意志自主受侵害,只在罕见场合得予赔偿,本案不在此列。

判决书

一、拜利希法官

本件上诉请求针对拿撒勒地方法院吉纳特法官于1993年3月29日发布的判决,* 该件初审判决拒绝了上诉人(一审原告患者)的损害赔偿请求。上诉人在被上诉人医院接受了右肩的活体组织检查,主张身体受伤害而请求赔偿。

(一)事实

1. 上诉人生于1950年,左足底生来畸形,是残疾人。1987年,上诉人感到右肩疼痛。症状疗法不奏效,遂拍X光片,继以骨骼造影,最后诊断为扩散吸收(diffusive absorption)。

1988年1月5日,上诉人在卡梅尔医院(第一被上诉人)住院,准备左腿动手术。两天后,即1月7日,上诉人[进入手术室]接受手术,由于医生怀疑患者右肩有病变生长物,而且为了诊断清楚骨骼造影表现出来的扩散

---

* 译按:Nazareth District Court (Judge G. Ginat) of January 29, 1993 in CC 425/90.

吸收原因何在，对患者右肩做了活体组织检查。手术计划的变动看起来出于医生恰在手术之前的决定，即认为肩部检查结果表明需要［活体组织检查］手术，这比腿部手术更急迫。

入院当天，医院要求上诉人签署腿部手术同意书。两天后，患者已服用镇静剂，被从骨科病房转入手术室，安置于手术台上，这个时候，医生却要求患者签署肩部手术同意书。

手术［肩部活体组织检查］并未发现什么，入院五天后，医院让患者出院，将患者转往医院门诊接受继续治疗。

术后，患者肩部仍感僵硬，双方当事人认可残疾程度为35%。同样没有争议的是，若非该次活体组织检查，大概肩部不会僵硬，但被上诉人认为，伤害源于上诉人不愿意活动肩部。

1988年11月30日，上诉人接受腿部手术，腿部病情因手术而有很大改善。同时，肩部接受推拿治疗，期望改善肩部活动能力。1989年12月28日，再次接受推拿治疗，但无效果；肩部仍僵硬。

上诉人（一审原告患者）提起诉讼，主张手术造成肩部伤害，请求赔偿。上诉人以过失侵权为诉讼理由。上诉人声称，自己完全不知道医生意图在自己右肩部位施行手术，待到从麻醉状态清醒过来方才知晓事实。上诉人还认为，在活体组织检查的实际决定上，以及在活体组织检查之后提供的医疗服务上，被上诉人都有过失。

（二）初审法院判决

2. 令人尊敬的吉纳特法官将过失侵权赔偿请求的各点主张皆予驳回。

就实施活体组织检查的过失主张，法官认为，即便上诉人聘请的专家（其证言是赔偿请求的依据）也没有断然主张，医生基于掌握的病情，实施活体组织检查全无理由。依初审法官意见，这个理由足以驳回患者的主张，即主治医生在实施活体组织检查的决定上背离了恰当的专业标准。

就上诉人声称的其从未同意活体组织检查手术，初审法院认定，在住院前，上诉人已认识到肩部的问题，待发现肩部而不是腿部动了手术后感到震惊的说法没有任何证据支持。［初审］法官接着论说，自己并不怀疑，在住院程序的某个特定阶段，一直有个障碍（hitch，指程序瑕疵），即上诉人最初签署的是腿部手术的同意书，直到最后一刻，就在实施活体组织检查之前，医生要求其签署另一份同意书，这份文件正确描绘了将要实施的治疗行为。在初审法院看来,前述障碍并不足以支持上诉人的主张,即其并未同意活体组织检查医疗行为:"在如此情形下,只能得出结论,实施活体组织检查的决定并无瑕疵。我还认为,在向其解释了这是恰当医疗举措后,原告同意了该医疗行为……是以,考虑到上诉人〔原告〕完全否认就预期的肩部治疗收到过任何信息,考虑到我已拒绝其否认主张,我不愿意听到〔原告〕就本案事实再有什么虽曾收到信息但信息不完备的替代主张。"

初审法官接着说,上诉人〔原告〕唯一的诉讼理由就是过失侵权,该诉讼请求需要证明过失和损害间的因果关系。上诉人既未曾证明〔医院〕未尽信息披露义务造成其肩部损害,故其请求应予驳回,纵为辩论(arguendo)而假设上诉人在活体组织检查前未收到完全信息,亦无甚紧要。

就医生于术后治疗中有过失的主张,初审法官认为,没有坚实理由支持原告的主张,即不同的物理疗法本可以防止自己的肩部遭受损害。初审法官并不完全赞成医生的意见,即可以想见,上诉人更大的努力本可以防止其肩部受损害。法官的看法是,既然就活体组织检查没有人主张有瑕疵,且已驳回关于施于上诉人的物理疗法性质的主张,故无法证明医疗活动的过失,而且不能从损害发生本身推断出如此过失。

3. 上诉人在上诉状中指出,〔初审〕诉状中明确主张故意侵害身体(battery,殴击),故意侵害身体诉由的事实成分在诉状中已经充分描述,初审法院竟不予理会,是为错误。

基于争点诉求的实质依据,上诉人的律师称,初审法院拒绝上诉人其并未同意手术的主张乃是错误。该律师指出,即便上诉人在手术之前肩部已有恙,这件事实本身并不当然抵触其关于在发现肩部手术之后感到震惊的说法。

在总结部分,上诉人进一步主张,被告医生的手术决定有过失(该手术未有正当理由而已经实施),在术后治疗上有过失。上诉人还主张,依据"事实自证"规则(法院错误地未将该规则适用于案件事实),被告应承担其并无过失的证明责任。

在上诉审口头辩论阶段,上诉人强调肩部手术未经同意。上诉人认为故意侵害身体侵权的构成要件已经证明,被告应就〔肩部〕手术给上诉人造成损害承担赔偿责任,哪怕并未就遭受的全部损害证明因果关系。〔See CA 3108/91 Reibe v. Veigel, IsrSC 47(2)441(沙姆加院长).〕上诉人补充说,判例法倾向于将未经同意的医疗行为定性为故意侵害身体,这个立场更因1996

年《患者权利法》的颁布而加强。*

被上诉人主张,上诉争点乃系事实事宜,而非法律事宜,最高法院一般并不介入。

被上诉人并请最高法院驳回上诉人关于转移证明责任的主张,认为已经证明其为上诉人提供的医疗服务,不管是手术本身还是术后治疗,并无过失,是以无论如何已经完成证明任务。

4. 余以为,不管是给上诉人肩部做手术的决定,还是为了排除肩部手术带来的活动障碍而为上诉人提供的医疗服务(包括物理疗法以及另外的手术),都未证明有过失。在这里,没有理由干涉初审法院的事实认定与结论;初审法院系以医生证词为据,而未采上诉人提交的专家意见。

但初审法院驳回诉讼请求的结论却令吾人深感不安,盖就依据的事实而言,手术未曾取得上诉人同意,而且依上诉人的替代赔偿请求(alternative claim),纵使曾为同意表示,就为同意表示的具体情境来看,不得认为是知情同意(informed consent)。

5. 有必要先简洁地描述围绕上诉人对肩部手术所为同意表示而生争议的具体事实,而后方能由已证明事实得出恰当法律结论。

术前数月,上诉人一直肩部疼痛。如主治医生骨科沙维特大夫(Dr. Sharvit)在宣誓陈述及法庭询问中所说,术前阶段在[工人协会]医疗基金[第二被上诉人]的病历记载亦可见,上诉人接受了数次检查,包括骨骼扫描。病历显示,1987年11月27日,根据骨骼扫描结果,沙维特大夫建议上诉人做活体组织检查。直到上诉人住院,并未确定过活体检查日期。

如前面提到的,上诉人于1988年1月5日住院,拟接受腿部手术,并签署手术同意书。医院文件、疾病概要以及医疗记录,这些提交到法庭的证物都表明,上诉人住院是为接受腿部的选择性手术。1988年1月7日,手术当天,负责为上诉人手术的安托尔医生(Dr. Antol)在病历中记载:"患者右肩疼痛,持续半年之久;检查(骨骼扫描、X光片)显示右侧肱骨近端病变。已向患者解说病情,患者同意活体组织检查,推迟[腿部的]三关节融合术(Triple Arthrodesis)。"

该内容系由安托尔医生记载,其证词称,其于手术当天早晨,在患者签

---

* 译按,参见唐超编译:《世界各国患者权利立法汇编》,中国政法大学出版社2016年版。

署了腿部手术同意书并已躺到手术台上后,向患者说明了肩部手术的必要性。

初审法官认为,医生向上诉人说明并解释打算实施的手术[活体组织检查]场合确实不妥,就在马上要动腿部手术前,亦非以通常的方式,但考虑到上诉人清楚自己的病史及此前的治疗,其当然理解医生打算实施的手术的性质。从初审法官的认定中可以看出,若是在手术台上签署的那张同意书是上诉人同意表示的唯一证据,法官当不会认为上诉人理解预期的手术。但对患者的同意表示,要以患者住院前掌握的信息为背景来考虑。

初审法院依上诉人[原告患者]的诉讼请求,从过失侵权角度考察责任事宜;即便在地方法院审理阶段,手术未获[知情]同意也是上诉人[原告]律师的核心请求,并未主张故意侵害身体(battery,殴击)。

于是产生下列问题:若法官关于上诉人已对手术为同意表示的认定是正确的,该同意能否被认为是知情同意?若不能,被告的侵权责任应如何认定?

(三)过失侵权还是故意侵权

6. 这里的问题是,未获清晰明智之同意表示,且[患者]并不全面知晓成功概率及手术风险的相关信息,此际实施之医疗行为是否属于故意侵害身体侵权范畴。这个问题向来令侵权法学界头疼,同样占用了法院大量精力。

以色列判例法很久以前曾认定,在特定案情下,此类医疗行为构成故意侵害身体:"问题在于,检查的成功希望与风险是否在原告为同意表示前已向之解说。倘已解说,患者同意即为有拘束力的有效表示,医生不会因实施检查而被指控故意侵害身体(battery,殴击)或者有任何其他侵权行为。倘患者并未得到有关风险的充分解说,其同意即无意义,检查行为将被视作故意侵害身体,构成侵权。"[CA 560/84 Nachman v. Histadrut Health Fund, IsrSC 40(2)384, 387.]

是以,依该规则,未经患者恰当同意而施治,应赔偿患者因之所受损害;纵未证明[医疗行为]违反注意义务,纵未证明未依法律要求披露相关细节与患者所受损害间有因果关系,亦然。[See CA 3108/91 Reibe v. Veigel, IsrSC 47(2)441, 509-510.]

对于将医疗行为定性为故意侵害身体侵权的立场,[学术界]颇多保留。尤其引起非议的是,将旨在帮助他人的医疗行为理解为涂抹着肆无忌惮色彩的反社会行为,让人怃然不安:"看起来对不少学者来说,在医疗场合使用'殴击'(battery)术语,不管在道德还是在知识方面,都让人厌恶。这个术语的使用，一般暗示反社会行为，例如打击他人面部。由于医生将医疗行为施于患者，就将医生污名为'攻击者'（attacker），让人感到不舒服，尤其对通过司法判决的人［当指法官］。这就解释了，在未恰当披露风险及替代措施的相关信息而实施医疗行为的案件中，为何这些人［法官］并不情愿将刑法上的殴击犯罪或者殴击侵权行为用作裁判的恰当法律工具。"［A. Shapira, *Haskama Mudaat Letipul Refui-Hadin Hamatzui Veharatzui*, 14 Iyunei Mishpat 225, 231 (1989).］

恩格拉德教授在专著《侵权法哲学》中称，* 正是由于将意图不过在于救治患者的医生与肆无忌惮的反社会行为捆绑在一起让人感到不舒适，才催动了从故意侵害身体侵权到基于过失侵权的知情同意原则的转向："对于从故意侵害身体侵权立场的退却，向来的解释是，医生真心诚意地为患者福祉服务，［法院］却以旨在打击反社会行为（通常伴随最坏恶意的行为）的法律规则对待之，这让人不舒服。法院不愿意以实施了殴击行为的标签来污名医生，将医生与谋杀犯、抢劫犯以及酒吧间惹是生非之流扔到一个大筐里。"(Izhak Englard, The Philosophy of Tort Law, 1993, p. 162.)

舒尔茨在论文《从知情同意到患者选择：受保护的新利益》中写道："正是以针对反社会行为法律规则来对待医生让人不舒服，促使多数州将故意侵害身体诉讼局限于那些相对少见的情形，即未经任何同意而实施医疗行为，而不适用于未经充分说明而为同意表示的情形。在今天，指控故意侵害身体的典型情形是，患者同意某医疗措施而医生实施了不同的或者额外的医疗行为。"［M. M. Shultz, *From Informed Consent to Patient Choice: A New Protected Interest*, 95 Yale L. J. 219, 226 (1985–1986).］

依此进路，在侵权法类似以色列的多数国家，几乎不再利用故意侵害身体侵权来处理未经知情同意而实施的医疗行为。大体来讲，一般认为，故意

---

* 译按：恩格拉德也是本案审判庭组成人员。恩格拉德，1933年出生于德国美茵河畔法兰克福，长于瑞士；在瑞士的犹太学校接受宗教教育，1951年移民以色列；1952年入希伯来大学法学院习法律，1956年以优等成绩毕业；1957年在巴黎大学得到法律博士学位（PhD in law）；1958年加入希伯来大学法学院，任法学教授直到1997年；主要研究领域为侵权法、比较法、法理学；1971—1974年，任希伯来大学犹太法研究中心主任；1984—1987年，任希伯来大学法学院院长；1997年，获以色列法律奖章，当年获任为以色列最高法院法官，直到2003年退休。恩格拉德曾在多所大学任访问教授、学者，包括耶鲁大学法学院、南加州大学法学院、罗马大学、苏黎世大学、宾州大学法学院、哥伦比亚大学。

侵害身体侵权只适用于下面的场景，即患者就所推荐医疗措施的类型没有得到任何信息，或者并不知晓医疗措施不可避免的结果，或者实际采取的医疗措施实质上不同于患者同意表示指向的医疗措施。不必说，以虚假陈述手段征得同意的场合，也构成故意侵害身体侵权。

而在未获知情同意的情形，不同于根本未经同意，评估侵权责任的工作重心就转向了过失侵权。普罗瑟教授就此写道："正快速成长的医疗过失诉讼形式涉及知情同意原则，关注医生向患者说明治疗或手术风险的义务。最早处理此类事宜的案例[思路是]认为同意表示无效，从而认定故意侵害身体侵权。大概从20世纪60年代开始，渐承认这里实为职业行为标准的问题，于是过失侵权整体上取代了故意侵害身体侵权，成为责任基础。"(W. P. Keeton et al., Prosser and Keeton On Torts, 1984, 5th ed., pp. 189-190.)

区分未经同意（此际医疗行为或被定性为故意侵害身体侵权）与未获知情同意（属过失侵权范畴），也要求区分罪过（guilt）与义务（duty），未履行义务在实质上关乎过失侵权。

在英国，故意侵害身体侵权的适用仍较广泛，宽过美国和加拿大；英国判例法同样认为，患者在同意书上签字确认已向患者说明手术性质，并不足够，除非患者实际得到对医疗措施及风险的恰当说明。医生未说明医疗措施的风险，相对于未说明医疗措施的本质与性质，并不会使同意无效而令故意侵害身体侵权成立，但着实违反医生义务，应承担过失责任。[See Margaret Brazier, Street on Torts, 1993, 9th ed.]

加拿大最高法院拉斯金法官（Judge Laskin）讨论了这个区分："我欣赏如下说法，即对医疗行为所为之同意是否名副其实，取决于是否恰当披露医疗行为伴随的风险，然余以为，除非为了确保得到患者同意而有虚假陈述或欺诈行径，否则应将未披露伴随风险（不管风险如何重大）定性为过失侵权，而非故意侵害身体侵权。虽说医生未披露信息关系到患者是接受还是拒绝所推荐医疗行为的知情选择，但这是违反恰当注意义务，类同医生实施患者所同意的特定医疗措施时应善尽注意的法定义务，并非令同意表示无效的标准。"[Reibl v. Hughes (1980) 114 D. L. R. (3rd) 1 at 10-11.]

但要指出，未经知情同意而实施医疗行为的情形，趋势诚为适用过失侵权法，却并不意味着在医疗场合完全废弃故意侵害身体侵权。只是故意侵害身体侵权被局限于特定情形,即完全未经患者同意而实施医疗行为或者未向患者说明该医疗行为不可避免的结果。

在医疗行为未获知情同意的案件中,以过失侵权取代故意侵害身体侵权逐渐为以色列判例法所接受。在涉及医生向患者提供医疗信息义务的瓦图里案(Vaturi v. Leniado Hospital)中,马扎法官即在注意义务的框架下讨论相关事宜,而注意义务正是过失侵权法的基石之一:"医生向患者披露信息的义务源于医生及医院对患者负有的一般注意义务,立足于吾人知晓自身状况的权利。这是对人人皆得意志自主理念的表达,是对人格尊严的表彰〔See CA 1412/94 Hadassa Medical Association Ein Kerem v. Giladat 525(巴拉克法官)〕。医生的信息披露义务并不绝对,亦不总是延伸及于医疗行为的一切细节。例如,在全民接种且对接种必要性未有任何争议的情形,对于种痘伴随的过于遥远的风险即无说明义务(CA 470/87 Alturi v. State of Israel-Ministry of Healthat 153)。但若是医疗路径的选择或者接受特定医疗措施涉及实质风险,医生即应向患者披露合理信息(有若干例外),俾便患者基于充分信息就是否选择伴随相应风险的特定医疗路径而为明智决策〔See Sidaway v. Bethlem Royal Hospital Governors, at 655c(斯卡曼勋爵);the *Koheri* case, supra, at 171*〕。无论如何这是最低限度的义务。医生履行此项义务,旨在服务于实际目的(*practical purpose*)。该项义务构成医生对患者所负注意义务的一部分。倘医生违反义务,而患者又因此遭受损害,患者得据此依过失侵权法请求损害赔偿。"〔CA 4384/90 Vaturi v. Leniado Hospital, IsrSC 51(2)171, at 182. 拜利希法官以斜体强调。〕

依此演化中的进路并考虑眼前的具体案情,余以为本案应置于过失侵权法框架下区处。在提供医疗服务的案件中,故意侵害身体侵权只应留给极端情况:违背患者意志实施医疗行为,医生实施的医疗行为在实质上不同于患者同意表示指向的医疗行为,或者就医疗行为的性质或其不可避免的结果并未得到任何信息。

基于这个区分,本案不同于〔前面引用过的〕赖伯诉维格尔案〔CA 3108/91 Reibe v. Veigel, IsrSC 47(2)441〕。在该案中,医生于手术过程中决意实施的手术并非患者事先同意的手术,而在手术前并未向患者提及此等

---

* 译按:此处文中夹注"*Koheri* case"有误,前后文皆未出现。

[变更手术的] 可能，也没有如此操作的任何紧迫局面。

本件上诉案，医生做[肩部] 手术决定的意图是清楚地诊断病情，并核实由患者肩部症状所生的关于病变生长物的怀疑。虽说从证据看，直到进入手术室，病人都不知道在住院期间有接受肩部手术的必要性，可初审法院却认定，上诉人了解医疗行为的必要性。

在如此案情下，有必要查明，向上诉人披露信息的方式以及征得其同意的方式是否表明医生行为有过失。这也正是初审法院实际所为者。

(四) 注意义务

7. 如同地方法院，我也认为本案应置于过失侵权框架下检视，但我的结论不同于初审法官。余以为，医院的医生在活体组织检查之前的程序上有过失，此点已获证实。其过失表现于下面的事实：第一，就在此次住院期间接受活体组织检查的必要性，医生并未尽到说明义务。[第二，] 医生打算推迟腿部手术却未及时告知上诉人，直到进入手术室，医生方才向上诉人披露肩部手术的相关细节，而此时上诉人刚服用过镇静剂，其身体状态并不适宜做医疗决定。

患者就施于己身的医疗行为所为之同意表示要构成知情同意，应先使患者获悉关于以下事宜的恰当信息：病情，所推荐医疗行为的性质及目的，该医疗行为包含的风险及成功希望，合理的替代方案。仅仅让患者签署同意书，并不足以认定知情同意。患者已身处手术室或者正在被送往手术室的途中，此际在手术同意书上签字，吉森教授就签字的性质写道："如果在要实施推荐的医疗行为时方才披露信息，比如在手术预定日期的前一晚上，如果患者已经处于镇静状态，或者正在前往手术室的途中，或者在手术室的接待厅，在这些情形提供信息显然太迟，如此情形下单纯的信息披露行为是否足够，令人生疑。'患者有权利得到充分的时间和适宜的环境以审慎考虑自己的处境'。"(D. Giesen, International Medical Malpractice Law, 1988, p. 393.)

今天，以色列《患者权利法》为知情同意设专章。依该法生效日期，该法不适用于本案，但着实表明了立法趋势。该法第 3 条 b 款写道，"为获知情同意，医生应向患者提供合理需要的医疗信息，俾使患者决定是否同意推荐的医疗行为"；为此应提供的信息包括医疗措施的性质、目的、期待的疗效、风险及成功希望、替代医疗措施，法律对此皆有详细规定。

本案并不需要讨论，就获得患者的知情同意，医生所负说明义务的范围如何。就规则而言，这个问题并不简单。一般来讲，若手术或医疗行为并非意在阻止即刻的危险，推迟亦不至于加剧病情，使得患者能利用掌握的相关信息做决定，那么披露义务就应该比较宽泛。很自然地，医疗行为带来的风险大小亦于披露义务有影响，而且显然会有一些例外，在特定非常情形，医生不必说明全部细节。例如，病情危急需要采取紧急措施，或者可能发生的危险相较疗效来讲微不足道，或者从患者病情看，披露行为有害于患者。这些例外都写入了《患者权利法》，但如适才提及，不适用于本案。[See CA 470/87 Alturi v. State of Israel-Ministry of Health, IsrSC 47（4）146.]

注意义务的设定是以合理医生为标准，还是以理性患者的期待为标准，这个问题在各国法院得到广泛审视，但无关本件上诉案。在解说了成功希望、风险及替代方案之后让患者恰当签署手术同意书，就医院来讲有标准操作惯例，反映了就知情同意事务的公认法律立场。为获得知情同意而披露必要信息是医生对患者所负之义务；未尽该义务即是违反注意义务，从而构成过失。是以，医生有义务向患者提供合理必要的信息，俾使患者得就同意还是不同意某手术或医疗措施做出决定。

在本案中，鉴于医生背离了第一被告［被上诉人］认为构成惯例的做法，故不必考察医生信息披露义务的范围这个宽泛问题。第一被告时任骨科主任是什维普医生（Dr. Shweppe），其证词称，依惯例，每台手术前都要召集医疗团队全体人员与患者见面，讨论病情与预期的治疗手段。什维普医生不记得上诉人的这件病案是否召开过磋商会，但初审法官认为在这个特定案件中没有理由假定对惯例的任何背离。［但事实上，］既欠缺相关病历记录，就应由被告［被上诉人］证明确实召开过此类磋商会。[See CA 58/82 Kantor v. Moseib, 39（3）253, at 259；CA 5049/91 Histadrut Klalit Health Fund v. Rachman, IsrSC 49（2）369, at 376.]这些医生都不记得是否召开过磋商会。上诉人证词称，在前次手术之前确实开过磋商会，但并非在肩部手术之前。安托尔医生在患者列表中的备忘录记载以及在法庭上就该事宜的证词都支持下面这个结论：肩部手术的必要性是恰在手术之前揭明的，医生在前述情势下向患者说明肩部手术的必要性，并未召开任何磋商会。另外，手术本身包含固有风险，上诉人受损害的事实即证明此点，至于手术实际操作以及术后医疗活动，并未证明有过失。此类风险的存在，清楚表明于医疗活动前充分披露信息义务的意义。

在此案情下，医生有义务告知上诉人，对上诉人肩部生有肿瘤所生担忧的性质及严重程度。医生应向上诉人解释，对肿瘤的怀疑是否真实。医生应向上诉人说明手术的重要性和紧迫性。医生还应向上诉人说明手术有可能导致瘫痪。

在这么晚的阶段让患者签署手术同意书（如前文提及），并非惯例，肯定不是医生为获取同意而应该接受并践行的做法。在住院两个月前，［工人协会］医疗基金的主治医生曾提及可能有必要做活体组织检查，［该事实］对于患者形成医疗决定并就此类手术给予知情同意来说，并不构成充分信息披露。［See CC（B. Sheva）88/84 Assa v. Histadrut Health Fund, 1987 DC 32（3）.］

以上表明，上诉人的医生就上诉人马上要接受的活体组织检查手术未尽到充分说明义务，而并没有证据可使人认为，在具体案情下，这些医生得免除前述说明义务。是以得认定，上诉人的医生违反了身为提供医疗服务的医生所应尽注意义务的一部分，于此有过失。

（五）因果关系

8. 既认定被告［被上诉人］于信息披露及获取患者同意的方式上皆有过失，接下来就必须考察被告的过失与患者所受损害间的因果关系。初审法官不接受上诉人关于其事先并不知晓肩部手术以及并未同意手术的主张；是以，初审法官并未打算处理上诉人关于欠缺完备信息的替代请求。虽如此，初审法官裁决道："纵假定（余并不认同），原告于活体组织检查前并未得到完备信息，余亦未见证据可认定，原告肩部所受损害系第二被告违反披露一切相关信息的义务所造成……余未收到任何证据证明在这些或其他条件下，原告本不会同意活体组织检查手术。在原告所受伤害与诉称的医生违反义务之间，没有证明因果关系的证据。"

这里的问题是：为了在未获知情同意的案件中认定过失侵权责任，于评估因果关系之际，法院应考察何等事宜？

倘损害并非过失医疗行为造成，而是归咎于未获（使患者得为知情同意的）充分信息，此际的因果关系问题乃是顶复杂的问题。既已认可医生的此类过失行为是损害的可能原因，那么问题就是，倘若患者获知充分信息，是否愿意接受推荐的医疗措施。

通常来说，在此类过失诉讼中，患者希望赔偿医疗行为造成的直接损害。但在未获知情同意的案件中，损害并非过失医疗行为造成。损害是医疗干预这个纯粹事实的结果，虽无过失亦然。在此情形下，评估因果关系的依据，是患者意志自主受侵害的程度以及对患者阻止医疗行为施于己身的能力的否定。换言之，必须评估若知晓信息患者当会拒绝该医疗行为的可能性大小。

9. 凡是将知情同意事由理解为违反义务，从而产生过失侵权的国家，向来耗费心智于如何证明［未尽说明义务与］损害［之间］的因果关系，盖［该证明事宜］必须回溯地评估假设事件。［See Arndt v. Smith（1995）126 D. L. R.（4th）705（加拿大）；Salis v. United States 522 F. Supp. 989（1981）（美国）.］

在以色列的某宗类似案件中（前面引用过的瓦图里案），患者并未得到关于替代医疗行为的充分信息，马扎法官写道："此处的因果关系并不要求依一般承认的因果标准来判断……一般标准意在［使法官］得依可能性指数（probability indices）来裁判，并不适用于眼下的案件：法官必须评估假想事实（hypothetical assessment），即倘若医生事先告知患者特定医疗措施的风险及成功希望等详细信息，本案患者当作何反应。"［CA 4384/90 Vaturi v. Leniado Hospital, IsrSC 51（2）171, at 191.］

在该案中，法院认为，要证明因果关系，必先解决以下理论问题，即"倘若患者获知完备信息，当会如何决定"，如果只是发现合理可能性［probabilities，即多半可能（more likely than not）］分析未能证明患者当会选择不接受治疗，则并不够。依该［案判决］进路，虽无正当理由就未充分证明因果关系的损害判给受害人全部赔偿，但正由于加害人的过失行为妨碍了患者证明该过失给自己造成损害，不予任何赔偿亦为错误。于是该案判决认为，在此类案件中，要评估恰当的信息披露会让患者拒绝该医疗行为的概率大小。加害人损害赔偿责任的大小，取决于法院评估的拒绝概率。

在未披露医疗信息的场合证明［过失与］损害［之间］的因果关系，这个复杂的问题带来诸多棘手难题。就这个涉及"知情同意"的假设问题，是否采纳评估可能性的路径，法学界向来有争议。颇有支持可能性评估路径者：See M. M. Shultz, *From Informed Consent to Patient Choice：A New Protected Interest*, 95 Yale L. J. 219, 286-287（1985-1986）; D. Giesen, International Medical Malpractice Law, 1988, pp. 354-355。

不同于这些学者的立场，在因果关系并未以民事诉讼中通常接受的标准得到证明的情形，法院对以赔偿可能性来充实侵权赔偿请求的路径颇为担忧。

这个担忧很实际,此等可能性也会在其他领域开启洪闸,损害赔偿请求将汹涌而至,医疗体制和法律体制都会承受过于沉重的负担。[See Kramer v. Lewisville Memorial Hosp. 858 S. W. 2d 397 (1993) at 406; Falcon v. Memorial Hosp. 462 N. W. 2d 44 (1990) at 64-68.]

就我的个人意见,必须区分下面两类案件中对过失的证明:一是通常的过失侵权案件,一是过失表现为未获知情同意的案件。由于其与众不同的特点,后类案件中的过失应被认定为概率大小的函数(a function of the degree of chance),而非依据合理可能性权衡/或然性权衡(balance of probability)——这里对合理可能性权衡的理解是,其适用受到一定条件约束,只有下面的情形才能依该规则得到赔偿,即可以认定患者不会同意该医疗行为的概率比较大(significant chance)。

10. 就眼前个案,医生和医院在征得上诉人同意方面的过失和患者所受损害之间是否能证明有因果关系,这个问题让我颇费思量。同样要思考的是,可否依前面提到的方法,也就是评估[患者]拒绝[该医疗行为]的可能性,来解决因果关系问题,而非依合理可能性权衡方法。经反复考虑,我的结论是,仅就本案而言,不必考虑在知情同意案件中是否应以评估可能性为判定因果关系的恰当标准这个一般性问题。我的理由是,被告[被上诉人]对上诉人的损害赔偿责任,纵依通常的合理可能性权衡证据标准,亦已得到证明。

如前所述,就因未获知情同意而生的过失赔偿请求来说,判断因果关系是否存在的标准是,倘患者事先知晓一切相关事实,是否还会同意特定医疗行为。这个标准的运用,是考察理性患者在类似情境下当如何作为。

这里使用理性患者的客观标准,以构建关于具体患者的案情事实。显然,要考察患者当时的立场,面临巨大的实际困难,盖此问题只能在患者正遭受医疗行为造成的伤害之际去回溯地考察。在诸多判决中,法院都指出,期待遭受医疗伤害的患者就其倘若事先知晓一切可能后果当会如何决策出具令人信服的证词,实在不人道(inhuman)。

无论如何,美国和加拿大法院之所以都倾向于以(在具体案情下有所调整的)客观标准来判定因果关系,这个难题是重要影响因素。[See Canterbury v. Spence 464 F. 2d 772 (1972) at 791; Arndt v. Smith (1997) 148 D. L. R (4th) 48.]

是以，采纳此标准的法院也会认为，虽说受害患者的证词是帮助澄清案情真相的重要证据，但不能赋予其决定性的权重。[See Hartke v. McKelway707 F. 2d 1544（1983）at 1551；Sard v. Hardy379 A. 2d 1014（1977）at 1026；Bernard v. Char 903 P. 2d 667（1995）at 670.]

为了确定患者本来会拒绝特定医疗行为的合理可能性，法院必须考虑医疗行为的类型、紧迫程度以及风险。依据这些参数，法院以处于类似情境的理性患者为标准，确定个案患者可能的反应。依此标准，得在未披露信息从而违反警示义务与医疗行为实际造成的损害之间建立因果关系。这个客观标准并不排除就个案具体患者加以评估的必要。法院要看患者得到信息的具体情形和方式，以及关乎患者身心健康的一切事实和情势的整体，以此为背景，评估患者的判断能力受到多大程度的损害。在此背景下，法院做司法评估，估测若非被告违反义务，患者本当如何作为。加拿大法院如是阐述客观标准及受害患者主观情势的关系：

"是接受有风险的手术还是不手术，这个权衡会在多大程度上偏向接受手术，从客观角度来考察这个因果关系事宜，我想是更为安全的路径。未恰当披露手术利弊，自然极为紧要。影响特定患者的任何特殊考虑，亦然。

……

采纳客观标准并不意味着因果关系事宜完全交到医生手里。医生推荐的医疗措施在医学上看是合理的，仅仅这个事实并不意味着处于[个案中]患者位置的理性人，在医疗风险已恰当披露的状况下，在权衡之后必然会接受之。患者的特殊处境，以及手术风险与不手术的均势，都会减弱医生推荐的力度（客观评估的力度）。"[Reibl v. Hughes（1980）114 D. L. R. （3rd）1 at 16（拉斯金法官）.]

加拿大最高法院在最近的判例中以支持态度援引了这个标准。[See Arndt v. Smith（1997）148 D. L. R（4th）48.]

11. [本案的]下级法院完全拒绝了上诉人关于发现手术部位在肩部而不在腿部时感到吃惊的陈述，盖法官假定，患者就手术必要性的在先认知已足以弥补征得同意方式上的瑕疵。前文已经说过，在具体案情下，前述信息并不足以得到所要求的同意，而且没有任何证据证明就医疗行为的性质和风险事先有过磋商及信息的交流。要由法院来认定，倘若上诉人在恰当环境下得到了必要信息，本当如何行事。

我曾考虑是否将本件上诉案发还下级法院，俾使下级法院审查因果关系事宜，评估倘若上诉人事先知晓全部信息，其拒绝手术的合理可能性大小。但我还是得到结论，基于双方当事人提交的证据，考虑到所有事实，可以认定未披露信息与损害间的因果关系已得到证明。

被告［被上诉人］并未举证以证明其主张，即手术的预期风险微不足道，没有必要提前向患者说明其性质。假设上诉人接受的治疗很专业、并无过失，术后的医疗行为也很恰当，那么必然得到结论，上诉人遭受的伤残乃是该手术的特有风险。无论如何，既声称其所施医疗行为的风险并非过失，被告即负担证明责任，要证明手术急迫，手术带给上诉人的预期危险微不足道，即便事先知晓亦不会影响上诉人的医疗决策。

如前论述，没有这样的证据被提交。就本案的具体案情来讲，考虑到该项检查的特有危险，鉴于检查本身此前推迟过，而且正如回溯考察可看清楚的，手术本身的必要性颇有疑问，故有充分理由假定，理性患者当会倾向于就检查的必要性再安排一次专家见面谈话。

我愿意假设，在检查目的是要探明是否有病变生长物的通常案件中，尤其是如果有早期发现的紧迫性，并且没有查明病变的任何替代方法，理性患者当会采取不同路径。*

但本件上诉案有特别之处。患者住院是为了矫正腿部畸形，该畸形系出生缺陷所致。在此案情下得假定，这个生来残疾的女性，倘若事先知晓右臂功能面临的危险，对该危险定会十分警惕。

此外，让医生做［肩部］手术的那个担忧，打开始就没有显现出任何特别的紧迫性。上诉人等待手术的时间长达两个多月，而且手术日期直到住院才定下来。在初审阶段的宣誓陈述中（法院认为可采信），第一被告的医生描述了让医生决意做活体组织检查的［对病情的］怀疑。什维普医生的宣誓陈述中说，"骨骼扫描显示有病理学问题，为了得到完整清晰的图像，有必要做活体组织检查，盖无明确诊断"。主治医生沙维特称，"［检查］结果让人担心有病变生长物……我在林氏诊所认为可能有软骨组织病变"。

将这些意见与其他证据放在一起来看，可知活体组织检查的决定并没有必须立即诊断的紧迫医疗需要为后盾。

---

* 译按：意指在不同于本案的假设情形下，理性患者无论如何会接受检查。

考虑到在未披露相关信息方面的过失程度、获取上诉人同意的方式以及具体案情,可以认定,倘若上诉人事先知晓关于检查的性质及风险的一切相关细节,定不会在当天以那样的方式为同意表示。故我的结论是,医生未披露充分信息与该医疗行为给上诉人造成的损害之间有因果关系。

12. 在得到结论后,我还有机会对我的同事奥尔法官的判决略抒己见,对其主张的赔偿方法,补充几句。

我的同事就个体意志自主权利(right to autonomy)的重要意义所作阐述,我衷心赞成。我想,在原则上应该认可就侵害该权利给予赔偿的可能性,当然,并不必定放在适用知情同意原则的场合。就意志自主受侵害得单独请求赔偿,将此权利延伸及于患者决定是否接受特定医疗措施的权利被剥夺的案件中,看起来令人想望。但在未披露医疗信息的场合,独立于医疗行为的结果,评估赔偿此类损害的恰当性,难题于兹生焉。

13. 在未披露医疗信息的场合,不考虑医疗行为的结果而就意志自主受侵害给予赔偿,对此进路的批评有两个关注点。第一点是分析上的,涉及知情同意原则的本质。第二点涉及恰当的司法政策。

在分析上,知情同意原则的基础就是重视个体意志自主,对侵害意志自主给予特殊对待,从而在特定情形下,将侵害意志自主等同于医疗过失,也就是使受害人得就医疗行为的一切后果请求全部赔偿。

选择了过失侵权路径后,在未披露关于医疗行为可能结果的重要信息的案件中,医生违反告知义务即表现为未披露信息这一事实。立足于未披露充分医疗信息的过失理论有几块重要基石,其一即是侵害个体意志自主。对此类侵害的救济,即便不单独拿出来明确规定为损害的某个侧面,也会受到保护。博学的沙克教授将知情同意原则的几个要素总结如下:"知情同意[原则]并不单纯追求个体意志自主、效率以及反专制这样一些契约法目标,其还促进遍布于侵权法并训导侵权法的两个相关理念,即过错和义务。"[P. H. Schuck, *Rethinking Informed Consent*, 103 Yale L. J. 900, 902 (1993-1994).]

依知情同意原则支持者的看法,在信息披露方面的医疗过失为赔偿患者的医疗后果损害提供了正当性。这里的前提假定是,*原则上*,有可能证明未披露信息与医疗后果之间的因果关系。法学文献指出,一般来讲,在未披露医疗信息的场合对于侵害个体意志自主支持赔偿进路的人,也持有下面的观点,即*原则上*,信息披露上的过失与医疗后果之间的因果关系不获承认;依这一派的见解,对侵害意志自主给予赔偿,是对知情同意规则的替代。如此看起来,那种在未获知情同意情形下得不考虑医疗后果而就侵害个体意志自主给予赔偿的观点,与那些质疑将知情同意规则当作医疗过失一部分的观点,立场一致。[See Izhak Englard, The Philosophy of Tort Law, 1993, p. 607; A. D. Twerski & N. B. Cohen, *Informed Decision Making and The Law of Torts*: *The Myth of Justiciable Causation*, U. Ill. L. Rev. 607 (1988).]

不消说,医疗场合侵害意志自主最为"明目张胆(blatant)"的情形(例如未经患者给予任何同意而实施医疗行为,或者完全未披露医疗行为不可避免的结果),属侵权法故意侵害身体侵权范畴(殴击,battery)。在这些未获同意的极端情形,哪怕未证明因果关系,也要赔偿全部损害。

澳大利亚最高法院罗杰斯诉惠特克案判决将下面两者区别处理:明目张胆地侵害意志自主(故意侵害身体侵权)、未披露信息(医疗过失的一部分)。[See Rogers v. Whitaker (1992) 67 Aust. L. J. 47.] 该案判决区分意志自主的权利(right to autonomy,受故意侵害身体即殴击侵权法律保护)与披露信息的过失(需要权衡主治医生的义务与患者获取相关信息的权利):"自主决定的权利(right of self-determination)这个表述大概很适合争点在于当事人是否已经同意手术或医疗行为的案件,而在决定[医生]是否违反信息披露义务的场合,该表述于其间涉及的权衡程序(balancing process)即无甚助益。"(Id. at 52.)

加拿大最高法院最近批评了如下立场,即给予患者决定权以独立地位,将之从正讨论的医疗过失领域区隔出来:"丧失选择[机会](loss of choices)本身应予赔偿的说法跟下面的主张密切关联,即未[向患者]说明医疗干预的风险[这个事实]导致患者同意无效,使得医生的医疗干预构成故意侵害身体侵权(殴击侵权)。本院在赖伯诉休斯案(Reibl v. Hughes)中以一致意见拒绝了这条进路。"[Arndt v. Smith (1997) 148 D. L. R (4th) 48 at 62 (McLachlin, J.).]

在此场合还可以提到瓦图里案判决,该案强调了医生提供医疗[服务]的义务与患者意志自主之间的复杂关联。[CA 4384/90 Vaturi v. Leniado Hospital, IsrSC 51 (2) 171 at 181–182.]

14. 从恰当司法政策角度考虑,我的想法是,就知情同意问题,虽说我的同事[奥尔法官]的进路意在强化个体意志自主的权利,然颇吊诡,该进路反削弱了意志自主。担心在于，未给予相关信息而施治的，这条进路会限制受害人得到的赔偿，甚至会鼓励法院回避如下复杂问题，即未获患者知情同意与医疗行为所致结果之间的因果关系。科恩与特韦尔斯基支持为侵害意志自主而提出独立赔偿请求的论文中即指出此种可能。[See A. D. Twerski & N. B. Cohen, *Informed Decision Making and the Law of Torts*: *The Myth of Justiciable Causation*, U. Ill. L. Rev. 607, 648 (1988).]

就侵害意志自主给予赔偿，在考虑是否应采纳此进路时，我的看法是，对受害人所得赔偿被局限于名义赔偿金（nominal compensation，象征性赔偿）的担心，分量重于强化个体意志自主的益处。倘若完全接受我的同事［奥尔法官］的进路，那么在患者最初未得到医疗相关全部细节的情形，哪怕医疗措施非常成功且患者感到满意，也应给予赔偿。这个结果是否可取，令人生疑。

应该指出，类似以色列的其他法律体制皆未采此规则：在未披露信息的场合，不考虑医疗行为的结果，得以意志自主受侵害为由而给予赔偿。法院仅就侵害意志自主而给予赔偿，区别于赔偿医疗行为造成的损害，此等判决我尚未见过一例。

这里要强调如下区分：一是对意志自主受侵害给予赔偿；二是当意识到不想要的医疗行为给自己造成严重后果时，就震惊或者精神创伤给予赔偿。我的同事［奥尔法官］判决中援引的那些案例，皆做此区分。[See Goorkani v. Tayside Health Board (1991) S. L. T. 94; Smith v. Barking Havering & Brentwood Health Authority (1989) (Q. B. -unreported).]

这些判决合乎英国法在未获知情同意情形的责任进路。如前提及，英国法在知情同意主题上的立场不同于其他普通法国家，英国法尚未给予该主题如美国及加拿大同样的范围。[See I. Kennedy & A. Grubb, Medical Law, 1994, 2nd ed., pp. 172 - 202; R. Nelson-Jones & F. Burton, Medical Negligence Case Law, 1995, 2nd ed., p. 102.]

15. 此外，认可侵害意志自主为独立损害赔偿请求名目，虽可赞美，却仍处"初创期"（infancy），其定义及表达方式仍待发展。虽说侵权法就非金钱损害给予赔偿，但这个建议的损害赔偿请求［侵害意志自主］如何适用仍欠缺精确清晰的标准。另外，我感到很难接受我的同事［奥尔法官］主张的类比，即赔偿对宪法权利的侵害。盖并不清楚，对宪法性侵权（constitutional tort）的损害赔偿是否以过失侵权的标准来评估。这个问题很复杂，需要另作讨论。[See D. Barak-Erez, Avlot Chukatiot, 1994, p. 243; see also Memphis Community School Dist. v. Stachura106 S. Ct. 2537（1986）at 2544-2545.]

16. 结论：看起来，要评估将侵害意志自主当作独立侵权行为而请求赔偿的案件，以及在出于过失未披露医疗信息的场合这个思路是否成立，前述难题让人知道要格外谨慎。吾人必须决定在何等情形下、依据何等标准，可以评估该损害。原则上，我的想法是，这个新损害赔偿请求的引入，应先置于如下案情框架下评估，即明目张胆地侵害人格尊严及个体意志自主，此类侵害行为构成损害的重点。另外的情形，得被归类为医疗过失的事宜一般应置于医疗行为结果的场景中评估。

无论如何，不能让对侵害个体意志自主的赔偿动摇知情同意原则的根基。依我的意见，对侵害意志自主的赔偿仅限于罕见案情（rare cases），至于如何界定[哪些情形下得认可这个赔偿]，眼下还不是恰当时机。

17. 基于以上结论，要赢得多数意见，我会建议照准上诉并将案件发还地方法院，听取有关上诉人所受损害的证据，从而评定赔偿水平。

二、奥尔法官

1. 遗憾，我不赞成我的同事拜利希法官的结论。下面阐明我的立场。

2. 初审法院的讨论基于如下假定，即被告或其雇用的医生依过失侵权法负责任，而不是故意侵害身体侵权（assault），我同意这个思路。故过失侵权乃是本件上诉案唯一需要裁决的诉讼理由。

在此框架下，那些负责提供医疗服务之人，就违反征得患者充分同意的义务而让患者遭受的一切人身伤害，应负赔偿责任。在我看来，未经患者知情同意而实施医疗行为的，那些负责提供医疗服务之人，就侵害患者意志自主的权利（right to autonomy）而让患者遭受的一切非金钱损害，亦应负赔偿责任。判决意见第一部分讨论被上诉人赔偿上诉人人身伤害的义务。我的结论是（稍后马上阐释），未获上诉人知情同意与上诉人所受人身伤害之间的因果关系未得到证明。判决意见第二部分讨论在未获患者知情同意而施治的情形，就侵害患者意志自主而让患者遭受的非人身损害，应负赔偿责任。以下先区处本案事实，继而讨论前述问题。

(一) 主要事实与争议

3. 我接受我的同事拜利希法官及地方法院的下述结论,即决定就上诉人右肩实施活体组织检查、活体组织检查实施的方式以及为解决检查带来的问题而实施的后续治疗,在这些方面皆未证明过失。这些结论以地方法院依据可靠证据认定的事实为基础。正如我的同事所解释的,没有理由干预这些认定的事实。

是以针对被上诉人医生的赔偿请求重点在于,医生未向上诉人说明活体组织检查的风险及成功希望,从而造成如下局面,即不能认为上诉人就活体组织检查表达了知情同意。在这里,我同样赞成我的同事[拜利希法官]的看法,即主治医生在获取上诉人同意方面犯有过失。但在此之前我必须强调,在具体案情下,活体组织检查是有医疗必要性的医疗措施,任何理性医生都会实施该医疗行为。

4. 涉及活体组织检查的主要事实详述如下:

(1) 正如初审法院认定的:

"1987年的年中,上诉人右肩持续疼痛,自昼达夜。系统疗法未奏效,遂拍片,继以骨骼扫描。后者显示'扩散吸收'(diffuse absorption)——这是病理学结论。依沙维特医生的说法(在第二被上诉人处为上诉人治疗的骨科医生),'观察到扩散吸收不规律、囊肿、持续疼痛;扩散吸收是病理结论。没有吸收是正常的。扫描图像可显示病因。可能是癌症、未被诊断发现的骨折或者感染。也可能是病变生长物……*有些可疑物,需要进一步核查*'。"

判决接着写道:"依沙维特医生1991年4月22日宣誓陈述,前后三次检查原告右肩:1987年9月8日、1987年10月20日、1987年11月27日。沙维特称,*1987年11月27日检查的最后,在每位医生都查看患者并检视病历之后,整个医生团队达成一致意见,认为有必要做活体组织检查。*"(奥尔法官以斜体强调。)

如沙维特医生在证词中澄清的,"让人担心毁灭性的病变会不可避免"。医生接着说:"骨骼扫描图像表明的吸收,得不到解释,为了清楚诊断病情,有必要安排活体组织检查。"

除上述证词外,地方法院接受了沙维特医生宣誓陈述第8段对事件的解说:"换言之,我和原告交流,解释了为何必须接受右肩手术才能弄清楚问题所在,此前的检查结果让人有理由怀疑有病变生长物,手术是查明真相的唯一方式。谈话是在 1987 年 10 月 20 日,当时发现有让人怀疑的软骨组织生长物。"

初审法院还援引了什维普医生的证词,判决写道:"原告住院期间,卡梅尔医院的骨科主任是伊扎克·伊萨多·什维普医生。什维普医生在法庭上证明说,骨骼扫描表明'肱骨上部扩散吸收的情况恶化',从事骨骼扫描的医师写道(1987 年 9 月 1 日),'吸收的性质不清楚。建议进一步检查'。依什维普医生的看法,'拍片子显示有病理学问题,骨骼扫描也表现出这些迹象。骨骼扫描图像显示,没有什么毫不含糊的发现。所有这些,在我看来,都意味着应做活体组织检查'。"

鉴于以上所述,且上诉人的专家证人斯坦因教授并未明确质疑活体组织检查的必要性,初审法院遂得出结论,活体组织检查在医学上必要,本院亦无理由干预此认定。

(3)上诉人坚称肩部从未有问题,亦从未向医生诉说此病情,得知活体组织检查让自己大感吃惊。初审法院采信沙维特医生证词,不接受患者版本的事实。基于对上诉人[原告]肩部的检查结果(拍片和骨骼图像),初审法院正确认定上诉人一直遭受肩部疼痛且清楚认知此肩部"问题"。

(4)初审法院还指出,上诉人[原告]几乎承认,在活体组织检查前有过涉及肩部的谈话。法院指的是证词第 12 段,患者在该处称:"麻醉之前,我问为何手术在臂部而不是在腿部。医生结束手术后,我问医生。"

患者在这段话里口误,称在手术前问"为何手术在臂部"。换言之,患者认识到医生要在肩部动手术。患者马上"纠正"了自己。

无论如何,如前所述,全部证据整体表明,为排除对癌变生长物的重大怀疑,施行活体组织检查在医学上有必要,这是类似病情下的常规操作。

5. 拜利希法官于其判决意见中解释了为何手术医生的行为应定性为过失。我同意,虽说上诉人认识到[活体组织检查]手术的必要性,但医生着实未尽到说明义务,其应向上诉人说明手术的重要意义,相对于风险的必要性,确保上诉人的同意构成知情同意。手术之前可能确实有一段时间,上诉人在此期间知道要接受手术。但从征得患者同意的具体案情来看,患者的同意并非知情同意。上诉人最初被送进手术室是要接受腿部手术。待进入手术室,就是手术前片刻,医生方告知要在患者肩部做活体组织检查,且未依要求说明伴随的风险。是以我赞成我的同事[拜利希法官]的结论,未依要求披露相关风险即施行手术，医生于此有过失。

地方法院认定上诉人就活体组织检查已为知情同意。如此认定的主要依据是沙维特医生与上诉人在 1987 年 10 月即手术前两个月时的谈话。但谈话内容并不支持初审法院的结论。即便认可初审法院采信沙维特医生的证词，沙维特医生对上诉人讲述活体检查必要性的那些内容，也不能认为达到了主治医生向患者说明手术风险及成功希望的要求。沙维特医生向上诉人讲述那些内容的时候，上诉人已躺在手术台上，等待着一台已做好准备的完全不同的手术。显然，正如我的同事阐明的，这不能满足征得知情同意的要件。

行文至此，一直走在我的同事［拜利希法官］通往其结论的道路上，但就某一点，我并不赞成其结论。我指的是医生过失与上诉人因活体检查所受人身伤害之间因果关系的证明。我并不相信已证明医生过失与上诉人因活体检查所受人身伤害之间有因果关系。是以我的结论是，上诉人就其所受［人身］损害不得请求赔偿。但我又认为，医生的过失侵害了上诉人就人格尊严与意志自主的权利，那些负责为上诉人提供医疗服务之人就此应负赔偿责任。下面先讨论过失与人身伤害间的因果关系问题。

（二）上诉人就活体检查所致人身损害的赔偿请求权：因果关系事宜

6. 原告以医疗过失为由请求损害赔偿的，要证明医生过失与诉称损害间有因果关系，即过失行为造成损害——若非该过失，不会受损害。这个规则适用于一切基于过失的赔偿请求，包括医生出于过失未尽到在征得患者同意前披露相关信息的义务而生之侵权。［See CA 4384/90 Vaturi v. Leniado Hospital, IsrSC 51（2）171；CA 434/94 Berman（Minor）v. Moore Institution for Medical Information Ltd, IsrSC 51（4）205；see also A. Shapira, *Haskama Mudaat Letipul Refui-Hadin Hamatzui Veharatzui*, 14 Iyunei Mishpat 225, 236（1989）.］是以上诉人负有证明责任，要证明若是获悉对活体组织检查的必要解说（重要意义、效益风险关系），自己不会同意手术。若是法院认定，纵经如此解说，上诉人还是会同意接受活体组织检查，即不能说，是医生未获患者知情同意实际造成活体组织检查带来的损害。换言之，此际不能说是未获如此同意造成损害。

这里的问题是：若当时上诉人实际获悉手术一切必要相关信息，并经询问是否同意活体组织检查，上诉人当如何回应？收到这些信息之际，上诉人会拒绝活体组织检查吗（也就阻止了医疗行为造成损害）？答案并不清晰："若被告依法律行事，当会发生什么，要回答这些假设因果关系问题，有很大困难。答案免不了猜测和假想,尤其涉及的是假设[当事]人会如何反应。"(Izhak Englard, Yesodot Haachraut Benezikin, Dinei Nezikin, Torat Hanezikin Haclallit, G. Tedeschi, ed., 1977, 2 ed., pp. 230-239.)

这里处理的事务类型提出特别难题:要决定特定患者在为同意表示前若是掌握一切相关事实,是否会同意手术。恩格拉德教授的《侵权法哲学》讨论了这个复杂问题的方方面面,尤其要考虑到,这些案件并不完全是依逻辑法则裁判。[See Izhak Englard, The Philosophy of Tort Law, 1993, pp. 166-167; see also CA 4384/90 Vaturi v. Leniado Hospital, IsrSC 51 (2) 171.]

考虑到回答这些难题的棘手之处,法院的处理必须依据提交的证据并考虑常识及生活经验。

7. 本案还提出下面的问题,即对如上问题的回答是依据主观标准(即本案上诉人当如何反应),还是客观标准(类似处境下的理性患者当如何行事)。还可能采用混合标准:处于上诉人境况的理性患者当如何反应。

虽说我倾向于主观标准,并以客观标准为备用工具,但就本案而言,不必处理此议题。盖在我看来,就本案具体案情而言,不管依据主观标准还是客观标准,都必然会得到同样结论。得以极高的确定程度假定,即便一切关乎同意决策的事实都披露给该患者,其也会实际同意活体组织检查。我认为,该患者不会同意手术的可能性或概率纵不能说可以忽略不计,亦十分微小。

8. 在其证词中,上诉人并未触及倘若事先获悉手术的紧迫性、危险性及成功希望,自己是否还会同意活体组织检查这个问题。在法庭上,上诉人直截了当地否认就右肩病情与医生有过任何谈话。上诉人甚至否认曾向医生主诉肩部疼痛。考虑到下面这些已获证实的事实,即医生要求上诉人接受的检查中包括给右肩拍片子和骨骼扫描,而这些检查也都确实做了,法院正确地并未采信上诉人证词。

可即便上诉人否认曾在任何阶段讨论过肩部问题及活体组织检查的必要性,是否会同意活体组织检查的假设性问题却是绕不过去的。[法院]给了上诉人机会,解释自己是否会同意手术以及同意或拒绝的理由。倘若上诉人利用了这个机会并解释了自己的立场,法院会考察其主张及理由是否可信、是否合理。虽说上诉人不接受活体组织检查的那些特殊考虑(倘确有)只有自己知道,但其仍就此点保持沉默。

是以地方法院就此点正确认定:"没有证据表明,在此情形或其他情形下，原告会不同意活体组织检查。"

9. 上诉人的证词在此点保持沉默，法院不能站在上诉人的位置讲话。法院能做的就是考察复杂的案情整体（哪怕没有上诉人证词），并探究：案情是否表明，上诉人倘若获悉活体组织检查的必要性及固有风险，以理性人而论，当会拒绝手术。必要信息的披露是否会让患者反对活体组织检查，必须评估这个可能性。法院要解决这个问题，必须考虑患者所接受的医疗行为的类型、紧迫性及包含的风险，并以理性患者在类似处境下当会如何反应为标准，评估个案患者可能的反应。

这个评估工作以需要上诉人同意的那个时间为准，换言之，在向上诉人披露了一切相关信息并请上诉人决定是否同意手术之后，手术施行之前。显然，答案不能依据事后之明，待到对癌症病变的担忧已经烟消云散而患者又因手术遭受伤害［，此际的回答已不可信］。

10. 活体组织检查之前的具体案情如下：

（1）上诉人向医生主诉肩部严重疼痛，接受了各项检查，包括拍片子和骨骼造影。这两项检查显示有癌症病变可能，在医学上有必要进一步诊察。

依专家证言（初审法院的裁判依据），进一步诊察的方式是活体组织检查。在证人询问中，专家证人未曾遇见有人提出其他诊察手段（比手术性质的活体组织检查包含更少风险的手段）。法院也未曾见过得据之推断出活体组织检查并非确认或否认肩部癌症病变唯一合理手段的任何证据。呈现在法庭上的案情事实表明，手术显然很必要，只要没有什么让患者打退堂鼓的极不寻常的情形，任何关心自己健康的患者都会同意。至于极不寻常的情形，本案没有相关证据。

（2）一切外科手术都包含一定危险。不幸，某个危险在本案中成为现实。即便如此，单纯的危险存在并不能阻止医疗上必要的手术或检查，这也是常理。必须强调的是，本案中并无证据显示，活体组织检查包含任何特殊风险（超出任何外科手术伴随的通常风险）。上诉人因手术而受伤害这一事实本身并不能表明活体组织检查包含的风险有什么特殊性质。

（3）我的同事拜利希法官认为，倘若上诉人事先获悉活体组织检查的必要性及相伴风险，那么得假定，如同任何其他理性患者，上诉人当倾向于听取关于手术必要性的第二意见。我不认同这个假定。早在1987年10月，医生就向上诉人说明为确诊病情而有动手术的必要。参见沙维特医生宣誓陈述的第一部分。上诉人否认与沙维特医生有过谈话,上诉人也没有对法院讲过倘若涉及活体检查的必要性,当会寻找其他专家。在此场景下,我想指出,上诉人长期以来都在被上诉人医院的骨科接受治疗,自然信任这些医生。正是这些医生此前建议上诉人并为上诉人做过其他手术,上诉人也未曾寻求过第二意见。此外,鉴于活体组织检查的必要性已得到证实,得合理假定,任何提供第二意见的专家都会建议接受检查。这些事实有助于吾人理解被上诉人专家证人的证词,初审法院正是认为该专家证词可靠而据之裁判。

11. 基于这些事实,在我看来,不能证明上诉人倘若获悉一切必要信息当不会同意活体组织检查,而且案情恰恰表明,上诉人实际上会同意手术。为了查明上诉人的健康是否受到癌症病变的严重威胁,活体组织检查甚为必要,且上诉人此前一向信赖被上诉人的医生;这些事实以及一切其他情势都清楚指向同意。如同任何理性人,上诉人当会同意手术。

诚然,虽说早在1987年11月底,医院骨科团队就认为有必要做活体组织检查,但直到1988年1月7日,才实际手术。按理说,考虑到查明肩部病情的必要性,本应该更早一些建议做活体组织检查。至于为何没有这样,初审阶段并未查明,就这个问题没有深入询问证人。虽如此,当上诉人被送进手术室接受腿部手术的时候,医生认为活体组织检查更为紧迫,优先于上诉人所需要的腿部手术。这个事实从某个侧面表明了活体组织检查的紧迫程度。

12. 违反征得知情同意的义务与实施活体组织检查手术之间的因果关系未得到证明,我得到这个结论,是基于过去其他法院拒绝类似人身损害赔偿请求权时类似的考虑。下面试举两例。

在[英国的]史密斯案中[Smith v. Barking Havering & Brentwood Health Authority (1989) (Q. B. -unreported)],患者脊柱部位接受手术,该手术导致三肢体瘫痪的可能性为25%。医生术前未向原告说明此风险,由于手术,原告果然三肢体瘫痪。患者遂提起人身损害赔偿诉讼。

基于医生的证词,法院认定医生未向患者说明手术风险,于此有过失。虽说如此,这个损害名目下的诉讼还是被法院驳回,盖法院认为未披露损害风险与实际所受损害间的因果关系未得到证明。法院指出,提交的证据并未显示有任何特殊因素可能影响原告就是否接受治疗这个问题的主观立场。至于关乎治疗的特别因素,法院着重提及,若不在短期内手术,患者可能四肢都瘫痪。此外,倘手术不成功,患者将面临的风险并不比不接受手术可能面临的风险更为严重。可若是手术成功了，患者瘫痪会推迟相当长的时间。法院遂"毫不犹豫"地认为，即便得知全部信息，原告接受手术的可能性也相当大，原告"极不可能"拒绝手术。是以，法院驳回原告的人身损害赔偿请求。

［苏格兰的］古尔卡尼案（Goorkani v. Tayside Health Board ［1991］S. L. T. 94），法院思路类似。在该案中，医生用某种药物治疗患者的眼疾。依医生所用剂量，若治疗时间超过几个月，导致不育的风险很高。这次治疗实际持续一年半以上，医生却从未告知此风险。患者视力得以恢复，不育风险却实现，患者提起人身损害赔偿诉讼。

法院认定，医生未告知不育风险，违反了对患者的注意义务。但患者的人身损害赔偿请求被驳回，盖义务违反与诉称损害间没有因果关系。法院在判决中考虑了如下事实：原告接受治疗时正在修业，目标是拿到工程学位。原告完成学业的动机十分强烈。视力问题让原告陷入严重焦虑，甚至导致紧急住院治疗。当时患者也面临婚姻问题，但法院认为，即便告知不育风险，原告为了恢复视力，也会承担该风险。换言之，哪怕医生履行了告知一切相关信息的义务，原告选择的行动路线也不会改变。由于违反义务与损害间没有因果关系，原告在这个损害名目下提出的赔偿请求遂被驳回。

我援引这两个例子并不是想要证明，这两件判例中关于欠缺因果关系的结论是此类案件的必然结论。援引的目的只是想揭明，在未征得知情同意方面的过失得到证明后，基于案件事实，法院不要畏惧，不要不敢认定在未征得知情同意方面的过失与手术所致人身伤害间没有因果关系。

13. 我的结论是，就活体组织检查造成的人身伤害，上诉人不得请求赔偿。鉴于这个结果，我不必就下面的事情表达立场，即若是有可能证明，合理可能性权衡表明上诉人倘知晓一切相关事实当会拒绝接受治疗，那么结果本该是怎样的。例如，若有可能认定，患者有30%的概率拒绝活体组织检查，就会产生这样的问题，就丧失的机会（由于违反征得知情同意的义务）可否给予金钱赔偿。或主张，此种情形，上诉人应该得到一定赔偿，金额依上诉人拒绝手术的合理可能性大小来计算。我的同事斯特拉斯伯格-科恩法官在其撰写的本案意见中即持此主张，类似其在以色列总工会医疗基金案中的立场：CA 6643/95 Cohen v. Histadrut Klalit Health Fund, IsrSC 53 (2) 680。另见马扎法官在瓦图里案的意见：CA 4384/90 Vaturi v. Leniado Hospital, IsrSC 51 (2)

171。将此立场适用于前例,意味着患者可以得到手术所致损害 30% 的赔偿。

考虑到(在本案事实下)我就因果关系的结论,我不再就该问题表达意见,这个问题仍是开放的,留待合适案件中思考和决定。

14. 就上诉人得否主张人身损害赔偿,讨论至此结束,但判决还未结束。接下来要解决的问题是,未经上诉人知情同意而在其身体上施行手术,就意志自主受侵害,上诉人得否主张对非身体伤害给予赔偿。下面讨论这个问题。

(三) 意志自主的权利:初步讨论

15. 讨论的出发点在于,认可每个人都有意志自主的基本权利(fundamental right to autonomy)。每个人都有权利依自己的选择决定自己的行为与意愿,并依自己的选择而行事。意志自主的权利可定义为,"独立、自立以及做决定的自我控制能力" [F. Carnerie, *Crisis and Informed Consent*: *Analysis of a Law-Medicine Malocclusion*, 12 Am. J. L. and Med. 55, n. 4 at 56 (1986)]。车辛法官有过类似表述:"法律认可个体意志自主,得为自己的'利益'(good),形成自己认为合适的意愿;个体决定自己的'利益':其'利益'即其意志,其意志即其'利益'。每个人的'意志'(will),不管明示还是默示,都包含该人的'利益'。每个人的'利益'都无法自其意志分离"(FHC 7015/94 Attorney General v. Anonymous, IsrSC 50 (1) 48 at 95-96)。人塑造自己生活及命运的权利包括其生命的一切核心侧面:居住地、职业、与谁一起生活、信念的内容。[该权利]是社会中任何个体的生命中有关存在的核心要素,是对每个人都是自己的世界这个价值的认可。个体所做无数选择的整体构成了自己的人格与生命,这个意义上的自我决定至关重要。[See D. Hermann, *The Basis for the Right of Committed Patients to Refuse Psychotropic Medication*, 22 HOSPLW 176 (1989).]

16. 个体的意志自主权利并不只是表现为决策能力这个狭窄意义,也包括意志自主权利的其他(身体)维度,涉及不受他人干涉的权利(right to be left alone)。[See HCJ 2481/91 Dayan v. Jerusalem District Commissioner, IsrSC 48 (2) 456 at 470-472.]这个权利的意义尤其在于,对于未经合意而主动妨碍他人身体的行为,每个人都有不受妨碍的自由。罗杰·德沃金讨论个体意志自主这个侧面时论及此点:"这是物理(身体)概念,而不是知识概念。倘若你触及我[的身体]或偷听我说话,你因侵入我的空间而侵犯我的意志自主。若你实际做了些什么来改变我的身体,你因改变我之为我的构造而侵犯了我的意志自主。"［Roger B. Dworkin, *Medical Law and Ethics in the Post-Autonomy Age*, 68 Ind. L. J. 727, 733 (1992-1993).］

17. 认可人的意志自主权利乃是以色列这样的民主国家法制的基本要素。［See R. Gavison, Esrim Shana Lehilchat Yardor—Hazechut Lehibacher ViLikachei Hahistoria, Gevurot LeShimon Agranat, Barak et al. ed., 1987, p. 145; HCJ 693/91 Efrat v. Director of Population Registry of the Ministry of the Interior, IsrSC 47 (1) 749 at 770.］意志自主表达了每个以色列人的人格尊严都受保护这个宪法权利的核心内容，人格尊严权（right to dignity）牢牢锚定在《基本法：人格尊严与自由》中。诚然，人格尊严权的表述之一即为"每个人身为独立个体的选择自由"，反映的观念是，"每个人都是自己的世界、自己的目的"［HCJ 7357/95 Baraki Peta Humphries (Israel) Ltd. v. State of Israel, IsrSC 50 (2) 769 at 783-784（院长巴拉克法官）］。巴拉克法官进一步指出，"个体意志自主是吾国法制的基本价值。今日锚定在对人之尊严的宪法保护当中"［HCJ 4330/93 Ganem v. Tel-Aviv District Committee of the Bar Association Committee, IsrSC 50 (4) 221 at 233-234］。在这个主题下，沙姆加院长（President Shamgar）如是阐述人格尊严："人格尊严尤其表现在以下方面，即人有能力依自由意志塑造自己的人格，表达自己的抱负并选择合适手段实现抱负，依自己的意志做选择而不受恣意强制，有权利得到任何机构或任何他人的公平对待，受益于所有人的内在平等……"［CA 5942/92 Anonymous v. Anonymous, IsrSC 48 (3) 837 at 42.］

18. 意志自主的权利是"框架权利"（framework right）［See 3 A. Barak, Parshanut Bimishpat, Parshanut Chukatit (1994) at 357-358］。是以，该权利充任基础，衍生出诸多具体权利。例如，每个人都有权利选择自己的姓氏，即以该权利为基础［HCJ 693/91 Efrat v. Director of Population Registry of the Ministry of the Interior, IsrSC 47 (1) 749］；刑事被告人有不被强制出庭受审的权利［HCJ 7357/95 Baraki Peta Humphries (Israel) Ltd. v. State of Israel, IsrSC 50 (2) 769］；为他人任命监护人的问题受到特别重视［CA 1233/94 Cohen v. Attorney General (unreported) paras.4, 5（斯特拉斯伯格-科恩法官）］。该权利也是每个人都得在以色列境内自由迁移之基本权利的基础［HCJ 50161/96 Horev v. Minister of Transportation, IsrSC 51 (4) 1; (1997) IsrLR 149 at 59-60 (256-257)（巴拉克院长）］。每个人都有权利选择律师代理出庭，亦以该

权利为基础 [HCJ 4330/93 Ganem v. Tel-Aviv District Committee of the Bar Association Committee, IsrSC 50 (4) 221]。还有个问题受到特别重视，即民事主体是否以及在何种程度上得认可收养成年人的有效性，思路是"在当今时代，'人格尊严'是受保护的宪法权利，对于个体具体化自己人格存在的愿望，应予尊重"[CA 7155/96 Anonymous v. Attorney General, IsrSC 51 (4) 160 at 175（拜利希法官）]。

19. 在医疗领域，个体人格尊严和意志自主的权利无比重要。个人有控制自己生命的权利，医疗是处在该权利内核部位的事宜。医疗对个体生活方式及生命质量的影响可能是直接的，且往往不可逆转。是以，自意志自主的权利衍生出获取医疗行为相关信息的权利 [LCA 1412/94 Ein Kerem Medical Association v. Gilad, IsrSC 49 (2) 516 at 525]。同理，一般认为，不能以压低赔偿金的方式，直接或间接强制患者同意不想要的施于己身的手术 [CA 4837/92 "Eliyahu" Insurance Company v. Borba, IsrSC 49 (2) 257]。这里表达的观念是"手术构成对身体的故意侵害（assault），基于对自己身体的意志自主，得决定是否接受此侵害行为"（Id. at 261）。患者有权利拒绝治疗，哪怕治疗的利大于弊，成功的希望大于危险。决定实施医疗行为的核心关注主要在患者身为人的权利，尤其是人格尊严及意志自主的权利，只是在不太重要的程度上，才是医疗决定对人的影响。[See R. Macklin, *Symposium: Law and Psychiatry Part II: Some Problem in Gaining Informed Consent from Psychiatric Patients*, 31 Emory L. J. 345, 349-350 (1982).] 另见马扎法官在瓦图里案的意见 [CA 4384/90 Vaturi v. Leniado Hospital, IsrSC 51 (2) 171, at 181]。

意志自主的权利也是知情同意规则的主要基石，依该规则，除少数无关本案的例外，非经知情同意，不得将医疗行为施于他人身体 [CA 3108/91 Reibe v. Veigel, IsrSC 47 (2) 441 at 91]。这里的规则是，"选择医疗路径或接受医疗措施，倘涉及实质风险，医生有义务向患者提供合理必要的信息（有几个例外），俾使患者得基于充分信息就是否选择特定医疗措施并承担相应风险得出自己的结论"[CA 4384/90 Vaturi v. Leniado Hospital, IsrSC 51 (2) 171, at 182（马扎法官）]。涉及医疗行为的决定"必须是个体的决定，首先要考虑的是患者自己的意愿和选择"（Id.）。多尔纳法官（Justice Dorner）在伯曼案中就此点有精到总结：

"患者不是客体。患者是主体，在选定治疗方式时，医生所冒风险及［所抓〕机会的后果即由患者承担。如此,基于个体意志自主,就是否接受所推荐的医疗措施,患者有做知情决定的基本权利(即决定时要知晓相关事实)。"〔CA 434/94 Berman(Minor)v. Moore Institution for Medical Information Ltd, IsrSC 51(4)205, at 212.〕

20. 附带说明,这里要强调,为全面规制,1996 年通过了《患者权利法》。该法旨在"确立寻求医疗服务之人的权利,保护其人格尊严及隐私"(第1条)。该法特别花了力气规制知情同意事宜(第13条至第15条)。该法于本案所涉手术施行之后颁布,故不适用于本案。

(四)侵害意志自主:依《侵权法令》可赔偿的损害

21. 回到本案。如前面提到的,依本案案情,就肩部活体组织检查,医生并未尽到征得上诉人知情同意的义务。这侵犯了人之为人所享有的对人格尊严和意志自主的基本权利。哪怕上诉人并未因医生未尽到征得知情同意的义务而遭受身体伤害,基于以上事实(指未尽说明义务),上诉人有赔偿请求权吗?

这里的第一个问题是,侵害患者尊严和意志自主造成的损害是不是《侵权法令》(Tort Ordinance)意义上的"损害"(damage)。在我看来,这个问题应予肯定回答。"损害"术语由《侵权法令》第2条界定,定义宽泛,包括"丧失生命,丧失财产、舒适、物质福利(bodily welfare)或名声,或由此而生之损害(detriment),或者任何其他类似损失或损害"。

在这个定义框架内,众多无形利益(intangible interests)受到保护。非金钱损害可以得到赔偿,如身心痛苦(pain and suffering),身心痛苦是受害人遭受的人身损害(bodily damage)的构成部分。这个定义如此宽泛,使得判例法认定,对身体舒适的任何损害、身心痛苦,哪怕没有身体上的表现(physical expression),哪怕未伴随任何类型人身伤害,都得构成侵权诉讼中可赔偿的损害〔CA 243/83 Jerusalem Municipality v. Gordon, IsrSC 39(1)113 at 139〕。依此路径,《侵权法令》同样保护"受害人在生命、舒适及欢愉方面的利益"(Id. at 141)。是以,公诉机关出于过失错误地对原告提起刑事诉讼,受此侵扰的原告得就此损害请求公诉机关赔偿(Id.)。

在嗣后系列判决中,法院遵循类似路径,在侵权诉讼中赔偿无形利益损害。著作权受侵害的,就因之而生的心理学上的损害(psychological damage)和精神痛苦(psychological damage),著作权人得请求赔偿〔CA 4500/90 Hershko v. Aurbach，IsrSC 49（1）419 at 432（列维副院长）〕。以不法强制手段让他人在精神病院住院治疗的，就侵害尊严和自由，被侵权人得请求赔偿〔CA 558/84 Carmeli v. State of Israel，IsrSC 41（3）757 at 772（内塔尼亚胡法官）〕。类似地，丈夫以胁迫手段使妻子离婚的，妻子所受痛苦构成可赔偿损害〔CA 1730/92 Matzrava v. Matzrava（unreported）para. 9（戈德堡法官）〕。

同样，在故意侵害身体（assault）以及虚假陈述侵权中，侵害他人尊严及情感（sensibilities）构成基本的损害名目。〔See H. McGregor, On Damages, 1961, pp. 1024, 1026.〕

在此背景下，我认为，未经患者知情同意而施行手术，就侵害人格尊严及意志自主的权利，患者得依侵权法请求赔偿。不尊重他人依自己意志塑造生活的基本权利，也就不法侵害了他人情感（sensibilities），构成损坏他人福祉（detriment to welfare），落入前面提到的"损害"范畴。重要的并不在于是否将之看作《侵权法令》第2条"损害"定义所说的侵害"舒适"或"任何其他类似损失或损害"。这里区处的意志自主权利的核心部位，是在吾人生活的社会里塑造自己人格和命运的意志自主。意志自主权利对于在社会中规划自己的人格及命运至为关键，是社会成员以独立、有思想的个体而生活的能力的核心要素。必然得出的结论是，这项权利是人在"自己的生活、舒适及欢愉"方面利益的重要部分〔CA 243/83 Jerusalem Municipality v. Gordon, IsrSC 39（1）113 at 122〕，侵害此项权利，受害人得请求赔偿。如罗杰·克里斯普写道的："人之福祉的部分内容在于自己主宰如何生活，而不是由他人指导着生活。对家长主义的恐惧并不单纯出于下面这个想法，即吾人较他人更清楚地知道自己的利益所在，而是源于吾人赋予经营自己的生活以崇高的价值。"〔Roger Crisp, *Medical Negligence, Assault, Informed Consent, and Autonomy*, 17 J. Law & Society 77（1990）.〕

人不是客体。任何有法律能力之人，只要不害及他人，就关乎个人的一切重要事宜，都有权利主张自己的意愿得到社会及社会成员的尊重〔LCrim 6795/93 Agadi v. State of Israel，IsrSC 48（1）705 at 710〕。这个立场源于对人之内在价值的承认以及人人自由的事实。侵犯此基本权利〔不同于合法权力（利）的强制〕，严重破坏个人福祉，构成得予赔偿的损害。

（五）侵害意志自主，违反医生对患者的注意义务

22. 这里讨论的损害是否应依《侵权法令》给予赔偿，前面给了肯定回

答,但讨论还没有结束。就过失侵权法上的赔偿请求,受害人的请求[是否成立]取决于加害人是否对受害人负有防止损害的注意义务。认可此项义务是"法律政策考虑"(considerations of legal policy)的职能[CA 243/83 Jerusalem Municipality v. Gordon, IsrSC 39 (1) 113 at 140]。戈登案判决指出,过失侵权法也包含对那种既非金钱亦非人身的损害的注意义务,遭受损害的是处在风险基本面的人(persons within the first circle of risk),换言之,正是加害行为的目标。就此话题,巴拉克法官写道:"过失侵权法对受害人的身体和财产利益,以及受害人对生命、舒适和欢愉的利益,应给予同等保护。非金钱损害不应被看作'寄生性质'(parasitical),仅得附属于金钱损害而予接纳。应认可其为独立损害,该损害本身应予赔偿。人格尊严、人的名誉、舒适以及精神福祉对于恰当的社会生活很重要,必须得到其他一切金钱利益那样的保护。人的身体和财产并不比精神创伤(grief)更为重要。"[CA 243/83 Jerusalem Municipality v. Gordon, IsrSC 39 (1) 113 at 142.]

将前述考虑适用于眼下这类案件,就会倾向于赞成对这些非金钱损害应给予受害人赔偿。负责提供医疗服务的加害人当然有能力预见到,倘患者未获悉于决定是否接受手术所必要的信息,意志自主的基本权利受到侵犯自然产生损害。[See CA 915/91 State of Israel v. Levi, IsrSC 48 (3) 45 at 65-66(沙姆加院长).]

负责提供医疗服务之人与其患者之间的联系,用侵权法术语来讲是"密切关系(proximity)"。该术语指称注意义务的成分,涉及"加害人与受害人之间不同类型的特殊关系"。其作用在于"通过划定'危险面'(circles of danger),控制和把握责任的边界"[Y. Gilad, *Al Hanachot Avoda, Intuitzia Shiputit Veratzionaliut Bekeviat Gidrei Achrayut BeRashlanut*, 26 Mishpatim 295 at 322 (1995-1996)]。鉴于医疗行为对患者生命及福祉的潜在深远影响,患者与负责治疗之人有着密切亲近的关系。在此背景下,判例法认为,患者-医生关系立足于信任,"正是基于信任,患者才会愿意将生命、健康及福祉交于医生手中"[CA 50/91 Sabin v. Minister of Health, IsrSC 47 (1) 27 at 34(沙姆加院长)]。倘若患者在接受医疗行为之前未得到一切相关信息,接受该医疗行为的患者即处在伤害风险的基本面(primary circle)。承认患者的损害赔偿请求权,并不会制造出不能事先预见的宽泛的义务面。是以,密切关系要件源于下面的考虑:"在法律政策上不管怎么考虑,都有(规范上的)义务预料到，不巧落入危险基本面的人（换言之，该人是加害行为的目标），可以得到非金钱赔偿。"［CA 243/83 Jerusalem Municipality v. Gordon, IsrSC 39（1）113 at 142］。

此外，从患者与医生关系的性质看，医生处在防范此类损害更有利的位置。要记得：医生对患者拥有绝对知识优势。一般来讲，患者欠缺相应工具来独立评估医疗相关的各方面事务。患者并不具备相应知识直接向医生询问关于特定医疗行为所有方面的问题。换言之，在施治前不提供重要信息而可能给患者造成的损害，主治医生可以应付裕如地采取一切必要措施来防范发生。在违反此义务的案件中认可患者就意志自主遭侵害而请求赔偿的权利，也有助于［在其他案件中］履行此义务；或有助于防范诸如本案这样的情形，即医生认为应施行某项医疗措施于患者身体，可对患者就该措施表达的意见，医生却根本不重视，置若罔闻。

（六）对侵害意志自主的赔偿义务：对反对理由的批驳

23. 是否有什么相对的考虑，反对认可对侵害患者意志自主的赔偿义务？

（1）有个可能的考虑，关涉对所谓"防御医疗"的担忧。防御医疗意指，医生行医之际更关注的是防范潜在责任，而不是关注患者福祉。参见我的同事斯特拉斯伯格－科恩法官就此忧虑的细致评述：CA 2989/95 Korantz v. Sapir Medical Center-"Meir"Hospitalat 698-699；A. Porat, Dinei Nezikin: Avlat Harashlanut alpi Pesikato shel Beit Hamishpat Haelyon Minekudat Mabat Theoretit, Sefer Hashana Shel Hamishpat BeYisrael, 1997（Rozen ed., 1997）37。在本案中，这个担忧可以表现为向患者提供不必要的、冗余的信息，意在排除可能的责任。但事实上，用不必要信息"淹没"患者，倘若使得患者在决定是否接受医疗行为前无法做有效的、有意义的判断工作，在此范围内侵害了患者的意志自主。

但在我看来，本案不必过于看重这个担忧。不管是否认可对侵害患者意志自主权利的赔偿义务，医生都有义务向患者提供一切重要信息，好让患者决定是否同意特定医疗行为。这个义务来自医生对患者所负一般及具体注意义务，如今已写入《患者权利法》。

本案并不涉及拓宽现有说明义务或者创设扩展的说明义务这些问题。有一些参数决定着医生说明义务的范围，吾人不打算拓宽之。向患者披露信息的义务所针对的信息，仅限于患者为了决定是否同意治疗而必须知晓的信息，将来也会继续如此。医生未履行信息披露义务侵害了患者意志自主。侵害患者意志自主会创设新的损害赔偿请求权,这个立场绝不会影响说明义务的性质或范围。医生必须向患者披露之信息的范围和性质,同样衍生于患者基于一切相关信息决定是否同意治疗的权利。即便在我力倡的法律框架下,也就是承认患者就单纯侵害意志自主的事实请求赔偿的权利,倘若医生未向患者披露的信息于患者决策并不重要,患者亦不得请求赔偿。

此外,在当前法律体制下,未尽到征得患者知情同意的义务与患者所受人身伤害间若有因果关系,医生要负赔偿责任。一般来说,单纯侵害患者意志自主的权利,要比人身伤害情形的赔偿金额少一些。要记得,眼下并非讨论惩罚性赔偿或者特殊赔偿(extraordinary damages),而是对无形价值所受损害的赔偿,通常范围受限制(参见后文第 27 段)。如此,吾人并非在扩张潜在职业责任,扩张到令人担忧医疗行业会普遍将披露冗余信息当作行业惯例的地步。就此话题,恩格拉德在其著作中援引了下面这句话,"权力主义(Authoritarianism)深深镌刻在行业惯例中"(Izhak England, The Philosophy of Tort Law, 1993, p. 165)。这些大体反映了现实的评论告诉吾人,就事实而言,医生以披露冗余信息的方式侵害患者意志自主这种局面距当下还很遥远。是以我不会太看重这个考虑。

(2)这里要提到的另一件风险是,法院可能面对[基于侵害意志自主诉由的]赔偿请求的洪水,承受高昂的行政成本。其他因素先不谈,裁判此类侵权诉讼面临一些客观难题,即模糊(vague)与无形(intangible)。[See A. Porat, Dinei Nezikin: Avlat Harashlanut alpi Pesikato shel Beit Hamishpat Haelyon Minekudat Mabat Theoretit, Sefer Hashana Shel Hamishpat BeYisrael, 1997(Rozen ed., 1997)389.]

"洪水"论辩过去在诸多场合都曾提出来,当时讨论的是不同行政机关承担的注意义务。[See e. g. CA 429/82 State of Israel v. Sohan, IsrSC 42(3)733 at 741(巴拉克法官);CA 243/83 Jerusalem Municipality v. Gordon, IsrSC 39(1)113 at 125.] 一般来说,法院向来不太看重这个论辩,我亦深以为然。经验表明,提出此类赔偿请求的案件中没有哪件果真触发[那些文献]向吾人警示的洪水,包括只赔偿非金钱损害[会引发诉讼洪水]这个话题。这个论辩缺乏坚实的事实依据,我也就不必给予这个考虑任何有分量的权重。另外还要记得,这里讨论的是实体法,关注的是为基本权利受侵害而请求赔偿的权利。法院的存在价值是主持正义,用内塔尼亚胡法官(Justice Netanyahu)的话讲(在讨论定期赔偿金给付的场合):"法院判决的终局性原则,不管是为了保护当事人免受无谓纠缠还是保护法院不被反复裁判的申请所淹没,诚为重要事宜,*但不得压过首要关注,即于双方当事人之间主持正义*。"[CA 283/89 Haifa Municipality v. Moskovitz, IsrSC 47(2)193 at 727(奥尔法官以斜体强调).]

(3)还有主张,没有必要在眼前这类案件中认可赔偿请求权,盖现实生活中,很多患者于获取医疗服务之际并不渴求意志自主。出于根植于医疗情境的性质以及医患关系的性质的诸多理由,患者可能倾向于把决定自己命运的重任转交给主治医生。[See Izhak Englard, The Philosophy of Tort Law, 1993, pp. 163-165.]是以,不能说这些患者遭受的任何损害都是医生未披露医疗行为的风险所致。

要从实证角度检视这个主张,我缺乏必要的工具。我非常怀疑,大多数患者果真会自愿回避参与关于自己将要接受的医疗服务的决策程序,患者于参与医疗决策毫无利益?另外,对侵害意志自主权利的赔偿,依赖个案事实,要考虑个案具体案情(参见后文第27段)。故会有这样的案例:证据表明,医生虽未依法律要求尽到征得知情同意的义务,但患者的意志自主权利并未受侵犯。例如,患者的个人主观偏好可能会使得法院认定,没有理由就侵害意志自主给予赔偿。但从概念视角看,这不能阻止在制定法中认可,在证据表明患者意志自主权利确实受侵害的案件中,应该给予救济。

是以我的结论是,反对就侵害意志自主造成的损害给予赔偿的那些理由并不能说服我改变应该认可这个赔偿义务的立场。

24. 这个结论还有其他考虑在背后支持。通常,患者、主治医生以及医疗服务实施场地所在医疗机构都受契约关系约束。这个契约包含未明说的条件(条款),即提供给患者的医疗服务要合乎[法律或行业]要求的技术标准及合理性标准。未征得患者知情同意而施治即违反[法律或行业要求的]此项义务,从而也违反了对患者的契约债务。[See CA 37/86 Levi v. Sherman, IsrSC 44(4)446 at 462.]就该违反行为,患者或得依1970年《合同法(违约救济)》第13条请求救济,该条规定"违反契约造成非金钱损害的,法院得依具体案情下其认为合适的比率判给赔偿金"。不谈其他,该条让此类违约行为的受害人得就"身心伤害(hurt)、痛苦(suffering)、失望、情绪上的痛苦

(emotional pain），甚至还有欢愉的丧失"请求赔偿（G. Shalev, Dinei Chozim, 1995 2nd ed., p. 586）。这些损害本质上类似于患者因意志自由受侵害而遭受的损害。在契约法上承认就这些损害得请求赔偿，为在侵权法上承认类似赔偿义务提供了额外支持。违约诉讼事由与侵权诉讼事由出于同组关系的，并无道理区分两者立场。

（七）支持就侵害意志自主给予赔偿的判例法

25. 除前述考虑外，还要补充一点，即过去几年，判例法的趋势是认可在医生未披露相关信息的场合，患者就人格尊严受侵害请求赔偿的权利，哪怕不能证明患者所受人身伤害与医生违反义务之间有因果关系。

这里要援引前面在因果关系场合提到的［苏格兰］古尔卡尼案（Goorkani v. Tayside Health Board ［1991］S. L. T. 94）。患者罹患疾病致视力恶化，遂接受治疗以防止失明。医生未告知治疗行为有可能导致不育。法院认定，没有证据表明，倘若事先知晓该风险，患者会改变决定。虽说如此，法院还是判给2500英镑，理由是"*失去自尊(loss of self-esteem)*，发现不育后的震惊和愤怒，以及从不知情到发现真相后的震惊而给婚姻关系带来的挫折和扰乱"。（Id. at 24-25，奥尔法官以斜体强调。）

类似地，前面提到的［英国］史密斯案［Smith v. Barking Havering & Brentwood Health Authority（1989）（Q. B. -unreported）］，医生出于过失未于术前告知患者，手术有25%的致残风险，但法院认定义务违反与患者术后残疾之间没有因果关系。如前面提到的，人身损害赔偿请求遭法院驳回，但法院仍判给原告3000英镑，赔偿的是（事先未得到残疾风险警示）待意识到严重残疾而感受到的震惊。［英国］法院在拉哈姆布拉案中得到类似结果（Lachambre v. Nair ［1989］2 W. W. R. 749）。法院认为，不管依客观标准还是主观标准，都未能证明原告应该不会同意医生推荐的医疗措施，哪怕事先知晓一切相关信息［也不会改变什么］。虽未证明侵权行为造成金钱损害，考虑到侵害患者事先获取一切重要信息的权利，原告仍得到5000英镑赔偿。

小结此点，这些判决呈现出的趋势正吻合我的结论：就单纯侵害意志自主，认可赔偿义务。

26. 医生未尽到征得知情同意的义务，患者就意志自主受侵害有赔偿请求权，讨论就到这里。我的结论是，应认可对此损害的赔偿义务。诚然，倘吾人认真对待患者选择是否接受以及接受何类医疗措施的权利，那么法院就应该裁决，未经征得知情同意而于患者身体施行医疗措施，从而伤害患者尊严，医生要为这个事实付出"代价"（a price）。[See M. R. Flick, *The Due Process of Dying*, 79 Calif. L. Rev. 1121, 1141 (1991).] 巴拉克-埃雷兹教授在其著作中也持此说，认为"倘侵权法意在保护法律制度认为重要的利益，那么依当今思想，已经是时候将这些法律的保护范围延伸及于个体权利"（D. Barak-Erez, Avlot Chukatiot, 1994, p. 157）。

（八）医疗过失造成身体伤害之外并侵犯意志自主

27. 下面讨论我的同事拜利希法官提到的担忧：认可患者就意志自主受侵害得请求赔偿的权利，可能导致事与愿违的结果，即限制给予医疗行为受害人的赔偿，只给名义赔偿金了事，盖法院有回避处理因果关系这个复杂问题的危险倾向。[参见拜利希法官意见的第14段。]

这些议论基于如下假定（我也赞成）：原则上，侵害意志自主与人身损害构成两个独立侵权行为，两者互为补充，而非替代关系。赔偿对意志自主的侵害并不会取代对人身伤害的赔偿。对意志自主的赔偿是补充性的，意在通过金钱赔偿尽可能使受害人处于最初的位置。

诚然，在诸多案例中，患者就侵害意志自主提出的赔偿请求并非其寻求的主要救济，主要还是就未经知情同意施行医疗行为造成的人身损害请求赔偿。在这样的框架下，要考察的不限于医生是否违反了向患者提供一切必要信息，俾使其做医疗决定的义务，当事人及法院还必须确定该义务违反与实际造成的损害之间有因果关系。诚然，在诸多案例中，不管是证据还是法律论辩，主要关注都在最后这个问题。于是就产生了这样的疑惑：这个局面是否可解释对法院会走"捷"（easy）径的担忧？换言之，法院会倾向于认为违反义务与所受损害间没有因果关系，哪怕没有实际的正当理由支持这个认定。法院会循此路径，盖法院知道，患者总还有权利得就意志自主受侵害得到一定赔偿。

我想，对这个问题应予否定回答。在我看来，[以色列的]初审法官值得赞赏，盖可假定，这些法官并未贬低患者的实体法权利，未经知情同意而施治会给患者造成可赔偿的损害。也不要忘了，针对这些事情上的判决可以提起上诉。法院认定义务违反与所受损害之间因果关系证据不足，若是论证不充分，当然经不起上诉审查。并无冒犯之意，这里要说前面提及的两件英国案例（认为在义务违反与实际损害间没有因果关系），都判决赔偿对意志自主的侵害，并详细讨论因果事宜。从这些判例看不出任何迹象，法院试图"回避"（avoid）处理这个复杂问题。

总之，我的同事的担忧，看起来没有什么实质依据。是以我的结论是，应认可侵害意志自主为独立侵权类型，医生违反向患者披露必要信息义务的，应予患者赔偿。

（九）侵害意志自主的赔偿力度：一般立场及手头个案

28. 讨论了对侵害意志自主所生损害的赔偿义务之后，下面检视损害及损害范围的证明事宜。很自然地，损害的证明及范围事宜要依据特定个案中的具体事实及提交给法院的证据来认定。一般用来决定赔偿数额的实际标准是恢复原状。这是个别化标准。要个别评估具体受害人所受损害的严重程度。[See CA 2934/93 Soroka v. Hababu, IsrSC 50（1）675 at 692.]

在正讨论的这类案件中，损害主要表现为患者对以下事实的心理和情绪反应：一个是医生未经患者知情同意而于患者身体实施医疗行为；一个是风险实现，而医生在患者同意前并未说明此风险。[See Izhak, England, The Philosophy of Tort Law, p. 164.] 要评估损害大小，很重要的是违反征得知情同意义务的严重程度。就将要实施的医疗行为未披露任何重要信息，一般要比未披露部分实质信息更为严重。

类似地，未向患者说明的危险（可能的伤害）越重大，以及该危险实现的可能性越大，对患者意志自主的侵害也就越严重。换言之，患者视角医疗决定的严重性，剥夺患者有效参与医疗决策程序的机会的严重性，侵害患者意志自主权利的严重性，这三者间成比例关系。是以，潜在损害越大，向患者说明该潜在损害危险的义务就越重，相应地也会影响义务违反的严重性以及该过失行为给患者造成的实际损害。

显然，这些指引只有一般意义。依定义，此类案件中的损害涉及高度主观侧面，给损害评估带来不可避免的难题。最终，个案中的赔偿金额，类似于对其他非金钱损害的赔偿，属法官裁量事宜，依据一切相关案情及法院的想法，经评估而定。法院必须采权衡路径。患者基本人权受侵犯，法院应予此事实以恰当权重，即应赔偿恰当金额，而不是象征性赔偿。在另外一面，考虑到评估损害程序的内在困难，法院亦应知所节制，夸张的赔偿应予避免。英国的亚历山大诉内务部案采纳类似路径 [See Alexander v. Home Office (1988) 2 All E. R. 118 (C. A.) at 122]。

小结此点，巴拉克-埃雷兹教授（在侵犯抽象宪法权利场合）对于损害赔偿金评估的论述切中肯綮（经必要变更）：

"要以具体案情为背景，评估对个体情感的冒犯程度，据此确定赔偿金额。考虑到此类侵犯权利行为的本质，不能期待精确证明损害大小，如同对间接损害（consequential damages）要求的证明水平，不管是人身损害还是经济损害（physical or economic）。* 精确证明并无可能，盖就侮辱（insult）和悲伤（grief）这样一般的非病理学情感，并无标准可言。法院只能依据案情和生活经验来评估。赔偿金不能是象征性的。应该基于假定遭受损害……

另外，又不能撇开具体侵害行为及案情而判给赔偿金，从而背离侵权法的原则。赔偿金额不能也不应该反映权利的普世价值（universal value）……在侵权法领域，赔偿金依据原告自己遭受的损害而定，并非依据他人眼中其权利的价值而定。"（D. Barak-Erez, Avlot Chukatiot, 1994, pp. 276-77.）

赔偿金的计算需要精确。这些议论的背景是，倡导认可公民在宪法权利遭当局非法侵犯时有赔偿请求权。这当然是重要问题，涉及对"宪法性侵权"（constitutional torts）的司法承认，但无关本案，故此处不必就该事宜发表意见。虽说如此，作者确实区处了侵犯宪法权利的案件中赔偿以及如何恰当评定赔偿金的主题。在细节上经必要变更（mutatis mutandis），上述议论得适用于手头个案，以确定过失侵权的赔偿金额。另外，这些议论将我所持立场的显著要点都表达出来了。

29. 在眼下个案中，就上诉人所受损害，没有详细的证据提交上来。虽缺乏证据，亦无损上诉人就意志自主受侵害的一般损害请求赔偿的权利。相较［得以］金钱［计算的］损害（pecuniary damage），就一般损害（general damage）*，在恰当案情下，虽缺乏确切详细的证据来证明具体损害（concrete damage），法院也可能判给金钱赔偿（monetary compensation）。

这是［以色列］最高法院马茨拉瓦案判决的立场［CA 1730/92 Matzrava v. Matzrava (unreported)］。在该案中，夫违背妻之意愿而离婚，触犯 1977 年《以色列刑法》第 181 条，妻对前夫提起侵权之诉。就夫之行为给妻造成多大

---

* 译按：似乎是说，人身和财产权益受侵害时的后果损害可以精确计算。

* 译按：一般赔偿金（general damages），指对不法行为所当然或通常造成的损害或损失给予的金钱补偿。原告毋需在诉状中专门说明或加以证明。薛波主编：《元照英美法词典》，法律出版社 2003 年版，第 597 页。

损害，妻并未提交证据。戈德堡法官（Justice Goldberg）仍认为，强迫离婚毫无疑问让原告遭受损害。戈德堡法官就此写道："原告所受具体损害虽缺乏证据，但被上诉人［被告］违背原告意志而斩断婚姻关系，毫无疑问让原告遭受一般损害，法院应估算赔偿金额。"

是以，戈德堡法官照准了原告上诉请求中涉及侵权损害赔偿的部分，评估原告因离婚所受一般损害为3万新谢克尔（New Israeli Shekel）。

内塔尼亚胡法官在卡梅莉案中持类似意见 ［CA 558/84 Carmeli v. State of Israel, IsrSC 41（3）757］。该案中，原告被强制进入精神病院接受住院治疗，原告以违反法定义务为依据提起诉讼。诸位法官的争议在于，［如该案这样］就非法拘禁侵权存在具体抗辩事由的情形，原告这样的请求能否得到支持。多数意见给予否定回答，甚至根本未论及原告所受损害的问题。内塔尼亚胡法官则予肯定回答，继而讨论了赔偿问题。内塔尼亚胡法官认为，虽未证明金钱损害，"被强迫进入精神病院，失去人身自由，这个事实本身即造成一般损害，此损害不需要证明"（Id. at 772）。内塔尼亚胡法官估算了损害金额，截至判决之日（1984年5月30日），为1万新谢克尔。

这些判决确认的原则亦得类似地适用于本案。前引判例涉及违反法定义务的侵权（tort of breach of statutory duty）。如同本案的过失侵权，违反法定义务的侵权亦以损害为要件。但这并不排除就侵权行为造成的一般损害给予赔偿。这里的一般原则是，一般损害及其范围不必证明，盖损害的存在及其范围来自加害人违反义务这个事实本身。基于类似思路，得援引《侵权法重述第二版》的表述："在很多案件中，得赔偿一般损害，不必证明损害范围，盖可假定（assume）损害存在，至于损害范围，得依常识自伤害的存在推断之。"（第912条注释a。）

《侵权法重述》第二版第912条注释b就无形损害（non-tangible damage）有类似评述："在这些案件中，就侵权伤害通常带来的损害，例如击打带来的疼痛或者伤疤带来的羞辱，哪怕没有关于其存在的具体证据，事实审理者亦得给予适当的实质赔偿。* 倘若证明实际损害大于或小于通常所生者，此类证据得采信之。能做的就是指出应考虑的因素，如疼痛或羞辱的强度，实际或

---

* 译按：实质赔偿（substantial damages），指与所受实质损失相当的损害赔偿，区别于名义上的损害赔偿（nominal damages）。

可能延续的时间,以及可预见的后果。"

考虑这些原则,我会就上诉人意志自主权利受侵害判给一定赔偿金。前面讨论的案情围绕上诉人的同意展开,指出不合乎知情同意的要件。尽管上诉人也大体知晓要在肩部做活体组织检查,但手术目的以及时间、地点这些信息,是等上诉人进入手术室马上要接受手术的时候,医生才向上诉人说清楚。这使得上诉人没办法就这个施于身体的医疗措施审慎判断、明智决策,是以控制何者得施于己身的基本权利受到侵犯。考虑案情整体,在关于所受损害缺乏任何具体详细的证据的情况下,我判给上诉人1.5万新谢克尔。

(十) 结论

鉴于以上论述,我照准上诉人请求,又基于前面的解释,我决定上诉人可以得到1.5万新谢克尔赔偿金。被上诉人支付上诉人于两级法院支出的费用1万新谢克尔。

三、斯特拉斯伯格-科恩法官

1. 被上诉人于征得患者就肩部手术的知情同意方面有过失,上诉人就此能否得到赔偿?若可以,是就哪类损害请求赔偿?这些是需要解决的问题。

我的同事在此陷入分歧。拜利希法官坚持认为,若事先征求上诉人知情同意,上诉人不会接受手术,故就手术造成的一切损害皆得请求赔偿。奥尔法官则以为,上诉人无论如何都会接受手术,故就手术造成的伤害不得请求赔偿。但奥尔法官同时认可了新侵权名目(head of tort),即侵害意志自主(violation of autonomy),主张上诉人仅得就此请求赔偿。

遗憾的是,就这里某些议题,我与两位同事的路径虽偶尔相交,却不赞成两位法官的意见。我就眼下议题的讨论,依据的是拜利希法官认定且奥尔法官同意的那些事实及附随结论。第一个假定是,做手术的决定、手术本身以及后续治疗,这些方面皆无医疗过失。第二个假定是,未征得患者知情同意为过失侵权诉讼提供依据,而不是故意侵害身体侵权(assault)。第三个假定是,被上诉人未征得患者对手术的知情同意,于此有过失。这个过失意味着什么?为讨论此问题,简单陈述事实如下。

2. 大概在术前一个半月,上诉人在[第二被告以色列工人协会]医疗基金接受治疗,医生告知肩部有可疑发现,应做活体组织检查。活体组织检查是选择性的,当时未做安排;医生未提示手术有任何紧迫性,此后的时间,[上诉人]并未为此手术做过任何准备,没有确定过手术日期。1988年1月7日,上诉人为接受腿部手术而住院。住院后的两天内,腿部手术准备工作安排到位。病历显示,并未做过肩部相关检测,也未见关于以肩部手术替换腿部手术在院内有过任何谈话的记载。待上诉人进入手术室准备接受腿部手术,并在其服用了镇静剂与止痛剂之后,医生却要求其同意肩部手术(而不是腿部),并得到上诉人同意。没有证据表明医生向患者解释过为何要以肩部手术替代腿部手术,肩部手术到底有多么紧迫,竟至于必须在那个时间、地点施行(取消腿部手术);同样重要的是,医生也未向上诉人说明肩部手术包含的风险。医生施行了肩部手术,造成上诉人肩部"僵硬",终致残疾。

(一)案情与难题

3. 正如我的同事奥尔法官指出的,倘若医生事先向上诉人征求知情同意,上诉人是否会同意该手术,就这一点而言,上诉人是沉默的。依其证词(下级法院不接受),上诉人并不知晓要在肩部手术。下级法院不相信患者,没有理由介入[下级法院]该决定。但问题仍存在:倘若医生向患者充分说明手术风险和希望,在恰当环境下征求患者知情同意,患者当作何反应?即便患者出具证词,就该证词是否应给予很大分量,也颇为可疑。即便其证词称不会同意手术,得认为该证词有多大价值?(后面会回到这个问题。)同时,可以依据案件的客观事实背景。手术前大概两个月的时候,医生就建议上诉人接受肩部手术。这段时间,上诉人并未有推动肩部手术的任何举动。医生没有说明手术的紧迫性;上诉人未向医生表达接受肩部手术的意愿,也没有预约过肩部手术。相反,上诉人预约了腿部手术,而且愿意接受该手术(而不是肩部手术)。从主观视角看,在听取了医生建议后,虽经过一段时间,但没有任何证据表明上诉人准备接受肩部手术。

从理性患者角度来评估上诉人的行为,同样带来难题。证据中没有任何关于医疗风险的信息,如何知道理性患者当会做怎样的决定呢?医生未向患者披露或说明过这些风险,也没有任何说明绝无风险的证据提交至法院。关于实施手术包含的风险,仅从后来的结果(肩部僵硬)并不能了解任何事情。被上诉人也未向法院澄清过,该风险的实现是罕见还是常见,是否应该向患者说明该风险的存在。缺乏本来可以指引理性患者在此情形下如何行事的基本信息,怎么判断理性患者会如何决定呢?除了我的两位同事就上诉人是否会同意手术所生分歧,还有些什么呢?两人的分歧并不是法官之间合理的观点不同(观点不同往往导致结论相异)。两人的分歧在于,关于处在从未发生的场景下的患者会做何种决定,就此假设事实的可能性,两人评估不同。我的两位同事都为自己的评估罗列了若干理由。两人都给出了有力解释,但不能得出这样或那样的结论。两位法官的努力不过表明,有两个可行解决方案。

如何确定此种情形下的法律[立场],哪些问题需要[法律]回应?若是当时将手术的必要性及风险告知了上诉人,上诉人会同意手术吗?谁承担证明责任——是患者证明自己不会同意手术,还是医生证明患者会同意手术?要达到多高的证明程度?合理可能性要高于50%,还是低一些?就因为医生未征得知情同意而让医生承担证明责任,不必考虑如果恰当征得同意,上诉人会如何做吗?让医生承担证明责任,是因为患者所受损害即在于,医生未征得患者知情同意,从而使得患者无法证明"如果……当会怎样"?这些及其他问题盘桓于案件,除医疗行为应征得患者知情同意以及本案中并未征得知情同意外,未能得到一致意见。

(二) 知情同意

4. 在今天看起来没有争议的是,医生为患者施治,要一般地征得患者知情同意,倘施加手术于身体,还要特别地征得知情同意。这个规则广泛见于法学文献[See M. M. Shultz, *From Informed Consent to Patient Choice*: *A New Protected Interest*, 95 Yale L. J. 219, 220–223 (1985–1986); D. Giesen, International Medical Malpractice Law, 1988, pp. 254–256; M. Jones, Medical Negligence, 1996, 2nd ed., p. 283; A. Shapira, *Haskama Mudaat Letipul Refui*, *Hadin Hamatzui Veharatzui*, 14 Iyunei Mishpat 225 (1989)],亦得到判例法支持[See CA 3108/91 Reibe v. Veigel, IsrSC 47 (2) 441; CA 560/84 Nachman v. Histadrut Health Fund, IsrSC 40 (2) 384],并写入立法(参见《患者权利法》第四章"知情同意"第 13 条到第 16 条,1991 年《精神障碍病人医疗法》第 4 条 a 款,1984 年《催眠医疗法》第 5 条,1943 年《解剖法》第 6A 条 b 款,以及各种公众健康法令)。在医疗伦理领域,这个规则锚定在社会关于人的意志自主权利以及身体主权的观念当中。这个观念同样为他国法制所接受。如加拿大[Hopp v. Lepp (1980) 112 D. L. R. (3rd) 67 at 70–71; Malette v. Shulman (1990) 67 D. L. R. (4th) 321 at 336]、美国[Schloendorff v. Society of New York Hospital 105 N. E. 92 (1914) at 93 (卡多佐法官)]、英国[Chatterton

v. Gerson（1981）1 All E. R. 257（Q. B）]。我的两位同事就此议题阐释綦详，不再赘言。

(三) 假设事件中的因果关系

5. 必须区分以下两者：一个是过去真实事件中的因果关系，一个是过去假设事件中的因果关系。在过去假设事件中，区处的不是真实事件，而是从未发生的事件，该事件（倘若发生）的后果也是假设的。在不作为案件中会碰到假设事件，即要问，如果加害人当时并未疏忽不履行其义务，而是履行了义务，当会怎样。法律并不排斥去处理假设事实证明中的问题。为了确定损害范围及赔偿金额，往往要求证明构成责任基础之一的假设事实。并非所有不作为案件皆属此类。[See e. g. Bolitho v. City and Hackney Health Authority（1997）3 W. L. R. 1151（H. L.）.] 有时，要认定若非被告的过失活动，本来会发生什么，[该认定]并不会碰到什么困难，而有时，发生在过去的过失事件并不能告诉吾人，若非该不作为，本来会发生何事件或者阻止何事件。基于回溯的假设标准，就"本来会怎样"得出结论，只有在特定案件中可能做到，但无关本案。吾人仍将讨论局限于未征得患者知情同意的不作为。

6. 考虑一下这样的诉讼，原告声称被告违反了旨在防止原告遭受特定类型伤害的义务：伤害果然发生，而吾人并不知晓，在被告切实履行了义务的那个假想场景里，原告本来会如何行事。在某些情形，法院愿意做有利于原告的假定：倘若被告履行义务，伤害本可防止。这个假定往往基于经验，经验充任此类假定的标尺。[See R. Shapira, *Hamechdal Hahistabruti shel Dinei Haraayot*, *Chelek 1*, *Bikorot Mesortiot*, 19 Iyunei Mishpat 205, 234-237（1995）.] 但如果诉讼系基于征得知情同意方面的过失，而且要求证明医生过失与患者所受伤害之间的因果关系，向来就有主张，不得做有利于原告的假定，盖吾人无从知晓患者本会如何决定；经验在这方面也告诉不了什么。[See W. S. Malone, *Ruminations on Cause-In-Fact*, 9 Stan. L. Rev. 60, 85-88（1956-1957）.]

7. 医生在征得知情同意方面有过失，即未依法定义务的要求而行事。这是过失不作为，涉及做一个事实上并未做的决定这样的假想情形，而正是被告在先的过失不作为使该决定未发生。是以法院必须考察，若非该过失不作为，本会发生什么。考察的方法是，以跟事实相反的假想行为去替换那个实际发生的过失行为。这个问题涉及的是，过失不作为与未经知情同意而手术造成的损害之间的事实与法律因果关系。换言之，设有一假想场景，一般认为若是向患者征求知情同意，患者当会同意治疗。倘若假定是患者会同意手术，那么即便未征求知情同意，亦可认为医生的不作为及手术行为与后果损害间没有因果关系。倘若跟事实相反的假定是患者不会同意手术，那么依这个跟事实相反的假定就意味着，于未经同意而施行手术之际，医生不作为及手术行为与后果损害之间有因果关系。

倘若医生履行了［说明］义务，当发生何事，这个问题没有清晰答案，盖此类案件的场景是医生未提供信息，患者未收到信息，患者未基于充分信息做决定。在此类案件中考察因果关系，就要评估在违法行为发生当时可期待［受害人会］怎样行为，需要法律调查中的后见之明。鲍尔斯和哈里斯的著作描述了这个状况：

"［受害人会怎样反应］并非过去发生的事实——在侵权行为实施的时候，［那个事情］还远在将来。

……

［那个事情］在侵权行为实施的时候，还远在将来，而在庭审的时候不能将之确认为过去发生的事实或现存的事实，盖［假设性质使之］并无可能。"（M. J. Powers & N. H. Harris, Medical Negligence, 1994, 2nd ed., pp. 403-404.）

8. 在此类涉及模糊、假设、悬想事实的案件中，因果关系的证明诚为难题，不管以色列还是其他国家，不管学者还是法院，对此多有论述。如哈特和奥诺尔写道：

"因果关系的主要结构相当简单，日常生活中有很多反复发生的场景，得清楚认定因果关系；但因果关系也确实存在一些模糊或不确定的侧面，比如要斟酌［某些参数的］程度大小，或者［要判断］假想事实是否可信，这些事情都没有精确标准。是以，在简单案件的安全领域之外，因果关系的认定需要判断力，而且对因果关系的判断往往出现分歧……很多时候，尤其在［原告］主张［被告］未采取通常预防措施是灾难发生原因的情形，要做推测工作，设若采取了预防措施，本该会发生什么。就此等假设问题的各式立场可能都相当合理，或多或少有其'分量'，但一定意义上都不具有决定性。"（H. L. A. Hart & T. Honor, Causation in the Law, 1985, 2nd ed., p. 62.）*

---

* 译按，参见［英］H. L. A. 哈特、托尼·奥诺尔：《法律中的因果关系》（第二版），张绍谦、孙战国译，中国政法大学出版社2005年版，第54页。

在假设当事人会如何行为的案件中证明因果关系格外困难，提及此点的论文颇多，这里特别援引恩格拉德的表述：

"假设因果关系带来重大难题：设若当事人依法行事，本当发生何事？答案当然依赖估测及猜想，尤其是在要假设当事人会做何反应的场合。" (Izhak Englard, Yesodot Haachraut Benezikin, Dinei Nezikin, Torat Hanezikin Haclallit, G. Tedeschi, ed., 1977, 2 ed., pp. 229-230.)

原告就其赔偿请求一般要承担证明责任。这样，原告可能发现自己处在艰难的境况，举证的困难很容易妨碍其请求得到支持，哪怕请求是真实的。马扎法官也论及此根本难题："如果［原告，即死者遗属］要证明因果关系，该如何证明呢？谁能证明（名副其实地出自死者之口），倘若医生当初说明羊水过早破裂后继续妊娠的风险，患者当会选择规避风险并要求医生立即终止其妊娠？"［CA 4384/90 Vaturi v. Leniado Hospital, IsrSC 51 (2) 171 at 191.］

吉森教授也指出："倘若原告'在理论上'得以违反说明义务为据提起损害赔偿诉讼，却由于无法证明在得到风险信息的假设场景下自己本来会做何反应，从而总是看到自己的请求摇摇欲坠，那［认可知情同意诉讼］就没什么意义了。"(D. Giesen, International Medical Malpractice Law, 1988, p. 35.)

9. 这里的难题既来自下面这个事实，即原告必须证明其在假设场景下本来会怎样应对他人（医生）的疏忽，还在于欠缺足够的工具来证明此点。或以为，此类案件中原告证词的证明力纵非为零，亦微不足道，盖原告站在证人席上要证明的，是自己在从未发生过的假想场景下本当会如何决定。原告的回答并不是确认事实，而是本身构成［需要证实的］假设事实。原告作证之际，正饱受医疗行为造成的伤害之苦。原告是在寻求损害赔偿的诉讼程序中作证，知道能否胜诉取决于自己的回答。即便原告生性淳朴，（于饱受手术造成的伤痛之际，回溯地）相信自己不会同意手术，其证词又该有多大的分量呢？加拿大最高法院就此难题有精到阐述：

"*原告的陈词都是为了自己，故内在不可靠。*这里的问题并不单纯是原告是否受到信任。当原告声称以后见之明相信自己当不会同意手术时，很可能确实是正心诚意的。*但这里并非陈述事实，事实一旦得到确认，即可盖棺论定。这里涉及的是意见（opinion），在某个并未发生的假想情境下，原告本当如何行事。*如此，诚实表达的意见也未必获得认可。于评估意见之际，事实审理者必然给意见的诚实性打个折扣，不仅由于意见的利己性质，还由于下面的事实，即失败的医疗行为给患者造成的伤害，很可能会影响甚至歪曲意见。"［Hollis v. Dow Corning Corp. (1995) 129 D. L. R. (4th) 609 at 643（斯特拉斯伯格-科恩法官以斜体强调）.］

（四）证据规则下的解决方案

10. 考虑到前述困难，各法院寻找各种解决办法。针对各类型难题的解决办法中，这里特别讨论证据规则的发展。民事证据法目的在于服务实体法，实体法在法律框架内为权利人找到公正公平的救济方案。证据法的规则不是僵硬的、无法克服的，而是弹性的（flexible），以实现设计目的。证据规则写在立法中，司法解释赋予其效力，责无旁贷地在法律框架内为每个案件找到恰当公平的解决方案。

在以色列民法中，正如在其他国家，基本的、普遍适用的证据规则就是，*原告承担证明责任，并以合理可能性权衡来确定证明标准*，如同古老的规则"主张者举证"。是以，倘若原告证明可能性大过50%，原告即胜诉，被告承担全部责任。达不到该证明标准意味着原告败诉。表面看来，这个规则高效、公平、合理、统一，适用于民法全部领域，但在不少情形，这个规则或者不恰当，或者无法适用。最为典型的情形大概就是，原告基于合理可能性权衡对下面的事实负证明责任：若是得到影响决策的信息，本来会怎样行事以及会做何决定。在征得患者知情同意方面的过失［场合碰到的困难］充分揭明了这个困境。

在诸如眼下这样的案件中证明因果关系，适用什么证明规则，谁承担证明责任？证明标准是什么？适用什么法律标准？各种各样的可能性包括：原告承担证明责任，以合理可能性权衡证明因果关系，承担证明不能的全部风险；将证明责任转移给被告，被告依合理可能性权衡规则证明，承担证明不能的全部风险；原告承担证明责任，但降低证明标准；将证明责任转移给被告，但降低证明标准；评估假设事件发生的概率大小，依比例判给赔偿金，哪怕原告达到的证明程度不及50%的合理可能性。

采用不同标准，当事人得到的结果也不同。若因果关系的证明责任由原告承担，而证明标准是合理可能性权衡，则原告未能证明时即败诉。若原告证明合理可能性高过50%，从而完成证明任务，被告承担全部损害赔偿责任，即"全有或全无"局面。反过来，若医生承担证明责任，以合理可能性权衡为证明标准,医生即必须证明跟个案患者或者理性患者相关的精神、心理及个性等事实(详见后文)。若不能证明,医生对一切损害承担责任。这些结果显得过于严酷,不令人满意。

11. 如同所有案件,本案也要求首先明确是否适用基本规则,即原告对因果关系(损害赔偿请求的必备要件)承担证明责任并以合理可能性权衡为证明标准。盖"法官的主要职责就是基于合理可能性权衡(在民法中),在两个冲突[事实]版本中尽最大努力裁决"[CA 414/66 Fishbein v. Douglas Victor Paul by Eastern Insurance Service,IsrSC 21(2)453 at 466]。只有基本规则解决不了个案中的难题时,才能寻找替代规则,以得到更为妥当、公正的结果。

12. 要为眼前这些难题找到妥当、令人满意的解决方案并不容易,需要关注相互竞争的各种价值和利益。沙姆加法官在赖伯诉维格尔案判决中写道:"应通过逐案演进方式,让这个领域的法律在一个清晰表达的规范体制内逐渐明确下来。为此,应考虑如下主要因素:医学的发展性质;具体场合相冲突的价值,包括患者控制自己身体的权利,医生与患者对治疗成功的共同愿望(包括有必要创设让医生自由裁量的恰当框架)……"[CA 3108/91 Reibe v. Veigel,IsrSC 47(2)441 at 507–508.]

这里提到的难题以及本案展现出来的证据难题并不独特。其他国家的学者和法官同样为这些难题费尽心力,寻找恰当方案。提出来的方案各式各样,包括转移证明责任、降低证明标准、分割证明责任、利用推定、证据损害规则(doctrine of evidentiary damage)以及机会评估标准(test of evaluating chances,指机会丧失)。

13. 在德国联邦最高法院处理的类似案件中(患者未得到充分信息),法院强调,证据法上的困难会让那些无法证明自己倘若得到充分医疗信息当会如何行事的患者遭受挫折。为找寻解决办法,德国联邦最高法院偏离通常的证明责任,让被告承担并无因果关系的证明责任,正是被告违反了义务,故应承受不能完成证明责任的风险。* 吉森教授如是描述德国联邦最高法院的解决方案:"此际,倘若被告恰当履行信息披露义务,原告当如何反应,就此问题,应由违反义务的被告承担因果关系证明不能的风险。"(D. Giesen, Inter-

---

* 译按,在德国法上理所当然由被告承担证明责任,参见[英]马克·施陶赫:《英国与德国的医疗过失法比较研究》,唐超译,法律出版社 2012 年版,第 202 页。

national Medical Malpractice Law, 1988, p. 352.)

瑞士联邦法院采纳类似进路。(Id., p. 353.)

加拿大最高法院在霍利斯诉道康宁公司案中也采纳减轻原告证明负担并将之转移给被告的进路〔Hollis v. Dow Corning Corp. (1995) 129 D. L. R. (4th) 609〕。原告体内的硅植入物破裂,进而漏损,原告要求硅植入物制造人和施行手术的医生就自己的身体和精神损害承担赔偿责任。法院认为,原告不必证明,倘若制造人在产品手册中加入硅植入物在体内可能破裂的警示,医生就会向原告说明该风险。原告只要证明,倘若知晓该风险即不会接受手术足矣。一旦原告证明此点,证明责任即转移至未尽警示义务的制造人。在查普尔诉哈特案中,澳大利亚最高法院认为,原告必须证明医生违反了告知医疗风险的义务,且该风险果然实现。证明此点后,即推定过失和损害间有事实因果关系,证明责任遂转移给医生,医生必须证明无因果关系。〔See Chappel v. Hart (1998) 72 Aust. L. J. Rep. 1344.〕

倘若事实因果关系的证明需要对假设问题的回应,法院或会降低证明标准,如恩格拉德所说:"毫无疑问,倘若事实因果关系的证明需要对假设问题的回应……法院可能会减少要求的证据数量,对存疑的猜测即予首肯。这是出于法律政策的考虑。"(Izhak Englard, Yesodot Haachraut Benezikin, Dinei Nezikin, Torat Hanezikin Haclallit, G. Tedeschi, ed., 1977, 2nd ed., p. 230.)

要指出,该书作者〔恩格拉德〕提请注意,事实上〔以色列〕法院并未采纳此规则,而是仍坚持过咎原则(principle of guilt),原告未在高过50%的合理可能性标准上证明被告责任的,法院即不敢判令被告承担责任。

14. 就证明难题,还有一个解决方案在于证据损害(evidentiary damage)。医生在征得知情同意方面的过失给因果关系证明制造了难题,原告无法证明倘若知晓具体情境下的必要信息,本当怎样决定。如此,原告的赔偿请求看起来注定失败。这个过失给原告造成证据损害,依证据损害规则,可能会让医生为原告的伤害承担赔偿责任。在某些案件中,被告对原告的伤害承担了全部责任,而在另外一些案件中,被告只承担了相对的责任。〔See A. Porat & A. Stein, *Liability for Uncertainty: Making Evidential Damage Actionable*, 18 Cardozo L. Rev. 1891 (1997); A. Porat, *Doctrinat Hanezek Haraayati: Hahatzdakot LeImutza Veyisuma Bematzavim Tipussim shel Ivadaut Begrimat Nezakim*, 21 Iyunei Mishpat 191 (1998).〕

15. 判例法和法学文献还提到另外的解决方案，即风险评估标准。这个标准是要评估特定事件发生的概率大小。赔偿力度是特定事件发生概率的函数，由此定其数额。英国上议院在涉及假设事件的案件中为解决因果关系事宜，使用了这个标准。该件上诉案针对上诉法院的戴维斯诉泰勒案判决。夫妇两人已分居，夫死于事故，妻声称两人已打算复合，死亡事件阻止了复合，故请求损害赔偿。[See Davies v. Taylor（1972）3 All E. R. 836（H. L.）.]

上诉法院使用了风险评估标准，认为此标准优于合理可能性评估标准。我赞成这个标准偏好的思想基础，这个标准看起来也适用于本案。[英国]上议院的看法是，要求依合理可能性权衡标准证明事实，目的在于确认过去发生的事实真相，并不指向从未发生的假设事实。该标准并不适用于假设事实，这个假设事实本来可能在侵权行为实施后的将来某个时候发生，但并未实际发生。合理可能性权衡标准并不适用于证明此类事实，盖并无办法认定这样的事实。假设事实不可能认定为真实或虚假，盖认定[当事人的]事实主张是否为真，意味着认定事实是否存在。并未发生也永远不会发生的假设事实自然谈不上这些。倘若得合理期待某事件发生，但发生的概率低于合理可能性权衡标准[不可能性大一些]，这个发生概率不应忽视，除非微不足道；这个发生概率应予评估，并据此给予相应赔偿。里德勋爵就此议题写道（西蒙勋爵、迪霍恩子爵、莫里斯勋爵、克罗斯勋爵附议）：

"没有人知道，倘丈夫未死亡，当会发生什么。

……但得到抚养的希望（prospect）、机会（chance）或合理可能性（probability）是有价值的，应考虑一切重要因素以评估其价值……法院应尽最大努力去评估一切机会，不论大小，不论有利或不利。

……吾人所为，并非寻求也不可能寻求认定这位妻子是否会回到丈夫身边。*你可以证明过去的事件确实发生，但你无法证明将来的事件将要发生，我也不认为法律会愚笨到认为你能证明。你所能做的，不过是评估概率大小……*"（Id. at 838.）（斯特拉斯伯格-科恩法官以斜体强调。）

后面接着写道："是以，你所能做的，不过是评估概率大小。概率有时是百分之百，有时为零，但通常是处于两者之间的某处。*若真是处于两者之间的某处，我不认为51%的可能性与49%的可能性有多大区别。*"（Id. at 838, 里德勋爵）（斯特拉斯伯格-科恩法官以斜体强调。）

鲍尔斯与哈里斯针对戴维斯诉泰勒案判决写道："上议院认为，该进路

[合理可能性权衡]错误。倘若案件争点为某特定事情是否真实,或者某特定事件是否发生,法院必须以各种办法决定该争点。倘若合理可能性权衡倾向于事件发生,那么在法律上即证明该事件确实发生。但就该案来说,这位孀妇是否会回到丈夫身边并非过去的事实,而是处在丈夫死亡这个关键时间点的将来。是以,只能评估双方修好的概率大小……显然,评估概率大小的原则适用的情形是,待证事件发生于侵权行为实施时候的将来,而不是在审判时可以确认的过去事实或现存事实,盖案情决定这绝无可能……导致诉讼发生的事由是丈夫的死亡,而丈夫死亡使得双方修好绝不会发生……"(M. J. Powers & N. H. Harris, Medical Negligence, 1994, 2nd ed., pp. 403-404.)

该案最终的裁决是,原告甚至未能依评估概率的较低标准完成证明任务,未能证明倘若丈夫还活着,自己回到丈夫身边的概率是真正的机会(real chance),而不是可忽略不计的机会(negligible chance)。

16. 本院[以色列最高法院]在查尤诉文图拉案中也发表过类似意见[CA 591/80 Chayu v. Ventura, IsrSC 38 (4) 393]。这是件损害赔偿诉讼,法院肯定了英国上议院的判决思路,采纳了评估概率的标准。但要强调,英国上议院确立评估概率规则是为了证明因果关系这个侵权责任的构成要件,而在以色列最高法院的查尤诉文图拉案中,巴赫法官采纳这个规则虽也是证明因果关系,但目的是证明损害——丧失的收入:"在这里必须有所区分……在普通民事案件中,法院考虑的是过去发生何事的事实主张,负担证明责任的一方当事人必须证明其事实陈述达到说服力高过50%的水平。否则,法院就会假定其主张的事实从未实际发生,完全不理会依据该主张事实提出的论辩……可若是当事人所主张者涉及特定事件于将来发生的概率,自性质言无法确切证实,那么唯一合理的就是,法院应评估该概率的大小并表现于判决,哪怕评估认为说服价值低于50%。"(Id. at 398-399.)

17. [以色列最高法院]瓦图里案判决也表示愿意接受以评估概率大小为标准的证明方法:"既证明了损害,再假定已成功证明义务违反,法院即得通过司法评估来认定,是不是该义务违反造成损害,在多大程度上造成损害;这意味着也可以评估可能性(probability assessment),并据之令被告承担部分责任。"[CA 4384/90 Vaturi v. Leniado Hospital, IsrSC 51 (2) 171 at 19(马扎法官).]

马扎法官解释其立场如下:"于此处认定因果关系,不必依常规标准。传统标准要么将原告的伤害完全归咎于被告,要么完全否定被告对原告损害的责任。换言之,依传统标准,并不存在部分因果关系,要解决的问题是因果关系是否存在,即'全有或全无'的局面……*传统标准得基于合理可能性权衡裁判,但不适合下面这类案件:法院必须评估假设事实,设医生当初事先向患者说明医疗行为的内在风险及成功希望,该患者当会如何行事*。"(Id. at 19.)(斯特拉斯伯格-科恩法官以斜体强调。)

艾克案判决表达了类似路径。[See CA 437/73 Aik(minor) v. Dr. Rosemarin,IsrSC 29(2)225.]

对于将合理可能性权衡标准用于证明假设事件这个问题,巴拉克法官认为还需要更深入考察:"我愿将下面的问题留待将来解决:倘若需要证明的并不是某事实的合理可能性,而是某假设事件的合理可能性,并不需要常规的合理可能性权衡,这样的规则是否不妥。"[CA 145/80 Vaknin v. Beit Shemesh Local Council,IsrSC 37(1)113.]

(五)合理可能性权衡、证明责任转移、机会评估以及三者间的区别

18. 为了解决在涉及假设事件的案件中证明因果关系的根本难题,前面提到了各种方案,可以看到以合理可能性权衡这个通常证据规则处理此类案件有内在困难。

自事理而言,人做出是否接受某医疗行为的决定,当然是诸多影响因素及各样考虑的直接结果:手术的类型,手术或治疗的必要程度,患者对风险的态度(恐惧及厌恶,漠然或赞成),患者病情的严重程度,选择其他治疗(性质及风险皆不同)的机会大小,患者对医生以及医生所提供之信息的信任程度,患者依靠医生的意愿,以及其他类似考虑。没有办法认定哪个考虑因素在医疗决策程序中起主要作用。各考虑因素在决策时的分量及权重大小并不是恒定的;考虑是同意还是拒绝手术的特定个体,其性格及倾向会影响这些因素的作用。让同意还是拒绝手术的决定成为明智决定的这些考虑因素,没有办法确定各自的分量及权重(至于对这些考虑因素的评判,是采取客观标准、主观标准还是混合标准,稍后讨论)。

19. 在原告承担证明责任的场合,合理可能性权衡标准让原告承担证明不能的风险。未能依合理可能性权衡标准证明因果关系存在,意味着诉讼将被法院彻底驳回。依合理可能性权衡标准证明了原告的主张,意味着医生就其未征得患者同意而给患者造成的损害,要负全部责任。"毕竟没有大致上的因

果关系（half-way causal connection）"［CA 4384/90 Vaturi v. Leniado Hospital, IsrSC 51（2）171 at 191（马扎法官）］。证明责任转移给被告的也一样，被告必须依合理可能性权衡标准证明其主张。原告依合理可能性权衡标准承担证明责任的那些不利，在证明责任转移给被告的时候，也会落在被告身上。这个方案［证明责任转移］将原告的困难转移给医生，医生现在面临患者过去证明自己主张时同样的困难。将证明责任转移给被告，有些本来会被驳回的诉讼请求或会得到支持。不管哪种情形，都是"全有或全无"的局面，而不管往哪个方向转移证明责任，都并不适合假设行为的证明，这是现实中从未发生的事件。

20. 看起来，在假设事件与伤害之间的因果关系证明遇到阻碍的情形，除依据从未实际发生的假设行为外，不管是合理可能性权衡标准，还是证明责任转移，都不令人满意。这些标准未能给法官提供好的工具来充分保护和平衡一切相关利益。

医患关系格外如此。医患关系是由特殊信任织就的精致而脆弱的网，需要为之构建最为恰当的医生责任规则。既不能对医生威慑不足，也不能威慑过度。威慑不足大概是合理可能性权衡标准的副产品，盖依此标准，患者几乎难以证明自己的主张。原告的赔偿请求虽正当真实，却由于证据难题而得不到支持，这会危害对患者权利的恰当保护，动摇医生对患者负有注意义务的观念根基。可若是由于证据难题，使得医生无法证明抗辩事由，令医生为并非自己造成的损害承担赔偿责任，同样危害对医生权利的保护。另外，将证明责任转移给被诉的医生或生过度威慑效果，扼杀医生的积极性，导致医生防御医疗。

在我看来，倘若案件所涉的因果关系并非确定某事实，而是确定当事人在几个假设可能性中会如何选择，恰当的标准是评估机会，依此标准，要评估假设事件发生的概率大小；从政策角度看，这是恰当标准。

这个标准很灵活，可以让被告承担一定比例的或者部分的责任，亦得避免在不确定的场合令医生完全不承担责任或者承担全部责任。看起来，前述复杂考虑引出结论，依评估机会的标准来证明因果关系，是最为妥当、平衡的方案，为此类案件中这种特殊不确定情境提供了合适的办法。

（六）不同法律领域的机会评估标准

21. 对以色列法制来说，机会评估标准并不陌生，在诸多领域都优先于合理可能性权衡标准而适用。在需要证明损害的场合，不必依合理可能性权衡标准，较低证明标准足矣。例如霍诺维茨诉科恩案判决写道："有必要考察，若非事故，将来信赖存在的概率有多大。这个概率的评估，不是依据合理可能性权衡，而是合理性大小（reasonability）。是以，哪怕低于50%的机会也应考虑，只要不是零或凭空悬想。［See Davies v. Taylor（1974）.］"［FH 24/81 Honovitz v. Cohen, IsrSC 38（1）413 at 420-421.］

另见弗莱舍案［CA 20/80 Fleisher v. Laktush, IsrSC 36（3）617 at 628-629］。

以色列石油天然气公司案［CA 410/83 Petrolgas Israeli Gas Company（1969）Ltd. v. KasseroIsrSC 40（1）505］判决写道："目的并不在于原告必须证明（依民事诉讼中所要求的说服标准），死者已经计划或者准备返回出生国（country of origin）；原告证明有这样的可能性足矣，只要这是真正可能（real chance），而不是纯粹猜测。"（Id. at 514.）

类似进路也曾用于证明丧失身体痊愈的机会。在以色列总工会医疗基金诉法塔赫案中，列维法官写道："通常的说法是，认定风险就如同认定过去发生的事实，就此，只能依据合理可能性权衡来确认……在我看来，这里涉及的其实并不是通常所说的认定事实（认定某事情确实发生或未发生），而是评估工作，即评估'在某种情形下，本当发生什么'。"［CA 231/84 Histadrut Health Fund v. FatachIsrSC 42（3）312 at 319.］

同样的规则还适用于违约案件中证明假设事件间的因果关系，原告诉称的损害是丧失预期的交易。在此情形，巴拉克法官说，"原则上，概率可以评估，即便是低于50%的机会也应得到赔偿"［CA 679/82 Netanya Municipality v. Tzukim Hotel Ltd.（not published）par. 8］。［See also CA 355/80 Nathan Anisivmov Ltd v. Tirat Bat Sheva Hotel Ltd, IsrSC 35（2）800.］

（七）以评估的机会为责任基础与归咎原则

22. 机会评估标准虽然已用于损害的证明（proof of damage），却还未在责任的证明（proving liability）上大获成功。* 主要原因显然在于下面的看法，即认为因果关系的证明之为责任基础，依合理可能性权衡，牵扯到归咎概念（blame），倘若将证明标准设于合理可能性权衡标准之下，就会打开大门，在无可归咎的情形令被告承担责任。恩格拉德就此讨论说："看起来地方法院并

---

* 译按：区分责任成立的因果关系与责任范围的因果关系。

不倾向于放宽通常的证明标准，哪怕涉及假设因果关系。地方法院裁判中的这个倾向正合乎法院在侵权责任领域的一般路径，典型表现为坚持侵权法中的归咎概念。"（Izhak Englard, Yesodot Haachraut Benezikin, Dinei Nezikin, Torat Hanezikin Haclallit, G. Tedeschi, ed., 1977, 2nd ed., p. 230.）

在我看来，在所有案件中都要求原告必须依合理可能性权衡标准完成证明工作，不够灵活，无法解决前述情形下的疑难侧面，这些场景要求一定灵活性。在眼下原告造成的局面中，吾人必须处理涉及患者可能如何反应的假设问题，证明上的困难成为原告的障碍。是以有理由采纳别的规则，不能就因为这个合理可能性权衡标准而驳回真实的赔偿请求。就原告承担证明责任这一点，加拿大最高法院写道："要求原告这样做，就是要求其证明跟医生行为相关的假想情形，而（此外）该情形由被告未履行义务造成。"[Hollis v. Dow Corning Corp. (1995) 129 D. L. R. (4th) 609 at 638-639.]

即便吾国法制，证据法的规则也在发展，[赞成]放宽"全有或全无"的因果原则。其中一点是转移证明责任。列维法官就此曾写道："就局部损伤案件，若是法律体制运行的基础是'全有或全无'因果原则，有时可能没有办法，只能发展证据规则，放宽该因果原则而在特定案件中将证明责任转移给被告，以免出现不公正结果。"[CA 231/84 Histadrut Health Fund v. FatachIsrSC 42 (3) 312 at 320.]

（八）评估机会：实践

23. 不能忽略下面的事实，即合理可能性权衡标准保证了立场连贯（uniformity）以及一定的稳定性，而评估机会不容易做到此点。但如果可以评估，或者发现处在"平局"（tie）中（势均力敌），得让被告依一定比例承担部分责任，使原告就所受损害得到一定比例的赔偿。

或认为，倘若低于合理可能性权衡标准认可证明责任，会催生大量没有根据的赔偿请求，使法院面临洪水威胁。吾人以为"洪水风险"论虽屡见向法院提出，却无甚值得关注之处，盖现实世界与该论断的预测相去甚远，而且法院已经找到很多办法来对付那些根本不该提交到法院来的赔偿请求。此外，原则上，原告应该证明倘若医生在征得知情同意方面未犯过失，原告有真正概率（real chance）不会同意手术。微不足道的概率是不够的（*de minimis non curat lex*），不足以让原告得到比例赔偿。采纳评估机会为证明标准，并非要废弃归咎原则，也不是允许原告基于任何证实的可能性（不管多渺茫）请求救济。这个证明标准旨在克服巨大的举证困难，并非无中生有地创造出新赔偿请求权。英国上议院就此阐述说："依法律不理会屑事的原则（minimis principle），悬想的可能性应予忽视……在我看来，争点（唯一的争点）在于，概率或可能性是否是实质性的。若是，即应予评估。倘只是纯粹有可能，即应无视之。有很多不同语词得用来且已经用来描述这条分界线。我能想到的最好语词是，[应予评估的]'实质'（substantial）[可能性]以及[无需评估的]'悬想'（speculative）[可能性]。这个问题必须交给审判庭，自恰当角度考虑一切事实，不必虑及法律细节，依其判断力决定大致的界限。"[Davies v. Taylor（1972）3 All E. R. 836（H. L.）at 838（里德勋爵）.]

"在此类案件中，只要概率是实质性的或者完全够得上评估，我想法院即应为之设定价值，哪怕该概率低于甚至可能远低于50％。"[Id. at 847（克罗斯勋爵）.]

另见[以色列最高法院]巴赫法官的意见："倘若法院已认定，受害人曾有机会……且该机会并非微不足道、渺茫或纯粹悬想，而被告的行为使受害人失去这个机会，对法院来说，唯一正当的就是在判决中认可机会丧失的法律意义。"[CA 591/80 Chayu v. Ventura, IsrSC 38（4）393 at 399.]

（九）机会评估标准的适用：主观、客观、混合

24. 要在本案中采纳机会评估标准以证明因果关系，还需要进一步充实该标准。这里的难题在于，倘若事先征得上诉人知情同意，上诉人做出某具体决定的可能性有多大，如何来判定。有三个标准备选：主观标准、客观标准、混合标准。采纳主观标准的有欧洲大陆、新西兰及英国。[See D. Giesen, International Medical Malpractice Law, 1988, p. 347; Bolam v. Friern Hospital Management Committee（1957）2 All E. R. 118（Q. B.）; D. Manderson, *Following Doctors' Orders*: *Informed Consent in Australia*, 62 Aust. L. J. 430（1988）.] 主观标准考察的是，若特定患者得到全部信息，当会如何反应，当会做怎样的决定。采纳客观标准的有加拿大及美国一些州。[See Reibl v. Hughes（1980）114 D. L. R.（3rd）1; Canterbury v. Spence 464 F. 2d 772（1972）.] 客观标准以理性患者为考察对象：若理性患者知悉全部信息，当会如何反应，当会处于怎样的境地。混合标准同样见于加拿大，考察处于特定患者境况下的理性患者若知悉全部信息，就推荐的医疗方案当会如何反应，当会处于怎样的状况。[See D. Giesen, International Medical Malpractice Law, 1988, p. 343; M. A. Som-

erville, *Structuring the Issues in Informed Consent*, 26 McGill L. J. 740（1980 – 1981）.］我的同事拜利希法官和奥尔法官介绍了这些标准，一位强调主观标准，一位看重客观标准。我以为混合标准最为合适。

25. 上述几个标准采用不同方法来保护相关价值及利益，主观标准最大力度地保护患者在自己身体所有权上的利益（ownership of body），对患者意志自主给予宽泛保护。这个标准对患者的态度仁厚。客观标准对这些利益的保护稍弱，盖不那么关注特定患者的意愿，看重的是理性患者的愿望和考虑。这个标准对医生友善。混合标准力求在上面两个标准间取得平衡。选择前面两个标准，影响医生在征得患者同意方面的注意义务具体落实的方式。选择客观标准可能向医生传递这样的信号，即未向特定患者披露重要信息不会承担责任，医生便可能隐瞒一些信息。选择主观标准迫使医生处于艰难的位置，要去考虑患者主观特质，哪怕这些特质并不属于通常合理的考虑范围或者并非理性患者的典型特征。在客观标准下，不必去对付让人生疑的原告证词，哪怕原告证词并没有强烈偏向，系秉善意而为。同时，也不能认为理性患者的可能反应就精确反映了具体患者的可能反应，具体患者未必如理性患者般行事。这些难题，加上类似考虑，让天平偏向采纳混合标准；混合标准的主观侧面确保了对患者特殊境况的重视（患者的性格、关注点、权衡自己特殊考虑的能力及其他类似事宜），客观侧面则确保了在下面的情形不至于让医生承担责任，即拒绝治疗被认为是不合理的乖谬行为。

（十）将法律适用于本案

26. 在我看来，适用混合标准［于本案］很难得出上诉人是否会同意肩部手术的结论。适用其他标准也一样（客观或主观标准），盖吾人不掌握真实信息，除了猜测，没有其他可依赖的。要揭明这个困境，只要看看我的同事奥尔法官和拜利希法官判决意见中的论辩就足够了。两位法官都以混合标准来考察因果关系，并且实际上以合理可能性权衡为标准，但结论截然相反。就本案而言，我的个人看法是，不管是事实层面、法律层面还是恰当政策层面，都既不可能也不适宜认定合理可能性权衡的基础［事实］。

就本案来说，我并不认为过去的事实足以指示［吾人得到结论］，设若医生曾向上诉人征求知情同意，而且为使上诉人选择是否接受手术，已提供重要信息，在适宜决策的环境下，上诉人本当做何决定。倘若医生履行了义务，上诉人当如何决定，这个问题是对从未发生的人类行为的假设认定，需要基于各种不同考虑而得出结论。最多可以说,上诉人可能同意手术;同理,上诉人也可能拒绝手术。实情即是如此,适宜的做法是,依机会评估标准,判给上诉人手术所致损害一半的赔偿金。

(十一)侵害意志自主权利的损害赔偿

27. 既认为上诉人的人身伤害应该得到赔偿,又有进一步的问题产生。上诉人就肩部活体组织检查既然并未表示知情同意,就意志自主权利受侵害是否得请求赔偿?假设可以,那么这个赔偿请求权与人身损害赔偿请求权是何关系,补充、替代还是并立?此类损害的恰当量度是多少?

我的同事奥尔法官在其判决意见中详尽分析了意志自主基本权利的一般要件,尤其涉及医疗场合对自己身体的主权(sovereignty over body)。奥尔法官主张,侵害意志自主应被理解为独立损害名目,在该名目下判给上诉人赔偿金。我的同事拜利希法官亦肯定该基本权利的重要意义,但认为上诉人得就受到的全部[人身]损害请求赔偿,不能在侵害意志自主名目下给予额外赔偿。两位法官就自己的立场皆充分论证,此处争点及如何裁决诚为难题。在充分考虑所有重要侧面后,我赞成我的同事奥尔法官的观点,但要补充几点自己的看法。

(十二)意志自主权利与对医疗行为的知情同意

28. 如同他国法制,个体意志自主的价值乃是吾国法制基本价值的主要内容。意志自主权利意指,个人得自由塑造自己认为合适的意愿,自主独立地决定自己的生活方式,决定如何行为,在一定程度上掌握自己的命运。就意志自主术语在概念上的表达,参见 Joseph Raz, *Autonomy, Toleration, and the Harm Principle*, in Rurth Gavison ed., Issues in Contemporary Legal Philosophy, 1987, p. 313, 314; Jay Katz, *Informed Consent-Must it Remain a Fairy Tale*?, 10 (1) J. Contemp. H. L. & Pol'y 69, 83 (1994)。

29. 意志自主权利锚定于对人的价值与尊严的认可,而人的价值与尊严牢牢扎根在《基本法:人的尊严与自由》中。用巴拉克院长的话讲,这是"框架权利",是各式各样权利的源泉(see 3 A. Barak, Parshanut Bimishpat, Parshanut Chukatit, 1994, pp. 357-361)。意志自主权利亦立足于隐私权(1981年《隐私保护法》)。患者对自己身体、健康自由决定的权利以及自由接受医疗行为的权利,都源于患者的意志自主权利。参见《患者权利法》第1条、第13条。有人坚信,人对自己的身体拥有主权,故有权利拒绝旨在拯救自己生命的手术,有权利拒绝治疗,哪怕会危及自己的生命。参见英国上议院判决:

Airedale NHS Trust v. Bland ［1993］1 All E. R. 821（H. L.）at 860，889。

［英国］上诉法院最近的圣乔治医疗基金案判决确认了这条路径：St. George's Healthcare NHS Trust v. S. ［1998］3 All E. R. 673（C. A.）at 685 – 686。* 该案中的孕妇拒绝接受剖宫产手术，决定顺产，但其病情给胎儿带来极大风险，孕妇理解面临的情况。应医院单方面请求，［家事］法院发布医院得不经孕妇同意而施行剖宫产手术的命令。手术施行，产妇针对该手术命令提起诉讼。［上诉］法院裁决，未经其同意而施行手术构成故意身体侵害（as-sault），此前的手术命令不能阻却损害赔偿请求。

（十三）意志自主勃兴，传统进路渐衰

30. 要检测法律对患者意志自主的保护力度如何，对医疗行为的同意是很醒目的场景。患者在接受医疗行为方面的意志自主权利并非从来都是理所当然的。传统进路看重医生对患者身体的控制，而看低患者对自己身体的控制，过去几十年反复强调的观念将传统进路抛弃，这些观念位于个体在医疗决策方面意志自主权利的核心位置。自美国加利福尼亚州上诉法院1957年判决以来，侵权法已经认可了对医疗行为的知情同意原则。［See C. J. Jones, *Autonomy and Informed Consent in Medical Decisionmaking*: *Toward a New Self-Fulfilling Prophecy*, 47 Washington & Lee L. Rev. 379（1990）.］

依传统思路（今天也还有人信奉），基本的原则是，医疗服务需求人在向医生寻求帮助之际，即放弃了自己的意志及自主地位，将自己的身体、健康以及决定如何治疗的权力都交到了医生手里。依此观念，医生得支配患者身体，做一切决定。传统进路主要源于医患间的知识差距，医生掌握专业知识及科学工具，得就患者所需要的医疗活动做恰当决定。舒尔茨就此点写道："患者只做一个关键决定，也就是将自己交给医生治疗，从而将一切嗣后权力都托付给了医生。这个模式假定患者缺乏做医疗决定的医疗技能，正是医疗专业知识使得医生为患者决定具有了正当性。"［M. M. Shultz, *From Informed Consent to Patient Choice*: *A New Protected Interest*, 95 Yale L. J. 219, 221（1985 – 1986）.］

31. 医生优位的观念表现在英国博勒姆案判决中［Bolam v. Friern Hospital Management Committee（1957）2 All E. R. 118（Q. B.）］，该案为医生［违

---

* 译按：参见本书第三章，尤其是一、八。

反]向患者提供医疗信息的注意义务确立的标准是"医疗判断"(medical judgment)。英国上议院在西达威案中以多数意见采纳了博勒姆原则:Sidaway v. Governors of Bethlem Royal Hospital [1985] A. C. 871(斯卡曼勋爵持异议)。多数意见认为,未向患者披露医疗行为伴随的风险是否构成主治医生的过失,适用博勒姆案确立的原则,依该原则,[是否]给患者医疗信息以及确定披露多少医疗信息属于医生医疗专业知识的范畴。该案判决所确立的原则及其后继案例遭受广泛批评。[See J. Keown, *Burying Bolam: Informed Consent Down Under*, 53 Cambridge L. J. 16, 17 (1994).]澳大利亚最高法院在罗杰斯诉惠特克案中采纳斯卡曼勋爵的异议为有拘束力的规则[Rogers v. Whitaker (1992) 67 Aust. L. J. 47],摒弃了博勒姆原则。依罗杰斯诉惠特克案的判决,判断注意义务的标准以及披露信息义务的范围,应由法院依据法律就此事宜对医生义务的立场而定,要注重患者对自己身体的主权,不能只是依据关于医疗行业特定时间常规和惯例的医学意见而定。澳大利亚最高法院称:"医疗执业人该披露多少信息,或主张得仅从执业人的视角或者医疗行业的立场来确定,这个立场没有道理(illogical)。"(Id. at 52.)

美国哥伦比亚特区联邦上诉法院在坎特伯雷案判决中也采纳了这个原则,判决写道:"将披露义务绑缚于医疗惯例,即是将披露决定没来由地单单硬塞给医生,对这个事实亦不能佯为不见。为了尊重患者对特定医疗活动自主决定的权利,需要的是法律为医生设定的标准,而不是全凭医生自己说了算的标准。"[Canterbury v. Spence 464 F. 2d 772 (1972) at 784.]

这段话表明,近几十年来,基于家长式做派的传统进路逐渐式微,趋势是将重心更少放在主治医生身上,更多放在患者身上,承认患者在及于己身的医疗决策中起核心作用。当然,转移重心,使患者在医疗决策程序中起主要作用,是个缓慢的过程,有待逐步推进。

32. 认可患者为医疗活动的重心所在,这个趋势源自对基本人权越来越深入的认知以及在所有生活领域保护人权的必要性。这个趋势同样源自向方兴未艾的现代医疗的转型。医疗信息对所有人公开,治疗替代方案供所有患者选择。现代医疗的这些成果也促成将主治医生从医疗决策独立顾问的位置上移开。这些观念显然构成《患者权利法》第 7 条的基石,该条明确患者于决定是否接受医疗行为前有寻求第二意见的权利。

认可此种医疗方案优于彼种方案,这里头牵扯诸多复杂考虑,患者依其愿望、立场、关注或希望等权衡轻重。[See M. M. Shultz, *From Informed Consent to Patient Choice*: *A New Protected Interest*, 95 Yale L. J. 219, 221-222 (1985-1986).] 当下流行观点是, 在将医疗措施作用于患者身体之前向其披露信息, 不同于对诊断及预后的认定, 不应再认为其专属于医生专业知识的活动领地, 没有理由认为医生的专业立场优先于患者的个人想法。澳大利亚最高法院在罗杰斯诉惠特克案中表达了这个态度: "披露信息程序并不涉及任何特殊医疗技术, 包括所推荐医疗方案的风险。毋宁说, 这里的技术在于, 考虑患者对这些信息的理解能力, 向其披露对决策来说合理充足的信息。"[Rogers v. Whitaker (1992) 67 Aust. L. J. 47 at 52.]

舒尔茨亦如是理解: "抉择的后果越是强烈具有个人性质, 对他人的影响越是不那么直接和显著, 在决策时对意志自主的要求就越有力量。依这个标准, 尊重患者在健康及身体决策上的意志自由, 论据就十分强大。"[M. M. Shultz, *From Informed Consent to Patient Choice*: *A New Protected Interest*, 95 Yale L. J. 219, 220 (1985-1986).]

33. 医生对患者负有征得知情同意的义务, 主要是为了保护有医疗需求之人对于自己的身体及意志能自主决定的基本权利。[See Schloendorff v. Society of New York Hospital 105 N. E. 92 (1914) (卡多佐法官的意见); CA 3108/91 Reibe v. Veigel, IsrSC 47 (2) 441 at 507; LCA 1412/94 Ein Kerem Medical Association v. Gilad, IsrSC 49 (2) 516 at 525.] 是否接受特定医疗措施, 应由有医疗需求之人自己权衡, 自愿、独立做决定。

"既定规则是, 自我决定原则要求尊重患者意愿……负责治疗的医生必须听从患者意愿, 哪怕医生认为并不合乎患者最佳利益……"[Airedale NHS Trust v. Bland (1993) 1 All E. R. 821 (H. L.) at 866 (戈夫勋爵).]

(十四) 信息之于自主决定的关键意义

34. 除非事先掌握为做决定所必要的信息, 否则患者接受或拒绝治疗的意愿就不能说是知情的或者明智的。(See M. J. Powers & N. H. Harris, *Medical Negligence*, 1994, 2nd ed., p. 322.) 倘若患者并不知道拟施行之医疗措施的风险、成功希望及影响, 替代医疗方案及影响, 就不能说患者的意愿是其本身的意愿, 接受或拒绝治疗的决定也不能说是真正的选择。[See Canterbury v. Spence 464 F. 2d 772 (1972) at 780.] 是以, 未向患者提供信息或者信息不全面, 等同于侵害对自己身体的意志自主权利 (right to autonomy over body),

盖此举减损了患者就接受还是拒绝治疗形成知情且明智决定的能力。

(十五) 医患关系

35. 患者对医生的依赖以及双方各自的利益在医患关系中制造了大量的双重性（dualism）。一方面，以治病救人为宗旨的医生往往认为自己最知道应该采用什么医疗措施，如何治愈患者的疾病。另一方面，患者会从有些不同的视角来看待医生已经考虑过的那些事实。在患者视角中，患者会关注诸多主观因素，例如患者期待的手术成功或失败之后的生活质量，诸如此类，而医生往往不会考虑这些。在此情形，患者在医疗决策上的意志自主权利（人格尊严权利的表现）是应受保护的价值。这意味着承认患者身为决策程序参与人的独立地位。费尔德曼将此立场表达如下：

"意志自主概念绑缚于人格尊严概念。为了自主决定能力的培养和运用，每个人都要严肃地将自己及他人看作道德主体。人格尊严的一个侧面就是自尊，包括尊重自己及他人的道德权利……"[D. Feldman, *Secrecy, Dignity, or Autonomy? Views of Privacy as a Civil Liberty*, 47 Cur. Leg. Prob. 41, 54 (1994).]

特韦尔斯基和柯恩也有类似精到议论："就自己的健康事宜参与重要医疗决策的权利是个人意志自主的关键元素……法律应保护这些权利，并就所受侵害给予实质赔偿。"[A. D. Twerski, N. B. Cohen, *Informed Decision Making and The Law of Torts: The Myth of Justiciable Causation*, U. Ill. L. Rev. 607, 609 (1988).]

(十六) 就侵害意志自主权利的赔偿请求权：质疑及主要批评

36. 信息至关重要，处于患者自主决定程序的核心位置，这就提出了问题：法律是否保护患者获得关键信息的权利以及在医疗事务上决定自己命运的权利？保护的方法[内容]是什么？现有保护的力度是否足以满足患者意志自主权利（包括获取信息的权利）所需？

有学者考察了世界各国的判决，发现在支持意志自主权利的司法修辞（judicial rhetoric）与实际运行中的表现（缺乏实际效果）之间存在真正裂隙："法官向来充满激情地吁求患者自主决定，却给了医生相当大的空间依自己的想法行事，从而将患者意志自主的理念廉价出售（undercut）。"(Jay Katz, The Silent World of Doctor and Patient, 1984, p. 49.)

就侵害意志自主认可赔偿请求权，一个主要障碍是，不同法系的大多数国家都立场一致地要求证明，未尽医疗风险披露义务与医疗行为所致真正损害间有因果关系。法院向来的立场是，患者针对医生违反信息披露义务及在征得知情同意方面有过失提起的诉讼要得到支持，必须证明其并不知晓的医疗风险果然实现，并造成自己的损害。[See Canterbury v. Spence 464 F. 2d 772 (1972) at 790.]

美国法院尚未认可向患者提供医疗信息的义务为独立赔偿事由，即仅以违反提供信息的义务为依据，不要求违反该义务造成真正损害（real damage）。事实上，法院甚至不认可违反该义务为过失侵权法框架下的独立损害名目。[See C. J. Jones, *Autonomy and Informed Consent in Medical Decisionmaking: Toward a New Self-Fulfilling Prophecy*, 47 Washington & Lee L. Rev. 379, 394-395, 426 (1990).]

以色列也一样，侵害意志自主尚未被认可为诉讼事由或者应予赔偿的独立侵权名目。是否应该如是认可呢？我的同事奥尔法官给予肯定回答，我赞成奥尔法官的意见。

37. 要求违反提供医疗信息并征得知情同意的义务与医疗行为所致真正损害间有因果关系，这就限制了医疗行为造成的真实伤害（身体伤害或心理伤害）得到赔偿。这个因果要求向来受到尖锐批评，盖其动摇了实施医疗行为需经患者知情同意在理论及概念上的正当性。学者准确表达了这个立场："法院倾向于设立因果关系要件，这似乎与知情同意规则本身的基础理论依据相冲突。"[M. A. Bobinski, *Autonomy and Privacy: Protecting Patients from their Physicians*, 55 U. of Pitt. L. Rev. 291, 343 (1993-1994).]

医生一旦违反义务，即侵害患者获得信息的权利。这个侵害存在于不法行为本身。是以看起来，（构成过失责任基础的）因果关系就是医生违反义务的组成部分。至于过失是否关系到违反义务或侵害意志自主，* 无关紧要。故而，从实际层面讲，要保护患者的意志自主权利，并没有理由将证明义务违反与医疗行为造成的实际损害间有因果关系设定为前提条件。

38. 如前所述，若是对意志自主权利的侵害与失败的医疗行为造成的实际伤害没有因果关系，就意志自主受侵害是否认可赔偿请求权，并没有一致立场。依否定派的意见，提供给患者的有关医疗行为风险的信息包含着技术细节，属医生专业知识领域，患者不具备恰当工具、所需要的技能或者相应知识来恰当理解并领会这些信息。否定派指出许多案件为证，在这些案件中，

---

* 译按：句中的"过失"似应为"人身损害（实际损害）"，未知确否。

患者更愿意让为自己推荐了最佳医疗方案的医生为自己决策实施何等医疗措施。甚至有人主张，主治医生若是坚信所推荐医疗方案是明智选择，就患者病情来说最为有效，披露信息时即应以策略引导患者接受其推荐的方案。这可能使得同意成为多余，无论如何都不是知情同意。[See C. J. Jones, *Autonomy and Informed Consent in Medical Decisionmaking*: *Toward a New Self-Fulfilling Prophecy*, 47 Washington & Lee L. Rev. 379, 406 (1990).]

这些主张代表某种家长主义路径，其立足的观念是，患者没有能力处理和权衡其并不精通的信息，患者没有勇气为自己的医疗事务承担责任，医生有能力摆布患者听从自己的指导。这些主张在相当程度上帮助医生巩固了在医疗决策程序中相对于患者的优势地位。诚然会有这样的情形，患者做医疗决策时并未恰当理解相关医疗信息，或者患者宁愿医生替自己决定，或者表面上是患者自主决定，实则是医生以善意暗中将患者说服。但我并不认为就侵害意志自主不承认赔偿请求权是对这些主张的正确回应。正确回应是，增强患者对自主决定权利的认知，强调医生的伦理义务，例如医生有义务以简单的语言提供医疗信息，让具体案情下的特定患者都能清楚理解。可以采用多种方法，使患者能够吸收并处理所得医疗信息。[See Natanson v. Kline 350 P. 2d 1093 (1960) at 1106; Cobbs v. Grant 502 P. 2d 1 (1972) at 11; C. J. Jones, *Autonomy and Informed Consent in Medical Decisionmaking*: *Toward a New Self-Fulfilling Prophecy*, 47 Washington & Lee L. Rev. 379, 412-414 (1990).]

39. 还有一个难题应该注意，这是我的同事拜利希法官在判决意见中提出的。我的同事担心，强化意志自主权利的努力可能悖谬地导致削弱意志自主，盖法院可能并不愿意面对因果关系判断这样复杂的局面（因果关系是人身损害赔偿的要件），于是以侵害意志自主为据，判给名义赔偿/象征性赔偿即认为大功告成。我并不认为这个担忧足以否定给这个损害名目以恰当赔偿，尤其是如稍后要解释的，对意志自主权利损害的赔偿并不能取代对人身损害的赔偿，而应该是起补充作用。

40. 总结以上，就侵害意志自主承认赔偿请求权，保护的是患者参与自己医疗事务决策程序的利益，以及身为有意志主体（而不仅仅是医疗行为的客体）的独立地位。保护个体获取医疗信息的权利，对于确保医疗决策意志自主权利至关重要。这是医生征得患者知情同意义务的基础，医生违反该义务时，患者就个人意志自主所受侵害应得到赔偿。

要承认就侵害意志自主得请求赔偿的权利面临内在困难,文献已提出诸多理由及考虑,但这些难题似乎都可以妥善应对并得到解决(如前述),是以这些反对主张并不能否决我的结论,应认可就侵害意志自主的赔偿请求权。

(十七)对侵害意志自主权利的赔偿:独立事由还是损害名目?

41. 要保护患者就自己身体意志自主的权利(right to autonomy over body),恰当的法律范畴是什么?

诸多学者认为,将侵害意志自主理解为损害名目(damage head),构成过失违法行为的一部分,以这种方式来保护意志自主权利于患者颇不公平,更可取的思路是将之界定为独立诉因(cause for action),不必以侵害意志自主与实际损害间的因果关系为责任要件。[See N. P. Terry, *Apologetic Tort Think*: *Autonomy and Information Torts*, 38 St. Louis U. L. J. 189, 193 - 194 (1993 - 1994); M. A. Bobinski, *Autonomy and Privacy*: *Protecting Patients from their Physicians*, 55 U. of Pitt. L. Rev. 291 (1993-1994).] 这些学者主张,就过失侵权来说,患者只有依过失侵权法通常的标准,证明医生在征得知情同意方面有过失,赔偿请求才会得到支持,而通常证明标准是客观标准,对患者的意志自主权利并未给予完整回答(*full* answer)。但我认为,在过失违法侵权框架下可以为意志自主权利提供恰当保护,盖[此路径]一方面考虑到医生要确使患者全方位参与的负担很重,另一方面也顾及患者获取全部医疗信息的利益。看起来在过失侵权法领域保护患者意志自主权利,可以在冲突利益间取得恰当平衡。

42. 诚然,即便在以侵犯基本权利(类似于宪法侵权,constitutional offense)为诉讼理由的诉讼框架下,也完全可以一般地保护个体意志自主权利以及特殊地保护获取医疗信息的权利。以侵害基本权利为赔偿事由,这个问题很复杂,在以色列法律体制内刚刚萌生。认可赔偿请求的宪法事由会催生大量难题,不管是法院先例还是学术文献,都尚未讨论并澄清,例如哪些权利得基于宪法事由得到保护,保护这些权利的标准何在,侵害宪法权利的合适救济手段有哪些,等等。在这个阶段,这些事宜还有待深入讨论,要解决眼下的难题还是采取其他路径比较合适。让人满意的方案是,个体意志自主权利应该在一个独立侵权名目(head of tort)领域内得到保护,以区别于那些过失侵权。* 至于能否以独立诉因来保护意志自主权利,这个沉甸甸的问题

---

* 译按:这里原文是 separate from those known to constitute negligence。

应该留待恰当时机再解决。[See 3 A. Barak, Parshanut Bimishpat, Parshanut Chukatit, 1994, p. 681.]

(十八)对人身伤害及侵害意志自主的赔偿：两者间的恰当关系

43. 在构成过失侵权组成部分的各侵权名目（heads of tort）下给予赔偿，与在侵害意志自主权利这个损害名目（damages head）上给予赔偿（责任及赔偿都是基于医生未征得知情同意），两者间是何等关系？

若是将医生的过失（这是赔偿患者的基础）表达为未征得实施治疗的知情同意，问题遂生：对人身伤害的赔偿是否也是对侵害意志自主的赔偿？意思是说，就侵害意志自主另外给予单独赔偿，实际上是双重赔偿。

事实是，只有医生的过失行为是令医生承担责任的基础，这个过失行为主要是在实施医疗行为前未获得知情同意。这个过失行为在不同层面产生了不同损害类型。对意志自主权利的侵害得表现于不同层面，既表现为内在、直接但无形的损害（对权利实际侵害的直接后果），也表现为间接但有形的损害。那个[医生]事先向患者征求同意而患者当会拒绝的医疗行为，若是失败，会造成人身伤害[这是有形损害]。未征得知情同意，剥夺了患者自主决定何者得施于己身的权利及能力，造成无形损害。

44. 在我看来，涉及侵害意志自主的侵权名目（head of tort）无论从哪方面来讲都应理解为独立损害名目（head of damage），附加于人身伤害或其他损害的赔偿之上，而不应理解为替代。这些是独立损害名目，为不同利益提供保护。认可就侵害意志自主权利请求赔偿的权利，保护了患者在决策程序中的自主地位，保护了患者为做医疗决定而获取信息的权利。[See A. D. Twerski & N. B. Cohen, *Informed Decision Making and the Law of Torts*: *The Myth of Justiciable Causation*, U. Ill. L. Rev. 607, 649 (1988).] 就原则来说，保护这些权利和利益不应以医疗行为造成真正损害并就此得到赔偿为条件，后者保护的是维持身体完整性的利益。赔偿失败的医疗行为造成的人身伤害，并不能反映侵害意志自主权利而给患者造成的无形损害。故而，两个侵权名目并置于同一诉讼中，这个事实并不意味着双重赔偿，盖两个侵权名目保护的利益是单独的、不同的。人身伤害排除了对侵害意志自主所生损害的赔偿，这个主张不利于保护内在于这两个独立损害名目的特定利益。是以，从原则性的法律层面看，我不认为有任何理由废弃其一。

同时，两个侵权名目间肯定有相互作用。换言之，患者意志自主权利遭侵害而受到的情感冲击，尤其会随下列因素而变动：未经知情同意而施行于患者身体的医疗行为的结果，所受人身伤害的严重程度，医生出于过失而未披露之信息的重要性，等等。例如，倘若失败的医疗行为造成患者人身伤害，侵害意志自主权利的无形损害就会被认为很严重。反之亦然：医疗行为的实施虽未获知情同意，但若大获成功，即可能绥抚患者，从而将所生损害降低到微不足道。*

（十九）对侵害意志自主所致损害的评估

45. 那么，该损害范围有多大，如何评估？评估对意志自主的侵害，使用何标准？是否应采用特定患者视角，从而考察其未收到相应信息是何感受（主观标准）？抑或从理性患者角度，检视侵害意志自主造成多大损害（客观标准）？或者应该采纳其他观点，吸收客观要素，但重点仍在个案患者的具体情势（混合标准）？

我首先要说的就是，混合标准是我认为最适合用来评估概率的标准：倘事先征求患者知情同意，患者做出特定选择的概率有多大（参见前文第24—25段）。我在前面述及的那些理由，也都适用于此处。比较法上也有支持混合标准的适例："医患关系产生提供信息和建议的义务。该义务的具体内容（应提供之信息的性质及细节），要视患者需求、关注及具体情势而定。患者可能会有特别需求或关注，倘若医生知道，即应提供所需要的特殊或额外信息……其他场合，例如没有特别询问，那么就提供处于患者位置之人合理需要的信息。" [Rogers v. Whitaker (1992) 67 Aust. L. J. 47 at 54.]

46. 评估无形损害生出许多难题，损害的量化努力格外困难。适用混合标准评估侵害意志自主造成的损害时，必须考虑所受伤害（若采纳理性患者视角），还必须考虑特定患者个体及独立的侧面："自严格侵权法角度看，对非金钱损害的赔偿，取决于个体对意志自主的看重程度，要考虑受害人对侵害的心理及精神反应。"（Izhak Englard, The Philosophy of Tort Law, 1993, p. 164.）

为评估损害，法院必须确定医生未提供必要信息而侵害患者意志自主的程度。注意，医生有义务披露的信息并非患者想知道的一切信息，只限于那

---

* 译按：对屑事法律不以为意（de minimis non curat lex）。该格言有时用以排除对细微赔偿金的支付，如果行为人没有妨害财产、权利的不法意图，并且所有可能的损害都无法得到证明。但该格言并不阻止对明显损害的赔偿请求权，比如非法侵入土地，尤其是如果不处罚这种侵害，它就会导致侵害人依时效取得权利。薛波主编：《元照英美法词典》，法律出版社2003年版，第395—396页。

些倘若不披露将构成征得知情同意方面过失的信息。是以,法院评估侵害意志自主造成的损害时,必须考察的是未披露医生有义务向患者披露的特定信息而造成的损害。

47. 医生提供信息的义务并不是整齐划一的,不会囊括一切细节直到最为遥远的风险〔CA 4384/90 Vaturi v. Leniado Hospital, IsrSC 51(2)171 at 182〕。医生未告知特定真实风险,只要不是"不着边际或虚幻的"风险,就可能构成过失〔Rogers v. Whitaker(1992)67 Aust. L. J. 47 at 54〕。是以,医生和法院都必须考虑医生应披露之信息的范围和性质,以已提供的信息为参照,确定未提供之信息的特殊价值(参见《患者权利法》第13条)。倘若患者相信,未披露的信息当会改变自己是否接受医疗行为的立场,对意志自主的侵害就更为严重。此际,应该考虑患者对于医疗信息之提供的立场和态度。很多时候,患者主动放弃自由意志,将决策事宜完全交给医生,甚至要求不要告知自己病情。

"在医患关系中,患者希望在决策程序中充分实现意志自主的真实愿望相当不成熟(rudimentary)。众所周知的普遍现象是,很多人不愿意为自己的命运承担责任,尤其是碰上困难的医疗决定……目前来说,患者对于医疗决策中意志自主的愿望远远谈不上充分发展。"(Izhak Englard, The Philosophy of Tort Law, 1993, pp. 164-165.)

在这样的状况下,此论辩遂以为,在侵权名目下保护意志自主,没有造成损害也给予赔偿,并不妥当。"倘患者对自主决定并无自觉意识,为何要赔偿其假定损失(assumed loss)?没有损害,就没有赔偿救济方式。"(Ibid., p. 165.)

诚然会有这样的情形,患者害怕知道自己的病情,不敢为自己做这么重要的决定,故不愿意接收医疗信息,更愿意将医疗决策事宜委诸医生。表面看来,这并不合乎每个人都是有独立意志的主体的观念,虽说拒绝担负自主决定的责任同样来自其自由意志。无论如何,为评估侵害意志自主所致损害的范围,有必要考虑特定患者就接受医疗信息的立场和愿望,盖患者若是对接受信息及做自主决定并无兴趣,那么意志自主受侵害的主张就没有依据了。

48. 评估损害时还有一点考虑,涉及医疗行为的后果。我不认为这里适宜做巨细靡遗的考察,每件案子都应置于具体案情下基于事实本身来考虑。但看起来,医疗行为的结果对于评估侵害意志自主所致损害或有重要意义。例如,虽未获知情同意而施治,但大获成功,侵害意志自主的损害可能成为理论上的或者微不足道的（de minimis）。反之，未经知情同意，且医疗行为失败甚至造成人身伤害，医疗行为的失败可能会加剧患者所受伤害并让患者感受更为强烈。无论如何，赔偿意图绝不会完全是惩罚性的或者［完全是］理论性的［指名义赔偿］。

（二十）医生的负担是否过重？

49. 就侵害意志自主承认损害赔偿请求权，难免有诸多质疑及难题。显然，承认这个侵权名目，就侵害意志自主本身（per se）得请求赔偿，让主治医生承受了很重的负担。承认这个损害名目将医生暴露于责任风险之下：不但在于征得知情同意方面有过失且造成人身或其他伤害的情形，而且在医疗行为很成功但要就侵害该权利造成的无形损害负责任的情形。诚然，医生的负担很重。但同时，医生掌握的权力会对患者的生命方式及健康产生重要影响（若非不可改变的影响）。是以，虽说医生意图良好，想要惠及患者，仍应将患者意愿牢记在心。

50. 同时，对"防御医疗"的担忧并非全无根据［see CA2989/95 Korantz v. Sapir Medical Center "Meir" Hospital, IsrSC 51（4）687 at 698］，当医生碰上责任扩大的危险，［法院］就会听到这个主张。诚然，医生的负担很重，但法院想来应能区分两类信息：一类信息至关重要，不予披露会侵害患者意志自主；一类信息并非不可或缺，不予披露不会侵害患者经过深思熟虑，独立做知情决定的能力。类似地，法院想来应能区分已征得知情同意的案件与未征得知情同意的案件。循此路径，注意关注各方冲突利益，依个案事实审慎评估侵害意志自主的赔偿金额，即得一方面保护患者的意志自主，另一方面保护医生的重要工作。

51. 此外，必须牢记，认可这个损害名目只是马赛克的一粒石子，我的意思是将患者意志自主置于医疗服务的中心位置，确立患者在医疗决策程序中的地位。

"［倘若］法律只是要求医生'披露'，或者要求患者'决定'，这并不够。医生必须放弃一些权力，患者也必须放弃一些软弱……患者与医生必须培养对待彼此的不同态度……患者显然需要更多地信任自己：相信自己理解信息的能力，询问恰当的问题，做'正确的'决定。患者对自己的信任，并非来自减少一点对医生的信任，而是来自医生及他人（包括法律）对患者更多的信任。"［C. J. Jones, *Autonomy and Informed Consent in Medical Decisionmak-*

ing: *Toward a New Self-Fulfilling Prophecy*, 47 Washington & Lee L. Rev. 379, 425 (1990) (斯特拉斯伯格-科恩法官以斜体强调).]

(二十一) 本案的解决

52. 以上所述就本案影响如何?

在本案的案情下,医生未得到上诉人的知情同意,也没有证实医生给了患者个案中必要的信息;该手术是选择性手术,且并非患者去医院打算接受的手术。在此情形下未披露信息,意味着征得知情同意上的过失。这个过失使得上诉人不可能基于充分信息并经深思熟虑,就是否愿意接受肩部活体组织检查做决定。就活体组织检查的自愿、知情决定,本来应该上诉人意志独立地自主为之。是以我判定,该过失行为侵害了上诉人就自己身体的意志自主权利。但仅仅裁决说上诉人意志自主受到侵害还不够,盖这个裁决还只是在责任层面,吾人必须进一步检视在本案案情下的具体表达。这就要求通过评估决定,侵害意志自主给上诉人造成损害的范围。

肩部活体组织检查完毕之后,上诉人才意识到自己事先并未得到充分信息,医生在征得知情同意方面有过失。上诉人知晓这些事实后是如何反应的,提交上来的证据中未见相关内容。吾人并不知晓,就医疗事务做自主决定,这件事在上诉人的角度来看有多么重要,倘若事先向上诉人征求知情同意,上诉人又会做怎样的决定。上诉人并未就这些事宜出具证词,直截了当否认自己曾意识到要接受这样的手术。初审法官认为上诉人的陈述不可信赖,故不予采纳,而除了在这个损害名目下给予一笔估算的赔偿金,也无甚可做。总结来说,我就下面两点赞成我的同事奥尔法官的立场:认可侵害意志自主这个侵权名目下的损害赔偿请求权,以及奥尔法官确定的赔偿金额。在我看来,这个损害名目下的赔偿金应附加于未获知情同意而实施之手术所造成人身伤害的赔偿金,数额应为后者的一半,理由前已备述。

四、院长巴拉克法官

我赞成我的同事奥尔法官的判决。是以,我不必依我的同事斯特拉斯伯格-科恩法官判决中建议的路径来裁决本案。诚然,不能依合理可能性权衡认定因果关系的案件,会给确定可适用的法律带来难题。这也是我的同事拜利希法官在这个问题上的观点。我不必在眼下个案中解决这个问题,留待将来更深入考察。原因在于，依奥尔法官的判决，在本案中已经证明，倘若上诉人事先得到恰当信息并给予"知情"同意，当会接受肩部活体组织检查。

五、副院长列维法官

我赞成我博学多识的同事奥尔法官的裁判。

六、车辛法官

我赞成我的同事奥尔法官的裁决。但我必须承认，像本案这样的案情，评估存在因果关系的概率（相对于合理可能性权衡规则）让我很感兴趣，我的同事斯特拉斯伯格-科恩法官正是依据该规则而裁决。"像本案这样的案情"意指，由于被告的作为或不作为，受害人（原告）发现很难证明被告的行为与原告所受伤害之间有因果关系。于是，比如说，就会有这样的主张：像本案这样的案情（我的论述限于这种情形），就正义实现，分摊损害的规则要优于"全有或全无"的规则。过去在混合过失（contributory negligence）场合也是同样情况，在加害人与受害人之间分担责任的规则取代了完全免除或完全责任的规则。是以得主张，同样的规则应适用于本案。同样的规则倒是适用于共同加害人之间的责任分担。毫无疑问，就被告的作为或不作为与损害间的因果关系事宜，前述两种情形并不同于本案。虽说如此，看起来分摊责任的原则也应在像本案这样的案情中有所体现。我既然赞成我的同事奥尔法官的意见，就很走运地不必决定这个议题。该问题可留待将来讨论。

七、恩格拉德法官

我赞成尊敬的同事奥尔法官的判决。

多数意见依奥尔法官的立场裁判。

1999 年 8 月 29 日

医院如何承担产品责任：欧洲法院贝桑松大学医院与迪特吕医疗损害赔偿案

佐审官意见

门戈齐（Mengozzi）

2011年10月27日[1]

（法国最高行政法院请求欧洲法院发布先决裁判）

1. 本件请求先决裁判的移送案，涉及《欧共体理事会1985年7月25日关于协调成员国有关缺陷产品责任的法律与行政规定的指令》（以下简作"产品责任指令"）第3条、第13条的解释。

2. 本件移送案涉及贝桑松大学医院对患者因医用缺陷电热毯所受损害的赔偿责任事宜。

一、法律背景

（一）"产品责任指令"

3. "产品责任指令"序言第1段、第4段、第13段及第18段内容如下："就产品缺陷造成损害情形生产者的责任事宜，各成员国法律立场的歧异

Case C-495/10 Centre Hospitalier Universitaire de Besançon v. Thomas Dutrueux, Caisse primaire d'assurance maladie du Jura ［2011］ European Court Reports 2011-00000. 参见欧洲法院官网：http://curia.europa.eu/juris/liste.jsf? language=en&num=C-495/10（2022年5月9日最后访问）。欧洲法院由诸成员国各派遣一位法官组成，并设11位佐审官（Advocates General），职责在于考察提交到法院的那些引起新法律问题的书面或口头陈词，并就法律方案向法院出具公允持正的意见。佐审官的意见对法院没有拘束力，但多数情形，法院会得到同样结论。本件纠纷，法院判决采纳了佐审官意见，但佐审官意见论证更为细致，篇幅是判决书的一倍，可能更具参考意义，故两份文书一并译出。

[1] 原文为法文。

或会扭曲竞争并妨碍共同市场内部的商品流通，而就缺陷产品造成的消费者人身或财产损害，保护力度亦难免参差不齐，是以实现各成员国法律立场的一体化实有必要；

……

为保护消费者，参与生产过程的全部生产者，只要其制成品、零部件或提供的原材料有缺陷，皆应负赔偿责任；同理，将产品进口至欧共体之人，将自己的姓名、商标或其他标识注明于产品之上而表现为生产者之人，或者在生产者不明情形的供货人，亦应负赔偿责任；

……

依各成员国法律体制，受害人或得依本指令建立的责任体制之外的契约责任或非契约责任事由而请求损害赔偿；只要这些规则亦旨在实现消费者有效保护的目标，即不受本指令影响；倘依成员国特别责任体制，已在药品领域实现了消费者有效保护，同样可能基于此类责任体制提出权利请求；

……

本指令于现阶段实现的一体化尚不彻底，但开启了通往更高程度一体化的通道；……"

4. "产品责任指令"第1条道："产品缺陷造成损害的，生产者应负赔偿责任。"

5. "产品责任指令"第3条规定：

"（1）'生产者'意指制成品的制造人、任何原材料的生产人或零部件的制造人，以及将其姓名、商标或其他标识注明于产品之上而表现为生产者之人。

（2）不影响生产者责任，任何于其营业活动中为销售、出租或不管何种形式的流布（distribution）而将产品进口至欧共体之人，应视作本指令所称生产者并负生产者之责任。

（3）产品的生产者不能查明的，任何供货者将被视作生产者，除非其于合理期间内，向受害人说明生产者或向其供货之人的身份。就进口产品而言，产品未标明第2款所说的进口商身份的，哪怕标明了生产者名称，前句亦适用之。"

6. "产品责任指令"第13条写道：

"本指令不影响受害人依［其他］契约或非契约责任法律规则或者在指令

通报给各成员国时已经存在的特别责任体制可能享有的任何权利。"

（二）内国法

7. "产品责任指令"已依《法国民法典》第1386-1条至第1386-18条而转化为内国法。

8. 法国最高行政法院（Conseil d'État）解释说，主要是依据行政法院判决确立的原则，法国建立起一套公立医疗机构对患者的责任体制。

9. 依据法国最高行政法院2003年7月9日判决，这套体制的主要内容是公立医疗机构服务过程中所用产品或设备发生故障（failure），造成患者损害的，医疗机构纵无过错，亦负损害赔偿责任。[2]

二、主诉讼争点，请求发布先决裁判的事宜

10. 2000年10月3日，时年13岁的患者于贝桑松大学医院接受手术，其躺卧的电热毯控温装置有缺陷，致患者灼伤。

11. 贝桑松行政法院于2000年3月27日判决，令医院承担赔偿责任。医院提起上诉，南希行政上诉法院于2009年2月26日将上诉驳回。医院遂就法律事宜向法国最高行政法院提起上诉。

12. 为支持其法律审的上诉主张，医院提出，南希行政上诉法院的裁决违背了"产品责任指令"的立场。医院称，倘损害仅仅由医院所用医疗设备及产品的故障造成，依"产品责任指令"立场，公立医院无过错的，不承担责任。只有电热毯的制造人（一旦查明）应负责任。

13. 患者因医院提供服务所用设备或产品发生故障遭受损害，公立医院纵无过错，亦负赔偿责任的规则，系法国最高行政法院2003年7月9日判决设立。这套特殊责任体制，源于公立医院和其服务的患者间的特别关系。依法国最高行政法院的看法，可以认为这套体制立足于特别的基础，不同于"产品责任指令"建立的责任体制。是以，依"产品责任指令"第13条，这套针对公立医院的责任体制可以继续适用。

14. 倘不然，法国最高行政法院认为，主诉讼纠纷的结果就取决于，"产品责任指令"所建立的责任体制是否适用于缺陷产品的使用人于其向第三人提供服务过程中致该第三人受损害的情形。

---

[2] Conseil d'État, 9 July 2003 Assistance Publique-Hôpitaux de Paris v. Mrs Marzouk, No 220437.

15. 法国最高行政法院遂决定中止诉讼，并将下列问题提交欧洲法院，请求发布先决裁判（preliminary ruling）：

"第一，考虑到'产品责任指令'第 13 条，该指令是否允许针对公立医疗机构的患者这种特殊情形而另外设立责任体制，在这套体制下，患者因医疗机构所用医疗产品、设备发生故障而受损害的，医疗机构纵无过错，患者亦得请求赔偿，当然，不得害及医疗机构针对生产者提起第三人诉讼的可能性。

第二，提供服务过程中，所用缺陷设备或产品造成服务利用人受损害的，'产品责任指令'是否限制了各成员国界定服务提供者责任的权力。"

三、相关程序

16. 法国最高行政法院于 2010 年 10 月 4 日决定将案件提交欧洲法院，请求发布先决裁判，欧洲法院于 2010 年 10 月 15 日收悉请求。

17. 贝桑松大学医院，法国、德国、希腊政府及欧洲委员会，向欧洲法院提交了书面意见。

18. 在 2011 年 9 月 20 日举行的口头听证会上，除德国政府外，以上各方还发表了口头意见。

四、法律分析

19. 参加听证的各方当事人都同意，欧洲法院应先解决第二个问题，盖此问题要求确定，诸如本件主诉讼所讨论的责任体制是否落入"产品责任指令"的适用范围。倘对第二个问题的回答是否定的，即不必再考察第一个问题（第一个问题涉及"产品责任指令"第 13 条的解释），并给予内国法院于主诉讼中解决纠纷的充分信息。

（一）第二个问题

20. 法国最高行政法院提交的第二个问题涉及确定"产品责任指令"的适用范围。尤其是，欧洲法院必须明确，针对公立医院就服务过程中所用缺陷设备或产品致害的责任事宜，"产品责任指令"是否限制了适用内国责任体制的可能性。

21. 更为一般地讲，这个问题关系到，因提供服务过程中所用缺陷产品致人损害，能否将"产品责任指令"适用于规制服务提供者的责任体制。在两种假想情形，"产品责任指令"可以适用于服务提供者，从而排除内国责任体制。

22. 假想情形一：倘服务提供者被视作"产品责任指令"第3条第3款意义上的缺陷产品"供货者"，则该指令适用于规制服务提供者的责任体制。依该指令第3条第3款，"产品生产者无法查明的，供货者视为生产者，除非其于合理期间内向受害人说明生产者或向其提供产品之人的身份"。指令的立法机关未界定"供货者"术语，故得包含服务提供者。依该指令第3条第3款，服务提供者遂得被视作服务过程中所用缺陷产品的"生产者"，除非其于合理期间内向受害人说明生产者或者自己的"供货者"的身份。

23. 假想情形二："产品责任指令"得适用于规制服务提供者的责任体制，盖指令将服务提供者排除于其穷尽列举的缺陷产品责任人之外（明文只包括"生产者"和"供货者"）。与第一种情形不同，如果服务提供者不能被视为缺陷产品的"供货者"，也就不能视其为"生产者"。服务提供者因此不就缺陷产品所致损害负责，哪怕其不能指明所用产品的"生产者"或者向其供货之人的身份。*

24. 下面依次讨论这两种假想情形：第一，将服务提供者纳入"产品责任指令"第3条第3款意义上的"供货者"；第二，"产品责任指令"对责任人类型的穷尽列举。

第一，将服务提供者视作"产品责任指令"第3条第3款所说"供货者"。

25. "产品责任指令"并未对第3条第3款的"供货者"术语加以界定。

26. 照希腊政府的看法，"产品责任指令"第3条第3款的"供货者"意指商品流布链条里的行为主体。[3]在主诉讼中，流布链条的最后环节即为将缺

---

* 译按：此段意为，要考察"产品责任指令"是否意在只允许生产者与供货者承担产品责任，完全不允许利用了产品的服务人承担产品责任。也就是说，该指令是适用于服务人的，适用的法律效果是，不仅该指令本身不会让服务人承担产品责任，也不允许内国法让利用了产品的服务人承担产品责任。

〔3〕 希腊政府依据的是《欧洲理事会2002年12月19日关于修改缺陷产品指令下责任事宜的决议》（Council Resolution of 19 December 2002 on amendment of the liability for defective products Directive），该决议第4段写道，"理事会注意到，指令第3条第3款的'供货者'语词，指称流布链条里的行为主体"。

陷电热毯交付给贝桑松大学医院。此后，医院于服务过程中利用电热毯，即非为流布链条的环节。法国政府认为，"供货者"必须是以职业身份参与产品营销链条之人。[4]在听证会上，欧洲委员会赞同希腊政府和法国政府的理解。

27. 依据欧洲法院对"产品责任指令"加以解释的判例法，该指令第3条第3款的"供货者"概念应极为严谨地界定。在斯科夫诉比尔卡案中（Skov and Bilka）[5]，欧洲法院称，"指令第1条、第3条明确了参与制造、营销过程的哪些行为人应依指令承担责任"。[6]欧洲法院又于稍后的判决中批评丹麦法律让"流布链条里的中间人"和制造人依同样条件负责任。[7]另外，就"投入流通"，欧洲法院说，"一般而言，生产者是将产品直接出售给使用人或消费者，还是出售行为构成流布过程的一部分，而整个流布过程涉及一位或多位行为主体，诸如'产品责任指令'第3条第3款所构想的情形，这些无关紧要"。[8]

28. 此外，欧洲法院认为，"生产者被界定为成品制造人。仅在穷尽列举的特定情形，其他人方得被视作生产者，亦即，将其姓名、商标或其他标识注明于产品而表现为生产者之人（第3条第1款），将产品进口至欧共体之人（第2款），以及在生产者无法查明情形的供货者，除非在合理期间内向受害人指明生产者或向其供货之人的身份（第3款）"。[9]对"供货者"概念的宽泛定义，将违背指令穷尽列举"生产者"的意图。

29. 欧洲法院未曾直接界定"产品责任指令"第3条第3款的"供货者"。但从前述欧洲法院的判例可见，缺陷产品的供货者应理解为参与到产品营销或流布链条里的中间人（an intermediary involved in the marketing or distribution chain）。这一界定性质上应严格解释。

30. 针对缺陷产品的营销或流布链条，为明确"产品责任指令"第3条第3款的"供货者"所指，可以参考《欧洲议会和理事会2001年12月3日关于产品安全的指令》（Directive 2001/95/EC，以下简作"产品安全指

---

[4] 法国政府援引欧洲法院斯科夫诉比尔卡案：Case C402/03 Skov and Bilka [2006] ECR I199, paragraph 28。

[5] Case C402/03 Skov and Bilka [2006] ECR I199, paragraph 28.

[6] Ibid., paragraph 30.

[7] Case C327/05 Commission v. Denmark [2007] ECR I93, paragraph 18.

[8] Case C127/04 O'Byrne [2006] ECR I1313, paragraph 28.

[9] Ibid., paragraphs 36 and 37.

令"）。[10] 事实上，正如法国政府指出的，划定了该指令的适用范围，就必然反映"产品责任指令"的适用范围。[11]

31. "产品安全指令"于序言第 9 段称，"服务提供者向消费者提供服务所用产品的安全事宜，应与所提供服务的安全事宜一并处理"。考虑到两件指令间的联系，同样可以认为，依"产品责任指令"，服务提供者对缺陷产品的利用，必须和产品所用于的服务一并处理。是以，服务提供者不同于"产品责任指令"第 3 条第 3 款所谓产品"供货者"，盖其提供的并非产品，而是服务，只是在服务供给中利用了缺陷产品。[12]

32. 在主诉讼中，贝桑松大学医院只是在服务过程中利用了电热毯。正如欧洲委员会在听证中指出的，本案所涉并非消费者求购电热毯，而是患者赴医院求医。是以，缺陷电热毯的安全事宜必须与服务供给本身一并处理。故，贝桑松大学医院不得被视作缺陷电热毯的流布人，不能将之等同于"产品责任指令"第 3 条第 3 款的"供货者"，与前文第 22 段提出的假想情形一正相反。

第二，"产品责任指令"对责任人的穷尽列举。

33. 即便医院不得被视作"产品责任指令"第 3 条第 3 款意义上的供货者，在前文第 23 段的假想情形二下，基于法国最高行政法院 2003 年 7 月 9 日判决确认的公立医院责任体制，仍可能落入"产品责任指令"适用范围。可以这样认为，依"产品责任指令"建立的责任体制，只有该指令明确提及之人，方负责任。故，倘贝桑松大学医院不属于该指令第 3 条所列责任人类型，即不会因利用了缺陷电热毯而负责任。只有"生产者"以及特定情形下的

---

[10] Directive 2001/95/EC of the European Parliament and of the Council, of 3 December 2001, on general product safety (OJ 2001 L 11, p. 4).

[11] 法国政府援引《欧洲议会和理事会 1999 年 5 月 10 日对产品责任指令加以修订的指令》（Directive 1999/34/EC），该指令将初级农产品纳入"产品责任指令"适用范围。该指令序言第 1 段写道，"产品安全以及对缺陷产品所致损害的赔偿，是必须在内部市场予以实现的社会职责（social imperatives）；欧共体已经通过'产品责任指令'和 1992 年 6 月 29 日关于产品一般安全的指令（Directive 92/59/EEC，已被 2001 年 12 月 3 日产品安全指令取代）回应了此要求"。

[12] 在费法德案中（Case C203/99 Veedfald [2001] ECR I3569），欧洲法院区分了所用产品的缺陷和服务供给本身的缺陷，认为在该案中，服务过程中利用缺陷产品落入"产品责任指令"适用范围（paragraph 12）；但该案未涉及将服务提供者看作"产品责任指令"第 3 条第 3 款所谓"供货者"的事宜。该案责任人为市政当局，既是服务提供者，又是缺陷产品制造人。市政当局是以缺陷产品生产者身份而适用"产品责任指令"。是以，不能将该案判决当作将服务提供者纳入"产品责任指令"第 3 条第 3 款所谓"供货者"范畴的先例。

"供货者",方就服务过程中所用缺陷产品造成的损害负赔偿责任。

34. 欧洲法院在一系列判决中都持此立场,认为"'产品责任指令'第1条、第3条对责任人类型的界定,应看作穷尽列举"。[13]

35. 但仔细检视涉及"产品责任指令"解释的判例法,当会发现,那种"服务提供者不负责任,盖'产品责任指令'未规定此种责任"的主张,并未得到欧洲法院判例法支持(a)。另外,一件最近的判例表明,相反地,不能认为"产品责任指令"可以适用于其明文规定之外的情形(b)。

(a) 判例法尚未将"产品责任指令"延伸及于规制服务提供者的责任体制。

36. 吾人不能忽视第34段所引欧洲法院裁决的上下文。考察上下文可见,法院当时并未明确对下面这个问题加以裁判,也就是将"产品责任指令"适用范围延伸及于规制服务提供者的责任体制的可能性。

37. 欧洲法院在两个不同情形提及对责任人类型的穷尽列举。第一,为了评估"产品责任指令"第3条第3款所说"供货者"的责任范围,此际,欧洲法院重申,相较于"生产者"责任,"供货者"责任具有附属性质。[14] 当时指定"供货者"并未产生困难,盖在该案中,是商店所有人(缺陷产品系自该店购得)。第二,有件案子,被告某家公司被错误当作缺陷产品"生产者",当时论及当事人替换的可能性,法院再次指出责任人类型是穷尽列举的。[15] 这些案件都涉及适用于"产品责任指令"所说"生产者"或"供货者"的责任体制。

38. 除了这些案件,欧洲法院未曾直接裁决,将"产品责任指令"的适用范围延伸及于服务提供者对缺陷产品的责任。尤其是费法德案(服务过程中利用了缺陷产品,指令是否适用),欧洲法院只论及"产品责任指令"第3条第1款意义上的缺陷产品"生产者"的责任。[16]

39. 这里还应该提到,有件案子的案情,本来倒真可推动欧洲法院就该事宜做出裁判。在该案中,冈萨雷斯·桑切斯女士诉称,于医疗机构输血时感

---

[13] See Skov and Bilka (paragraph 33) and O'Byrne (paragraph 35). 类似表述,参见Case C358/08 Aventis Pasteur [2009] ECR I11305, paragraph 36 ("'产品责任指令'第1条和第3条对受害人得据指令责任体制对之提起诉讼的责任人类型的界定,应理解为穷尽")。

[14] Case C402/03 Skov and Bilka [2006] ECR I199, paragraph 37.

[15] O'Byrne, paragraph 39, and Aventis Pasteur, paragraphs 62 to 64.

[16] Case C203/99 Veedfald [2001] ECR I3569.

染了丙肝。[17]欧洲法院本可利用该案明确，可否将涉案医疗机构看作"产品责任指令"第3条第3款所说的缺陷产品"供货者"。欧洲法院未将医疗机构看作"供货者"，但其本来可以确认，"产品责任指令"的适用范围亦延伸及于适用于医疗机构的责任体制。欧洲法院没有这样澄清，盖当时唯一的问题是，"'产品责任指令'第13条是否必须解释为，因该指令转化为内国法，排除了对各成员国法律赋予消费者的权利施加的限制或束缚"。[18]

40. 法院明确回答了这个问题，判决称"'产品责任指令'第13条应解释为，成员国法律依一般责任体制赋予缺陷产品受害人的权利，倘和该指令引入的责任体制有着同样的基础，就可能因为该指令转化为内国法而受到限制或束缚"。[19]成员国法律赋予缺陷产品受害人的任何权利，都有可能因为"产品责任指令"的转化而受到限制或束缚。诚然，倘内国法为"生产者"或"供货者"承担责任设定了其他条件，但同样是基于产品缺陷承担责任，则自"产品责任指令"转化为内国法后，这些其他条件即告寿终。在该案判决中，欧洲法院未就"产品责任指令"的适用范围或者将之延伸及于服务提供者的事宜加以裁判。

(b) 除写明受其规制的情形外，"产品责任指令"不适用于其他事宜。

41. 欧洲法院最近在某件涉及缺陷产品责任的案件中确认，"产品责任指令"并不适用于其明确规制之外的情形。这里说的是利莱森玛公司案（Moteurs Leroy Somer）[20]，由于利莱森玛公司生产的交流发电机过热，造成医院发电机着火。这台有缺陷的发电机造成专供业务使用并且确实使用的财产受损害。欧洲法院裁判说，"产品责任指令"实现的法律一体化，并不涵盖此类损害赔偿事宜。是以，"产品责任指令"并不禁止各成员国于指令引入的责任体制之外建立其他责任体制。

42. 如此，欧洲法院的立场遂与"产品责任指令"序言第18段保持一致，该处明白写道，"本指令所推动的法律一体化，目前并不彻底，但开辟了通往更深程度一体化的道路"。[21]"产品责任指令"并不意在规制缺陷产品责

---

[17] Case C183/00 Gonzalez Sanchez [2002] ECR I3901.
[18] Ibid., paragraph 13.
[19] Ibid., paragraph 34.
[20] Case C285/08 [2009] ECR I4733.
[21] "产品责任指令"序言第18段。

任领域的方方面面。

43. 欧洲法院此前虽曾说过,"第1条及第9条穷尽列明了可能的赔偿名目"[22],但还是采纳了前段所说的立场。在利莱森玛公司案判决中,欧洲法院写道,"虽说'产品责任指令'就其所规制的事宜,力求实现各成员国法律、法规立场完全一体化[23],但正如序言第18段表明的,就其规制事宜以外的情形,指令却并不打算就缺陷产品责任的方方面面实现彻底一体化"。[24] 欧洲法院称,"不论从该指令的措辞,还是从该指令的结构看,对专供业务使用并确实使用的财产的损害赔偿事宜,并不在该指令的规制范围内"。[25] 是以,"产品责任指令"的适用范围并不延伸及于缺陷产品给专供业务使用并确实使用的财产造成的损害。

44. 欧洲法院于利莱森玛公司案所采立场,对于回应法国法院提交的问题格外重要;盖在费法德案中,欧洲法院确认,针对医疗服务提供者对缺陷产品致害的责任,[欧共体]未设相关规则。[26] 也就是说,欧洲法院承认,立法机关并未计划以"产品责任指令"引入得适用于服务供给的责任体制。将这两件判决并读,即可得出结论,即便是在服务过程中产品造成损害,"产品责任指令"的适用范围也仅及于"生产者",或在特定情形,延伸及于缺陷产品的"供货者"。是以,和第23段考虑的假设二情形正相反,"产品责任指令"所要实现的一体化并不延伸及于规制服务提供者的责任体制。

45. 此外,欧洲法院在利莱森玛公司案中认为,该案所涉损害"不在'产品责任指令'所说'损害'涵摄之内"[27],不判定损害为该指令所涵盖,不赋予受害人赔偿请求权,是由于该指令针对的财产损害限于私人使用并且确由受害人使用的财产。欧洲法院的进路,给缺陷产品受害人得到更好的赔偿留下了可能性。

46. 本件主诉讼所涉责任主体,同样并未为"产品责任指令"所涵盖。

---

[22] Veedfald, paragraph 32.

[23] 这一论断源于2002年4月25日的三件判决:C52/00 Commission v. France [2002] ECR I3827, paragraphs 14 to 24; C154/00 Commission v. Greece [2002] ECR I3879, paragraphs 10 to 20, and González Sánchez, paragraphs 23 to 32.

[24] Moteurs Leroy Somer, paragraph 25.

[25] Ibid., paragraph 27.

[26] 在费法德案中,法院称,"就服务事宜,欧共体未有任何立法"(Veedfald, paragraph 12)。

[27] Moteurs Leroy Somer, paragraph 17.

由该指令实现一体化的适用于缺陷产品"生产者"（及特定情形下的"供货者"）的责任体制，内国［法国］责任体制完全未去触动（leaves intact）。正如德国政府指出的，内国适用于服务提供者的责任体制，在"生产者"及"供货者"依"产品责任指令"所承担的责任之外，仍得适用。将对公立医疗机构的患者应负责任的责任人范畴予以扩展，强化了患者权利。就此可以指出，这样的扩张合乎"产品责任指令"实现有效的消费者保护这个目标的精神和宗旨。[28]

47. 这里指出一点，非常有趣：和提交的书面意见相反，欧洲委员会在听证会上认为，"产品责任指令"并不限制各成员国就服务过程中利用缺陷设备或产品之人的责任事宜加以规制的权力。在主诉讼中，正如欧洲委员会正确指出的，只有适用成员国关于服务提供者的责任体制，被电热毯灼伤的病人才有请求赔偿的权利。事实上，由于伤害发生于2000年10月3日手术中，针对缺陷电热毯"生产者"的任何诉讼，皆为时效所阻。[29]

48. 是以，延续利莱森玛案判决立场，欧洲法院应得出结论：服务提供者于服务过程中所用缺陷产品致患者损害的，损害赔偿事宜不在"产品责任指令"规制事宜之内。是以，"产品责任指令"并不禁止各成员国于该指令引入的责任体制之外设立其他责任体制，使贝桑松大学医院（在服务中使用了缺陷电热毯）以医疗服务提供者的身份承担责任。

第三，初步结论。

49. 基于以上理由，我建议，针对法国法院的第二个问题，欧洲法院应如是回应：服务提供者于服务过程中所用缺陷设备或产品致服务接受人损害的，"产品责任指令"允许各成员国针对服务提供者的责任事宜加以规制，但基于"产品责任指令"的针对生产者的相关规则，其适用的可能性不得受影响。

50. 倘欧洲法院不赞同此立场，并认为"产品责任指令"适用范围确实延伸及于规制服务提供者（于服务供给中所用缺陷产品致害）的责任体制，余将转而考察法国法院提交的第一个问题（涉及"产品责任指令"第13条的解释），俾以欧洲法院尽可能的帮助。

----

[28] 尤其参见"产品责任指令"序言第13段："依内国法，受害人或得基于本指令规定之外的其他非契约责任事由，请求损害赔偿；只要这些法律制度同样以有效保护消费者为目的，即不受本指令影响而仍得适用。"

[29] "产品责任指令"第11条：投入流通之日起10年。

(二) 退一步，第一个问题

51. 法国法院提交的第一个问题，涉及"产品责任指令"第 13 条的解释，该条写道，"本指令不妨碍受害人依［其他］契约或非契约责任法或者本指令向成员国通报时已存在的特别责任体制可能享有的任何权利"。这里的问题是，公立医疗机构的患者因医疗机构所用产品和设备发生故障受损害的，针对这种特殊情形，"产品责任指令"是否允许建立其他责任体制。

52. 欧洲法院曾如是解释"产品责任指令"第 13 条："依该指令第 4 条，受害人倘能证明所受损害、产品缺陷及两者间的因果关系，即能得到赔偿，这套规则并不妨碍基于其他理由的契约或非契约责任体制的适用，例如基于过错或者潜在缺陷担保的责任体制。"[30]

53. 是以，"产品责任指令"通报各成员国时已经存在的特殊责任体制，以及有着不同基础的契约或非契约责任体制，"产品责任指令"皆许其适用。*

54. 首先，就"产品责任指令"通报各成员国时已经存在的特殊责任体制来说，该指令系于 1985 年 7 月 30 日通报各成员国。这里应注意，正如法国最高行政法院指出的，主诉讼所涉责任体制，源于法国最高行政法院 2003 年 7 月 9 日判决确立的规则。依法国政府提交的书面意见，在该判决之前，法国最高行政法院判例法的要求是，公立医疗机构有过错的，才承担责任。[31] 是以，只是从 2003 年 7 月 9 日起，就服务过程中所用产品和设备的故障给患者造成的损害，公立医院方不以过错为要件而负赔偿责任。是以，该套责任体制不能认为在"产品责任指令"通报各成员国时即已存在。

55. 其次，就有着不同基础的契约或非契约责任体制来说，必须确定适用于公立医疗机构的责任体制和"产品责任指令"引入的责任体制是否有着不同基础。

---

[30] Commission v. France, paragraph 22; Commission v. Greece, paragraph 18; González Sánchez,, paragraph 31; Skov and Bilka, paragraph 47, and Moteurs Leroy Somer, paragraph 23.

* 译按："产品责任指令"第 13 条，或译作，"本指令不影响受害人根据指令通告时现行有效的合同或非合同责任法律规则或特别责任制度而可能享有的任何权利"（万明、姚伟："欧共体产品责任法指令评介"，载《国际商务》1995 年第 4 期，第 39 页），或译作，"自本指令公布时，本指令不影响受害人可依据合同或非合同责任的法律规定或者特殊责任制度主张的任何权利"（吴越、李兆玉、李立宏译：《欧盟债法条例与指令全集》，法律出版社 2004 年版，第 272 页），衡诸此处欧洲法院解释，可知皆可商榷。

[31] Conseil d'État, 1 March 1989, Époux Peyre, n° 67255.

56. 依欧洲法院的立场，不同于对潜在缺陷的担保责任或者过错责任，"产品责任指令"引入的责任体制仅以产品缺陷为基础。"产品责任指令"将缺陷界定为"不具备可期待的安全性能"。[32]对欧洲法院来说，"基础"概念仅关乎产品缺陷。

57. 欧洲法院判定某责任体制［是否］有着不同基础，并不更为一般地讨论责任的条件和法律效果，并不考虑此种责任的适用情境（context）。是以，"产品责任指令"必须解释为，排除有着同样内容（subjectmatter，即责任）和同样基础（即缺陷产品不具备可期待的安全性能）的责任体制的适用。

58. 法国最高行政法院主张，可以认为所涉责任体制有着不同基础，盖这套体制立足于公立医院和患者间的特殊关系。德国政府也认为有着不同基础，盖这套体制下的责任人范畴跟"产品责任指令"完全相左。德国政府所理解的"基础"概念，似乎不同于欧洲法院在其关于"产品责任指令"解释的系列判决中所说的基础。这里很重要的是，所涉责任体制是否同样为无过错体制，法国政府以为此点并不具有决定意义。

59. 主诉讼所涉责任体制，其基础在于医疗产品、设备发生故障（failure）。但立足于产品故障的责任体制，和立足于产品缺陷（不具备可期待的安全性能）的责任体制，实无二致。是以，这样的责任体制不能认为和"产品责任指令"建立的责任体制有着不同基础。

60. 是故，倘欧洲法院考虑将"产品责任指令"适用范围延伸及于公立医疗机构就所用产品、设备故障的责任体制，那么欧洲法院就必须同意，鉴于对"产品责任指令"第13条的解释，指令不会允许单纯基于产品、设备故障的责任体制。

五、结论

61. 根据以上论证，余以为欧洲法院应如是答复法国最高行政法院：

于服务提供过程中使用了缺陷产品或设备，并因此致服务利用人受损害的，《欧共体理事会1985年7月25日关于协调成员国有关缺陷产品责任的法律与行政规定的指令》允许各成员国针对服务提供者建立相应责任体制，但不得害及基于该指令制订的针对生产者的责任规则适用的可能性。

---

[32] "产品责任指令"第6条第1款。

欧洲法院判决书（大审判庭）

2011 年 12 月 21 日

就贝桑松大学医院与托马斯·迪特吕、侏罗省初级医疗保险基金缺陷产品责任纠纷案（Case C495/10），依《关于欧盟运作的条约》（TFEU）第 267 条，法国最高行政法院于 2010 年 10 月 4 日，决定请求本院发布先决裁判，本院于 2010 年 10 月 15 日收悉请求。

本院以 13 位法官组成大审判庭：院长斯库里斯（V. Skouris），蒂扎诺（A. Tizzano），库尼亚·罗德里格斯（J. N. Cunha Rodrigues），莱纳茨（K. Lenaerts），庭长博尼绍（J. -C. Bonichot），庭长萨菲安（M. Safjan），预审法官希曼（K. Schiemann），尤哈茨（E. Juhász），博格·巴尔泰（A. Borg Barthet），伊莱希奇（M. Ilešič），卡塞尔（J. J. Kasel），史瓦比（D. Šváby），伯杰（M. Berger）。

门戈齐（P. Mengozzi）担任佐审官。

塞雷斯（R. Şereş）担任司法常务官。

经过书面程序以及 2011 年 9 月 20 日听证，考虑了代表下列各方提交的书面意见，并于 2011 年 10 月 27 日开庭，听取了佐审官门戈齐先生的意见：

勒普拉多（D. Le Prado）代表贝桑松大学医院；

贝利亚尔（E. Belliard）、卢斯利－叙朗（R. Loosli-Surrans）、德贝尔格（G. de Bergues）、梅内（S. Menez）代表法国政府；

亨策（T. Henze）、肯珀（J. Kemper）代表德国政府；

德杜西（F. Dedousi）、杰尔马尼（M. Germani）代表希腊政府；

维尔姆斯（G. Wilms）、马格和斯（A. Marghelis）代表欧洲委员会。

发布判决如下：

1. 本件请求先决裁判的移送案，涉及经过《欧洲议会及理事会 1999 年 5 月 10 日指令》（Directive 1999/34/EC）修订的《欧共体理事会 1985 年 7 月 25 日关于协调成员国有关缺陷产品责任的法律与行政规定的指令》（Directive 85/374，以下简作"产品责任指令"）的解释事宜。

2. 本件移送案双方当事人为（i）贝桑松大学医院，及（ii）迪特吕先生和侏罗省初级医疗保险基金，纠纷涉及手术中被电热毯灼伤的损害赔偿事宜。

一、法律背景

（一）产品责任指令

3. "产品责任指令"序言第 1 段、第 4 段、第 13 段及第 18 段内容如下：

"就产品缺陷造成损害情形生产者的责任事宜，各成员国法律立场的歧异或会扭曲竞争并妨碍共同市场内部的商品流通，而就缺陷产品造成的消费者人身或财产损害，保护力度亦难免参差不齐，是以实现各成员国法律立场的一体化实有必要；

……

为保护消费者，参与生产过程的全部生产者，只要其制成品、零部件或提供的原材料有缺陷，皆应负赔偿责任；同理，将产品进口至欧共体之人，将自己的姓名、商标或其他标识注明于产品之上而表现为生产者之人，或者在生产者不明情形的供货人，亦应负赔偿责任；

……

依各成员国法律体制，受害人或得依本指令建立的责任体制之外的契约责任或非契约责任事由而请求损害赔偿；只要这些规则亦旨在实现消费者有效保护的目标，即不受本指令影响；倘依成员国特别责任体制，已在药品领域实现了消费者有效保护，同样可能基于此类责任体制提出权利请求；

……

本指令于现阶段实现的一体化尚不彻底，但开启了通往更高程度一体化的通道；……"

4. "产品责任指令"第 1 条道："产品缺陷造成损害的，生产者应负赔偿责任。"

5. "产品责任指令"第 3 条规定："（1）'生产者'意指制成品的制造人、任何原材料的生产人或零部件的制造人，以及将其姓名、商标或其他标识注明于产品之上而表现为生产者之人。

（2）不影响生产者责任，任何于其营业活动中为销售、出租或不管何种形式的流布而将产品进口至欧共体之人，应视作本指令所称生产者并负生产者之责任。

（3）产品的生产者不能查明的，任何供货者将被视作生产者，除非其于合理期间内，向受害人说明生产者或向其供货之人的身份。就进口产品而言，产品未标明第 2 款所说的进口商身份的，哪怕标明了生产者名称，前句亦适用之。"

6. "产品责任指令"第 13 条写道："本指令不影响受害人依［其他］契约或非契约责任法律规则或者在指令通报给各成员国时已经存在的特别责任体制可能享有的任何权利。"

7. "产品责任指令"于 1985 年 7 月 30 日通报各成员国。

（二）内国法

8. 《法国民法典》第 1386-1 条至第 1386-18 条将"产品责任指令"引入内国法。

9. 法国最高行政法院解释说，公立医疗机构就患者的责任系非契约责任的特别规制，立足于公立医院和患者间的特别关系。这套责任体制由制定法相关条款及行政法院发展起来的规则组成。

10. 这些规则最紧要的内容，即公立医院向患者提供医疗服务过程中，因所用产品、设备发生故障（failure）造成患者损害的，医院纵无过错，亦应负赔偿责任。

二、主诉讼争点，请求发布先决裁判的疑难问题

11. 2000 年 10 月 3 日，时年 13 岁的迪特吕于贝桑松大学医院接受手术，因躺卧的电热毯温控装置发生故障，迪特吕被灼伤。

12. 2007 年 3 月 27 日，贝桑松行政法院判令医院赔偿迪特吕 9000 欧元损失，赔偿侏罗省初级医疗基金 5 974.99 欧元损失。

13. 贝桑松大学医院上诉至南希行政上诉法院，2009 年 2 月 26 日上诉被驳回，医院遂就法律问题上诉至法国最高行政法院。

14. 依判例法，治疗中所用产品或设备发生故障致患者损害的，公立医院纵无过错，亦负赔偿责任，南希行政上诉法院认为，"产品责任指令"并未排除这些判例法的适用。贝桑松大学医院则主张，南希行政上诉法院对"产品责任指令"（尤其是第 13 条）的解释有误。贝桑松大学医院于其提交的意见

中称，依已经转化为内国法的"产品责任指令"的立场，只有电热毯的制造人（一旦查明身份）应负赔偿责任。

15. 法国最高行政法院称，所涉规则系由其 2003 年 7 月 9 日判决确立，亦即"产品责任指令"已通报法国之后。但该判决所涉纠纷发生时，"产品责任指令"要求的转化期间尚未届满，法国最高行政法院遂以为，考虑到该指令第 13 条的立场（"依契约责任或者非契约责任的法律规则所得主张的权利不受影响"），或得主张，法国判例法的原则（其责任体制和"产品责任指令"所建立的缺陷产品责任体制有着不同基础）仍得适用于本案主诉讼所涉伤害。

16. 倘不然，法国最高行政法院认为，待决纠纷怎么处理就取决于"产品责任指令"所设计的责任规则是不是适用于下面这种情形，即缺陷产品的使用人为第三人利益而向其提供服务时，缺陷产品致该第三人受损害。

17. 在此情形下，法国最高行政法院决定中止诉讼，并将下列问题提交欧洲法院，请求发布先决裁判：

第一，考虑到"产品责任指令"第 13 条的立场，该指令是否允许针对公立医疗机构的患者这种特殊场合引入个别责任机制，尤其是如下机制：公立医疗机构所用的产品和设备发生故障致患者损害的，不问医疗机构是否有过错，患者都得请求赔偿，当然，不影响医疗机构针对生产者提起第三人诉讼的可能性。

第二，服务提供者于提供服务过程中，利用了缺陷产品或设备，因此给服务利用人造成损害的，"产品责任指令"是否限制各成员国就服务提供者的责任加以界定的权力。

三、对提交问题的考察

（一）第二个问题

18. 先考察第二个问题比较合适。第二个问题的实质就是，服务提供者于服务提供过程中（例如医院提供治疗服务）使用了缺陷设备或产品，并因此致服务利用人受损害（如待决纠纷），服务提供者的责任是否落入"产品责任指令"的适用范围，进而排除内国法的适用（依内国法，服务提供者纵无过错，亦负损害赔偿责任）。

19. 如"产品责任指令"序言第 1 段写明的，指令目的在于协调各成员国缺陷产品致害情形生产者责任的法律立场。

20. 依据此前欧洲法院的判例法可知，就"产品责任指令"的规制事宜，该指令意在实现成员国法律法规立场的完全一体化（Case C52/00 Commission v. France［2002］ECR I3827, paragraph 24；Case C154/00 Commission v. Greece ［2002］ECR I3879, paragraph 20；and Case C402/03 Skov and Bilka［2006］ECR I199, paragraph 23）。

21. 但"产品责任指令"序言第 18 段也写明，该指令并不意在就缺陷产品责任领域内的一切事宜皆实现立场统一，而仅限于其规制的事宜（Case C285/08 Moteurs Leroy Somer［2009］ECR I4733, paragraphs 24 and 25）。

22. "产品责任指令"建立的这套统一民事责任体制，即生产者就缺陷产品所致损害负赔偿责任的体制，正如其序言第 1 段指出的，意在防止市场竞争扭曲，促进商品自由流通，避免消费者保护水平方面的差异。欧盟立法机关就该指令适用范围加以限制，也是对不同利益权衡掂量的结果（see Commission v. France, paragraphs 17 and 29, and Commission v. Greece, paragraphs 13 and 29）。

23. 就此事宜，"产品责任指令"序言第 4 段强调，为保护消费者，参与生产过程的所有生产者，只要其最终产品、零部件或者提供的任何原材料有缺陷，皆应负责任。同理，将产品进口至欧共体的人，将其姓名、商标或其他标识注明于产品之上，从而在外观上可认作生产者的人，或者生产者无法识别情形下的供货者，皆应负责任。

24. "产品责任指令"第 1 条（确立了生产者负赔偿责任的原则）及第 3 条（明确了视为生产者的三种情形），必须依据序言第 1 条、第 4 条来解读。

25. 尤其是就"产品责任指令"第 3 条，遵循该指令制订前诸多预备文件（travaux préparatoires）中的相关考虑，欧洲法院曾于判例中指出，该指令充分权衡了参与到生产、营销链条里的不同经济主体所起的作用，而后方才决定，就缺陷产品所致损害，原则上仅由生产者负赔偿责任，进口人和供货者只是在明确界定的个别情形方承担责任（Skov and Bilka, paragraph 29）。

26. 是以，"产品责任指令"促进法律一体化的立场，并不是仅针对生产者就缺陷产品致害所负的责任而不规制供货者的责任。就此事宜，欧洲法院认为，该指令第 1 条和第 3 条（界定了"生产者"）并不限于规制缺陷产品生产者的责任,而是决定哪些参与了生产、营销过程的人应依该指令负责任;受害人依该指令建立的责任机制得对哪些人提起诉讼,该指令第 1 条及第 3 条以穷尽列举方式加以界定(Skov and Bilka, paragraphs 24, 26, 30, 32 and 33)。

27. 在本案中,产品使用人(贝桑松大学医院)于提供(医疗)服务过程中,利用了此前得到的产品或设备(例如电热毯),产品使用人可能承担的责任事宜,并非"产品责任指令"规制事宜,是以并未落在该指令适用范围内。

28. 诚然,正如法国、希腊政府及欧洲委员会所主张的,也正如佐审官意见第 27 段至第 32 段指出的,这样的产品利用人不能被看作缺陷产品生产、营销链条里的行为主体(正如欧洲法院指出的,"产品责任指令"第 3 条的"生产者"定义关乎此点),也不能被看作"产品责任指令"第 3 条第 3 款所说的供货者(贝桑松大学医院将医院理解为供货者)。尤其没有理由认为,在本案中,贝桑松大学医院是向患者提供将供患者使用的产品。

29. 此外,在"产品责任指令"建立的生产者责任体制之外,倘依内国法,服务提供者于医疗服务过程中,因所用产品的缺陷给服务利用人造成损害,纵无过错,亦应负责任。仅仅存在这样的责任机制设计,并不影响该指令那套生产者责任体制的效力,也不妨碍欧盟立法机关通过这套体制所追求的目标。

30. 就此,首先应明确,倘成员国针对服务提供者引入此等责任,正如法国、德国、希腊政府以及佐审官意见第 45 段指出的,此等责任无论如何不得妨碍"产品责任指令"所建立的体制。诚然,内国法的适用,不得影响指令的效力(Case C203/99 Veedfald [2001] ECR I3569, paragraph 27)。是以,指令所要求的责任要件满足的,仍可能追究生产者的责任。不仅受害人可以直接追究生产者的责任,服务提供者亦有权利动用诸如第三人诉讼之类的机制来追究生产者的责任,法国最高行政法院提出的第一个问题就提及此点。

31. 其次,就"产品责任指令"所建立的生产者责任体制所追求的目标,本院已在判决书第 22 段、第 23 段指出,该指令尤其意在促进商品自由流通,防止市场竞争扭曲,保护消费者。

32. 就此,首先应该指出,从"产品责任指令"的措辞无从得出结论,欧盟立法机关于其建立生产者缺陷产品责任体制之际,为防止市场竞争扭曲及促进商品自由流通,就服务过程中所用缺陷产品造成损害的赔偿事宜(如主诉讼涉及的情形),意在否认各成员国针对服务提供者设立和"产品责任指令"相同责任体制的权力(可类比 Moteurs Leroy Somer, paragraph 30)。

33. 其次,正如希腊政府主张的,虽说商品自由流通主要依赖生产者、进口商及供货者的活动,虽说各成员国产品责任法就前述人等承担何种责任方面的差异显然会影响商品的自由流通,但就服务提供者的活动,各国法制却有显著不同,服务提供者获取产品,于其向第三人提供服务过程中利用了这些产品,是以这些活动不能等同于生产者、进口商及供货者的活动。

34. 此外,考虑到内国法可能令服务提供者承担不以过错为要件的责任(如判决书第30段看到的),只有不影响"产品责任指令"所建立的生产者责任体制,这样的服务提供者责任似乎才不至于扭曲生产营销链条里行为主体间的竞争活动。

35. 最后,任何不以过错为要件的服务提供者责任,至多不过是附加于"产品责任指令"所建立的生产者责任体制之外,由于此点,正如佐审官意见第45段、第46段所说,得增强消费者保护水平。

36. 本件诉讼中曾提及费法德案(*Veedfald*)判决书第12段、第17段,该案的首要问题是,"缺陷产品的生产者,于提供特别医疗服务过程中,制造了产品并将之用于人体器官",此种情形下,能否认为缺陷产品已经投入流通("产品责任指令"第7a条意义上的流通)。

37. 正如法国政府以及佐审官意见第38段指出的,费法德案中的涉案法人并不仅仅是服务提供者,还是"产品责任指令"意义上的"生产者",是以,利用了缺陷产品但又并非产品生产者的服务提供者,其责任事宜是否为该指令所涵盖,该问题费法德案并未涉及。

38. 是以,不能认为费法德案裁决了该问题。同样,正如佐审官意见第39段、第40段指出的,欧洲法院于冈萨雷斯·桑切斯案中亦未裁决该问题(Case C183/00 González Sánchez [2002] ECR I3901)。

39. 根据以上分析,第二个问题的答案为,服务提供者于其提供服务过程中(例如医院的医疗服务)利用了缺陷设备或产品(但服务提供者并非"产品责任指令"第3条意义上的生产者),因产品缺陷造成服务利用人受损害,服务提供者的责任事宜并不在指令的涵盖范围之内。是以,"产品责任指令"并不妨碍各成员国制定规则(如主诉讼中讨论的情形),不考察服务提供者的过错而令其就产品所致损害负赔偿责任,但必须保留受害人和服务提供者的权利,只要该指令设置的责任要件成立,仍得追究产品生产者的责任。

(二) 第一个问题

40. 考虑到对第二个问题的回答,第一个问题遂不必作答。

四、诉讼费用

41. 对主诉讼当事人来说,这些程序事宜皆是内国法院所中止诉讼的进程,故诉讼费用事宜仍由内国法院处理。向本院递交书面意见的费用非属当事人费用,不得请求赔偿。

基于以上理由,欧洲法院(大审判庭)判决如下:

服务提供者于提供服务过程中,例如医院提供医疗服务,使用了缺陷产品或设备,而服务提供者又并非该产品或设备的生产者(经过"欧洲议会及理事会1999年5月10日指令"修订的《欧共体理事会1985年7月25日关于协调成员国有关缺陷产品责任的法律与行政规定的指令》第3条意义上的生产者),从而造成服务利用人受损害的,服务提供者的责任事宜不在"产品责任指令"涵盖范围之内。"产品责任指令"不妨碍各成员国制定规则(即如本件主诉讼所讨论的规则),令服务提供者就此等损害,纵无过错,亦负赔偿责任,前提是保留受害人及服务提供者依照该指令设定的要件追究生产者责任的权利。

错误生命与错误出生：以色列最高法院哈默等诉阿米特医生等医疗损害赔偿案

案名：Hamer et al. v. Prof. Amit et al., 2009 CA 1326/07

法院及审级：以色列最高法院，上诉审

审判庭：荣誉院长拜利希法官（D. Beinisch），院长格里斯法官（A. Grunis），副院长里夫林法官（E. Rivlin），瑙尔法官（M. Naor），阿贝尔法官（E. Arbel），鲁宾斯坦法官（E. Rubinstein），朱布兰法官（S. Joubran）

判决日期：2012年5月28日

主旨概述：1986年，以色列最高法院曾于蔡特索夫诉卡茨案（以下简作"蔡案"）判决中认可错误生命和错误出生诉因。但此间的法律事宜并未充分厘清，给司法实践带来诸多麻烦。2009年，以色列最高法院以七位法官组成大审判庭，将涉及相关事宜的六件上诉案合并审理（以下简作"哈默案"），欲就若干原则性问题给出定论。*2012年发布判决，仍认可错误出生诉因，但将错误生命诉因废弃。

里夫林法官撰写主旨判词，其他法官附议。

---

* 以色列最高法院判决书网址（卡多佐法学院创办）：http://versa.cardozo.yu.edu/sites/default/files/upload/opinions/Hammer%20v.%20Amit.pdf（2022年5月9日最后访问）。六件上诉案的案号：CA 1326/07，针对海法地区法院2006年12月25日判决（CC 745/02）；CA 572/08，针对海法地区法院2007年12月2日判决（CC 259/02）；CA 8776/08，针对贝尔谢巴地区法院2008年8月31日判决（CC 3344/04）；CA 2600/09 and CA 2896/09，针对耶路撒冷地区法院2009年1月29日判决（CC 8208/06）；CA 3856/09，针对耶路撒冷地区法院2009年4月2日判决（CC 1338/97）；CA 3828/10，针对耶路撒冷地区法院2010年4月11日判决（CC 8459/06）。

错误生命与错误出生：以色列最高法院哈默等诉阿米特医生等医疗损害赔偿案

判决书

一、副院长里夫林法官

（一）背景

1. 为就所谓"错误出生"诉因的一般性问题做出决定，本庭将几件上诉案合并审理。错误出生诉讼的典型事实为，孩子生下来即为残疾，而据原告主张，倘被告（一般是为孕妇提供服务的医务人员）谨慎行事，本可防止残疾孩子出生。医务人员的过失行为可能催生两类独立诉讼：父母提起的诉讼、孩子自己提起的诉讼。孩子提起的诉讼一般称错误生命诉讼，以区别于父母提起的诉讼，即所谓错误出生诉讼。

2. 25年前，以色列最高法院于蔡案中认可了错误出生和错误生命诉因：CA 518/82, Zeitsov v. Katz, 40（2）IsrSC 85（1986）。蔡案审判庭由五位法官组成，五位法官一致同意，在过失侵权框架下，依一般侵权法原则，承认父母的错误出生诉因无甚障碍。但就孩子的错误生命诉因，法官意见不一。

法庭依多数意见，认可了孩子的错误生命诉因。但持多数意见的这四位法官，就认可错误生命诉因的理论依据何在，进而就损害如何计算，又生分歧。这些关键难题皆未解决。

3. [在蔡案中，时任]副院长本-波拉特法官（M. Ben-Porat）主张，并得多弗·莱文法官（Dov Levin）附议：在某些罕见情形，"得认为，某人没有来到这世上可能还更好些。有时，可以假定整个社会都一致同意，某人没有来到这世上，要比生来就伴随那么严重的残疾更好些"（蔡案，第97页），只有在如此罕见情形，错误生命诉讼才成立。此际，依副院长本-波拉特法官的看法，孩子的出生即为其所受损害。这损害以金钱评估诚然不容易；但"对孩子出生负有责任之人，应以金钱赔偿，尽最大可能地将残疾的后果减轻到最低限度"（蔡案，第100页）。副院长本-波拉特法官澄清说，其意图并不在于将生来残疾的孩子和完全健康的孩子拿来比较[，进而以两者差额为赔偿金额]，"而在于彻底挖掘孩子的现有潜力，使其糟糕的身体状况（inferior condition）发挥更多功能，遭受更少痛苦"。副院长本-波拉特法官强调，其思路在于，"孩子已经降生（即便这违背孩子的最佳利益），应正视这一现实，纵然受到残疾身体的局限,孩子也有权利过那值得过的生活"(蔡案,第100页)。

4. 时任法官的巴拉克院长(A. Barak)赞成时任法官的什洛莫·莱文副院长(Shlomo Levin)的意见。这两位法官也认可错误生命诉因,但论证思路与副院长本-波拉特法官不同。论证思路会影响错误生命诉因的适用范围和损害的计算方法。巴拉克法官论证的出发点是,"依照医生所负的注意义务,医生应采取合理预防措施,防止孩子缺陷。是以孩子亦享有权利,不能因医生的过失而使自己的人生成为有缺陷的人生。但孩子并不享有得无有生命的权利。是以法律保护的利益,并不在于可以不要生命,而在于没有身体缺陷的人生。是以医生应予赔偿的损害,并不是其造成了生命的诞生,或者阻止了生命之无有。医生应予赔偿的损害,是其造成了有缺陷的生命……医生应该对造成了有缺陷的生命负责,将有缺陷的生命和没有缺陷的生命两相比较,即为损害"(蔡案,第117页)。依此思路,即便残疾并不特别严重,对残疾孩子来说,并不必然得出未曾出生更好些的结论,此种情形,错误生命之诉仍可成立。就损害计算来说,并不是比较残疾生命和无有生命的差额(副院长本-波拉特法官的思路),而在于残疾生命和没有残疾的生命(健康生命)的差额。诚然,倘侵权行为未发生,受害人(孩子)就不会来到这世上,当然也就不可能过上没有残疾的生活,虽说如此,依巴拉克法官的立场,由于这个问题太过特殊,仍然得灵活解释恢复原状原则(restitutio in integrum),通过比较[残疾的生命与]没有残疾的生命来计算赔偿额。

5. 戈尔德贝格法官(E. Goldberg)持异议,认为在此场合(由于医生的过失,孩子生来残疾,可若非医生的过失,孩子根本不会来到这世上),无论如何不该承认孩子对医生提起的错误生命诉讼。以为诞生前的虚无(pre-creation nihil)胜过生命,不论多么稀见罕闻的情形,也是不可能的。

6. 尽管蔡案判决承认孩子的错误生命诉因,但此类诉讼带来的诸多疑难仍悬而未决。故在此后适用蔡案认可孩子错误生命诉因这个规则的司法实践中,生出很大麻烦。有些麻烦源自前面提到的两条思路之争(涉及错误生命诉因适用范围的宽窄以及损害的计算方法),还有些麻烦来自承认此类诉因本身。是以,法庭必须决定诸如下面所列的疑难问题:生来残疾的孩子遭受的损害到底是什么;如何计算损害大小;是只有严重残疾,诉因方成立,还是轻微残疾即可。但没有遵循先例原则(withour stare decisis),蔡案规则在司法实践中的适用并不一致。为了解决这些难题及其他相关事宜,本院决定将这些上诉案件合并审理，并由七位法官组成大审判庭。2011 年 12 月 29 日，院长拜利希法官发布决定，明确了本庭应予裁决的原则性问题：

A. 错误生命诉因是否成立，法律基础何在？鉴于蔡案判决发布已颇有时日，且司法实践一直面临诸多难题，该案确立的规则是否应予修正？或者在前面提到的两条思路当中，是否应明确某条进路优先？

B. 假定诉讼成立：是承认父母诉因（错误出生）还是孩子诉因（错误生命），这两类诉讼又各自于何种事实情形成立？

C. 两类诉讼中损害计算的原则：在错误出生诉讼中，是比较健康孩子和有缺陷的孩子，还是其他标准？在错误生命诉讼中，是比较无有生命和有缺陷的生命，还是比较有缺陷的生命和健康生命？

D. 因果关系证明：在父母的错误出生诉讼中应证明，倘父母知道孩子会有缺陷，当会终止妊娠？在孩子的错误生命诉讼中应证明，孩子的死亡好过生存？

E. 在父母之诉中主张意志自主受侵害（violation of autonomy），这是额外的独立诉因，还是错误出生的替代诉因？

拜利希法官的决定还说，原则性问题应先以部分判决形式定下来，之后有必要的，各案依具体事实继续审理。是以，本件裁决只处理原则性问题及相关论据。各案应分别听审，本庭不预，各案被告的责任事宜皆不涉及。

（二）当事人的主张

7. 本案的原告方律师提出，应依蔡案中巴拉克法官的思路，认可孩子的错误生命诉因。据其立场，这条思路的优点在于，不必比较有生命与无有生命（life and no life），也不必从事生命本身的量化工作。另外，多位原告提出，巴拉克法官的思路有助于判例法的稳定和立场连贯，盖其不区分"严重"缺陷和"轻微"缺陷，这本身就是很模糊的事情；而且，在人身伤害侵权案件中，巴拉克法官的损害计算方法（和健康孩子比较）正是法院一贯采用的。原告方还指出，将各不相同的残疾情况拿来比较，从而有些残疾人可以得到赔偿，有些则得不到，这是对不同情况残疾人群的区别对待，在道德上站不住脚。另外，出于矫正正义和有效威慑考虑，也应该支持残疾所致损害得到全部赔偿，哪怕只是轻微残疾。原告方律师还据其立场指出，在父母的错误出生诉因法律框架下，孩子的需求不可能得到完全满足，盖在错误出生之诉中，对父母的赔偿限于孩子不能独立生活期间。原告方还主张，虽说在医生的过失行为和孩子因残疾所受损害间建立因果关系确有一定困难，但从道德角度看，也应该承认孩子的错误生命诉因。倘不认可错误生命诉因，差不多等于全面给予有过错的医生豁免权；至于那些医生的反驳，说什么有缺陷的生命也好过无有生命，真是荒谬，要知道，这些医生所从事的检测工作，目的就是发现缺陷，好在此情形允许堕胎。

8. 被告方律师则主张废除孩子的错误生命诉因。依被告方立场，蔡案中巴拉克法官的思路与侵权法原则相舛忤，而副院长本-波拉特法官的思路则不切实际，盖法院没有任何手段来比较残疾生命和无有生命。另外，认为在某些情形下，残疾人不出生比出生更好些，在社会道德层面站不住脚，背离了有关人格尊严和生命神圣的社会基本价值。无论如何，被告方主张，倘非要承认错误生命诉因，副院长（本-波拉特法官）的思路更为可取，即应该区分严重残疾和轻微残疾。在严重残疾情形，得初步认为，不出生更好些，而在轻微残疾情形，错误生命之诉不成立。区分标准则为，这个孩子在多大程度上可以摆脱残疾的束缚，有能力造福自己和他人，融入社会并过上有意义、欢愉、满足的生活。被告方还提出另外的潜在方案，即以堕胎委员会在胎儿存活阶段批准堕胎时所用标准来区分严重残疾和轻微残疾。此外，被告方还主张，父母的错误出生诉因也不应该得到承认，盖父母为抚养孩子而承担费用，构成减轻损害，倘直接受害人（孩子）的诉因不成立，减轻损害的当事人自然也无由提起诉讼。依此思路，被告方的结论是，只有父母主张意志自主遭受侵害的诉因可以得到承认。

9. 以色列医学会和以色列律师协会亦以法庭之友身份参与诉讼。

以色列医学会全面讨论了渴望生下"完美孩子"的社会风气。依以色列医学会立场，主张某些残疾孩子不生下来还更好些，等于说这些孩子质量低劣，应提前防止这些孩子出生，这样的立场不能容忍。以色列医学会支持副院长本-波拉特法官于蔡案判决中的思路，要求以清晰的标准将错误出生（或错误生命）诉讼限制在极其严重残疾情形。以色列医学会建议，这里的清晰标准，得参考卫生部给堕胎委员会发布的指示。以色列医学会还警示，妇产科医生及堕胎委员会工作人员的情感不容忽视，对法律诉讼的担心可能导致更多医疗检测以及"不必要的"医疗或堕胎。

10. 以色列律师协会认为，错误出生和错误生命诉因都应该承认。以色列律师协会还认为，认可错误生命诉因的各种立场，实际上的区别比看上去小多了。即便依巴拉克法官的立场，原告（孩子）也必须在因果关系这个环节上证明，缺陷非常严重，堕胎委员会定当因此批准堕胎；而且在实际层面，两条思路在赔偿问题上也没有本质区别。以色列律师协会补充说，有关错误出生的判例法对堕胎的数量以及妊娠期间的检测并不会产生什么影响，盖导致这些结果的是父母希望得到健康孩子的愿望，而不是回溯的赔偿。此外，以色列律师协会还主张，有关堕胎的公共政策，应于堕胎相关法律框架下讨论，而不是在侵权法框架下讨论决定。基于案情，以色列律师协会支持巴拉克法官在蔡案判决中所持立场。残疾人是不是不出生更好些，这样的问题难以作答，很容易导致判例法立场不一，应予回避。以色列律师协会还指出，如果孩子父母不能明智使用通过错误出生诉讼得到的赔偿金或者在孩子出生后将之送养，而又不承认错误生命诉讼，孩子就什么都得不到。

11. 总检察长（Attorney General）知会法庭，司法部长曾命设立以荣誉副院长马扎法官（E. Mazza）领衔的公共委员会（以下简作"马扎委员会"），就错误出生场合是否应认可某个诉因以及该诉因的合适界限阐述自己的立场。马扎委员会的报告于 2012 年 3 月 19 日呈递法庭，即"关于错误出生诉讼的公共委员会报告"（以下简作"马扎委员会报告"）。但总检察长就本庭欲解决的难题并未发表意见。是以，本庭并不将报告本身的结论看作当事人的论据，盖报告在法律上难说反映了总检察长的立场。

马扎委员会的调查结论固然不能充任本案当事人诉愿的内容，但吾人注意到，马扎委员会报告乃是慎重、严肃工作的成果，该委员会组成人员皆系顶尖专家，听取了众多证人意见，检视了不同渠道递交至该委员会的各式立场文件，所有重要议题都已呈现并经过详尽细致的考察。本庭披阅了该报告并注意到，在某些方面，马扎委员会与吾人立场相当。有鉴于此，在涉及本庭待决事宜的范围内，本庭乐于援引该报告。

12. 考察了相关议题的方方面面，吾人以为，于蔡案判决发布多年后，依当今之法律现实，残疾孩子的诉因，即错误生命之诉，不应再获法律认可。

在损害要件和因果关系要件方面的实质法律难题，使得很难在过失侵权法的框架下认可错误生命诉因。除了这些法律难题，（从孩子自己的视角看，）将生来残疾孩子的生命看作"损害"，在道德层面也有实质困难。认识到这些困难，本庭实际上继续遵循巴拉克法官于蔡案判决中勾勒的道德立场。此外，如下文将详细论述的，吾人希望将蔡案判决所立足的恰当目的落到实处，即通过赔偿，尽最大可能完全满足残疾孩子的需要；但若以父母诉因为途径，则不会带来前述难题。

（三）承认错误生命诉因的难题

13. 如前提及，蔡案判决承认错误生命诉因的基础在于两条各自独立的论证思路。依这两条思路，错误生命诉因都是立足于过失侵权。过失要件表现为，"在妊娠之前或者妊娠期间的检测中，因过失而没有发现（或担心）胎儿有缺陷，或者因过失没有提前向父母提供必要信息——要么是担心胎儿有缺陷的信息，要么是有关实施额外检测的必要性和可能性的信息，以查实或排除胎儿是否有缺陷的担心"（马扎委员会报告，第38页）。这两条思路都认为过失要件当然成立。可不论哪条思路，在过失侵权的其他要件方面，也就是损害或者因果关系中的某一个、多个或者另一个要件是否成立，都碰到了逻辑或法律难题。

（四）损害要件难题

14. 副院长本-波拉特法官的思路在损害要件方面碰到实质困难。依其思路，如前所述，损害被界定为生命不存在或无有生命（倘无医生过失，孩子将处的状况）与伴随残疾的生命（因医生过失，孩子所处的状况）这两者间的差额。孩子的生命本身即其所受损害。这样的损害定义就要求法院对下面的问题加以司法裁决，即是不是在某些情形下，得认为某人不出生更好些，从而不得不"面对哲学、道德及宗教领域有关生存（相对于生命不存在）意义的形而上学难题。但不论在规范层面还是制度层面，这些都不是司法裁决的内容"（马扎委员会报告，第39页）。诚然，时任法官的巴拉克院长于蔡案判决中即提到此点困难，其论述如下：

"［副院长本-波拉特法官］这条思路再次触及下面这个难题，即法院是否有能力决定，在某些情形下，无有生命胜过遭受痛苦的生命。难道吾辈的世界观、人生观，以及吾辈对于无有生命的一无所知，真的允许吾等法官认定，在某些情形下（哪怕极为罕见的情形），无有生命要比遭受痛苦的生命更好些吗？这里的'更好些'又是何含义？倘某人预期寿命减少，吾等可以评估其痛苦。此际的评估虽然困难，但仍为可能，盖吾等有能力评估生命的意义；但吾等如何评估无有生命的意义？……吾等赔偿死亡或者赔偿预期寿命缩短的时候，不必将生命和死亡相比较，不必决定何者胜过他者，盖吾等并无相应工具。吾等所作的，就是承认继续生存的权利——即便充满痛苦，伴随身体缺陷……是故,吾等如何可能评估无有生命?**依据何等理性标准,可以让理性人得出结论,认为哪怕在最为极端的情形,无有生命仍胜过伴随缺陷的生命?**"(蔡案,第116页,粗体系本件判决添加。)

15. 诚然,自规范视角言之,由法院来决定一定残疾程度之人不来到世上还好些,并不适宜。此外,法院也没有任何工具来得出这样的结论,盖法院无从知晓无有生命的性质,也无处寻觅这样的知识["没人从那个世界回来",正如美国法院所说,"没人从那个世界回来,就为了告诉吾等无有生命是怎样的";* 另见罗南·佩里的论文:Ronen Perry, L'hiyot o lo L'hiyot: haIm Zo haShe'elah? Tviot Nezikin begin 'Chaim b'Avla' keTa'ut Konseptualit, 33(3)Mishpatim 507, 545-546(2003), 以及该文脚注177处所引文献(以下简作"佩里文")]。从制度层面看也是一样,这样的问题最好不要交由法院裁判。如前所述,依副院长本-波拉特法官的进路,只有极罕见情形,遭受最为严重残疾的孩子才可以请求赔偿。依此进路,就得明确什么样的缺陷才够严重;但没有相应规范基础,无从司法裁判,是以"法院并非能裁决此类问题的社会机构"(马扎委员会报告,第39页)。

16. 应该强调,此际,难题不只在于损害的量化,损害是否发生才真难判断。诚然,一般而言,判例法就损害要件的证明相当灵活,尤其在某些场合,证明工作面临不取决于受害人的难题。将来收入损失的证明即为如此[see e. g. CA 10064/02, "Migdal" Chevra l'Bituach Ltd. v. Abu Hana, 60(3)IsrSC 13, par. 7-9(2005)(以下简作"阿布·哈那案")]。但不能以纯粹悬揣取代适才提到的灵活性。就眼下讨论的问题而言,麻烦不仅在于确定损害数额,还在于先决问题,即到底是否遭受损害。请参看佩里的论述:

"我同意,损害计算和评估的困难不能妨碍法院认定责任;但应区分两种情形,一是确实发生损害但难以评估损害大小,二是损害是否发生都不易确定。非金钱损害,吾人多数都直接或间接经历过。吾人熟悉各种不同情形的非金钱利益,是以某种非金钱利益向坏的方向发展,吾人是知道的。确实受有损害是不成问题的。唯一的问题当然就是损害的量化——但从概念上看,责任成立乃是责任量化的前提,这个事实意味着哪怕在责任量化方面有困难,逻辑上也不能否认责任成立。但眼下讨论的事宜却不同。无有生命这种情形,

---

* 译按:原文未注明出处。

任何人都没有体验,将之与生命存在这种情形相比较,这项工作绝不可能完成。倘没有什么相关的局面,得将原告现在的局面与之相比较,吾人即无法判断损害是否发生。麻烦并不仅仅在于量化。"(佩里文,第547页。)

17. 美国有些州法院也讨论过如何界定"无有生命"(no life)的性质这个难题:"或谓,这孩子在某种意义上因其出生而受损害,是以不出生更好些,这意味着可以站在远离世俗人世的某个超然视角,看到生命不存在较生命存在更好。"[Goldberg v. Ruskin (1986), 113 Ill. 2d 482.]

还有法院这样写道:"从未出生是否要比伴随严重缺陷的生命更好些,这深奥难解的谜题,还是交给哲学家和神学家较为合适。这样的难题,法律无能为力,尤其要考虑到,法律和人类都赋予生命存在(而不是相反)以相当一致的极高价值。"[Becker v. Schwartz (1978), 46 N. Y. 2d 401, 386 N. E. 2d 807.]

18. 无有生命是否较残疾生命更好,人类无力回答这样的问题,可能的解决路径是无限的。注意:并不是简单说,这个问题有很多解决路径;倘是如此,最高法院即有可能从中找到一条路径。关键在于,所有路径都同样是悬揣,难以找到任何理性标准来从中抉择,很大程度上取决于直觉和世界观。是以,比如,吾人会好奇,到底是什么让拥有生命显然比生命不存在更好:从生活中得到的享乐和欢愉,实现生命价值的能力,构建充实人际关系的能力,意识到自身存在和周围世界的能力,生存下去的主观愿望,体会和意识到造物奇迹的能力,人类的智能。另外的问题是,如何测量这些不同的变量因素呢?是从孩子的视角(实则孩子只知道自己生来所处的现实),还是健康人的视角?这些问题都是司法解决不了的。奥尔法官(T. Orr)就此阐述甚为精当(尽管是在不同情境下):"吾等不可拿着同样年纪的普通孩子为参照,就眼下孩子的生命质量发布司法裁判。只能从孩子自己的视角,来考察孩子的福祉。面对生来残疾的孩子(不论残疾多么严重,如本案的情形),[要知道,]孩子的生命连同伴随的残疾,是孩子享有的'整体'。从孩子的视角看,另外的生活方式从来不在考虑之列。说到生活的质量,也就是在孩子遭受严重残疾情形下可能有的质量。在孩子的角度,这就是一切。相较生来健康的孩子,不能说残疾孩子的生命就不该得到同样力度的保护。"[CApp 5587/97, The Attorney General v. A, 51 (4) IsrSC 830, 858 (1997).]

即便可能指出某些情形,认为在这些情形下,显然某人不出生更好些

（如前所述，吾人着实没有这样的能力），也很难清晰界定这些情形，从而保证法律的可预测性。

19. 副院长本-波拉特法官于蔡案中建议通过检视下面这个问题来解决困难，即透过理性人视角来看是否某人不出生更好些；换言之，理性人是否会认为，那受害人的人生不值得过。可是，那残疾生命的替代，其质量如何，吾人一无所知，理性人标准还是无法提供帮助来找到正确答案。此外，从残疾生命中实现欢愉和价值的能力也是主观的，可以想见因人而异。诚然，有时会有这样的说法——严重残疾的生命"不值得过"，但这只是用来表达生存的艰难，绝不能从中得出结论，以为生命不存在的状态当真更好。

20. 还有建议援引堕胎委员会的标准，以明确错误生命诉因于何种情形成立，可这个思路同样回答不了，在什么情况下生命不存在胜过生命存在。堕胎委员会考虑的事宜，并不限于来到这世上或不来到这世上之于胎儿的福祉；堕胎委员会要兼顾全面，还要考虑父母的福祉以及父母终止妊娠的愿望。于特定情形下批准堕胎，并不必然意味着向外界传达某种普遍的社会观点，认为在此种情形孩子不生下来更好些。堕胎委员会批准堕胎的基础，至少部分在于，整个社会对孕妇意志自主的权利、孕妇的尊严和隐私、堕胎权利的范围的看法。是以，堕胎权利的范围并不仅仅取决于胎儿的利益。故而，正如下面会阐明的，不承认孩子［的错误生命］诉因，和在特定情形下承认堕胎的权利，两者在法律上并不抵触。

21. 副院长本-波拉特法官的思路还有个难题，即医生对孩子于**理论上负有注意义务**，主要内容是在父母决定是否堕胎时，向父母提供详尽准确的信息。诚然，并没有什么法律原则妨碍吾人认可对胎儿的注意义务（比如"普通"医疗过失案件即如认可）。可是，倘在"错误生命"诉讼中认可［对胎儿的］注意义务，也就意味着认可特定情形下［胎儿］不出生的利益应受保护。这样的利益不能立足于堕胎的权利，盖如前所述，此项权利是孕妇的权利（当然受特定边界约束），并不当然包含对胎儿的注意义务。诚然，戈尔德贝格法官于蔡案所持异议，就是基于并没有什么不出生的权利这样的立场。

总之，依副院长本-波拉特法官的思路，就要认定在特定情形，某人不出生更好些。但自法律立场无从得到如此结论，从道德视角看也不合适。可若是不这样认定，错误生命诉讼的损害要件即无从成立。［See Bilha Kahane,

"Pitsui begin Kitsur Tochelet Chayim '␣ve'haShanim ha'Avudot' baTviot b'Ila shel Holada b'Avla", Mishpatim al Atar, D 1, 4 (5772).]

（五）因果关系要件难题

22. 巴拉克法官于蔡案所持进路，避开了不得不比较残疾生命和无有生命的难题。巴拉克法官为承认错误生命诉因提出了不同基础。依其思路，损害要件应界定为"有缺陷的生命"（defected life），以之与没有缺陷的健康生命作比较。诚然，这样可以对付界定侵权法中损害要件的难题，并避开了其间复杂的伦理事宜（在何种情形可以认为，孩子不出生更好些）。但这一思路包含其他难题，即因果关系要件难题，同样棘手。

23. 在医生的过失和残疾生命损害间建立因果关系并不容易，盖没有争议的事实是，并非医生的过失造成表现为"有缺陷的生命"的损害（依巴拉克法官的界定）。并非医生造成胎儿残疾，即便剔除医生过失这个因素，胎儿也不会健康地来到世上。换言之：恰当的医疗服务亦不能阻止残疾，那个孩子健康地来到世上的可能性是不存在的。* 如副院长本-波拉特法官于蔡案判决中所论："那孩子不可能完满健康地来到这世上。要判断是否发生损害，自损害的性质言，就要比较倘未发生侵权原告当处的状况和侵权发生后的状况。将这条规则适用于眼下讨论的情形，依我的理解，就是要比较孩子未曾出生（医生尽到检测说明义务）和有缺陷的生命（医生过失所致的结果）。**若是与健康孩子比较并据此追究责任，就意味着基于虚构的事实来惩罚造成损害的人。**我的同事所持方案，在我看来于法律上站不住脚，而且恕我直言，也不公正。"（蔡案，第105页，粗体本件判决添加。）

是以，巴拉克法官的思路背离了损害赔偿法的恢复原状原则（另见前引佩里文，第559—560页）。巴拉克法官当然认识到这一困难，但还是希望由此途径，给孩子和父母以适当赔偿。

24. 前面提到的法律难题可不仅仅是有待"克服"的"技术"难题。从实体正义角度看，不能在过失和损害（唯一肯定可以认定的损害即为残疾生命和健康生命的差值）间建立因果关系就意味着，特定加害人并未给受害人造成损害；于此种情形认定责任成立，本身有违正义。基于此立场，以下论辩也不成立："此际，令医生或其他加害人负责任的一个有力理由在于，一边

---

* 译按：倘医生检测出胎儿残疾，那孩子可能就不会来到这世上，而不会是健康地来到这世上。

是有过失的加害人,另一边是有缺陷的孩子(有时还是极为严重的残疾),于此两者间权衡,正义感总是偏向受害人,也就是必须度过残疾人生的孩子……这和下面的情形很相似:司机过失驾驶(过失犯罪),几乎撞杀无辜行人,该行人在最后时刻逃脱大难。这个莽夫司机的'犯罪意图'(mens rea'),仅仅很偶然地没有造成致命后果,但和造成了悲剧后果的同样司机相比较,在规范上又有什么不同呢?"[Shmuel Yelinek, Holada B'avla: Zchuyut, Tviah Upitsuim, 57-58(1997).]此类论辩,尽管从伦理-道德角度看可能有效[事实上,这是"道德运气"(moral luck)的哲学议题],但在侵权法上并不成立。侵权法不是因为[被告的]**过失行为**而追究责任,而是因为[该行为]**过失造成了损害**。是以,追究责任是出于矫正正义的考虑,也是出于有效阻吓的立场。如果不能认为被告行为的结果(伴随残疾的生命 vs. 生命不存在)是损害,如果唯一能证实的损害(伴随残疾的生命 vs. 没有残疾的健康生命)并非由过失造成,令被告承担责任即难谓正确,或有失公正。

还应注意,从认可孩子针对医生的错误生命诉因到认可孩子针对生身父母的诉讼,并不遥远,但没有哪条进路愿意往此方向推动。

(六)废弃错误生命诉因:道德侧面

25. 认可错误生命诉因的不妥之处,不仅在于法律难题,还在于原则和价值方面的难题。

将生命本身(哪怕是伴随残疾的生命)界定为损害,并认为某人不出生更好些,是对吾人所持观念的冒犯,该观念认为生命有其固有价值,不因缺陷或残疾而减损或消灭[see e. g. Roee Gilber, haTsorech baHachra'ot Kashot baTviot shel Chayim b'Avla veHolada b'Avla: He'arot v'Hearot b'Ikvot T. A. (Mechozi Haifa) 259/02 A v. The State of Israel, Moznei Mishpat 7 441, 466-467 (2010)]。这是吾人价值观念(生命神圣、认可个体价值和尊严、残疾人应受尊重并得到平等待遇)重要、不可或缺的组成部分。

26. 自蔡案判决发布后,这些原则一直得到宪法和制定法的有力维护。《基本法:人格尊严和自由》(Basic Law: Human Dignity and Liberty)于第1条明确法的"基本原则",以色列人民的基本权利夯筑于对**个体价值和生命神圣**的认可之上。认可这些价值的基础,既在于普适的道德价值,亦在于以色列之为犹太国家对生命价值的无比尊重。既来到世上,人的尊严和生命的神圣价值即受保护。不论面临多大艰难，人的生命无价；不论罹患怎样的残疾，人的生命无价。生命是最高价值，对一切人皆然。

《残疾人平权法》（Equality of Rights for People with Disabilities Law, 5758-1998）将此道德-法律观念表达得淋漓尽致，第1条是法的基本原则："既认可平等原则，认可凡照着神的形象创造出来的个体皆有其价值，认可任何个体人格皆应受尊重的原则，以色列法承认残疾人的权利以及社会对此负有相应义务。"

第2条则明确该法的目的在于"保护残疾人的尊严和自由，捍卫其平等、积极参与各领域社会生活的权利，并以恰当的方式满足残疾人的特别需求，从而充分挖掘其潜力，尽最大可能使其独立生活，同时隐私和尊严得到保护"。

27. 依吾人之社会观念、道德信念和法律原则，将残疾人的生命界定为"损害"，有悖道德，不能容忍。此举严重践踏生命神圣原则。（将残疾人不出生的可能性或者没有残疾的健康生命，与残疾生命相比较）从而量化残疾人所受损害，是对残疾人生命价值的侮蔑，是对下面这个不容否定的基本立场的冒犯，即残疾人的生命价值同样是绝对的，而不是相对的。

28. 承认错误生命诉因，会付出高昂社会代价。比如在法国，最高法院认可了错误生命诉因，遂遭残疾人组织猛烈抨击，认为判例法的立场是将残疾人的价值贬低到还不如未出生。*〔部分为此；法律修改。参见吉尔·西加尔的论文：Gil Sigal, Ma'amar haMa'arechet-al Holada b'Avla b'Yisrael veKol Koreh le'shinui, Mishpat Refui Ve'Bio Etika（vol. 4）10, 12（2011）（以下简作"西加尔文"）；佩里文，第524—525页；A. M. Duguet, *Wrongful Life：The Recent French Cour de Cassation Decisions*, 9 Eur. J. Health Law 139（2002）。〕

这样的原则立场，亦见于美国诸多州法院判例。例如，前面〔有误〕提到的〔堪萨斯州最高法院〕布鲁格曼案判决即写道："生命珍贵，乃是吾国法律长久奉行的基本原则。不论是健康还是有疾患，也不论是否有缺陷或者残疾，生命都是有价值的、宝贵的，应受保护。所谓不出生的权利，即宁愿死亡也不愿伴随残疾而生活，完全违背吾国法律。"（Bruggeman v. Schimke, 718 P. 2d 642.）

---

* 译按：指佩吕什案，参见第七章，二（四）3。

美国法的立场如此，以色列法的立场亦然。

[新泽西州最高法院]伯曼案判决写道："没有人完美无瑕。任谁都会有或大或小的疾患或缺陷，妨碍参与所有社会活动。其他人的缺陷或许更微不足道，不那么严重，但吾人生命的价值，不会因此丝毫减色。"[Berman v. Allan, 80 N.J. 421, 404 A. 2d 8（N.J. 1979）.]

基于同样的理由，加拿大法院亦不承认错误生命诉因，并明确立场称，除美国少数州外，这是普通法系的共识："在可预见的未来，加拿大法院不会认可错误生命诉因。出于诸多技术和政策方面的考虑，普通法系各法域普遍拒绝接受错误生命诉因，美国少数州除外……承认错误生命诉因的风险在于，一般地贬损了生命的神圣价值，特别地贬损了原告的生命价值。令被告承担责任的判决可以解释为，法院认定原告的生命构成法律上的损失，原告失去生命更好些。"（Phillip H. Osborne, Essentials of Canadian Law: The Law of Torts, 2000, pp. 140-141.）*

29. 故毫不奇怪，本庭的一致意见——应废弃错误生命诉因，跟马扎委员会多数成员的意见不谋而合，即"认可错误生命诉因和以色列法律的基本价值观念相左"（马扎委员会报告，第38页）。这也合乎普通法系各法域当前主流立场，详见下段。

（七）比较法立场

30. 正由于前面讨论过的那些难题，绝大多数法域都不认可错误生命诉因。美国绝大多数州法院即为如此。参见，例如：Phillips v. United States, 508 F. Supp. 537（D. S. C. 1980）（适用南卡罗来纳州法律）；Elliott v. Brown, 361 So. 2d 546, 548（亚拉巴马州，1978）；Walker ex rel. Pizano v. Mart, 790 P. 2d 735, 740（亚利桑那州，1990）；Lininger v. Eisenbaum, 764 P. 2d 1202, 1210（科罗拉多州，1988）；Garrison v. Medical Center of Delaware, Inc., 571 A. 2d 786（特拉华州，1989）；Kush v. Lloyd, 616 So. 2d 415, 423（佛罗里达州，1992）；Spires v. Kim, 416 S. E. 2d 780, 781-782（佐治亚州上诉法院，1992）；Blake v. Cruz, 108 Idaho 253, 698 P. 2d 315（爱达荷州，1984）；Clark v. Children's Memorial Hospital, 955 N. E. 2d 1065, 1084（伊利诺伊州，2011）；

---

* 译按：这个夹注，原文误作"Osborne, *supra*, at 141"。夹注中可能漏掉了案例，参见下面第33段。

Siemieniec v. Lutheran General Hospital, 117 Ill. 2d 230, 251, 512 N. E. 2d 691, 702（伊利诺伊州, 1987）；Cowe v. Forum Group, Inc., 575 N. E. 2d 630, 635（印第安纳州, 1991）；Bruggeman v. Schimke, 718 P. 2d 635（堪萨斯州, 1986）；Kassama v. Magat, 792 A. 2d 1102, 1123（马里兰州, 2002）；Viccaro v. Milunsky, 406 Mass. 777, 783, 551 N. E. 2d 8, 12（马萨诸塞州, 1990）；Taylor v. Kurapati, 236 Mich. App. 315, 336-337, 600 N. W. 2d 670, 682（密歇根州, 1999）；Eisbrenner v. Stanley, 106 Mich. App. 357, 366, 308 N. W. 2d 209, 213（密歇根州, 1981）；Miller v. Du Hart, 637 S. W. 2d 183, 187（密苏里州上诉法院, 1982）；Smith v. Cote, 128 N. H. 231, 252, 513 A. 2d 341, 355（新罕布什尔州, 1986）；Becker v. Schwartz, 46 N. Y. 2d 401, 386 N. E. 2d 807（纽约州, 1978）；Azzolino v. Dingfelder, 315 N. C. 103, 337 S. E. 2d 528（北卡罗来纳州, 1985）；Hester v. Dwivedi, 733 N. E. 2d 1161, 1165（俄亥俄州, 2000）；Ellis v. Sherman, 512 Pa. 14, 20, 515 A. 2d 1327, 1339-30（宾夕法尼亚州, 1986）；Nelson v. Krusen, 678 S. W. 2d 918（德克萨斯州, 1984）；James G. v. Caserta, 332 S. E. 2d 872, 880（西弗吉尼亚州, 1985）；Dumer v. St. Michael's Hospital, 69 Wis. 2d 766, 233 N. W. 2d 372（威斯康星州, 1975）；Beardsley v. Wierdsma, 650 P. 2d 288, 290（怀俄明州, 1982）。

31. 美国判例法的论证思路和前文提到的思路相似。比如美国法院也指出，法院根本没有标准来认定在某些情况下不出生更好，故无论如何，任谁都没有不出生的权利［see e. g. Elliot v. Brown, 361 So. 2d 546, 548 (Ala. 1978)］。

美国亚拉巴马州法院强调，并没有不出生的权利，这并不抵触妇女的堕胎权利："保护和存续生命乃是本州的公共政策，断不能容忍不出生的权利。妇女于特定情形下得堕胎的权利，无碍此项公共政策。"（Elliot, 361 So. 2d at 548.）

美国各州法院还提出另外的论据，即对错误生命的赔偿没有办法**量化**，盖量化工作要求认定生命不存在（nonexistence）的相对价值，而对生命不存在这种状态，吾人一无所知（see Siemieniec v. Lutheran General Hospital, 512 N. E. 2d at 697）。美国法院还讨论过，难以找到合适标准来区分严重残疾的案件（足以认为不出生更好）和不那么严重残疾的案件（see e. g. Siemieniec, 512 N. E. 2d at 699）。

32. 美国有三州法院认可错误生命诉因：加利福尼亚州［Turpin v. Sortini,

31 Cal. 3d 220, 643 P. 2d 954, 182 Cal. Rptr. 337（Cal. 1982）；Curlender v. Bio-Science Laboratories, 106 Cal. App. 3d 811, 165 Cal. Rptr. 447 （Cal. 2d Dist. 1980）]；华盛顿州 [Harbeson v. Parke-Davis, Inc., 98 Wash. 2d 460, 656 P. 2d 483（Wash. 1983）]；新泽西州 [Procanik v. Cillo, 97 N. J. 339, 478 A. 2d 755（N. J. 1984）]。但就前面提到的认可错误生命诉因面临的难题，这些判例法并没有回答。事实上，承认错误生命诉因的这些判决，主要论证思路就是希望通过判令赔偿来帮助那些需要金钱的残疾孩子，至少在可以揪出特定过失被告的情形是这样。比如，[新泽西州最高]法院就在普罗卡尼克案判决中明白写道："额外的医疗费用可以得到赔偿，不是因为无有生命（non-life）胜过有缺陷的生命，而是为了满足残疾孩子的生活需要。这些孩子承受着苦难，吾等只是想回应这些生灵寻求帮助的呼求。"（Procanik v. Cillo, 478 A. 2d at 763.）

显然，吾人不能基于这些论据而在侵权法上认可错误生命诉因。这些论据的价值，只能是在认可了侵权法上的诉因之后，可以也应该纳入考虑，以决定赔偿额的多寡。

33. 其他普通法系国家也采取类似美国多数法院的进路。在英国的麦凯案中（McKay v. Essex Area Health Authority [1982] 1 QB 1166），法院认为，倘无明确立法，普通法不会认可错误生命诉因（英国确实颁布了相关制定法，本案中的孩子出生时，这部制定法尚未生效）。受麦凯案影响，并出于类似前面讨论过的理由，加拿大也拒不认可错误生命诉因 [see e. g. Bovingdon v. Hergott, 2008 ONCA 2, 290 D. L. R. （4th）126；Phillip H. Osborne, Essentials of Canadian Law: The Law of Torts, 2000, pp. 140-141]。澳大利亚最高法院也发布裁判，主张不能通过比较有缺陷的生命和无有生命来评估损害 [Harriton v. Stephens（2006）HCA 15；see also Waller v. James（2006）HCA 16]。

在德国，联邦宪法法院裁决，不认可错误生命诉因 [BVerfGE 88, 203（269）]，盖其有悖《德国基本法》第 1 条维护的人格尊严原则。今日德国，对历史的忧惧早已浃肌沦髓，宪法和判例法都肯定了尊重生命的义务。

奥地利法院结论相似 [OGH（25. 5. 1999）JB1 1999, 593]。法国判例曾认可错误生命诉讼，2002 年修改立法，明确孩子不得主张自己的出生给自己造成损害。只有医生直接造成胎儿残疾或者加重残疾的，孩子方得提起诉讼（就比较法及其他国家判例法的详细考察，参见：前引佩里文，第 518—525

页；马扎委员会报告，第 32—38 页；前引西加尔文，第 12 页）。

34. 可见，诸多法律体制都认为不应认可独立的错误生命诉因。各不相同的法律体制，就否定错误生命诉因已达成某种"全球共识"（global consensus）（至少没有立法明确承认）。看起来，将自己看作全球法律体制的一部分，在"全球系列小说"（global chain novel）中参与创作，以阐释德沃金著名隐喻的法官（Ronald Dworkin, Law's Empire, 1998, pp. 228-229）*，要正视就特定法律事宜已达成的共识："［全球司法合作］得充任对内国法官的抑制机制，就'小说'该写些什么，防止法官越过一般共识的边界……援引外国法律，类似德沃金的系列小说隐喻。法官倘将自己看作全球法律体制的组成部分，就会避免对全球共识的重大背离。"［Eliezer Rivlin, *Thoughts on Referral to Foreign Law, Global Chain-Novel, and Novelty*, 21 Fla. J. Int'l L. 1, 15（2009）.］

诚然，仅仅是全球共识并不会使以色列法官担负必须遵从的义务，在合适的案件中，也可能有充足理由背离共识；但毫无疑问，法官应重视此共识，考察共识产生的理由和论证思路，检视以色列法律体制是否应该采纳此共识。就眼下讨论的议题，并无背离全球共识的道理。以色列法制也将生命奉为神圣，不允许对生命价值的任何背离。人的生命，任何人的生命，都胜过死亡。

35. 是以本庭得出结论，不再承认孩子的错误生命诉因。但为解决实际问题，正如下面将要阐释的，可以显著扩张父母基于孩子错误出生而主张的诉因（认可此诉因并无争议），残疾孩子的抚养费用，甚至残疾孩子成年后（直至整个生命预期）的生活需求，父母都可以得到赔偿。

（八）父母诉因："错误出生"

36. 承认父母主张的错误出生诉因，不会带来孩子诉因场合的那些法律和道德难题。蔡案审判庭全体法官一致同意错误出生诉因成立。时任法官的巴拉克院长于蔡案判决中写道：

"诚然，认可医生对孩子父母的责任，合乎过失侵权法的一般规则……医生和孩子父母有密切关系（孩子父母属于医生要照护的那类人），在概念上医生对孩子父母负有注意义务。就此议题，没有必要区分下面两种情形：①医生确有过失，倘医生未犯过失，孩子本会健康诞生；②倘非医生过失，孩子压根

---

* 译按，可参见［美］德沃金：《法律帝国》，李常青译，中国大百科全书出版社1996年版，第204页。

儿不会来到这世上。不论哪种情形，吾人区处的都是父母所受损害以及医生对恰当注意义务的偏离。要在各方主体的利益间取得恰当平衡，医疗过失造成的金钱负担应该由制造风险的人及其保险人承担。如此，希望可以确保适当的健康水平。医生过失造成损害的，没有豁免医生的正当理由……父母有规划其家庭的权利（right to plan their family），故主治医生应采取恰当警示措施，告知父母怀孕、妊娠、堕胎以及分娩伴随的风险。

在过失侵权法中，损害为责任成立的必备要件。就这个要件的存在本身来说，在父母诉因场合不会带来任何特殊难题……"（蔡案，第113页。）

吾人亦认同，父母的错误出生诉因合乎过失侵权的一般定义，就恢复原状事宜不会带来任何真正的难题。就眼下讨论的场景，错误出生诉因的难题在于因果关系要件。另外，巴拉克法官在蔡案讨论过，"就赔偿金针对的损害名目（即抚养孩子过程中支出的费用以及感受到的精神痛苦是否可以得到赔偿），以及就损害赔偿金的计算（即养育孩子带来的好处得否抵消损失），可能会碰到难题"（蔡案，第113页）。但这些难题不足以否定错误出生诉因，无论如何，都可以解决。

37. ［不惟损害要件，］父母诉因也不会生出孩子诉因场合提到的那些道德和原则性难题。在父母诉因中，不会将孩子的生命本身界定为损害。损害表现为医生过失给父母带来的额外金钱负担和心理影响。承认父母诉因，并不意味着孩子的生命没有价值，或者对孩子自己来说，不出生会更好些；承认父母诉因不过意味着，父母被剥夺了选择不抚养残疾孩子的机会，抚养残疾孩子的困难太大了。有必要将下面两点区别开来：一是活生生的、有人格、有希冀、有情感的孩子，将这孩子的生命看作没有价值，甚至认为这孩子不出生还好些，这是吾人无法接受的观念；二是父母的权利，在孩子还是胎儿、不能独立存活的阶段，在医生犯下过失之前，父母本来有权利选择是继续妊娠还是接受法律许可的堕胎。是以，吾等主张的进路，既承认生命的固有价值，又认可在胎儿严重残疾的情形，法律容许父母享有终止妊娠的权利，两者并不相悖。

检视前面提到的父母选择权利时，各方面因素皆应纳入考虑，包括父母（在法律容许的界限内）依自己的选择规划自己生活的权利，还有抚养残疾孩子在精神、现实生活甚至经济层面碰到的巨大困难。注意：这些于侵权法事宜之外的道德议题并不具有决定意义，［道德议题］主要解决的问题是，父母在何种情况下、何等程度上选择采取一切措施以避免抚养残疾孩子［指堕胎］从道德角度看是正当合理的。这么说足矣：这一选择由诸多因素构成，并不必然包括残疾孩子的人生不值得过的世界观；这是合法的选择，由父母自主决定，并因医生过失而遭剥夺。

38. 一般来讲，孩子出生后，父母的看法往往会改变。孩子一旦出生，父母都会自然地爱上孩子。孩子的残疾只会让父母加倍疼爱。可父母往往也能够（法院也能够）将下面两点区分开来：一是对孩子的爱；二是真诚陈词，倘事先有机会选择，在孩子诞生之前，当会选择不让这样严重残疾的孩子来到世上。

39. 最后要注意，当事人提出的，父母不能以直接受害人身份提起诉讼，只能以孩子损害缓冲者身份提起诉讼的主张，吾人以为并无道理。在列维案中［CA 754/05, Levy v. Mercaz Refui Sha'arei Tsedek（5 June 2007）］，吾等讨论了初次损害受害人和二次损害受害人的区分意义："区分初次损害和二次损害受害人，是在所受损害和加害行为间建立因果关系的结果。初次损害受害人，其人身或财产所受损害是加害行为的直接结果；二次损害受害人是因他人遭受伤害而受损害。"（列维案，第 22 段。）

依此标准，父母确实因错误出生而受损害，并使诉因得以成立，故为初次损害受害人。父母所受损害，不论是金钱损害（源于满足孩子特别需求的义务）还是非金钱损害，都是直接损害，源于医生过失造成孩子出生这个事实。侵害行为直接造成父母损害。不仅是过失行为直接指向父母，父母所受损害也是直接损害。父母所受损害不是源于孩子的残疾，盖残疾并非医生过失行为所造成；损害来自父母承受的经济负担以及感受到的精神痛苦。孩子的出生，即伴随父母的经济和精神伤害。该损害实际上是当初蕴含风险的实现，正因为风险实现，加害人的行为遂为侵权行为。如果说在列维案中，母亲处在直接损害受害人和二次损害受害人的边界上，那么在眼下讨论的案件中，［父母］已越过边界，可以明白地说，父母遭受了直接损害。［See also Asaf Posner, haIm Yoter hu Tamid Yoter? Hebetim Ma'asi'im laMachloket baSugiat haHolada b'Avla, at note 6（to be published in the *S. Levin Volume*）.］

40. 本庭得出结论，承认父母的错误出生诉因没有任何法律或原则性障碍，而且就此议题，吾人不必背离蔡案判决的立场。在蔡案判决发布 25 年后，本庭更为灵活变通地对待该判决追求的**恰当目的**（*worthy purpose*），使得孩子的医疗、康复和接受援助等需求大部分都能得到赔偿,但应在父母错误出生诉因的框架下为之。

41. 理论上承认了父母的错误出生诉因后,接下来便应讨论该诉因适用产生的三个议题。蔡案判决并未就此展开充分讨论,是由本院发布明确规则的时候了。这三个议题是:因果关系证明、损害评估、侵害意志自主的损害名目。

(九) 因果关系证明

42. 错误出生诉因的一个主要难题涉及侵害行为(医生过失)和诉称损害(源于孩子的残疾)间的因果关系。正如任何侵权诉讼一样,父母提起错误出生诉讼,也要证明因果关系,此前已有法院就此事宜裁决说,"要证明医生未尽说明义务和错误出生损害间的因果关系,并非易事。法院要尽力探寻父母的灵魂深处,判断倘若父母得知一切必要信息,在是否终止妊娠问题上当会如何决策"[Hendel, J. in CA 9936/07, Ben David v. Entebbi(22 February 2011)]。

就眼下讨论的案件,很显然,孩子的残疾是先天缺陷,并非医生的过失作为或不作为造成。此际,在因果关系的证明框架下,父母必须证明,倘非医生过失,父母当会选择以堕胎终止妊娠,不让这孩子来到世上。在此背景下,生出诸多实际层面、道德层面及理论层面的难题:父母如何证明因果关系要件,换言之,倘非医生过失,父母当会选择终止妊娠?在证人席上就因果关系事宜诘问父母,会生出诸多心理和道德层面的难题,那么在错误出生诉讼中彻底将因果关系要件抛弃,是否合适?就因果关系的证明,法院可否以群体考虑(group considerations)为判决基础?以下即检讨这些事宜。

43. 为了证明因果关系(医生过失和因孩子缺陷所致各种类型损害之间的因果关系),第一步必须证明,倘所有相关医疗信息(因过失而未告知父母的信息)都提交给堕胎委员会,堕胎委员会当会批准父母终止妊娠。只有第一个问题的答案是肯定的(否则因果链条中断),才会有接下来的第二步,即父母必须证明,倘非医生过失,自己确实会向堕胎委员会申请终止妊娠。(阿萨夫·波斯纳先生于前文第 39 段所引论文中,将这两步称作"障碍":一个是"客观障碍",要证明堕胎委员会当会批准终止妊娠;一个是"主观障碍",要证明倘非医生过失,母亲当会决定终止妊娠。)

44. 要证明父母有权利依堕胎委员会的决定终止妊娠,当然以制定法和卫生部指引的明确标准为据。在以色列，人工流产相关规范见于 1977 年《以色列刑法》第 312—321 条。依这些条款，只有经堕胎委员会批准及孕妇知情同意，方得堕胎（"终止妊娠"）。堕胎委员会的组成及批准堕胎的事由，见《以色列刑法》第 315—316 条。就本庭所涉议题，第 316 条第 a 款第 3 项的堕胎事由最为重要，即胎儿"很可能有生理或心理缺陷"。针对如此概括的条款，卫生部制定专门指引，详细写明堕胎委员会如何在不同妊娠阶段行使其自由裁量权。在这里，一个重要标准是孩子达到"存活阶段"（viability stage），即满 24 周。在妊娠开始阶段即申请流产的，由"固定"（regular）委员会聆讯，等胎儿到了存活阶段，即由卫生部 1994 年 12 月 28 日第 76/94 号文件界定的"跨区委员会"（multi-district committee）聆讯。卫生部 2007 年 12 月 19 日第 23/07 号文件意在规制存活阶段的流产事宜，依残疾对身体功能的影响，刻画了详尽的残疾层次（轻微、中度、严重）。卫生部文件在残疾类型、残疾风险和妊娠阶段之间，建立了明确关联。

45. 这些指导堕胎委员会的标准，事实上起到了为错误出生诉因划定边界的作用，盖若是孩子的残疾并不属于让堕胎委员会批准终止妊娠的类型，则错误出生诉讼不成立（缺乏因果关系）。此外，堕胎委员会在决定是否批准堕胎时那些考虑，以及在父母希望得到终止妊娠许可时给予其指导的那些考虑，两者间有着逻辑和统计上的匹配关系（logical-statistical fit）——恰当的匹配关系。有鉴于此，就父母的堕胎立场，堕胎委员会的决定还在一定程度上很恰当地充任了**可反驳推定**（refutable presumption）。

这个推定，可以帮助解决因果关系证明第二步生出的部分难题。如前所述，父母必须证明，倘非医生过失（就是说，一切相关医疗信息都告知了父母），父母当会选择终止妊娠。但在孩子来到这个世界后，将父母置于证人席上加以盘诘，令父母证明自己当会终止妊娠，毫无疑问会生出巨大难题。

46. 第一个难题在于，必须回溯证明**假设的**事实因果链条：倘父母于妊娠期间知道了胎儿残疾情况，会怎么做？父母当真会请求堕胎委员会批准终止妊娠吗？倘父母果真申请，堕胎委员会是否会批准？倘堕胎委员会果真批准，父母是否真会终止妊娠？这个困难不只是错误出生之诉的特征，回溯认定假设问题的需要在侵权案件中司空见惯。比如，知情同意诉讼就需要回溯评估假设事件，卡多什案判决就讨论了在知情同意诉讼中适用因果测试标准的困难〔CA 1303/09, Kadosh v. Beit haCholim Bikur Cholim, par. 26 of my opinion（5

March 2012）。另一案件判决也写道，倘若法院必须假设地评估，如果医生将有关特定医疗活动风险和机会的信息提前告知患者，这位特定患者会怎样做，则公认的因果测试标准对此类案件不合适［CA 4384/90，Vaturi v. Beit haCholim Laniado，51（2）IsrSC 171，191（1997）］。*

47. 在卡多什案中（知情同意案件），吾人讨论了另外一个难题，即因果关系证明的恰当标准（第 26 段，鄙人意见）。我在该处指出，**客观**标准对于患者控制自己身体的利益保护不够有力，盖客观标准远离具体患者的愿望，转而倚靠理性患者的愿望和考虑［引用斯特拉斯伯格-科恩法官在达卡案中的表述：CA 2781/93，Da'aka v. Beit haCholim ' Carmel '，Haifa，53（4）IsrSC 526，606（1999）］。**但正如该处讨论过的，**主观**标准同样生出巨大难题，盖等到受害人知道了侵权后果，自会影响其判断。就此事宜，时任法官的拜利希院长指出，毫无疑问，要探查患者当时的立场有实际困难，盖患者总是等到遭受了医疗伤害，才会回过头去考虑这个问题。诸多法院判决指出，让正饱受痛苦的医疗活动受害人去证明并令人信服地陈述，当初决定接受治疗的时候若是知道了所有可能的结果，其会如何抉择，实在不人道（达卡案，第 553 页）。***

因果关系判断主观标准造成的这些困难，在父母的错误出生诉讼中极大强化。刚才提到，期待患者"证明并令人信服地陈述"倘若当初知道为了做决定所必要的那些事实真相，其当会怎样做，定是极"不人道"的；在眼下的讨论中，这个判定更加突出了父母不得不面对的**心理难题**（*psychological difficulty*）。诚然，除了此类证据固有的困难，［在错误出生诉讼中，］父母还不得不费劲地解释，自己在证人席上提供的证言（倘知道会是这样的缺陷，当会选择终止妊娠）和自己（在孩子生下后）对孩子的爱并不冲突。在此场合，有这样的主张，即倘若法院接受父母的事实版本（父母当会堕胎），同样会造成**道德难题**，并在父母与子女间生出罅隙。但事实并非如此。

48. 诚然，在法庭上盘诘父母带来的道德两难，充分反映了错误出生诉因

---

* 译按：参见丁帙第二篇，以色列最高法院达卡诉卡梅尔医院医疗损害赔偿案判决书，拜利希法官意见的第 9 小节引用的瓦图里案。

** 译按：参见上注，以色列最高法院达卡诉卡梅尔医院医疗损害赔偿案判决书，斯特拉斯伯格-科恩法官意见的第 25 小节。

*** 译按：参见上注，以色列最高法院达卡诉卡梅尔医院医疗损害赔偿案判决书，拜利希法官意见的第 10 小节。

的复杂性。考察的因果关系在事前（ex ante），即倘于妊娠期间掌握了所有相关信息，父母当会如何行事；但证词提供在事后（ex post），孩子已经出生（此两难亦生于损害事宜，下文将会讨论）。阿萨夫·波斯纳先生在马扎委员会里持异议，于发表异议时回应了这个道德两难："正确的答案是这样的，当讨论终止妊娠（或者是否打算怀孕）时，孩子要么根本不存在（倘问题为是否打算怀孕），要么就是现在这样活生生的人。父母不必对孩子说，'我很抱歉将你生下'，或者'我不爱你'；父母只需要证明，在妊娠早期阶段，或者在胎儿尚未发育成人时，母亲当会终止妊娠。"（马扎委员会报告，第105页。）贝尔谢巴地区法院一次聆讯中的父母陈词，将父母的情感揭橥得淋漓尽致［in CC (Be'er Sheva District Court) 3344/04, R. W. v. Maccabi Sherutei Briut (21 August 2008) ］。残疾孩子的母亲如是陈词：倘知道孩子不论有任何缺陷，定会毫不犹豫地终止妊娠，盖前面已经有了一个大脑麻痹的孩子，天知道每天要面对多大困难。尽管坚称会选择堕胎，但母亲说："我爱这孩子，孩子给家庭贡献巨大，他就是我们的光，我们的太阳……我并非说孩子构成家庭的损害，但如果我当真终止了妊娠，下一年，我还会得到同样的孩子，肢体健全的孩子，他会给家庭带来同样的贡献，又不必承受残疾孩子的苦难……我们热爱这孩子，他是我们的一切，这是很清楚的……"（前引贝尔谢巴地区法院判决书，第4页。）

49. 在**实践层面**也碰到难题。或谓，对某些原告来说，证明因果关系要件可能比另一些原告更为困难。法院不止一次得出结论认为，有些父母，即便掌握了全部信息，也不会选择终止妊娠。法院依据相关信息——涉及原告夫妇的生活方式和信仰、过去在分娩怀孕等方面遇到的困难、母亲的年龄及分娩历史等，从而得出父母不会堕胎的结论。依此论辩，信仰极端正统教义并且经过艰苦治疗方才怀孕的大龄妇女，相较已有多个孩子又自然怀孕的世俗年轻女性，要证明自己若是知晓孩子生下来即有残疾的风险，当会选择堕胎，孰难孰易，不言自明。此外，对于援引这些信息，或会主张（吾等在聆讯中确实听到过），要求原告夫妇证明若非被告过失，自己当会选择堕胎，不啻伤害那些愿意承受抚养残疾孩子困难的父母，奖赏那些不愿承受抚养残疾孩子困难的父母［美国文献也提出类似思路，参见 Wendy F. Hensel, *The Disabling Impact of Wrongful Birth and Wrongful Life Actions*, 40 Harv. C. R. -C. L. L. Rev. 141, 172 (2005) ］；还有主张称，那些因信仰而不能堕胎的父母，遂因此遭受区别对待。

50. 考虑到这些困难，许多一审法院判决提到，不必再让父母证明其当会选择堕胎，而应以法律推定代之。例如，耶路撒冷地区法院德罗里法官（M. Drori）即于判决中写道［CC（Jerusalem District Court）3198/01, A. v. The Jerusalem Municipality（12 May 2008）］：

"乍看起来，这样的先验推定（a-priori presumption）违背了侵权法的基础，即被告的行为乃是损害的必要条件⋯⋯是以，比如，如果能够证明，即便医生未犯过失，残疾孩子还是会生下来，即可初步认为，过失非为损害原因，不应为此追究被告责任⋯⋯

但在我看来，采纳本雅明法官（A. Benyamini）的思路（不再要求父母证明其当会堕胎），合乎重大公共利益。原因不仅在于此思路免去父母优柔寡断的回溯证明之劳，更在于本雅明法官的思路意味着平等对待一切怀孕妇女，不考虑其种族或信仰。

⋯⋯世俗犹太女性确定可以得到赔偿，其他女性则必须证明身属的教派持何等教义，证明自己是否会选择堕胎［，难道这样处理合适吗］?! 是否有必要在一切个案中，考察各教派的细节及其间教义的细微差别，以判断依其教义，就个案中的具体缺陷是否允许堕胎?! 进而，到底是否有必要将原告（母亲）归入某教派，从而依该教派的通常教义来认定其是否会选择堕胎?!"（判决书，第285—286段。）

并请参见特拉维夫地区法院本雅明法官的判决：CC（Tel-Aviv District Court）1226/99, A. L. v. Yaniv（29 March 2005）。

51. 尽管有上述困难，过失和损害间的因果关系要件也不能放弃（马扎委员会的多数派和少数派都持此立场，参见马扎委员会报告，第47、98页[*]）。诸如前面提到的那些建议，在现行侵权法框架下并不可行。这实际上是免去了过失侵权中因果关系要件的证明任务，要是不必证明倘非医生过失，父母当会选择堕胎，也就不可能证明过失和孩子出生间的因果关系。在此类诉讼中免除因果关系要件证明责任，可能会令并未真正造成损害的当事人承担责任，令原告就并非侵权行为给自己造成的损害得有请求赔偿的权利。如此，不但违背了侵权法及其目标，而且并未在诉讼当事人间实现正义（依这

---

[*] 译按：这里的多数派和少数派，针对是否赞同错误生命诉讼。

个术语的基本意思理解）。在美国法制下，母亲同样必须证明，倘非医生过失，其当会堕胎〔see e. g. Dumer v. St. Michael's Hospital, 69 Wis. 2d 766, 776, 233 N. W. 2d 372, 377（Wis. 1975）; Alan J. Belsky, *Injury as a Matter of Law: Is this the Answer to the Wrongful Life Dilemma?* 22 U. Balt. L. Rev. 185（1993）〕，尽管母亲就该争点出具的证词可能损害孩子的福祉〔Keel v. Banach, 624 So. 2d 1022, 1026（Ala. 1993）〕。

52. 是以，只要父母意图提起错误出生诉讼，就有必要证明因果关系要件。基于堕胎委员会决定的可反驳推定，有助于克服这些困难。

因果关系要件的证明固然免不了，可要对付父母信仰的诸般细节以及其他基于群体的考虑（group-based considerations），也的确是很棘手的问题。无论如何，回溯地去判断父母当会如何选择，本身包含着极大不确定性。法院寻求帮助的那些信号（包括诸如生活方式、年龄、生育历史以及私人医疗中的其他检测等信息），不过是一般性的信号，实际上相当大程度地依赖群体信息（group data）。将原告夫妇归入此群体抑或彼群体，相当程度上都是折磨人的悬揣。如果法院必须依赖一般性的群体信息，则没有其他办法，只能从特定抽象层次切入。法院还经常利用推定来应对固有的不确定性难题〔在损害计算背景下对此问题的讨论，参见 Eliezer Rivlin and Guy Shani, *Tfisa Ashira shel Ikaron Hashavat haMatzav le'Kadmuto baTorat haPitsui'im haNeziki'im, Mishpat v'Asakim* 10 499（2009）〕。此外，群体信息并不总是个体行为倾向的证据。即便是平时（但尤其在危机时刻），个体也很容易偏离群体命令和惯例，尤其是群体惯例。事实上，个体的原初立场可能更为复杂和多侧面，不能根据个体身属哪个群体来评估。是以，应高度重视关于因果链条的第一个问题——就待决案件的情形而言，堕胎委员会是否会批准终止妊娠？

如前提及，就父母在堕胎事宜上的立场，堕胎委员会的决定在某种程度上应充任可反驳的推定。一般来讲，倘依社会观念（societal convention），在某种情形可以终止妊娠，而指导堕胎委员会的标准亦设明文，如适才所讲，即可推定（事实推定），社会中的个体通常亦会依此风格行事。但应强调，这是事实推定，而非规范推定；无论如何不能认为，在堕胎委员会当会批准堕胎的情形，当事人偏不堕胎乃是不合理的、讨厌的行为。这个推定的意义不过是，从实际角度看，可以假定，在典型情况下，社会中的个体一般会依据（至少是近似）指引堕胎委员会的标准行事。

53. 还应强调，在堕胎委员会当会批准堕胎的情形，推定原告父母当会提交堕胎申请的，这个推定不能纯粹依靠一般信息予以反驳。这样的一般信息有时可能很重要，但总归只代表了这位女性全部个体信息的单一侧面，故不能轻率据之下结论。应当牢记，需要探查的，并不是在待决案件中就堕胎事宜原告所属**教派的立场**，而是诉至法庭的这个**具体原告**当会怎样行事。如前提及，个体很可能背离群体命令和惯例，尤其是群体惯例；不管在事实还是规范层面，个体的选择既然并非预先注定，偏离即不可避免。因此，仅仅知道原告夫妇所属教派不许可堕胎，还是不够的；当事人还必须说服法院，原告确实会遵从不许可堕胎的教义，如此，这条有关信仰的信息才能发挥作用。显然，在特定情形下允许堕胎，对很多教义来说并非不可能；至于在何种情形下可以堕胎，不同教义往往思路各式各样。就此议题，参见，例如，CC（Jerusalem District Court）3130/09, A. K. V. v. Sherutei Briut Klalit（28 November 2011）; CC（Jerusalem District Court）9134/07, Alsayad v. The State of Israel（17 February 2011）。

事实上，即便今天，初审法院也不会排他性地只依靠诸如信仰这样的信息，原告个人的信息更受重视。参见，例如，CA 7852/10, Tidona v. Kupat Cholim Leumit shel ha'Histadrut ha'Ovdim（15 March 2012）; CC（Haifa District Court）1014/05, Zidan v. The State of Israel（24 December 2011）; CC（Central District Court）5193-11/07, S. M. S. v. Malachpar. 5（d）（99）（14 September 2010）; CA（Haifa District Court）10492/97, Aftabi v. Sherutei Briut Clalit（30 September 2001）。

54. 最后应强调，倘能证明堕胎委员会当批准堕胎，即便原告夫妇不能证明自己会选择堕胎，也不妨碍原告夫妇主张意志自主受侵害（violation of autonomy）（换言之，原告夫妇有权利在充分知情的情况下做如此重要的人生决策），就由此所受损害请求赔偿。就此损害，得请求单独赔偿（separate compensation），下文还会详论此点。

（十）损害和赔偿金计算

55. 跨过了因果关系障碍后，在父母诉因的框架下，接下来要认定的是，原告夫妇得就哪些损害请求赔偿。要考虑的问题是，原告夫妇是只能请求赔偿**额外费用**（*Additional Expenses*），即为了残疾孩子必须额外负担的医疗、接受援助等费用以及一定的生活费用，还是亦得请求赔偿抚养费用（包括哪怕孩子健康也要承担的费用)？健康孩子无论如何也需要的费用称**常规费用**(*Regular Expenses*)，相对于因孩子残疾而生的额外费用，构成"基准费用"（*base cost*）［马扎委员会的阿萨夫·波斯纳教授称之为"基层"(base layer)］。

56. 没有争议的是，在一般的侵权诉讼中，只赔偿侵权行为造成的"额外费用"，即便未造成损害也会承担的费用自然不予赔偿。是以，比如，幼儿因医疗过失受伤害的（并非错误出生），父母不能请求赔偿所需要的全部帮助。法院会从照顾受伤孩子所需要的小时数中减去照顾健康孩子所需要的小时数，只能赔偿两者差值，即只赔偿额外的帮助时间。类似地，人身伤害的受害人需要商用车辆出行的，只能得到额外费用的赔偿，即商用车辆价款及维修费用减去普通车辆价款及维修费用所得差额（参见马扎委员会报告所举示例，阿萨夫·波斯纳的意见，第 115 页）。

或会主张，将恢复原状原则应用于错误出生诉讼中，就会得出结论，倘非医生过失，孩子根本不会出生，父母就不会负担任何抚养费用。要使父母处于倘未发生过失行为其当处的状况，依通常规则，初步立场要求既赔偿抚养孩子的常规费用，也赔偿孩子残疾带来的特别费用。依此原则，"额外费用"也包括了常规费用。

57. 但实际上，在父母提起的错误出生诉讼中，（在孩子成年以前）"额外费用"只是超出常规费用的部分。在孩子成年之前，父母抚养健康孩子所需要的常规费用，不应该赔偿；只有因孩子残疾而负担的额外、特别费用，才应赔偿。诚然，倘非医生过失，孩子压根儿不会出生；但有充足理由不令有过错的加害人承担抚养孩子的一切费用。这些理由反映了错误出生诉讼的复杂性，强调了错误出生诉讼固有的理论和实际难题，经年以来，各级法院都在应付这些难题。这些理由又是怎样的呢？

如前所述，令造成损害的被告承担责任是采取了事前视角，并且假定在给定案情下，在孩子出生之前，倘父母事先有选择机会，应该宁愿不要将这孩子生下；可是，如果忽视从责任成立到损害发生这一期间由孩子出生所表现出来的**变化**(*change*)，也就无法考察父母所遭受的损害。对损害的考察必须采取事后视角，考虑到孩子存在的事实，但孩子的存在本身并未被看作损害，也不得被看作损害。回溯地看，在残疾孩子出生后，在父母眼里，孩子的出生并非损害。即便孩子生来残疾，父母也会对孩子充满感情。如果父母开始就有选择机会，父母会选择不让这孩子来到世上，即便是这样，父母对已经生下来的残疾孩子也还是有感情的。在孩子降生后，父母还是稀罕他，享受孩子出生成长带来的无形欢愉。马扎委员会报告讲得很好："诚然，残疾生命本身并不构成孩子所受损害，孩子来到世上后，也不能认为孩子的存在给父母造成伤害；但若非被告过失，本不会生出必须以特殊费用来满足的需求，被告应承担自己造成的这些特殊费用。"（马扎委员会报告，第60页。）

美国［威斯康星州最高］法院曾论及此点（Marciniak v. Lundborg），当然，是在不同的场景下（孩子是健康的，但父母本来不想要孩子，并为这个健康孩子的出生而请求赔偿），并且是站在孩子的角度讨论的。下面这段判词亦适用于赔偿父母额外费用的必要性：

"被告又辩称，判给父母赔偿金，可能造成孩子的心理损害，日后孩子得知父母提起的错误出生诉讼，会认为自己乃是'情感上的私生子'（emotional bastard）。但此等主张难获吾人认同。绝不能合理地认为，父母请求赔偿孩子的抚养费用，是将孩子看作讨厌的负担。父母诉请的是抚养费用，而不是摆脱计划外的孩子。父母当然愿意抚养这孩子。任何孩子需要的爱、关怀和情感支持，父母都愿意给这孩子。但要抚养这孩子，衣食住行以及教育等各方面的经济负担，却不是爱、关怀和情感支持就能解决的。这就是原告夫妇的诉求所在，吾人相信孩子长大成人，当然能区分这两者。减轻家庭抚养这孩子的经济负担，当能有效增加整个家庭（包括这孩子）情感上的幸福，而不是带来损害。"［Marciniak v. Lundborg, 153 Wis. 2d 59, 67, 450 N. W. 2d 243, 246 (Wis. 1990).］

58. 当然，这并不能减轻残疾孩子的父母所面临的困难，也不能减轻父母注定要经受的痛苦，即体验孩子所受的痛苦；这些损害（倘能证明）应在精神痛苦（*pain and suffering*）的名目下单独赔偿。但评估父母损害的出发点在于，（在孩子出生后，）孩子的生命无论如何不是所要赔偿的损害，父母也是这么看的。是以，父母抚养孩子的常规费用并非损害。损害表现为额外费用——被告过失带来的额外成本，只有赔偿这些才是理所当然的。

59. 这里，错误出生诉因的非比寻常之处也就显露出来，即过失和损害间的内在不匹配（inherent dissonance）：过失表现为，父母为了决定是否把这个孩子带到世上所必要的那些信息，被告未予提供；这里损害要件的特征却在于，损害是在孩子已经来到世界后造成的，孩子的生命本身并非损害。

注意，亦可从另外角度得到同样结论（被告只赔偿额外费用），［这和前述理由〕实为同一硬币的两面：原则上，孩子出生的积极后果亦应纳入考虑，从实际操作层面来看，就是在损害赔偿的框架下，一切因孩子出生和抚养孩子而带来的无形利益都应予以量化，并从父母应得的赔偿金中扣除。大概估算，这些无形利益近似等于抚养孩子的常规费用。从抚养孩子的总费用中扣除常规费用，所得即为额外费用，即因孩子残疾所生费用（另外还必须加上非金钱损害赔偿）。

父母就孩子成年之前这一期间可以得到的赔偿，这就算盖棺论定了。

60. 孩子成年之后，父母仍得请求赔偿孩子的扶养费用（support），盖不同于一般侵权案件，残疾孩子还是要依赖父母，事实上，**残疾孩子的整个生命预期**都是这样。在损害赔偿的框架下，当然要考虑孩子事实上依赖父母的期间，而在这里，孩子虽已成年，却因残疾不得不继续依赖父母，特别是，对受父母扶养的成年子女，父母原则上仍有照护的义务；就此照护义务，1959年《家庭法修正法（扶养）》〔Family Law Amendment Law (Support), 5719-1959〕第4—5条载有明文。毫无疑问，倘非医生过失，在孩子成年之后，父母本来不会承担对孩子的扶养费用。

倘非残疾，孩子成年后，本可自谋生计。在其谋生能力因残疾而降低的限度内，父母负有扶养义务，弥补孩子谋生的不足。换言之：孩子成年后，父母要同时承担残疾带来的特别费用和常规费用；倘非残疾，常规费用本该是孩子自己负担的。

61. 倘这残疾孩子仍有能力赚钱，将来的预期收入（即经济领域平均薪水的相关部分）应从父母所得赔偿中扣除。本院早已发布裁决明确，应假定健康的未成年人于其成年后可以得到经济领域的平均薪水并用以维持生计（生活开销和福祉）。从实际角度看，父母可以得到孩子成年后全部"额外费用"，即孩子成年后的常规费用和特别的医疗、接受援助等开销。只有可以预计这孩子能得到一定比例平均薪水的，方有必要将该比例的薪水从赔偿金中扣除。事实上，在一般案件中（孩子仍继续生活在父母家中或者社区），父母通过错误出生诉讼得到的赔偿金和孩子通过错误生命诉讼得到的赔偿金（倘认可错误生命诉因，孩子得据之请求赔偿收入损失）没什么两样。

62. 下面以数字来说明：

假设经济领域平均薪水为1万元。残疾使得孩子的收入能力降低50%，即遭受5000元损失，倘法律承认错误生命诉因，这孩子即可得到5000元赔偿。再假设（和健康孩子比较），他还有权利得到额外医疗、接受援助费用1.5万元。这样，在孩子自己的诉讼中，总计可以得到2万元赔偿。既然法律不认可孩子的诉因，那么在父母提起的诉讼中，就一般案件来讲，父母可以得到全部额外费用赔偿，即1.5万元的医疗、接受援助费用，还有孩子的常规费用（由于孩子收入能力减少，父母不得不负担此减少部分），即额外的5000元。如此，父母通过错误出生诉讼得到的赔偿，和孩子通过错误生命诉讼（假设法律认可）得到的赔偿，数额相同。

但应记得，赔偿总是依个案而定的；有些情形，赔偿金额可能变化。比如，孩子生活在慈善性质的社会公共机构，当然会影响生活费用。

63. 从比较法上看，依美国多数州法院立场，只赔偿孩子残疾给父母带来的额外费用损失，抚养孩子的常规费用不予赔偿。

［如第30段提到的伊利诺伊州最高法院判例，］"赔偿问题给那些受理错误出生诉讼的法院带来很大麻烦，吾等赞同多数法院的立场，即给予父母的赔偿限于非常费用（extraordinary expenses），也就是为了恰当应对、治疗先天疾病或者遗传疾病而必须支出的医疗、住院、康复、教育等费用。"［Siemieniec v. Lutheran Gen. Hosp.，117 Ill. 2d 230，260，512 N. E. 2d 691，706 (Ill. 1987).］

另一件判决明白写道："诚然，侵权法的核心政策总在于恢复原状，使受害人处于假设被告的行为并未违反注意义务，从而造成原告损害，受害人本来当处的状况。在错误出生场合，这种状况即为，假设孩子健康出生，其父母相信应当会处在怎样的状况。损害的计算，不是拿着假设孩子未出生该有的状况来比较，盖健康孩子的抚养费用（哪怕是计划外的孩子），父母总是要承担的。只有赔偿孩子残疾所致全部的将来**非常**费用（extraordinary expanses），［恢复原状］政策才能落到实处。"［Kush v. Lloyd，616 So. 2d 415，424 (Fla. 1992)，粗体系原判决添加。］

美国法院的立场当然基于诸多理由，包括前面提到的那些理由。是以，比如，美国法院认为，倘若父母原则上得请求赔偿抚养孩子的全部费用（盖若非医生过失，孩子根本不会来到世上，父母也就不必支付任何费用），那么孩子的降生及成长所带来的无形利益（哪怕孩子有残疾），必须从赔偿金中扣除。法院认为，这些无形利益（至少）等于抚养孩子的常规费用［Ramey v. Fassoulas，414 So. 2d 198，200-201 (Fla. App. 3d Dist. 1982)］。法院还认为，让第三人［指犯有过失的医疗服务人］承担抚养孩子的常规费用，与当事人的过错不成比例，而且违背了抚养孩子的基本义务和主要义务应由父母承担的理念，不论孩子是否在父母的计划内［see Rieck v. Medical Protective Co., 64 Wis. 2d 514, 518–519, 219 N. W. 2d 242, 244–245（Wis. 1974）；Ramey v. Fassoulas, at p. 200］。最后，美国法院强调，父母既决定生下孩子，也就必然本着自由意志同意承担抚养孩子的常规费用，故不能说这些费用是被告过失造成的［Clark v. Children's Mem. Hosp., 955 N. E. 2d 1065, 1083（Ill. 2011）］。不过，也有美国少数州法院判令被告赔偿所有抚养费用，理由就是，倘非医生过失，孩子根本不会来到世上［Robak v. United States, 658 F. 2d 471, 479（7th Cir. 1981）］。

64. 英国的立场也是这样，不赞成赔偿全部抚养费用，只赔偿额外费用。帕金森诉圣詹姆斯及锡克罗夫特大学医院案（以下简作"帕金森案"）判决写道："残疾孩子需要额外照顾和额外费用。基于此分析思路，残疾孩子被看作和普通健康孩子一样，带来同样的欢愉和好处。坦白讲，在很多案件中（本案或许就是），这不太可能。额外的压力和负担会给整个家庭带来严重负面影响，甚至会使父母关系破裂（如本案），并害及其他孩子。但也有好多案件，残疾孩子丰富了整个家庭，事情并没有变糟。此分析思路将残疾孩子看作和非残疾孩子有同样的价值，给予残疾孩子同样的尊严和地位，只不过承认残疾孩子需要的开销更多。"［Parkinson v. St. James and Seacroft University Hospital NHS Trust（2001）EWCA Civ 530.］

类似地，加拿大法院遵循英国思路，只赔偿抚养残疾孩子的额外费用［Zhang v. Kan,（2003）B. C. J. 164, 2003 BCSC 5（Can）；Dean Stretton, *The Birth Torts*: *Damages for Wrongful Birth and Wrongful Life*, 10 Deakin L. R. 319, 324–325,（2005）］。

65. 马扎委员会多数成员亦赞同此立场，即父母只能请求赔偿额外费用。马扎委员会报告写道："在吾人所建议的侵权法思路里，赔偿问题的出发点是，过失造成残疾孩子出生的当事人（残疾表现为实实在在的医学障碍，若非被告的过失，孩子本不会出生），**要满足残疾给孩子带来的特殊需要**，对此应负金钱赔偿责任。负责抚养孩子和关心孩子需求的是孩子的父母，父母事实上也负担了大部分费用，为满足因残疾所生之特别需要，应认可父母有权起诉对此有过失的被告并请求赔偿"（粗体系原文添加，马扎委员会报告，第60页）。

但如前所述，一般案件里的"额外费用"在孩子成年后也会增长，包括了父母必须承担的常规费用。倘孩子没有谋生能力，在一般案件中，"额外费用"也就包括了生活费用，倘无相反证据，生活费用等于经济领域的平均薪水。

66. 概言之：过失造成残疾孩子出生的当事人（倘非当事人过失，这孩子不会出生），应赔偿抚养残疾孩子的额外费用，这些费用是其过失造成的，反映了残疾孩子的特别需求；赔偿金的计算应考虑个案案情，计至孩子整个预期寿命期间。赔偿个案中需要的一切额外费用，包括医疗费用、第三方援助、康复费用、包含辅助费用在内的教育费用、住房消费以及交通支出。孩子成年后的整个预期寿命期间，在其缺乏谋生能力的限度内，只要无相反情势，就常规生活开销，父母俱得请求赔偿。

67. 附带提及错误怀孕（wrongful pregnancy/conception）诉因，此类案件中，父母压根儿不想要孩子（哪怕是健康的孩子），却因医生过失而失去选择机会［see e. g. CC（Jerusalem District Court）1315/97, A. v. Kupat Cholim shel haHistadrut haKlalit shel haOvdim b'Yisrael, IsrDC 5763（2）309（2004）；CC（Haifa Magistrates Court）4503/06, A. v. the State of Israel（4 March 2012）］；错误怀孕诉因会生出不同的问题。错误怀孕诉因及其赔偿范围非关本案主旨，本庭亦愿待此类案件发生，再行讨论。但应注意，在其他法域的错误怀孕诉讼中（因错误怀孕而产下残疾孩子的情形），只赔偿额外费用（如第64段所引帕金森案）。相较其立场，在错误出生案件中，只赔偿额外费用更有理由（a forteriori）；在错误出生案件中，至少怀孕出自父母意愿，只不过父母希望得到健康的孩子。无论如何，如前所述，在以色列的法律体制下，错误怀孕案件中如何确定合理赔偿事宜，本庭暂不必表态。

（十一）非金钱损害

68. 错误出生诉讼中请求赔偿的精神损害（psychological damage），一般界定为"纯粹"（pure）精神损害，［"纯粹"意指］原告未曾遭受身体伤害。这一定性并非没有疑问［例如，参见黑尔女男爵（Baroness Hale）于第64段所引帕金森案中富有启发性的判词］。不管怎样，眼前待决案件中的精神损害附属于（ancillary to）金钱损害，无论如何不会独立存在。

69. 即便这里原告所受精神损害被界定为纯粹损害，判例亦已认可［CA 243/83, Jerusalem Municipality v. Gordon, 39（1）IsrSC 113（1985），该案中，

对直接受害人的纯粹精神损害,被告负过失责任],并非附属于相关身体伤害的纯粹精神损害,亦得请求赔偿[see Eliezer Rivlin, Pitsui'im begin Nezek lo Muchashi u'begin Nezek lo Mamoni, Megamot Harchava, The Shamgar Volume, Part C32(2003)];稍后,准直接受害人("quasi-directly"),也和直接受害人一样,得请求赔偿纯粹精神损害(第39段所引列维案)。该案中,[医院]过失造成胎儿死亡,父母得到精神损害赔偿。类似地,因医疗过失致孕妇接受不必要的流产,原告伴侣也得到了精神损害赔偿[CA 398/99, Kupat ha-Cholim shel haHistadrut haKlalit v. Dayan, 55(1)765(1999)]。

70. 在错误出生诉讼中,父母(原告)终其一生都经受精神损害,这并非单一事件的损害。并非在短时间内造成的损害。父母整个余生都得照顾这残疾孩子。孩子的福祉全依靠父母,父母体会着孩子的痛苦。父母日夜陪伴着孩子的身体疼痛、精神痛苦,孩子的精神痛苦也就是父母的精神痛苦。父母改变了自己的生活方式,来完成对孩子的责任。父母的生活改变了,有时是彻底颠覆。过去看起来理所当然、轻而易举的活动,如今无比艰难。为了以全部能力安排好孩子的将来,父母彻夜难眠,耗尽精力。这是持续性的损害,不同于对意志自主的侵害,对意志自主的侵害是单一事件的侵害,在剥夺了当事人选择机会的时候发生。如此持续、严重的精神损害,应该得到有力赔偿。

(十二)侵害意志自主

71. 本庭最后要解决的问题是,在父母诉因的框架下,错误出生诉因和意志自主受侵害诉因之间的关系。

在第46段所引卡多什案中,吾人宽泛讨论了意志自主权利的重要地位,以及此种权利受侵害时受害人诉请赔偿的权利。遂得再次明确,意志自主权利是"任何个体依自己的选择决定自己的行为和愿望,并依其选择而行事的权利"(第47段所引达卡案判决书,第570页*),是"书写自己人生故事"的权利(第16段所引阿布·哈那案判决书,第48页)。卡多什案判决书强调,"个体意志自主位于人格尊严的核心。此项权利乃是以色列法律体制的基础价值,'是以色列《基本法:人格尊严和自由》所捍卫的任何人的人格尊严

---

* 译按:参见丁畎第二篇,以色列最高法院达卡诉卡梅尔医院医疗损害赔偿案判决书,相似表述有奥尔法官意见第15小节、斯特拉斯伯格-科恩法官意见第28小节,这里引用的可能是后者。

都受保护的宪法性权利的主要表现'［达卡案判决书，第 571 页；* HCJ 4330/93, Ganem v. Va'ad Mechoz Tel Aviv shel Lishkat Orchei haDin, 50 (4) IsrSC 221, 233–234 (1996)］"（卡多什案判决书第 31 段，鄙人意见）。

通过界定哪些侵害可以引起损害赔偿请求权，也就界定了在何种情形下，意志自主遭侵害的，原告有权利请求赔偿："只有侵害发生在选择权利（right to choose）的**核心地带**，发生在尊奉意志自主的人权的'**中心阴影区**'（*inner penumbra*）（*Bruria Tsvi* 案判决书的提法），**并且关涉重大事宜**(*on a substantial matter*)，原告才有权利请求实质赔偿。比如医疗领域的例子，如前提及，任何人都有控制自己生活的权利，医疗侵害行为发生在此种权利的中心阴影地带，构成对意志自主的侵害，盖'这会对患者的生活方式和生活质量产生直接影响，有时甚至是不可逆的影响'（达卡案判决书，第 532 页**）。另外的例子是，侵害他人编织人生故事的能力（阿布·哈那案判决书）。应界定清楚，哪些伤害得请求赔偿，这样法院才能更好地维护意志自主权利的地位，但只有在合适案件中，才判令被告承担赔偿责任。"（卡多什案判决书第 39 段，鄙人意见。）

72. 侵害意志自主是过失侵权框架下的损害名目［卡多什案判决书，第 38 段，鄙人意见；另见第 72 段阿密特法官（Amit, J.）的意见］。在错误出生诉讼中，侵害意志自主当然也可能成为可赔偿的损害。现在的问题是，侵害意志自主这个损害名目和父母诉因中其他损害名目是何等关系。

在卡多什案中，余曾谓，对侵害意志自主的赔偿，并不是对"受害人的宪法性权利在抽象层面和原则意义上遭受侵害"的赔偿，而是对"具体结果损害"的赔偿［real result-based damage，伊法特·比顿语，参见比顿的论文，Yifat Biton, Ke'evim b'Eizor haKavod, Mishpat u'Mimshal 9 137, 145–146 (2005)］（以下简作"比顿文"）］。这些损害可称作"情感侵害（violation of feelings）"，包括关乎以下事宜的情感，"以个体或者以群体成员的身份，所感受到的尊严受侵害、心理痛苦、蒙羞、耻辱、悲恸、受侮辱、受挫、对他人失去信任、丧失自信、对自我评价或自我实现能力的伤害等"（比顿文，第

---

* 译按：参见上注，相似表述有奥尔法官意见第 17 小节、斯特拉斯伯格–科恩法官意见第 29 小节，这里引用的可能是后者。

** 译按：参见上注，奥尔法官意见第 19 小节。

184页)。

为了让对意志自主的侵害构成独立的损害名目,"哪怕没有其他损害,亦得诉请赔偿对意志自主的侵害;其他情形〔还遭受了其他伤害〕表现为两种独立的损害,既得在**身体伤害**之外诉请赔偿,亦得一并请求赔偿两者,既得列于其他**非金钱损害**之外,亦得合并请求赔偿。这并不新鲜,盖加害人必须赔偿其造成的一切损害,倘造成不止一种损害,自应赔偿其造成的损害。在此意义上,这是事实问题,而非法律问题"(卡多什案判决书第45段,鄙人意见)。

这一立场是基于承认:对意志自主的侵害,若是位于权利的中心阴影地带且涉及重大事项,反映的即是真实损害。这一损害可以独立存在,区别于其他损害(包括金钱损害和非金钱损害),盖不许赔偿此种损害将会背离恢复原状原则(另见马扎委员会报告,第62页)。当然,并非在任何案件中,都可以将侵害意志自主的损害和其他损害区分开来(就各种可能案情,参见卡多什案判决书第45段,鄙人意见)。这些损害可能重叠。但在可以区分的情形,如果对意志自主的侵害构成另外的实质侵害,发生在权利的中心阴影地带,倘不许另外赔偿,就正如废除受害人就任何其他损害名目请求赔偿的权利〔一样不合理〕〔另请参见马扎委员会报告,第62页强调,"建议方案不能侵害父母(或父母中某位)就继续还是终止妊娠自主选择的权利遭受侵害诉请赔偿的权利,或者**也可以**(*also*)就任何其他直接损害诉请赔偿的权利",粗体系本件判决添加〕。就此议题,可以比较那些决定遗属和遗产是否可以同时提起诉讼的裁判,不能像过去判例法的立场那样,仅仅依照较高诉求金额裁判;必须考察清楚,两诉是否有重叠地带,重叠之处只能赔偿一次。重叠区之外还有损害的,不就各自损害分别判令赔偿就会导致赔偿不足。〔See CA 4641/06, Menorah Chevra le'Bituach Ltd. v. Karkabi (19 December 2007); CA 2739/06, Dubitsky v. Razkalla (1 June 2008).〕

73. 就赔偿数额,我赞同海尤特法官(E. Hayut)的看法,对侵害意志自主的赔偿不应该标准化,而应该个体化,考虑具体侵害形态和案情而定〔see CA 10085/08, Tnuva Merkaz Shitufi l'Shivuk Totseret Chakla'it b'Yisrael v. the estate of Rabi, par. 40 (4 December 2011)〕。鄙人在另案判决书已经讲得很明确,"吾人处理的是无形损害评估,法院应依个案具体情势及自己的生活经验来评估。一般可以确定,未告知的信息越重要,受损害的利益越靠近权利中心地带，对权利的影响越显著，对侵害意志自主的赔偿数额就越高（就此议题，参见斯特拉斯伯格-科恩法官在达卡案中提出的标准，涉及的是治疗过程中意志自主权利受侵害，无形损害如何计算，考量因素包括：未告知信息的类型；相对于已告知的信息，未告知信息的范围、质量及特殊的重要性；患者对信息告知方式的立场；所用治疗措施的结果等。达卡案，第619—621页*）"（卡多什案判决书第42段，鄙人意见）。

倘法官确信原告的意志自主受侵害（触及权利核心地带，关涉重要事宜），应依侵害的严重程度而判给合适赔偿金［卡多什案判决书第48段，鄙人意见。See also CA 9187/02, Weinstein v. Bergman（16 June 2005）; CA 9936/07, Ben David v. Antebi（22 February 2011）］。

（十三）实际考虑

74. 过去承认错误生命诉因，很大程度上是为了找到合适途径，解决先天残疾孩子的需求（母亲妊娠期间，医生有过失，让残疾孩子来到世上）。父母的诉状亦对此点极力强调，本庭亦未忽略此点。但依吾人之社会观念，在以色列的法律体制下，并由于证明损害要件或者因果关系要件碰到的障碍，错误生命诉因在过失侵权框架下难以成立。但吾人又以为，残疾孩子的大部分需求，都得在其父母提起的错误出生诉讼中得到解决。

75. 如前所述，父母有权利请求赔偿为满足医疗、援助需求而生的额外费用，孩子成年后因为残疾而仍然需要父母抚养的，父母仍得请求赔偿抚养费用，并计算至孩子的整个生命预期。这里头包括（只要没有相反情势）孩子因谋生能力降低自己不能满足的常规费用。另外，父母可能担心，去世时没有为残疾孩子安排好将来的生活，1965年《继承法》（Inheritance Law, 5725-1965）第56—57条为此提供了有效安排。这两条涉及从遗产中支出抚养费用事宜。条文如下：

"第56条　不论法定继承还是遗嘱继承，被继承人的配偶、子女或父母尚在世且需要抚养的，得依本法请求自遗产中拨付抚养费用。

第57条　（a）请求抚养费用的权利，

（ⅰ）……

---

*　译按：参见丁轶第二编，达卡诉卡梅尔医院案判决书，斯特拉斯伯格-科恩法官意见第45小节以下。

（ⅱ）对被继承人的子女，计至 18 周岁；**子女残疾的，计至整个残疾期间**；子女有精神障碍的，计至整个疾病期间；智力迟钝的，依 1969 年《福利法（照顾智力迟钝病人）》(Welfare Law (Care for the Retarded), 5729-1969) 处理。"（粗体系本件判决添加。）

如此，残疾孩子的需求就有了充分保证。自然地，如同侵权法适用的其他领域，在错误出生诉讼领域，也有如何确保恰当利用赔偿金的问题。事实上，有些情形，残疾孩子的需求不能通过父母提起的侵权诉讼得到充分满足，但这实在无从避免。确保赔偿金的恰当利用之所以成问题（哪怕受害人是成年人），原因在于赔偿金一般都是提前并且一次性给付的。损害赔偿法假定每个受害人都能合理规划自己的行为，以持续恰当地使用赔偿金，在未来生活里减轻损害的影响。

马扎委员会建议，立法应"授权法院，于判决书中就赔偿金如何利用发布指示，要求以法院认为适宜的方式利用，以确保孩子的需求得到满足。马扎委员会还建议，应于制定法中写明，在父母破产情形，目的在于满足残疾孩子需求的赔偿金非属破产财产，亦不属于父母的遗产，亦不得扣押、抵押或者以任何方式转让"（马扎委员会报告，第 62 页）。这些建议甚为明智，不限于错误出生诉讼，更具有一般意义。本庭亦盼望立法留意此节，于立法举措之前，法院当于其权限范围之内探索合适的机制。

（十四）结论

76. 基于以上理由，吾人以为，孩子的错误生命诉因不应再获认可。父母的错误出生诉因在法律上则甚为牢靠。原则上，错误出生诉因不受孩子先天残疾程度影响，类似巴拉克法官于蔡案判决中对孩子诉因的立场。但应记得，司法实践中，因果关系要件实际上给此类诉讼划了界，盖在这两类诉讼中都必须证明，于法律容许的限度内，父母倘知晓实情，当会选择终止妊娠。

77. 认可孩子的错误生命诉因在目前法律规则下并不可能，甚至违背以色列法的基本原则，包括生命神圣原则、人格尊严受保护原则以及认可残疾人有权利要求尊严受保护并得到平等待遇的原则。但利用父母的错误出生诉因，残疾孩子的大部分特别需求皆得满足。

本庭的任务并不在于面面俱到：于此份原则性判决中，本庭自始即未处理眼下这些案子中各位被告的具体责任事宜。这些事宜交由各案审判庭分别裁处。

错误生命与错误出生：以色列最高法院哈默等诉阿米特医生等医疗损害赔偿案

二、荣誉院长拜利希法官

我赞成我的同事副院长里夫林法官面面俱到的判决。从法律和价值的角度，从道德和社会的角度，眼前的争点都可谓极为棘手、复杂的争点。本院曾在重要的蔡案判决中处理过这个争点，我的同事［里夫林法官］已详尽讨论了此点。在该案中，本院认可了先天残疾孩子的诉因（医生在孕前或产前的缺陷检查中犯下过失，未诊断出胎儿残疾状况）。特别要指出，蔡案多数法官意见当然并不意在贬低残疾人的地位或权利；而且从这些法官的各式观点看，亦无人贬低认可人类生命价值的立场，这向来是以色列法律尊重的神圣价值。该案判决不过是试图找到切实可行的法律方案，让那个不得不面对残疾并且时或遭受巨大痛苦及庞大金钱开销的孩子以及孩子的父母可以得到一些金钱赔偿。但蔡案多数意见采纳的两条思路引发诸多难题，我的同事副院长里夫林法官已讨论过。副院长本-波拉特法官于该案中所持思路面临的问题是损害如何界定，前任院长巴拉克法官的思路则难以解答过失与损害间的因果关系问题。是以，在蔡案判决发布 25 年后，得认为该案虽富有创造力地试图创设侵权法上的诉因，但最终未能开花结果，可以想见判例法在这个议题上将来还可能继续发展。就刻下而言，我赞成下面的看法，即蔡案判决并未提供恰当方案以应对承认错误生命诉因（孩子主张其出生本身或者伴随残疾而出生是其所受损害）带来的难题。手头待决的这几件案子，连同其间生出的各样问题，最充分地暴露出了承认错误生命诉因引发的难题。

依以色列的社会观念和价值观念，任何人的生命本身有其价值，应予尊重。依吾人之道德观念，绝不能认为某人若是不生下来还会更好些。这个立场用法律语言表述即为，不能接受某人的生命即为其所遭受之损害的主张。马扎委员会报告就此议题论述甚为恰当：

"认可任何个体身为人的价值，认可生命价值本身至为神圣，此等立场乃是整体道德观念的一部分，于以色列法律已是沦肌浃髓。吾国法制的基本原则和价值立场构成灵感源泉，有助于解释那些有着'开放和弹性外膜'（open and flexible membranes）的概念；而依《侵权法令》的界定，如前所述，'损害'（damage）即为应依此等原则和价值来解释的概念。换言之：是否认可残疾人的出生本身构成'损害'，要决定这个问题，应考虑诸多法律政策因素，依这些政策因素检视彼此冲突的价值和利益；要在私人利益与一般公共利益间找到平衡点，当然要考虑法律制度的基本立场和道德观念。吾人以为，鉴于以上考虑，当可得到结论，将残疾孩子的出生本身看作'损害'的观点不可接受。"（参见马扎委员会报告，第46页。）

还要指出，我的同事副院长里夫林法官的意见已将我说服，认可父母的错误出生诉因足以提供充分赔偿，满足孩子主要的甚至可能是大部分的需求；马扎委员会建议以替代安排拓宽解决路径，此诚为恰当思路，但不在本件判决讨论的范围之内。

是以，我赞成我的同事副院长里夫林法官的判决，刻下看来，在现行侵权法的框架下，[副院长里夫林法官的判决]为摆在眼前的问题提供了牢靠的答案，甚至为此类案件中生出的诸多难题准备好了切实可行的方案。但这件判决并不意味着讨论的结束，而且看起来，针对医生未能在早期阶段发现胎儿缺陷，即便需要更多的创造力来发展这个诉因，时机也尚未成熟。另外，父母的错误出生诉因当然涉及诸多问题，我的同事副院长里夫林法官的判决书中也间接提及若干，自然需要以色列法院在将来再次努力应对。

三、院长格里斯法官

我赞成我的同事副院长里夫林法官的判决。

四、瑙尔法官

1. 我赞成我的同事副院长里夫林法官的整体意见。

2. 就过渡性条款以及我的同事鲁宾斯坦法官判决意见第16段所涉事宜：就眼下这件案子的过渡性条款而言，愚以为，时效期间初步看来已经届满而孩子尚未提起的诉讼，吾人不必决定其命运该当如何这个问题。眼下的案子中并没有这样的适格当事人。待此等难题果然发生，再解决不迟。

五、阿贝尔法官

1. 错误出生引发的侵权包含两个独立诉因，孩子的诉因称错误生命，父母的诉因称错误出生，副院长里夫林法官的判决为此类议题打牢了基础。副

错误生命与错误出生:以色列最高法院哈默等诉阿米特医生等医疗损害赔偿案

院长里夫林法官的判决处理了诸多原则问题,其间的核心问题也是最为棘手、最为敏感的问题,涉及错误生命诉因产生的难题,即必须比较生命不存在与伴随残疾、充满痛苦的生命,生存的境况与死亡的境况,两者孰轻孰重。这里的问题是,吾人身为法官,是否有能力决定,在某些大概极为罕见的情形,无有生命好过伴随残疾的生命,或者如巴拉克院长的说法,有缺陷的生命。我的同事〔副院长里夫林法官〕全面讨论了何以法律层面的考虑及公共政策层面的价值观念都不支持错误生命诉因,以及诸多国家的法律状况。我赞成其立场,即鉴于以上考虑,错误生命诉因不应再获认可。除了错误生命诉因带来的诸多法律难题,将受害人的生命本身(纵然是有缺陷的生命)界定为最好是不曾存在过的生命(对孩子而言),如此决定是何其艰难,而且冒犯了生命神圣和人格尊严的观念。

2. 我支持我的同事的决定,即得在父母的错误出生诉因框架下为满足孩子的医疗、康复、援助需求而找到恰当方案,以避免认可孩子的诉因必然面临的法律及原则难题。医生的过失让孩子来到世上,父母是这个事实的直接受害人。残疾孩子的出生必然让父母受到伤害。我赞成我的同事的结论,于此场合父母有权利经法律允许,选择通过合法堕胎不让残疾孩子来到世上。此际抉择可以避免一些道德难题,若是待到残疾孩子产下再选择是否抚养,可就太过艰难了。

3. 我不太确信在错误出生诉讼中如何决定因果关系的证明事宜。为了在此类诉讼中证明因果关系,必须首先证明,倘若知晓胎儿缺陷,堕胎委员会当会批准终止妊娠。这一点固无困难。但还要更进一步证明,若非医生过失,父母本会选择终止妊娠。这里的问题是,如过去已经发生的〔参见下段及里夫林法官意见第50段〕,这样的证明要求是否不能完全抛弃。我的同事还赞成说,如果让父母站到证人席上,去证明自己若是知晓相关医疗信息当会选择终止妊娠,定会生出巨大困难。父母已经知晓了侵权后果,追溯地考虑这件事情,在这样的情形下以回顾方式证明假设的事实因果链条,要让人信服,确实困难。虽说这个难题并非错误出生诉讼独有,但我还是认为,伴随此类诉讼的情绪压力增加了原告夫妇的实际难度。父母面对眼前这个活生生的受宠爱的孩子,自己正全心全力抚养的孩子,真的能够以回顾方式回答是否会将胎儿堕掉吗?父母真的能够推测到,在孩子还是胎儿的时候,若发现胎儿有缺陷,自己当时会怎样抉择吗?另外,正如我的同事讨论过的,出于两点额外理由，困难在错误出生诉讼中更加大了。第一，父母必须证明自己当会选择堕掉那个如今活生生的可爱孩子，这个不得不在心理和道德上直面的难题甚至可能伤害孩子：倘孩子后来在人生的某个时点上知道了父母的证词，当作何感想？第二，在公共政策领域也生出一些难题：一是担心这样的证明要求会让部分民众受到困扰（假定这部分民众不支持堕胎），二是担心这样的证明要求会伤害那些愿意抚养残疾孩子的父母。

4. 前面讨论的问题是，若是采纳的思路要求抛弃因果关系证明［CC（Jerusalem District Court）3198/01，A. v. the Jerusalem Municipality（12 May 2008），Judge Drori；CC（Tel Aviv District Court）1226/99，A. L. v. Yaniv（29 March 2005），Judge Benyamini］，是否不算正确。诚然，这条思路有些背离侵权法传统路径。但在我看来，基于公共政策的考虑，再加上错误出生诉因的独特与复杂特质，这条思路很可能是恰当的，适合手头的争议事项。比如，错误出生诉因的复杂特性促使副院长里夫林法官决定，应判令被告仅就残疾孩子的额外费用负赔偿责任，而不是全部抚养费用。另外，基于前面提到的证明困难（父母要证明，若是知晓孩子有缺陷，自己当会如何做，可是父母是否清楚自己会如何做，这本身就令人生疑），要说这样的证明要求有助于发现真实，我颇感怀疑，其是否有助于在个案中实现正义，也很可疑。但我最终决定赞成我的同事，一方面是希望遵循侵权法路径，另一方面是我的同事以两种方式降低了证明要求：第一，通过证明在特定案件中堕胎委员会当会批准堕胎，得推定父母的堕胎立场，当然是可反驳的推定；第二，该推定不得仅仅以诸如所属教派这样的一般信息推翻。我还要补充强调，审理错误出生案件的法院在这个议题上必须非常谨慎、敏锐，重视个体情况，个体并不必然屈从于所属派别的一般立场；在因果关系的证明事宜上，法院还必须尽可能保持一定灵活性。吾人区处的是过失侵权法，要适应不断变化的、艰难的生活现实。

综上，我赞成副院长里夫林法官的判决。

六、朱布兰法官

我赞成我的同事副院长里夫林法官审慎睿智的判决。

七、鲁宾斯坦法官

（一）基本立场

1. 眼前的争议触及有关人类生存的哲学问题，大概有些类似煞买学派和希列学派（Shammai & Hillel）的争论，围绕"［某］人若是未曾被创造出来，是否好过被创造出来"（Babylonian Talmud, Eruvin 13b），两派争吵了差不多两年半；这是哲学上的疑难问题、法律上的疑难问题、人类的疑难问题。圣哲行述如是说，"经研讨后认为：人若是未曾被创造出来，自然要比被创造出来更容易些；既然已被创造出来，就必须检视自己的行迹。也有这样的说法：必须反思自己的行迹"（id; and see Rashi, id;* Mesilat Yesharim, Rabbi Moshe Chaim Luzzato chapter 3）；要旨即为，既被创造出来，就要迁善黜恶，时时自省。眼下要处理的争议当然比上面的生存问题狭窄，生存问题关乎任何人的生命，而待决争议涉及的是伴随严重缺陷来到世界的个体；在该个体所处的情境中，父母宣称若是事先知道孩子会得什么病，当会终止妊娠，而社会（通过《以色列刑法》第316条的规定）认可这是正当选择。可价值、哲学、道德难题随之而生，并与金钱方面的问题混合在一起，遂使得法律决定亦成为（或可能成为）道德抉择，从而在抉择中面临巨大痛苦。

2. 就此议题，我个人的看法是，让这份判决书具有鲜明特征的，是其对人类存在的不同描述。……支持错误生命诉因会引发复杂的法律理论难题，我的同事副院长［里夫林法官］希望避免这些难题，遂（遵循其他国家的普遍立场）得到这份判决。马扎委员会就此议题撰写了重要、睿智的报告，多数意见亦持此进路（少数意见也很重要），我认为该报告对于这里的讨论至关重要。另外，将错误生命诉因废弃（正如我的同事力倡的），即便伴随对错误出生诉因的扩张，（主要是在实践层面）也并不简单。* 如我的同事副院长［里夫林法官］在判决中主张的，为了解决实践难题（或部分难题）而将错误出生诉因扩张，也造成了不少法律疑难，下面将会触及若干。

3. 相关难题：比如，在法律层面，为了论证在错误出生诉讼中只应该赔偿额外费用（超出抚养健康孩子也要支出的常规费用之外的费用），虽说常规

---

* 译按：这个引用似有误，Rashi 只出现这一次。

* 译按：纵扩张错误出生诉因，亦无法完全解决废弃错误生命诉因后的实际难题。

费用亦可谓与侵权行为有因果关系（副院长里夫林法官的判决意见第 56—57 段），我的同事副院长［里夫林法官］却称，"孩子出生的积极后果亦应纳入考虑"（副院长里夫林法官的判决意见第 59 段）；可这不是又在量化人类存在的价值吗？这不正是我们想要避免的事情吗？还有，为了在个案情境下（尽可能）得到合理结果，我的同事愿意赔偿父母在"**孩子的整个生命预期**"要支出的费用（副院长里夫林法官的判决意见第 60 段，粗体系原文添加）；但从实际的侵权法角度看，这是父母请求赔偿自己支出的抚养费用的诉讼，本来应该限于父母的生命预期这个时间段内（依马扎委员会多数意见，依父母生命预期计算赔偿数额，得假定父母"愿省下生命里的每个便士，以确保身后，孩子的需求得到满足"。马扎委员会报告，第 64 页）。

4. 还有就是将孩子成年后的生活费用（常规费用）界定为**经济领域的平均薪水**(完全丧失赚钱能力的情形) ——这个标准通常用于计算自己因侵权行为受伤害时预期的收入损失，而不是第三人为抚养受害人而承担的基本生活费用（惜乎马扎委员会多数意见亦持该见解）。在此场合，依《家庭法修正法（扶养）》第 4 条（我的同事副院长里夫林法官在判决意见第 60 段援引了这一条）或者《继承法》第 57 条第 a 款第 2 项（第 75 段援引）用于确定扶养费用的常规标准，是否是经济领域的平均薪水［就支持率，比较 CA 4480/93, A. v. B., 48 (3) IsrSC 461; S. Shilo, Perush L'chok Hayerusha, 5725–1965（part 2, 5755) 37–38］，我深表怀疑。我要强调指出，我绝没有说，应采取相应措施限制这些项目的赔偿金。恰恰相反，很清楚，我的同事副院长［里夫林法官］撰写的判决（以及马扎委员会的多数意见）都是以人本原则以及正义考虑为基础，这也是我赞成的；但在孩子的错误生命诉因被废弃后，父母的错误出生诉因如何适应现实，其间会生出的理论难题却是不能视而不见的。

5. 在实际层面，我的同事特别讨论了如何确保依错误出生诉讼拿到的父母赔偿金真正保证孩子的未来（参见副院长里夫林法官的判决意见，第 75 段）。比如，若是父母不负责任或者大肆挥霍，花掉全部金钱，未留给孩子分毫，这些问题就颇难解决。我要开宗明义地说，在我看来，有充分法律依据采取相应安排来保障孩子的利益；另外，若是父母的赔偿权利来自法律加在父母身上的各种义务（参见，例如，副院长里夫林法官判决意见第 60 段），那么将赔偿金与这些义务关联起来（马扎委员会多数意见给出了独特的安排建议，委员会报告第 62 页），便并非不合理。若是孩子没有父母来起诉（马扎委员会多数意见讨论了此点,委员会报告第 60 页),或者父母破产了,诸如这些情况该如何处理,至少在原则上也是很重大的难题。

6. 换言之,副院长[里夫林法官]的判决意见当然是希望通过父母的诉讼来确保孩子的将来安稳无虞,意图赞德赞美,但除了法律上的复杂性,可能会使得到今天为止还有权利得到赔偿的孩子最终一无所得;可过失还是同样的过失,由之而生的费用还是同样的费用(避免使用法律概念"损害")。应该承认,蔡案持多数意见的法官意识到了判决中涉及的各样难题,虽有理论疑难,多数法官仍选择那样的立场[承认错误生命诉因],确保**医生过失医疗造成的结果**(依这段片语在侵权法上的意思),即巨额的[抚养]费用,得到赔偿;就这些困难,亦可参见马扎委员会阿萨夫·波斯纳先生撰写的少数意见(马扎委员会报告,第 42 段)。

7. 就此事宜,在蔡案中时任法官的巴拉克提出的赔偿方案不但清晰,而且相对容易实施,避免了遭遇复杂的伦理两难[see also A. Azar & A. Nurenberg, Rashlanut Refu'it (2nd ed. , 5760) 287];但如前提及,必然面临法律难题[参见蔡案中本-波拉特法官的意见,第 105 页;另参见佩里文,第 559—560 页;A. Shapira, haZchut lo leHivaled bePgam, in Dilemmot B'etika Refu'it, R. Cohen-Almagor ed. , 5762, 235, 248]。我不打算否认,我很感兴趣的想法是,巴拉克法官的路径虽有一些理论疑难,但可以做些修正,在[立法]全面解决这个问题前,仍继续遵循既有路径。此前的构造理论上虽有疑难,但实际效果好,只要[立法]还没有对这个问题做全面安排,代之以虽无理论疑难却生出如上所说实际难题的构造[,恐怕都难谓明智]。四分之一个世纪之前听审蔡案的那些法官知道自己面对艰难任务;但在发生医疗过失的场合,法官希望切实帮助命运更为悲苦的人,虽然老实讲,造就了这个缺陷婴儿的并非医生。

8. 但在蔡案判决发布后,诸多地区法院判决立场不一,尤其表现在副院长本-波拉特法官与巴拉克法官间的"裂纹"这个议题上,这样的局面需要妥善安排;看看手头的程序,竟有如此多案件等待定谳,非无缘故。早在 1993 年,本院就曾在一件判决中称:"像眼下这样的案件,地方法院的主审法官面对众多可能性……在任何案件中,法官都不得背离《基本法:裁判》(Basic Law: Adjudication)第 20 条 b 款的规定,该条写道,'任何法院都要受最高法院裁判约束,最高法院除外'。"(CA 913/91, Azoulai v. The State of Israel

par. 3，Justice Maltz；see also CA 119/05，Amin v. The State of Israel.)

自蔡案判决发布已经过去了一代人的时间，正如马扎委员会所说，"如前所述，欠缺定论使得这块法律领域四面大敞"（马扎委员会报告，第17页）；诉讼的命运遂取决于听审的法官（补充一句应该并不多余，**随机**的法官），"依其个人意见与世界观"所为之决定（马扎委员会报告，第17页），此等局面自然难以容忍。在听审过程中（2012年1月31日），从事此等业务的律师对这个局面也多有抱怨之声；这里我要毫不隐讳地提到，代表原告方的律师往往主张支持巴拉克法官在蔡案中的立场，不管在本院还是在马扎委员会，对［这个声音］都屡屡耳闻。诚然，马扎委员会多数意见提出了一个"首要优选方案"（马扎委员会报告，第60页），即通过立法创设相应社会保障机制，确保满足那些先天缺陷导致失能的残疾人的需求，这样的保障机制当然会有很多好处；马扎委员会还提出一个替代机制，即制定专门侵权法，同样也有很多积极面。但就依现行法听审侵权案件的法院而言，虽说各种替代方案都有自己的难题，但恐怕侵权判例法也无处逃避，只有等待立法机关给出明确结论。我也呼吁敏锐、勤勉的以色列立法机关尽可能快地完成这项工作。

9. 对我的同事副院长［里夫林法官］论证有力的判决，这里说的是涉及法律原则的那部分内容，我以为原则上仍以赞成为宜。但在赞成的同时，我也指出了其间的难题，并呼吁立法机关表态。［里夫林法官的］判决很清醒（*open-eyed*），认识到诸替代方案的优点及缺点所在，（努力）希望让自己的观点立足于"侵权法的通常逻辑"（也是为了避免蔡案中各种观点在理论及实际结果上的难题），又不会导致有失公正的结果。我的思路也是如此，盖我的同事的立场符合马扎委员会多数成员的意见（废弃错误生命诉因），也符合普通法系各国法院的判例法立场（马扎委员会报告及我的同事的判决皆有细致考察）。不管是生命神圣的理念，还是对待残疾人的态度，这件判决的道德立场亦为其赢得支持。该判决完全合乎吾人之法律遗产即犹太法的立场（下面会简略提及）。本院这件判决所持立场是，绝不能将残疾人归入"未曾被创造出来要更容易些"的人群；吾人必须尊重残疾人的需求并尽力满足，不允许以"未曾被创造出来要更容易些"的形式来制造社会排斥，而应将这些残疾孩子看作值得拥有的人。

（二）"我以为那未曾生的，比这两等人要强"（传道书4：3）

10. 既然认识到错误生命诉因需要讨论重大道德问题（如前面提到的），

那么答案大概要去"哲学–道德–神学领域"寻找（类似戈德堡法官在蔡案中的表述，第128页）。实际上，在犹太法的文献中，就发现了如下立场，即认为对严重残疾、生命预期短暂的孩子来说，"拥有生命要比从未拥有生命更好些，如同那些要降生到来世的人"（see Igrot Moshe response, Even HaEzer, first part chapter 62）；而在重要的宗教文献涉及终止妊娠的讨论中，也可以看到这样的孩子注定要接受的苦难人生（以及相当大程度上孩子身边的人要接受的苦难人生）引起广泛和深刻的关注："〔若是不允许终止妊娠，面对〕全然是痛苦、必然在几年内死亡、父母眼睁睁看着却无力拯救的孩子，是否会给创造这个生命的母亲带来比现在讨论的更大的不幸、悲伤和痛苦？（而且很显然，若是将孩子交给特殊护理机构，甚至父母在孩子死亡之前都接触不到孩子，并没有什么区别，也无损前述意见。）还有就是残疾孩子令人痛苦的身体扭曲。若是犹太法考虑到这些巨大不幸和精神痛苦而允许终止妊娠，那看起来这就是应予准许的最典型情形"（Tsits Eliezer response, part 13 chapter 102）。

人类生存的现实还带来这样的案件：孩子的生命倒并不短暂，但没有交流能力，生命饱含痛苦（往往父母尤其如此），全无希望地渡过几十年。犹太法中倒是有大量文字颇具前瞻性地试图澄清这些问题〔尤其涉及堕胎问题；see e. g. Rabbi E. Lichtenstein, Hapalot Malachutiot, Heibetei Halacha, 21 Tchumin (5761) 93〕。马扎委员会的多数意见讨论了好多涉及生命是否值得过的经典文句，……但马扎委员会认为，"毫无疑问，这些表述只关乎道德和神学面向"（马扎委员会报告，第65页），我在前面也讨论了应该区分哲学问题与眼前待决的具体案情。何时"宁可拣死不拣生"（耶利米书8：3），或者何时"切望死却不得死，求死胜于求隐藏的珍宝"（约伯记3：21），是向来未曾得到解答的问题；……比如，有些罹患严重疾病、简直谈不上有真正生命的人，希望能够一死百了，可也有些人将深渊般的痛苦转化为创造力的源泉，例如梅拉米德–科恩博士（Dr. Rachamim Melamed-Cohen），本是运动神经元疾病患者，却如永不枯竭的泉眼般创造出好多睿智感人的作品。

11. ……在今天讨论生命的延长或缩短问题，这些故事相当于犹太拉比式律法权威〔see, respectively, Rabbi Y. Zilberstein, Matan Morphium le'Choleh Sofani haSovel miChenek, Asia 15 (5757) 52; Rabbi Y. Zilberstein, in Tzohar: Kovets Torani Merkazi C (5758) 218〕。是故，今日犹太法律如同西方法，需要考量的总是众所周知的那些，困境也是一般艰难。

12. 但区分下面两者还是恰当的：一是将充满苦难的生命与健康快乐的生命对比，二是将可能充满艰难的生命与生命不存在对比。为了计算"损害程度"（一笔金钱应当是"底线"）而从事比较工作时，当然要做这样的区分。……即便犹太法愿意假设，在特定情形，若孩子生下来十有八九会是残疾的，那么避免妊娠更为可取，先知以赛亚的话也表明了以下清晰立场：讨论和比较生命不存在与生命存在（不管多么艰难）这两种境况是可能的，并认为就此事宜法律立场未定。我要补充说，（关于造物主的暗中安排）那些话，在一个完全不同的场合（即人类难以理解的历史现象，如纳粹大屠杀），也用在宗教哲学中。

13. 错误出生或错误生命的法律议题早已在犹太法上得到讨论［在法律-拉比式律法层面（legal-halachic plane）］［see e. g. S. Yelenik, Holada b'Avla-Zchuyot Tviah u'Pitsuim, Parashat Hashavua 23（5761）; Rabbi Chayim Vidal, Holada b'Avla-Pitsuiyei Nezikin begin Holadat Ubar Ba'al Mum, Tchumin 32（5772）222］，也提出了错误生命诉因面临的难题："依哈拉卡（*halacha*），不应准许这个因侵权行为而生的孩子提起诉讼"（相对于父母提起的诉讼），"既不能针对父母，也不能针对给怀孕时的母亲提供咨询诊断服务的医生提起诉讼"（Rabbi Chayim Vidal, p. 231）。但这些作品中援引的拉比式律法文献（*halachic* sources）可能会支持威戈达博士（Dr. Michael Wigoda）的结论："应该讲出真相，犹太法经典文献并未处理这个议题"（提交给马扎委员会的备忘录，题目为"基于犹太法律文献对错误出生诉讼的反思"）。

可以理解为何如此：诸如眼前的这些侵权诉讼都是当代的医疗和法律发展的成果，过去天国里的秘密和命运如今都得预测并用医学和遗传学的工具来分析。这不能豁免当代［犹太法］权威，可以不处理这些事情。

（三）结语和具体意见

14. 我的同事副院长［里夫林法官］充分详尽地勾勒出了解决框架，用了很长篇幅力求将这个复杂的人性和法律难题阐释清楚，做出立场连贯并且公正的安排。未来还会有很多案件提交到法院，在某些方面，法院还要继续做很多工作（我的同事也提到这一点）。马扎委员会多数意见还讨论了其他一些规则，应纳入侵权法体制处理。这里头有些规则涉及一个基本立场，这个立场也是我的同事所作判决的基石：孩子父母所得赔偿金的大部分，要确实用于让孩子得到理想的医疗服务（让人头疼的大笔开销），父母要将钱花在刀刃上,尽可能改善孩子的病情(或者可以说,使得父母可以尽到对孩子的义务)。就家庭内部的关系,马扎委员会讨论了有必要确保金钱实际用于满足孩子的需求;就家庭与其他人的关系,马扎委员会讨论了有必要为赔偿金设立专门账户,可以对抗诸如破产程序中的债权人这样的第三人(马扎委员会报告,第62页)。马扎委员会还很关心下面的情形,即孩子并无父母得以自己名义起诉,以及马扎委员会成员讨论的其他难点。

15. 这些问题涉及的,已经超出了错误生命诉因是废弃还是存续的问题,也就是这件(部分)判决的核心议题。诚然,在这个阶段,吾等并非裁判具体案件或者计算赔偿金的数额,也不会为了落实赔偿目的而处理赔偿金专门账户的问题。以后法院遇到这些问题,(至少有一部分问题)得在马扎委员会报告中寻找答案,应该让听审此类案件的法官都能读到马扎委员会审慎谨饬的法律文件。要找寻这些问题的解决方案,大概类似于重新调整理论难题:先前是围绕诉因本身讨论,而后要转向讨论如何将扩展的诉因运用于实践。但诉因问题是眼前待决的争议,而且可以假定将来总能找到合适落实方案。马扎委员会多数意见认为:"问题是,这样的安排能否由司法裁判为之(设法院的安排妥当),要由最高法院决定。"

如前所述,我认为立法应就此处全部事宜妥为安排,我也希望我的呼吁能引起立法机关注意,或设立社会保障体制(如此即非关司法事宜),或至少制定全面详尽的侵权法;错误生命诉因既遭废弃,审慎的立法安排又未出台,在此期间,法院负有义务,确保此番法制变动不致影响其忠于职守,即在现行法框架下笃行公义。已经决定的法律路径是让父母提起诉讼;法院负有义务,确保在一切个案中,赔偿金都用在孩子身上并专供孩子使用,不得用于他途。

(四)过渡条款

16. 就我的同事所决定的过渡条款,我担心在下面的情形可能无意间造成不幸:对蔡案判决可能会有这样或那样的解释,而父母基于对某种解释的信赖,想当然地认为孩子得在将来提起诉讼(可能是在孩子的病情确定之后),从而父母并未提起诉讼。依现行法,仍有好几年时间。多数意见决定的过渡条款,保护了那些并非由父母提起的未决案件(pending cases),但保护不了尚未提起的诉讼;倘若(相对于孩子诉讼的20年时效期间)父母诉讼的7年时效期间已经届满,[对方当事人]可能会主张诉讼已为时效期间所阻却。部分出于这个考虑,我最初倾向于维持蔡案判决的效力,直到做出妥善安排。现在我至少认为,自本判决发布之日起 1 年内,判决结果不得适用于父母尚未提起诉讼的案件。惜乎我的诸位同事形成多数意见,故我只能希望法院在司法权限框架内找到合适办法,应对已经造成的局面(假设当事人提出时效期间经过的主张)。

(五)最后的话

17. 这件判决发布的当天,正是副院长里夫林法官退休的日子。从交通法庭到最高法院,里夫林法官在各级法院服务共计 36 年,希伯来词语 Chai(生命)数理价值[18]的两倍。里夫林法官的贡献及于一切法律领域,没有不曾涉足的地方。里夫林法官选在退休当天发布的这件判决,正代表其司法遗产的核心领域,即侵权法,尤其是其中的医疗过失法。在侵权法各分支,从交通事故法(里夫林法官在这个领域也有专著)到今天这复杂敏感的争议,里夫林法官留下的印记在未来很多年都会陪伴以色列司法裁判。精通律法的圣哲说,在公正人类社会的基石当中,即有调整同侪间关系的侵权法(Babylonian Talmud, Baba Kama 30a)。里夫林法官在自己的司法工作当中促进了人类社会的公正。里夫林法官虽到致仕年纪,但我愿他"年老的时候仍要结果子,要满了汁浆而常发青"(诗篇 92:14)。

依副院长里夫林法官的意见裁判。

判决结果关于废弃孩子[错误生命]诉因的内容并不适用于父母尚未提起诉讼的待决案件(包括眼下的案件)。鲁宾斯坦法官的意见是,判决结果自发布之日起 1 年内不得适用;瑙尔法官认为,关于孩子尚未提起的诉讼,这个法律问题不该在眼下案件中于过渡条款框架下解决。

犹太历 5772 年 9 月 7 日(公历 2012 年 5 月 28 日)